北京市教育委员会文件选编

2018

北京市教育委员会办公室　编

方志出版社
Publishing House of Local Records

2019年·北京

编辑说明

一、为全面贯彻党的教育方针，依法治教，实现教育管理的科学化、规范化，北京市教育委员会办公室于1996年开始编辑《北京市教育委员会文件选编》，并逐年出版。该书是一部面向北京市教育管理机构、北京地区各级各类学校及教育事业单位的资料性工具书，也是图书馆、资料室收藏的综合性文献资料。

二、《北京市教育委员会文件选编》(2018)编辑工作遵循重要性、指导性和实用性原则，共收录2018年1月1日至12月31日的各类教育工作文件200余份。

三、该书收录的文件以下行文件为主，对于部分上行文件根据需要也作了必要的收录，并附有上级或主管单位的批复或复函。

四、为方便读者使用，该书对于国务院、教育部以及北京市人大常委会、北京市人民政府及有关部门当年颁发的有关教育工作文献也作必要的收录。

五、该书采用分门别类和“先级后类”的编辑体例，设有27个大类。每一大类中的文件以发文时间为序排列，个别重要文件置于该类文件前。

六、该书在编辑过程中，对原文的标题和公文格式作了必要的修订和调整，省略了发文印章等。

七、该书设有分类目录和文件目录。为方便读者使用，在附录中设有文件字拼音索引。

分 类 目 录

文件目录

行政规范

综　合

法治建设

发展规划

学前教育

基础教育

高等教育

职业教育

继续教育

学习型城市建设

民办教育

德育

体育·卫生

科学与艺术教育

校外教育

国防教育

教学研究

科研管理

招生·考试

学生

师资建设

教育信息化

财务

学校后勤

合作交流

语言文字

教育督导

行政规范

北京市教育委员会文件选编

（2018）

北京市人民政府办公厅

关于印发《北京市第三期学前教育行动计划》的通知

京政办发〔2018〕2号

各区人民政府，市政府各委、办、局，各市属机构：

《北京市第三期学前教育行动计划》已经市政府同意，现印发给你们，请结合实际认真贯彻执行。

2018年1月17日

北京市第三期学前教育行动计划

学前教育是国民教育体系的重要组成部分，是重要的社会公益事业。2011年以来，本市实施了第一期、第二期学前教育三年行动计划，各级财政加大投入力度，新增17万个学前教育学位和1.6万名专任教师，学前教育取得了长足发展。为深入贯彻落实党的十九大关于办好学前教育、在幼有所育上不断取得新进展的精神，根据教育部等四部门《关于实施第三期学前教育行动计划的意见》（教基〔2017〕3号），结合全市学前教育发展实际，制定本行动计划。

一、总体要求

（一）基本原则。坚持“市级统筹、区级主责，政府主导、社会参与，公益普惠、主体多元，灵活多样、就近就便”的原则，努力构建以公办幼儿园和普惠性民办幼儿园为主体、公办民办并举的多种形式的学前教育公共服务体系。

（二）主要目标。到2020年，基本建成广覆盖、保基本、有质量的学前教育公共服务体系。全市适龄儿童入园率达到85%以上，普惠性幼儿园覆盖率（公办幼儿园和普惠性民办幼儿园在园幼儿数占在园幼儿总数的比例）达到80%以上。无证办园现象基本消除，学前教育管理科学规范。

二、主要举措

（一）进一步扩大教育部门办园规模

加强市政府固定资产投资对教育部门新建、改扩建幼儿园项目的支持。严格执行新建居住区幼儿园配建标准，开展城镇居住区配套幼儿园专项整治，对已建成居住区未按规定建设或移交幼儿园设施、已建幼儿园未办成公办幼儿园或普惠性民办幼儿园的，责令全面整改。支持优质公办幼儿园通过租赁场地等方式举办分址、分部。探索在有条件的农村地区，统筹利用小学资源开办附属幼儿园。支持现有幼儿园通过对多功能教室、教学辅助用房等进行改扩建，增加班级；部分有条件的、教室面积较大的幼儿园，在保障幼儿安全的前提下，可适当扩大班额。

（二）支持其他国有单位办园

理顺机关、企事业单位、高校、城镇街道办幼儿园办园体制，提高市级财政对其他国有单位办园的补贴力度，支持其他国有单位办园，不断扩大学位供给。积极利用非首都功能疏解腾退空间补充学前教育设施，在合理布局的前提下，每个街道和学位矛盾比较突出的城乡结合部地区乡镇，要通过自办或委托等方式至少新办一所普惠性幼儿园。

（三）大力支持普惠性民办幼儿园发展

研究制定鼓励社会资本进入学前教育领域的政策。加大政府购买服务力度，通过给予扩班补助、租金补贴、生均定额补助等方式，支持社会资本开办普惠性幼儿园。简化社会资本开办普惠性幼儿园审批程序，优化审批流程，提高服务效率。支持普惠性民办幼儿园实施修缮改造，改善办园条件。

（四）开展无证幼儿园分类治理

按照“规范一批、取缔一批”的原则，积极开展无证幼儿园分类治理，引导和督促经改造能够达到审批条件的无证幼儿园举办者加大资金投入，改善办园条件，尽快取得相关许可，合法规范办园；对存在严重安全隐患的无证幼儿园，坚决予以取缔。各区政府要成立无证幼儿园治理专项领导小组，建立工作台账，制定治理方案，深入开展治理，确保取得实效。

（五）发展多样化学前教育服务

明确本市学前教育社区办园点安全管理工作基本要求，鼓励各区根据实际情况与社会需求，采取举办社区办园点、社区学前教育服务中心等方式，提供多样化的学前教育服务。

（六）加强幼儿园师资队伍建设

根据普及学前三年教育的要求，确定本市高校学前教育专业的规模和层次，加大本专科层次幼儿园教师的培养力度。拓宽幼儿园教师引入渠道，支持通过政府购买服务等多种方式补充师资。加强学前教育教职员工准入与考核管理，强化新任教师培训，用三年时间完成对全市幼儿园园长和教师的全员专业培训。多渠道、多方式解决公办幼儿园非在编教师工资待遇偏低问题，逐步实现同工同酬。引导和支持民办幼儿园提高教师工资待遇。采取委托培养等方式，按新增学位比例培养一批幼儿园卫生保健人员。

（七）严格幼儿园质量监管和业务指导

制定出台关于进一步加强学前教育管理的意见。完善幼儿园动态监管机制，规范办园行为，强化安全管理，保障幼儿安全。将全市各类幼儿园纳入北京市托幼园所分级分类管理范围，加强幼儿园办园质量管理。整合各类幼儿园评价标准和评价方式，构建全覆盖的幼儿园质量评价体系，并逐步建立幼儿园办园第三方评价机制。建立健全涵盖全市各级各类幼儿园的管理信息系统。切实做好《幼儿园工作规程》

和《3—6 岁儿童学习与发展指南》贯彻落实工作，指导幼儿园教师根据幼儿发展需要制定教育计划、开展游戏活动、安排一日生活，提高保教质量。加强学前特殊教育基地建设，不断扩大特殊儿童随班就读的服务范围。

三、工作保障

（一）加强组织领导

完善市学前教育联席会议制度，协调指导全市扩大学前教育学位供给和无证幼儿园治理等工作。联席会议成员单位包括：市编办、首都综治办、市发展改革委、市教委、市公安局、市民政局、市财政局、市人力社保局、市规划国土委、市住房城乡建设委、市卫生计生委、市社会办、市工商局、市质监局、市安全监管局、市食品药品监管局、市政府教育督导室等，联席会议办公室设在市教委。各成员单位要按照职责分工，密切协作配合，加强信息共享，加大对学前教育的规划、指导和监管力度，推动本行动计划平稳有序实施。各区政府要加强组织领导，建立相应的工作机制，结合实际编制实施本区学前教育行动计划，强化区域统筹，整合各类资源，创新方式方法，有效扩大学前教育学位供给。

（二）加大资金支持

市级财政安排学前教育专项经费，用于鼓励增加普惠性学前教育资源。对其他国有单位办园和普惠性民办幼儿园，根据不同办园级类，按每月每生 700 元和 1000 元两档标准给予定额补助；对公办幼儿园和普惠性民办幼儿园每增加一个学位给予 10000 元一次性补助，对其通过租赁场地增加学位给予最高每天 5 元 / 平方米的租金补助。市级财政要加大对普惠性幼儿园提高办园条件的支持力度。市财政局、市教委要研究出台配套经费管理细则，明确补助资金的发放条件、使用范围、申领程序，并根据经济发展、物价及保育教育费变化等因素，适时进行调整；研究制定财政资金使用绩效考核办法，建立考核结果与财政补助挂钩机制，提高资金使用效益。各区政府要结合实际，出台区级财政资金对普惠性幼儿园给予补助的具体办法。

（三）强化督导考核

建立学前教育工作综合考核制度，按程序将各区扩大学前教育学位供给、无证幼儿园治理等工作纳入政府绩效考核。健全完善学前教育督导保障体系，市政府教育督导室要将本行动计划落实情况作为督导重点，加强日常监测和监督指导，推动各项任务落实。同时，建立幼儿园责任督学挂牌督导制度，为每所幼儿园配备一名责任督学，进行日常监督指导。

各区第三期学前教育行动计划经区政府批准后，于 2018 年 2 月 15 日前报市教委备案。

中共北京市委
北京市人民政府

印发《关于统筹推进北京高等教育改革发展的若干意见》的通知

京发〔2018〕12 号

各区委、区政府，市委、市政府各部委办局，各总公司，各人民团体，各高等院校：

现将《关于统筹推进北京高等教育改革发展的若干意见》印发给你们，请结合实际认真贯彻落实。

2018 年 6 月 8 日

关于统筹推进北京高等教育改革发展的若干意见

为深入贯彻落实中央关于深化教育体制机制改革的有关文件精神，进一步深化北京高等教育综合改革，推动高等教育内涵式发展，现提出以下意见。

一、总体要求

（一）指导思想

深入贯彻党的十九大精神，以习近平新时代中国特色社会主义思想为指导，全面贯彻党的教育方针，坚持高等教育为人民服务、为党治国理政服务、为巩固和发展中国特色社会主义制度服务、为改革开放和社会主义现代化建设服务，全面深化高等教育综合改革，落实立德树人根本任务，系统推进育人方式、办学模式、管理体制、保障机制改革，引导高等学校走内涵式发展道路，提升人才培养能力和科技创新能力，加强社会服务、文化传承创新及国际交流合作，加快实现高质量发展，努力建设一流大学和一流学科，更好地服务北京“四个中心”城市战略定位，为建设国际一流的和谐宜居之都和具有全球影响力的科技创新中心提供人才保障和智力支撑。

（二）基本原则

——坚持内涵发展。推动高等学校转变发展方式，完善内部治理、提升发展效益、增强办学实力，厚积校园文化、涵养大学精神、强化价值引领，构建一流培养体系，促进学生全面发展，走以质量提升为核心的内涵式发展道路。

——坚持特色发展。推动高等学校优化投入模式，坚持有所为有所不为，集中力量发展最具优势和前景的学科专业，突出重点、彰显特色，精准发力、固优固强，提升核心竞争力。

——坚持差异化发展。推动高等学校找准办学定位，把服务国家、区域、行业需求及学生全面成长需要作为办学根本出发点，突出办学优势，形成定位互补、错位发展的高等教育办学格局。

（三）主要目标

到2020年，北京高等学校以立德树人为根本、教育教学为主业、科学研究为支撑的管理运行体系进一步健全完善，办学定位更加明确、优势特色更加突出、办学活力进一步增强。高等教育分类发展格局基本形成，服务北京经济社会发展的能力有效提升。

到2035年，北京高等教育率先实现治理体系和治理能力现代化，高等学校人才培养能力、科技创新能力、学科建设水平显著提升，整体竞争力进入世界前列。

到2050年，北京高等学校综合实力实现跨越提升，北京成为世界一流大学的高地，一流高等教育资源的协同效应充分释放，高等教育在全球范围内的影响力、辐射力、引领力全面彰显。

二、明确改革任务

（一）落实立德树人根本任务，巩固人才培养中心地位

按照培养又红又专、德才兼备、全面发展的中国特色社会主义合格建设者和可靠接班人的要求，加强和改进思想政治工作，推进全员全过程全方位育人，着力培养担当民族复兴大任的时代新人。健全高等学校评价体系，推动高等学校在政策制定、经费支持、考核评价等方面突出教学、强化育人。进一步强化教育教学工作，形成教学奖励项目与科研奖励项目、教学人才项目与科研人才项目、教育教学成果与科学研究成果同等重要、相互促进、融合发展的新局面。对获评北京市高等学校特级教学名师、教学名师、精品课程主讲教师的，教学工作量及教学效果达到相应要求后，按照一定标准给予激励。加大教育教学人才引进力度，为优秀引进人才租赁或购买人才住房提供支持。探索将市级教学项目经费一定比例用于人员绩效支出，市级教学经费一定比例用于人员绩效、师资培养及国际交流支出。

（二）改革人事制度，强化教育教学主业

积极推动高等学校人事制度改革，鼓励引导高等学校建立体现教育教学主业的人事管理运行体系。创新教师聘任机制，吸引国内外、

各行业优秀人才参与教育教学。完善教师职称评审机制，提高教学业绩在职称评审中的比重。完善教师分类评价机制，在强化教育教学的基础上，制定体现不同教师特点的分类评价标准，促进教师分类发展。健全教师激励机制，构建分层次、多类型的教师激励体系，引导广大教师将提高教学水平作为个人发展的内生动力。

（三）创新育人机制，建设一流培养体系

建立健全市属高校专业设置指导机制，成立由政府相关部门、行业组织等单位专家组成的专业设置咨询管理委员会，加强对市属高校专业设置的指导；推动高等学校建立专业设置听证制度，促进科学合理设置专业。创新人才培养模式，探索在部分专业开展基础教育与高等教育贯通培养，为不同类型人才成长提供多样化发展路径。推动高等学校创新教学管理制度，做到政策措施激励教学、工作评价突出教学、资源配置优先保证教学，引导教师提升课堂教学质量、加强课外师生互动，将更多时间和精力投入到教育教学之中。坚持以学生为中心的教育教学理念，完善学分制，探索建立学分制收费管理制度，开展高等学校之间学分认定和转换。引导高等学校更加关注应用型人才培养，将更多办学资源向实践教学环节倾斜。构建大学生实习体系，研究通过政府补贴等优惠政策对企事业单位接收学生实习进行激励，鼓励政府机关为学生提供实习岗位。

（四）完善科研政策，构筑科技创新高地

完善科研投入、队伍建设、成果转化相关政策，推进科研组织模式创新。加强高等学校创新平台体系建设，构建国内外创新资源深度融合、科研与应用相互促进、科技创新与人才培养有机结合的长效机制。加强科学道德建设和科研评价文化建设，营造浓厚的学术氛围和宽松的创新环境。完善配套政策，推进服务体系建设，优化科技成果转化环境，加快高等学校科技成果转移转化。建立导向明确、分类合理、激励约束并重的分类评价标准和开放多元的评价方法，形成科研支撑创新人才培养、更好服务经济社会发展的评价机制。

（五）健全管理体制，释放高等学校办学活力

加快高等教育领域综合改革，依法落实高等学校办学自主权，完

善中国特色现代大学制度，推进高等教育治理体系和治理能力现代化。深化市属高校拨款机制改革，探索分类拨款、学科专业拨款、绩效拨款及生均拨款有机结合的差异化拨款方式，激发学校办学活力。继续加强与中央高校的共建工作，充分发挥中央在京高校办学优势及引领作用，支持中央在京高校与市属高校构建互惠共赢长效机制。完善人力资源培训相关政策，引导高等学校主动对接本市人力资源培训市场需求，为城乡劳动力再就业提供高质量的培训服务。

三、加强基础工作

（一）聚焦城市战略定位，优化高等教育布局结构

严格落实《北京城市总体规划（2016年—2035年）》，优化高等教育空间布局，科学调控高等学校办学用地及办学规模。推动高等教育资源有序疏解，实现区区有高校。结合实际，统筹推动解决部分高等学校多点办学问题。优化海淀区高等学校集聚区、良乡高教园区、沙河高教园区发展环境，打造世界一流的高教园区，提升高等教育综合实力和国际竞争力。引导高等学校主动服务战略性新兴产业及民生需求，着力优化学科专业结构和人才培养层次结构，重点建设一批一流学科和一流专业，动态调整一批与首都城市发展契合度不高的学科和专业，促进学科布局、专业设置、培养规模及结构与首都经济社会发展相适应。

（二）加强宏观引导，推动高等学校分类发展

积极支持中央在京高校服务国家战略，引导其立足北京、服务北京、融入北京。有效发挥资源配置和政策激励的导向作用，在分类管理、分类指导、分类支持、分类评价的基础上，逐一研究并明确市属高校办学定位，推动其在不同层次、不同学科和不同领域办出特色，争创一流。支持以培养创新型人才为主，拥有入选国家“双一流”建设学科或在国际排名中达到一流水平学科的市属高校建设高水平研究型大学；支持以培养高水平人才为主，特色优势鲜明的市属高校建设高水平特色大学；支持以培养技术应用人才为主的市属高校建设高水平应用型大学；支持以培养技能型人才为主的市属高校建设高水平技能型大学。

（三）建设一流师资，夯实高等教育发展基础

加强师德师风建设。推动高等学校教师以社会主义核心价值观为崇德修身基本遵循，提升思想政治工作水平，做好“四个引路人”、践行“四个相统一”、成为“四有”好老师。各高等学校要建立教育、宣传、监督、考核、奖惩等师德建设长效机制，引导教师以德立身、以德立学、以德施教。

加强人才队伍建设。进一步加大对高层次人才培育引进力度，充分发挥海聚工程、高层次人才创新创业支持计划、高精尖创新中心及卓越青年科学家等项目优势，建设国际领先、国内一流、规模适度、结构优化、作用突出的优秀杰出高校人才队伍。

推动教师双向流动。引导高等学校吸引教育系统外及国外高水平专家、高技能人才在学校开展中长期教学，将最新科技成果、职业规范、实践经验引入课堂教学。支持高等学校选派专职教师到对口党政机关、企事业单位挂职锻炼，将实践问题及成果转变为研究课题、教学案例。

促进教师专业发展。完善高等学校教师全员培训制度和分类、分层、分岗培训体系，创新教师培训方式，提升教师育人能力。实施高等学校教师发展中心建设项目，完善教师专业发展机制。

加强基础课教师队伍建设。实施高等学校基础课教师队伍能力提升计划。建立基础课教师共享平台，促进优秀基础课教师在高等学校间互聘流动。支持高等学校聘任优秀博士生担任基础课助教，促进基础课教学质量提升。鼓励优秀基础课教师开发在线开放课程，推动优质课程资源校际间共享。

（四）加强教学保障，提升人才培养质量

优化人才培养结构。开展专业监测、评价、预警和调整，引导高等学校对就业率较低、社会需求较小的学科专业进行调整或减少招生规模。支持市属高校发挥在医药卫生、基础教育等方面的优势，着力发展契合首都城市功能定位的专业。支持部分高等学校深度联合行业企业培养实验室高级技工等复合型工程人才。支持医学类院校灵活设置专业培养方向，开设高级护理等专业，满足社会对各类医药卫生人才的需求。支持师范类院校按照“高质量、专业化”标准，培养更多“四

有”好教师。

加强教学条件建设。实施智慧教室建设计划，促进信息技术与教育教学融合，提升课堂教学效果。实施北京高等学校专业图书馆建设计划，为相关专业师生提供优质共享的图书情报服务。推动高等学校加大教学基础设施建设投入，打造体现现代教育理念的学习空间。

加强优质课程建设。实施北京高等学校精品课程建设计划，引导高等学校加强课程质量建设，促进教师提升课堂教学水平。推动高等学校加快建设体现区域及行业需求的应用型课程，打造特色、共享的北京高等学校优质课程体系。制定加强高等学校在线开放课程建设与共享的实施意见，不断创新校内、校际在线开放课程共享与应用模式。

大力强化实践育人。实施本科教育教学重点实验室建设计划及共享实习实训基地建设计划，拓展实践教学资源，并促进资源共享。扩大“实培计划”合作领域，推动科教、产教合作育人。高等学校要完善并切实落实实习相关制度，提高学生实习比例，创新实习管理方式，加强实习质量监控，有效提升学生实践创新能力。

深入推进协同育人。完善“双培计划”实施模式，开展虚拟教研室建设，加强教师研讨交流，促进学生跨校成长成才。大力支持北京学院建设，鼓励高等学校强强联合培养人才。推动京津冀高等学校联盟建设，加强区域高等学校交流合作。支持高等学校汇聚校内外资源，创新协同育人模式，形成各方积极参与人才培养的合力。

加强国际交流合作。优化“外培计划”实施方式，培养具有国际视野和多元文化交流能力的专门人才。开展国际化办学项目试点，探索国际化人才培养新模式。高等学校要结合“一带一路”及国际交往中心建设需求，培养具有国际视野、通晓国际规则、能够参与国际事务和国际竞争的国际化人才。

健全教学质量保障体系。加强督导评估及质量监控，完善质量报告制度，推动高等学校加强教学质量保障体系建设。高等学校要健全用人单位、教师、学生共同参与的学校内部教学质量保障与评价机制，加强对人才培养过程的管理，加快建立推动教学质量不断提升的长效机制。

（五）加强平台建设，提升科技创新能力

深化高精尖创新中心建设。完善高精尖创新中心建设相关政策，强化过程管理与评估，加快汇聚一批国际顶尖科学家，着力打造高水平创新团队，提升承担国家和本市重大项目及工程的能力，形成一批重大原始创新成果，培养一批高水平创新人才。鼓励高精尖创新中心积极争取北京产业投资基金支持，加快实现创新成果转化及产业化发展。

实施卓越青年科学家项目。加大对优秀青年人才的培育支持力度，实施一批卓越青年科学家项目，重点支持优秀青年人才面向重大任务、重点领域开展科学研究，培育一批具有国际视野、国际水平的卓越青年科学家，为全国科技创新中心建设提供有力支撑。

加强北京实验室建设。聚焦世界科技前沿发展，以国家战略及本市经济社会发展需求为导向，以集聚创新资源为基础，以促进科教融合为主线，整合优势、强化协同，建设一批北京实验室，着力构建定位清晰、任务明确，布局合理、特色鲜明，开放协同、学科交融的北京实验室发展体系。

强化人文社会科学研究。建设一批北京人文社会科学研究中心，引领和带动高等学校人文社会科学创新发展，形成一批对理论创新和文化传承创新具有重大影响的标志性成果，为全国文化中心建设提供有力支撑。

推动联合共建创新。积极推动与教育部等国家部委及有关科研院所、大型企业研究机构建设一批共建实验室，开展具有区域特色的基础研究、应用基础研究及关键共性技术研究，加强产学研科技创新资源共享，打造人才培养、科技创新和社会服务创新平台。

加强国际合作创新。推动北京高等学校与国外一流高等学校、科研机构开展更加广泛的实质性合作，建设一批具有较高研究水平和实力的国际合作创新平台，使之成为开展国际科技合作与交流的学术中心、集聚一流学者和培养拔尖创新人才的重要基地。

（六）推进“双一流”建设，提升高等学校综合实力

支持国家“双一流”建设。坚持中国特色、世界一流，对入选国家“双一流”建设计划的高等学校给予支持；引导相关高等学校深化综合改

革，全面融入北京“四个中心”功能建设，主动服务北京经济社会发展需要，积极带动其他高校特别是市属高校学科发展及整体水平提升。

加强高精尖学科建设。通过支持一批优势学科、提升一批特色学科、建设一批新兴交叉学科、繁荣一批人文社会学科，进一步推动高等学校学科建设水平提升。

开展一流专业建设。引导中央在京高校结合北京经济社会发展需要开展专业建设；推动市属高校整合办学资源，优化专业结构，强化优势特色，建成一批强势专业、行业急需专业、新兴交叉复合专业。

建设地方高水平大学。重点支持若干所市属高校建设一批特色学科，形成若干有国际影响力的团队，取得一批国内外领先的原创性成果及满足北京经济社会发展重大需求的成果，并将科学研究资源转变为人才培养资源，有效提升人才培养能力，在国内同类型高等学校中起到引领示范作用。

四、强化实施保障

（一）全面加强党的领导

坚持党管办学方向、党管改革，充分发挥党委总揽全局、协调各方的作用，确保党的路线方针政策在高等学校贯彻落实。坚持和完善党委领导下的校长负责制，建立健全党委统一领导、党政分工合作、协调运行的工作机制，不断改革和完善高等学校体制机制。加强市属高校领导班子和干部队伍建设，拓宽选人用人视野，打造政治强、懂专业、善治校、敢担当、作风正的高等学校领导班子。推动高等学校党委认真履行管党治党主体责任，充分发挥基层党组织在推动高等教育改革发展中的战斗堡垒作用。

（二）强化市级统筹协调

充分发挥市教育体制改革专项小组的作用，加强顶层设计及宏观统筹，强化部门协同及政策衔接，建立健全激励机制和容错机制，努力破解体制障碍及难点问题，加大财政投入及保障力度，形成推动高等教育改革发展合力，加快构建体现北京高等学校优势和特色的一流人才培养体系。

（三）开展教育督导评估

创新高等教育改革发展推进机制，将加强激励引导与开展督导评估有机结合，做好督导、检查、评估和监测相关工作，及时跟踪高等学校工作进展情况，推动高等学校找准办学定位、加强总体规划、深化内部改革，将办学重点聚焦到提升教育教学质量上来。

（四）落实高等学校主体责任

高等学校要切实承担起办学治校、教书育人主体责任，牢牢抓住全面提高人才培养能力这个中心，立足办学定位，巩固办学优势，深入系统推进改革发展各项工作，走以质量提升为核心的内涵式发展道路，追求卓越、争创一流。

中 共 北 京 市 委
北京市人民政府

关于全面深化新时代教师队伍建设改革的实施意见

京发〔2018〕25号

为深入贯彻落实《中共中央、国务院关于全面深化新时代教师队伍建设改革的意见》，造就党和人民满意的高素质专业化创新型教师队伍，落实立德树人根本任务，培养德智体美全面发展的社会主义建设者和接班人，全面实现教育现代化，办好人民满意的教育，为建设国际一流的和谐宜居之都提供坚实的人才支撑，结合本市教育改革发展实际，现就全面深化新时代教师队伍建设改革提出如下实施意见。

一、深刻认识教师队伍建设的重要意义和总体要求

1. 重要意义。百年大计，教育为本；教育大计，教师为本。教师

承担着传播知识、传播思想、传播真理的历史使命，肩负着塑造灵魂、塑造生命、塑造人的时代重任，是国家富强、民族振兴、人民幸福的重要基石。市委、市政府历来高度重视教师工作，始终坚持将教师队伍建设摆在突出位置，不断健全完善教师队伍建设政策支持体系；各区、各部门和各级各类学校采取有力措施认真贯彻落实市委、市政府部署要求，教师队伍建设取得显著成就；广大教师牢记使命、不忘初衷，爱岗敬业、教书育人，改革创新、服务社会，作出了重要贡献。

当前，中国特色社会主义进入了新时代，开启了全面建设社会主义现代化国家的新征程。我国社会主要矛盾已经转化为人民日益增长的美好生活需要和不平衡不充分的发展之间的矛盾，人民对公平而有质量的教育的向往更加迫切。面对新方位、新征程、新使命，教师队伍建设还存在一些不足，主要体现在对教师队伍建设的重视程度还需要进一步提高；教师思想政治工作与师德师风建设还需要进一步加强；教师培养规模还需要进一步扩大；教师整体素质还需要进一步提升；教师编制、岗位、评聘、考核评价等管理体制机制还需要进一步理顺；教师地位待遇还需要进一步提高，全社会尊师重教的良好氛围还需要继续努力营造。时代越是向前，知识和人才的重要性就愈发突出，教育和教师的地位、作用就愈发凸显。各级党委和政府要从战略和全局高度充分认识教师工作的极端重要性，把全面加强教师队伍建设作为一项重大政治任务和根本性民生工程切实抓紧抓好。

2. 指导思想。全面贯彻党的十九大精神，以习近平新时代中国特色社会主义思想为指导，坚持和加强党的全面领导，坚持以人民为中心的发展思想，坚持全面深化改革，牢固树立新发展理念，全面贯彻党的教育方针，落实立德树人根本任务，遵循教育规律和教师成长发展规律，把促进学生健康成长作为教师队伍建设的出发点和落脚点，以强化师德师风建设为首要任务，以优化教师资源配置为基本前提，以教师素质能力提升为核心内容，以理顺教师管理体制机制为强大动力，以提高教师地位待遇为基础支撑，培养高素质专业化创新型教师队伍，倡导全社会尊师重教，形成优秀人才争相从教、教师人人尽展其才、好教师不断涌现的良好局面。

3. 工作原则

——确保方向，突出师德。坚持党管干部、党管人才，坚持依法治教、依法执教，保证教师队伍建设正确的政治方向。把提高教师思想政治素质和职业道德水平摆在首要位置，把社会主义核心价值观贯穿教书育人全过程，突出全员全方位全过程师德养成。

——统筹规划，优先发展。坚持教育优先发展战略，把教师队伍建设作为教育事业发展的重中之重，优先谋划教师队伍建设，优先保障教师队伍建设投入，优先满足教师队伍建设需要。

——深化改革，创新机制。抓住关键环节，优化顶层设计，推动实践探索，破解发展瓶颈，把管理体制改革与机制创新作为突破口，把提高教师地位待遇作为真招实招，增强教师职业吸引力。

——分类指导，精准施策。坚持问题和需求导向，借鉴国内外先进经验，根据各级各类教师的不同特点和发展实际，采取有针对性的政策举措，定向发力，确保实效。

4. 目标任务。经过5年左右努力，教师培养培训体系更加健全，职业发展通道更加畅通，事权人权财权相统一的教师管理体制普遍建立，教师地位待遇进一步提高，教师职业吸引力明显增强。教师队伍规模、结构、素质能力基本满足各级各类教育发展需要。尊师重教蔚然成风，广大教师在岗位上有幸福感、事业上有成就感、社会上有荣誉感。

到2035年，教师综合素质、专业化水平和创新能力显著提升，培养造就一大批在全国有影响的骨干教师、卓越教师和教育家型教师。教师管理体制机制科学高效，实现教师队伍治理体系和治理能力现代化。教师主动适应信息化、人工智能等新技术变革，积极有效开展教育教学。教师成为让人羡慕的职业，广大教师安心从教、热心从教、舒心从教、静心从教的良好局面全面形成。

二、着力提升思想政治素质，全面加强师德师风建设

5. 加强教师党支部和党员队伍建设。加强党对教师队伍建设的领导，将全面从严治党要求落实到每个教师党支部和教师党员，把党的政治建设摆在首位，用习近平新时代中国特色社会主义思想武装头脑，充分发挥教师党支部教育管理监督党员和宣传引导凝聚师生的战斗堡垒作用，充分发挥党员教师的先锋模范作用。强化教师党支部建设，选优配强教师党支部书记，注重选拔党性强、业务精、有威信、肯奉献的优秀党员教师担任教师党支部书记，实施教师党支部书记"双带头人"培育工程，定期开展教师党支部书记轮训。配齐建强高等学校思想政治工作队伍和党务工作队伍，完善选拔、培养、激励机制，形成一支专职为主、专兼结合、数量充足、素质优良的工作力量。建立有效的思想政治教育机制，坚持党的组织生活各项制度，创新方式方法，增强党的组织生活活力。

加强教师党员队伍建设，完善发展党员制度，重视做好在优秀青年教师、海外留学归国教师中发展党员工作。健全把骨干教师培养成党员，把党员教师培养成教学、科研、管理骨干的"双培养"机制。健全主题党日活动制度，加强党员教师日常管理监督，推进"两学一做"学习教育常态化制度化，开展"不忘初心、牢记使命"主题教育，引导党员教师增强政治意识、大局意识、核心意识、看齐意识，自觉爱党护党为党，敬业修德，争做奉献社会的示范标杆。

6. 全面提高教师思想政治素质。加强理想信念教育，深入学习贯彻习近平新时代中国特色社会主义思想，引导教师树立正确的历史观、民族观、国家观、文化观，坚定中国特色社会主义道路自信、理论自信、制度自信、文化自信。引导教师准确理解和把握社会主义核心价值观的深刻内涵，增强价值判断、选择、塑造能力，带头践行社会主义核心价值观。引导广大教师充分认识中国教育辉煌成就，扎根中国大地，办好中国教育。加强中华优秀传统文化和革命文化、社会主义先进文化教育，弘扬爱国主义精神，引导广大教师热爱祖国、奉献祖国。加强古都文化、红色文化、京味文化和创新文化教育，引导广大教师热爱首都文化。坚持和完善理论学习制度，创新教师思想政治工作方式方法，开辟思想政治教育新阵地，利用思想政治教育新载体，强化教师社会实践参与，注重把思想政治工作落实到学校管理、教学和科研活动中。要着眼青年教师群体特点，增强思想政治工作的针对性和实效性。落实党的知识分子政策，政治上充分信任，思想上主动引导，工作上创造条件，生活上关心照顾，使思想政治工作接地气、入人心。

7. 弘扬高尚师德。坚持把师德建设放在教师队伍建设首位，构建大、中、小、幼一体化的师德建设体系，推动师德建设常态化长效化。在全体教师中开展做新时代“四有”好教师和“四个引路人”学习实践活动，完善新时代教师职业行为规范，创新师德教育和宣传方式，树立师德典型，讲好师德故事，加强引领，注重感召，弘扬楷模，形成强大正能量，努力营造全社会尊师重教氛围。引导广大教师以德立身、以德立学、以德施教、以德育德，坚持教书与育人相统一、言传与身教相统一、潜心问道与关注社会相统一、学术自由与学术规范相统一，争做“四有”好教师，全心全意做学生锤炼品格、学习知识、创新思维、奉献祖国的引路人。建立健全师德考核评价和监督体系，完善师德考核办法，推行师德考核负面清单制度。

三、着力提升基础教育教师专业素质能力，全面深化基础教育教师管理综合改革

8. 加大教师培养力度。落实教师教育振兴行动计划，构建以师范院校为主体、非师范院校参与的开放灵活的教师培养体系。加大对市属师范院校支持力度，切实提高生源质量，改革师范专业的招生方式，师范专业实行提前批次录取或采取入校后二次选拔方式，择优选拔热爱教育事业、具备良好潜质、有志于长期从教的优秀高中毕业生进入师范专业。实施拓展中小学教师来源行动计划，多措并举，有效增加教师来源。大力推动研究生层次教师培养，增加教育硕士招生计划。

支持高水平综合大学开展教师教育，推动一批有基础的高水平综合大学成立教师教育学院，设立师范专业，创新教师培养形态，重点培养教育硕士，适度培养教育博士，造就高素质复合型教师。整合高水平综合大学一流学科知名专家资源，遴选优秀教师开展个性化研修，重点培养一大批卓越教师和教育家型教师。

9. 提高教师培养质量。以实践为导向优化教师教育课程体系，强化心理学知识学习，加强职业道德、职业理想教育，着力提升教师综合素养。优化幼儿园教师培养课程体系，突出保教融合，科学开设儿童发展、保育活动、教育活动类课程，强化实践性课程，突出培养学前教育师范生综合能力。创新教师培养模式，建立高等学校与政府、中小学和幼儿园联合培养教师的新机制，建立健全教育实践工作规范，加强师范生教育实践管理；强化“钢笔字、毛笔字、粉笔字和普通话”等教学基本功和教学技能训练，加强人工智能、大数据等信息技术应用能力训练，落实师范生教育实践不少于半年制度。支持师范院校构建师范生国际化培养平台，培养更多具有国际视野的优秀教师。

10. 建设高素质专业化基础教育教师队伍。完善中小学、幼儿园教师全员培训制度和分类、分层、分岗培训体系。加强教师培训课程建设，打造一批具有针对性、引领性、前沿性的精品课程及网络课程。创新教师培训方式，推动信息技术、人工智能与教师培训有机融合，实行线上线下相结合的混合式研修。推行教师培训自主选学，实行培训学分管理，建立培训学分银行，推动教师培训与学历教育课程衔接、学分互认。建立健全新入职教师为期一年规范化培训制度，持续实施中小学、幼儿园名师发展工程和乡村教师素质提升计划。加强班主任队伍建设，强化班主任专题培训，建立骨干班主任评选制度。鼓励在职教师提升学历。加强特殊教育、校外教育教师培训。开展教非所学教师轮训。加强优秀教师、干部的境外培训。

加强中小学校长、幼儿园园长队伍建设。面向全体中小学校长、幼儿园园长，加大培训力度，提升其依法办学治校（园）能力。实施中小学、幼儿园名校（园）长发展工程，造就一大批高水平办学治校（园）人才。实施教育家建设工程，支持校（园）长大胆探索，创新教育思想、教育模式和教育方法，形成教学特色和办学风格，营造教育家脱颖而出的制度环境。

11. 创新和规范中小学教师编制管理。在现有编制总量内，统筹考虑、合理核定教职工编制，盘活事业编制存量，优化编制结构，向教师队伍倾斜，采取多种形式增加教师总量，优先保障教育发展需要。研究推进中小学教职工编制标准的修订工作，研究制定公办幼儿园人员配备规范。创新编制管理，建立教师编制统筹配置机制和跨区域（领域、行业）调整机制，市级统筹、区级调剂、以区为主，动态调配。机构编制部门会同财政和教育行政部门按标准每 3 年核定一次区域内中小学合理的教职工编制总量，教育行政部门在总量内统筹调配，每年动态调整。加强和规范中小学教职工编制管理，严禁挤占、挪用、截留教师编制和有编不补。

12. 优化义务教育教师资源配置。实行义务教育教师“区管校聘”，推进教师资源配置方式改革。深入推进区内义务教育学校教师、校长交流轮岗，推动城镇优秀教师、校长向乡村学校、一般学校流动。实行学区（教育集团等）内走教制度，给予相应补贴。持续实施乡村教师特设岗位计划、城区中小学公开招聘紧缺学科教师计划。实施银龄讲学计划，鼓励支持乐于奉献、身体健康的退休优秀教师到乡村和基层学校支教讲学。

13. 完善中小学、幼儿园教师准入和聘用制度。逐步将修习教师教育课程、参加教育教学实践作为认定教育教学能力、取得教师资格的必备条件。新入职教师必须取得教师资格。严格教师准入，规范招聘程序，重视思想政治素质和业务能力，进一步提高教师队伍学历水平。制定符合教育行业特点的中小学、幼儿园教师招聘办法，遴选乐教适教善教的优秀人才进入教师队伍，支持中小学、幼儿园引进高层次人才。实行中小学教师资格定期注册制度，完善公费师范毕业生和编内非京籍教师履约任教服务期制度，教学岗位专任高级教师可按规定延迟退休。完善符合中小学、幼儿园特点的岗位管理制度，推进教师管理由身份管理向岗位管理转变，进一步提高中级、高级教师岗位结构比例，拓宽教师发展通道。按照中小学校领导人员管理暂行办法，明确任职条件和资格，规范选拔任用工作，激发办学治校活力。

14. 深化中小学、幼儿园教师职称和考核评价制度改革。教师职称评审在核定的岗位结构比例内进行，实现职称与岗位聘用衔接。将中小学教师到乡村学校、一般学校任教 1 年以上的经历作为申报高级教师职称和特级教师的必要条件。将具有教师资格的专职党务干部纳入职称晋升参评范围，符合申报条件的，可参评德育、教育教学管理等专业职称。推行中小学校长职级制改革，促进校长队伍专业化建设。进一步完善职称评价标准和方式，建立符合各级各类教师岗位特点的考核评价指标体系和考核评价机制，坚持德才兼备、全面考核，突出教育教学成效和实际贡献，引导教师潜心教书育人。加强聘后管理，激发教师的工作活力。完善相关政策，防止形式主义的考核检查干扰正常教学。不简单用升学率、学生考试成绩等评价中小学教师。加强中小学校长、幼儿园园长、骨干教师考核评价，督促提高素质能力。

15. 完善中小学、幼儿园教师待遇保障机制。完善中小学教师工资正常增长机制和中小学教师工资与公务员工资同步调整联动机制，确保中小学教师平均工资收入水平不低于或高于本地区公务员平均工资收入水平。健全和完善绩效工资激励机制，优化绩效工资结构，突出岗位在基础性绩效工资结构中的权重，有效体现教师所聘岗位、承担责任、工作量和工作绩效。在绩效工资分配中向班主任、骨干教师、特殊教育教师倾斜，鼓励支持中小学教师积极参与教育综合改革。持续实施乡村教师岗位生活补助政策。提高公办幼儿园非在编教师工资待遇，缩小与在编教师的工资差距，逐步实现同工同酬。落实建设乡村教师周转宿舍和为乡村教师租赁周转房政策，帮助城镇中小学、幼儿园青年教师解决住房难问题。

四、着力提升高等教育、职业教育教师专业素质能力，全面深化高等学校、职业院校教师管理综合改革

16. 建设高素质创新型高等学校教师队伍。持续实施高等学校高水平教师队伍建设支持计划，建设一支政治素质过硬、业务能力精湛、育人水平高超的高素质创新型教师队伍。着力提高教师专业能力，推进高等教育内涵式发展。搭建校级教师发展平台，开展教学研究与指导，推进教学改革与创新。加强院系教研室等学习共同体建设，建立完善传帮带机制。全面开展高等学校教师教学能力提升培训，重点面向新入职教师和青年教师，为高等学校培养人才培育生力军。加强思想政治课教师、辅导员、研究生导师、基础课教师和实验员队伍建设。结合“一带一路”建设和人文交流机制，推动国内外教师双向交流与研修。支持孔子学院教师、援外教师成长发展。支持优秀中青年骨干教师和优秀管理干部到国内外知名大学、科研院所进行访学交流和团体研修。统筹做好千人计划、海聚工程等国家和本市高层次人才队伍梯队建设和推选工作。加强高端智库建设，依托人文社会科学重点研究基地等，汇聚培养一大批哲学社会科学名家名师。持续实施高等学校教育系统人才项目计划。

17. 建设高素质双师型职业院校教师队伍。持续实施职业院校教师素质提高计划，探索师资培训基地与教师企业实践基地“双基地”合作培养双师型教师新模式，系统开展双师型教师专业技能培训、国（境）外研修等项目。支持高水平学校和知名企业共建双师型教师培养培训基地，建立高等学校、行业企业联合培养双师型教师的机制。推进职业院校教师定期到企业实践，不断提升实践教学能力。建立企业经营管理者、技术能手与职业院校管理者、骨干教师相互兼职制度。持续实施职业院校教育系统人才项目计划。

18. 创新高等学校教师编制管理与优化教师资源配置。积极探索实行高等学校人员总量管理，并试点动态调整，纳入总量管理的人员享有相应待遇和保障。严把高等学校教师选聘入口关，实行思想政治素质和业务能力双重考察，在高等学校高层次人才遴选和培育中突出教书育人。严格教师职业准入，将新入职教师岗前培训和教育实习作为认定教育教学能力、取得高等学校教师资格的必备条件。落实高等学校用人自主权，自主制定招聘条件和标准，自主公开招聘人才。鼓励高等学校加大聘用具有其他学校学习工作和政府、行业企业工作经历教师的力度，支持引进海外优秀人才，持续优化高等学校教师结构。配合外国人永久居留制度改革，健全外籍教师资格认证、服务管理等制度。

19. 深化高等学校岗位管理和聘用制度改革。高等学校在人员总量内组织制定岗位设置方案和管理办法，依法自主确定教学、科研、行政职能部门等内设机构的设置和人员配备。鼓励高等学校自主制定设立流动岗位吸引优秀人才到本校兼职、本校教师到企业兼职从事科技成果转化活动及本校教师离岗创新创业等办法。推行高等学校教师职务聘任制改革，加强聘期考核，准聘与长聘相结合，做到能上能下、能进能出。按照高等学校领导人员管理暂行办法，明确任职条件和资格，加强学校领导人员管理，激发办学治校活力。

20. 深化高等学校教师职称制度与考核评价制度改革。推动高等学校教师职称制度改革，由高等学校自主组织职称评审、自主评价、按岗聘任。进一步完善职称评审的标准和方式，将思想政治和师德表现作为评聘的首要条件，把从事学生思想政治教育作为思想政治工作兼职教师参加职称评审的重要依据，提高教学业绩在评聘中的比重。建立以同行专家评审为基础的分类评价机制，注重对代表性成果和实际贡献等内容进行考察评价。进一步畅通高层次特殊人才职称评审绿色通道。加强职称评聘事中事后监管。深化高等学校教师考核评价制度改革，突出教育教学业绩和师德考核，注重对思想政治与师德、教育教学、科学研究、社会服务、专业发展等进行综合考核评价。合理运用考核评价结果，将其作为职称（职务）评定、绩效分配、评优评先的重要依据。

21. 健全职业院校教师管理制度。根据职业教育特点，研究制定中等职业学校人员配备规范。完善职业院校教师资格标准，探索将行业企业从业经历作为认定教育教学能力、取得专业课教师资格的必要条件。落实职业院校用人自主权，完善教师招聘办法。推动固定岗和流动岗相结合的职业院校教师人事管理制度改革。支持职业院校专设流动岗位，适应产业发展和参与全球产业竞争需求，引进行业企业一流人才，吸引具有创新实践经验的企业家、高科技人才、高技能人才等兼职任教，深化产教融合。完善职业院校双师型教师评价标准，吸纳行业组织、企业作为评价参与主体，重点评价职业素养、技能水平和专业教学能力。

22. 推进高等学校和职业院校教师薪酬制度改革。健全市属高校和职业院校绩效工资管理规范，依据市属高校和职业院校分类管理、办学水平、绩效考核、公益二类属性等因素合理确定绩效工资总量，进一步提高绩效工资水平和市级财政保障额度。扩大高等学校和职业院校收入分配自主权，高等学校和职业院校在核定的绩效工资总量内自主确定收入分配办法。加大对市属高校高层次人才队伍建设支持力度，合理确定市属高校高层次人才相对统一的绩效工资标准，不受本单位绩效工资总量限制，所需资金由市级财政予以保障。完善适应高等学校和职业院校教学岗位特点的内部激励机制，对专职从事教学的人员，适当提高基础性绩效工资在绩效工资中的比重，加大对教学型名师的岗位激励力度。高等学校和职业院校教师经所在单位批准，可开展多点教学并获得报酬。积极探索实行以增加知识价值为导向的分配政策，逐步提高科研人员收入水平。帮助高等学校和职业院校青年教师和引进的高层次人才解决住房、子女入园入学等困难。

五、强化保障，确保政策举措落地见效

23. 加强组织领导。各级党委和政府要满腔热情关心教师，充分信任、紧紧依靠广大教师。要切实加强领导，实行一把手负责制，紧扣广大教师最关心、最直接、最现实的重大问题，找准教师队伍建设的突破口和着力点，坚持发展抓公平、改革抓机制、整体抓质量、安全抓责任、保证抓党建，把教师工作记在心里、扛在肩上、抓在手中，摆上重要议事日程，细化分工，确定路线图、任务书、时间表和责任人。主要负责同志和相关责任人要切实做到实事求是、求真务实，善始善终、善作善成，把准方向、敢于担当，亲力亲为、抓实工作。市、区两级党委常委会每年至少研究一次教师队伍建设工作。建立教师工作联席会议制度，研究解决教师队伍建设重大问题。教育、组织、宣传、机构编制、发展改革、人力社保、财政、规划国土、住房城乡建设、法制、外事等有关部门要在各自职责范围内，积极推进教师队伍建设改革有关工作。各区、各高等学校和职业院校要制定实施办法，全面落实教师队伍建设改革任务。

24. 明确教师的特别重要地位。突显教师职业的公共属性，强化教师承担的国家使命和公共教育服务的职责，确立公办中小学教师作为国家公职人员特殊的法律地位，明确中小学教师的权利和义务，强化保障和管理。各级党委和政府要切实负起中小学教师保障责任，提升教师的政治地位、社会地位和职业地位，吸引和稳定优秀人才从教。公办中小学教师要切实履行作为国家公职人员的义务，强化国家责任、政治责任、社会责任和教育责任。

25. 健全教师奖惩制度。加大教师表彰力度，定期开展“北京市人民教师奖”“北京市优秀教师”“北京市教育教学成果奖”等评选表彰活动。健全乡村教师荣誉制度。鼓励社会团体、企事业单位、民间组织对教师出资奖励，开展尊师活动，营造尊师重教良好社会风尚。督促教师认真履行新时代教师职业行为规范，健全违反师德行为惩处机制，对于违反师德的行为要发现一起，查处一起。建立完善教师退出机制，提升教师队伍整体活力。

26. 建设现代学校制度。体现以人为本，突出教师主体地位，落实教师知情权、参与权、表达权、监督权。建立健全教职工代表大会制度，保障教师参与学校决策的民主权利。推行中国特色现代大学章程，坚持和完善党委领导下的校长负责制，充分发挥教师在高等学校办学治校中的作用。维护教师职业尊严，保护教师合法权益，关心教师身心健康，克服职业倦怠，激发工作热情。

27. 强化经费保障。各级政府要将教师队伍建设作为教育投入重点予以优先保障，完善支出保障机制，确保党和国家关于教师队伍建设重大决策部署落实到位。优化经费投入结构，优先支持教师队伍建设最薄弱、最紧迫的领域，加大教师教育投入力度。健全以政府投入为主、多渠道筹集教育经费的体制，充分调动社会力量投入教师队伍建设的积极性。制定严格的经费监管制度，规范经费使用，确保资金使用效益。完善教师承担相关委托项目、研究等任务按实际付出和绩效合理取酬的政策机制。

28. 强化资源保障。支持教师队伍建设专业机构研究教师队伍建设重大问题，为重大决策提供支撑。建立健全市、区、校三级教师专业发展支持体系，加强市、区级教师培训机构建设。建立北京市教师发展中心，建设一批教师发展示范基地校，支持高校建立教师发展中心，探索建立海外教师培训基地。鼓励各级各类学校充分整合新技术资源，支持教师掌握和运用新技术，不断更新教育理念、变革教学形态、创新教学方式、提升教学效益，引领未来教育新潮流。推进“互联网+”开放性教师教育，为教师提供个性化的在线服务。推进利用信息化手段助力教师管理改革，完善北京市教师管理信息系统，加强大数据分析功能应用，提升教师管理效率。

29. 维护民办学校教师权益。完善学校、个人、政府合理分担的民办学校教师社会保障机制，民办学校应与教师依法签订合同，按时足额支付工资，保障其福利待遇和其他合法权益，并为教师足额缴纳社会保险费和住房公积金。依法保障和落实民办学校教师在业务培训、职务聘任、教龄和工龄计算、表彰奖励、科研立项等方面享有与公办学校教师同等权利。引导和支持民办幼儿园提高教师工资待遇，探索完善普惠性民办幼儿园教师工资保障机制。

30. 加强督查督导。市、区两级党委和政府要将教师队伍建设列入督查督导工作重点内容，并将结果作为党政领导班子和有关领导干部综合考核评价、奖惩任免的重要参考，确保各项政策措施全面落实到位，真正取得实效。

2018 年 9 月 7 日

北京市人民政府办公厅

印发《关于进一步加强学前教育管理的意见》的通知

京政办发〔2018〕34 号

各区人民政府，市政府各委、办、局，各市属机构：

《关于进一步加强学前教育管理的意见》已经市政府同意，现印发给你们，请结合实际认真贯彻执行。

2018 年 8 月 30 日

关于进一步加强学前教育管理的意见

为深入贯彻党的十九大关于办好学前教育、在幼有所育上不断取得新进展的精神，认真落实国务院关于学前教育工作的部署和市委、市政府相关要求，进一步加强学前教育管理，提高学前教育质量，保障幼儿健康成长，现提出如下意见。

一、总体要求

深入学习贯彻党的十九大精神，以习近平新时代中国特色社会主义思想为指导，全面贯彻党的教育方针，遵循学前教育规律，完善学前教育管理体制机制，坚持儿童优先、安全第一、权责统一、保教并重，加快形成科学规范的学前教育管理体系，不断提升学前教育管理水平，推进学前教育普及普惠安全优质发展，切实增强人民群众的获得感和幸福感。

二、主要举措

（一）加强幼儿园分类管理。

按照“谁审批、谁监管，谁举办、谁主责”的原则，完善动态监管机制，加强各类幼儿园管理，规范办园行为。大力发展公办幼儿园，进一步理顺机关、企事业单位、高等学校、城镇街道办幼儿园办园体制，强化办园质量管理，提高办园水平。健全完善政策措施，积极引导和扶持民办幼儿园提供面向大众、收费合理、安全优质的普惠性服务；加强准入管理，严格执行年检制度，促进民办幼儿园规范有序发展。创新体制机制，加大对学前教育社区办园点的扶持力度，提升安全管理水平。坚持疏堵结合，按照“规范一批、取缔一批”的原则，持续开展无证幼儿园分类治理。

（二）加强学前教育队伍建设。

加大学前教育师资培养培训力度。通过在部分区试点实施非学前教育专业本市户籍本科毕业生招聘并委托培养项目、本市户籍大专毕业生专升本培养项目和初中毕业生3＋2五年制学前教育大专培养项目，拓宽学前教育师资培养和引入渠道。健全培训机制，实现全市幼儿园园长、教师专业培训全覆盖。

严格学前教育教职员工准入与管理。进一步完善幼儿园教职员工入职标准，严格准入管理。完善幼儿园教师职业道德行为规范及考核标准，健全新教师入职宣誓制度和教师师德承诺、教师心理辅导制度。加强幼儿园教师管理信息系统建设，提升教师队伍管理效率和水平。健全幼儿园教师违反师德行为惩处机制，对虐待、歧视、体罚、变相体罚、侮辱幼儿人格等严重违反师德的行为，依法依规进行严肃处理。

逐步提高幼儿园教师待遇。多渠道、多方式解决公办幼儿园非在编教师工资待遇偏低问题，逐步实现同工同酬。引导和支持民办幼儿园提高教师工资待遇，探索完善普惠性民办幼儿园教师工资保障机制。财政、教育等部门开展民办幼儿园办园成本核算，并参照当地公办幼儿园教师工资水平，确定民办幼儿园人力成本支出在办园成本中的最低比例。

（三）健全幼儿园安全风险防控机制。

加强幼儿园及周边安全防控。完善幼儿园安全技术防范系统，实现幼儿园公共活动区域内视频监控全覆盖，并加强日常监看维护管理。建立健全幼儿园日常巡查记录、安全隐患排查、出入登记等制度，保障幼儿园园区安全有序。积极开展幼儿园周边综合治理，健全日常巡逻防控制度，完善高峰勤务机制，加强交通秩序管理，增强幼儿及家长的安全感。参照中小学法制副校长制度，建立健全幼儿园法制副园长制度。定期组织开展幼儿园安全教育、应急疏散演练等活动，提高幼儿自我防护能力。

健全幼儿园安全事故应对机制。公安、教育、卫生计生、食品药品监管等部门和属地街道办事处（乡镇政府）要加强信息共享，及时发现、消除幼儿园各类安全隐患。建立健全幼儿园安全事故报告、调查、处置机制，幼儿园发生安全事故，要第一时间启动相应的应急处理预案，组建由公安、教育、卫生计生、属地街道办事处（乡镇政府）等相关单位人员及专业人士参加的联合工作小组，迅速组织救援，开展事故调查、责任认定及善后处理，并做好舆情应对，及时回应社会关切。

（四）提升幼儿园内部管理水平。

落实幼儿园举办者与管理者办园责任。幼儿园举办者要依法履行办园主体责任，严格执行幼儿园建筑设计、建设标准、卫生保健、保育教育等方面的规范化要求，保障幼儿园园舍设施改扩建与维修、保育教育等经费。幼儿园实行园长负责制，园长要充分发挥园务委员会、教职工代表大会、家长委员会的作用，依法进行民主管理。

完善幼儿园内部管理制度体系。幼儿园要建立健全内部安全管理、卫生保健、饮食健康等各项制度，制定相应的应急预案并抓好落实。落实幼儿园的校园安全管理主体责任，建立幼儿园安全员制度，每所幼儿园至少配备一名安全员，经培训后上岗。切实做好幼儿生理和心理卫生保健工作，健全卫生消毒、晨检、午检和病儿隔离等制度，做好计划免疫和疾病防控工作。加强幼儿饮食与健康管理，严格执行食品安全留样制度。幼儿园在看护幼儿时，一般要有两名工作人员同时在场。

持续提升保育教育质量。坚持正确办园方向，尊重幼儿身心发展规律，坚持以游戏为基本活动，保教并重，养成良好的品德与行为习惯，增强幼儿体质，激发幼儿探究兴趣，培养积极交往与合作能力，促进其身心全面发展。进一步做好《幼儿园工作规程》《幼儿园教育指导纲要》《3—6岁儿童学习与发展指南》落实工作，切实提高幼儿园科学保教水平，坚决防止幼儿园“小学化”倾向。

（五）建立幼儿园与家庭、社会共育机制。

健全幼儿园与家庭共同育儿机制。建立健全幼儿入园前家长培训制度、幼儿园与家长联系制度，密切幼儿园与幼儿家庭之间的交流，为家长提供科学育儿指导，有效提升育儿效果。建立幼儿园家长委员会制度，依据园所规模建立园级、年级、班级等不同层级的家长委员会，在园长指导下对幼儿园重要决策和事关幼儿切身利益的事项提出意见建议，发挥家长优势支持幼儿园保育教育工作，协助幼儿园开展家庭教育指导和交流。鼓励家长委员会组织家长志愿者参与幼儿园日常工作。

加强幼儿园与所在社区的互动。鼓励社区相关单位参与幼儿园管理和服务，实现资源共享。幼儿园应积极面向社区宣传科学育儿知识，开展灵活多样的公益性早期教育服务，积极争取社区对幼儿园的多方面支持。

（六）加强学前教育考核检查和督导评估工作。

加强学前教育考核检查。建立健全学前教育工作综合考核制度，按程序将学前教育改革发展重点工作纳入政府绩效考核。组建学前教育督查管理队伍，主要负责对各类幼儿园办园条件、安全卫生、保育教育、内部管理等进行常态化督促检查。

强化学前教育督导评估。建立幼儿园责任督学挂牌督导制度，每所幼儿园配备一名责任督学，对幼儿园工作进行经常性督导；责任督学姓名、联系方式等信息应在幼儿园醒目位置进行公示。全面整合各类幼儿园评价标准和评价方式，构建全覆盖的幼儿园质量评价体系；逐步建立幼儿园办园第三方评价机制，深入推进学前教育管办评分离。

三、保障措施

（一）加强组织领导。

按照“市级统筹、区级主责、街道（乡镇）参与”的管理体制，分级建立学前教育工作责任制。市级要统筹做好全市学前教育事业发展的宏观规划、政策制定和指导监督工作，充分发挥市学前教育联席会议制度的作用，协调解决学前教育改革发展中的重点、难点问题。各区政府要高度重视，把学前教育摆在更加突出的位置，纳入重要议事日程，建立相应工作机制，切实抓好学前教育规划、建设、管理、保障等各项工作落实。街道办事处（乡镇政府）协助相关部门做好学前教育管理工作。

（二）强化部门协同。

加强部门间工作协调和政策衔接，形成推进学前教育发展合力。教育部门要完善政策、制定标准，加强对学前教育监督管理和科学指导。发展改革部门要把学前教育纳入经济社会发展规划，支持幼儿园建设发展。规划国土、住房城乡建设和教育等部门要开展城镇居住区配套幼儿园专项整治，对已建成居住区未按规定建设或移交幼儿园设施、已建幼儿园未办成公办幼儿园或普惠性民办幼儿园的，责令全面整改。公安部门要加强对幼儿园安全保卫、消防等工作的监督指导和规范管理，建立涉及学前教育案件内部联合调查制度，在出警、调查取证等环节充分考虑儿童利益与幼儿园工作特点。人力社保部门要研究完善幼儿园教职工的人事（劳动）、工资、社会保障和职称（职务）评聘政策。工商、民政部门要配合教育部门做好幼儿园分类登记管理等工作。其他各有关部门和群团组织要结合自身职能，为推动学前教育健康发展创造有利条件。

（三）营造良好氛围。

充分利用报刊、电视、互联网等媒介，广泛宣传有关学前教育的法律法规、政策以及先进典型，加强正面解读，积极回应社会关切，努力营造全社会关心儿童、支持学前教育发展的良好氛围。严禁新闻报道、影视作品、公开出版物播出、刊载侵害儿童隐私等内容，为儿童健康成长创造良好环境。

北京市人民政府

关于鼓励社会力量兴办教育促进民办教育健康发展的实施意见

京政发〔2018〕26号

各区人民政府，市政府各委、办、局，各市属机构：

为贯彻落实《国务院关于鼓励社会力量兴办教育促进民办教育健康发展的若干意见》（国发〔2016〕81号），促进本市民办教育规范健康发展，结合实际，制定本实施意见。

一、总体要求

（一）指导思想

全面贯彻党的十九大和十九届二中、三中全会精神，以习近平新时代中国特色社会主义思想为指导，牢固树立和贯彻落实新发展理念，深入学习贯彻全国教育大会精神，全面贯彻党的教育方针，坚持社会主义办学方向，坚持立德树人，培育和践行社会主义核心价值观。以实行分类管理为突破口，发展符合首都城市战略定位和《北京城市总体规划（2016年—2035年）》要求的民办教育，创新体制机制，完善扶持政策，加强规范管理，提高办学质量，促进民办教育持续健康发展。

（二）基本思路

坚持"服务北京、优化结构，提高质量、规范发展"的工作思路，充分发挥民办教育作为首都教育有益补充的重要作用。鼓励社会力量举办普惠性幼儿园，增加学前教育服务供给；鼓励民办中小学探索创新，在教育理念、学校文化、特色课程、人才培养等方面形成特色，满足人民群众多样化的教育需求；鼓励民办职业院校融入区域经济和产业发展，深化产教融合、校企合作，提高技术技能型人才培养水平；鼓励民办高校适应首都产业转型升级需要，走内涵式发展道路；引导各类民办非学历教育培训机构有序健康发展，为建设学习型城市贡献力量。鼓励支持教育家办学，实施民办教育品牌战略，吸引社会资本和优秀人才公益办学。

二、加强党对民办学校的领导

（三）切实加强民办学校党的建设

全面加强民办学校党的思想建设、组织建设、作风建设、反腐倡廉建设、制度建设，进一步增强政治意识、大局意识、核心意识、看齐意识。巩固和扩大党的组织覆盖和工作覆盖，推进民办学校党组织设置和活动方式创新，进一步理顺党组织隶属关系，选优配强民办学校党组织负责人。民办学校党组织要发挥政治核心作用，强化思想引领，牢牢把握社会主义办学方向，牢牢把握党对民办学校意识形态工作的领导权、话语权，切实维护民办学校和谐稳定。持续推进民办学校党支部规范化建设，积极做好党员发展和对党员的教育、管理、监督工作。健全各级党组织工作保障机制，不断提高民办学校党的建设质量。坚持党建带群建，推进民办学校依法建立健全工会组织，加强民办学校共青团组织建设。把民办学校党组织建设、党对民办学校的领导作为民办学校年度检查的重要内容。

（四）加强民办学校思想政治教育工作

将做好思想政治教育和德育工作作为民办学校党组织的首要政治责任。把思想政治教育工作纳入学校事业发展规划，把思想政治工作队伍建设纳入学校人才队伍培养规划，全面提升思想政治教育工作水平。推进民办高校辅导员专业化、职业化，畅通其职业发展和专业晋升通道。切实加强思想政治理论课和思想品德课课程、教材、教师队伍建设，深入推进中国特色社会主义理论体系进教材、进课堂、进头脑，把社会主义核心价值观融入教育教学全过程、教书育人各环节，不断增强广大师生中国特色社会主义道路自信、理论自信、制度自信、文化自信。提高思想政治教育的针对性、实效性和吸引力、感染力，切实加强理想信念、爱国主义、集体主义、中国特色社会主义教育和中华优秀传统文化、革命传统文化、民族团结教育，引导学生树立正确的世界观、人生观、价值观。大力开展社会实践和志愿服务，积极开展心理健康教育。创新网络思想政治教育方式，大力弘扬主旋律、传播正能量，全面提高教书育人、实践育人、科研育人、管理育人、服务育人的水平。

三、创新体制机制

（五）落实分类管理制度

对民办学校（含其他民办教育机构）实行非营利性和营利性分类管理。非营利性民办学校举办者不取得办学收益，办学结余全部用于办学。营利性民办学校举办者可以取得办学收益，办学结余依据国家有关规定进行分配。

举办者（无举办者的由民办学校）自主选择举办非营利性民办学校或者营利性民办学校，但不得设立实施义务教育的营利性民办学校。选择为非营利性民办学校，且符合事业单位登记管理有关规定的，到机构编制部门登记为事业单位；选择为非营利性民办学校，且符合民办非企业单位登记管理有关规定的，到民政部门登记为民办非企业单位。选择为营利性民办学校的，依据法律法规规定的管辖权限到市场监督管理部门办理登记。

（六）拓宽社会资源进入教育领域渠道

鼓励社会组织或个人以捐赠、出资、投资、合作等多种形式举办民办学校。推广政府和社会资本合作（PPP）模式，鼓励社会资本参与教育基础设施建设和运营管理、提供专业化服务。探索举办混合所有制职业院校，允许以资本、知识、技术、管理等要素参与办学并享有相应权利。鼓励社会力量对非营利性民办学校给予捐赠，鼓励引导非营利性民办学校利用捐赠资金和办学结余依法申请设立教育基金会（基金），为民办学校发展和教师、学生提供资金资助。引导营利性民办学校合作设立投资基金，用于学校创新发展，防范办学风险。

（七）健全学校退出机制

捐资举办的民办学校终止时，清偿后剩余财产统筹用于教育等社会事业。2016 年 11 月 7 日《全国人民代表大会常务委员会关于修改〈中华人民共和国民办教育促进法〉的决定》公布前设立的民办学校，选择登记为非营利性民办学校的，终止时，民办学校的财产依法清偿后有剩余的，按照国家有关规定给予出资者相应的补偿或者奖励，其余财产继续用于其他非营利性学校办学；选择登记为营利性民办学校的，应当进行财务清算，依法明确财产权属，终止时，民办学校的财产依法清偿后有剩余的，依照《中华人民共和国公司法》有关规定处理。2016 年 11 月 7 日后设立的民办学校终止时，财产处置按照有关规定和学校章程处理。

四、完善扶持政策

（八）完善财政扶持政策

市区两级财政应安排扶持民办教育发展资金并纳入年度预算。建立健全政府补贴制度，明确补贴的项目、对象、标准、用途。完善义务教育阶段民办学校生均基准定额补助制度。完善政府购买服务的标准和程序，建立绩效评价制度，落实向民办学校购买就读学位、课程教材、科研成果、职业培训、政策咨询等教育服务的具体政策措施。

（九）落实税费优惠等激励政策

民办学校按照国家有关规定享受相关税收优惠政策。对企业办的各类学校、幼儿园自用的房产、土地，免征房产税、城镇土地使用税。民办学校举办者因履行出资义务将土地使用权、房产过户到学校名下的，按照有关规定享受税收优惠。对企业支持教育事业的公益性捐赠支出，在年度利润总额 12% 以内的部分，准予在计算应纳税所得额时扣除；对个人支持教育事业的公益性捐赠支出，按照税收法律法规及政策的相关规定在个人所得税前予以扣除。民办学校用电、用水、用气、用热，执行与公办学校相同的价格政策。

（十）实行差别化用地政策

民办学校建设用地按科教用地管理。对于民办学校建设的符合划拨用地目录的非营利性教育设施项目，经政府批准后可采取划拨方式供应土地；对于民办学校建设的营利性教育设施项目，经公示只有一个意向用地者的，经政府批准，可采取协议出让方式供应土地。土地使用权人申请改变土地用途的，按国家及本市相关政策执行；涉及重新核定地价水平的，按届时地价政策进行核定。

（十一）落实办学自主权

实施高等学历教育和中等职业学历教育的民办学校，可按照有关规定设置和调整专业、开设课程、选用教材、制定教学计划和人才培养方案。基础教育阶段的民办学校在完成国家规定课程的前提下，可自主开展教育教学活动。社会声誉好、教学质量高、就业有保障的民办高等职业学校，可在核定的办学规模内合理确定招生计划。中等及以下层次民办学校按照国家有关规定，在核定的办学规模内，与当地公办学校同期面向社会自主招生。

（十二）依法落实教师待遇政策

完善学校、个人、政府合理分担的民办学校教职工社会保障机制。民办学校应依法为教职工按时足额缴纳社会保险费和住房公积金。鼓励民办学校按规定为教职工建立补充养老保险，提高教师退休待遇。落实跨统筹地区社会保险关系转移接续政策，支持专业人事代理机构为民办学校教师提供人事代理服务。民办学校和公办学校之间、民办学校之间的教师流动，在资格认定、职称评审等方面教师教龄连续计算。制定并落实保障民办学校教师在资格认定、职称评审、科研资助、评先评优、教育培训等方面与公办学校教师享受同等待遇的相关措施。

（十三）保障学生合法权益

民办学校学生在评奖评优、升学就业、档案管理、医疗保险、就业指导、社会优待等方面与同级同类公办学校学生享有同等权利。民办学校学生与公办学校学生按规定同等享受助学贷款、奖助学金等国家资助政策。建立健全民办学校助学贷款业务扶持制度，提高民办学校家庭经济困难学生获得资助的比例。民办学校要建立健全奖助学金评定、发放等管理制度，从学费收入中提取不少于5%的资金，用于奖励和资助学生。完善鼓励捐资助学的相关优惠政策措施，积极引导和鼓励企事业单位、社会组织和个人面向民办学校设立奖助学金。

五、加快现代学校制度建设

（十四）完善学校法人治理

民办学校要依法制定章程，按照章程管理学校，党的建设和社会主义核心价值观有关内容应纳入章程。修改学校章程要遵循民主、科学、公开原则，广泛征求校内外利益相关方意见。健全理（董）事会和监事（会）制度，理（董）事会和监事（会）成员应依据学校章程规定的权限与程序共同参与学校的办学和管理活动。理（董）事会应当优化人员构成，由举办者或者其代表、校长、党组织负责人、教职工代表等共同组成。监事会中应当有党组织领导班子成员。完善校长选聘机制，民办学校校长应当熟悉教育及相关法律法规，具有5年以上教育管理经验和良好办学业绩，个人信用状况良好。学校关键管理岗位实行亲属回避制度。完善教职工代表大会和学生代表大会制度，保障师生参与民主管理和民主监督的权利。

（十五）健全资产管理和财务会计制度

民办学校应当明确产权关系，建立健全资产管理制度。民办学校举办者应依法履行出资义务，将出资用于办学的土地、校舍和其他资产足额过户到学校名下。存续期间，民办学校对举办者投入学校的资产、国有资产、受赠的财产以及办学积累享有法人财产权，任何组织和个人不得侵占、挪用、抽逃。非营利性和营利性民办学校按照登记的法人属性，根据国家有关规定执行相应的会计制度，依法设置会计账簿，规范会计核算。民办学校应将举办者出资、政府补助、受赠、收费、办学积累等各类资产分类登记入账，定期开展资产清查，并将清查结果向社会公布。建立非营利性民办学校学费收入和政府资助资金专户监管机制。探索建立营利性民办学校风险保证金制度。探索制定符合民办学校特点的财务管理办法，完善内部控制制度、审计监督制度，以及年度财务会计报告、决算报告和预算报告报备制度，加强财务风险防范。

（十六）规范学校收费行为

民办学校收费实行市场调节价，但经教育行政部门认定的普惠性民办幼儿园，可由所在区教育行政部门以合同等方式约定收费标准。民办学校接受政府委托承担义务教育任务，相应的教育经费应当按照委托协议由政府拨付，对协议就读的学生执行公办学校收费政策。民办学校收取费用的项目和标准应当根据办学成本、市场需求、义务教育阶段生均公用经费定额补助标准等因素由学校自主确定。民办学校收费项目和收费标准以及收费、退费管理办法应于学生入学前，通过招生简章、学校网站、入学通知书等渠道向社会公示，并在校内显著位置设置长期固定的公示栏进行收费公示，不得在公示的项目和标准外收取其他费用。民办学校对接受学历教育的受教育者按学期或学年收取学费、住宿费。学费标准调整时，新入学学生执行调整后的收费标准，在校生按照入学时招生简章、入学协议等约定的收费标准执行，没有约定的按照入学时的收费标准执行。

（十七）促进规范诚信办学

民办学校要依法依规、诚实守信办学。民办学校的名称应符合相关规定，办学条件应符合国家和本市规定的设置标准和要求，在校生数要控制在审批机关核定的办学规模内。民办学校招生应当遵守招生规则，维护招生秩序，公平公正录取学生；招生简章和广告应内容真实，并在审批机关备案。民办学校要建立健全人才培养、教学运行管理、教学质量监控等教学管理制度，保证教学质量。实施学历教育的民办学校，对招收的学历教育学生，学习期满成绩合格的颁发毕业证书，未达到学历教育要求的发给结业证书或者其他学业证书；对符合学位授予条件的学生，颁发相应的学位证书。实施非学历教育的民办学校，应当建立学生注册登记制度，建立学业成绩档案，发给结业证书或者培训合格证书。建立健全公众满意度测评制度，定期组织开展公众满意度测评。

（十八）维护校园安全稳定

民办学校应遵守有关安全法律、法规和规章，重视校园安全工作，落实安全管理主体责任。健全校内安全工作领导机制，明确安全工作职责，严格执行人防、物防、技防配备标准，确保校园安全防控体系建设符合相关规定。学校选址和校舍建筑应符合国家抗震设防、消防技术等相关标准。建立健全安全管理制度，定期开展安全检查、巡查和隐患排查，及时发现和消除安全隐患。健全完善校园安全应急处置工作机制，制定和完善突发事件应急预案，及时有效应对处置各类校园突发事件。加强学生和教职工安全教育培训，定期开展防火灾、防地震、防踩踏等安全演练，提高师生安全意识和逃生自救能力。加强校园安全保卫队伍建设，不断提高工作能力和水平。

六、提高教育教学质量

（十九）加强师资队伍建设

将民办学校教师队伍建设纳入本市教师队伍建设整体规划。各级政府和民办学校要把教师队伍建设作为提高教育教学质量的重要任务。民办学校要着力加强教师思想政治工作，建立健全教育、宣传、考核、监督与奖惩相结合的师德建设长效机制，全面提升教师师德素养。加强辅导员、班主任队伍建设。民办学校要在学费收入中安排一定比例资金用于教师培训。要重视青年教师培养，关心教师工作和生活，提高教师工资和福利待遇，吸引各类优秀人才到民办学校任教。

（二十）扩大教育交流与合作

建立民办学校与公办学校、企事业单位、科研机构的交流互助机制，通过交流学习、共同开发、资源共享等形式，促进民办学校深化教育教学改革。鼓励支持高水平有特色民办学校培育优质学科、专业、课程、师资、管理，整体提升教育教学质量，开展国内外交流合作，开拓国际教育市场，着力打造一批具有国际影响力和竞争力的民办教育品牌，着力培养一批有理想、有境界、有情怀、有担当的民办教育家。支持民办高等学校和中等职业学校与世界高水平同类学校在学科、专业、课程建设以及人才培养等方面开展交流。推动京津冀地区民办教育的合作与交流，整体提升区域教育发展水平。

七、提高管理服务水平

（二十一）建立健全部门协调机制

建立市级民办教育联席会议制度，负责协调指导全市民办教育发展工作；联席会议办公室设在市教委。各区政府要将民办教育纳入经济社会发展和教育发展规划，加强组织领导，建立相应的工作机制，积极推进民办教育改革发展。将鼓励支持社会力量兴办教育、促进民办教育健康发展作为考核各级政府改进公共服务方式的重要内容。

（二十二）改进政府管理方式

各级政府和行政管理部门要积极转变职能，减少事前审批，加强事中事后监管，提高政府管理服务水平。依法设定民办学校的行政许可事项，向社会公布权力清单、责任清单，严禁法外设权。改进许可方式，简化许可流程，明确工作时限，规范行政许可工作。建立民办教育管理信息系统，推广电子政务和网上办事，逐步实现日常管理事项网上并联办理，及时主动公开行政审批事项，为申请人提供高效、便捷、优质服务。

（二十三）健全监督管理机制

按照“谁审批、谁监管”的原则，加大民办教育监督管理力度。持续加强对民办学校办学状况的督导，逐步将各级各类民办学校纳入督导范围。完善向民办学校选派督导专员、联络员工作机制，强化督导专员、联络员的责任，充分发挥其对民办学校的联络、指导和监督作用。完善民办学校办学状况年度报告制度，做好民办学校年度检查工作。探索建立民办学校信息公开制度，依法保证教职工、学生、社会公众对学校重大事项、重要制度的知情权。建立民办学校收费标准定期监测报告制度，加强市场价格行为监管。建立违规失信惩戒机制，将违规办学的学校及其举办者和负责人纳入“黑名单”。建立市、区、街道（乡镇）三级联动的综合治理体系，健全联合执法机制，依法依规整治办学质量低、管理秩序乱、存在违法违规和安全隐患的民办学校，净化民办教育发展环境。大力推进管办评分离，建立民办学校第三方质量认证和评估制度。民办学校行政管理部门根据评估结果，对办学质量不合格的民办学校予以警告、限期整改直至取消办学资格。

（二十四）发挥行业组织作用

积极培育民办教育行业组织，支持行业组织在行业自律、交流合作、协同创新、履行社会责任等方面发挥桥梁和纽带作用。依托各类专业机构开展民办学校咨询服务等工作。通过政府委托和购买服务，鼓励行业组织对民办教育理论和实践问题开展研究，并推动研究成果转化应用，引导民办学校科学办学。

（二十五）切实加强宣传引导

深入推进民办教育综合改革，及时总结推广成功做法和先进经验。加大对民办教育的宣传力度，按照国家有关规定奖励和表彰对民办教育改革发展作出突出贡献的集体和个人，树立民办教育良好社会形象，努力营造全社会共同关心、共同支持社会力量兴办教育的良好氛围。

2018 年 11 月 23 日

北京市教育委员会

关于初中综合社会实践活动、开放性科学实践活动计入中考成绩有关事项的通知

京教基二〔2018〕1号

各区教委：

按照市教委《关于本市中考中招与初中教学改进工作的通知》（京教计〔2015〕35号）等文件要求，自2018年起本市初中学生综合社会实践活动和开放性科学实践活动（统称初中实践活动）成绩计入相关科目中考原始成绩。现就具体计分办法及特殊情况处理办法通知如下：

一、计入原则

（一）严格规范。认真执行初中实践活动有关要求，落实市、区、校三级管理责任，明确标准和程序，确保成绩计入规范有序。

（二）强化导向。遵循本市考试招生制度改革精神，突出实践育人，引导学生按时、足额、认真参加初中实践活动，培养学生社会责任感、创新精神和实践能力。

（三）客观公正。严格按照初中实践活动管理服务平台活动记录客观公正计入中考成绩。体现人文关怀，合理确定特殊情况处理办法，保障教育公平和全体学生权益。

二、计入办法

（一）学生按规定完成 1 次初中实践活动计 1 分，合计 50 分。其中七、八、九年级每学年应完成 10 次综合社会实践活动，共 30 次，计 30 分；七、八年级每学年应完成 10 次开放性科学实践活动，共 20 次，计 20 分。

（二）初中实践活动成绩按照算术平均、四舍五入取整方式计入相关科目中考原始成绩，由市考试院中招办依据当年中考政策予以认定。其中综合社会实践活动成绩除以三，分别计入思想品德、历史、地理科目中考原始成绩；开放性科学实践活动成绩除以二，分别计入物理、生物（化学）科目中考原始成绩。

三、特殊情况处理办法

（一）因身体条件无法完成活动任务的残疾学生，经学籍系统核实，班主任、校长签字确认后其初中实践活动成绩计满分。鼓励残疾学生积极参加力所能及的初中实践活动。

（二）因户口进京、父母工作调动等原因由外省市转入学生，八年级第一学期初及以前转入的，其转入前应完成的初中实践活动须在转入后补足，按补足活动实际成绩计；八年级第一学期末及以后转入的，其相关科目中考原始成绩按卷面成绩（满分 90 分）乘以 10/9 计。

（三）在外省市就读回京参加中考中招的本市户籍学生相关科目中考原始成绩按卷面成绩（满分 90 分）乘以 10/9 计。

（四）往届生相关科目中考原始成绩按卷面成绩（满分 90 分）乘以 10/9 计。

（五）2015 年之前（不含 2015 年）入学初中学生因休学、复学等原因需参加 2018 年中考的，其休学前应完成的初中实践活动须在复学后补足，按补足活动实际成绩计。

（六）其他特殊情况由学校审核、区教委核准报市教委备案后予以认定。

四、有关要求

（一）各区、学校要高度重视，严格按照本通知要求，认真落实初中实践活动计入中考成绩工作，加强培训，规范程序，严格把关，平稳推进。

（二）除上述特殊情况外，在已给予活动补足机会前提下，对无故未足额完成活动任务的学生按实际成绩计。

（三）因学籍管理不当、违规操作、虚假材料等造成的问题，将进行通报并追究相关人员责任。

（注：残疾学生标识，学生转学、休学、复学等相关信息依据北京市中小学学籍管理云平台确认）

2018 年 1 月 3 日

中共北京市委教育工作委员会
北京市机构编制委员会办公室
北京市发展和改革委员会
北京市教育委员会
北京市财政局
北京市人力资源和社会保障局

关于深化高等教育领域简政放权放管结合优化服务改革的实施意见

京教策〔2018〕4 号

各市属高等学校：

高等教育是经济社会发展的重要基础及重要推动力，是培育人才、实现科教兴国的重要阵地。高等教育领域放管服改革是我市全面深化放管服改革的具体延伸，是全面深化首都教育领域综合改革的重要内容，对推进首都教育现代化，充分发挥高等教育对北京经济社会发展的支撑引领作用具有重要意义。

当前，我市改革发展已进入到一个新的阶段，高等教育的内外环境、供求关系、资源条件、评价标准都发生了重要而深刻的变化。面对新形势新任务，高等教育管理还不完全适应经济社会发展要求和人民群众期盼，涉及人、财、物等重要事项及监管服务的体制机制还需进一步改善，一些学校、教学科研人员关心的热点难点问题还需要进一步解决。为适应时代和北京发展要求，加快推进我市高等教育领域放管服改革进程，大力激发高等学校（以下简称“高校”）及广大教学科研人员教书育人、干事创业的积极性和主动性，根据中办国办《关于深化教育体制机制改革的意见》（中办发〔2017〕46号）和教育部、中央编办、发展改革委、财政部、人力资源社会保障部等五部委《关于深化高等教育领域简政放权放管结合优化服务改革的若干意见》（教政法〔2017〕7号）文件精神，经市委教育体制改革专项小组同意，现就深化高等教育领域简政放权放管结合优化服务改革提出以下实施意见。

一、总体要求

全面贯彻落实党的十九大精神，以习近平新时代中国特色社会主义思想为指导，认真落实党中央、国务院和市委市政府决策部署，进一步简政放权，落实和扩大高校办学自主权，激发学校办学活力；做好放权事项事中事后监管，加快健全学校自主发展、自我约束的运行机制；主动开拓为学校、教师和学生服务的新形式、新途径，不断完善中国特色社会主义现代大学制度，推进高等教育治理体系和治理能力现代化，为实现首都教育现代化提供重要制度保障。

在推进高等教育放管服改革中要遵循以下原则：

——坚持目标导向与问题导向相结合。坚持以建立中国特色社会主义现代大学制度为目标，着眼增强高校依法自主办学能力，着眼促进高等教育内涵、特色、差异化发展，针对制约高等教育改革发展的突出问题，转变政府职能，完善体制机制，服务高校总体水平提升。

——坚持扩大办学自主权与加强管理服务相结合。坚持权责统一，把该放的权力坚决放下去，让高校真正依法自主办学；把该管的事项切实管住管好，突出事中事后监管与服务指导，构建政府、学校、社会之间的新型关系。

——坚持顶层设计与实践探索相结合。加强系统谋划，做好制度设计，注重与北京市教育改革和发展规划、深化首都教育体制机制改革实施方案和相关配套文件做好衔接，统筹推进首都高等教育综合改革；注重实践探索，支持各政府部门与高校探索管办评分离新模式、新手段，充分调动政府部门和高校改革的积极性主动性创造性。

——坚持整体推进和先行先试相结合。立足首都高等教育实际，综合考虑各类型高校的不同情况，因事制宜、因校制宜、因时制宜，加强部门之间的政策协调，积极稳妥推进，提高改革措施的针对性和实效性。

二、完善高校学位学科设置机制

（一）改革学位授权审核机制。加强市政府学位委员会建设，承接落实好国务院学位委员会下放职权。稳妥推进新增博士授予单位和博士学位授权点初审、硕士授予单位和硕士学位授权点审核、学士学位授予单位及专业审批工作，依法制订和实施管理办法。支持高校围绕服务北京经济社会发展加强学科建设，争创一流学科。加强学位授权质量监管，推动学位授权点动态调整，引导高校撤销一批水平不高、办学定位不清晰的学科，增列符合经济社会发展需求、优势突出、特色鲜明的学科。

（二）完善高校本专科专业设置机制。落实高校专业设置自主权，引导高校结合北京产业结构调整需求依法依规自主设置专业。除国家控制布点专业外，高校自主开设《普通高等学校本科专业目录》内的专业，报教育部备案；依据《高等职业教育（专科）专业目录》自主设置高等职业教育（专科）专业，报市教委备案。建立北京高校专业设置指导机制，统筹规划高校专业设置，引导高校合理定位，办出特色。鼓励和支持高校主动对接产业行业需求，主动设置与北京城市战略定位和京津冀产业发展相适应的新专业、紧缺专业。支持高校参与国际专业认证、探索构建认证专业标准。加强专业设置信息服务，构建高校专业设置公共服务平台与专业管理状态数据平台，定期发布全市专业发展报告及专业发展指数，逐步建立高校招生、毕业生就业与专业设置联动机制。建立专业设置质量评估监管制度，依据质量评估监测结果，建立专业预警机制和退出机制。

三、改革高校编制及岗位管理制度

（三）积极探索实行高校人员总量管理。根据国家关于高校人员总量核定的指导标准和统一部署，研究制订高校人员总量管理办法和试点方案，选取部分高校开展人员总量管理试点并实行动态调整。纳入总量管理的人员享有相应待遇和保障。加强对试点单位的事前指导培训和事中事后监管，严肃工作纪律与工作责任，保证试点工作质量。

（四）支持高校依法自主管理岗位设置。修订《北京市高等学校岗位设置管理指导意见》，推进教师管理由身份管理向岗位管理转变。支持高校在人员总量内自主制订岗位设置方案和管理办法，自主设置和裁撤岗位。引进高层次人才和急需紧缺人才，如暂时无相应岗位的，可按规定申请使用特设岗位。特设岗位不受本单位岗位总量、结构比例和最高等级限制。高校可按规定设立一定比例的流动岗位，用于吸引有创新实践经验的企业家、科技人才和专业人才到本校兼职。支持和鼓励高校设置开展科技项目开发、科技成果推广和转化、科研社会服务等工作的岗位。

（五）支持高校依法自主设置内设机构。高校可根据办学实际需要和精简、效能的原则，自主确定教学、科研、行政职能部门等内设机构的设置和人员配备。鼓励高校开展内设机构取消行政级别工作试点。鼓励高校将行政管理岗位与学术管理岗位相对分开，行政管理岗位实行职员制，学术管理岗位按照教师职务聘任制改革加强聘期考核。改革后要保障高校内设机构人员都享有相应的晋升、交流、任职、薪酬及相关待遇。

四、改善高校进人用人环境

（六）优化高校进人环境。进一步落实高校用人自主权，高校可根据事业发展、学科建设和队伍建设需要，自主制定招聘条件和标准，完善符合高校特点的教师公开招聘办法，自主公开招聘人才，保证公平公正。要围绕主业、突出重点、支持创新，实施更加积极、更加开放、更加有效的人才引进政策，大力引进海内外优秀人才，持续优化专任教师学缘、来源结构。政府有关部门要为高校聘用人才提供便捷高效的人事管理服务，简化进人程序。

（七）完善高校用人管理。高校根据岗位设置方案和管理办法自主做好人员聘后管理。对总量内人员，高校与其签订聘用合同。在人员总量外，高校可自主灵活用工，依法签订并认真履行劳动合同，规范实施管理，切实保护当事人合法权益。高校可根据国家有关规定，自主制订教师到企业兼职从事科技成果转化活动的办法和离岗创业办法，支持教师开展科研和创新创业。支持高校探索教学科研岗位管理新机制，坚持准聘与长聘相结合，建立能上能下、能进能出机制。

五、改进高校教师职称评审机制

（八）进一步下放高校教师职称评审权。突出用人主体的主导作用，根据高校学科专业建设及教师队伍发展情况，适时调整相应级别或学科专业的学术评议权限，将教师职称评审权全部下放至高校，由高校自主组织职称评审，自主评价，按岗聘用。条件不具备、尚不能独立组织评审的高校，可采取联合评审的方式。进一步完善高校教师职称评审指导意见和监督管理办法，加强对自主评审工作的引导和监管。根据高校事业发展和人才发展需要，经人事综合主管部门同意，动态调整高校职称结构。

（九）改进高校教师职称评审方法。完善符合高校教师特点的职称分类评价标准。高校应坚持把师德表现作为职称评聘的首要条件，突出以品德、能力、业绩和贡献为主的评价导向，分层分类优化职称评价标准和业绩权重。完善以同行专家评审为基础的分类评价机制，建立以“代表性成果”和实际贡献为主要内容的评价方式，不同类型人才可选择不同代表作类型，不将论文作为唯一要求。进一步畅通高端特殊人才职称评审绿色通道，对取得重大科研技术成果、做出突出贡献的专业技术人才，以及海外高层次人才、特殊特艺人才，不受资历、年限等条件限制，直接申报高级职称。对长期在艰苦边远地区和基层一线工作的专业技术人才，侧重考察其实际工作业绩，适当放宽学历和任职年限要求。

六、健全符合中国特色现代大学特点的薪酬分配制度

（十）支持高校推进内部薪酬分配改革。支持高校建立健全有利于提高竞争力的内部分配机制，实行符合高校特点和发展要求的内部分配政策，在核定的绩效工资总量内可采取年薪制、协议工资、项目工资等灵活多样的分配形式和分配办法。建立与岗位职责目标相统一的收入分配激励机制，合理调节教学人员、科研人员、实验设计与开发人员、辅助人员和专门从事科技成果转化人员等的收入分配关系。高校教师经所在单位批准，可到校外兼职授课并获得报酬。支持高校实行以增加知识价值为导向的分配政策，落实高校科技成果使用、处置和收益管理自主权。

（十一）加强高校绩效工资管理。建立高校绩效工资总量动态调整机制，在核定绩效工资总量时，充分考虑高校特点，重点加大对高层次人才集中、服务国家重大战略需求、培养拔尖创新人才高校的倾斜力度。界定高层次人才范畴并划分层次，针对不同层次人才确定相应薪酬标准。高层次人才可协议确定绩效工资水平和分配办法，不受当年本单位绩效工资总量限制，由财政单独下拨经费。高校科研人员依法取得的科技成果转化奖励收入，不纳入绩效工资总量。高校根据备案人员总量、我市经济发展水平、办学层次等因素，合理合规确定本校绩效工资结构和分配方式，报市教委备案。绩效工资分配要向关键岗位、高层次人才、业务骨干和做出突出成绩的工作人员倾斜。推进教师养老保障制度改革，依法依规为教职工足额缴纳社会保险费和住房公积金。

七、加强高校经费和资产使用管理

（十二）优化高校经费使用管理。推进高校预算拨款制度改革，优化拨款结构，加大基本支出保障力度。完善生均拨款机制，统一学术学位研究生和专业学位研究生生均拨款标准。下放项目预算调整权限，在项目主体内容和绩效产出不变的情况下，对不涉及批复金额、功能科目和类级经济科目（“三公”经费除外）等指标要素调整的事项，高校可自行调整，不再报市财政审批。高校应加强部门中期财政规划，编制项目三年滚动预算，强化政策目标、运行机制和主体责任，切实有效地加快预算执行进度。逐步扩大财政授权支付范围，允许高校将政府采购项目资金及人员经费通过授权支付使用。高校可根据教学、科研、管理工作实际需要，按照实事求是、精简高效、厉行节约的原则，研究制定差旅费管理办法，合理确定实施标准。

（十三）扩大高校资产处置权。针对不同使用主体，分类修订固定资产最低使用年限标准。研究确立新的资产处置审批和备案标准，提高高校固定资产处置额度，优化处置审批程序。明确固定资产处置办法，由财政或者主管部门审批处置的固定资产，由规定部门统一处置；由学校自行审批处置的固定资产，所有处置收益留归学校使用，列入“其他收入”科目进行核算，纳入单位实有资金账户进行管理。高校对其持有的科技成果，除涉及国家秘密、国家安全外，可以自主决定转让、许可或者作价投资。高校应依法接受审计监督，落实资产、财务、采购管理主体责任，确保国有资产安全和有效使用。

八、推进高校内部治理体系建设

（十四）加强党对高校的领导。全面贯彻落实党的教育方针，坚持和完善公办普通高校党委领导下的校长负责制，高校党委对学校工作实行全面领导，对党的建设全面负责，履行管党治党、办学治校的主体责任，落实党建工作责任制，切实发挥领导核心作用。坚持党管干部、党管人才，严格落实“三重一大”决策制度。支持校长在党委领导下依法独立负责地行使职权。强化院（系）党的领导，院（系）党委（党总支）履行政治责任，保证监督党的路线方针政策及上级党组织决定的贯彻执行。大力加强基层党组织建设，推动全面从严治党向基层延伸，充分发挥党支部战斗堡垒作用。

（十五）加强校内规章制度建设。高校要坚持社会主义办学方向和教育法律规定的基本制度，坚持依法治校，保证章程在学校依法自主办学、实施管理和履行公共职能方面的基础作用。要健全章程核准后的执行和监督评价机制，理顺学校及其内设机构之间的权责关系，健全以章程为核心，层次合理、简洁明确、协调一致的制度体系。要加强自我约束和管理，完善政治纪律、组织人事纪律、财经纪律和问责机制等，做到治理有方、管理到位、风清气正。

（十六）推进民主管理。尊重师生员工的主体地位，进一步健全其参与民主管理和监督的工作机制，切实发挥教职工代表大会和共青团、学生会等学生群团组织的作用。凡出台涉及教职工切身利益的制度规定，必须经教职工代表大会审议通过；涉及学校发展的重大事项要提交教职工代表大会讨论。制订涉及学生利益的管理规定，要充分征求学生意见。要加强学校董事会、理事会等涵盖校内外办学相关方面代表的组织建设，尊重并积极听取代表意见，推动科学民主决策。

（十七）加强学术治理。坚持学术自由和学术规范相统一，培育优良校风和学风。规范和加强学术委员会建设，健全以学术委员会为核心的学术管理体系与组织架构，保障学术委员会在学科建设、专业设置、学术发展、学术评价等事务中按章程相对独立行使职权、发挥作用。积极推进高校科研“扁平化”管理，实行有利于开放、协同、高效、创新的现代科研管理制度。推广以项目负责人制为核心的科研团队组织模式，赋予创新领军人才更大的人财物支配权和技术路线决策权。完善学术评价体系和评价标准，推动学术事务去行政化，注重发挥同行专家评议和第三方评价的作用，科学合理使用评价结果。完善学术道德和学风监督机制，研制高校科研诚信建设制度与学术不端行为查处细则，公开学术不端行为调查处理结果。

（十八）强化信息公开与社会监督。坚持信息公开为常态、不公开为例外，除涉及国家秘密、商业秘密、个人隐私以及公开可能危及国家安全、公共安全、经济安全、社会稳定和学校安全稳定的情况外，高校均应当依法依规公开学校重大决策、重大事项、重要制度等相关信息。高校应加强门户网站、公众号、媒体群等信息传播渠道建设，利用现代信息技术手段，提高工作透明度，增强信息公开实效，畅通监督渠道，主动接受社会公众、媒体等的监督。

九、强化监管优化服务

（十九）加强事中事后监管。深入推进管办评分离，政府依法确定管理方向、管理方式、管理尺度，制定和完善行政审批事项取消后的监管措施，通过信用管理、“双随机”抽查、督导、巡视、第三方评估等方式，加强对高校的检查监督。建立行政机关综合协调指导机制，及时研究与协调处理涉及高校自主发展的问题与困难。依法完善行政权力清单和责任清单，加强行政执法队伍建设，公开执法信息，切实履行好事中事后监管职责。

（二十）优化服务事项。进一步梳理高等教育领域政务服务事项，优化服务流程，精简和规范办事程序，缩短办理时限，改进服务质量。积极推动高校公共服务事项网上办理，提高办事效率。抓紧修改或废止影响高校发展和教学科研人员积极性的、不合时宜的法规政策，保持改革政策协调一致。进一步优化高校教学科研人员课题申报、项目评审、考评考核等工作服务体系。加强和改进教学科研人员因公出国管理工作，出国开展学术交流合作与其他性质的出访实施区别管理，优化审批程序。税务部门执行好各项涉及高校的税收优惠政策。积极做好改革的总结推广和宣传引导工作，营造良好氛围。

各高校要结合实际，根据本实施意见，加强领导、科学分工、明确责任，及时制定实施细则，建立完善相关制度，向院（系）、研发团队和领军人物放权，确保各项改革措施落到实处。

2018 年 1 月 5 日

中共北京市委教育工作委员会
北　京　市　教　育　委　员　会
北京市人民政府教育督导室

关于印发《关于全面推进中小学依法治校工作的指导意见》的通知

京教策〔2018〕2号

各区委教工委、区教委、区政府教育督导室，相关直属单位：

现将《关于全面推进中小学依法治校工作的指导意见》印发给你们，请结合实际，认真贯彻落实。

2018年1月17日

关于全面推进中小学依法治校工作的指导意见

为贯彻落实党的十九大精神，在我市中小学校具体落实和实践依法治国基本方略，推进学校治理现代化，依据《北京市“十三五”教育改革发展规划》和教育部《依法治教实施纲要（2016—2020年）》《全面推进依法治校实施纲要》等文件精神，制定本实施意见。

一、总体要求

（一）指导思想。全面贯彻落实党的十九大精神，以习近平新时代中国特色社会主义思想为指导，坚决贯彻党的教育方针，坚持社会主义办学方向，将坚持党对中小学校全面领导、保障师生主体地位与推进依法治校紧密结合起来，立德树人，依法办学，切实转变管理理念和管理方式，依法保障师生合法权益，建立现代学校制度，提升治理体系和治理能力现代化水平，为实现首都教育现代化奠定坚实基础。

（二）总体目标。通过全面推进依法治校，全市中小学依法治校工作体系不断健全，学校治理水平进一步提高，办学行为更加规范；师生员工法治意识进一步增强，合法权益依法受到保护；各类矛盾纠纷依法处理，内外部关系和谐融洽，依法办学、自主管理、民主监督、社会参与机制有效运转，现代学校制度普遍建立。

二、健全依法办学的制度体系

（三）依法制定、修订学校章程。章程是学校依法自主办学、实施管理和履行公共职能的基本准则，中小学、中等职业学校都必须依法制定、修订章程并及时公开。学校章程要遵循法制统一、坚持社会主义办学方向的基本原则，凝练共同理念与价值认同，体现办学特色和发展目标，着力理顺学校办学、管理中的各类关系，突出科学性和可操作性。市级教育管理部门依据《关于推进中小学校章程建设的意见》，统筹推进全市中小学校章程建设。区教委应根据实际，明确辖区中小学校章程建设时间表和路线图，组织开展好相关培训与指导，完善审查机制，保证审核水平与质量。经报备审核的章程，应当成为学校推进改革发展、实现依法治校的基本依据。

（四）加强学校规章制度建设。学校应依据法律、法规和学校章程制定、修订、完善各方面的管理制度，形成健全、规范、统一的制度体系。学校制定的各类管理制度应遵循合法性原则，符合理性与常识，不得超越法定权限和教育需要增加义务。制定涉及师生切身利益的制度规定应充分征求意见，实施前要经过适当的公示程序。应建立管理制度定期清理机制，对照现行法律法规、学校章程和上级文件，对校内规章制度进行梳理，不一致的要及时修订或废止，清理结果通过学校网站、公示栏等向师生公布。区教育管理部门应对学校规章制度清理工作加强指导监督，依法保障法律法规和国家政策在学校的有效实施。

三、健全学校内部治理结构

（五）充分发挥党组织作用。按照新时代党的建设总要求，以提升组织力为重点，突出政治功能，全面从严加强中小学校党的建设，不断提高党的建设质量。认真落实《关于加强北京市中小学校党的建设工作的意见》，完善领导班子配备方式，明确党组织在学校议事决策、执行、监督等各环节的权责和工作方式，加强党风廉政建设，领导德育和思想政治工作，有效落实基层党组织的主体责任。

（六）健全决策机制。健全议事决策制度，依法明确、合理界定学校内部不同事务的决策权。建立健全校务会制度，学校“三重一大”事项须由校务会按照民主集中制原则集体讨论，做出决策。健全校长负责制，按规定组织召开校长会议，落实会议决定，充分保证校长作为法定代表人及学校负责人，依法履行职能。民办中小学校应健全学校董事会或理事会的议事规则，并依法实施民主决策。

（七）完善民主管理和监督机制。落实《学校教职工代表大会规定》相关要求，依法保障教职工参与学校民主管理和监督的权利。充分认识和尊重教职工在学校的主体地位与作用，扩大教职工对学校领导和管理部门的评议权、考核权。尊重学生参与学校治理的愿望，激发和保护学生爱校建校的积极性，拓展学生参与学校民主管理的渠道。深入贯彻落实《中国共产主义青年团普通中等学校基层组织工作条例》，切实发挥共青团组织思想引领、素质拓展、权益服务、组织提升作用。进一步完善中等学校的学生代表大会制度，推进学生自主管理。探索推进学区、教育集团等新型教育共同体民主管理、依法治理机制。

（八）完善教师管理机制。依法建立健全教师管理制度，在录取聘用、职称评定、继续教育、奖惩考核等方面建立完善的制度规范，保障教师合法权益和相应待遇。大力营造尊师重教文化氛围，弘扬优秀教师形象，注重通过建章立制明确保护教师权益与形象的方法和手段。建立健全教师学术研究及保护、监督相关机制，依法公平公正的开展学术评价。加大教师职业道德规范落实力度，强化师德建设，将严重违反师德行为表现做为教师评聘和学校依法治校工作的“一票否决”性指标，坚决惩处教师违法违纪利用自身职权谋取不当利益和实施非法侵害的行为。

（九）加强家长委员会建设。认真贯彻《教育部关于建立中小学幼儿园家长委员会的指导意见》，发挥学校主导作用，落实学校组织责任，积极推进家长委员会建设。加强沟通与引导，大力发挥家长委员会在做好道德教育和法治教育、保障学生安全健康、推动减轻学生课业负担、化解家校矛盾等方面的积极作用。区教育管理部门要切实加强对家长委员会组建、运行工作的指导和检查。学校应为家长委员会开展工作提供必要的条件，积极探索完善家长委员会的组织形式和运行规则，保证和扩大家长对学校办学活动和管理行为的知情权、参与权和监督权。

（十）健全社会参与机制。区教育管理部门应指导、帮助中小学校积极探索扩大社会参与学校办学的渠道与方式，探索建立教育议事会、教育协作理事会等对学校办学重大事务进行咨询、审议的外部组织。学校应主动加强与所在社区的联系，依法完善与有关部门和企事业单位组织合作的体制机制，借助社会资源和力量，开展有针对性的教育教学及管理活动，开展社区志愿服务。中等职业学校应建立有行业、企业人员参加的学校理事会或董事会，完善校企合作机制。健全完善学区管理委员会制度，探索设立学校安全调解委员会等分支机构，参与和监督学校管理，协调解决学校建设发展中的困难与问题。加强和改进学校党务公开、校务公开、信息公开工作，保证教职工、学生、家长等能通过正规渠道及时知晓学校重大事项、重要制度。

四、着力打造平等公正法治安全的育人环境

（十一）依法组织和实施办学活动。学校办学活动应全面贯彻党的教育方针，坚持立德树人、依法办学。应全面严格执行国家课程方案和课程标准，严格遵守教材、教辅相关管理规定，注重教学效果与习惯培育，建立健全教育教学管理制度，健全教学质量的评估和反馈机制，严格执行学籍政策，努力塑造良好的校风、教风和学风。应注重建设平等校园环境，尊重和保护学生的人格尊严。依法防范和治理校园欺凌行为，采取有效措施，坚决保障学生的人身权、财产权和受教育权不受非法侵害。制定学生管理制度应当以学生为中心，体现公平公正和以人为本的价值理念。给予学生处分,应当与学生违法、违规、违纪行为的性质和过错的严重程度相适应，并给予学生及其法定监护人陈述与申辩的机会。对违反学校纪律的学生，要明确处分的期限与后果，积极教育挽救。依法加强民办学校分类管理。义务教育学校要认真贯彻《义务教育学校管理标准》，对标研判，依标整改，规范办学行为。不允许开除义务教育阶段的学生。

（十二）健全学校纠纷解决和权利救济机制。要把法治作为解决校内矛盾和冲突的基本依据，建立并综合运用信访、调解、申诉、仲裁等各种争议解决机制，注重和发挥基层调解组织、教职工代表大会和法律顾问在处理纠纷中的作用，建立合法的处理程序，依法妥善、便捷高效地处理学校内外部各种利益纠纷。对于难以在校内完全解决的纠纷，应当按照法定程序，提交有关行政机关、仲裁机构、社会调解组织或者司法机关依法解决。学校应按正当程序原则要求，建立健全教师、学生申诉处理的工作机构和机制、规则，允许学生聘请代理人参加申诉。学校处理教师、学生申诉或纠纷，应当建立并积极运用听证方式，保证处理程序的公开公正。

（十三）健全校园安全管理机制。区教育管理部门应深入推进平安校园建设，联合各方面力量加强学校安全综合治理，帮助学校积极改善校园及周边环境。学校应完善校园安全管理制度，落实对学生教育与管理的法定职责，健全学校安全事故、突发事件应急处理机制。要积极构建学校安全风险管理体系，建立学校安全风险管理制度、学生伤害事故调解制度，健全安全风险的事前预防、事后化解机制，形成以校方责任险为核心的校园保险体系。探索建立利用专业机构和专业人员完善学校安全防范的工作机制。选好用好法制副校长，切实发挥好法制副校长在普法促安方面的作用。

五、进一步完善依法治校工作体系

（十四）完善依法治校工作机制。要将依法治校纳入学校整体规划、年度工作计划和重要议事日程，明确学校领导班子、职能部门、工作岗位的职责，建立健全分工负责与目标考核机制。应将依法治校情况作为年度工作的专项内容，向教职工代表大会进行报告，并报送对应的教育行政管理部门。学校应指定专人负责学校法治事务，聘用法律顾问协助处理涉法问题，完善法律顾问参与学校治理的制度，保证法律顾问作用发挥。支持各区建立以学区、教育集团、教育集群等为单位的政府采购法律服务机制。

（十五）加强管理人员法治意识与能力培养。完善校长选任和考核制度，建立对中小学校长依法治校能力的考察和培养机制。校长任职前，应以适当方式考察其掌握相关法律知识和依法治校理念的情况，考察不合格者应延缓任职或进行调整。学校管理人员应主动学习依法治校相关内容，积极参加市、区教育管理部门和学校组织的相关培训、考核。市、区教育管理部门工作人员需掌握依法治校相关知识与要求，具备指导学校开展工作的相应法律素养，新进人员应参加依法治校专题培训。具有教育行政执法职能的部门，相关人员必须进行针对性法治培训并取得教育行政执法资格证。

（十六）提高教师依法执教的意识与能力。以明确教师法定权利和法定义务为主要内容，认真组织开展教师法治教育。在教师的入职培训、岗位培训中，应纳入法治内容，并保证必要的学时。重要和新出台的教育法律法规应实现教师全员培训。《道德与法治》课教师要参加专门的法治培训,不断提升专业能力。实施法治教育名师工程。到 2020 年，每所中小学至少有 1 名教师接受 100 学时以上的系统法律知识培训，能够承担法治教育教学任务，协助解决学校相关法律问题。有条件的学校，每年应组织一次教师全员参加的法治宣传教育活动。

（十七）加强学生法治教育。认真落实《青少年法治教育大纲》和教育系统普法规划要求，充分发挥课堂主渠道作用。利用学生喜闻乐见的形式开展好法治主题教育活动，强化养成教育。加强校园法治文化建设。有条件的学校可建立学生普法、用法和模拟参政、议政的活动组织或社团。加强市、区两级青少年法治教育实践基地建设，将法治教育实践活动纳入初中综合实践活动。将法治意识、法律素养作为素质教育的重要内容，在学生综合素质评价中体现。

六、建立健全依法治校工作保障体系

（十八）完善依法治校组织领导机制。建立健全市级教育管理部门推进依法治校领导机制和工作机制。区教委作为全面推进中小学依法治校工作的直接组织者，负责对辖区中小学校依法治校工作的具体领导，要协调其他教育管理部门建立相应组织机构，推进依法治校工作全面落实。各中小学校长是推进依法治校工作的第一责任人，组织领导本校依法治校工作。应明确一名校领导具体负责依法治校，带领师生员工切实抓好依法治校各项要求在本校的全面落实。探索建立依法治校联席会议制度，协调各方面力量推进依法治校工作开展。

（十九）切实转变对学校的行政管理方式。深化管办评分离改革，积极转变对学校的行政管理方式和手段，加快推进简政放权、放管结合、优化服务改革，推动形成政府依法管理、学校依法自主办学、社会各界依法参与和监督的现代教育公共治理新格局。市、区教育管理部门应建立健全清单管理制度，依法完善权力清单、责任清单，规范行政权力行使，优化事项办理流程，落实和扩大学校办学自主权。大力推行“双随机一公开”检查机制，按照法律规定的职责、权限与程序，积极开展行政执法，加强对学校自主办学行为的事中事后监管。要通过对学校依法治校情况的检查、督导和考核，推进政府事中事后监管职责落实。

（二十）开展依法治校达标创先工作。坚持“分类指导、示范引领、整体推进、全面提升”的原则，组织开展依法治校达标和示范校创建工作。市教委研制中小学依法治校基本标准，作为中小学校达标创建和市、区教育管理部门对依法治校工作检查、督导和考核的基准参考。区教委要结合实际，进一步完善对不同层次、类型学校依法治校的具体要求，明确辖区中小学校达标创建工作的时间表和路线图，实施分类指导，通过分期分批建设，到 2020 年底前，保证所有中小学校都能达到依法治校基本标准。各区推进依法治校整体情况，作为创建依法治教示范区的重要参考。

（二十一）健全依法治校支持体系。选取部分高校及科研院所设立北京教育法治研究基地，创设依法治校专业智库，开展依法治校理论和实践研究，为全面推进依法治校提供智力支持。推动构建多元参与的公共治理体系，联合相关机构推动建立教育法律事务中心和青少年法律援助中心，研究健全中小学生法律救助机制。推动健全中小学法治志愿服务体系，引导高校法学专业师生和公检法司机关专业人员、律师等积极参与中小学依法治校工作指导和服务。

北京市教育委员会

关于做好2018年高级中等学校考试招生工作的意见

京教计〔2018〕1号

各区教委，有关委办局（总公司），有关高等学校、中专学校：

为贯彻落实《北京市“十三五”时期教育改革和发展规划》确定的目标和任务，促进教育公平，提高教育质量，稳步推进高中阶段教育考试招生制度改革，现就做好2018年本市高级中等学校考试招生工作提出如下意见。

一、指导思想

深入贯彻落实党的十九大精神和习近平新时代中国特色社会主义思想，稳妥推进我市中考中招改革，全面普及高质量多样化的高中阶段教育，主动适应首都城市战略定位和国际一流和谐宜居之都建设对多样化高素质人才的需求，以推进教育公平优质为出发点，突出重点、完善制度、引导预期，保证考试招生工作规范有序进行，努力让每个孩子都能享有公平而有质量的教育。

二、招生计划编制和招生政策

（一）2018 年本市各类高级中等学校招生规模为 6.8 万人，其中普通高中招生规模 4.8 万人，中等职业教育招生规模 2 万人。中等职业教育招生规模中，普通中等专业学校招生规模 0.6 万人，职业高中招生规模 0.4 万人，技工学校招生规模 0.4 万人；贯通培养项目招生规模 0.5 万人，五年制高职招生规模 0.1 万人。

（二）高级中等学校招生计划的编制按市、区两级管理权限和工作程序进行。市教委负责对全市各类高级中等学校招生计划的宏观管理、统筹和指导；市教委和市发展改革委联合下达普通中等专业学校和有关高等学校分学校分专业招生计划；市人力社保局负责安排技工学校分学校招生计划；各区教委负责安排本区普通高中和职业高中分学校招生计划。请各相关部门和学校将编制的招生计划于 2018 年 3 月 20 日前报市教委和北京教育考试院。全市各类高级中等学校招生计划需经市区教育部门或相关部门审核后以文件形式下达，并刊登招生简章。

（三）普通高中招生要统筹安排，适度规模。公办普通高中计划要依据《北京市中小学校办学条件标准》（京教策〔2005〕8 号），每班不超过 45 人。同时，要适应我市高考综合改革要求，结合国家课程方案和课程标准的调整，进一步完善课程计划，推进走班制教育，满足学生自主选课需求，保障学校教室、设施设备等条件保障。

（四）进一步完善优质高中“市级统筹”“名额分配”等多种招生方式，统筹优质教育资源配置，促进义务教育优质均衡发展。名额分配批次计划占优质高中招生计划比例达到 50% 以上，一般公办初中升入优质高中比例达到 40% 以上。

（五）各区要加强对普通高中中外合作办学机构和项目，艺术、体育、科技特长生招生项目测试，特色高中改革试验项目的管理，不得随意增加项目招生规模和变更项目招生方式。

（六）部分示范高中可适当编制跨区招生计划，跨区招生计划重点向优质高中教育资源比较短缺的区和一般初中学校倾斜。城乡一体化普通高中可申请在资源输出区适当编制跨区招生计划。民办高中可在全市范围招生，并根据学校实际情况编制不分区招生计划。普通中等专业学校、技工学校和获得“国家级、省部级重点中等职业学校”称号的职业高中可根据学校办学实际在全市范围招生，不对各区分配计划指标。

（七）完善中高职衔接和高端技术技能人才贯通培养试验项目，打造中等职业教育、高等职业教育和本科层次职业教育贯通式培养立交桥，构建符合首都经济社会发展和产业转型升级需要的现代职业教育体系。

（八）按照《北京市人民政府办公厅关于转发市教委等四部门制订的〈进城务工人员随迁子女接受义务教育后在京参加升学考试工作方案〉的通知》（京政办发〔2012〕62号）精神，认真做好进城务工人员随迁子女报考我市中等职业学校的资格审查工作。在规定时间内提出升学申请且通过资格审核的随迁子女考生，可参加2018年北京市中等职业学校的考试录取。

三、考试工作

2018年本市继续将初中毕业会考和高级中等学校招生考试分开进行。所有高级中等学校招收的学生必须参加2018年北京市高级中等学校招生考试。

（一）高级中等学校招生文化课考试由北京教育考试院统一命题。文化课考试科目为语文、数学、外语、历史、地理、思想品德、物理、生物（化学）。

中考文化课总分为540分。其中语文试卷总分值为100分；数学试卷总分值为100分；外语试卷总分值为100分，其中60分为卷面考试成绩，40分为听力、口语考试，采取计算机考试方式，与统考笔试分离，学生分别于2017年12月23日和2018年3月24日有两次考试机会，取两次成绩中最高成绩与笔试成绩一同组成英语科目成绩计入中考总分。

物理（含开放性科学实践活动10分）、生物（化学）（含开放性科学实践活动10分）、历史（含综合社会实践活动10分）、地理（含综合社会实践活动 10 分）、思想品德（含综合社会实践活动 10 分）五门考试科目原始分满分均为 100 分。学生可以选择其中三个科目参加考试（物理、生物〈化学〉须至少选择一门），所选三科成绩，由高到低分别按照 100%、80%、60% 的系数折算为实际分数（保留 1 位小数），即：三科折算后实际满分分别为 100 分、80 分和 60 分。各科成绩相加后按四舍五入原则取整。文化课考试科目选考工作安排在初三第二学期。

（二）根据《关于做好 2017 年初中毕业升学体育考试工作的通知》（京教体艺〔2016〕23 号），2018 年体育考试成绩满分 40 分，其中现场考试 30 分，过程性考核 10 分。

（三）高级中等学校招生文化课考试时间为 2018 年 6 月 24 日至 26 日，各科考试安排如下：

	6 月 24 日	6 月 25 日	6 月 26 日
上午	8:00 — 10:30 语文	8:00 — 9:30 英语	8:00 — 9:30 生物（化学）
		10:30 — 12:00 思想品德	10:30 — 12:00 历史
下午	14:30 — 16:30 数学	14:30 — 16:00 物理	14:30 — 16:00 地理

四、评卷工作

2018 年北京市高级中等学校招生考试坚持“统一命题、统一制卷、统一考试、分区评卷”的原则并继续采取网上评卷方式，评卷工作由各区负责组织实施。各区教委要高度重视，加强对本区评卷工作的组织领导和管理，特别是英语听说机考评卷工作。统一协调安排评卷教师和服务人员，从资金设备、技术保障等多方面给予支持，确保 2018 年全市网上评卷工作的顺利进行。

五、招生录取

2018 年高级中等学校继续实行考后知分填报志愿。招生录取分为提前招生录取、名额分配招生录取、统一招生录取和补录四个阶段进行。

（一）提前招生录取：经市教委批准的中外合作办学机构和项目、贯通培养试点项目等按照批复文件的精神，可参加提前招生录取。中等职业学校按照本校专业设置和招生要求，可将本校招生总规模的30%列入提前招生。任何学校未经允许不得擅自进行提前招生录取和扩大提前招生规模。

（二）名额分配招生录取：名额分配招生具体志愿填报和录取办法按北京教育考试院相关文件执行。

（三）统一招生录取：按照考试成绩，从高分到低分，依照志愿顺序，择优录取。凡被提前招生录取和名额分配招生录取的考生，不再参加统一招生录取。

（四）补录：在统一招生录取结束后，未完成招生计划的各类高级中等学校可按照市中招办规定的程序进行补录工作。补录只录取参加全市高级中等学校招生考试且未被任何学校录取的考生。

六、组织管理

（一）高级中等学校考试招生工作涉及广大人民群众的切身利益，市区相关部门和招生学校要高度重视、精心组织、严格程序、严肃纪律，确保中考中招工作平稳顺利进行。要做好新中考政策解读，创新咨询服务形式，提高咨询服务质量；积极回应社会关切，争取社会支持，统一思想、凝聚共识，营造良好改革氛围。

（二）市教委继续加强对全市各类高级中等学校招生计划的宏观管理、统筹和指导，切实加大信息公开力度。各区要维护招生计划的严肃性，不得擅自调整招生计划和变更招生方式。严格依照北京教育考试院中招办备案后的新生名册为新生建立学籍，有关部门将以招生简章和市教委的批文为依据进行监督检查。

（三）各区要本着对人民群众和教育事业高度负责的精神，加强对所属招生学校和初中学校的管理，认真做好中考中招工作，维护广大考生权益。各初中学校要做好初中课程教学与中考改革衔接工作，规范办学行为，确保初中教育的基本质量；加强学生选考科目指导，培养学生生涯规划和自主选择能力，引导考生从个人实际出发，合理选择考试科目和升学目标。

（四）各高级中等学校要按照招生工作有关规定，实事求是地做好招生宣传工作，严禁各高级中等学校违规提前到初中校进行各种招生及宣传活动。对于违规招生、影响招生秩序的学校，经查证核实后在全市进行通报，情节严重的按照有关规定严肃处理。各类中等职业学校要按照《教育部办公厅关于进一步完善招生工作机制规范中等职业学校招生秩序的通知》（教职成厅〔2014〕4号）的要求规范招生行为，按照招生计划在规定范围内开展招生工作。

2018年1月19日

中共北京市委教育工作委员会
北京市教育委员会
首都社会治安综合治理委员会办公室
北京市公安局

关于推进中小学幼儿园平安校园建设工作的意见（试行）

京教勤〔2018〕1号

各区委教工委、教委、综治办、公安分局：

为贯彻党的十九大关于建设平安中国和市委、市政府关于全面深化平安北京建设的总体部署，落实《国务院办公厅关于加强中小学幼儿园安全风险防控体系建设的意见》（国办发〔2017〕35号）市委、市政府《关于全面深化平安北京建设的意见》和《北京市“十三五”时期教育改革和发展规划（2016—2020年）》要求，深入推进全市中小学幼儿园平安校园建设工作，全面加强中小学幼儿园安全风险防控体系建设，切实保障广大中小学生和幼儿安全健康成长，现就推进中小学幼儿园平安校园建设工作提出以下意见：

一、指导思想、工作目标与工作原则

（一）指导思想

以党的十九大会议精神和习近平新时代中国特色社会主义思想为指引，坚持以生为本、安全第一、生命至上理念，牢固树立校园安全红线意识和底线思维，严格按照“党政同责、一岗双责、齐抓共管、失职追责”和“谁主管，谁负责”的要求，紧紧抓住平安校园建设这一工作抓手，全面夯实安全工作基础，健全完善制度机制，提高安全风险防控能力，提升校园安全整体水平，促进校园安全的系统化、科学化、规范化、法治化发展，维护首都教育事业安全发展良好局面，为建设国际一流的和谐宜居之都做出贡献。

（二）工作目标

在2005年开展平安校园创建活动的基础上，进一步推进平安校园建设工作，力争从2018到2020年通过3年的平安校园建设，使全市中小学幼儿园基本达到平安校园建设标准，全市各区基本完成中小学幼儿园平安校园建设达标任务，学校安全责任体系更加完善，安全管理制度机制更加科学，人防、物防、技防基础更加牢固，安全宣传教育更加有效，安全应急处置更加迅速，努力把学校建设成为学生安心、家长放心、社会满意的安全和谐校园。

（三）工作原则

1. 加强统筹。平安校园建设涉及到学校整体工作及属地综治、公安等各方面，要把平安校园建设工作摆到学校全局工作中统筹推进，搭建工作平台，完善体系机制，整合利用好涉及校园安全的各方面资源、力量和手段，形成工作合力。

2. 夯实基础。全面夯实校园安全工作基础，注重预防为主、群防群治，加大经费投入力度，加强人防、物防、技防建设和安全基础设施条件建设，强化安全工作制度、机构、队伍建设，提高整体工作水平。

3. 属地为主。坚持分级管理、属地为主原则，各区要对推进本区中小学幼儿园平安校园建设工作负主责，将平安校园建设纳入重要工作日程，市级部门主要负责全市平安校园建设相关政策标准的制定、调整，加强对各区工作的指导、督促、检查和验收。

4. 注重实效。平安校园建设要坚持问题导向，一切从各区各校（园）实际出发，紧紧抓住影响校园安全的关键问题和家长社会反映的热点问题，抓重点、补短板、强弱项，切实解决实际问题，取得工作实效。

二、平安校园建设内容

（一）加强安全领导组织体系建设

高度重视校园安全工作，将安全工作纳入学校发展规划和工作计划，全面加强对安全工作的领导和统筹，优化完善安全工作领导组织机构。按照“党政同责、一岗双责、齐抓共管、失职追责”和“管行业必须管安全，管业务必须管安全，管生产经营必须管安全”的要求，落实学校安全主体责任，建立健全安全管理责任制，通过层层签订责任书，层层传导压力，层层压实责任，完善横向到边、纵向到底的安全管理责任体系。高标准配备专职安全管理干部和专兼职安全工作人员，按标准配备训练有素的专业保安人员，建立一支以教职工为主并具备一定安全应急处置能力的安全志愿者队伍。加强对安全保卫人员的管理，安全保卫人员应当接受有关法律知识和治安保卫业务、技能以及相关专业知识的培训、考核，具备安全保卫人员资质，并报区教委备案。通过加强领导组织体系建设，形成机构健全、制度完备、责任落实、管理有效、上下联动、左右配合的安全工作体系。

（二）加强安全管理制度和日常管理体系建设

加强校园安全管理制度体系建设，注重学校日常安全管理。坚持问题导向，不断健全完善安全管理制度体系，大力推进依法治校，不断提高校园安全管理的科学化、规范化、精细化水平，狠抓安全管理制度落实，通过教育宣传使安全管理制度入心入脑，强化安全管理制度落实到岗到位到人。坚持预防为主、群防群治，注重把日常安全管理贯穿于学校教育教学管理工作全过程，坚持“同计划、同部署、同检查、同总结、同考核”，日常安全管理工作持之以恒做到“日巡、周查、月检”，织密安全管理网络，实现全覆盖、无死角。

（三）加强安全宣传教育体系建设

加强安全宣传教育的针对性和实效性，通过课堂教学、班队会、主题实践活动、网络媒体、墙报宣传栏等，全面提升师生和监护人的安全素养，打牢“心防”基础。落实教育部《中小学公共安全教育指导纲要》、市教委《关于进一步落实义务教育新课程计划的若干意见》（京教基〔2006〕12号），完善安全教育内容和体系，发挥课堂教学的主渠道作用，确保计划、课时、教材、教师四落实。参照《北京市中小学校园应急疏散指导手册（试用）》，积极开展疏散演练，不断提高技能培训、应急演练等实践环节在安全教育中的比重，切实增强广大师生的安全防范意识和自救互救能力。落实《青少年法治教育大纲》和《北京市教育系统第七个五年法治宣传教育工作规划》要求，有针对性地开展法治宣传教育，引导学生牢固树立社会主义法治观念和法治意识，预防和减少违法犯罪。落实教育部等9部门《关于防治中小学生欺凌和暴力的指导意见》、教育部等11部门《加强中小学生欺凌综合治理方案》、市教委等11部门《关于防治中小学生欺凌和暴力的实施意见》要求，做好预防和处置中小学生欺凌和暴力工作。

（四）加强安全综合防控体系建设

加强人防、技防、物防基础建设，加大校园安防监控系统联网应用建设投入，形成人防、技防、物防紧密结合、相互支撑的整体防控格局，进一步提升综合防控水平。加强校园周边防控和安全风险评估预警，发挥校园及周边治安综合治理专项组统筹协调作用，建立完善安全风险评估预警机制，加强对安全形势的综合会商研判，及时发现问题，掌握工作主动，第一时间开展预防，及时化解，防止发生安全事故，维护学校正常的教育教学秩序。

（五）加强安全隐患排查整治体系建设

强化“隐患就是事故”的思想，坚持抓早、抓小、抓苗头的原则，全面加强安全隐患排查整治体系建设，重点加强消防安全、食品安全、交通安全、治安安全和重点部位（区域）隐患的排查整治工作，建立高效实用的安全隐患排查整治工作机制，实现安全隐患排查整治工作常态化、规范化、制度化，建立安全隐患台账和领导挂案销账制度，提高学校安全风险防范能力，提升学校安全管理和事故预防水平。

（六）加强安全突发事件应急处置体系建设

加强安全突发事件应急预案的管理，修订完善安全突发事件应急总预案和各类专项应急预案，增强预案的科学性、针对性和可操作性。加强安全突发事件应急处置机构、应急队伍和应急保障能力建设，针对影响校园安全的突出问题，按规定经常性开展应急宣传教育和实务培训，组织开展应急处置演练，不断完善应急处置流程和规范，切实提高处置安全突发事件的能力和水平。严格落实领导带班和 24 小时专人值班制度，一旦发生安全突发事件，迅速启动应急预案，按规定程序做好信息报送和事件处置工作。

三、组织领导与检查验收

（一）组织领导

市委教工委、市教委、首都综治办、市公安局成立全市中小学幼儿园平安校园建设工作协调推进领导小组（以下简称“市领导小组”），负责领导和指导全市中小学幼儿园平安校园建设工作，市领导小组办公室设在市教委，日常工作由市教委学校后勤处负责。各区各校（园）相应成立区级和校级平安校园建设工作组织领导机构，负责领导和指导本区、本校（园）平安校园建设工作。

（二）检查验收

从 2018 年开始到 2020 年，全市分市、区两级组织开展平安校园达标检查验收工作。

1. 对中小学幼儿园的检查验收。各区教委负责牵头组织开展对本区中小学幼儿园平安校园建设的达标检查验收工作，对于通过达标验收的中小学幼儿园，报经“市领导小组”核准后，授予“北京市中小学幼儿园平安校园”称号。具体申报和检查验收办法由各区报经“市领导小组”核准后组织实施。基本程序如下：

（1）学校自查自评。各中小学幼儿园对照《北京市中小学幼儿园平安校园建设标准（试行）》要求，组织开展自查自评，总结经验，查找问题，对照整改。对于自评分数达到160分以上的中小学幼儿园，可以进行达标申报。发生重大安全责任事故、恶性刑事案件、重大安全故事，造成重大损失和恶劣影响、内部人员违法犯罪被追究刑事责任、火灾事故造成重大损失等情况的中小学幼儿园，当年不得进行达标申报。

（2）专家组检查验收。各区组织专家深入申报验收的中小学幼儿园，依据《北京市中小学幼儿园平安校园建设标准（试行）》，进行现场检查验收。检查方式包括听取学校汇报、召开座谈会、实地察看、查看相关资料等。得分在160分以上的中小学幼儿园通过达标验收。

2. 对各区平安校园建设的检查验收。市教委负责牵头组织开展对各区中小学幼儿园平安校园建设的达标检查验收工作。对于全区95%以上中小学幼儿园达到平安校园建设标准的区，可以向“市领导小组”申报达标验收，“市领导小组”组建专家组，深入各区检查验收平安校园建设达标情况，对于达标验收合格的区授予“北京市中小学幼儿园平安校园建设达标区”称号。

在对各区和各中小学幼儿园平安校园建设达标验收的基础上，“市领导小组”再评选出一批平安校园建设示范区和示范校（园），发挥典型示范作用。

四、工作要求

（一）加强组织领导。各区各校（园）要高度重视中小学幼儿园平安校园建设工作，把此项工作作为贯彻落实党的十九大关于建设平安中国的重要措施，作为平安北京建设的重要组成部分，作为办好人民满意教育的重要内容，党政主要领导要履行好第一责任，分管领导要承担起直接责任，按照全市统一安排和《北京市中小学幼儿园平安校园建设标准（试行）》，将平安校园建设纳入总体发展规划，研究制定工作计划和分阶段、分步骤实施方案，落实责任分工，精心谋划，认真组织，扎实推进，确保各项工作落到实处。

（二）广泛宣传动员。各区各校（园）要充分利用各类宣传载体，通过多种形式，广泛开展平安校园建设宣传教育活动，统一全体干部师生的思想认识，充分领会平安校园建设对每个干部师生的重要意义，动员全体师生员工以实际行动参与到平安校园建设中来，营造预防为主、群防群治、人人共建、人人共享的良好氛围。

（三）加大投入保障。各区各校（园）要加强对平安校园建设工作的经费投入和条件保障，紧密结合平安校园建设安排和日常安全工作需要，健全机构设置，强化力量配备，建立安全投入机制，逐年加大投入力度，保证安全基础设施投入，按标准配齐安防视频监控设备，保证日常安全工作开支，积极改善工作环境和工作条件，加强队伍建设和人员培训，提高安全管理人员待遇，为平安校园建设工作顺利开展提供有力的人财物保障。

（四）抓好工作落实。各区各校（园）要把平安校园建设作为推动学校安全整体工作的重要抓手，把平安校园建设目标任务逐项分解落实到各级领导、各职能部门、各有关单位、各有关岗位，明确工作标准要求，合理安排时间进度，确保按期完成各项目标任务。要将中小学幼儿园平安校园建设工作纳入综治考核。要定期检查督促进展情况，并将工作落实情况及其成效列入对单位和个人的年度考核。对未能按期达标或因工作不力、履责不到位引发重大问题、造成严重影响的单位和人员，按有关规定追究相关责任。

附件：北京市中小学幼儿园平安校园建设标准（试行）

2018 年 1 月 23 日

附件

北京市中小学幼儿园平安校园建设标准（试行）

一级指标	二级指标	分值	评价标准	评价内容	评分参考	得分
1. 安全领导组织体系建设（30分）	1–1 安全领导机构	10	1–1–1 高度重视校园安全工作，建立校（园）长负责的校园安全工作领导机构。建立健全统一领导、分工明确、齐抓共管、群防群治的校园安全管理工作体系。 1–1–2 建立专门研究安全工作的会议制度，领导班子每季度召开会议研究安全工作。 1–1–3 将安全工作纳入总体规划。	1. 建立以校（园）长为组长的安全工作领导小组的文件。 2. 校（园）长召开办公会、专题会、安全工作领导小组会，学习贯彻落实有关精神、研究部署安全工作的档案材料。 3. 总体工作规划、年度工作计划，部署、总结、考核的档案材料。 方法：查看相关文件、档案材料等。	1. 工作领导机构不健全的酌情扣 1 ～ 2 分。 2. 领导班子没有或未定期研究安全工作的扣 1 ～ 2 分。重点时期、重要节点校（园）长未部署安全工作的扣 2 分。 3. 未将安全工作纳入总体规划和年度计划的酌情扣 1 ～ 2 分，安全工作计划、部署、总结、考核等档案材料不齐全的酌情扣 1 ～ 2 分。	
	1–2 安全管理责任	10	1–2–1 落实校园安全主体责任，建立并落实“党政同责、一岗双责、齐抓共管、失职追责”“管行业必须管安全、管业务必须管安全、管生产经营必须管安全”的安全管理责任体系。 1–2–2 按照《中小学校岗位安全工作指南》，安全责任层层分解，层层签订责任书。	1. 安全工作“党政同责、一岗双责”的文件及工作落实等档案材料。 2. 建立岗位安全责任制的文件和与各岗位人员、部门签订岗位安全责任书等档案材料。 方法：查看相关文件、档案材料等。	1. 未落实“党政同责、一岗双责”要求的扣 4 分。 2. 未建立岗位安全责任制的扣 3 分，未签订岗位安全责任书的扣 3 分。	

续表 1

一级指标	二级指标	分值	评价标准	评价内容	评分参考	得分
1. 安全领导组织体系建设（30分）	1–3 安全管理队伍	10	1–3–1 设立安全管理部门，配备至少 1 名由正式在编人员担任的专职安全管理人员，具备资质，并享受学校中层待遇。 1–3–2 建立以教职员工为主的护校、消防、抢险救援、疏散、后勤保障、舆情应对等专兼职队伍。 1–3–3 配齐专职保安员：师生员工总人数 1000 人以下的至少配备 3 名专职保安员，有寄宿学生的至少配备 4 名专职保安员；1000 人以上的每增加 500 人至少增配 1 名专职保安员；有寄宿学生的每增加 300 名寄宿生至少增配 1 名专职保安员。 1–3–4 中小学应按照 600 ：1 配备专职卫生技术人员。幼儿园应当聘用符合国家规定的卫生保健人员（配备标准：150 名儿童至少设 1 名专职卫生保健人员，收托 150 名儿童以下的应配备专职或兼职卫生保健人员）。	1. 设立了安全管理部门，配备了具备资质的专职安全管理人员，并享受中层待遇。 2. 安全队伍齐全，人员具备相应能力。 3. 配备了足够数量的保安人员，持证上岗。 4. 配备了专职卫生技术人员或专兼职卫生保健人员并具备资质。 方法：查看相关文件、档案材料，实地检查、询问等。	1. 未设立安全管理部门的扣 1 分，未配备专职安全管理人员的扣 1 分；专职安全管理人员未享受中层待遇的扣 2 分。 2. 未建立安全队伍或不齐全的酌情扣 1 ~ 2 分。 3. 未按标准配齐专职保安员的扣 2 分。 4. 未配备专职卫生技术人员或专兼职卫生保健人员的酌情扣 1 ~ 2 分。	

续表 2

一级指标	二级指标	分值	评价标准	评价内容	评分参考	得分
2. 安全管理制度和日常管理体系建设（30分）	2–1 安全管理制度	15	2–1–1 建立健全以下安全管理制度：安全组织管理制度；安全例会制度；校园安全风险评估制度；隐患排查整治制度；内部人员排查制度；矛盾纠纷排查化解制度；预防拥挤踩踏制度；预防欺凌制度；门卫管理制度；安全检查制度；危房报告制度；消防安全标准化管理制度；食堂安全管理制度；图书馆安全管理制度；财务室、计算机室安全管理制度；集会场所安全管理制度；用水、用电、用气等设施设备及电梯、中央空调等的安全管理制度；饮食卫生管理制度；卫生防疫管理制度；交通安全及车辆管理制度；校园周边治理会商制度；安全事故信息报告制度；安全工作档案制度；安全考核和责任追究制度；小学低年级和幼儿交接接送制度；住宿学生安全管理制度（寄宿制）；网络信息安全管理制度；校车安全管理制度（有校车学校）。 2–1–2 建立以下教育教学管理制度：师生安全教育、宣传、培训制度；实验室安全管理制度；学生安全信息通报制度；课堂教学安全管理制度；课间及课外活动安全管理制度。 2–1–3 其他安全管理制度。	各项安全管理制度完备、科学、规范、针对性强、可操作，得到有效落实。 方法：查看有关文件、档案材料。实地检查、询问等。	缺一项安全管理制度扣 1 分，最多扣 15 分。	

续表3

一级指标	二级指标	分值	评价标准	评价内容	评分参考	得分
2. 安全管理制度和日常管理体系建设（30分）	2-2 日常安全管理	15	2-2-1 日常教育教学活动：遵循教学规范，落实安全管理要求，合理预见、积极防范可能发生的风险；组织学生集体劳动、教学实习或者社会实践活动，应符合学生的心理、生理特点和身体健康状况；学校以及接受学生参加教育教学活动的单位必须采取有效措施，为学生活动提供安全保障。 2-2-2 参加大型集体活动：成立临时的安全管理组织机构；有针对性地对学生进行安全教育；安排必要的管理人员，明确所承担的安全职责；制定安全应急预案和管控疏导方案，配备相应设施设备。 2-2-3 小学、幼儿园落实低年级学生、幼儿上下学时接送的交接制度，不得将晚离校（园）的低年级学生、幼儿交与无关人员照管。 2-2-4 在教学楼进行教学活动和晚自习时，应合理安排学生疏散时间和楼道上下顺序，安排人员巡查，防止发生拥挤踩踏伤害事故；晚自习学生没有离校之前，应当有负责人和教师值班、巡查。 2-2-5 不得组织学生参加抢险等应当由专业人员或者成人从事的活动，不得组织学生参与制作易燃易爆、有毒化学品等具有危险性的活动，不得组织学生参加商业性活动。	1. 日常安全管理工作到位，全覆盖，无死角。	1. 日常安全管理有漏洞，安全管理制度不落实，管理不到位，发现一起扣1分，最多扣12分。	

续表 4

一级指标	二级指标	分值	评价标准	评价内容	评分参考	得分
2. 安全管理制度和日常管理体系建设（30 分）	2-2 日常安全管理	15	2-2-6 不得将场地出租给他人从事易燃、易爆、有毒、有害等危险品的生产、经营活动；不得出租校园内场地停放校外机动车辆；不得利用学校用地建设对社会开放的停车场。 2-2-7 加强实验室危险化学品安全使用和管理，采购、运输、储存、使用、废弃物处理要安全规范。学生做实验前要进行规范操作和安全教育，定期对危险化学品管理人员进行业务培训和应急处置培训。实验室安全管理制度要上墙，配齐配全消防设备设施。 2-2-8 教职员工应当符合相应任职资格和条件要求；不得聘用因故意犯罪而受到刑事治安处罚的、有严重违反师德记录的或者有精神病史的人担任教职员工；不得侮辱、殴打、体罚或者变相体罚学生；发现学生行为具有危险性的，应当及时告诫、制止，并与学生监护人沟通。 2-2-9 学生应当遵守学校纪律和规章制度，服从安全教育和管理，不得从事危及自身或者他人安全的活动。 2-2-10 对已知的有特异体质、特定疾病或者异常心理状况的学生，应当给予适当关注和照顾；生理、心理状况异常不宜在校学习的学生，应当休学，由监护人安排治疗、休养。 2-2-11 加强对重点人员的管控，学生欺凌和暴力的治理，保护学生安全和身心健康。 2-2-12 加强校园网络安全管理，认真落实学校网络安全管理制度，确保校内网络和信息安全。 2-2-13 加强安全档案管理，做到内容齐全，管理规范，记录完整。	2. 安全管理档案齐全，记录完整。 方法：查看有关档案材料，实地检查、询问等。	2. 安全管理不规范，记录不完整的酌情扣 1 ~ 3 分。	

续表 5

一级指标	二级指标	分值	评价标准	评价内容	评分参考	得分
3. 安全宣传教育体系建设（30 分）	3–1 安全宣传教育	10	3–1–1 积极落实《中小学公共安全教育指导纲要》《北京市教育委员会关于进一步落实义务教育新课程计划的若干意见》（京教基〔2006〕12 号）、北京市安全生产监督管理局等 10 部门《加强全社会安全生产宣传教育工作实施意见》（京安监发〔2017〕15 号）的要求，将安全教育纳入教育教学内容，确保计划、课时、教材、教师四落实。 3–1–2 利用校园电视、广播、网站、报刊、电子屏、墙报、微信等有针对性的开展安全宣传教育活动，增强师生的安全意识，提高自我防护能力。 3–1–3 有针对性的开展疏散演练，中小学每月开展一次疏散演练，幼儿园每季度开展一次疏散演练。 3–1–4 开展对全体教职员工和学生的安全教育培训，受教育率达到 100%。	1. 安全教育计划、课时、教材和教师设置材料等。 2. 开展应急疏散演练活动档案材料。 3. 开展安全教育活动工作方案、信息、照片等相关档案材料。 方法：查看相关档案材料，现场进行演练，询问、抽查受教育培训覆盖面等。	1. 安全教育计划、总结，课时、教材、教师四落实不符合要求的酌情扣 0.5 ~ 2 分。 2. 中小学生安全教育日、5·12 防灾减灾日、11·9 消防宣传日、12·2 交通安全日、安全生产月等节点未开展安全宣传教育活动的酌情扣 1 ~ 4 分。 3. 未开展疏散演练或演练次数未达标的酌情扣 0.5 ~ 2 分。 4. 随机抽取 10 名教职员工和学生，查看安全宣传教育覆盖率是否达到 100%，如未达到 100%，酌情扣 1 ~ 2 分。	

续表6

一级指标	二级指标	分值	评价标准	评价内容	评分参考	得分
3. 安全宣传教育体系建设（30分）	3–2 法治宣传教育	10	3–2–1 落实《青少年法治教育大纲》，强化课堂教学主渠道作用，严格落实各学段法治教育的目标、任务、内容和要求，确保法治教育课的落实。 3–2–2 落实《北京市教育系统第七个五年法治宣传教育工作规划》要求，围绕中心，突出重点，创新形式，学用结合，积极开展针对性、实效性的法治教育。 3–2–3 充分发挥法治副校长、法律顾问等教育作用，法治副校长每月开展 1 次以上法治安全教育或实践活动，参与协助妥善处理在校师生相关案件。 3–2–4 开展对全体教职员工和学生的法治教育培训，受教育率达到 100%。	1. 法治宣传教育年初计划、年末总结相关档案材料。 2. 法治教育活动经费、教材、课时、教师“四落实”相关档案材料。 3. 开展法治教育活动工作方案、信息、照片等相关档案材料。 方法：查看相关档案材料，询问、抽查受教育培训覆盖面等。	1. 无法治宣传教育计划、总结，经费、教材、课时、教师未落实的酌情扣 0.5 ~ 3 分。 2. 未开展法治教育相关活动的扣 2 分。 3. 未配备法治副校长或法律顾问，法治宣传教育作用发挥不够的酌情扣 1 ~ 3 分。 4. 随机抽取 10 名教职员工和学生，查看法治宣传教育覆盖率是否达到 100%，如未达到 100%，酌情扣 1 ~ 2 分。	

续表 7

一级指标	二级指标	分值	评价标准	评价内容	评分参考	得分
3. 安全宣传教育体系建设（30分）	3-3 预防欺凌宣传教育	10	3-3-1 落实《中小学生心理健康教育指导纲要（2012 年修订）》，根据学生身心发展特点，开展心理健康教育。对有欺凌倾向的学生开展有针对性的心理教育，对被欺凌和欺凌者及其家长进行心理干预。加强德育教育和管理，围绕《中小学生守则（2015 年修订）》《北京市中小学生日常行为规范（2016 年修订）》和《中小学德育工作指南》，对学生加强正面教育和引导，提高学生规则意识和团结友爱意识，预防学生欺凌和暴力事件发生。 3-3-2 落实市委教工委、市教委等 11 部门《关于防治中小学生欺凌和暴力的实施意见》有关要求，开展防治欺凌和暴力宣传教育工作，预防欺凌和暴力事件发生，确保中小学生安全和身心健康。 3-3-3 开展教师防治学生欺凌和暴力的教育培训。 3-3-4 开展对全体教职员工和学生的预防欺凌教育培训，受教育率达到 100%	1. 落实《中小学生心理健康教育指导纲要（2012 年修订）》要求，开展心理教育咨询和干预工作情况。落实《中小学生守则》《北京市中小学生日常行为规范》和《中小学德育工作指南》要求，开展宣传及学生教育管理情况。 2. 落实《关于防治中小学生欺凌和暴力的实施意见》要求，防治中小学生欺凌和暴力宣传教育工作开展情况。 3. 对教师开展防治学生欺凌和暴力的教育培训情况。 4. 开展预防欺凌教育活动工作方案、信息、照片等相关档案材料。 方法：查看相关档案材料，询问、抽查受教育培训覆盖面。	1. 无预防欺凌教育计划、总结的酌情扣 0.5 ~ 1 分。未按要求开展心理健康教育咨询和干预的扣 1.5 分。未按要求开展德育宣传教育活动的扣 2 分。 2. 未落实《关于防治中小学生欺凌和暴力的实施意见》或落实不到位的酌情扣 0.5 ~ 1.5 分， 3. 未对教师开展防治学生欺凌和暴力教育培训的扣 2 分。 4. 随机抽取 10 名教职员工和学生，查看防治欺凌教育覆盖率是否达到 100%，如未达到 100%，酌情扣 1 ~ 2 分。 5. 存在欺凌和暴力行为的此项不得分。	

续表 8

一级指标	二级指标	分值	评价标准	评价内容	评分参考	得分
4. 安全综合防控体系建设（40分）	4-1 人防建设	8	4-1-1 安全管理人员、保安员、门卫熟悉安全管理、治安保卫相关法律法规、安全标准和规章制度，熟悉掌握校园及周边治安特点及校园安全防范工作重点，执勤时保安员按有关规定着装，携带防护器械和应急处置装备，并熟悉使用方法。 4-1-2 加强门卫管理，确保校门口 24 小时有人值守，做好车辆、人员进出登记，防止未经许可人员进入校园；对重点部位及周边巡查每日不少于 5 次。 4-1-3 在上、下学时段，凡是有人员、车辆进出的出入口应当组织门卫或保安员在岗值守，维护人员、车辆出入秩序，做好巡查工作。 4-1-4 寄宿制学校宿舍楼（区）设有管理员（女生宿舍管理员须为女性）加强住宿学生管理，开展夜间巡查每天应不少于 2 次。寄宿制学校放学后及夜间时段，至少有 1 名保安员在岗执勤。	1. 安全管理人员、保安员、门卫熟悉岗位职责、安全管理规章制度及校园周边情况，规范执勤情况。 2. 外来人员、车辆出入校门记录。 3. 高峰时段值班记录。保安员重点部位、周边巡查记录及交接班记录。 4. 宿舍管理员配备情况及值班巡查情况。 方法：查看相关档案材料，实地检查、询问等。	1. 安全管理人员、保安员、门卫不熟悉岗位职责、安全管理规章制度及校园周边情况，不按要求执勤的酌情扣 0.5 ~ 2 分。 2. 无外来人员、车辆出入校门记录的酌情扣 1 ~ 2 分。 3. 无高峰时段值班记录，无保安员重点部位及周边巡查记录及交接班记录的酌情扣 1 ~ 2 分。 4. 无宿舍管理员及值班巡查情况的酌情扣 1 ~ 2 分。	

续表 9

一级指标	二级指标	分值	评价标准	评价内容	评分参考	得分
4. 安全综合防控体系建设（40 分）	4–2 技防建设	12	4–2–1 在大门口、教学楼、学生宿舍楼（区）、礼堂等主要出入口、走廊、食堂操作间、主副食库、危险化学品储存室、实验室等重要部位区域设置视频图像采集装置，大门口确保特别是夜间清楚辨别进出人员的体貌特征和进出车辆的车牌号。危险化学品储存室、贵重物品存放处（财务室等）、实验室等安装入侵警报装置。幼儿园监控系统达到全覆盖，无死角。 4–2–2 门卫室、安防监控室、学生宿舍楼（区）设置紧急报警装置并与属地接警中心联网。 4–2–3 安防监控室配置通讯工具，设置广播装置接入校园广播系统，用于突发事件时的人员疏散及应急指挥。 4–2–4 入侵警报系统布防、撤防、报警、故障等信息的保存时间不少于 30 日，出入口控制事件记录保存时间不少于 180 日。入侵警报装置、紧急报警装置发出的报警信号应传送至安防监控室。 4–2–5 落实《北京市中小学幼儿园安全视频监控建设联网应用工作实施方案》要求，有效整合各类视频图像资源，确保图像资源互联互通、有效利用。	1. 规定部位视频监控系统设置，技术要求符合标准。 2. 紧急报警装置与安防监控室和属地接警中心联网。 3. 入侵警报系统设置情况。 4. 视频图像互联互通情况。 5. 技防存储时间符合国家标准，运行有效，有使用维护保养的记录。 方法：查看相关档案材料，实地检查、询问等。	1. 规定部位未设置视频监控系统或技术要求不符合标准（幼儿园未达到全覆盖）的酌情扣 1 ~ 4 分。 2. 未设置报警装置或未按规定联网的酌情扣 1 ~ 2 分。 3. 规定部位未设置入侵报警系统的酌情扣 1 ~ 2 分。 4. 视频图像资源未互联互通的扣 2 分。 5. 技防存储不符合国家标准，没有运行维护保养记录的酌情扣 1 ~ 2 分。	

续表 10

一级指标	二级指标	分值	评价标准	评价内容	评分参考	得分
4. 安全综合防控体系建设（40分）	4-3 物防建设	10	4-3-1 设置高度不低于 2 米的围墙或其他实体屏障，实行封闭式管理；出入口设置门卫值班室，配备必要的防卫性器械和报警、通讯设备，并建立使用保管制度。 4-3-2 门卫值班室按执勤人数配备以下防卫器械：防暴头盔（1 顶 / 人）、防护盾牌（1 副 / 人）、防刺背心（1 套 / 人）、防割手套(1 副 / 人)、橡胶警棍(1 支 / 人)、强光电筒（1 支 / 人）、自卫喷雾器（1 支 / 人）、安全钢叉 2 套。 4-3-3 视频监控室、财务室、实验室、计算机室等贵重物品和设备点，档案室、中考高考试卷保管室等保密资料存放点，有毒、有害、易燃易爆等危险品存放场所的出入口要安装符合相关技术标准的防盗安全门，窗户应安装金属防护栏等防护设施。水电气热等设备间设置相应的物防设施，指定专人负责看管。教学楼、学生宿舍楼（区）、食堂等学生集中学习和生活场所按国家有关消防技术规范配置消防设施、配备消防器材，定期检测更新，保持完好有效。安全出口、疏散通道、消防通道按规定设置消防疏散指示标志和应急照明装置。宿舍楼（区）未设置火灾自动报警系统设施的，应安装点式火灾报警探测器，在易发生危险的地方设置警示标志或者防护设施。 4-3-4 校园门口设置防冲撞隔离设施，校内规范设置安全警示牌、交通标志标牌标线、人行设施、分隔设施和减速带等。	1. 门卫值班室设置情况。 2. 防护器械配备情况。 3. 规定部位区域防护及管理情况。 4. 防冲撞设施、校内交通安全设施情况。 方法：查看相关档案材料，实地检查等。	1. 未设置门卫值班室的扣 2 分。 2. 防护器械配备不齐全的酌情扣 1 ～ 3 分。 3. 规定部位未按要求设置防护设施，没有管理措施的酌情扣 1 ～ 3 分。 4. 未设置防冲撞设施、校内交通设施不完备的酌情扣 1 ～ 2 分。	

续表 11

一级指标	二级指标	分值	评价标准	评价内容	评分参考	得分
4. 安全综合防控体系建设（40分）	4-4 校园周边综合治理	6	4-4-1 与属地公安、综治等部门建立联动会商机制。 4-4-2 上、下学时段，有教职员工协助民警维护校园门口秩序。 4-4-3 及时了解梳理校园周边情况并建立台账，向上级主管部门和属地公安、综治部门反映，并提出治理需求。	1. 与属地公安、综治等部门的联动会商机制文件等档案材料。 2. 上、下学时段，教职员工协助做好校园门口秩序的情况记录等材料。 3. 校园周边情况台账、反映情况记录等材料。 方法：查看相关档案材料，实地检查、询问等。	1. 无联动会商机制的扣 2 分。 2. 上、下学时段，无教职员工协助维护校园门口秩序的扣 2 分。 3. 对校园周边情况不清楚，无台账，周边存在安全隐患不及时反映报告的酌情扣 1 ~ 2 分。	
	4-5 安全风险评估预防	4	4-5-1 建立安全风险评估预防制度，定期组织开展安全风险评估。 4-5-2 建立台账，定期汇总、分析校园存在的安全风险隐患，确定整改措施和时限。 4-5-3 明确风险化解的责任人，有针对性地开展专项演练、预防和转移安全风险等工作，在出现可能影响校园的安全风险时，第一时间予以防范，本单位无力解决需要上级协调的，要采取临时处置措施，并及时报上级主管部门。	1. 风险评估和预防制度等档案材料。 2. 安全风险台账，整改措施和时限等档案材料。 3. 风险化解责任人，防范和风险转移措施等档案材料。 方法：查看相关档案材料，实地检查、询问等。	1. 无风险评估台账及整改措施和时限的酌情扣 1 ~ 2 分。 2. 无风险化解责任人及防范和风险转移措施的酌情扣 1 ~ 2 分。 3. 无安全风险评估和预防制度，不组织安全风险评估的此项不得分。	

续表 12

一级指标	二级指标	分值	评价标准	评价内容	评分参考	得分
5. 安全隐患排查整治体系建设（30分）	5-1 消防隐患排查整治	6	5-1-1 内部消防安全组织机构健全，管理制度和责任落实，消防中控室值班人员熟悉情况处置程序，持证上岗，按时对防火情况进行检查巡查。 5-1- 2 灭火器、应急照明、消防水源、自动灭火设施完好有效。消防栓箱门、卷盘、水带、枪头完好且放置到位，灭火器按照规定配置，分布合理；逃生标志清晰，消防通道畅通，疏散通道、安全出口指示标志位置准确并能够正常使用。 5-1-3 用电行为规范，用电线路无私搭乱接情况，无违规使用电器及电动车的行为。 5-1-4 建立消防安全隐患排查台账，实行挂账销账制度。 其他影响消防安全的隐患。	1. 消防中控室值守人员持证上岗及操作水平，消防设施设备检查记录等档案材料。 2. 消防设施设备齐全，完好有效，逃生疏散标志醒目清晰，指向正确，通道畅通。 3. 用电规范。 4. 隐患排查整改记录及台账等档案材料。 方法：查看相关档案材料，实地检查、询问等。	1. 消防中控室值守人员不符合规定，无证上岗，无检查巡查情况记录的酌情扣 0.5 ~ 1.5 分。 2. 消防设施设备不齐全，不能正常使用，无逃生疏散标志或不清晰，指向不正确，通道堵塞的酌情扣 0.5 ~ 1.5 分。 3. 有违规违章用电行为，有私搭乱接电线，电线线路存在安全隐患的酌情扣 0.5 ~ 1.5 分。 4. 无隐患排查整改记录及台账或不完善的酌情扣 0.5 ~ 1.5 分。	

续表 13

一级指标	二级指标	分值	评价标准	评价内容	评分参考	得分
5. 安全隐患排查整治体系建设（30分）	5–2 食品安全隐患排查整治	6	5–2–1 校园食品安全规章制度健全，有安全管理人员，校园内食堂有卫生许可证，管理人员、炊事人员持健康证上岗。 5–2–2 主副食库管理、加工管理、餐具清洗消毒、餐厅卫生达到要求，操作间封闭管理，食品及原料采购、储存、制售、留样及加工流程符合食品卫生管理有关规定。 5–2–3 开展食堂“阳光餐饮”工程，实现食品安全信息公开和食品加工操作过程可视化。 5–2–4 建立食品安全隐患排查台账，实行挂账销账制度。 其他影响食品安全的隐患。	1. 食品安全规章制度、证照等材料。 2. 食材采购、储存、加工、销售、留样等管理记录，索证索票等材料。 3. 食品安全隐患排查台账等档案材料。 方法：查看相关档案材料，实地检查、询问等。	1. 无相关制度及安全管理人员、证照不齐的酌情扣 1 ～ 2 分。 2. 主副食库及操作间管理、食品加工、清洗消毒、卫生管理、食品及原料采购、储存、制售、留样等不符合规范的酌情扣 1 ～ 2 分。 3. 未落实“阳光餐饮”工程的扣 1 分。 4. 无食品安全隐患排查台账或不完善的扣 1 分。	

续表 14

一级指标	二级指标	分值	评价标准	评价内容	评分参考	得分
5. 安全隐患排查整治体系建设（30 分）	5-3 交通安全隐患排查整治	6	5-3-1 校车符合相关技术标准并定期检查、保养和维护，小学生校车必须是专用校车，校车按规定路线行驶。 5-3-2 有车辆管理制度，学校车辆行驶执照、保险、驾驶员驾驶证等相关证件齐全有效，无超员、超速、酒后驾驶、疲劳驾驶等交通违法行为。 5-3-3 对自有校车驾驶员、照管人员、教职员工进行交通安全教育培训，教职员工自驾车辆出入校园管理规范、有序，做到人车分流。 5-3-4 建立交通安全隐患排查台账，实行挂账销账制度。 其他影响交通安全的隐患。	1. 车辆信息台账，车辆维保记录等材料。 2. 车辆管理制度，学校车辆合法手续，驾驶员合法驾驶材料，无违法驾驶情况等。 3. 校车驾驶员及照管人员、教职员工和师生教育记录。交通安全隐患排查台账等档案材料。 方法：查看相关档案材料，实地检查、询问等。	1. 无定期检查保养和维护记录，小学生校车不是专用校车，不按规定线路行驶的酌情扣 0.5 ~ 2 分。 2. 无车辆管理制度，车辆及驾驶人证照不齐全的酌情扣 0.5 ~ 2 分。 3. 无校车驾驶员、照管人员、教职员工、学生教育情况记录，无交通安全隐患排查台账或不完善的酌情扣 0.5 ~ 2 分。 4. 学校车辆、教职员工出现交通违法行为的此项不得分。	

续表 15

一级指标	二级指标	分值	评价标准	评价内容	评分参考	得分
5. 安全隐患排查整治体系建设（30分）	5–4 治安隐患排查整治	6	5–4–1 上课期间实行封闭管理。门卫、保安人员在岗在位并履行职责。 5–4–2 有矛盾排查调处和领导包案机制，有校内重点人管控措施。 5–4–3 定期协调属地派出所对学生进行管制刀具和其他危险物品的收缴。法治副校长发挥作用。 5–4–4。建立治安隐患排查台账，实行挂账销账制度。 其他影响治安安全的隐患。	1. 门卫、保安人员履职情况。 2. 矛盾排查调处机制及重点人管控，治安隐患排查整改记录及台账等档案材料。 3. 管制刀具和危险物品收缴情况，法治副校长发挥作用情况。 4. 治安隐患排查整改记录及台账等档案材。 方法：查看相关档案材料，实地检查、询问等。	1. 门卫、保安人员履职不到位的酌情扣 1 ~ 2 分。 2. 无矛盾排查调处机制及重点人管理措施的酌情扣 1 ~ 2 分。 3. 未协调民警对管制刀具、危险物品检查和收缴记录，法治副校长未发挥作用或作用不明显的酌情扣 0.5 ~ 1 分。 4. 无治安安全隐患排查整改记录及台账或不完善的酌情扣 0.5 ~ 1 分。	

续表 16

一级指标	二级指标	分值	评价标准	评价内容	评分参考	得分
5. 安全隐患排查整治体系建设（30分）	5–5 重点部位区域隐患排查整治	6	5–5–1 学生宿舍楼（区）：室内外疏散通道畅通无阻；消防栓、水带、水枪齐全有效，水带摆放正确；灭火器配备数量、类型及放置部位符合消防要求，灭火器按照规定进行年检并及时更换；应急照明灯、紧急疏散标志、紧急出口标志齐全有效；宿舍内无使用明火，无私拉乱接电线和使用违章电器现象；安装用电限电器；防盗措施到位；值班室 24 小时有专人值班，建立学生住宿档案。 5–5–2 教学楼、实验楼、图书馆、礼堂（报告厅）、体育馆：室内外疏散通道畅通无阻；消防栓、水带、水枪齐全，水带摆放正确；灭火器配备数量、类型及放置部位符合消防要求，灭火器按照规定进行年检并及时更换；应急照明灯、紧急疏散标志、紧急出口标志齐全有效；烟感报警系统定期检测，做到有效运行；实验室仪器设备、危险药品的保管和使用及废弃物存放销毁符合规定；教室、礼堂等场所消防通道大门符合消防规范；礼堂（报告厅）、电化中心、演播室幕布进行阻燃处理；操场及跑道平整、下水井盖完好。 5–5–3 财务室、机要室、档案室、实验室等配备有效的消防、防盗等防范设施。 5–5–4 重点部位区域有安全防护措施。 5–5–5 建立重点部位区域隐患排查台账，实行挂账销账制度。 其他影响重点部位区域安全的隐患。	1. 重点部位区域消防、防盗设备设施按标准配置，保持完好有效。重点部位区域保持疏散通道畅通。 2. 无“三合一”场所，无泡沫彩钢板建筑。 3. 重点部位区域有安全防护措施，建立重点部位区域隐患排查整改记录及台账，挂账销账等档案材料。 方法：查看相关档案材料，实地检查、询问等。	1. 重点部位区域安全设备设施配备不符合标准、不能发挥作用、宿舍楼（区）无值班人员或值班不符合规定的酌情扣 1 ~ 2 分。 2. 疏散通道不符合规定，影响人员疏散的酌情扣 1 ~ 2 分。 3. 重点部位和区域无安全防护措施或措施不完善，无安全隐患排查台账或不完善的酌情扣 1 ~ 2 分。 4. 存在“三合一”场所或泡沫彩钢板建筑的此项不得分。	

续表 17

一级指标	二级指标	分值	评价标准	评价内容	评分参考	得分
6. 安全突发事件应急处置体系建设（20分）	6–1 安全突发事件应急预案	8	6–1–1 制定以下突发公共事故应急预案：总体预案；学生集体活动安全应急预案；校舍和特种设备突发事故应急预案；校内工程建设突发事故应急预案；校园火灾应急预案；校园侵害事故应急预案；学生拥挤踩踏事故应急预案；学生交通事故应急预案；学生溺水事故应急预案；群体性事件应急预案；突发危险品污染事故应急预案；校园周边突发安全事故应急预案。 6–1–2 制定以下自然灾害应急预案：校园防震安全应急预案；校园防汛安全应急预案；校园防雷安全应急预案；校园防雨雪、冰冻、泥石流、滑坡等恶劣天气安全应急预案。 6–1–3 制定卫生防疫应急预案：突发传染病应急预案；学生突发疾病应急预案；学生食物中毒与饮用水污染应急预案。 6–1–4 制定以下日常管理预案：网络安全应急预案；燃气泄露与煤气中毒应急预案；学生自伤自杀、斗殴、走失应急预案；学生欺凌应急预案；学生体育运动伤害应急预案；考试安全应急预案；停水停电停气应急预案；临时性活动应急预案；家长与学校发生冲突应急预案。其他应急预案。	各项应急预案完备、科学、规范、针对性强、可操作。 方法：查看相关档案材料，询问、开展演练等。	缺一项应急预案扣 1 分，扣完 8 分为止。	

续表 18

一级指标	二级指标	分值	评价标准	评价内容	评分参考	得分
6. 安全突发事件应急处置体系建设（20分）	6-2 安全突发事件应急处置	12	6-2-1 建立指挥、疏散、抢救、警戒、联络、救护、保障、舆情处置、家长接待等要素齐全的安全突发事件应急工作机构。 6-2-2 严格落实应急值班制度。 6-2-3 开展应急预案宣贯、培训，明确分工和处置程序，定期开展预案演练。 6-2-4 建立信息报送制度，按要求报送信息。	1. 应急机构建设等档案材料。 2. 应急值班落实情况。 3. 应急预案、演练情况。 4. 信息报告制度，信息报送情况。 方法：查看相关档案材料，查看应急演练，进行实地检查、询问等。	1. 无应急机构或应急机构不健全的酌情扣 1 ~ 3 分。 2. 未落实应急值班制度的扣 3 分。 3. 未开展预案宣贯、培训和演练的酌情扣 1 ~ 3 分。 4. 无信息报送制度，信息迟报、瞒报、漏报的酌情扣 1 ~ 3 分。	
7. 平安校园建设组织实施与经费保障（20分）	7-1 领导重视	6	7-1-1 领导班子专题研究平安校园创建工作，并将平安校园建设纳入总体发展规划。 7-1-2 制定本校建设的实施方案和措施，落实责任分工，分阶段、分步骤组织实施。	1. 领导班子会议记录或纪要等档案材料。 2. 平安校园建设实施方案等文件材料。 方法：查看相关档案材料，询问等。	1. 领导班子未专题研究平安校园建设工作或无记录纪要的扣 3 分。 2. 未按要求制定建设实施方案或制定的实施方案可操作性不强、责任分工不明确的酌情扣 0.5 ~ 3 分。	

续表 19

一级指标	二级指标	分值	评价标准	评价内容	评分参考	得分
7. 平安校园建设组织实施与经费保障（20分）	7-2 动员部署	6	7-2-1 召开主要领导参加的全校性动员部署大会，全面部署平安校园建设工作。 7-2-2 大力开展平安校园宣传教育活动，广泛发动师生员工参与平安校园建设工作，营造人人共建、人人共享的浓厚氛围。	1. 有关动员部署会议等档案材料。 2. 师生广泛参与平安校园建设活动的信息简报、校报、校刊、校园网报道及其他图文影音资料。 方法：查看相关档案材料，询问等。	1. 未召开主要领导参加的全校性动员部署会议的扣 4 分。 2. 未开展宣传教育活动或宣传教育效果不明显的酌情扣 1 ~ 2 分。	
	7-3 经费保障	8	7-3-1 日常安全经费保障制度和满足需要的安全经费投入。 7-3-2 专项平安校园建设经费保障。 7-3-3 投保校方责任保险和无过失责任保险。	1. 日常安全经费保障制度、预算、经费投入校园安全需要情况的档案材料。 2. 平安校园建设专项经费预算和投入情况的档案材料。 3. 投保校方责任保险及附加无过失责任保险。 方法：查看相关档案材料，询问等。	1. 无日常安全经费保障制度，日常经费不能保障安全需要的酌情扣 1 ~ 3 分。 2. 无平安校园建设专项经费预算或投入不足的酌情扣 1 ~ 2 分。 3. 未投保校方责任保险及附加无过失责任保险的扣 3 分。	
8. 特色创新工作		10	在贯彻落实中央、教育部和市委、市政府部署要求，开展平安校园建设过程中，紧密结合本校实际，大胆创新，勇于实践，努力探索维护校园安全特别是破解重点难点问题的新途径、新做法，成效显著，形成特色，创造具有一定推广价值的新经验。	1. 特色创新项目及其实际效果。 2. 是否具有推广价值。 方法：查看相关档案材料，询问等。	有特色酌情加 1 ~ 5 分；特色较显著酌情加 6 ~ 8 分；特色显著酌情加 8 ~ 10 分。	

北京市教育委员会

关于印发《推进义务教育学校管理标准化建设实施方案》的通知

京教基一〔2018〕3号

各区教委：

现将《推进义务教育学校管理标准化建设实施方案》印发给你们，请结合实际，认真贯彻落实。

本方案自印发之日起实施。

2018年2月2日

推进义务教育学校管理标准化建设实施方案

为认真贯彻党的十九大精神，全面贯彻党的教育方针，结合北京教育实际，推进落实教育部《义务教育学校管理标准》，进一步加强义务教育学校管理标准化建设，特制定本实施方案。

一、指导思想

以习近平新时代中国特色社会主义思想为指引，全面贯彻党的教育方针，深化教育体制机制改革，落实立德树人根本任务，发展素质教育，推进教育公平，推动城乡义务教育一体化发展，立足首都城市战略功能定位，加快推进教育现代化。以学生发展为本，树立公平的教育观和正确的质量观，办好与国际一流和谐宜居之都相适应的人民满意的教育，培养德智体美全面发展的社会主义建设者和接班人。

二、总体目标

坚持依法治校，全面规范义务教育办学行为，明确学校主要管理职责，提高义务教育学校管理标准化、科学化、精细化水平，促进学校治理体系和治理能力现代化。高质量、高水平推进义务教育学校管理标准化建设工作，到2020年全市义务教育学校全面达到教育部《义务教育学校管理标准》，以标准促规范、强内涵、提质量。完善义务教育学校管理标准体系，构建“政府依法履责、学校依法办学、社会有序参与”的义务教育治理体系，促进义务教育优质均衡发展，全面提升育人质量和办学品质，努力让每个孩子都能享有公平而有质量的教育，不断增强学生的实际获得感和群众对教育的满意度。

三、基本原则

（一）坚持标准引领与实践探索相结合。以教育部《义务教育学校管理标准》为建设依据，组织全市义务教育学校进行对标自评和工作改进。同时，鼓励各区和学校结合实际探索新方式新途径，丰富工作载体，扎实有序推进学校管理标准落地见效，形成生动实践。

（二）坚持目标导向与问题导向相结合。落实立德树人根本任务，以学生发展为本，以促进治理体系和治理能力现代化、全面提升学校育人质量和办学品质为目标，健全完善学校管理标准体系。坚持问题导向，针对义务教育学校发展不平衡不充分的矛盾，找准薄弱环节，狠抓依标整改，补齐发展短板。

（三）坚持全面推进与重点突破相结合。面向全市义务教育学校全面推进管理标准化建设，做到义务教育学校管理标准化建设全覆盖。结合首都城市战略功能定位和深化基础教育综合改革目标任务，突出重点领域和关键环节开展专项建设工作，着力推动若干重要问题解决，提升学校内涵发展质量和水平。

（四）坚持统一规范与特色创新相结合。依据教育部《义务教育学校管理标准》，构建北京市义务教育学校管理指标体系，统一标准，规范管理。在推行管理标准化的基础上，注重引导义务教育学校深化管理体制机制改革，激发依法自主办学的动力和活力，创新发展，彰显特色，提升品质。

四、重点任务

（一）规范学校办学行为

坚持依法治教、依法治校。坚持实行免试就近入学原则，进一步完善义务教育入学规则。严格执行国家、本市学籍管理规定。落实义务教育学校均衡编班，班额数符合国家标准。落实国家和北京市义务教育课程方案和课程标准，确保国家课程全面实施，开好地方课程和校本课程。严格遵守国家、本市有关于教材教辅管理的相关规定。

（二）促进学生全面发展

推动习近平新时代中国特色社会主义思想进教材、进课堂、进头脑。分阶段有序推进中华优秀传统文化教育，增强学生民族文化自信和价值观自信。帮助学生掌握科学的学习方法，培养良好学习习惯，提升学生自主学习和终身学习能力。提高学生每天一小时体育锻炼实效，引导学生养成体育锻炼习惯，提高学生体质健康水平。丰富以艺术课程为主的美育课程体系，培养学生艺术爱好，发展艺术特长。切实加强劳动教育，培养学生的劳动意识、习惯和能力。强化学生认知、合作、创新等关键能力和职业意识培养。

（三）加强教师管理和专业化建设

坚持用习近平新时代中国特色社会主义思想武装教师头脑，加强教师思想政治教育，建立健全师德建设长效机制。完善教师培训制度，加强校本教研，增强学科教学能力。推动教师阅读工作长效机制建设。提升教师信息素养，促进现代科技与教育教学的深度融合。健全教师管理制度，完善岗位设置、年度考核和待遇保障机制，激发教师积极性和创造性。

（四）优化学校育人方式

建立党组织主导、校长负责、群团组织参与、家庭社会联动的育人工作机制，深化培养模式和育人方式改革。落实学生主体地位，尊重学生个体差异，实施以学生发展为本的教学，创新各学科课程实施方式和作业方式。实施中小学生综合素质评价，真实反映学生发展状况。加强顶层设计和统筹规划，完善实践育人体系。

（五）健全师生发展支持保障体系

建立健全残疾儿童少年就近入学优先保障机制和学习困难学生学习帮扶制度。建立健全学校心理辅导工作制度，完善心理健康教育服务体系，提高心理辅导专业水平。加强中小学生欺凌综合治理，切实防止学生欺凌和暴力事件发生。完善师生权利申诉机制、救助机制和问题协商机制。健全教育装备安全管理制度和质量管理体系，完善学校安全、卫生、后勤管理制度，确保师生人身安全、食品饮水安全、设施安全和活动安全。探索智慧校园建设，全面提升学校信息化水平。

（六）促进学校治理体系和治理能力现代化

全面落实《义务教育学校管理标准》，构建北京市义务教育学校管理指标体系。依法制定和修订学校章程，提升依法治教、依法治校能力。持续推进学校文化建设，为师生成长发展创设良好氛围。建立健全民主管理制度，明确教职工和学生参与学校民主管理、监督的形式和途径。密切学校与家庭、社区联系，促进形成家校社协同育人的工作体系。

五、保障措施

（一）建立组织保障。市、区和学校要成立专项工作组，确定主管领导、主责部门和组织成员，明确职责，分解任务。充分发挥海淀区作为全国义务教育学校管理标准化建设实验区的带动作用，结合高校专业力量成立专家研究团队，指导工作实践。

（二）落实政策保障。市、区和学校要将义务教育学校管理标准化建设列入年度工作计划，整体安排、统筹部署、协调推进。各区要制定实施细则，明确阶段目标、任务和评估办法。各义务教育学校要结合实际制定具体改进方案，做到“一校一案”。

（三）加大经费保障。市、区和学校要将义务教育学校管理标准化建设所需硬件和软件经费纳入年度经费预算予以保证。调整经费投入结构和比例，加大对内涵建设的经费投入，并加强绩效评估与考核。

（四）完善机制保障。市区教育行政部门要建立健全工作协调机制，统筹相关部门，定期研究相关工作。建立健全工作推进实施机制，将管理标准作为校长和教师培训的重要内容，开展交流研讨活动，对学校管理标准化建设实施动态管理，过程监控和效果评估。建立健全督导评价机制。

六、实施进度

（一）动员发动阶段（2018.1—2018.4）

——制定方案，注重顶层设计。

依据教育部要求，研究制定我市推进义务教育学校管理标准化建设实施方案，明确工作要求和操作办法，统筹谋划推进工作。

——分层培训，明确目标任务。

在全市范围开展培训动员工作，对《义务教育学校管理标准》进行解读宣传，推动“两微一覆盖”，即开展“我与《管理标准》”干部教师微论坛、微征文活动，做到培训宣传全覆盖。统一思想，增强共识，使广大干部教师充分了解基本要求，掌握精神实质。

（二）全面实施阶段（2018.5—2020.3）

1. 第一阶段（2018.5—2018.8）

——对标自评，加强分类指导。

指导学校对照教育部《义务教育学校管理标准》开展自评，结合自身实际认真找出差距和不足。市区组成专家团队入区入校开展工作指导，帮助学校科学诊断，研究制定改进方案，做到“一校一案”。

2. 第二阶段（2018.9—2018.12）

——区分层次，首批达标验收。

依据教育部《〈义务教育学校管理标准〉达标评估实施办法》和评估细则，开展首批达标验收工作。在学校申报、各区推荐基础上，由市、区教育行政部门组织评估认定第一批达标学校（比例为全市义务教育学校的 30%）。

——调研分析，细化管理指标。

开展北京市义务教育学校管理现状调研，形成调研报告。依据教育部《义务教育学校管理标准》，结合我市义务教育学校管理工作实际，构建北京市义务教育学校管理指标体系。

3. 第三阶段（2019.1—2020.3）

——专项视导，促进依标整改。

联合专家团队对义务教育学校管理标准化建设工作进行视导，找准共性问题，重点攻坚突破，帮助学校解决实际问题，切实提高治理水平和办学质量。

——梯次推进，开展验收评选。

依据教育部标准，开展第二批学校达标验收工作（比例为全市义务教育学校的 40%）。以实施管理标准为抓手，全面推进北京市义务教育学校管理标准体系建设。在达标验收基础上，依据北京市义务教育学校管理指标体系，结合依法治校示范校评选工作，选树一批北京市义务教育学校管理标准化建设先进校。

（三）总结提升阶段（2020.4—2020.12）

——验收认定，实现全面达标。

以评促改，以评促建，督促学校规范办学、科学管理。依据教育部标准认定第三批达标学校（比例为全市义务教育学校的 30%），实现全面达标。

——总结经验，宣传推广典型。

认真总结凝练全市义务教育学校管理标准化建设的成果和经验，深入推进北京市义务教育学校管理标准体系建设。依据北京市义务教育学校管理指标体系，选树第二批义务教育学校管理标准化建设先进校。开展典型案例研究与宣传推广，有效推动全市义务教育学校内涵发展和品质提升。

——巩固提升，完善治理体系。

固化义务教育学校管理标准化建设成果，指导各区建立复审整改机制，实现动态管理，完善和提升义务教育治理体系和治理能力，努力管好办好每一所义务教育学校。

七、工作要求

（一）高度重视，提高认识。各区和学校要将落实学校管理标准摆在提升义务教育学校治理水平的重要位置，作为贯彻党的十九大精神，坚持依法治教、依法治校，深入解决义务教育发展不平衡不充分问题的关键举措，充分认识推进义务教育学校管理标准化建设的重要性和必要性。

（二）加强领导，有序推进。各区和学校要将义务教育学校管理标准化建设作为一项系统工作，抓实抓细抓好。加强顶层设计，统筹教研、科研和培训等部门，压实责任，协同联动、形成合力。要依照学校管理标准，聚焦工作中的重点领域和薄弱环节攻坚突破，做到有计划、有部署、有措施、有保障、有考评、有实效。

（三）健全机制，落地见效。要完善义务教育学校管理标准体系，健全常态化、制度化、长效化工作机制。鼓励实践探索，推动制度创新，提高治理能力，形成生动实践，确保工作落地见效。

（四）加大宣传，辐射带动。评选、宣传义务教育学校管理标准化建设先进校，加强典型经验和建设成果的宣传推广，充分发挥辐射带动作用，促进义务教育学校治理体系和治理能力现代化，促进全市义务教育优质均衡发展，促进学校内涵发展和品质提升。

北京市教育委员会

关于印发《北京市中小学学生奖励和处分办法》的通知

京教基一〔2018〕2号

各区教委：

根据《教育法》《义务教育法》《未成年人保护法》《预防未成年

人犯罪法》等有关法律法规，结合我市工作实际，对原《北京市中小学学生奖励和处分办法》进行了修订，经市教委 2017 年第 34 次主任办公会审议通过。现将文件印发给你们，请各区认真贯彻执行，并做好以下工作：

一、认真组织学习培训。各区教委要组织相关部门和辖区中小学校的干部、教师进行学习培训，及时掌握文件主要精神和内容，培训要做到中小学校全覆盖。

二、积极做好宣传教育。学校要结合市、区教委对文件的宣传解读，面向中小学生做好宣传教育，进一步引导学生学规范、正行为、养习惯，做遵纪守法的合格小公民。

三、加强学校制度建设。各区要指导中小学校进一步加强制度建设，建立和完善学生奖励、处分、申诉等相关制度，推进依法治教、依法治校，进一步规范学生奖励和处分工作，促进学生全面发展和健康成长。

2018 年 2 月 6 日

北京市中小学学生奖励和处分办法

一、总则

第一条 为全面贯彻党的教育方针，培养德智体美全面发展的社会主义建设者和接班人，运用奖励与处分手段，鼓励学生积极进步，教育、转化违纪犯错学生，增强学生遵纪守法的自觉性，培养学生良好的道德品质和行为规范，促进中小学生健康成长和全面发展，根据有关法律、法规和规章，制定本办法。

第二条 本办法适用于本市普通中小学学生的奖励和处分，本办法所指普通中小学包括公办和民办性质的小学、初中、普通高中，不含幼儿园、特殊教育学校和职业学校。

第三条 对于模范遵守国家法律法规、《中小学生守则》《北京市中小学生日常行为规范》以及学校的规章制度，在德、智、体、美方面全面发展或学有特长、表现突出、进步明显的中小学生和学生集体，按本办法给予奖励。

第四条 对于违反国家法律法规、《中小学生守则》《北京市中小学生日常行为规范》以及学校的规章制度，破坏学校和社会秩序，经教育仍无悔改表现，或犯有其他严重错误的中小学生，按本办法给予处分。

第五条 对学生的奖励和处分应当在日常教育的基础上进行，充分考虑教育目的和效果。对于受奖励的学生，要引导他们不骄不躁、继续努力，争取更大的进步，积极发挥榜样示范作用。对于受处分的学生，要帮助他们接受深刻的教育，认识所犯错误的原因、后果，帮助他们改正错误，不歧视他们。

二、奖励

第六条 奖励是激励学生进步的一种教育手段，运用正确的奖励方式可以激励先进、鞭策后进，鼓励学生全面发展和个性发展。

第七条 对德、智、体、美方面综合表现突出或某方面表现突出，以及诸方面或某方面有显著进步的学生或集体，可以对其本人或集体进行奖励，记入学生综合素质评价或学生档案。

第八条 对学生进行奖励，坚持精神激励和物质奖励相结合，以精神激励为主，物质奖励为辅。应当严格程序、规范管理，遵循公平、公正、公开的原则，校级及以上的学生奖励应实行公示、备案和监督制度。

第九条 奖励的方式包括口头表扬、通报表扬、授予荣誉称号、颁发荣誉证书、发放奖品或奖金等。

第十条 经北京市评比达标表彰工作领导小组同意，市教委可设立学生奖项，制定具体评选办法，明确奖励的名称、条件、比例、程序和实施办法，组织开展评选活动。

第十一条 对受奖励的学生，学校要积极宣传他们的优秀品质和突出事迹，为其他学生树立可亲、可敬、可信、可学的身边榜样。

第十二条 鼓励各区和学校积极探索科学、多元的学生评价机制，丰富学生奖励的类型、方式，搭建学生成长进步的平台。鼓励各区和学校因地制宜，引导学生争先创优，使学生在各个方面的优秀表现都能得到鼓励。

第十三条 区教委、学校自行设立的奖励应当符合党的教育方针，体现正确的价值导向，遵循教育规律，以学生为本，不与现行的市级和国家级评选、奖励政策相冲突。

第十四条 对学生集体的奖励原则、办法和对学生个人的奖励原则、办法相当。

三、处分

第十五条 学校有处分学生的权利，处分是对学生进行警示教育的一种手段。对违反纪律和犯了错误的学生，应耐心批评，以思想教育为主，注重和学生及其家长沟通，帮助学生认识和改正错误，避免不当使用处分手段。

第十六条 对违反法律、法规、规章、制度等规定，确实犯有严重错误,出现不良行为或严重不良行为,或者违反《中小学生守则》《北京市中小学生日常行为规范》以及学校的规章制度，经教育仍无悔改表现的学生，可视情节轻重酌情给予不同处分。

第十七条 处分类型及适用范围：对义务教育阶段的学生可以给予警告、严重警告、记过处分。对高中阶段的学生可以给予警告、严重警告、记过、留校察看、开除学籍的处分。对八周岁以下的学生一般不予处分，可以给予口头批评教育，帮助改正错误。

第十八条 高中学生有下列情形之一，可以给予开除学籍处分：

（一）触犯国家法律，构成刑事犯罪的；

（二）违反治安管理规定受到处罚，性质恶劣的；

（三）犯有《预防未成年人犯罪法》所列九种严重不良行为的；

（四）在省级及以上考试中，由他人代替或替他人参加考试、组织作弊、使用通讯设备作弊及其他严重作弊行为，造成恶劣影响的；

（五）蓄意或恶意通过肢体、语言及网络等手段，实施欺负、侮辱他人造成严重伤害或影响恶劣的；

（六）其他严重违反学校规章制度，造成严重后果的。

第十九条 留校察看和开除学籍处分决定应当由学校校长办公会研究讨论决定。其中涉及开除学籍的处分，应当报学校所在区教委备案。其他处分由学校学生管理部门提出，报学校领导同意。

记过、留校察看、开除学籍处分记入学生档案。

第二十条 学校处分学生应当出具处分决定书，处分决定作出三日内送达学生本人及其父母或其他法定监护人。处分决定书应当包括以下内容：学生的基本信息、处分类型、处分事实、理由及依据，学生的申诉途径和行使期限及其他必要内容。

学生处分的公布方式和范围，应遵循教育和保护相结合的原则，充分考虑学生的身心特点。

第二十一条 学校处分学生，应当依据明确、证据充分、程序正当、定性准确、处分适当。处分学生要根据情节轻重、承认错误和决心改正的态度以及年龄等因素确定。

第二十二条 学校在作出处分决定之前，应当听取学生及其父母或其他法定监护人的陈述和申辩。对于有较大争议或存在疑点的，学校应进一步核实和调查。对于陈述和申辩的学生，不得对其加重处罚，陈述中发现又有其他违纪行为的除外。

第二十三条 除开除学籍处分外，学生受处分期间，学校不得对受处分学生随意停课，不得歧视受处分学生，不得强迫受处分学生转学和退学。

严禁体罚、变相体罚、侮辱学生和孤立学生。

对有严重不良行为的学生，学校应和其父母或其他法定监护人相互配合，严加管教。对无力管教或者管教无效的，应当依据及时制止的原则，由学生父母或其他法定监护人或学校申请，报区教委备案，安排入专门学校就读。

第二十四条 学校对受处分的学生应加强考察和教育。对态度较好，确有悔改表现的学生，可撤销处分，并在处分公布范围内予以公布。

撤销处分的时间一般在受警告和严重警告处分三个月后，受记过、留校察看处分半年后。

撤销处分应由学生本人提出书面申请，经师生评议，由班主任初步审核并提出意见，报学校批准。撤销处分的权限与作出处分的权限相同。处分撤销时，可从学生档案中撤出处分决定。

学生受处分期间，学生及其父母或其他法定监护人应积极配合学校做好教育。受处分期间，又违纪和犯错的，可以加重处分，但不得违反前款第十七条有关规定。

四、申诉

第二十五条 学校应充分保障学生的申诉权，应建立学生处分申诉制度。

学校应当成立学生申诉处理委员会，负责受理学生对处理或处分决定有异议提起的申诉。

学生申诉处理委员会应当由学校相关负责人、职能部门负责人、学生所在班级的班主任、教师代表、家长代表、学生代表等组成，可以聘请校外法律、教育等方面的专家参加。

第二十六条 学生或其父母或其他法定监护人对处分决定有异议的，可以在接到学校处理或处分决定书之日起 10 日内，向学生申诉处理委员会提出书面申诉。

学生申诉处理委员会应对申诉进行复查，并在接到书面申诉之日起 15 日内作出复查决定，送达申诉人。需要改变原处分决定的，提交学校校长办公会重新研究决定。

第二十七条 学生、父母或其他法定监护人对学校的复查决定有异议的，可在接到学校复查决定书之日起 15 日内，向学校所属区教委提出书面申诉。

学校所属区教委应当进行审查并在30个工作日内作出学生申诉答复意见书。

第二十八条 自处理、处分或者复查决定书送达之日起，学生在申诉期内未提出申诉的视为放弃申诉，学校或者区教委不再受理其提出的申诉。

五、附则

第二十九条 本办法由北京市教育委员会负责解释。

第三十条 各区教委和中小学校可根据本办法制定学生奖励和处分实施细则。

第三十一条 本办法自2018年2月26日开始实施。原北京市教育局《北京市中小学学生奖励和处分办法》(京教政字〔1991〕第9号)同时废止。

北京市教育委员会

关于做好2018年高级中等学校招收体育艺术科技特长生工作的通知

京教体艺〔2018〕3号

各区教委：

为进一步推进素质教育，促进学生全面发展，根据市教委《关于做好2018年高级中等学校考试招生工作的意见》(京教计〔2018〕1号)，现就本市高级中等学校招收体育、艺术、科技特长生工作有关事项通知如下：

一、可招收特长生学校

具有招收特长生资格的学校包括三类：

（一）体育类：北京市体育传统项目学校、国家级体育传统项目学校、北京学生金奥运动队承办学校。

（二）艺术类：北京市中小学艺术教育特色学校、北京市学生金帆艺术团承办学校。

（三）科技类：北京市中小学科技教育示范学校、北京市学生金鹏科技团承办学校。

可招收特长生学校名单请登录北京市教委网站查询。（网址：www.bjedu.gov.cn）

二、招生范围

北京学生金奥运动队承办学校、国家级体育传统项目学校、北京市学生金帆艺术团承办学校、北京市学生金鹏科技团承办学校可面向全市招生。

北京市体育传统项目学校、北京市中小学艺术教育特色学校、北京市中小学科技教育示范学校在本区范围内招生。

三、招生比例及报考资格

（一）招生比例

招收体育、艺术、科技其中一类特长生的学校，特长生招生计划原则上不得超过本校当年招生计划总数的5%，招收其中两类特长生的学校不得超过本校当年招生计划总数的10%，招收全部三类特长生的学校不得超过本校当年招生计划总数的15%。

其中，东城区、西城区、朝阳区、海淀区、丰台区、石景山区中具有全市招生资格的学校，须按照本校可面向全市招收特长生计划15%的比例，面向房山区（含燕山）、通州区、顺义区、昌平区、大兴区、门头沟区、怀柔区、平谷区、延庆区、密云区进行名额分配。

（二）报考资格

考生须按学籍所在区（注：往届生按初三毕业学校所在区）参加特长生招生，学籍信息最终以北京市中小学学籍管理系统（CMIS）内的信息为准。

回户籍所在区报考的考生，报考面向全市招生的城区学校，其学籍和户籍须同属城区或者同属于郊区。

四、工作程序

（一）测试标准

1. 体育特长生的测试标准由各区参照原市级测试标准执行。体育特长生测试项目包括：田径、足球、篮球、排球、棒球、垒球、游泳、乒乓球、跆拳道、武术、手球、羽毛球、健美操、艺术体操、射击、射箭、定向越野，民族传统体育项目的舞龙、舞狮、空竹、珍珠球、毽球以及冰雪项目的冰球、花样滑冰、速度滑冰、滑雪、冰壶。

2. 艺术、科技特长生的测试标准由市教委制定，各区参照执行。

（二）组织测试

各区根据全市规定的测试时间统一组织测试，并制定本区的体育、艺术、科技特长生统一测试工作方案，方案包括测试时间、地点、测试项目、组织机构、安全预案等内容。并请于 3 月 23 日前将各区测试方案报我委体卫艺处。

（三）结果公示

各区须于 6 月 1 日前将统一测试合格学生名单上报市教委，市教委拟于 6 月 11 日至 6 月 15 日期间在官方网站进行公示。公示结束后将合格学生名单纳入特长生招生数据库，作为学校录取依据。

五、工作要求

（一）高度重视，认真组织。各区要高度重视特长生测试、选拔工作，根据市级要求和各区实际情况细化工作方案，进一步加强科学化和规范化管理。各具有招生资格的学校要制定应急预案，做好各项安全保障工作，确保测试和选拔工作严谨、周密、有序进行。

（二）严格程序，阳光选拔。特长生测试和选拔要坚持贯彻公平、公正、公开的原则，招收特长生的学校要严格执行《北京市高级中等学校招生简章（2018 年）》中招生项目、招生范围和招生计划的要求。各区和学校要认真为符合报考条件的学生办理相关手续，防止漏报。同时，主动将测试选拔工作的程序和要求向家长和社会公开，阳光、透明的开展相关工作。

（三）加强宣传，接受监督。市级将结合新中考的变化和特长生政策的微调提前加强政策宣传和解读，各区和学校也要及时、适当、充分地向考生、家长和社会宣传、解读特长生招生政策。市教委在特长生测试和招生期间加强监督检查，并接受社会公众的来电、来信、来访。各区及学校要畅通政策咨询和监督渠道，确保测试招生工作平稳顺利进行。

（四）本通知自发布之日起施行。

2018 年 2 月 8 日

北京市教育委员会

关于 2018 年义务教育阶段入学工作的意见

京教基二〔2018〕8 号

各区教委，燕山教委：

根据《中华人民共和国义务教育法》《北京市实施〈中华人民共和国义务教育法〉办法》等法律法规，按照教育部关于义务教育免试就近入学工作总体部署，为依法保障本市适龄儿童少年接受义务教育权利，经市政府批准，现就 2018 年本市义务教育阶段入学工作提出如下意见，请各区结合实际认真贯彻执行。

一、指导思想

全面贯彻党的教育方针，深入贯彻落实党的十九大精神，依据相关法律法规，落实《国务院关于深入推进义务教育均衡发展的意见》（国发〔2012〕48号），继续坚持巩固成果、完善制度、引导预期、推进改革的总体思路，加大市级统筹力度，提高教育治理水平，深化义务教育领域综合改革，大力促进教育公平，进一步完善义务教育入学规则、严格规范入学秩序，保持政策连续性和稳定性，确保本市义务教育阶段入学工作有序推进，努力让每个孩子都能享有公平而有质量的教育。

二、工作原则

（一）坚持政府统筹，将义务教育阶段入学工作作为政府行为予以保障。

（二）坚持区级为主，组织实施本区义务教育阶段入学工作。

（三）坚持免试、就近，确保每一个适龄儿童少年接受义务教育。

（四）坚持程序规范，把义务教育阶段入学工作作为规范办学的重要环节，做到公平、公正、公开。

三、入学条件及工作要求

（一）坚持免试就近入学。凡年满6周岁（2012年8月31日以前出生）的本市户籍适龄儿童均须参加学龄人口信息采集，免试就近入学。根据学位供给情况和户籍、房产、居住年限等因素，稳妥推进单校划片和多校划片相结合入学方式，继续推行学区制和九年一贯制对口招生，形成更加公平完善的就近入学规则。

本市户籍无房家庭，长期在非户籍所在区工作、居住，符合在同一区连续单独承租并实际居住3年以上且在住房租赁监管平台登记备案、夫妻一方在该区合法稳定就业3年以上等条件的，其适龄子女可在该区接受义务教育。具体办法由各区人民政府结合实际情况制定。

强化部门联动审核，区教委要联合相关部门共同审核入学资格。特别是对本市户籍无房家庭、合法稳定工作、实际居住等条件的审核，重点对过道房、车库房、空挂户等情况进行核查，凡不符合实际居住等条件的，均不得作为入学资格条件。

（二）完成小学教育的学生，应当进入初中继续接受并完成义务教育。各区教委要根据适龄学生人数、学校分布、学校规模等因素，按相对就近原则，合理划定学校服务范围，根据学生志愿进行派位入学。对报名人数少于招生人数的初中，学生就近登记入学；对报名人数超过招生人数的初中，在学区内随机派位入学，保证每位小学毕业生免试就近升入初中。

全市使用统一的小学和初中入学服务系统，将每一个学生入学途径和方式全程记录，教育行政部门依据权限进行查询和监控。

（三）做好非本市户籍适龄儿童少年入学工作。持有区教委开具的《台胞子女就读批准书》、全国博士后管理部门开具的《博士后研究人员子女介绍信》及其父（或母）的《博士后研究人员进站批准函》（期限内）、部队师（旅）级政治部开具的随军家属证明及现役军人证件、区侨务部门开具的《华侨子女来京接受义务教育证明信》等证明的适龄儿童少年按本市户籍对待。

非本市户籍的适龄儿童少年，因父母或其他法定监护人在本市工作或居住，需要在本市接受义务教育的，由其父母或其他法定监护人持本人在京务工就业证明、在京实际住所居住证明、全家户口簿、北京市居住证（或有效期内居住登记卡）、户籍所在地街道办事处或乡镇人民政府出具的在当地没有监护条件的证明等相关材料，到居住地所在街道办事处或乡镇人民政府审核，通过审核后参加学龄人口信息采集，并到居住地所在区教委确定的学校联系就读；学校接收有困难的，可申请居住地所在区教委协调解决。各区政府按照北京市非本市户籍适龄儿童少年接受义务教育证明证件材料审核指导要求，结合实际制定并公布实施细则。各区应建立非本市户籍适龄儿童少年接受义务教育证明证件材料联合审核机制。

（四）优先保障符合条件的残疾儿童少年就近入学。建立残疾儿童少年就近入学优先保障机制，确保残疾儿童能够在公平、包容的环境中接受适宜的教育。

（五）严格规范特长生入学工作。除市教委批准的可招收体育、艺术和科技特长生的学校原则上面向本区招收特长生以外，其他学校一律不得以特长生的名义招收学生。特长生招生项目和数量要向中华优秀传统文化、非物质文化遗产方向倾斜。各区教委要向社会公布特长生招生计划并统一组织特长生入学。2018 年各区招收特长生比例要严格控制在本区初中招生计划的 4% 以内。2019 年取消各类特长生招生。

（六）城六区逐步降低公办学校寄宿招生数量和招生比例，到 2020 年寄宿招生将实行登记派位入学。公办学校寄宿招生要对招生范围、招生名额、招生方式、录取名单进行公示。

（七）民办学校与公办学校同步招生，纳入属地区教委统一管理。严格执行民办中小学招生简章、广告备案制度，公开公示招生计划、招生范围、招生方式、收费标准等，以招收其审批机关所在区域内学生为主。对于报名人数超过招生人数的民办学校，各区在现有工作基础上，可以引导学校采取电脑随机派位方式招生。

（八）凡属区级以上人民政府引进人才子女入学，按相关规定由区教委协调解决。

对持有烈士子女、台籍学生、华侨子女、现役军人子女、全国劳动模范子女身份证明的学生，按相关规定在同等条件下给予照顾。

（九）实行计划管理。义务教育阶段入学实行计划管理。各区要加强入学需求前瞻预测，按照学龄人口数量、小学毕业生数量和中小学校办学规模等制定小学、初中招生计划并报市教委备案，各学校未经批准不得擅自调整招生计划。

（十）加强学籍管理。北京市中小学学籍管理信息系统将依据小学和初中入学服务系统建立新生学籍。各区要加大民办学校学籍监管力度，不得招收不符合条件的学生在校就读。

（十一）杜绝违规操作。各区教委严格执行市教委统一规定的时间表和入学工作程序。坚决治理乱收费；坚决禁止任何学校及社会培训机构举办各类以选拔生源为目的的培训班；坚决禁止学校私自招生；坚决禁止在义务教育阶段入学工作中组织任何形式的考试、测试和面试选拔学生，严禁将各种考试成绩、奖励证书作为入学依据；坚决禁止初中校违规在小学非毕业年级提前招生。认真接受群众监督，认真对待群众来信来访，依法严肃处理违规违纪事件。对违规违纪事件在依法处理前要及时通报。

各区教委是本区义务教育阶段入学工作的主责单位，要统一组织入学工作，加强对本区义务教育学校入学工作的指导、监督和检查，会同乡镇人民政府、街道办事处组织和督促适龄儿童少年在新学年开学时入校就读，防止义务教育阶段学生辍学。

市区教委和教育督导室将继续对义务教育阶段入学工作开展重点督导检查。

（十二）各区教委要依据本意见精神制定本区义务教育阶段入学工作实施细则，报区政府批准后向社会公布实施。要及时公布当年义务教育学校（含民办）学校性质、办学规模、经费来源、服务片区、招生计划及接收学生的结果等信息，做好入学政策宣传，让学生家长了解一般公办初中升入优质高中校额到校政策和升入优质高中预期。义务教育入学工作期间，各区要建立特殊情况会商机制和突发事件报告制度，平稳推进入学工作。

本意见自印发之日起施行。

附件：2018 年义务教育阶段入学工作时间安排表

2018 年 4 月 25 日

2018 年义务教育阶段入学工作时间安排表

时间	工作内容
4 月 29 日前	完成本市小学毕业生信息核对工作
5 月 1 日起	开通义务教育入学服务平台入学政策宣传门户
5 月 7 日至 5 月 31 日	完成小学和初中入学信息采集工作

续表

时间	工作内容
5 月 7 日至 5 月 11 日	区教委受理回户口所在区和到家庭实际居住地所在区初中入学申请、审核、登记工作
5 月 12 日至 5 月 23 日	完成初中特长生招生工作
5 月 26 日至 6 月 10 日	民办学校组织、完成招生工作
6 月 16 日至 6 月 17 日	小学审核入学相关材料
7 月初	统一使用市级小升初派位系统进行派位
7 月上旬	各小学和初中发放新生入学通知书
9 月 1 日至 9 月 15 日	建立小学和初中新生学籍

北 京 市 教 育 委 员 会
北京市发展和改革委员会
北　京　市　财　政　局
北京市规划和国土委员会
北京市住房和城乡建设委员会
北京市人民政府教育督导室

关于印发《北京市中小学校办学条件标准》（建设部分—试行）的通知

京教建〔2018〕11 号

各区人民政府，市政府有关委、办、局和市属机构：

为贯彻落实十九大精神和《北京城市总体规划》（2016 年—2035 年）部署要求，深化教育改革，发展素质教育，进一步推进城乡义务教育一体化发展，实施学校标准化建设，使中小学校的建设更加符合“培养德智体美全面发展的社会主义建设者和接班人”的要求，市教委会同相关部门研究修订《北京市中小学校办学条件标准》（建设部分 - 试行），并经市教委 2018 年第 14 次主任办公会通过，现印发给你们。

本标准自印发之日起执行，原市教委等 8 部门印发的《北京市中小学校办学条件标准》（京教策〔2005〕8 号）的建设部分同时废止。本标准条款由市教委负责解释。

特此通知。

2018 年 4 月 26 日

北京市中小学校办学条件标准
（建设部分—试行）

前言

（一）修订背景及依据

1 背景

《北京市中小学校办学条件标准》（简称《原标准》）颁布于2005年，至今13年。为办好人民满意的教育，国家及北京市不断加大教育改革工作力度。中小学校的教学方式、人才培养模式、课程标准、考试招生制度和学校管理机制等都在深刻地变革中，这些对中小学校的硬件设施也提出了改革的要求。《原标准》已不能适应当前教育教学需求，急需修订（修订后的标准简称《标准》）。

为适应新时代城乡一体化的发展新趋势，《标准》将原分列为城乡不同建设标准的指标合一，实现城乡统一建设标准。

国家在标准化体制改革方面提出了“提高建筑标准”的要求。为适应教育教学新需求，《标准》在普通教室、科学教室、实验室、劳技教室、音体美教室等主要教学用房的使用面积、形状及设施方面提高了部分标准，并增设了分层次教学及选修走班课教室等教学用房。《标准》中完善了体育场地的设置。依《标准》新建的学校，在日后实现小班化教学时，也可满足未来学校教育教学改革需要。

国家《绿色建筑行动方案》要求“政府投资的学校建设，自2014年起必须全面执行绿色建筑标准”。《标准》中增加了“建设绿色学校”部分。

为加快教育现代化的步伐，适应未来教育新需求，《标准》中增加了“建设智慧学校”部分。使安全、教学、管理、信息服务、创新活动等校园内外相关教育教学活动及管理工作全部纳入智慧化管控系统，提高办学信息化和现代化水平；同时也可作为学生学习智慧化管控知识的实体教材，启迪学生跨界思维、综合处理的创新能力。

2 依据

· 国家《义务教育法》

· 国家及北京市《中长期教育改革和发展规划纲要（2010—2020）》（简称《纲要》）

·《国家及北京市教育事业发展第十三个五年规划》

·《2015 中央城市工作会议公报》

·《国务院关于印发深化标准化体制改革方案的通知》

·《中共中央国务院关于加强青少年体育增强青少年体质的意见》

· 教育部等 10 部委《中小学幼儿园安全管理办法》

· 教育部《关于进一步加强中小学校校舍综合防灾能力建设的若干意见》

·《国家学校体育卫生条件试行基本标准》

·《义务教育课程设置实验方案》

·《普通高中课程方案和语文等学科课程标准（2017 年版）》

·《建筑设计防火规范》（GB50016）

·《绿色建筑评价标准》（DB11/T825）

·《绿色校园评价标准》（CSUS/GBC04）

·《智能建筑设计标准》（GB50314）

·《建筑抗震设计规范》（GB50011）

·《无障碍设计规范》（GB50763）

·《中小学校设计规范》（GB50099）

·《中小学校体育设施技术规程》（JGJ/T280）

（二）修订的主要内容

1 安全与健康方面

1.1 依《建筑设计防火规范》调整了建筑、消防通道和室内外通道的设置规定。

1.2 依《建筑抗震设计规范》增加了对学校建筑的抗震要求。

1.3 增加了体育场地的通行及安全保障用地。

1.4 增加了中小学校作为避难场所的建设规定。

1.5 增加了停车场的设置规定。

1.6 增加了学生卫生间的设置。

2 适应教育教学新需求方面

2.1 增加升旗广场的设置。同时兼供学生日常开展教育教学活动和部分体育活动。

2.2 依国家关于学生每天1小时校园体育活动的规定，增设体育场地。

2.3 为适应分层次教学的新需要，增加普通中、小教室及外语中、小教室的设置。

2.4 为满足选修课走班制教学模式的需求，结合特色办学的需求，增设不同课程的选修课专用教室及辅助用房。

2.5 为提高学生自主学习能力，创造交流融合的环境，增加了图书室的阅览座位数、电子阅览功能及研讨空间。

2.6 增加了学生实践动手能力的场地及建筑。

2.7 增加了学生社团活动的辅助用房。

3 绿色行动方面

3.1 增加了绿色校园的设置要求，学校建设应达到绿色二星级及以上的标准。

3.2 强调了选址及对环境质量的评价要求。

3.3 明确了环境噪声的限值及学校教学活动不得对周边环境形成噪声污染的规定。

3.4 强调了充分利用地下空间以节约用地的要求（如游泳馆等可置于地下）。

3.5 给排水设施考虑了雨水汇集及水资源循环利用设施。

3.6 学校建筑应节能，并创造采用被动式技术的条件。

3.7 依政策规定，明确中小学校建筑应采用钢结构、装配式建造体系。

4 现代化办学方面

学校设置智能化管控中心，利用云计算、大数据、物联网、移动互联网、虚拟现实等技术，通过 GIS 及（BIM）跨界融合，建设对安全、教学、环境、服务、管理全面智慧化的新时代需要的智慧学校。

1 总则

1.0.1 立足于北京“四个中心”城市战略定位，促进本市基础教育高标准、高质量、均衡发展，提高中小学办学条件的现代化水平，使中小学校建设更加适应教学课程设置、教育教学及管理模式等改革的需求，全面提高学生综合素养，建设更加符合全面育人要求的中小学校，特制定《标准》。

1.0.2《标准》是本市各级政府规划、设置和管理普通中小学校（以下简称“中小学校”）的重要依据之一。《标准》规定的各项办学条件标准是本市建设中小学校应当执行的基本标准。专门学校（如工读学校）的建设不适用此《标准》。

1.0.3《标准》的建设指标适用于新建中小学校，改建、扩建中小学校可参照执行。考虑到城市土地资源不均衡的实际情况，《标准》的用地指标按中心城区及中心城区以外地区分别执行，其中：中心城区、中心城区外建成区规划新建中小学校，以《北京市居住公共服务设施配置指标》为基本标准，在有条件的地区按照本《标准》设置。建成区以外新建中小学校须以本《标准》为基本标准。

1.0.4 中小学校建设应安全、适用、经济、绿色、美观。应结合所在区域的地形、地貌、周边环境、微气候特点，并应传承、发扬中华优秀传统文化。建设应遵守下列原则：

1. 学校本质安全，校园具备防灾避难能力。
2. 有益于学生身心健康成长，素质全面提高。
3. 满足教学功能需求，适应教学改革新变化，适度超前。
4. 构筑绿色学校，创建能够培养学生绿色行为的绿色校园。
5. 采用网络化管理模式，建立智慧管控中心，实现学校智慧化全覆盖。

1.0.5 学校建设必须科学推进：先规划，后建设；重质量，求品质；

着眼于建设项目全寿命周期的经济性和先进性。把学校的建设成果打造成教学育人、促进学生健康成长、激发学生创新精神的实体教科书。

1.0.6《标准》用以指导新建中小学校，不能作为评价现状中小学校办学条件是否达标的依据。

2 建设规模

2.1 办学体制及规模

2.1.1 农村非完全小学为四年制。适宜规模为 4 班。不宜建设超过 8 班规模的学校。

2.1.2 完全小学为六年制。适宜规模为 24 班。不宜建设超过 36 班规模的学校。

2.1.3 初中为三年制。适宜规模为 24 班、30 班。不宜建设超过 48 班规模的学校。

2.1.4 高中为三年制。适宜规模为 24 班、36 班。不宜建设超过 48 班规模的学校。

2.1.5 完中为六年制。适宜规模为 24 班、36 班。不宜建设超过 48 班规模的学校。

2.1.6 九年一贯制校为九年制。适宜规模为 36 班。不宜建设超过 54 班规模的学校。

2.2 学生、教职工人数

2.2.1 依北京市规定，各类学校班额如下：

非完全小学，每班不超过 30 名学生；完全小学、初中及九年一贯制学校，每班不超过 40 名学生；高中每班不超过 45 名学生；完中一年级 ~ 三年级每班不超过 40 名，四年级 ~ 六年级（高一年级 ~ 高三年级）每班不超过 45 名学生。

2.2.2 教职工人数依据国务院办公厅《转发中央编办、教育部、财政部关于制定中小学教职工编制标准意见的通知》及本市有关文件规定设置。

2.2.3 各校需增加的特色课教师及工匠的配置人数另行计算。

3 选址

3.0.1 学校设置应符合所在区域教育设施专项规划及各类保护区的保护与发展规划。

3.0.2 学校应选择在阳光充足、空气流通、场地干燥、排水通畅、地势较高、市政基础设施完善的适宜地段建设。用地内应有合理布置运动场地的条件。

3.0.3 中小学校严禁建设在地震、地质塌裂、滑坡、泥石流、暗河、洪涝等自然灾害及有危险化学品、易燃易爆等人为风险高的地段和污染超标的地段。用地环境评估的各项指标（含电磁波辐射、土壤含氡量等）及校园与污染源的距离应符合国家现行有关标准的规定。

3.0.4 学校应远离殡仪馆、传染病院、医院的太平间、游乐场、集贸市场、公安看守所、垃圾转运站等场所。

3.0.5 无寄宿条件的中小学校的服务半径，小学不宜超过500m，中学不宜超过1000m。

3.0.6 学校周边应有学生安全出入的交通条件，有条件时宜设置临时停车场。与学校主入口毗邻的城市主干道应设置安全跨越的设施。

3.0.7 教学区（含操场）的日照、声、光环境质量应符合国家标准规定，且在建成后不对周边邻里造成干扰。

3.0.8 用地范围内严禁高压电线、长输天然气管道、输油管道穿越或跨越。校园周边若有敷设，其安全防护距离及防护措施必须符合国家相关法规、标准的规定。

4 建设用地

4.1 一般规定

4.1.1 建设用地包括建筑用地、体育场地、绿化用地和广场、院落及道路、停车场用地。

4.1.2 学校的规划设计应合理布局，为集约节约用地，应充分利用地下空间、屋顶空间及架空空间。

4.1.3 有寄宿需求的学校，学生宿舍用地需单独测算。《标准》未含宿舍用地。

4.1.4 教职工住宅不应建设在校园内，也不得计入学校建设用地。

4.2 建筑用地

4.2.1 建筑用地包括教学及教学辅助用房、办公用房和生活服务用房等全部建筑的用地（未含宿舍用地）。

4.2.2 应依北京市规划规定及教育建筑的相关规定确定适宜的容积率。

4.2.3 依国家规定：各类小学的主要教学用房不得设在四层以上；各类中学的主要教学用房不得设在五层以上。各类办公用房设置不限。

4.2.4 建筑用地应计算至散水、台阶、坡道之外缘。

4.3 体育用地

4.3.1 体育用地的设置必须保障安全，符合教育部课程标准及教材的基本需求，并保证学生每天 1 小时在校参加有组织的体育活动所需场地。

4.3.2 确定体育场地内容、数量及占地面积的因素主要为：

1. 需计算每节体育课同时上课的班级所需场地。依规定：

小学一、二年级每周 4 节；

小学三年级～初中三年级，每周 3 节；

高中每周 2 节。

2. 根据《切实保证中小学生每天一小时校园体育活动的规定》，需计算按每日每节课同时进行体育锻炼的班级数，每班 1 片（乒乓球按每班 2 台）设置场地。

3. 400m 环形跑道时，宜设 8 条直跑道及看台。

4. 每校应设足球场，且每班每周必须有一天能安排大球（足球、篮球、排球）训练或比赛。即：各校应每 5 班设置不少于 1 片大球场。

5. 依场地条件，可设手球场、腰旗橄榄球场、冰球场、棒球场、垒球场、攀岩墙及快乐体育园地等体育设施。

6. 附近没有游泳设施的学校宜设游泳池（馆）。设置位置宜便于向周边社会开放。中小学校均不得设深水区。

7. 各片场地间的安全隔离设施用地及通向该场地的甬道面积均应计入体育用地。

4.3.3 体育用地中每一片场地都应平坦。场地形状应符合安全及健康的相关规定。田径场长轴应南北向。南偏东不得大于 20°；南偏西不得大于 10°。

4.3.4 田径场需容纳全校进行课间操。每生占地一般为：小学生为 2.88m^2；中学生为 3.88m^2。场地设置需提供与周边社区共享的条件。

4.3.5 田径场用地计至跑道外 1m 处,其他场地计至安全区外边线。

4.3.6 各类学校体育项目的设置见附表 1。

4.4 绿化用地

4.4.1 绿化用地包括集中绿地、绿带、零星绿地、活水水面，及供教学实践的种植园和小动物饲养园。

4.4.2 保护并利用建设用地上原有的绿植资源。未经行政主管部门批准，不得砍伐及移植原有树木。

4.4.3 新建学校的校园绿地率不得低于 30%，中心城区外宜为 35% 及以上。

4.4.4 绿地应复合栽种乔木、灌木、草。应依照《北京市绿化条例》计算绿地面积。

4.4.5 体育场地不计入绿化用地面积。

4.4.6 鼓励屋顶绿化、立体绿化等多种绿化方式。

4.5 广场、院落及道路、停车场用地

4.5.1 应在校园前部进校处的显要位置设置旗杆、旗台及可容纳全校学生列队升国旗的升旗广场。广场占地面积约为 2.5—3 人 /m^2，同时兼供学生日常开展教育教学活动和部分体育活动使用。

4.5.2 学校主要出入口不应设在城市主干道上。校园应设 2 个及以上出入口。宜设置机动车专用出入口,宜在校门处及校内实现人车分流。

4.5.3 学校主要出入口处应设置缓冲场地及家长接送学生的上下车临时停车用地。该用地在建设用地红线以内的面积计入学校用地。

4.5.4 当学校建筑不能全部借助城市的相邻道路进行消防扑救时，

校园内必须设置消防车道。

4.5.5 校园道路宽度应按每百人 0.7m 设置。每一路段的通行人数按应急疏散时通达该路段的建筑物及场地所容纳的总人数计算，且宽度不宜小于 3m。

4.5.6 校园道路均应进行无障碍设计。

4.5.7 有条件的校园宜设置院落及小场地，供学生及学生社团主办各种交流活动。

4.5.8 不得在校园内设置面向社会开放的停车场。应按“平战结合”的使用原则，充分利用地下人防空间解决校内机动车停车问题。地面上可设一定数量的临时停车位，其上限为教职工人数的 10%。

4.5.9 停车场内宜预留充电基础设施安装条件，具体要求参照相关标准执行。

4.5.10 机动车停车库不得与中小学校的教学用房气流相通。不得在体育场地下设置非封闭的机动车停车场。

4.6 建设用地指标

各类学校的建设用地指标见附表 2

4.7 其他用地

4.7.1 随智慧化水平的提高，设备机房的需求日益增加。但因各校周边市政基础设施差异较大，不同地域、不同规模、不同办学特点及设备负荷均不同，设备机房的设置需求不同，故此《标准》未含设备机房用地，配置时应视具体情况确定。部分机房可置于地下。配置时须遵照国家及北京市相关规范及标准处理出入途径及防护距离。

4.7.2《标准》用地指标未含部分学校的办学特色（如现代农业、农机等）用地。

5 建筑设置

5.1 主要教学用房

5.1.1 普通教室

1. 各校依规模，每班设 1 间，并增设 2 间备用教室。

2. 应遵循国家《义务教育法》，在每间普通教室的前部且方便轮椅出入的部位，为随班就读的残障学生设置不少于 1 个专用座位。并宜在教学楼中设置无障碍电梯。

3. 完全小学的普通教室需加大教室面积，以适应围合研讨或分组活动等新教学模式，创造课间调整桌椅等教具布局的条件，每间教室不小于 $84m^2$。农村非完全小学需随办学规模及特点进行调整。

4. 中学普通教室的使用面积为：初中不小于 $61m^2$；高中不小于 $69m^2$。为方便调剂使用，完全中学的普通教室均为 $69m^2$。

5. 为适应分层次教学的需要，高中需设置容纳人数为 13 ~ 15 人的中教室及容纳人数约 5 人的小教室。初中设少量中教室。教室面积：中教室宜为 $36m^2$，小教室宜为 $25m^2$。设置间数按语文及数学课时计算。

6. 依各校的办学理念和教学模式可自行确定教室的组合构成。

7. 各教室间宜采用隔音且易组装的隔断装置，提高空间组合的灵活性。为未来随教学模式改革调整空间形状及组合提供方便。

8. 教室内或教室附近设置学生储物柜及雨具搁置设施。

9. 各层或各教室组旁宜设置任课教师课间休息室。使用面积按相关教师数确定，人均使用面积为 $3.5m^2$。

5.1.2 专用教室

1. 小学应设：

· 语言教室、语言课辅助用房；

· 科学教室、仪器室、药品室、标本陈列空间、实验员室、任课教师准备室；

· 计算机教室、计算机课辅助用房；

· 美术教室、书法教室、美术书法资料室，唱游课教室、唱歌课教室、乐器存放室，舞蹈教室（兼体操），视听教材资料室、管理员室等艺术课辅助用房；

· 风雨操场、体育器材室、卫生间、更衣室、管理员室；

· 劳技教室、劳技课资料室、劳技课辅助用房、管理员室；

· 校本课教室；

·宜设语言活动室、手工艺教室、游泳馆。

2. 初中应设：

·语言教室、语言中教室、语言课辅助用房；

·物理1（力学）实验室、物理2（热学）实验室、物理3（声、光、电）实验室，化学实验室，生物1（观察）实验室、生物2（解剖）实验室，综合实验室，演示实验室，双边实验室，各科仪器室、药品室、标本陈列空间、实验员室、任课教师准备室；

·历史教室、地理教室（或史地教室）、史地资料室、管理员室；

·计算机教室、计算机课辅助用房；

·美术教室、书法教室、美术书法资料室，音乐教室、乐器存放室，舞蹈教室（兼体操），及艺术课相关辅助用房；

·风雨操场、体育器材室、卫生间、更衣室、管理员室；

·金工教室、木工教室、劳技选修课教室，辅助用房、管理员室；

·校本课教室；

·宜设语言活动室、艺术欣赏课教室及家政课教室、游泳馆等。

3. 高中应设：

·语言教室、语言中教室、语言小教室、语言课辅助用房；

·物理1（力学）实验室、物理2（热学）实验室、物理3（声、光、电）实验室，化学实验室，生物1（观察）实验室、生物2（解剖）实验室，综合实验室，演示实验室，双边实验室，各科仪器室、药品室、标本陈列空间、实验员室、任课教师准备室；

·历史教室、地理教室（或史地教室）、史地资料室、管理员室；

·美术教室、书法教室、美术书法资料室，音乐教室、乐器存放室，舞蹈教室（兼体操），及艺术课相关辅助用房；

·风雨操场、体育器材室、卫生间、更衣室、管理员室；

·信息技术课教室、信息技术课辅助用房，通用技术教室、通用技术课辅助用房；

·宜设语言活动室、艺术欣赏课教室、游泳馆。

4. 完中应兼备初中及高中的各种专用教室。九年一贯制学校应兼备小学及初中的各种专用教室。

5. 劳技、金工、木工教室及信息技术、通用技术教室的要求：

（1）小学劳技教室以学会生存，学会生活及手工艺制作为主，教室需有一定的活动空间。每间使用面积不小于 $96m^2$。

（2）初中劳技课应分别设置金工与木工专用教室。为保障安全，每班宜分为 2 批上课，每个工位供 2 名学生操作。每间的使用面积不小于 96 ㎡。

（3）高中技术教室应分设信息技术与通用技术教室，每间使用面积不小于 $100m^2$。

（4）高中的通用技术课专业可选择面很宽，不同专业所需的空间差异极大。《标准》指标定位为每间使用面积 $100m^2$，各校可依实际需要及建设条件在选修课教室的总指标内调整。

6. 专用教室及其辅助用房宜多学科共用。

7. 增设选修走班课教室。面积可按各课程教学用房使用面积总和增加 30%–50% 计算，在总增量不变的条件下，增加的间数和各间的面积可进行调整。

5.1.3 公共教学用房

1. 应设合班教室、图书室（馆）、学生社团工作室、体质测试室、心理辅导室、德育展览空间、资源教室、任课教师办公室、录课室。

宜设心理活动室、科技活动室，可设大报告厅（多功能）、现代艺术展演厅等。设置位置便于向周边社会开放。

2. 合班教室

（1）需容纳一个年级的师生。规模较大的学校一个年级可分 2 批或 3 批上课。

（2）为充分利用远程教育资源，合班教室应设置外网接口。

（3）容纳 4 班以上的合班教室需进行声学设计及处置，利于多功能使用。较大的合班教室宜设置在靠近校园入口处，便于供社区共享。

3. 图书室（馆）

（1）图书室（馆）对培养学生自主学习、探索性学习、交流融合、健康成长有重要作用。图书室（馆）位置要使学生易达，且便于供社区共享。

图书室（馆）应包括借阅空间（含个人借阅及集体借阅）、学生阅览室、教师阅览室、视听阅览室、报刊阅览室、书库（含开架及闭架）、编目和修整办公室及前厅展览空间、研讨空间。宜设展览制作室。

（2）学生阅览室座位数的下限为：

小学、初中每 10 名学生 1 座；高中每 8 名学生 1 座；

完中每 8 名学生 1 座；九年一贯制校每 10 名学生 1 座。

（3）教师阅览室座位数的下限为：

小学、初中、九年一贯制校均按教职工人数的 30% 设座；

高中按教职工人数的 40% 设座；完中按 35% 设座。

（4）视听阅览室座位数的下限为：

小学、初中每 25 名学生 1 座；高中每 20 名学生 1 座；

完中每 23 名学生 1 座；九年一贯制校每 25 名学生 1 座。

（5）报刊阅览室座位数的下限为每班 1 座。

（6）藏书量计算下限为：

开架——小学、初中、九年一贯制校每生 18 册；

高中每生 28 册；完中每生 23 册。

闭架——小学、初中、九年一贯制校每生 17 册；

高中每生 27 册；完中每生 22 册。

在图书馆向社区开放的情况下，藏书量尚需加大。加大的建设量因学校所处周边环境不同而不同，差异大，《标准》未含与社区共享的增量。

（7）图书室（馆）入口外宜设置展览空间，提供新信息展示。

4. 体质测试室

循教育部规定，每年定期为每一名学生进行体质和体能的测定。若与风雨操场（体育馆）贴邻而建，部分设施可不单独设置。男女生分别测试，应设等候空间。小学、初中的面积约为 $40m^2$ ~ $72m^2$；高中、完中约为 $74m^2$；九年一贯制校约 $90m^2$（均含等候空间）。

5. 心理辅导室

依心理健康教育的需求及教育部规定，除沙盘测试及谈心空间外，依学校规模设置一定数量的个人电脑咨询辅导。宜设置心理活动室，适应开展微型心理剧教学模式及团体心理辅导的需要。

6. 资源教室

遵循《义务教育法》，为给予随班就读的残障学生创造学习与康复条件，增设对相关师生进行辅导的资源教室。面积为 $60m^2$ ~ $68m^2$。

7. 现代艺术展演厅

为适应现代艺术的发展和开拓艺术教育空间，有条件的学校宜设置使声、光、电、音乐、绘画、雕塑融合表现的现代艺术展演厅。厅内需配置必要的设备设施。

8. 科技活动室

为进行项目式教育，加强校内外的科技创新活动交流，宜在方便与外界共享的位置设置 $200m^2$ ~ $300m^2$ 的科技活动室。

9. 录课教室（演播室）见 5.6.1。

5.1.4 各种教学用房的设置需具有前瞻性和灵活性，以适应未来教学改革对教学空间需求的变化。

5.2 办公及管理用房

5.2.1 办公及管理用房应包括各类行政办公室、打印室、档案室、智慧管控中心、广播室、传达室、卫生室（保健室）、会议室、维修用房及总务仓库等。

5.2.2 智慧管控中心

为全校教学及智慧管理的核心枢纽，面积依学校规模而异。一般使用面积为 $90m^2$ ~ $135m^2$。管控内容为：

学校应设周界、与校外共享区和非共享区间，以及校园内关键节点处的视频监控系统及反欺凌求助平台。应设外网接口接入当地公安机关监控平台。

安防监控与消防监控均纳入智慧管控中心合并进行管控，实现综合值班、师生求助、消防报警、视频监控、应急指挥的综合管理。

考试巡查是考场视频显示、存储、报警处理、考务指挥的综合管理中心。

多媒体教学管理中心实现教室视听多媒体课件运用管控、教学督导、评估和教学资源存储。

5.2.3 广播室

广播室的位置与窗的设置应使工作人员能通览田径场，使用面积约为 $20m^2$ 左右。

5.2.4 传达室

传达室设置数量及面积因学校规模而异。宜附设卫生间及夜间值班床位。使用面积一般为 $22m^2$ ～ $30m^2$。

5.2.5 卫生室（保健室）

1. 应设在首层，并朝南向。应临近体育场地处，且应方便急救车辆就近停靠。

2. 卫生室的面积及形状应能满足常用医疗设备的设置及视力检查的要求，每间使用面积不小于 $15m^2$。小学可设 1 间，中学需分设相通的 2 间。

3. 宜附设使用面积不小于 $20m^2$ 的等候空间。

5.3 生活服务用房

5.3.1 生活服务用房应包括饮水处、卫生间、体育及舞蹈老师淋浴间、食堂、停车库。寄宿制学校还应包括学生宿舍、夜间值班教职工宿舍、学生浴室、洗衣间。青年教师单身宿舍另计。

5.3.2 饮水处

1. 应在教学用房的每层设饮水处。按每 1 个饮水水嘴服务于 40 人～ 45 人设置。

2. 饮水处前应设等候空间。等候饮水的人群不得挤占走道等疏散空间。

3. 平均每 1 个水嘴需设置饮水处的使用面积为 $3m^2$ ～ $4m^2$。

5.3.3 卫生间

卫生洁具的设置数量的下限为：

1. 男女学生应分设卫生间，分设前室。洗手池可设在前室内。每 40 人 ~ 45 人设 1 个洗手位（1 个洗手盆或 0.6m 长盥洗槽）。

2. 男生每 40 人设 1 个大便位（1 个大便器或 1.2m 长大便槽）；每 20 人设 1 个小便位（1 个小便斗或 0.6m 长小便槽）

3. 女生每 20 人设 3 个大便位。

4. 每个卫生间内（或就近）设污水池。

5.3.4 食堂

1. 每校必须自设符合餐饮卫生法规的食堂（含厨房）。使用面积计算应按：厨房不小于 $0.85m^2\times$ 全部就餐人数。师生餐厅面积不小于 $0.85m^2\times$ 每批就餐人数。

2. 厨房需设进货及粗加工空间（可在室外有界墙的院落内）。

3. 食堂不得与教学用房合并设置或贴建。

5.3.5 停车库

1. 机动车停车库的设置见第 4.5.8 条 ~ 第 4.5.10 条。

2. 非机动车库（棚）

小学只设置教职工的停车空间。

中学需设置教职工及少量学生（12 岁以上）的停车空间。

3. 中小学生不得利用滑板等作为上学的交通工具，不予停放。

4. 校门外宜就近设置社会共享单车停车位。校内不得设置社会共享单车停车位。

5.3.6 学生宿舍

1. 每间宿舍容纳学生不得超过 6 人，每人使用面积不得少于 4 ㎡（含平日使用衣物的储藏空间）。

2. 宿舍应设置公共盥洗室、卫生间。不得在卧室内附置卫生间。

3. 需就近设置洗衣设施及晾晒空间。也可设小型洗衣间。

4. 男女生宿舍应分设出入口，分别管理服务。

5.4 其他建筑空间

5.4.1 走道、楼梯间是必要通道，同时必须符合应急疏散设置要求。

5.4.2 依新教学要求，需为学生设置大小多样的研讨空间和作业、作品展示空间，间数及面积不作统一规定。为方便学生利用课间休息时间交流，走道宜适当加宽或局部加宽。

5.4.3 宜利用屋顶空间，为学生创造延伸教学内容的活动空间，提高学生的创造力。

5.5 建筑面积指标

各类学校的建筑面积指标见附表 3。

5.6 未定标空间

5.6.1 各校均需设置录课室（演播室），但目前因师资配置及办学特色不同，所需空间及使用面积差异很大，难以确定，故暂未纳入《标准》的指标。

5.6.2 有条件的学校可设置天文观测台、现代农业研试点等，其所需面积、用地及经费较大，均未列入《标准》指标。各校视学校条件设置。

5.6.3 学生根据自己的兴趣、特长成立的社团，各校不等。为培养学生的综合能力，需为社团设置一定数量和大小的工作室。个数和面积很难预估，故仅在公共教学用房中配设了少量 $8m^2$ ~ $12m^2$ 的房间，供社团储藏及准备活动用，尚不能满足需要。在确定项目时需根据实际需求调整。

5.6.4 各校所在地区的市政条件差异很大，各类机房数量不等，智能化管理水平不一，对机房和管线的建设需求不同。《标准》对其建设指标未作出规定。每一项目均需按实际情况确定。但在市区及近郊区，一般设备机房所需建筑面积约为总建筑面积的 5% 左右。

6 建设绿色学校

依新时代坚持绿色可持续发展的原则，本市新建中小学校均应不低于绿色建筑评价二星级标准。

6.1 环境质量

6.1.1 室内外空气质量应依据《环境空气质量标准》等相关标准

控制二氧化硫、二氧化氮、一氧化碳、苯、二甲苯。苯并芘、甲醛、各种悬浮可吸入颗粒物、菌落、氡等有害物的标准。为此，应配置空气质量监测装置，宜装设空气净化装置。

6.1.2 学校环境的电磁波影响不得超过国家标准的规定。

6.1.3 校内风环境不妨碍室外行走及体育锻炼。

6.1.4 室内热、湿环境舒适度及换气量应达到国家及本市对校内各部位的规定。

6.1.5 普通教室冬至日满窗日照不应少于 2h。学校至少应有 1 间科学教室（小学）或生物实验室（中学）的室内能在冬季获得直射阳光。

6.1.6 学校周边建筑及设施不得对教学用房及体育场地构成光污染（如玻璃幕墙可见光发射炫光、室外夜景强照明等）。

6.1.7 依国家标准，保障各空间的光质量，以利于学生视力发育及教学效果。

6.1.8 学校的声环境质量应符合国家及本市有关标准。教学用房的噪声环境不得大于 50dB（A）。教学用房的外窗与铁路的距离不得小于 300m，与高速公路、地上轨道交通或城市主干道的距离不得小于 80m。

6.1.9 操场扩音不得对周边 25m 内的邻里造成声污染。

6.2 节地、节能、节水、节材

6.2.1 应充分利用地下空间。重视利用原地形进行竖向设计。

6.2.2 宜采用被动式节能技术，以零能耗为目标。宜设置太阳能、风能、地源热能、空气源热能、生物质能等绿能采集应用装置，为节能及开展环境科学实体教学创造条件。

6.2.3 应实现天然采光。

6.2.4 外窗可开启部分的比例宜达到 30% 以上，以获得良好的自然通风。

6.2.5 为降低学校的热岛强度，采用适当的路面及屋面做法，并在活动场地种植乔木，或设置构筑物遮阴。

6.2.6 制定水资源利用方案，统筹循环利用中水等各种水资源。

6.2.7 汇集、净化、再利用校内雨水。应将雨水系统作为学生环境教育课的实体教学载体。

6.2.8 应采用节水器具。

6.2.9 宜设置地下综合管廊，以提高运行、维护保养的水平，并便于采集运行数据。

6.2.10 中小学校抗震设防为乙类（重点设防类）。

6.2.11 建筑面积大于 2 万 m^2 的项目，应采用钢结构、装配式结构体系。

6.2.12 宜采用智能化管控系统，节约资源，并可作为实体教学的载体，提高绿色教育及智慧化教育的教学效果。

6.2.13 建筑造型及景观应简约、规则、有趣味，且避免设置大量无功能性的装饰构件。

6.2.14 外墙不得采用幕墙体系。也不得贴挂瓷砖、石板等饰面。

6.2.15 利用可重复使用的隔墙等构件创建灵活空间，以适应教学功能变化对空间变化的需求。

6.2.16 宜实现土建工程与装修一体化设计、建造。

6.3 资源共享

6.3.1 大田径场、风雨操场、大合班教室、图书馆等均宜在课余时间向社会（含家长）开放，实现资源共享。

6.3.2 开放部分与不开放部分应设置安防监控设施，保障安全。

6.3.3 鼓励利用周边社区的停车场地，实现有偿错时停车。

6.3.4 学校的场地与各类用房宜可兼用，多功能化，提高使用效率。

6.3.5 建筑空间及设备、设施宜灵活可变，可适应不同的教学需求。

7 建设智慧学校

7.0.1 为推进中小学教育现代化，学校应建设成为智慧学校。基于对学校的教学、管理、服务等各个领域信息化应用，集架构、平台、应用、管理及优化组合为一体，通过感知、分析、预测、主动、实时、响应、协同决策、绿色的合力，造就安全、绿色、高效、和谐、便利、充满活力及可持续发展的智慧学校。

7.0.2 智慧学校的总体架构为云平台架构。智慧学校建设立足于教育、教学活动需求，采用“平台 + 系统”，“平台即服务”的先进理念和原则，对学校活动进行全面的梳理和分类整合。

7.0.3 推进云计算、大数据、物联网、移动互联网、虚拟现实等技术在智慧学校中的创新应用,构建以智慧教学、智慧管理、智慧环境、智慧服务为支撑的平安、绿色、和谐的新时代智慧学校。

7.0.4 智慧环境建设是以构建结构合理、使用方便、高速稳定、安全保密的基础网络，推进“无线学校”建设，实现主要教学区无线网络全覆盖。在此基础上，建立高标准的数据共享中心和统一身份认证及授权中心，统一门户平台及集成应用软件平台，构建课堂教学、教师科研、学生学习、管理评价、家校沟通、学校安全管理等一体化、智能化的智慧学校环境。校园网应闭环化管理，通过网络安全管理设备进行信息系统的安全建设和监管管理。

7.0.5 通过“地理信息系统”（GIS）及“建筑信息模型”（BIM）数据融合进行中小学校规划、设计、施工及运营的全生命周期管理，实现室内外、地上地下设施设备的可视化管理，为学校建设及维护过程中的可视化应用提供数据与平台基础。

7.0.6 智慧监控中心的设置应包括基础设施、服务设施及应用设施三部分。

（1）基础设施为环境设施及机房设施。分项含公共安全、信息通信、建筑设备管理和机房。基础设施一般宜包括基础云平台、数据中心系统、信息接入系统、综合布线系统、移动通信信号覆盖系统、电信接入系统、安全防范综合管理（平台）系统、视频安防监控系统、火灾自动报警系统、入侵报警系统、出入口控制系统、电子巡查系统、应急响应系统、家长及其他访客对讲系统、停车库（场）管理系统及相配套的智能化机房。

建筑设备管理系统应包括设备运行监控功能（监控范围包括冷热源、供暖通风和空气调节）及环境监控。

（2）服务设施的分项宜包括电话交换系统、无线对讲系统、信息网络系统、有线电视（含多媒体播放）系统、公共广播系统、会议系统、信息导引及发布系统、时钟系统等。

（3）应用设施的分项宜包括教学服务系统、公共服务系统、智能卡系统、物业管理系统、信息设施运行管理系统、信息安全管理系统、智能化信息集成（平台）系统、集成信息应用系统。

7.0.7 智慧教学是以构建先进适用的网络教学平台，整合、丰富智慧教学资源，创造主动式、协同式、研究式、交互式的智慧学习环境，建立师生互动的新型教学模式。

7.0.8 智慧教学主要包括：

（1）全覆盖的多媒体教学设备、电子班牌、电子课表、传感感应装置等；

（2）远程教育及市、区教育教学资源接口；

（3）录课室及网络教学平台；

（4）教学资源库系统；

（5）导学管理系统；

（6）备课管理系统；

（7）课堂互动系统；

（8）在线检测系统；

（9）课后作业系统；

（10）实验实训系统。

7.0.9 智慧管理含教务管理和校园管理。智慧管理系统主要包括：

（1）学生管理系统。含学籍管理、素质评价、作业留档及分析、试卷分析、成绩记录及分析、社团活动情况、家校互动等；

（2）教职工管理系统。含人事管理、业务信息、研修及专业发展记录；

（3）教务管理系统。含排课选课、备课管理、资源管理、德育管理、体卫管理、在线考试等；

（4）办公事务管理系统。含流程控制、考勤、档案管理、图书馆等公共活动空间管理、师生食宿管理、招生事务管理及收缴费管理等。

7.0.10 物业管理系统应包括能耗能效信息记录、调控及显示；并包括校产的管理维护等。

7.0.11　为实现智慧服务应构建便捷、高效、文明、健康的智慧服务环境和电子服务平台。

7.0.12　智慧学校平台整合与学校生活相关的智能手环、一卡通、门禁闸机、红外测温、电子图书馆、视频监控等硬件设施，形成智慧学校生活平台，提供平安、方便的智能化学校。

7.0.13　智慧管控中心宜设在首层。建筑空间宜分作机房、值班区和功能区（分巡查、观摩、督导）三部分。使用面积依规模确定。一般适宜规模的学校约为 90m^2 ~ 135m^2。

7.0.14　智慧学校的建设是一个长期持续的过程，随着信息化水平的不断提高，智慧学校的建设也需不断升级、深化和创新，建设空间需留有余地，以满足学校教学、教研、管理和服务对信息化的需求。

附表 1：

各类学校体育项目设置表

序号	类别	规模班	田径场		篮球场	排球场	羽毛球	乒乓球	体操	器械	游戏区 m^2	应设用地 m^2
			200m	400m								
1	小学	12	1	—	1	1	1	1	1	1	200	7585
2		18	1	—	2	1	1	1	1	1	200	8082
3		24	1	—	3	1	1	1	1	1	300	8936
4		30	1	—	4	1	1	1	1	1	300	9987
5		36	1	—	5	2	2	2	1	1	300	11730
6	初中	18	1	—	2	1	1	2	1	1	100	9308
7		24	1	—	3	1	2	3	1	1	150	11140
8		30	1	—	3	2	2	4	1	1	150	12585
9		36	—	1	4	3	3	5	1	1	200	21330
10		48	—	1	5	4	3	6	1	1	200	22799

续表

序号	类别	规模班	田径场		篮球场	排球场	羽毛球	乒乓球	体操	器械	游戏区㎡	应设用地㎡
			200m	400m								
11	高中	18	1	—	2	1	2	2	1	1	—	9942
12		24	1	—	3	1	2	3	1	1	—	11768
13		30	—	1	3	2	2	4	1	1	—	20158
14		36	—	1	4	3	3	5	1	1	—	21546
15		48	—	1	5	4	4	9	1	1	—	23590
16	完中	18	1	—	2	1	1	1	1	1	100	9489
17		24	1	—	3	1	1	2	1	1	100	11256
18		36	—	1	4	3	2	2	1	1	100	20950
19		48	—	1	5	4	3	4	1	1	150	22848
20	九年制校	18	1	—	2	1	2	2	1	1	200	9324
21		27	1	—	3	2	3	3	1	1	300	11430
22		36	1	—	4	3	3	4	1	1	360	13521
23		45	—	1	4	4	4	5	1	1	360	21651
24		54	—	1	6	4	4	6	1	1	400	22725

注：“应设场地”依教育部颁发的《国家学校体育卫生条件试行基本标准》（2008）设置，依中共中央、国务院及教育部关于“每生每天在校参加有组织的体育锻炼1小时”的规定进行调整。

附表 2:

各类学校的建设用地指标（公顷）

类别	规模（班）	用地	生均（m^2）
小学	12	2.20	45.83
	18	2.45	34.03
	24	**2.81**	29.27
	30	3.25	27.08
	36	3.75	26.04
初中	18	2.67	37.08
	24	**3.18**	33.13
	30	**3.72**	31.00
	36	5.55	38.54
	48	6.34	33.02
高中	18	2.89	35.68
	24	**3.41**	31.57
	30	5.27	39.04
	36	**5.75**	35.49
	48	6.74	31.20
完全中学	18	2.79	36.47
	24	**3.31**	32.45
	36	**5.62**	36.73
	48	6.56	32.16
九年制校	18	2.72	37.78
	27	3.35	31.02
	36	**4.06**	28.19
	45	5.83	32.39
	54	6.51	30.14
注：加粗字为适宜规模校指标。			

注：本表建设用地面积不含宜设、可设面积。

附表 3：

各类学校的建筑面积指标（m^2）

类别	规模（班）	主要教学用房	办公及管理用房	生活服务用房	合 计	生均面积
小学	12	8505	583	1364	10452	21.78
	18	10611	670	1927	13208	18.34
	24	13175	810	2479	16464	17.15
	30	15324	906	2869	19099	15.92
	36	17767	1001	3259	22027	15.30
初中	18	13595	700	1531	15826	21.98
	24	16098	833	2028	18959	19.75
	30	18767	936	2732	22435	18.70
	36	21593	1040	3027	25660	17.82
	48	26507	1223	4020	31750	16.54
高中	18	15642	710	1684	18036	22.27
	24	18556	854	2235	21645	20.04
	30	21356	956	2787	25099	18.59
	36	24891	1060	3329	29280	18.07
	48	31360	1254	4423	37037	17.15
完中	18	15225	710	1684	17619	23.03
	24	18373	843	2231	21447	21.03
	36	24000	1060	3321	28381	18.55
	48	29915	1254	4409	35578	17.44
九年制校	18	13766	726	1587	16079	22.33
	27	17009	917	2352	20278	18.78
	36	20195	1060	3127	24382	16.93
	45	23251	1197	3908	28356	15.75
	54	27256	1333	4676	33265	15.40

注：本表所含各校特色办学发展空间面积可视学校发展确定。
本表建筑面积不含宜设、可设面积。

北京市教育委员会

关于进一步加强中小学、幼儿园室内装修改造管理工作的通知

京教建〔2018〕10号

各区教委：

为进一步加强本市中小学、幼儿园（以下简称“学校”）室内装修改造管理工作，确保学校教育教学环境符合国家和本市质量、安全、环保等有关规定和要求，保障师生身体健康，结合《北京市教育委员会关于加强中小学室内装修改造管理工作的通知》（京教建〔2017〕1号），现就有关事项通知如下：

一、进一步重视学校室内环境质量工作

教室是青少年和儿童学习生活的主要场所，教室内的环境质量直接关系到学生的身心健康和学习效果，受到家长和社会的广泛关注。要始终坚持将“人民期盼有更好的教育”作为奋斗目标，做好学校室内装修改造工作。要坚持“以人为本”，将环境质量和师生的身心健康放在首位，严格落实中小学教室环境质量标准，彻底杜绝因装修改造出现的室内环境质量问题。

二、进一步加强关键环节和重点程序的管理

（一）加强项目绩效管理，提高资金使用效益

各区教委要遵循“必需、节俭、可行、实用”的原则，确保学校装修改造项目符合建筑“安全、适用、经济、绿色、美观”的要求，按轻重缓急实施装修改造工作，增强环保意识，防止过度装修；项目

实施要明确责任主体的职责，要履行相关程序，注重经济效益，在规范项目库管理的基础上，做好预算评审、造价审核、结算评审等相关成本控制工作；各区教委要加强对责任主体的指导、培训和检查，明确管理责任和人员分工，提高专业化水平，严控装修改造工作的各个环节，做到制度到位、措施到位、执行到位、监管到位。

（二）加强采购、招标和合同管理

各区教委应建立和完善切实有效的采购、招标和合同管理制度。装修材料和家具设备的采购、进场、检验和安装等要按照法律、法规和规定程序，符合相关技术标准和质量规范；对不合格产品和不符合项目，依据合同和法规要求进行处置。要依法依规组织招标工作，明示环保产品认证、技术约束条件等相关要求。要组织好合同签订前的条款约定和合同评审工作，加强合同履行的监督和控制。

（三）加强进度、质量和安全管理

各区教委要组织、协调和管理好学校装修改造工作关键环节。要建立过程监控和阶段审核机制，要组织专人对施工现场进行定期巡查，在督促工程进度执行的同时，全面贯彻质量保证标准和安全施工标准。要实现进度控制精细化、质量管理标准化、安全生产常态化。

（四）加强风险防控管理，完善风险治理手段

各区教委要做好风险识别、评估、监控（预警）和应对。要建立装修改造工作风险点预判机制和应急反应机制，明确各方职责和权限，通过工期检查、成本跟踪分析、合同履行监督、质量监控措施、现场情况报告、定期例会等措施，全面预判和防控风险。尤其应采取分阶段实施材料入场检测、竣工后室内空气质量检测以及家具设备安装后形成多因素叠加的环境检测，有效防控室内空气污染风险。

（五）加强信息和沟通管理，提高工作质量和实效

各区教委要建立科学、准确的学校装修改造项目数据库，便于分析、查询、监测和评价项目实施的可行性和必要性，避免重复装修和超标准装修。同时建立设计、施工、监理等合格企业信息库，便于资源共享，提高项目实施效率。要通过制度建设、完善程序，实现市、区、校之间纵向联系和学校、家长之间横向联系沟通机制。

三、进一步深化组织领导和措施保障

各区教委要统筹协调、有序开展全区学校室内装修改造工作，及时总结有效做法和成功经验，加强组织领导和监督指导，持续推进学校室内装修改造管理工作的制度化、标准化、规范化。对管理责任不到位、失管、缺位引发质量问题，影响师生身心健康和学校秩序，在社会产生不良影响的要进行追责、问责。

本通知自颁布之日起实施。

2018 年 5 月 4 日

北京市教育委员会

关于做好新高考背景下普通高中教学组织管理工作的通知

京教基二〔2018〕11 号

各区教委：

为深入推进高考综合改革，落实国家课程方案，完善教学管理制度，创新教学组织形式和运行机制，统筹挖潜，创设条件，满足学生个性化学习需求，同时保障教育教学秩序稳定，现就有关工作提出如下要求：

一、做好课程实施规划，建立选课指导制度

各区要按照国家普通高中课程方案、北京市普通高中课程实施指导意见指导学校做好课程实施规划。学校要结合办学目标、学生特点和实际条件，完善三级课程管理制度。整体规划三年课程安排，开齐国家规定的各类课程，开足规定的课时。充分挖掘课程资源，开发、开设丰富多彩的选修课程，满足学生选课需求。

学校还应结合实际建立选课指导制度，在全面调研，充分论证基础上，形成为学生提供的课程说明和选课指南，帮助学生和家长了解学校课程开设情况，指导学生形成个性化的课程修习方案。

二、加强资源统筹挖潜，积极创造条件满足学生选课需求

学校要高度重视学生选课工作，统筹师资、教室等资源，结合教学理念、优势学科和办学条件，制定走班教学工作方案。不得强制为学生确定选考科目。

各区要制定区级工作方案，指导学校实施选课走班教学。加强统筹协调，根据学生选课情况，探索学区内、集团内学生跨校选课、教师跨校兼课的流动机制，因地制宜，满足学生选课需求。

三、加强学生发展指导，引导学生理性确定选考科目

学校应建立学生发展指导制度。帮助学生正确认识自我，更好适应高中阶段学习与生活，处理好兴趣特长、潜能倾向与社会需要的关系，选择适合的发展方向，提高生涯规划能力和自主发展能力。

要科学合理制定发展指导内容，加强学生理想、心理、学业、生活、生涯规划等方面指导。帮助学生结合高校专业要求、学校选课指南、学习兴趣和学业水平等，科学合理确定选考科目，确定修习方案，减少盲目性和功利性，引导家长正确对待共同参与，避免反复修改调整。

要开展多种形式的指导活动。可从高一年级起开设学生发展相关课程，在学科教学中渗透生涯规划内容，开展班会、讲座、社会实践等活动，充分挖掘和利用校内外资源，建设学生职业体验基地，利用教育系统及社会资源组建和丰富专家团队，多种途径开展学生发展指导。

要采用专职教师与兼职教师相结合的方式，组建以专职教师为核心，以班主任和兼职教师为骨干，全体教职工共同参与的指导队伍，班主任或导师要与学生建立相对固定的联系，指导学生选课。学校要配备学生发展指导专职教师。

四、科学安排，保障教学秩序稳定

学校要制定选课走班工作方案报区教育行政部门备案。要采用合理方式在高一第二学期末调查学生选课意向，高二年级开始针对选考科目及选学兴趣进行选课走班教学。依据学生选课情况，合理排课编班和安排教学计划，避免任意增减课时、增加教学时间、排课前紧后松、班额超45人等现象，保障教学秩序稳定。

五、调整教师队伍数量结构，提高教师适应走班教学的能力

各区要按照教学改革和高考改革的新变化，科学核定师资数量和各学科比例，充实和调整高中教师队伍和学科结构，建立健全师资补充机制。要制定区级全员培训方案，有针对性加强每一名教师走班和分层教学能力、学生发展指导能力、综合素质培养能力。

学校要合理安排教师教学任务和工作量，探索适应改革需求的教师管理评价制度，科学制定教师绩效标准，充分调动教师工作主动性和积极性。

六、探索新型学生管理模式，完善学生评价机制

学校要构建行政班与教学班有机结合的班级管理制度。健全班级建制，明确班级负责教师。注重校园文化建设，加强学生思想道德教育，提升学生自我管理能力。学校应实时监测、检查学生情况，进行科学管理。充分认识综合素质评价在“两依据一参考”中的重要作用，做好相关工作。

七、加强支持保障，平稳有序推动改革落地

要综合施策做好各项保障工作。各区要加大经费投入力度，重点投向改革相关的校舍改造、设施设备配备、师资队伍补充、干部改革学习交流、学校课程体系和教学组织管理平台建设等领域。要在编制和进京指标等资源配置上向普通高中学校倾斜，鼓励建立区级流动教师资源库，多种形式解决师资补充问题。

要借助信息化手段提高管理水平。鼓励各区使用市级选课走班服务平台进行资源调配管理，支持各区按市级标准自建平台，利用人工智能、大数据等技术提高选课走班、资源配置、质量评价等环节的效率和效果。加强数据统筹和信息安全工作，任何单位和个人不得泄露学生选课相关数据。

要加强舆论宣传和引导，为改革营造良好环境。要加强政策解读和正面宣传，提高教师、学生、家长对选课走班教学的认识，宣传推广典型经验，赢得社会各界广泛理解与支持。

要建立督导考核制度，确保各项任务落实到位。各级教育行政部门和督导部门要将普通高中学校统筹安排教学工作要求落实情况，纳入年度学校发展性督导评价和学校工作考核指标。

2018 年 5 月 12 日

北京市教育委员会

关于印发《北京市初中升学体育考试过程性考核方案（2018 年修订）》的通知

京教体艺〔2018〕13 号

各区教委、燕山教委：

《北京市初中升学体育考试过程性考核方案（2018 年修订）》（以下简称《考核方案》）经 2018 年第 12 次市教委主任办公会审议通过，现印发给你们，并提出以下要求，请认真贯彻执行。

一、高度重视。过程性考核是初中升学体育考试的重要组成部分，考核结果计入学生升学考试。各区教委要高度重视，要严格按照“分层管理、分工负责、责任到人、违规必究”的原则进行管理，切实做好任务分工，抓好工作落实，确保考核“公开、公正、公平”。

二、制定方案。各区要根据《考核方案》提出的原则和要求，结合区域实际，合理安排考核及教学内容，杜绝“以练代教、只练不教”的现象，确保体育考试和教学改革举措落在实处，提高体育教学质量。请各区在6月30日前，将实施方案上报市教委体卫艺处和市教科院基教研中心备案。

三、认真实施。从2018年9月1日起，各区和学校要按照修订后的《考核方案》对初一年级入学新生进行考核。各区要组织有关人员认真学习《考核方案》，并做好培训工作，确保《考核方案》的顺利实施。

2018年5月15日

北京市初中升学体育考试过程性考核方案（2018年修订）

一、考核目的

全面提升中小学体育教学质量，切实发挥学校体育在健全学生人格品质、培育和践行社会主义核心价值观、推进素质教育中的综合作用，促进学生身心健康、全面发展。

严格执行《国家学生体质健康标准（2014年修订）》和《北京市中小学体育与健康教学质量基本标准（试行）》的要求，通过考核引导和督促学生上好体育课，积极参加大课间和课外体育锻炼，提高学生每天一小时校园体育活动的实效，充分发挥体育与健康学科在培养学生核心素养中的作用，提高学生的运动能力，养成良好的生活习惯，改善学生的体质健康水平。

规范广大体育教师的教学行为，督促教师提高自身的教育教学能力，积极投身本市中小学体育课程教学改革，推进《体育与健康课程标准（2011版）》的落实，提高体育教学质量。

二、考核对象

2018 年 9 月 1 日后，新升入初中学段的学生。

本方案采取“新生新办法”的原则实施。自 2018 年 9 月 1 日起，在新升入初一年级的学生中开始实施；其他年级学生继续执行原过程性考核方案。2020 年完成新旧方案的过渡。

三、成绩组成

过程性考核总分不变（10 分），计入学生升学考试总分。分数由 3 部分组成：第一，《国家学生体质健康标准（2014 年修订）》测试成绩；第二，学习态度考核成绩，考核学生体育课的出勤情况；第三，日常体育课学业水平成绩，考核学生运动技能的掌握情况。

考核在初一年级至初三年级上学期进行，共 5 个学期，初三年级下学期不进行过程性考核。分值分配如下：

类别 时间	体质健康	学习态度	学业水平	合计
初一上学期	0	0.4	1.2	1.6
初一下学期	0	0.4	1.2	1.6
初二上学期	1	0.4	1.2	2.6
初二下学期	0	0.4	1.2	1.6
初三上学期	1	0.4	1.2	2.6
小计	2	2	6	10

学校要如实保留学生每学期的考核成绩，最后一学期的过程性考核成绩确定后，5 个学期考核成绩累加，为学生过程性考核的最终成绩。不能对小数点后的数字进行取舍。

四、评分标准

（一）体质健康

按照《国家学生体质健康标准（2014 年修订）》测试成绩进行评定。测试由第三方或学校统一组织实施。总分评定等级（含附加分）为及格及以上者，即可获得 1 分（满分），不及格者得 0 分。

（二）学习态度

按照体育课出勤率评定，由任课教师负责。教师要如实记录并根据标准评判成绩。学校必须按照课程设置要求，开齐上足体育课。计算出勤率的实际授课时间不得低于 17 周（51 课时）。等级标准及对应分值如下：

出勤率	98% ≤ X	98% ＞ X ≥ 85%	85% ＞ X ≥ 70%	70% ＞ X
评价等级	优秀	良好	及格	不及格
对应分值	0.4	0.3	0.2	0

因故不能上课者，家长必须知情同意，并以书面形式递交请假申请。事假需经班主任和体育教师签字同意；病假需持医院诊断证明并经校医、班主任和体育教师签字同意；未履行规定手续者，按缺勤记录。同一学期内，履行手续的事假、病假要分别累计，超过 3 课时者，超出课时按缺勤记录。因参加市、区教育行政部门主办或批准的各项活动而缺勤者，按正常出勤记录。

体育课出勤情况是评价学生学习态度的重要依据，教师必须如实记录。各区和学校要严格按标准评分。

（三）学业水平

按学期考核成绩进行评定，考察学生日常体育课中运动技能的掌握情况。学业水平考核分为单元考核和学期考核。基本要求是：

1. 考核内容每学期不得少于 2 项，每学年不得少于 4 项，且 4 项内容必须分别属于不同的运动类别（田径、体操、民族传统体育和球类）。考核内容及评分标准依据《北京市初中升学体育考试过程性考核学业水平考核内容及评分标准（2018 年修订）》（见附录）确定。

2. 单元考核在单元教学结束后进行，由体育教研组统一组织实施。考核时，参与评价的教师不得低于 3 人，技评内容的成绩为 3 人打分的平均数；量评内容要如实记录，按标准评分。学校要如实保留所有参评教师对学生考核成绩的评判。考核结束 1 周内，公示学生成绩。

3. 学期考核成绩由单元考核成绩组成，在期末进行综合评定。学生学期考核成绩为各单元考核成绩的平均数。

4. 单元考核和学期考核的成绩均采用百分制记录。采用 10 分制评分的项目,评分完成后,要转化为百分制。小数点后的数字非“0”时,按照“四舍五入”的原则处理。

5. 根据学期考核的百分制成绩确定评价等级，并根据评价等级确定考核得分。等级标准及对应分值如下：

考核成绩	85 ~ 100 分	75 ~ 84 分	60 ~ 74 分	59 分以下
等级	优秀	良好	及格	不及格
对应分值	1.2	1	0.8	0

五、特殊情况处理规定

（一）伤、病学生

1. 短期伤病学生（不超过 1 学期），出勤率考核与正常学生相同。学业水平考核申请免考 1 项者，免考项目按 60 分计录，并作为考核成绩参加学期终评；申请免考超过 1 项者，该学期学业水平考试按及格等级计分。

2. 整个学期处于伤病状态，可以参加体育课见习，但不能参加学业水平考核的学生，出勤率考核与正常学生相同，学业水平考核按照该学期的及格等级标准计分。学生在初中学段出现上述情况的次数超过应考核学期数的一半，则该生在初中学段的过程性考核成绩最高不得超过 7 分。

3. 整个学期处于伤病状态，既不能参加体育课见习，又不能参加学业水平考核的学生，过程性考核成绩按该学期过程性考核总成绩的 60% 记录。学生在初中学段出现上述情况的次数超过应考核学期数的一半，则该生在初中学段的过程性考核成绩最高不得超过 6 分。

4. 学生因病不能参加《国家学生体质健康标准》测试，须在学校规定时间内，出具家长签字的书面申请和医院诊断证明，学校备案存档后，当年体质健康成绩计 0.6 分；不办理手续者，成绩计 0 分。

伤病情况属于第 2、3 项所述的学生，应在开学后两周之内向学校出具家长签字的书面申请和医院诊断证明，并经学校医务部门和体育教学部门同意。否则该学期过程性考核成绩计 0 分。

（二）残疾学生

因残疾丧失运动能力而不能参加体育考试的免考学生，应当凭残疾人联合会颁发的残疾证办理相关手续（并存入学生档案）。第 5 学期结束时，按以下标准评定过程性考核成绩：

1. 残疾等级为一级、二级和三级（中度至极重度）的学生，自主参加体育锻炼，过程性考核按满分（10 分）计。

2. 残疾等级为四级（轻度）残疾者，学校不对其体育课成绩进行具体考核，但有义务根据这类学生的具体情况为其提供锻炼时间和内容（需详细记录）。该类学生应每周参加 3 学时的体育锻炼。每学期锻炼时间达到 50 学时者，过程性考核成绩记满分 10 分；锻炼时间超过 30 学时而不足 50 学时者，过程性考核成绩记 8 分；锻炼时间超过 10 学时而不足 30 学时者，过程性考核成绩记 7 分。未按要求参加体育锻炼或每学期参加锻炼时间不足 10 学时者，过程性考核按总分的 60%（6 分）记录。

3. 无残疾证而办理免考免修体育的学生，均按因病免考免修体育的规定处理。

（三）其他

1. 外埠就读回京报考学生。只参加由各区统一组织的现场体育考试，其最终成绩 = 考生现场体育考试得分 ×4/3，换算后计入升学考试总分。

2. 在本市完成初中学业的往届生。不再进行过程性考核，其成绩以原来取得的成绩为准。

3. 在初中学段转学的学生，按以下两类情况分别处理：

（1）由外埠转入者，执行“外埠就读回京报考考生”政策；

（2）本市辖区内转学者，已经认定的过程性考核成绩有效；未认定的成绩，由转入学校根据本区或本校的统一要求认定。备案流程及办法由各区自行制定。

六、考核工作的组织实施

（一）区教委职责

1. 协调区考试管理部门、区教学研究部门以及纪检监察部门，制定本区过程性考核实施方案。

2. 审核学校上报的过程性考核方案，审核通过后备案，并作为检查学校过程性考核工作的重要依据。

3. 监督学校过程性考核工作，确保过程性考核公开、公正、公平。

4. 审核学校上报的生过程性考核结果，审核确认后计入学生体育考试总分。

5. 设立举报电话或信箱，接受家长和学生的投诉，并及时核查投诉情况。对过程性考核中的违纪行为要及时纠正并追究有关人员的责任。

6. 按照“分层管理、分工负责、责任到人、违规必究”的原则，加强日常管理。组织专业人员，有计划地对各校过程性考核的执行情况进行抽测和检查。

（二）学校职责

1. 制定学校的过程性考核方案，并上报区教委备案。

2. 在新学年开始之前，要求体育教研组根据《义务教育体育与健康课程标准（2011 年版）》和有关教材，制定和完善学年体育教学计划、学期教学计划、单元教学计划和课时计划，并督促各项计划的落实。

3. 在校内公示经区教委批准的考核方案，向学生宣讲有关规定和要求，并监督体育教师严格执行。

4. 单元考核结束后，在校内公示考核结果，主动接受学生监督；学期结束时，认定学生本学期的过程性考核成绩，并在校内公示认定结果。

5. 上报学生的过程性考核结果。

6. 将本校过程性考核的详细资料保存 4 年。

附录：北京市初中升学体育考试过程性考核学业水平考核内容及评分标准（2018 年修订）

附录

北京市初中升学体育考试
过程性考核学业水平考核内容及评分标准
（2018 年修订）

一、田径

考核内容：男生 1000 米、女生 800 米、100 米（50 米）、掷实心球、蹲踞式跳远、跨越式跳高或背越式跳高。实心球采用原地正面的方法投掷；跳跃类项目测试方法，按教材要求执行。

（一）男生

表 1　田径项目评分标准

得分	1000 米（分·秒）			100 米（秒）			50 米（秒）		
	初一	初二	初三	初一	初二	初三	初一	初二	初三
100	3'55"	3'50"	3'40"	15.2	14.3	13.6	7.8	7.5	7.3
95	4'05"	3'55"	3'45"	15.4	14.6	13.8	7.9	7.6	7.4
90	4'15"	4'00"	3'50"	15.7	14.9	14.1	8.0	7.7	7.5
85	4'22"	4'07"	3'57"	16.0	15.1	14.4	8.1	7.8	7.6
80	4'30"	4'15"	4'05"	16.2	15.3	14.6	8.2	7.9	7.7
78	4'35"	4'20"	4'10"	16.4	15.4	14.7	8.4	8.1	7.9
76	4'40"	4'25"	4'15"	16.5	15.6	14.9	8.6	8.3	8.1
74	4'45"	4'30"	4'20"	16.7	15.9	15.1	8.8	8.5	8.3
72	4'50"	4'35"	4'25"	17.0	16.1	15.4	9.0	8.7	8.5
70	4'55"	4'40"	4'30"	17.1	16.2	15.5	9.2	8.9	8.7
68	5'00"	4'45"	4'35"	17.2	16.4	15.6	9.4	9.1	8.9

续表

得分	1000米（分·秒）			100米（秒）			50米（秒）		
	初一	初二	初三	初一	初二	初三	初一	初二	初三
66	5'05"	4'50"	4'40"	17.3	16.5	15.7	9.6	9.3	9.1
64	5'10"	4'55"	4'45"	17.5	16.6	15.9	9.8	9.5	9.3
62	5'15"	5'00"	4'50"	17.6	16.7	16.0	10.0	9.7	9.5
60	5'20"	5'05"	4'55"	17.7	16.9	16.1	10.2	9.9	9.7
50	5'40"	5'25"	5'15"	18.1	17.3	16.4	10.4	10.1	9.9
40	6'00"	5'45"	5'35"	18.4	17.7	16.8	10.6	10.3	10.1
30	6'20"	6'05"	5'55"	18.8	18.1	17.1	10.8	10.5	10.3
20	6'40"	6'25"	6'15"	19.2	18.5	17.4	11.0	10.7	10.5
10	7'00"	6'45"	6'35"	19.6	18.9	17.8	11.2	10.9	10.7

表2　田径项目评分标准

得分	掷实心球（米）			跳高（米）		跳远（米）	
	初一	初二	初三	初一	初三	初二	初三
100	9.6	9.8	10.8	1.17	1.33	4.35	4.40
95	8.0	8.3	9.6	1.15	1.31	4.24	4.33
90	6.5	7.3	8.6	1.12	1.28	4.13	4.22
85	6.2	6.8	8.2	1.10	1.25	4.03	4.13
80	5.8	6.4	7.7	1.08	1.23	3.92	4.04
78	5.3	6.1	7.4	1.07	1.22	3.87	4.01
76	5.1	5.7	6.9	1.06	1.20	3.81	3.96
74	4.8	5.3	6.5	1.03	1.17	3.70	3.87
72	4.5	4.8	5.9	1.01	1.15	3.59	3.78

续表

得分	掷实心球（米）			跳高（米）		跳远（米）	
	初一	初二	初三	初一	初三	初二	初三
70	4.3	4.6	5.6	1.00	1.13	3.54	3.73
68	4.1	4.2	5.3	0.99	1.12	3.49	3.69
66	3.7	4.1	5.0	0.98	1.11	3.45	3.65
64	3.6	3.8	4.6	0.96	1.10	3.38	3.60
62	3.5	3.7	4.4	0.95	1.08	3.32	3.54
60	3.4	3.6	4.2	0.94	1.07	3.27	3.51
50	3.2	3.3	3.6	0.92	1.04	3.19	3.41
40	3.0	3.2	3.3	0.90	1.02	3.12	3.32
30	2.8	3.0	3.1	0.88	1.00	3.04	3.22
20	2.6	2.8	2.9	0.86	0.97	2.96	3.13
10	2.4	2.6	2.7	0.84	0.94	2.89	3.03

（二）女生

表 3　田径项目评分标准

得分	800 米（分 · 秒）			100 米（秒）			50 米（秒）		
	初一	初二	初三	初一	初二	初三	初一	初二	初三
100	3'35"	3'30"	3'25"	16.5	15.6	15.5	8.1	8.0	7.9
95	3'42"	3'37"	3'32"	16.7	15.9	15.8	8.2	8.1	8.0
90	3'49"	3'44"	3'39"	17.0	16.2	16.1	8.3	8.2	8.1
85	3'57"	3'52"	3'47"	17.2	16.4	16.3	8.6	8.5	8.4
80	4'05"	4'00"	3'55"	17.4	16.7	16.6	8.9	8.8	8.7
78	4'10"	4'05"	4'00"	17.5	16.9	16.7	9.1	9.0	8.9

续表

得分	800米（分·秒）			100米（秒）			50米（秒）		
	初一	初二	初三	初一	初二	初三	初一	初二	初三
76	4'15"	4'10"	4'05"	17.7	17.0	16.9	9.3	9.2	9.1
74	4'20"	4'15"	4'10"	17.9	17.3	17.2	9.5	9.4	9.3
72	4'25"	4'20"	4'15"	18.1	17.6	17.5	9.7	9.6	9.5
70	4'30"	4'25"	4'20"	18.2	17.7	17.6	9.9	9.8	9.7
68	4'35"	4'30"	4'25"	18.3	17.8	17.7	10.1	10.0	9.9
66	4'40"	4'35"	4'30"	18.4	17.9	17.8	10.3	10.2	10.1
64	4'45"	4'40"	4'35"	18.6	18.1	18.0	10.5	10.4	10.3
62	4'50"	4'45"	4'40"	18.7	18.2	18.1	10.7	10.6	10.5
60	4'55"	4'50"	4'45"	18.8	18.4	18.3	10.9	10.8	10.7
50	5'05"	5'00"	4'55"	19.2	18.8	18.7	11.1	11.0	10.9
40	5'15"	5'10"	5'05"	19.5	19.2	19.1	11.3	11.2	11.1
30	5'25"	5'20"	5'15"	19.9	19.6	19.5	11.5	11.4	11.3
20	5'35"	5'30"	5'25"	20.2	20.0	19.9	11.7	11.6	11.5
10	5'45"	5'40"	5'35"	20.6	20.4	20.3	11.9	11.8	11.7

表4　田径项目评分标准

得分	掷实心球（米）			跳高（米）		跳远（米）	
	初一	初二	初三	初一	初三	初二	初三
100	7.0	7.6	7.8	1.10	1.20	3.49	3.60
95	6.7	7.4	7.6	1.08	1.17	3.42	3.52
90	6.0	7.0	7.2	1.05	1.14	3.35	3.44
85	5.9	6.9	7.1	1.03	1.12	3.28	3.37

续表

得分	掷实心球（米）			跳高（米）		跳远（米）	
	初一	初二	初三	初一	初三	初二	初三
80	5.8	6.6	7.0	1.01	1.09	3.21	3.29
78	5.6	6.4	6.9	1.00	1.08	3.18	3.26
76	5.4	6.1	6.8	0.98	1.07	3.14	3.21
74	5.2	5.8	6.6	0.96	1.04	3.07	3.13
72	5.1	5.7	6.5	0.94	1.02	3.00	3.05
70	5.0	5.5	6.4	0.93	1.01	2.97	3.01
68	4.9	5.4	6.3	0.92	1.00	2.93	2.98
66	4.7	5.2	6.2	0.90	0.99	2.88	2.95
64	4.5	4.9	6.1	0.89	0.97	2.84	2.90
62	4.3	4.7	6.0	0.88	0.96	2.81	2.86
60	4.2	4.6	5.9	0.87	0.94	2.79	2.82
50	4.0	4.4	5.8	0.84	0.91	2.71	2.74
40	3.6	4.2	5.4	0.82	0.89	2.63	2.66
30	3.3	3.9	5.0	0.79	0.86	2.55	2.57
20	2.9	3.6	4.5	0.76	0.84	2.47	2.49
10	2.4	3.2	4.0	0.74	0.81	2.39	2.41

二、体操

（一）男生

1. 技巧

（1）内容：鱼跃前滚翻（3 分）——交叉转体 180 度（1 分）——后滚成肩肘倒立（2）——前滚成蹲立（1）——挺身跳（1 分）。

（2）适用年级：初一年级。

（3）考核要求：成套动作满分为 10 分。其中，动作完成分 8 分，连贯性及表现力 2 分。动作从前向后，依次完成，根据学生完成动作的数量和质量计分，中断者，可增加一次考核机会，并以两次考核的较好成绩计分。

（4）评分标准

动作规格 1：成套动作连贯，节奏鲜明，姿态优美，鱼跃前滚翻有明显腾空，身体依次着垫，滚动圆滑，方向正；交叉转体 180 度方向定位准，动作迅速；肩肘倒立充分展髋、停稳；前滚成蹲立，跟肩及时，团身紧;挺身跳腾空高，空中展体充分，落地稳（8.5 ~ 10 分）。

动作规格 2：完成较轻松、协调、连贯、有节奏，姿态较好，幅度较大，方向正，动作较稳定（7.5 ~ 8.4 分）。

动作规格 3:完成不够轻松、协调、连贯，节奏欠佳，姿态不够好，幅度较小，方向不正，动作欠稳定仅完成成套动作（6 ~ 7.4 分）。

2. 支撑跳跃

第一项：

（1）内容：横箱分腿腾越。

（2）适用年级：初一年级。

（3）考核要求：动作满分为 10 分。其中，动作完成分 8 分，连贯性及表现力 2 分。根据学生完成动作的质量计分，中断者，可增加一次考核机会，并以两次考核的较好成绩计分。

（4）评分标准

动作规格 1：助跑轻松、自然、协调，速度快，起跳快，腾空高，直膝分腿大，稍屈髋，有明显的制动和上体挺身动作，展体充分，姿态美，落地稳（8.5 ~ 10 分）。

动作规格 2:助跑轻松、自然、协调，速度较快，起跳快，腾空较高，分腿大，直膝推手快，有制动和上体急振意识，有展体动作，姿态较美，落地较稳（7.5 ~ 8.4 分）。

动作规格 3：助跑较快，能完成动作，但腾空不高，动作不美，落地不稳，仅完成成套动作（6 ~ 7.4 分）。

第二项：

（1）内容：横箱屈腿腾越。

（2）适用年级：初一年级。

（3）考核要求：动作满分为 10 分。其中，动作完成分 8 分，连贯性及表现力 2 分。根据学生完成动作的质量计分，中断者，可增加一次考核机会，并以两次考核的较好成绩计分。

（4）评分标准

动作规格 1：助跑轻松、自然、协调，速度快，起跳快，腾空高，提臀高，屈腿紧靠胸，展体充分，姿态美，落地稳（8.5 ~ 10 分）。

动作规格 2：助跑轻松、自然、协调，速度较快，起跳快，腾空较高，提臀较高，屈腿靠胸，有展体动作，姿态较美，落地较稳（7.5 ~ 8.4 分）。

动作规格 3：助跑较快，能完成动作，但屈腿时两膝夹不紧，没有展体动作，动作不美，落地不稳，仅完成成套动作（6 ~ 7.4 分）。

3. 单杠

（1）内容：双脚蹬地翻身上（2 分）—— 左（右）腿向前摆越成骑撑（2 分）—— 左（右）腿向后摆越成支撑（2 分）—— 后摆转体 90 度挺身下（2 分）。

（2）适用年级：初二、初三年级。

（3）考核要求：成套动作满分为 10 分。其中，动作完成分 8 分，连贯性及表现力 2 分。动作从前向后，依次完成，根据学生完成动作的数量和质量计分，中断者，可增加一次考核机会，并以两次考核的较好成绩计分。

（4）评分标准

动作规格 1：成套动作连贯，姿势正确，动作幅度大，姿态美，节奏好。翻身上蹬摆协调，双腿伸直，腹部靠杠，翻腕，挺身制动。左（右）腿向前摆越成骑撑，动作舒展，推杠移重心果断，动作干净；左（右）腿向后摆越成支撑，动作连贯，重心稳定，直臂支撑充分挺身展体；后摆转体 90 度挺身下，动作舒展，幅度大，空中挺身展体明显，转体正，落地稳（8.5 ~ 10 分）。

动作规格 2：完成较轻松、协调、连贯，姿态好，幅度大，有节奏，摆动充分，转体正，落地稳（7.5 ~ 8.4 分）。

动作规格 3：完成不够轻松、协调、连贯，姿态较好，幅度较大，节奏较好，摆动、转体较充分，落地较稳，仅完成成套动作（6 ~ 7.4 分）。

4. 双杠

（1）内容：杠端跳上成分腿坐（1 分）——前进一次成分腿坐（2 分）——弹杠举腿进杠支撑后摆转体 180 度成分腿坐（3 分）——进杠后摆挺身下（2 分）。

（2）适用年级：初二、初三年级。

（3）考核要求：成套动作满分为 10 分。其中，动作完成分 8 分，连贯性及表现力 2 分。动作从前向后，依次完成，根据学生完成动作的数量和质量计分，中断者，可增加一次考核机会，并以两次考核的较好成绩计分。

（4）评分标准

动作规格 1：成套动作连贯舒展，节奏好，姿势正确；杠端跳上成分腿坐有直腿、滑杠动作；前进立腰，展髋，腿伸直；后摆转体时双腿过杠面后转髋、直腿分腿、稳移重心换握；后摆挺身下越杠轻松，推手换握及时，充分挺身，落地稳（8.5 ~ 10 分）。

动作规格 2：完成较连贯、自然，幅度大，节奏好，有弹性，下法展体较充分，落地稳（7.5 ~ 8.4 分）。

动作规格 3：完成不够连贯、较自然，幅度较大，节奏较好，下法有展体动作，不充分，落地较稳，仅完成成套动作（6 ~ 7.4 分）。

（二）女生

1. 技巧

（1）内容：前滚翻（1.5 分）——交叉转体 180 度（0.5 分）——后滚成肩肘倒立（3 分）——前滚成蹲立（1 分）——燕式平衡（1 分）——挺身跳（1 分）。

（2）适用年级：初一年级。

（3）考核要求：成套动作满分为 10 分。其中，动作完成分 8 分，连贯性及表现力 2 分。动作从前向后，依次完成，根据学生完成动作的数量和质量计分，中断者，可增加一次考核机会，并以两次考核的较好成绩计分。

（4）评分标准

动作规格 1：全套动作连贯，节奏鲜明，姿态优美；滚翻类动作圆滑，有直腿过程鲜明，方向正；交叉转体 180 度方向定位准，动作迅速；肩肘倒立充分展髋、停稳；前滚成蹲立，跟肩及时，团身紧；燕式平衡后举腿高于肩，身体平衡、稳定；挺身跳腾空高，空中展体充分，落地稳（8.5 ~ 10 分）。

动作规格 2：动作完成较轻松、协调、连贯、有节奏，姿态较好，幅度较大，方向正，动作较稳定（7.5 ~ 8.4 分）。

动作规格 3：动作完成不够轻松、协调、连贯，节奏欠佳，姿态不够好，幅度较小，方向不正，仅完成成套动作（6 ~ 7.4 分）。

2. 支撑跳跃

第一项：

（1）内容：横箱分腿腾越。

（2）适用年级：初一年级。

（3）考核要求：动作满分为 10 分。其中，动作完成分 8 分，连贯性及表现力 2 分。根据学生完成动作的质量计分，中断者，可增加一次考核机会，并以两次考核的较好成绩计分。

（4）评分标准

动作规格 1：助跑轻松、自然、协调，速度快，起跳快，腾空高，直膝分腿大，稍屈髋，有明显的制动和上体挺身动作，展体充分，姿态美，落地稳（8.5 ~ 10 分）。

动作规格 2：助跑轻松、自然、协调，速度较快，起跳快，腾空较高，分腿大，直膝推手快，有制动和上体急振意识，有展体动作，姿态较美，落地较稳（7.5 ~ 8.4 分）。

动作规格 3：助跑较快，能完成动作，但腾空不高，动作不美，落地不稳，仅完成成套动作（6 ~ 7.4 分）。

第二项：

（1）内容：横箱屈腿腾越。

（2）适用年级：初一年级。

（3）考核要求：动作满分为 10 分。其中，动作完成分 8 分，连贯性及表现力 2 分。根据学生完成动作的质量计分，中断者，可增加一次考核机会，并以两次考核的较好成绩计分。

（4）评分标准

动作规格 1：助跑轻松、自然、协调，速度快，起跳快，腾空高，提臀高，屈腿紧靠胸，展体充分，姿态美，落地稳（8.5 ~ 10 分）。

动作规格 2：助跑轻松、自然、协调，速度较快，起跳快，腾空较高，提臀较高，屈腿靠胸，有展体动作，姿态较美，落地较稳（7.5 ~ 8.4 分）。

动作规格 3：助跑较快，能完成动作，但屈腿时两膝夹不紧，没有展体动作，动作不美，落地不稳，仅完成成套动作（6 ~ 7.4 分）。

3. 单杠

（1）内容：一足蹬地翻身上（3 分）—— 左（右）腿向前摆越成骑撑（2.5 分）—— 右（左）腿向前摆越向左（右）转体 90 度挺身下（2.5 分）。

（2）适用年级：初二、初三年级。

（3）考核要求：成套动作满分为 10 分。其中，动作完成分 8 分，连贯性及表现力 2 分。动作从前向后，依次完成，根据学生完成动作的数量和质量计分，中断者，可增加一次考核机会，并以两次考核的较好成绩计分。

（4）评分标准

动作规格 1：成套动作连贯，姿势正确，动作幅度大，姿态美，节奏好，落地稳；翻身上蹬摆协调、连贯，腹部贴杠，翻腕，挺身制动；左（右）腿向前摆越成骑撑，动作舒展，推杠移重心果断，动作干净；下法动作舒展，幅度大，落地稳（8.5 ~ 10 分）。

动作规格 2：成套动作完成较轻松、协调、连贯，姿态好，幅度大，有节奏；在保护帮助下能够协调、连贯的完成翻身上；转体正，落地稳（7.5 ~ 8.4 分）。

动作规格 3：成套动作能够基本完成，动作基本协调、连贯，姿态较好，节奏较好，落地较稳（6 ~ 7.4 分）。

4. 双杠

（1）内容：杠端跳上成分腿坐（1 分）—— 骑撑前进一次成外侧

坐（3 分）—— 转体 180 度成分腿坐（2 分）—— 弹杠举腿进杠支撑后摆（1 分）—— 前摆下（1 分）。

（2）适用年级：初二、初三年级。

（3）考核要求：成套动作满分为 10 分。其中，动作完成分 8 分，连贯性及表现力 2 分。动作从前向后，依次完成，根据学生完成动作的数量和质量计分，中断者，可增加一次考核机会，并以两次考核的较好成绩计分。

（4）评分标准

动作规格 1：成套动作连贯舒展，节奏好，姿势正确；上法有直腿、滑杠动作；前进立腰，展髋，腿伸直；越杠轻松，推手换握及时，展体充分、落地稳（8.5 ~ 10 分）。

动作规格 2：动作比较连贯、自然，幅度较大，节奏较好，有弹性，下法充分展体，落地稳（7.5 ~ 8.4 分）。

动作规格 3：能完成成套动作，动作基本连贯，下法有展体动作，但不充分（6 ~ 7.4 分）。

三、武术

同一年级的男生和女生考核内容相同。

（一）健身长拳成套动作

1. 适用年级：初一年级。

2. 内容

第一段：起势——开步双劈—— 按掌前推——搂手勾踢 —— 缠腕斩拳——闪身冲拳——弹踢穿顶——掼拳戳脚——闪身砍推——收势。

第二段：反向练习第一段动作，完成往返全套动作。

3. 考核要求：成套动作从起势至收势，依次顺序完成。根据学生完成动作规格与演练水平进行计分。整套动作规格分 6 分，演练水平 4 分，合计 10 分；套路中漏做或增加动作每出现一次（扣 0.5 分），中断者，可增加一次考核机会，并以两次考核的较好成绩计分。

4. 评分标准

（1）动作规格评分标准：主要从手型、步型、身型、手法、步法、身法、腿法技术动作进行评定。

（2）演练水平评分标准：功力水平分值为 2 分，演练技巧分值为 2 分。功力水平分值为 2 分（劲力、协调）：主要从劲力充足，用力顺达，力点准确，手眼身法步配合协调，动作干净利落方面进行评定。演练技巧分值为 2 分（精神、节奏、风格）：主要从精神饱满、节奏分明、体现长拳风格特点方面进行评定。

动作规格 1：动作舒展大方、快速有力、动迅静定、节奏鲜明、劲力顺达、力点准确、路线清晰、有攻防意识，体现出长拳动作的风格特点（8.5 ~ 10 分）。

动作规格 2：动作舒展大方、快速有力、动迅静定、节奏比较鲜明、劲力较顺达、力点基本准确、路线基本清晰、攻防意识一般，基本能体现出长拳动作的风格特点（7.5 ~ 8.4 分）。

动作规格 3：动作不够舒展大方、节奏一般、劲力不足、力点不够准确、路线不够清晰、无攻防意识，基本能体现出长拳动作的风格特点（6 ~ 7.4 分）。

动作规格 4：错误动作较多，不连贯或不协调，不能独立完成成套动作（6 分以下）。

（二）健身南拳成套动作

1. 适用年级：初二年级。

2. 内容

第一段：起势—— 架桥双砸拳—— 缠桥切掌—— 麒麟步双碟掌 —— 踩腿撞拳 —— 挡桥冲拳—— 闪身虎爪——上步抽拳——架桥双砸拳。

第二段：反向练习第一段动作，完成往返全套动作。

3. 考核要求：成套动作从起势至收势，依次顺序完成。根据学生完成动作规格与演练水平进行计分。整套动作规格分 6 分，演练水平 4 分，合计 10 分；套路中漏做或增加动作每出现一次（扣 0.5 分），中断者，可增加一次考核机会，并以两次考核的较好成绩计分。

4. 评分标准

（1）动作规格评分标准：主要从手型、步型、身型、手法、步法、身法、腿法技术动作进行评定。

（2）演练水平评分标准：功力水平分值为 2 分，演练技巧分值为 2 分。功力水平分值为 2 分（劲力、协调）：主要从劲力充足，用力顺达，力点准确，手眼身法步配合协调，动作干净利落方面进行评定。演练技巧分值为 2 分（精神、节奏、风格）：主要从精神饱满、节奏分明、体现南拳风格特点方面进行评定。

动作规格 1：动作紧凑、刚劲有力，拳势激烈，步伐稳固，精神饱满，发声呼喝，气势磅礴，路线清晰，体现出以快打慢的技击特色，南拳动作的风格特点突出（8.5 ~ 10 分）。

动作规格 2：动作较紧凑，拳势较激烈，步伐较稳固，精神较饱满，发声呼喝声势一般，路线基本清晰，基本能体现出以快打慢的技击特色，南拳动作的风格特点不够突出（7.5 ~ 8.4 分）。

动作规格 3：动作规格一般，步伐不够稳固，精神较饱满，发声呼喝无力，路线不够清晰，不能体现出以快打慢的技击特色，南拳动作的风格特点不突出（6 ~ 7.4 分）。

动作规格 4：动作错误较多，或不连贯，不协调，不能独立完成成套动作（6 分以下）。

（三）健身短棍成套动作

1. 适用年级：初三年级。

2. 内容

第一段：起势——平抡斜劈——挂棍前劈——闪身栏架——三把连击——斜撩斜劈——上步前戳——侧身闪点——左右横扫。

第二段：反向练习第一段动作，完成往返全套动作。

3. 考核要求：成套动作从起势至收势，依次顺序完成。根据学生完成动作规格与演练水平进行计分。整套动作规格分 6 分，演练水平 4 分，合计 10 分；套路中漏做或增加动作每出现一次（扣 0.5 分），中断者，可增加一次考核机会，并以两次考核的较好成绩计分。

4. 评分标准

（1）动作规格评分标准：主要从手型、步型、身型、手法、步法、身法、腿法、短棍器械方法技术动作进行评定。

（2）演练水平评分标准：功力水平分值为2分，演练技巧分值为2分。功力水平分值为2分（劲力、协调）：主要从劲力充足，用力顺达，力点准确，手眼身法步协调配合，身械合一，动作干净利落方面进行评定。演练技巧分值为2分（精神、节奏、风格）：主要从精神饱满、节奏分明、体现短棍风格特点方面进行评定。

动作规格1：动作快速、勇猛，握法灵活，棍法准确，身械合一，劲力顺达，棍打一片，路线清晰，技击意识强，棍术动作风格特点突出（8.5 ~ 10分）。

动作规格2：动作较快速、勇猛，握法较灵活，棍法较准确，基本能身械合一、劲力较顺达，棍打一片，路线较清晰，技击意识较强，棍术动作风格特点较突出（7.5 ~ 8.4分）。

动作规格3：动作不够快速、勇猛，握法不够灵活，棍法不够准确，身械配合不太协调、劲力不够顺达，路线不够清晰，无技击意识，棍术动作风格特点不突出（6 ~ 7.4分）。

动作规格4：动作错误较多，或不连贯，不协调，不能独立完成成套动作（6分以下）。

四、足球

（一）初一年级

1. 往返运球

（1）测试场地：平整的人工草或天然草足球场，10米 ×5米区域（图1）。

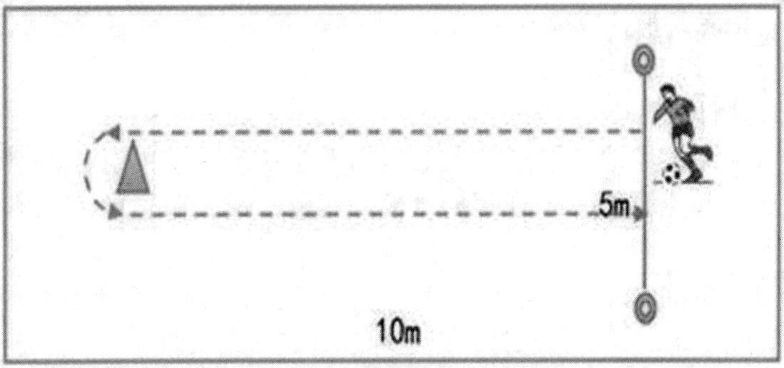

图1

（2）测试方法：听测评员口令后，从起始线开始快速运球，绕过距离起始线 10 米处的标志桶后运球返回，以脚踩球于起始线上结束。

（3）评分方法：测评员计时，球动开表，球踩到线上停表。根据评分标准打分，测试两次，记录其最佳成绩。

2. 踢准

（1）测试场地:平整的人工草或天然草足球场，10 米 ×6 米区域。球门距起始线 8 米，球门尺寸 1.5 米 ×1 米，球门和球门之间相距 0.5 米（图 2）。

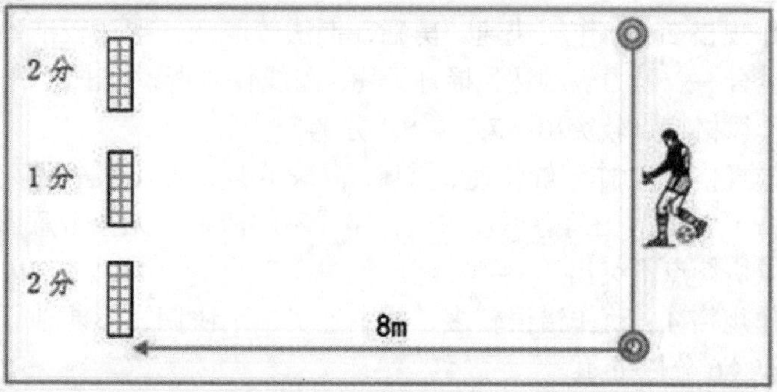

图 2

（2）测试方法：听测评员口令后，站在起始线的中间位置，用脚内侧踢地滚球的方式将球踢进距起始线 8 米处的三个足球门，每人 7 球。

（3）评分方法：测评员计分，踢进中间球门得 1 分，踢进两侧球门得 2 分，按照每个球踢进球门的分数累计相加得出最后分数。测试两次，记录其最佳成绩。

（二）初二年级

1. 绕杆运球

（1）测试场地：平整的人工草或天然草足球场，划定 25 米 ×5 米区域。起点距第一个杆距离 4 米，其余杆距 2 米，起点距终点 20 米（图 3）。

（2）测试方法：听测评员口令后，从起始线开始运球出发，依次绕过间隔 2 米的 8 个标志杆，以运球过终点线结束。

（3）评分方法：测评员计时，对照评分标准给予相应成绩，测试两次，记录最佳成绩，漏杆则成绩无效。

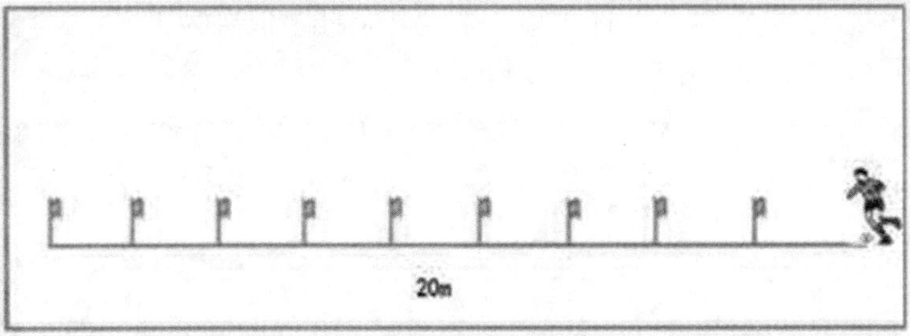

图 3

2. 踢准

（1）测试场地：平整的人工草或天然草足球场，12 米 ×6 米区域。球门距起始线 10 米，球门尺寸 1.5 米 ×1 米，球门和球门之间相距 0.5 米（图 4）。

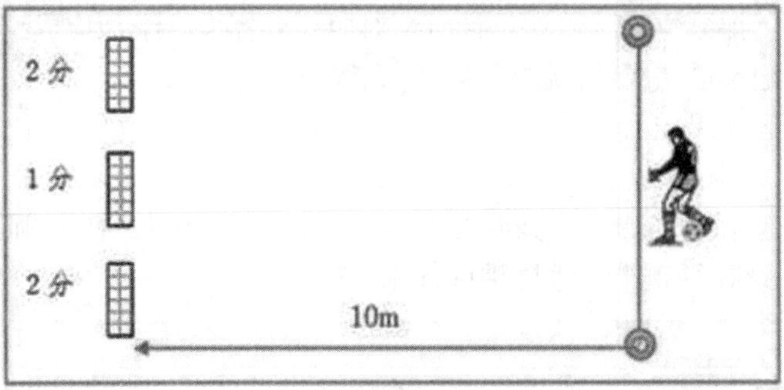

图 4

（2）测试方法：听测评员口令后，站在起始线的中间位置，用脚内侧踢地滚球的方式将球踢进距起始线 10 米处的三个足球门，每人 7 球。

（3）评分方法：测评员计分，踢进中间球门得 1 分，踢进两侧球门得 2 分，按照每个球踢进球门的分数累计相加得出最后分数。测试两次，记录其最佳成绩。

（三）初三年级

1. 绕杆运球

（1）测试场地：平整的人工草或天然草足球场，划定 25 米 ×5 米区域。起点距第一个杆距离 4 米，其余杆距依次为 1 米、3 米，起点距终点 20 米（图 5）。

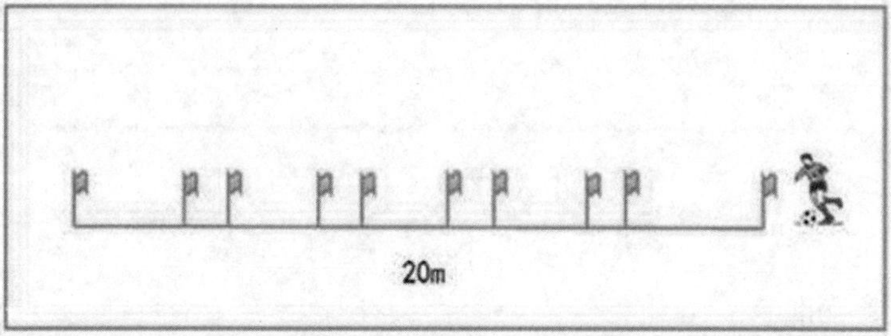

图 5

（2）测试方法：听测评员口令后，从起始线开始运球出发，依次绕过间隔不等的 8 个标志杆，以球踩终点线为结束。

（3）评分方法：测评员计时，对照评分标准给予相应成绩，测试两次，记录最佳成绩，漏杆则成绩无效。

2. 运球踢准

（1）测试场地：平整的人工草或天然草足球场，20 米 ×6 米区域。球门距起始线 15 米，传球区 3 米 ×2 米，距起始线 2 米。球门 1.5 米 ×1 米，球门和球门之间相距 0.5 米（图 6）。

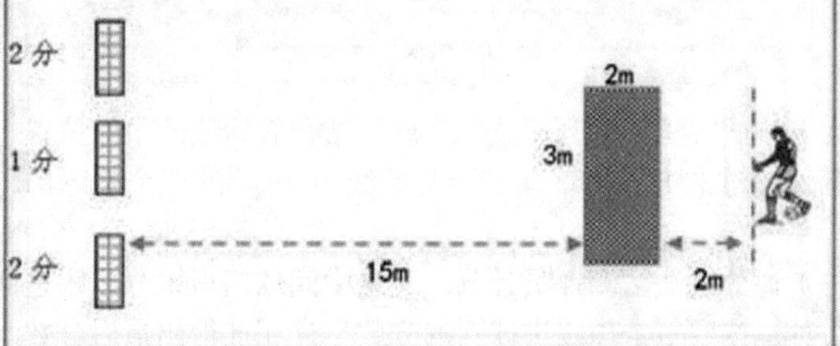

图 6

（2）测试方法：听测评员口令后，在起始线的中间位置开始运球，进入传球区内，用脚内侧踢地滚球的方式将球踢进距起始线 15 米处的三个足球门，每人 7 球。

（3）评分方法：测评员计分，在传球区内进行射门得分有效，踢进中间球门得 1 分，踢进两侧球门得 2 分，累计相加得出最后分数。测试两次，记录其最佳成绩。

（四）评分标准

得分	运球（秒）				踢准（分）		
	初一（一级）	初二（二级）	初三（三级）		初一	初二	初三
			男生	女生			
10	≤ 7.4	≤ 9.5	≤ 8.8	≤ 9.4	≥ 10	≥ 10	≥ 10
9	7.5—8.0	9.60—10.0	8.9—9.3	9.5—10.2	9	9	9
8	8.1—9.2	10.1—10.2	9.4—9.8	10.3—11.1	8	8	8
7	9.3—10.0	10.3—11.6	9.9—10.7	11.2—12.3	7	7	7
6	10.1—11.1	11.7—12.8	10.8—11.4	12.4—13.1	6	6	6
5	11.2—11.9	12.9—13.9	11.5—12.4	13.2—13.9	5	5	5
4	12.0—12.7	14.0—14.7	12.5—13.1	14.0—14.9	4	4	4
3	12.8—13.3	14.8—15.8	13.2—14.0	15.0—16.3	3	3	3
2	13.4—14.3	15.9—16.9	14.1—14.8	16.4—17.6	2	2	2
1	14.4—15.1	17.0—18.0	14.9—15.6	17.7—18.6	1	1	1

备注：两项测试得分的平均分为足球考核最终得分。

五、篮球

（一）初一年级

1. 运球绕杆

（1）测试场地：在篮球场内或者平整的地面上，设置长 20 米、宽 4 米的测试区域，场地四周设置明显的标志线。起点线前 5 米处开始设置标志杆，标志杆与两侧边线相距 2 米，共设 5 根，各杆之间相距 3 米。起点线中间 1 米处为学生出发区域（图 7）。

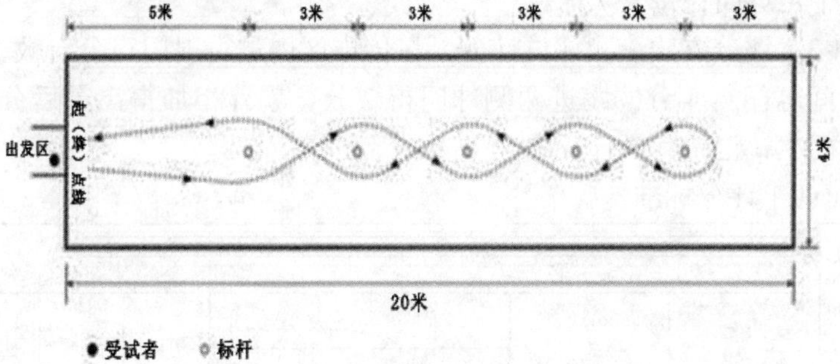

图 7

（2）测试方法：学生持球站立在起（终）点线的出发位置，并做好出发准备。发令后，学生按图中箭头所示方向运球依次过杆，同时开始计时。人与球均返回起（终）点线，计时停止。运球过程中，学生失去对球的控制，但球未出测试场地，可自行捡回，在对球失去控制处继续运球，计时不停止。

（3）评分方法：每人测试两次，记录较好成绩。根据评分表打分。

2. 原地单手肩上投篮

（1）测试场地：在篮球场内。篮球架的规格应符合《中华人民共和国国家标准》（GB/T19851.3—2005）的规格要求，即采用适合中学生使用的篮球架。

（2）测试方法：学生站在罚球线中间位置，按照原地单手肩上投篮的动作要求投篮，每人投 10 次。女生可以采用双手胸前投篮。

（3）评分方法：每进 1 球且不违例，得 1 分，累计测试者的得分。测试两次，记录其较好成绩。根据评分表打分。

10 次投篮均未投进者，由教师根据学生的技术表现打分，男生不能高于 5 分，女生不能高于 6 分。

（二）初二年级

1. 运球绕杆

（1）测试场地：与初一年级设置要求相同。

（2）测试方法：学生持球站立在起（终）点线的出发位置，并做好出发准备。发令后，学生按图中箭头所示方向运球依次过杆，同时开始计时。运球期间，学生至少完成3次急停急起动作。人与球均返回起（终）点线，计时停止。运球过程中，学生失去对球的控制，但球未出测试场地，可自行捡回，在对球失去控制处继续运球，计时不停止。

（3）评分方法：每人测试两次，记录较好成绩。每少做1次急停急起扣0.5分，最多扣1.5分。根据评分表打分，减去扣分后，为学生测试得分。

2. 行进间单手高手（肩上）投篮

（1）测试场地：在篮球场内。篮球架的规格应符合《中华人民共和国国家标准》（GB/T19851.3—2005）的规格要求，即采用适合中学生使用的篮球架。

（2）测试方法：学生站3分线外，约45度角处，与3分线的距离自定。由运球开始，按照行进间单手高手（肩上）投篮的动作要求投篮，每人投10次。

（3）评分方法：每进1球且不违例，得1分，累计测试者的得分。测试两次，记录其较好成绩。根据评分表打分。

10次投篮均未投进者，由教师根据学生的技术表现打分，男生不能高于4分，女生不能高于5分。

（三）初三年级

1. 运球绕杆

（1）测试场地：在篮球场内或者平整的地面上，设置长20米，宽7米的测试区域，场地四周设置明显的标志线。起点线前5米处开始设置标志杆，共设5排，每排2根；各排标志杆之间相距3米，同排的两根标志杆底座中心点之间相距1米，距同侧边线3米。起点线中间1米处为出发区域（图8）。

（2）测试方法：学生持球站立在起（终）点线的出发位置，并做好出发准备。发令后，学生按图中箭头所示方向运球依次过杆，同时开始计时。人与球均返回起（终）点线，计时停止。运球过程中，学生失去对球的控制，但球未出测试场地，可自行捡回，在对球失去控制处继续运球，计时不停止。

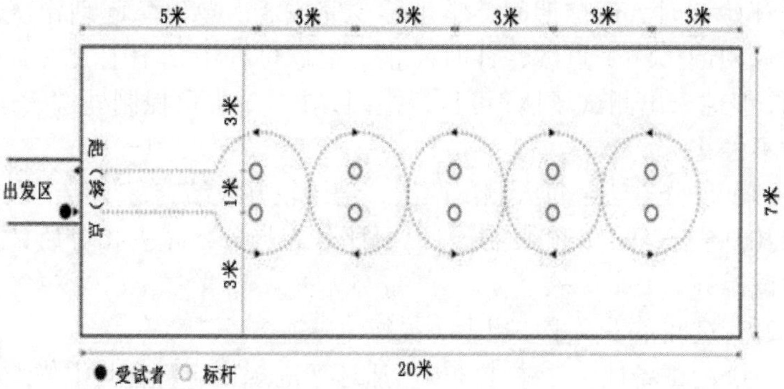

图 8

（3）评分方法：每人测试两次，记录较好成绩。根据评分表打分。

2. 行进间单手低手投篮

（1）测试场地：在篮球场内。篮球架的规格应符合《中华人民共和国国家标准》（GB/T19851.3—2005）的规格要求，即采用适合中学生使用的篮球架。

（2）测试方法：学生站 3 分线外，约 45 度角处，与 3 分线的距离自定。由运球开始，按照行进间单手低手投篮的动作要求投篮，每人投 10 次。

（3）评分方法：每进 1 球且不违例，得 1 分，累计测试者的得分。测试两次，记录其较好成绩。根据评分表打分。

10 次投篮均未投进者，由教师根据学生的技术表现打分，男生不能高于 4 分，女生不能高于 5 分。

（四）评分标准

1. 男生

得分	运球（秒）			投篮（个）		
	初一	初二	初三	初一	初二	初三
10	≤ 14.4	≤ 14.0	≤ 13.0	≥ 6	≥ 7	≥ 7
9	14.5—15.0	14.1—14.4	13.1—13.5	5	6	6
8	15.1—15.9	14.5—15.1	13.6—14.1	4	5	5

续表

得分	运球（秒）			投篮（个）		
	初一	初二	初三	初一	初二	初三
7	16.0—16.9	15.2—15.9	14.2—14.8	3	4	4
6	17.0—18.1	16.0—17.0	14.9—15.9	2	3	3
5	18.2—19.5	17.1—18.3	16.0—17.2	1	2	2
4	19.6—21.3	18.4—20.4	17.3—18.9	—	1	1
3	21.4—22.7	20.5—22.3	19.0—21.0	—	—	—
2	22.8—23.7	22.4—23.5	21.1—23.0	—	—	—
1	23.8—25.0	23.6—24.7	23.1—24.6	—	—	—

备注：两项测试得分的平均数为篮球考核最终得分。

2. 女生

得分	运球（秒）			投篮（个）		
	初一	初二	初三	初一	初二	初三
10	≤ 15.5	≤ 15.1	≤ 14.1	≥ 5	≥ 6	≥ 6
9	15.6—16.1	15.2—15.6	14.2—14.6	4	5	5
8	16.2—17.1	15.7—16.5	14.7—15.5	3	4	4
7	17.2—18.3	16.6—17.6	15.6—16.6	2	3	3
6	18.4—19.7	17.7—18.9	16.7—18.1	1	2	2
5	19.8—21.2	19.0—20.3	18.2—19.8	—	1	1
4	21.3—22.9	20.4—21.9	19.9—21.6	—	—	—
3	23.0—24.4	22.0—23.3	21.7—23.2	—	—	—
2	24.5—25.5	23.4—24.3	23.3—24.1	—	—	—
1	25.6—26.7	24.4—25.9	24.2—25.8	—	—	—

备注：两项测试得分的平均数为篮球考核最终得分。

六、排球

（一）初一年级

1. 正面下手发球

（1）测试场地：设置有排球网的排球场内。测试时，男生网高2.35米，女生网高2.15米。

（2）测试方法：测试者站在球场底线发球区，采用正面下手发球的方法发球，每人发10次。

（3）评分方法：发球成功1次计1分，累计测试者的得分。测试两次，记录其较好成绩。根据评分表打分。

10次发球均未成功者，由教师根据学生的技术表现打分，男生和女生均不能高于4分。

2. 正面双手垫球

（1）测试场地：在平坦、坚实的地面上，设置长和宽均为3米的正方形区域，场地四周设置明显的标志线；场地外围设置判断垫球高度的标志物，男生不低于2.35米，女生不低于2.15米。标志物在地面的垂直投影与同侧标志线相距1米。

（2）测试方法：学生在测试区域内原地将球抛起，并开始垫球。采用正面双手垫球的动作方法，要求手型正确、击球部位准确、达到规定的高度。男生垫球的高度（从地面起至球的底部）不低于2.35米，女生不低于2.15米。

（3）评分方法：测试时，记录动作方法正确，高度符合要求的垫球次数。测试两次，记录其较好成绩。根据评分表打分。

（二）初二年级

1. 正面上手发球

（1）测试场地：设置有排球网的排球场内。测试时，男生网高2.35米，女生网高2.15米。

（2）测试方法：测试者站在球场底线发球区，采用正面上手发球的方法发球，每人发10次。

（3）评分方法：发球成功1次计1分，累计测试者的得分。测试两次，记录其较好成绩。根据评分表打分。

10 次发球均未成功者，由教师根据学生的技术表现打分，男生和女生均不能高于 4 分。

2. 两人对垫

（1）测试场地：在平坦、坚实的地面上，划两条相距 3 米的直线。

（2）测试方法：两人 1 组，相向站在两条直线后（相距 3 米），采用双手垫球的方法对垫，高度不限。

（3）评分方法：测试时，记录两名测试者累计垫球成功的次数。脚接触（越过）标志线时的垫球，不计数，但测试可以继续。测试两次，记录较好成绩作为两人的成绩。根据评分表打分。

（三）评分标准

得分	发球（个）				垫球（个）			
	初一		初二		初一		初二	
	男生	女生	男生	女生	男生	女生	男生	女生
10	7	7	7	7	≥ 30	≥ 30	≥ 30	≥ 30
9	6	6	6	6	25—29	25—29	25—29	25—29
8	5	5	5	5	21—24	21—24	21—24	21—24
7	4	4	4	4	16—20	16—20	16—20	16—20
6	3	3	3	3	12—15	12—15	12—15	12—15
5	2	2	2	2	10—11	10—11	10—11	10—11
4	1	1	1	1	8—9	8—9	8—9	8—9
3	—	—	—	—	6—7	6—7	6—7	6—7
2	—	—	—	—	5	5	5	5
1	—	—	—	—	4	4	4	4

备注：两项测试得分的平均数为排球考核最终得分。

北京市教育委员会

关于规范高等学校学生在校期间修改或变更学籍身份信息工作的通知

京教学〔2018〕2号

各高等学校、研究生培养单位：

按照国务院“简政放权、放管结合、优化服务”改革要求，依据《普通高等学校学生管理规定》（教育部令第41号，以下简称《规定》）和《高等学校学生学籍学历电子注册办法》（教学〔2014〕11号，以下简称《办法》），结合北京地区实际，现将规范高等学校、研究生培养单位（以下简称各高校或学校）学生在校期间修改或变更姓名、身份证号等学籍身份信息有关工作通知如下：

一、规范事项及适用范围

（一）本通知主要是对学生的姓名、身份证号等身份信息修改或变更工作提出规范要求。学生性别、民族、籍贯等其他身份信息的修改或变更，按教育部有关规定执行和办理。

（二）本通知适用于北京市行政区域内高等学校、承担研究生教育任务的科学研究机构对接受高等学历教育的研究生、本科、专科（高职）学生学籍信息的管理。

二、受理条件及办理原则

（一）受理条件

学生在校期间姓名、身份证号等身份信息发生变化，并提供合法性证明的，可以申请修改或变更其学籍身份信息。

在校期间，是指学校对审查合格的学生完成学籍电子注册后，至完成毕业学历证书电子注册并提供网上查询前的时间段。

身份信息发生变化的时间，以公安部门出具的相关证明中明确的修改或变更时间为准，属于在校期间的，受理申请；不属于在校期间的，不予受理。

毕业学历证书电子注册完成后提出申请的，不再受理。属于学历注册信息确有错误的，须经市教委审核后方可修改。

（二）办理原则

1. 按照教育部“中国高等教育学籍学历信息管理平台”（以下简称平台）要求，姓名和身份证号均发生修改或变更时，由市教委审核后办理；仅其中一项发生修改或变更时，由高校按本规定负责办理。

2. 学生要求修改、变更的信息或证明材料涉嫌弄虚作假的不予受理。

三、办理程序

（一）学生在校期间修改或变更姓名、身份证号的，由学生本人向学校提出书面申请。

（二）学生修改或变更姓名的，由学校审核后，在平台上更改，并对相关材料进行存档。

（三）学生修改或变更身份证号的，分 3 种情况办理：

1. 不涉及身份证号中省份和出生日期信息变化的。由学校审核后，在平台上更改（学信网保留更改前的信息），并对相关材料进行存档。

2. 涉及身份证号中出生日期信息变化的。此种情况会导致招生数据与学籍数据不匹配，属于招生数据有误，按教育部要求，由高校联系生源地省级招生部门核实、并报教育部同意后修改，招生数据调整后，高校依据新招生数据重新办理注册手续。

3. 涉及身份证号中省份信息变化的。应排除高考中的违规行为，必要时学校需要联系生源地省级招生部门协助核查并出具意见（内容应写明有无高考违规行为），根据意见办理。

（四）学生姓名、身份证号两项都修改或变更的，由学校审核后，通过平台提交办理申请，有关材料报市教委审核。符合条件要求的，市教委留存相关材料并在平台上予以更改（学信网保留更改前的信息）；不符合条件要求的不予办理，将相关材料退回学校并在平台上退回提交的申请。

四、办理所需证明材料

（一）姓名修改或变更

1. 需要提供公安部门出具的姓名修改或变更证明。内容应包含现用名、曾用名、身份证号和修改或变更时间等。户口卡中如包含上述内容，高校复印后加盖学校公章，等同于公安部门出具的证明材料。

2. 需市教委审核时，提供高校同意修改或变更的说明。

（二）身份证号修改或变更

身份证号中不涉及省份和出生日期信息变化的，需要提供公安部门出具的身份证号修改或变更证明。

身份证号涉及省份或出生日期信息变化的，除公安部门的证明外，还需提供生源地省级招生部协查结果等材料。

五、工作要求

（一）各高校要做好学生在校期间修改或变更学籍身份信息工作，建立健全相关规章制度，明确具体办理办法，责任到人，落实到位。

（二）各高校要严格新生入学资格的初步审查和复查工作，发现新生的录取通知、考生信息等证明材料，与本人实际情况不符，或者有其他违反国家招生考试规定情形的，不予注册学籍。

（三）按照教育部要求，各高校要留存好修改或变更身份信息工作的有关材料，接受市教委的指导、检查和监督。对于因审核把关不严、未按要求办理修改或变更的，市教委责令学校纠正，涉嫌违规违纪的移交纪检监察部门处理，涉嫌犯罪的移交司法机关处理。

六、其他事项

（一）本通知自发布之日起执行。

（二）本通知由北京市教育委员会负责解释。

2018 年 5 月 21 日

北京市教育委员会

关于规范普通高校毕业生就业手续办理工作的通知

京教学〔2018〕3号

各普通高校、研究生培养单位：

为深入贯彻落实党的十九大精神，促进北京高校毕业生高质量就业，按照国务院“简政放权、放管结合、优化服务”改革要求，根据《关于做好当前和今后一段时期就业创业工作的意见》（国发〔2017〕28号）、《普通高等学校学生管理规定》（教育部令第41号）等有关文件精神，结合北京实际，现就进一步规范毕业生就业手续办理，统一标准，简化程序，确保就业工作公开公平公正，有效维护毕业生就业权益，做好就业服务工作，将有关意见通知如下：

一、毕业生办理就业手续要求

（一）各普通高校、研究生培养单位（以下简称“各高校”）毕业生，待学校完成学历证书电子注册后，方可办理就业手续。

（二）毕业生毕业去向主要分为派遣、二分、接本、考研、待分等，每名毕业生只能申报一个毕业去向。毕业生初次办理就业手续时，档案应当在学校。

（三）毕业生应在离校时按规定及时办理就业手续。出国（境）、拟升学、拟出国（境）、灵活就业等情况以及未就业的毕业生，应办理二分手续。

（四）办理二分手续的京外生源毕业生，毕业两年内落实就业单位的，可申请办理派遣手续。

（五）办理二分手续的北京生源毕业生，离校后落实北京就业单位的，按市人力资源和社会保障局《关于北京生源大中专毕业生离校后就业服务及人事档案接收管理有关问题的通知》（京人社毕发〔2011〕133号）等有关规定执行。

二、特殊情况就业手续办理要求

（一）毕业生应在《就业报到证》规定期限内到单位报到，《就业报到证》签发之日起一年内出现特殊情况需要调整改派的，须原就业单位将毕业生档案退回学校，并出具书面解约材料。逾期不再办理调整改派手续。

（二）已在京就业的北京生源高校毕业生，调整工作的，可不办理调整改派手续，按照人员调动程序办理人事档案接转手续。

（三）毕业去向为考研的毕业生，录取后提出不再攻读的，办理回生源省（直辖市、自治区）就业手续。

退学的研究生，按已有毕业学历和就业政策可以就业的，在学校规定期限内（不超过两年）可申请办理就业手续，并在《就业报到证》上注明“退学”；超过规定期限的，不再办理就业手续。

（四）毕业去向为接本的毕业生，录取后提出不再攻读或者入学后退学的，由原毕业学校办理就业手续。

（五）2001年及之前的毕业生，不予受理就业手续办理申请。2002年及之后的毕业生，毕业超过两年且档案在学校的，仅办理二分手续。

（六）培养方式为定向、委培的毕业生，应按照定向、委培协议就业。定向生的改派按照《北京市教育委员会关于进一步加强定向生履约管理的通知》（京教学〔2017〕4号）执行。

（七）师范生、国防生，其就业按有关政策执行。

（八）参军入伍、公派出国、录取博士后，以及参加各类有配套政策项目的毕业生，如：汉语教师志愿者、志愿服务西部、国际组织实习任职、北京市大学生村官（选调生）等，其就业按有关配套政策执行。

三、就业手续办理流程及材料要求

（一）毕业生申请。毕业生向学校提出就业手续办理申请，按学校要求提供有关材料。

（二）学校审核。学校核实有关材料并同意后，通过“北京高校毕业生就业平台及资源管理系统”提交就业手续办理申请。

（三）市教委办理。我委核实学校报送的有关材料，符合本通知要求的予以办理，不符合要求的予以退回。材料要求如下：

1. 在非生源城市就业：当地毕业生就业工作部门接收函或具有相应效力的材料。

2. 就业调整改派：《毕业生改派登记表》（加盖学校就业部门公章）；原就业单位出具的书面解约材料（或未报到证明）原件；原《就业报到证》上下两联；新就业单位录用材料（申请二分的不提供）；在非生源城市就业的，同时提供当地毕业生就业工作部门接收函或具有相应效力的材料。

3. 接本、考研后不再攻读：录取学校出具的放弃入学证明材料原件（加盖学校招生部门公章）；接本后不再攻读的，提供就业单位录用材料（申请二分的不提供）；考研后不再攻读的，提供生源省（直辖市、自治区）就业单位录用材料（申请二分的不提供）。

4. 研究生退学：退学学校的退学材料原件；已有毕业学历复印件；就业单位录用材料（申请二分的不提供）。

5. 接本学生退学：退学学校的退学材料原件；就业单位录用材料（申请二分的不提供）。

6. 毕业超过两年：学校出具的档案在校情况说明和为其办理二分手续的申请（均加盖学校就业部门公章）。

四、工作要求

（一）各高校要认真落实就业政策制度，坚持公开公平公正原则，严格履职尽责，精心做好就业指导服务，维护毕业生合法权益。

（二）各高校要根据本通知要求，制定符合本校实际的实施细则，并加大宣传力度，确保每一位毕业生能够知晓各项就业政策。

（三）各高校要在“北京高校毕业生就业平台及资源管理系统”

维护好毕业生生源信息和就业信息，并对数据真实性和准确性负责。

（四）各高校要注重毕业生个人信息保护，指定专门工作人员负责毕业生就业手续办理工作。

本通知自2018年7月1日起施行。

2018年5月30日

北京市教育委员会
北京市体育局
北京冬奥组委新闻宣传部

关于实施北京2022年冬奥会和冬残奥会北京市中小学生奥林匹克教育计划的意见

京教体艺〔2018〕15号

各区教委、体育局：

为传播奥林匹克文化、弘扬奥林匹克精神，强化体育育人的功能，促进学生身心健康全面发展，根据教育部、国家体育总局、北京冬奥组委《关于印发〈北京2022年冬奥会和冬残奥会中小学生奥林匹克教育计划〉的通知》（教体艺〔2018〕1号）和《北京市人民政府关于加快冰雪运动发展的意见（2016—2022年）》（京政发〔2016〕12号），借鉴北京2008奥林匹克教育经验和成果，现就实施2022年冬奥会和冬残奥会北京中小学生奥林匹克教育计划工作提出如下意见：

一、指导思想

以习近平新时代中国特色社会主义思想为指导，全面贯彻立德树人根本任务，紧密围绕“创新、协调、绿色、开放、共享”的发展理念，主动遵循“绿色办奥、共享办奥、开放办奥、廉洁办奥”的工作方针，积极响应《国家中长期教育改革和发展规划纲要（2010—2020年）》《“健康中国2030”规划纲要》，以及《京津冀协同发展规划纲要》要求，将奥林匹克教育与深化教育领域综合改革相结合、与提升学生核心素养相结合、与北京城市功能定位相结合，以弘扬奥运精神为主题，以传播奥运文化为内容，以学习冬奥知识为重点，以体育活动、文化交流为载体，开展形式多样、生动活泼的奥林匹克教育，带动广大学生热爱奥运、参与奥运、支持奥运，激发他们的体育运动兴趣，引导他们养成健康生活习惯，助力全面健康成长。

二、基本原则

（一）坚持育人为本：坚持面向全体中小学生，坚持与社会主义核心价值观教育相结合，与学校德育工作相结合，与学校体育改革相适应，形成具有北京特色的奥林匹克教育实践模式，促进中小学生的全面健康发展。

（二）坚持因地制宜：立足北京实际和区域优势，根据冬季体育运动项目特点，积极挖掘、创新探索适合本区域和本学校发展、主题突出、特色鲜明的冬季运动项目。

（三）坚持统筹协调：积极调动社会各方力量，科学整合优质资源，形成奥林匹克教育的强大合力，营造全社会共同关注和支持中小学生冬季运动发展的良好局面。

（四）坚持开放融合：加强冬季运动项目的国际交流与合作，促进师资培训、比赛活动和文化交流，推动冬季运动项目的普及，培育学生国际意识、开阔视野。

三、工作目标

通过推广和普及奥林匹克和冬季运动，促进奥林匹克运动和奥林匹克精神在校园的普及发展，夯实中小学生冬季运动基础，提高学生身心健康水平。逐步将冬奥会项目和竞赛知识纳入学校体育教学实践，培养冬季运动项目师资，推广形式多样的教育教学示范成果，建设冬季奥林匹克教育以及冰雪运动的示范学校和特色学校，打造北京市学生广泛参与的冬季运动品牌，为奥林匹克教育不断积累遗产。促进中小学生奥林匹克精神的国际交融，引导他们树立奥运会东道主意识和人类命运共同体意识，展现中国学生热爱和平、友好热情的精神风貌。

四、主要任务

2022 年冬奥会和冬残奥会北京中小学生奥林匹克教育计划包括 9 大计划：

（一）冬季奥林匹克教育普及计划

全市中小学要将冬季奥林匹克教育纳入学校教育教学，通过体育课、体育活动、地方课程、校本课程、综合实践活动等方式，开展奥林匹克主题教育，平均每月不少于 3 课时。

有条件的学校要将奥林匹克知识及冬季运动项目内容纳入体育课程教学，安排冰雪项目运动课程。鼓励学校通过购买社会服务的方式，与滑雪场、滑冰场、冰雪运动俱乐部、冰雪培训机构及其他相关社会机构合作开设冬季运动课程，提高冬季运动教学质量。鼓励学生积极参与冬季健身运动，熟练掌握一至两项冬季运动技能。

在特教学校开设冰蹴球、模拟冰壶、雪鞋走、轮滑等适合残疾学生的冰雪或仿冰、仿雪运动项目课程。鼓励有条件的幼儿园广泛开展奥林匹克主题教育活动，普及奥林匹克知识及冬季运动项目。

（二）冬季奥林匹克教育文化计划

1. 开展北京市百万青少年“迎冬奥”系列普及推广活动

面向全体学生，开展冰雪运动进校园系列活动。组建奥运冠军宣讲团，在校园内开展冬奥知识宣讲，开设冬季运动体验课、奥林匹克教育大课堂、冬季奥林匹克教育周、冬季奥林匹克教育日、冬季奥林匹克教育主题班（队）会、冬令营等多种主题教育活动，以及以冬奥为主题的英语大赛、知识竞赛等活动。组织中小学生参观奥运博物馆等文化遗产。

2. 举办以“冬奥”为主题艺术、科技系列活动

鼓励把优秀民族传统文化与“冬奥”文化相结合，开展以“冬奥”

文化为创作素材的“音乐节”“合唱节”“舞蹈节”“戏剧节”等艺术活动，以及以“冬奥”文化为主题的“科学营”“科技节”“科技大赛”等科技活动。命名一批高等学校及中小学的文化艺术场馆为“北京奥林匹克教育计划艺术基地”，为开展各类艺术活动提供场地保障。以冬奥为主题，组织开展中小学生征文、绘画、摄影等活动。

3. 举办以“冬奥”为主题的创新性主题活动

鼓励各学校自主研发各种以冰雪运动项目及冬奥会、冬残奥会为主题的创新性主题教育活动，如桌上冰壶、滑草、旱地冰球、旱地越野滑雪、模拟冬奥会、模拟开幕式、模拟火炬传递活动等。倡导幼儿园积极参与“冬奥”主题文化活动，宣传奥林匹克文化，传播奥林匹克精神推广冬季运动项目。

（三）冬季奥林匹克教育赛事活动计划

支持政府部门联合社会力量，统筹资源，形成合力，举办北京市中小学生冬季运动会、北京市中小学生冰球校际联赛、花样滑冰比赛、滑雪比赛、冰壶比赛等高水平市级赛事活动，带动各区、各学校广泛开展冬季运动竞赛活动，鼓励有条件的区及学校建立常态化校园冬季运动竞赛机制，举办冬季运动会或冬季体育节。

（四）冬季奥林匹克教育特色学校建设计划

在 2021 年前，分批次建设 200 所“北京 2022 冬季奥林匹克教育示范学校”；建设 200 所“北京市冰雪运动特色学校”；在北京学生金奥运动队承办学校和市级体育传统项目校中，增设冰雪运动项目，充分发挥示范学校、特色学校及高水平运动队的示范引领作用，辐射周边，资源共享，构建有普及、有提高的人才培养长效机制。

（五）冬季奥林匹克教育国内外交流计划

通过举办形式多样的中小学生冰雪文化活动，加强我市与天津、河北以及冬季项目优势地区间的交流。

设立北京 2022 年冬奥会和冬残奥会“同心结”学校，与参加过冬季奥林匹克运动会城市的学校进行结对联系。在冬奥会期间，组织学生代表参加结对国家或地区运动员奥运村升旗仪式、现场观赛等活动。举办以各国家初中学段学生为主体的奥林匹克青年营。

（六）冬季奥林匹克教育教师提升计划

以滑冰、滑雪、冰球等重点项目为突破口，面向全市体育教师分层、分批开展技能培训及教学教法、裁判法、单项规则及学生保护法等培训。同时，研究制定《北京市冰雪运动校园辅导员任职条件和培训大纲》，扩大全市冰雪运动的教练资源，提高学校冬季项目的师资水平，丰富教师课堂的教育教学内容。

（七）冬季奥林匹克教育志愿服务计划

开展冬奥会及冬残奥会开幕式表演及赛事服务志愿者招募和培训工作。组织大中小学生积极参与北京 2022 年冬奥会和冬残奥会征集吉祥物、火炬、口号等文化宣传活动以及火炬传递、倒计时、开闭幕式等重要节点文化活动。

（八）冬季奥林匹克教育课程研发计划

为配合学校实施冬季奥林匹克教育，北京冬奥组委将组织编辑和出版《北京市中小学生冰雪运动项目教学指南》、中小学生《奥林匹克知识读本》、冬季体育运动知识挂图、北京冬季奥运会和北京冬季残奥会项目介绍手册以及配套光盘等。为配合学校实施冬季奥林匹克教育，鼓励各区、各学校开发地方课程和校本课程。

（九）冬季奥林匹克教育传承计划

组织高等院校专家开展冬季奥林匹克教育研究工作，开冬季奥林匹克教育国际论坛，推出高质量的研究成果，在指导冬季奥林匹克教育工作的同时，形成具有中国特色的冬季奥林匹克教育遗产。

五、组织领导

成立“北京 2022”北京市中小学生奥林匹克教育工作小组，指导全市开展冬季奥林匹克教育工作。工作小组由市教委、市体育局、北京冬奥组委新闻宣传部组成，负责奥林匹克教育工作的统筹规划和宏观管理，组织、指导全市中小学校落实奥林匹克教育工作，并定期督促各项工作的落实并予以通报。

“北京 2022”北京市中小学生奥林匹克教育工作小组下设办公室，负责日常工作。办公室设在市教委，由体育卫生与艺术教育处、基础教育一处、基础教育二处、学前教育处、国际合作与交流处、职业教育与成人教育处、人事处、财务处、宣教处等相关处室共同组成，相互配合开展工作。秘书处设在首都体育学院。

六、工作步骤

工作分为四个阶段：

（一）筹备阶段（2018 年初至 2019 年底）

制订发布奥林匹克教育计划实施意见，建立协调工作机制，重点推动奥林匹克教育纳入教学活动，开展知识宣传普及，举办各类以冬奥为主题的舞蹈节、合唱节、戏剧节等艺术活动。

（二）测试赛阶段（2020 年初至 2021 年底）

督促各区落实计划任务，重点围绕测试赛，组织中小学生观赛，开展国际交流活动，研发制订专业课程、教材。

（三）赛时阶段（2022 年初）

重点做好我市中小学生作为东道主参与赛事活动，开展冬奥会青少年国际交流项目，各区广泛开展赛事有关宣传活动。

（四）赛后阶段（2022 年及以后）

重点做好奥林匹克教育成果的转化工作，支持开展奥林匹克教育研究，形成有中国特色的奥林匹克教育模式。

七、工作要求

（一）加强组织管理

各区要建立完善相应的组织机构，统筹本区奥林匹克教育工作，指导学校创造性的开展好奥林匹克教育，主动维护奥林匹克教育的公益属性，积极向“北京 2022”北京市中小学生奥林匹克教育工作小组办公室反馈工作信息。落实学校安全管理要求，细化奥林匹克教育及冬季运动安全保障制度，积极开展冬季运动安全教育，增强学生安全意识。科学合理评估安全风险，切实加强监督检查，促进学校不断提高安全管理水平。

（二）加大支持力度

各区教育部门要加大经费投入力度，对奥林匹克教育、冬季体育项目给予倾斜。以公益活动为原则，鼓励和引导社会资金，多渠道增加投入。完善政府向社会力量购买公共服务机制，通过加大资金、人员、技术等投入对发展中小学生奥林匹克教育和冬季运动给予支持。各区可结合实际制订对中小学生冬季运动推广普及奖励办法，对做出突出贡献的社会组织和个人予以奖励。

（三）推动场馆建设

鼓励有条件的学校建设冰雪运动场馆设施，坚持因地制宜、形式多样、注重实效的原则，充分利用季节特点及场地资源条件优势，在校园内建造冰场或仿真冰场，以及其他冰雪运动辅助设备设施。同时，创建北京市青少年冰雪校外活动中心，为广大学生提供学习体验冰雪运动安全、有效、可持续发展的场馆设施条件。

（四）广泛宣传推广

在北京奥组委官方网站和市教委官方网站开设奥林匹克教育频道。同时，通过选择重点传统媒体进行深度宣传。与平面媒体合作，推出图片新闻、专栏及专版或专访等重点篇幅稿件；在广播媒体安排专访、专题节目等内容；与电视媒体合作，开办以冬季奥林匹克教育为主题的电视节目或栏目，安排专访、专题节目等内容；通过网络媒体播出新闻、专题、访谈和视频新闻；通过微博、微信公众号等媒体进行文化、知识的宣传、推广与普及。

2018 年 7 月 6 日

北京市教育委员会

关于进一步推进高中阶段学校考试招生制度改革的实施意见

京教基二〔2018〕16 号

各区教委，燕山教委：

为贯彻落实《国务院关于深化考试招生制度改革的实施意见》(国发〔2014〕35 号)、《教育部关于进一步推进高中阶段学校考试招生制度改革的指导意见》(教基二〔2016〕4 号)、《北京市教育委员会关于印发〈北京市深化考试招生制度改革实施方案〉的通知》(京教计〔2016〕15 号)精神，结合我市实际，制定本实施意见。

一、总体要求

(一)指导思想

全面贯彻党的教育方针，落实立德树人根本任务，适应首都城市战略定位对多样化高素质人才的需求，进一步深化高中阶段学校考试招生制度改革，发挥改革正确导向作用，推进基础教育课程与教学改革，引导义务教育优质均衡发展，扩大优质高中办学规模，形成多样化、有特色的高中阶段教育，促进学生健康成长。

(二)基本原则

坚持育人为本，深入推进素质教育，促进学生德智体美全面发展，打牢终身发展基础。坚持公平公正，不断完善规则程序，切实保障考试招生机会公平、程序公开、结果公正。坚持科学规范，遵循教育规律和学生成长规律，使学、考、招有机衔接，合理控制学生过重课业负担。坚持统筹兼顾，从教育综合改革全局出发，强化各项教育改革的衔接配套。

（三）改革目标

贯彻落实国务院和教育部有关精神，积极稳妥推进高中阶段学校考试招生制度改革，到 2021 年初步形成基于初中学业水平考试成绩、结合综合素质评价的高中阶段学校考试招生录取模式，健全促进公平、规范有序、监督有力的体制机制，促进学生全面发展、健康成长。

二、主要任务和措施

（一）建立初中学业水平考试制度

将初中毕业考试和高中招生考试“两考合一”，实行初中学业水平考试，实现一考多用。初中学业水平考试主要衡量学生达到国家规定学习要求的程度，考试成绩是学生毕业和升学的基本依据。坚持全开全学、全科开考，引导学生扎实学习每门科目，全面提升义务教育阶段育人质量。

1. 考试科目与内容

《义务教育课程设置实验方案》所设定的全部科目纳入初中学业水平考试范围，考试设置语文、数学、外语、道德与法治、历史、地理、物理、化学、生物、体育与健康、艺术（音乐、美术）、综合实践活动中的信息技术和劳动技术 12 门科目。

严格按照义务教育课程标准确定考试内容。推进考试内容与形式改革，提高命题质量，重视发挥考试的教育功能，贴近生活，注重实践，突出首都特色。

2. 考试组织与形式

初中学业水平考试由市教委统一制定要求。其中语文、数学、外语、道德与法治、历史、地理、物理、化学、生物 9 门科目由全市统一命题、统一考试、分区评卷；体育与健康、艺术（音乐、美术）、综合实践活动中的信息技术和劳动技术 3 门科目由各区按照市级有关要求组织实施。

学生在完成每门科目课程内容学习后参加初中学业水平考试，实行随教、随考、随清。其中地理、生物考试安排在初二第二学期末，语文、数学、外语、道德与法治、历史、物理、化学考试安排在初三第二学期末。

3. 成绩呈现与应用

初中学业水平考试成绩以原始成绩和等级成绩呈现。等级成绩依据原始成绩划定，位次由高到低分为 A、B、C、D 四个等级。其中 C 等及以上为合格，D 等为不合格。

语文、数学、外语 3 门科目分值均为 100 分。其中外语卷面考试 60 分，听力和口语考试 40 分（与统考笔试分离，学生有两次考试机会）。道德与法治、历史、地理、物理、化学、生物 6 门科目分值均为 80 分（含 10 分开放性科学实践活动或综合社会实践活动成绩）。体育与健康分值 40 分。艺术（音乐、美术）、综合实践活动中的信息技术和劳动技术考试以等级成绩呈现。

初中学业水平考试所有科目合格才可毕业，凡考试不合格的，由各区按市级有关要求组织补考，补考成绩只计合格 / 不合格。

（二）加强和改进初中学生综合素质评价

初中学生综合素质评价是对学生全面发展状况的观察、记录和分析，评价结果将作为学生毕业和升学的重要参考。评价内容包括学生的思想道德、学业水平、身心健康、艺术素养、社会实践等方面，依托学生综合素质评价电子平台进行管理、记录和评价，以客观记录反映学生综合素质的代表性、关键性事实为主要方式。评价结果以《北京市初中学生综合素质评价报告册（试行）》的形式呈现，设 A、B、C、D 四个等级。各校应按市区有关要求制定评价方案和实施细则，报区教委备案后实施，评价结果最终由学校确认。初中学生综合素质评价报告册及等级经公示后提供给高中阶段学校招生使用。

（三）改革招生录取办法

探索基于初中学业水平考试成绩、结合综合素质评价的招生录取模式，改革录取计分科目构成，适当给予学生自主选择和高中阶段学校自主招生机会。

1. 统一招生

在全开全学、全科开考、全科赋分的基础上，从12门初中学业水平考试科目成绩中，确定8门按原始成绩计入中招录取总成绩，满分为660分。其中语文、数学、外语、体育与健康、道德与法治、物理6门成绩必须计入，另外在历史、地理、化学、生物4门成绩中择优确定2门成绩计入（按照文理兼顾原则，在历史、地理中择优确定1门，在化学、生物中择优确定1门）。

2. 校额到校招生

坚持和完善优质高中校额到校招生政策，将全市优质高中50%以上的招生名额分配到一般初中校，实现每所初中校学生升入优质高中机会基本均等。校额到校招生采用校内选拔方式，依据初中学业水平考试成绩和综合素质评价录取，其中综合素质评价至少达到B等以上。

3. 自主招生

经市教委批准，部分具备条件的高中阶段学校可开展自主招生改革试点。试点学校可根据办学定位、传统特色、学科优势等情况，开展人文、科学、艺术、体育、中外合作课程班等特色招生、校内或集团内直升、1+3培养试验、职业教育人才培养试验等改革探索。自主招生依据初中学业水平考试成绩、综合素质评价以及面试情况录取。试点学校应提前确定报考条件、录取规则以及监督机制等，报市教委备案后在规定时间向社会公布。

具体招生录取办法另行制定。

（四）加强考试招生管理

完善招生计划编制办法，按市、区两级管理权限和工作程序编制高中阶段学校招生计划并严格执行。健全招生管理工作规定，规范学校招生行为，严禁违规招生和擅自提前招生。严格控制考试招生加分项目和分值，健全考生加分资格审核公示制度。

三、组织保障

（一）加强组织领导

充分认识高中阶段学校考试招生制度改革的系统性和复杂性，市区有关部门要统筹联动，认真分析改革对教育教学、综合素质评价、命题组考、教师配置、教室资源、设备设施等带来的影响，切实加强条件保障，做好宣传引导，确保改革顺利进行。

（二）深化课程教学改革

严格按照《义务教育课程设置实验方案》，合理安排教学进度，开齐开足国家规定的各门课程。不得随意增加或削减课程门类，不得随意改变各门课程的周学时数和学科总学时数。发挥课程整体育人价值，创新人才培养模式和教学方法，全面实施素质教育。

（三）强化监督管理

严格考试招生管理，及时公布考试招生政策、招生计划、录取结果等信息，构建更加公开透明、公平公正的招生工作管理体系。完善监督制约机制，畅通违纪举报和申诉受理渠道，建立责任追究制度，严肃查处违规违纪行为。

本意见自2018年9月1日起施行，2018级初一学生起适用本办法。

2018年7月13日

北京市教育委员会
北 京 市 财 政 局

关于印发北京市城乡中小学校一体化发展项目管理办法的通知

京教财〔2018〕6号

各区教委、财政局：

为进一步优化本市城乡教育资源配置，促进城乡教育基本公共服务均等化，市教委、市财政局制定了《北京市城乡中小学校一体化发展项目管理办法》，现印发给你们，请遵照执行。

2018 年 8 月 23 日

附件

北京市城乡中小学校一体化发展项目管理办法

第一章　总则

第一条　为贯彻《北京城市总体规划（2016—2035 年）》要求，落实"四个中心"功能战略定位，着力解决人民群众日益增长的对更好教育的需求与教育发展不平衡不充分之间的矛盾，进一步优化本市城乡教育资源配置，促进城乡教育基本公共服务均等化，从 2018 年开始，在全市实施城乡中小学校一体化发展项目，期限三年。到期后根据实施效果和需要再行确定。

第二条　为保障城乡中小学校一体化发展项目的顺利实施，根据首都基础教育综合改革和财税体制改革相关要求，按照本市教育管理、预算管理相关规定，本着有利于项目规范管理，有利于提升中小学校教育教学质量和办学水平，有利于调动各方面积极性的原则，结合工作实际，制定本办法。

第三条　本办法适用于城乡中小学校一体化发展项目涉及的市、区两级各有关部门及中小学校。城乡中小学校包括已经实施并需要继续深化建设的城乡一体化学校，城区支持郊区建设的新增优质学校，城区和通州区手拉手的中小学校等。具体名单由市、区教委根据需求共同确定。

第二章　项目内容

第四条　实施城乡中小学校一体化发展项目的目的是按照中央和市委市政府关于深化教育综合改革的要求，推进教育领域供给侧结构性改革，扩大优质教育资源供给，调整教育资源供给结构，优化本市城乡教育资源空间布局和资源配置，统筹推进城乡教育一体化发展。

第五条　实施城乡中小学校一体化发展项目的目标是通过引入优质教育资源，在农村地区、城乡结合部和城市发展新区对口支持或合作帮扶建设一批优质中小学校，带动区域教育质量提升，统筹推进城乡教育一体化发展，加快实现基本公共教育服务均等化。

第六条　城乡中小学校一体化发展的推进方式，主要是积极支持城区优质教育资源通过举办城乡一体化学校、名校办分校、集团化办学、手拉手合作等形式，到中心城区以外地区举办优质学校或辐射带动本区学校发展，整体提升教育质量。

第七条　城乡中小学校一体化发展项目涉及的区域，以中心城区以外的地区为主，兼顾朝阳、海淀、丰台等区的农村地区，重点是在新城、重点项目和人才引进密集地区，郊区优质教育资源稀缺地区，以及北京城市副中心等地区。

第八条　本办法中城乡中小学校一体化发展中建设的内容，主要是学校办学、内部管理、学校文化、教育教学、教科研训、课程资源、师资队伍等有关学校内涵发展、质量提升方面的软件建设，涉及学校办学条件的基本建设、基础设施建设内容不在本项目规定范围内。

第三章　组织实施

第九条　城乡中小学校一体化发展项目由市教委牵头，联合市财政局、市人力社保局、市编办、市政府教育督导室等部门，统筹推进项目实施。市教委负责统筹各有关部门和有关区教委推进项目实施，制定项目管理办法，确定年度工作重点，指导区教委实施项目。市财政局负责对市级项目经费预算审核，安排项目经费，并对经费使用情况会同主管部门实施监督检查。市人力社保局对项目实施中的教师绩效奖励、职称评定等提出指导性意见和相关政策支持。市编办负责指导各区编办统筹编制、协调落实学校编制问题。市政府教育督导室加强对项目实施的督导评估。

第十条 各相关区教委是项目实施的管理责任主体，负责统筹协调区有关部门、有对接关系的区教委和辖区项目学校，确立专门部门和人员负责有关项目工作，制定实施方案，协调和指导推进项目实施，对项目执行的进度和效益进行监督检查。区财政局、区人力社保局、区编办、区政府教育督导室参照市级相应部门责任分工做好协同配合。

第十一条 各有关中小学校是项目实施主体，指定专人负责，资源输出学校和输入学校都要积极主动做好对接工作，双方共同制定合作方案和实施细则，编报项目预算。资源输出学校根据输入学校的发展需求，从人员、资源、理念等方面提供相应支持，促其不断发展和提升。资源输入学校要通过合作办学或支持，主动谋求学校发展，进一步明确学校发展规划，凝练办学特色，切实提高学校育人质量和办学品质。

第四章 教育、教学和管理

第十二条 市教委鼓励和支持各有关区和中小学根据工作实际和发展需求，开展多种形式的跨区域教育合作，如城乡一体化学校、名校办分校、集团化办学、手拉手合作等，提升相对薄弱学校的教育质量。对于跨区域支持的输入和输出双方区教委或学校应签订协议。

第十三条 资源输出和输入学校之间应积极开展形式多样的教育教学活动，包括但不限于：学校文化建设、学校管理改进、学校课程建设、教育教学研究、干部教师培训、学生特色活动、资源开放共享等。

第十四条 资源输出和输入学校应着眼于输入学校长远发展，注重输血和造血相结合。积极探索建立干部教师轮岗交流、跟岗学习培训，健全校本研修制度，加强骨干培养，整体提升资源输入学校干部教师队伍的专业素质。

第十五条 对于实行"一个法人、一体化管理"架构的项目学校，输入校校长选派，在尊重输出学校校长意愿的基础上，由双方区教委商定后，由输入区教委任命，实行属地管理；原则上输入校的书记由输入区选派。

第十六条 资源输入和输出区统筹考虑本区项目学校高级教师、学科带头人、骨干教师等职称、称号的评定指标分配，共商优秀人力资源共享问题的协作方案，经市、区相关部门同意后执行。

第十七条 优质资源输入校和输出校，根据实际需要可适当增加人才引进力度，由市人力社保局核准。区机构编制部门根据有关编制标准，结合本区实际，在编制范围内调剂并适当倾斜，做好优质资源输入校和输出校的编制核定和管理工作。

第十八条 合理确定资源输出学校派出教师的补助标准，实际工资收入应不低于原校工资收入水平。资源输入区协调解决资源输出学校派出教师的食宿、交通等生活问题。

第十九条 优质资源输入校在招生上，仍需立足于为属地的辖区服务，原有招生范围不变，参加市级统筹、贯通培养等改革实验的除外。义务教育阶段入学工作按照资源输入区相关政策执行，实行免试就近入学。高中阶段按照相关政策在输入区招生为主，同时积极落实优质高中名额分配、市级统筹、校额到校等有关招生政策。

第二十条 输入学校接受资源输出学校和辖区所在教委双重管理，日常教育教学管理由资源输出学校管理为主，资源输入学校所在区教委做好各项政策协调和经费保障，各项教育数据纳入资源输入区进行统计。

第二十一条 资源输入区负责协调解决跨区办学中存在的问题，资源输出区应积极配合，市教委及时指导，并协调推动政策的制定和落实。

第五章 经费管理

第二十二条 城乡中小学校一体化发展项目所需经费（不含基本

建设和基础设施建设）主要由市级财政承担，各相关区可根据实际建立配套经费，所需经费纳入市、区两级财政预算。

第二十三条 城乡中小学校一体化发展项目经费主要通过市级财政转移支付方式划拨到资源输入区，城乡一体化学校经费支持标准为每年每校最高不超过 200 万，城区支持郊区建设的新增优质学校、城区和通州区手拉手中小学校经费支持标准为每年每校最高不超过 100 万元。市教委、市财政局根据总额控制、按需保障、先期试点、评估调整原则，结合绩效考评、经费结余和年度工作实际需求，确定下一年度经费支持规模。

第二十四条 项目经费主要用于智力支持、智力投入，如派出管理团队和学科教师、学校文化建设与提升、教科研指导与实践、课程开发与资源建设、教师培训、教师工作室、教改实验，以及其他有助于教育教学质量提升的工作。具体支出内容包括劳务费、专家咨询费、印刷费、培训费、材料费、市内交通费、差旅费等。

第二十五条 项目经费支出标准为综合补贴（包含劳务费、通讯费和交通费）按照每人每天不超过 500 元、1 个月不超过 3000 元补贴；专家咨询费按照市级相关规定执行；涉及印刷费、培训费、差旅费等一般性支出应严格执行市级和相关区有关政策规定。要按照厉行节约的原则，统筹、调剂项目学校的存量资产及其他资源支持项目实施。项目经费不得用于各类罚款、捐款、赞助、基本建设、出国培训和单位员工福利性支出。

第二十六条 市教委应于项目开展上一年度 9 月中旬前编制下一年项目实施方案，市、区教委根据年度项目实施方案编制预算，经市、区财政局审核后下达预算。

第二十七条 市教委与市财政局等相关部门间建立顺畅、有效的沟通协作机制，保证各年度建设资金按时到位。

第二十八条 项目预算一经批复，不得自行调整。预算执行过程中，因项目发生终止、撤销、变更，确需预算调整的，根据预算管理要求履行报批程序。

第二十九条 各有关区教委和学校要建立健全经费管理制度，严格执行国家和北京市有关预算管理、财务会计管理规定，按照预算批复内容执行预算，项目经费要单独建账管理，确保专款专用，不得截留和挪用。

第三十条 区教委要加强对项目经费使用情况的跟踪监测，及时反馈项目实施中出现的资金管理问题。每年 6 月底前，将上一年度项目实施的总体情况、资金使用和管理情况以书面形式报市教委。市教委将有关情况汇总函告市财政局。

第三十一条 符合政府采购条件的，项目单位要严格按照政府采购相关规定，履行政府采购程序，实施政府采购。

第三十二条 使用项目经费形成的资产，要纳入学校的会计核算与资产管理。学校必须健全财务管理制度，严格按照国家和北京市国有资产管理有关规定加强管理，防止国有资产流失。

第三十三条 项目结余资金按照我市有关规定执行。

第六章 监督检查

第三十四条 市教委、市财政局要加强对项目的绩效管理，将项目纳入年度部门绩效评价范围，开展绩效评价。定期调研进展情况，指导区教委、学校项目实施，保证教育教学质量达到相关质量标准要求。

第三十五条 区教委和中小学校应加强项目过程管理，强化部门自我监督，建立项目实施资料档案，并主动接受教育、财政、审计、纪检、监察等部门的检查与监督。

第三十六条 区教委、区财政局每年对项目资金使用情况进行专项检查，并将检查报告上报市教委、市财政局；市教委、市财政局针对各区上报检查报告中发现的问题进行重点抽查并提出整改意见。

第三十七条 对项目单位弄虚作假、截留、挪用专项经费等违反财经纪律的行为，财政部门会同相关部门按照《中华人民共和国预算法》《财政违法行为处罚处分条例》（国务院令第 427 号）等法律、法规进行处理，依法追究相关责任人的责任。

第七章　附则

第三十八条　本办法由市教委、市财政局等部门按照职责分工解释。

第三十九条　本办法自印发之日起施行。

北京市教育委员会

关于印发《北京市深化高等学校考试招生制度综合改革实施方案》的通知

京教计〔2018〕20号

各区教委，各有关学校，北京教育考试院：

为贯彻落实《国务院关于深化考试招生制度改革的实施意见》（国发〔2014〕35号）及教育部等部委相关配套文件精神，我委组织制定了《北京市深化高等学校考试招生制度综合改革实施方案》。经市委市政府同意上报，中央改革办和教育部审定同意，现印发给你们，请认真组织实施。.

2018年8月22日

北京市深化高等学校
考试招生制度综合改革实施方案

为贯彻落实《国务院关于深化考试招生制度改革的实施意见》(国发〔2014〕35号)精神及教育部等部委相关配套文件要求，按照《北京市深化考试招生制度改革实施方案》确定的总体框架，在充分借鉴试点省市经验基础上，结合我市实际，制定深化高等学校考试招生制度综合改革实施方案。

一、指导思想和工作原则

(一)指导思想

认真学习贯彻党的十九大精神，以习近平新时代中国特色社会主义思想为指导，全面贯彻党的教育方针，落实立德树人的根本任务，遵循教育规律，从有利于推进素质教育、有利于促进教育公平、有利于科学选拔人才出发，主动适应首都城市战略定位、建设国际一流和谐宜居之都对多样化高素质人才的需求，通过深化改革，构建更加公平公正、科学合理的高等学校考试招生制度，努力办好人民满意的教育。

(二)工作原则

1. 坚持育人为本。落实立德树人根本任务，把促进学生健康成长成才作为改革的出发点和落脚点，坚持正确育人导向，深入推进素质教育，培养德智体美全面发展的社会主义建设者和接班人。

2. 确保公平公正。把促进公平公正作为高考综合改革的基本价值取向，健全体制机制，完善规章制度，切实保障考试招生机会公平、程序公开、结果公正。

3. 体现科学选才。提升高校人才选拔水平，引导高校办学模式和人才培养模式改革；增加学生选择权，促进学生全面发展和个性发展。

4. 注重统筹推进。循序渐进，处理好近期目标和长远目标的关系；系统设计，加强基础教育和高等教育之间的衔接沟通；协同推进，处理好考试、招生和教育教学等方面的关系。

5. 立足首都实际。主动适应首都教育综合改革面临的新形势、新要求，坚持以人为本，勇于创新，以首善标准推进我市高校考试招生制度改革，不断提升人民群众对改革成果的获得感。

二、改革目标

2017 年启动我市高等学校考试招生综合改革，建立普通高中学业水平考试制度，完善高中学生综合素质评价制度；到 2020 年，初步建立符合首都教育实际的现代高等学校考试招生制度，形成分类考试、综合评价、多元录取、公平公正的高等学校考试招生模式。

三、主要任务和措施

（一）建立高中学业水平考试制度

自 2017 年 9 月 1 日起，从高一年级开始实施普通高中学业水平考试，考试成绩是学生毕业和升学的重要依据。

1. 考试科目

普通高中课程方案所设定的语文、数学、外语、思想政治、历史、地理、物理、化学、生物、体育与健康、艺术（音乐、美术）、信息技术、通用技术 13 门科目。

2. 合格性考试和等级性考试

合格性考试内容以普通高中课程标准中的必修课程要求为依据；等级性考试内容以普通高中课程标准中的必修课程和选修 I 课程要求为依据。

所有科目均设合格性考试，考试对象为普通高中在校学生，高中阶段其他学校在校生和社会人员。合格性考试中体育与健康考试安排在高三第二学期，艺术（音乐、美术）考试安排在高三第一学期末，其余 11 门科目合格性考试每学年组织 2 次，分别安排在每学期末。普通高中在校学生首次参加合格性考试时间为高一第二学期末。学生在完成每门科目必修课程后即可参加合格性考试，做到随教、随考、随清。合格性考试成绩以“合格、不合格”呈现，达到合格水平是普通高中毕业的必要条件和高中同等学历认定的主要依据。当次考试不合格，可参加以后学期同科目合格性考试，全市不单独组织补考。

思想政治、历史、地理、物理、化学、生物6门科目设等级性考试。考生根据报考高校要求和自身特长，从6门等级性考试科目中自主选择参加3门科目考试。等级性考试每学年组织1次，安排在每年的6月。考试对象仅限当年参加本市统一高考的考生。等级性考试成绩以等级呈现，分为5个等级，等级根据原始分划定，成绩当年有效，计入高校招生录取总成绩方式另行制定。

高等院校可根据办学特色和定位，以及不同学科专业人才培养需要，从思想政治、历史、地理、物理、化学、生物6门普通高中学业水平等级性考试科目中，分专业（类）自主提出选考科目范围，并提前向社会公布。

（二）完善学生综合素质评价制度

1. 科学确定评价内容。综合素质评价主要从思想道德、学业成就、身心健康、艺术素养、社会实践等五个方面，客观记录学生的成长过程，整体反映学生德智体美全面发展情况和个性特长，引导学生培育和践行社会主义核心价值观，增强社会责任感，培养创新精神和实践能力。综合素质评价是学生毕业和升学的重要参考。高中学校要基于学生发展的年龄特征，结合教育教学实际，科学确定学生综合素质评价的具体内容和要求。

2. 科学合理使用评价信息。学校和教师要指导学生在“北京市普通高中学生综合素质评价电子平台”中及时、客观记录反映学生综合素质主要方面的具体活动，收集相关事实材料。学校每学期要对电子平台中学生本学期的事实材料和活动记录进行审核和公示。

综合素质评价作为高等学校招生录取的参考，招生学校应提前制定并公布具体使用办法，使用情况必须规范、公开、公正。

（三）开展高考综合改革

1. 统一高考招生改革

（1）统考科目。从2020年起，北京市统一高考科目调整为语文、数学、外语3门，不分文理科，每门科目满分150分，总分450分。

（2）英语考试。从2018届考生起，英语听力分值保持30分不变，与统考笔试分离，实行机考，一年两次考试，安排在每年12月和次年 3 月进行，取听力最高成绩与笔试成绩一同组成英语科目成绩计入高考总分。从 2021 年起，英语增加口语考试，口语加听力考试共计 50 分，总成绩分值不变。

（3）成绩构成。从 2020 年起，参加本科院校招生录取的考生的总成绩由语文、数学、外语 3 门统一高考成绩和考生选考的 3 门普通高中学业水平考试等级性考试科目成绩构成，其中选考科目每门满分 100 分，即高校招生录取总分满分值为 750 分。

参加高职（专科）统一招生录取的考生，采用“统考 + 合格性学业水平考试”招生模式，高考成绩由语文、数学、外语 3 门统一高考成绩组成。招生高校根据各专业培养需求从合格性学业水平考试科目中选定 2 门，所选学业水平考试科目考生成绩需达到合格。

（4）录取方式。实行高考志愿考后知分填报，普通批次按照“分数优先、遵循志愿”的原则进行平行志愿投档。在总结本科二批与本科三批合并为本科二批经验基础上，2019 年将本科一批与本科二批合并为本科普通批。

2. 高职院校分类考试招生改革

除统一高考外，加快推进高职院校分类考试招生改革。高职院校分类考试招生包括高职自主招生、单考单招等形式，推行“文化素质 + 职业技能”评价方式，逐步使高职分类考试招生成为高职招生的主渠道。高职院校对普通高中生和中职生分别制定测试办法，普通高中学生综合考虑学业水平考试成绩、高中生的职业适应性测试情况和综合素质评价信息；中职生在文化课笔试基础上，充分考虑学生的职业技能水平。

3. 综合评价录取改革

充分借鉴其他省份的经验，在部分高校探索开展综合评价录取模式改革试点，综合评价录取依据统一高考成绩、学业水平考试成绩、面试成绩、普通高中综合素质评价进行录取，高考成绩占比原则上不低于总成绩的 60%。在总结经验的基础上，逐步扩大试点院校范围。

四、保障措施

（一）加强组织领导

北京市教育体制改革专项小组负责统筹指导高考综合改革推进工

作，加强对考试招生制度改革的顶层设计和统筹协调，及时研究解决改革中遇到的新情况新问题，确保积极稳妥推进。各相关部门各负其责、分工协作，形成推进高考综合改革的整体合力。

（二）做好政策宣传解读

加大对各项改革举措的宣传力度，主动、及时、全面、准确地发布信息，组织专家做好政策解读，积极回应社会关切，解疑释惑、凝聚共识，营造良好改革氛围。进一步创新招生咨询服务形式，提高咨询服务质量。

（三）强化高考综合改革的基础保障

高考综合改革对普通高中的基本设施、教师队伍和考试机构提出了新的要求，现有师资、教室等教育资源面临严峻压力。各相关部门要密切配合，积极支持，做好我市高考综合改革相关条件的保障工作。

（四）深化高中教育教学改革

高中学校要适应高考综合改革要求，进一步调整学校育人模式，深化高中教育教学改革，在课程体系建设、课程安排、教学组织等方面进行重新设计，实行不同程度的选课走班教学。要加强对学生生涯规划的指导，逐步完善高中生涯教育体系和选课指导制度，培养学生生涯规划和自主选择能力，从个人实际出发，合理选择考试科目和升学目标。市教委要制定专门培训方案，加强校长和教师培训，提高其对高考综合改革新要求的适应能力。

（五）保障招生公平公正

强化部门协作，进一步完善考试安全体系，加强标准化考点建设，切实维护公平、有序、高效的考试秩序。积极做好英语科目考试改革、志愿填报方式和录取方式改革等工作，指导在京招生高校确定选考科目方案，确保高考综合改革工作顺利进行。

北京市教育委员会

关于普通高中学业水平等级性考试成绩计入高考录取总成绩方式的通知

京教计〔2018〕21号

各区教委，各有关单位：

根据《北京市教育委员会关于印发〈北京市深化高等学校考试招生制度改革实施方案〉的通知》（京教计〔2018〕20号）和《北京市教育委员会关于印发〈北京市普通高中学业水平考试实施办法（试行）〉的通知》（京教基二〔2017〕13号）精神，我市研究确定了普通高中学业水平等级性考试（以下简称“等级性考试”）成绩计入高考录取总成绩的方式，现将有关事项通知如下：

一、等级性考试

（一）考试科目

高中学生根据高校专业选考科目要求，结合自身特长和兴趣，从思想政治、历史、地理、物理、化学、生物6门科目中选择其中3门参加等级性考试。考生最多报考3门科目的等级性考试，并要求在等级性考试之前取得对应科目合格性考试合格成绩。

（二）考试安排

等级性考试每学年组织1次，安排在6月，与当年统一高考同期进行。每门科目等级性考试时间90分钟，卷面满分100分。

二、成绩呈现及折算方式

（一）成绩呈现

等级性考试成绩以合格性考试成绩合格为前提，按照考生原始成绩划定 A、B、C、D、E 五等，分别占各科目考试人数的 15%、40%、30%、14% 和 1%，在五等基础上，进一步细化为 21 级，按最接近的累计比例划定，每级分差为 3 分，起点赋分 40 分，满分 100 分。具体等级比例和赋分值见附件。

（二）成绩使用

等级性考试成绩当年有效，计入高考本科录取总成绩，作为高校招生录取的依据。

三、其他事项

考试组织管理按照教育部和北京市高考招生工作有关规定执行。

本办法自 2017 年秋季入学的高中学生开始实施，2020 年进行首次等级性考试。

附件：北京市普通高中学业水平等级性考试成绩计入高考总成绩的等级比例和分值

2018 年 8 月 22 日

附件

北京市普通高中学业水平等级性考试成绩计入高考录取总成绩的等级比例和分值

等级	A					B					C					D					E
比例	15%					40%					30%					14%					1%
级	A1	A2	A3	A4	A5	B1	B2	B3	B4	B5	C1	C2	C3	C4	C5	D1	D2	D3	D4	D5	E
比例	1%	2%	3%	4%	5%	7%	8%	9%	8%	8%	7%	6%	6%	6%	5%	4%	4%	3%	2%	1%	1%
分数	100	97	94	91	88	85	82	79	76	73	70	67	64	61	58	55	52	49	46	43	40

北京市教育委员会
北 京 市 财 政 局

关于印发《2018—2020 年支持民办学校提高办学质量项目管理办法》的通知

京教财〔2018〕7 号

各区教委、财政局：

为落实教育部关于随迁子女接受义务教育“两为主”和“两纳入”的政策，推进城乡义务教育一体化发展，市教委、市财政局制定了《2018—2020 年支持民办学校提高办学质量项目管理办法》，现印发给你们，请遵照执行。

2018 年 8 月 23 日

2018—2020 年支持民办学校提高办学质量项目管理办法

第一章　总则

第一条　为保障支持民办学校提高办学质量项目顺利实施，根据本市教育管理、预算管理相关规定，结合工作实际，按照“市级引导、区级主责”，保底线、强管理、促提升的工作原则，制定本办法。

第二条 本办法适用于已审批随迁子女自办校（以下简称自办校）。

第二章 项目内容

第三条 支持自办校完善安全设施设备。自办校要依据市委教工委、市教委、首都综治办、市公安局《关于推进中小学幼儿园平安校园建设工作的意见（试行）》提升安全保障水平，确保学校安全运行。

第四条 支持自办校完善基本办学条件。自办校要依据市教委等8部门印发的《北京市中小学校办学条件标准》，补充学生基本生活和教育教学需要的设施设备。

第五条 支持自办校提高教育教学质量。加强教师研修培训，提高教师专业水平。购买社会机构优质资源，提升学校办学水平。鼓励区教委开展购买服务探索，向自办校购买学位。

第三章 组织管理

第六条 市教委负责统筹项目推进，牵头制定项目管理办法和实施方案，加强对区教委项目实施过程的指导，对项目推进情况进行调研、检查和评估。市财政局负责对项目经费预算进行审核，会同主管部门对经费使用管理情况实施监督和绩效考核。

第七条 区教委负责统筹区域内项目实施，安排专门部门负责项目审批、运行、验收和资金使用；制定绩效目标，对区域内项目执行和经费使用的绩效负总责。区财政局负责做好项目预算审核下达工作，加强对经费使用的监管。

第八条 项目支持的自办校由法人负责，彻查安全隐患，按照项目规定的经费使用方向和要求，向区教育主管部门提出预算需求，保障校园安全和项目实施效果。

第九条 区教委和项目支持学校应建立项目管理档案，确保全部工作过程留有痕迹。

第四章 经费管理

第十条 市财政按照“总额控制、按需保障、注重绩效、持续利用”的原则,以绩效评估结果作为经费分配主要依据。不平均分配资金,原则上每所学校每年不超过200万元。

第十一条 各自办校按需申报，区教委结合实际情况统筹资金。对在拆迁范围内的自办校除完善安全设施设备，原则上不进行其它硬件投入。市、区教委根据年度项目实施方案，编制项目预算，经市、区财政局审核后下达预算。

第十二条 区教委和项目支持学校要建立健全经费管理制度，严格执行国家和北京市有关预算管理规定和财务会计管理规定，严格按照预算批复执行，项目经费要单独建账管理，确保专款专用，不得截留和挪用。专项经费形成的资产的使用和财务管理受教育、财政和其他有关部门的监督。

第十三条 项目预算一经批复,不得自行调整。预算执行过程中,因项目终止、撤销、变更，确需调整预算的，根据预算管理要求履行报批程序。

第十四条 区域项目全部完成后15个工作日内将项目实施、资金使用、结果验收等总体情况以书面形式报送市教委，市教委将有关情况汇总后函告市财政局。

第十五条 项目结余资金按照我市有关规定执行。

第五章 监督检查

第十六条 市教委、市财政局负责对项目实施绩效管理，将项目实施情况纳入部门年度预算绩效评价范围，围绕提升自办校安全保障水平，满足学生基本在校生活和教育教学需要，提高教师教育教学能力情况开展绩效评价。

第十七条 区教委、项目支持自办校应接受财政、审计、纪检、监察等部门的检查和监督。对区教委、项目支持自办校弄虚作假、截留、挪用专项经费等违反财经纪律的行为，财政部门将会同相关部门按照《中华人民共和国预算法》《财政违法行为处罚条例》等法律、法规进行严肃处理，依法追究相关责任人的责任。

第六章 附则

第十八条 本办法由市教委、市财政局按照职责分工解释。

第十九条 本办法自印发之日起实施。

北京市教育委员会
北 京 市 财 政 局

关于印发北京市支持校园冰雪运动发展项目管理办法（试行）的通知

京教体艺〔2018〕20 号

各区教委、财政局：

现将《北京市支持校园冰雪运动发展项目管理办法（试行）》印发给你们，请遵照执行。

2018 年 9 月 13 日

北京市支持校园冰雪运动发展项目管理办法（试行）

第一章　总则

第一条　为进一步规范管理、强化保障，促进本市校园冰雪运动普及、科学、持续发展，根据市政府《关于加快冰雪运动发展的意见（2016—2022年）》，结合我市冰雪进校园工作实际，制订本办法。

第二条　本办法适用于我市公办中小学校及幼儿园。

第三条　北京市校园冰雪运动发展的总体目标是，坚持育人为本，立足北京实际，发挥区域优势，统筹各方资源，通过开发特色冰雪课程，打造冰雪品牌活动，提升冰雪师资水平，强化场地设施保障，加强国内外冰雪运动交流，建设奥林匹克教育示范学校、冰雪运动特色学校和学生社团，培育青少年校外冰雪活动中心等措施，广泛普及冰雪运动知识并传播冬奥文化，持续增加青少年学生在参与冰雪运动人口中的比例，努力扩大青少年冰雪运动覆盖面。

第二章　项目内容

第四条　校园冰雪运动发展项目主要包括：示范学校、特色学校和校外活动中心创建、课程设置及研发、竞赛活动组织、社团建设、校园文化建设、师资培训及引进、场地设施建设、国内外交流等。

市教育行政部门应建设北京2022年冬奥会和冬残奥会奥林匹克教育示范学校和北京市冰雪运动特色学校，并给予相应的招生、人才培养、经费等政策保障，支持学校发展并加强管理。积极创建北京市青少年校外冰雪活动中心，鼓励校外冰雪运动资源支持校园冰雪运动发展。

市教育行政部门应引导、支持各区教育行政部门、各学校因地制宜地开发冰雪特色课程，推广旱地训练体验课程，编发冰雪运动知识学生普及读本，制作冰雪运动宣传片，将普及冰雪运动列入体育教学内容、融入育人课程体系，广泛普及、推广冬奥会及冰雪运动知识。

市教育行政部门以开展北京市百万青少年迎冬奥系列普及推广活动、北京市中小学生冬季运动会，以及各冰雪运动项目单项比赛活动为引领，带动各区、各学校积极开展冰雪运动竞赛活动。

各级教育行政部门应指导学校，大力开展知识宣讲、主题班（队）会、模拟冬奥会及开幕式、火炬传递等主题教育活动，创新开展英语大赛、知识竞赛、征文、绘画、摄影比赛等主题文化活动，实现冰雪运动与传承、弘扬中华优秀民族传统文化相结合，与艺术、科技相融合，营造校园文化氛围。

市教育部行政部门应会同有关部门研究制定《北京市冰雪运动校园辅导员任职条件和培训大纲》，培养冰雪运动校园辅导员。在高等学校中增设冰雪运动相关专业，加快培养冰雪运动骨干师资。分批组织全市中小学体育教师冰雪运动培训。鼓励部分有条件的学校引入国内外优秀冰雪运动师资。

各级教育行政部门应鼓励学校建造校内简易冰场或仿真器材。支持部分交通便利、覆盖人群相对较多、具备条件的大中小学校改造、建设校园冰雪运动场地设施。

各级教育行政部门支持学校发展冰雪类学生社团，以北京市冰雪运动特色学校为主组建北京市冰雪类学生社团，同时支持北京市体育传统项目学校和北京学生金奥运动队承办学校增设冰雪运动项目。

各级教育行政部门逐步实施“海外引智”计划，引进国外优秀师资助力我市校园冰雪运动发展。广泛开展京津冀地区青少年学生冰雪运动交流，深入推动国际青少年冰雪运动交流。

第三章　项目管理和经费支持

第五条　支持北京 2022 年冬奥会和冬残奥会奥林匹克教育示范学校的建设发展。明确工作目标、认定程序、管理职责及支持方式。

北京 2022 年冬奥会和冬残奥会北京市奥林匹克教育示范学校（以

下简称“示范学校”）是以开展奥林匹克教育为主要任务的中小学校。示范学校要充分发挥引领、示范作用，带动更多学校传播奥林匹克知识及文化，弘扬奥林匹克精神。

按照示范学校的工作要求，依据《北京 2022 年冬奥会和冬残奥会北京市奥林匹克教育示范学校基本标准》（以下简称“《基本标准》”），在学校申报、各区推荐的基础上，由市教育行政部门负责认定。

市教育行政部门对全市示范学校建设进行宏观指导。区教育行政部门对区域内的示范学校发展负有主体责任，负责统筹规划示范学校的发展。示范学校要按照《基本标准》加强建设。

市财政部门对市级奥林匹克教育主题活动给予资金保障，并会同市教育行政部门发挥好示范学校的引领示范作用。各区财政、教育行政部门要对示范学校建设发展给予相应的经费支持及政策保障。

第六条 支持北京市冰雪运动特色学校的建设发展。明确工作目标、认定程序、管理职责、支持标准及使用范围。

我市将在 2022 年前建设 200 所北京市冰雪运动特色学校（以下简称“特色学校”）。特色学校是以冰雪运动为特色发展的中小学校。特色学校以全面推广普及冰雪运动为主要任务，充分发挥引领、示范作用，带动更多学校传播冰雪运动知识及文化、普及冰雪运动技能，提高学校体育教学质量。

按照特色学校建设的工作要求，依据《北京市冰雪运动特色学校评价指标体系》（以下简称“《指标体系》”），在学校申报、各区推荐的基础上，由市教育行政部门负责认定特色学校。

市教育行政部门对全市特色学校建设进行宏观指导，并每年对特色学校进行评估验收。区教育行政部门统筹规划区域内特色学校的发展。各特色学校按照《指标体系》加强建设。特色学校成立由校长牵头的校园冰雪运动发展工作领导小组，并指派专人负责开展工作。将冰雪运动纳入学校整体发展规划，制定冰雪运动工作实施方案，建立完善教学管理、课余训练和竞赛、运动安全防范、师资培训、检查督导等规章制度。定期向区教育行政部门报送工作信息，并由区教育行政部门于每季度首月 5 日前报送至市教育行政部门。

市财政部门根据市教育行政部门评估验收结果对特色学校给予经费支持。支持标准第一年为50万元/校，以后年度根据评估验收结果按照25万元、50万元、75万元三个等级确定。验收不合格的取消特色校资格，市级不再给予经费支持。

市级经费主要用于特色学校开展冰雪运动活动和队伍建设，具体包括冰雪课程建设、冰场雪场租用、购买冰时、雪场门票、冰雪运动装备器材和相关耗材的购置，参加各级冰雪运动活动差旅费、交通费、住宿费、餐费、医务监督支出，冰雪运动装备设施维护，聘请专家教练讲课费、劳务费、宣传制作等。

第七条 充分发挥北京市青少年校外冰雪活动中心的作用。明确工作目标、认定程序及管理职责。

北京市青少年校外冰雪活动中心是（以下简称“校外中心”）为我市中小学生及教师提供冰雪运动项目培训的社会机构。目标是推广、普及青少年学生冰雪运动技能，保障青少年学生安全、科学、系统地参与冰雪运动，实现校内、外教学的有效衔接。

市教育行政部门应会同有关部门建立、完善《北京市青少年校外冰雪活动中心创建标准》（以下简称“《标准》”），由各区教育行政部门依据《标准》通过部门集中采购方式面向社会招标确定。

各区教育行政部门应结合本区青少年学生校外冰雪运动技能培训、教师培训计划，积极组织师生到校外中心参加培训。校外中心应充分发挥专业优势，积极承担青少年学生校外冰雪运动技能培训、教师培训任务。

第八条 各级教育行政部门应加强校园冰雪运动课程设置及研发、竞赛活动组织、社团建设、校园文化建设、师资培训及引进、场地设施建设、国内外交流等项目的管理和经费统筹，其经费应纳入各级教育行政部门预算，按照有关规定管理。

根据校园冰雪运动发展需要，市财政部门按照100元/生·年的标准，引导鼓励全市基础教育阶段学生参与冰雪运动。市财政部门对引入国内外优秀的冰雪运动教师和教练、改造建设校园冰雪运动场地予以支持。

各区财政部门应在市级财政资金支持校园冰雪运动的基础上加大对本区校园冰雪运动课程建设、师资培训、场地设施建设、社团建设、装备器材购置、学生冰雪运动技能培训、体验、赛事、交流活动及宣传等方面的财政资金投入，推动本区校园冰雪运动发展。

第四章　职责分工

第九条　市教育行政部门负责制定全市校园冰雪运动发展规划，对校园冰雪运动发展进行宏观指导，做好预算编制、执行和资金管理工作；指导区教育行政部门做好预算执行和资金管理工作；对各区资金使用情况进行跟踪和监督检查；按绩效管理有关要求做好绩效管理工作。市财政部门负责会同市教育行政部门根据校园冰雪运动发展建设实施方案确定资金分配方案；审核、批复预算；对资金使用情况实施监督检查，按绩效管理有关要求做好绩效管理工作。

第十条　区教育行政部门负责市级支持的校园冰雪运动发展项目具体管理，组织、指导各学校做好项目预算编制、执行和资金管理工作；对各学校的工作开展和资金使用情况进行监督检查，及时将项目实施过程中出现的问题反馈市教育行政部门和市财政部门；按绩效管理有关要求开展绩效管理工作。区财政部门负责将市财政部门下达的补助资金纳入预算管理，做好预算审核、批复，会同区教育行政部门加强项目预算执行监管和绩效管理。

第十一条　各学校及其他项目单位要制定本项目相关工作的具体方案和实施细则，做好预算编制、执行、资金使用和绩效目标管理工作，建立项目档案，定期总结，做好文字和影像资料的整理和留存工作，并报主管部门备案。建立健全内部控制制度，加强对项目资金预算执行管理和财务管理。

第五章　经费管理

第十二条　市教育行政部门根据北京市校园冰雪运动发展任务、

目标和项目需求，编制项目年度预算。预算资金一经批准，必须严格执行，原则上不得调整。确需调整的，应当按照预算管理的规定程序报批。

第十三条 各区财政部门要将市财政支持的冰雪运动项目资金纳入预算管理，指导区教育行政部门、学校做好项目预算申报、执行、结余资金管理；按照市对区转移支付下达时限要求及时分解下达资金；加强预算审核，符合评审条件的项目要按规定进行预算评审。

第十四条 各学校及其他项目单位要建立健全经费管理制度，严格执行国家和本市有关财政财务管理规定。符合政府采购条件的，应履行政府采购相关程序。

第十五条 各学校及其他项目经费要单独建账管理，确保专款专用，不得截留和挪用，经费支出要取得合法、合规的原始凭证并做好留存工作。项目经费不得用于公务接待费、公务用车购置、公务用车运行维护费、因公出国（境）费用、会议费，各类罚款、捐款、赞助、员工福利、偿还贷款、基本建设等支出。

第十六条 各学校及其他项目单位要严格按照预算批复执行，提高资金使用效益，依法合规加快支出进度，项目结余资金按照市级结余资金的有关规定执行。

第十七条 使用项目经费形成的资产，要纳入接受拨款单位的会计核算与资产管理。相关单位要健全财务管理制度，严格按照国家和北京市国有资产管理有关规定加强管理，防止国有资产流失。

第六章 绩效管理与监督检查

第十八条 市、区教育行政部门、各学校及其他项目单位要做好项目绩效目标管理工作，具体要求按照市财政部门关于项目绩效目标管理有关规定执行。

第十九条 市、区教育行政部门要会同市、区财政部门定期组织开展绩效跟踪、评价和监督检查，对各学校及其他项目单位的项目执行和资金使用进行全过程监管，包括项目的进展情况、经费使用情况，以及区、学校组织学生参与项目的情况等。

第二十条 各学校及其他项目单位要接受市、区教委和市、区财政局对项目执行情况、经费使用和管理情况的监督检查，接受并配合审计、纪检、监察等部门的监督。

第二十一条 对于骗取、截留、挪用项目经费等违反财经纪律的行为，财政部门会同相关部门按照《中华人民共和国预算法》和《财政违法行为处罚处分条例》（国务院令第 427 号）等法律、法规处理，依法追究相关责任人的行政责任，对于构成犯罪的，依法移交有关部门追究刑事责任。

第七章 附则

第二十二条 本办法由市教委、市财政局负责解释，自发布之日起开始实施。

中共北京市委教育工作委员会
北 京 市 教 育 委 员 会
北 京 市 政 府 教 育 督 导 室

关于依托社会大课堂完善中小学实践育人体系的指导意见

京教基一〔2018〕8 号

各区委教工委、区教委、区政府教育督导室：

近年来，市教育两委一室大力推进育人方式改革，不断强化实践育人功能，通过丰富和拓展学生实践活动，积极培育和践行社会主义核心价值观，促进中小学生提高综合素质，取得了良好成效。为进一步深化基础教育综合改革，强化实践育人导向，拓展学生全面发展平台，进一步加强中小学实践活动的顶层设计和统筹规划，完善实践育人体系，提出如下意见。

一、总体思路

（一）指导思想

以习近平新时代中国特色社会主义思想为指导，全面贯彻落实党的十九大和全国教育大会精神，加强党的全面领导，贯彻党的教育方针，培育和践行社会主义核心价值观，落实立德树人根本任务，适应首都城市战略定位对人才培养和教育服务支撑作用的新要求，深化教育体制机制改革，充分发挥实践育人功能，着力改进育人方式，引导学生学思践悟、知行合一，积极动手实践和解决实际问题，发展核心素养，培养支撑终身发展、适应时代要求的关键能力，培养德智体美劳全面发展的社会主义建设者和接班人。

（二）基本原则

坚持育人为本。以立德树人为根本任务，坚持实践育人导向，注重引导学生在实践活动中学会动手动脑，学会生存生活，学会做人做事，不断磨炼意志、增长才干、提高素质。

坚持尊重规律。尊重教育规律，尊重学生成长规律，结合课程教学改革，组织开展学生实践活动，着力增强学生实践活动的整体性、系统性和协同性，增强学生实践活动的针对性和实效性。

坚持统筹协调。加大学生实践活动整合力度，统筹实施市、区、校不同层次，小学、初中、高中不同学段，以及不同牵头部门组织的学生实践活动，促进实践活动内容整体规划，各学段有机衔接，各部门密切协同。

坚持多元开放。树立新发展理念，改革实践资源供给方式，统筹整合教育系统内外资源，丰富实践活动内容和形式，拓展实践活动平台和载体，为学生提供丰富、多元、可选择的教育资源，不断满足不同学生成长和发展需求。

（三）工作目标

落实立德树人根本任务，以社会大课堂为依托，以完善实践育人体系为着力点，整体规划学生实践活动内容，明确总体安排，完善管理机制，拓展资源平台，加强队伍建设，强化政策保障，健全完善中小学生广泛参与，目标明确、内容丰富、形式多样、管理规范、责任落实、衔接有序、保障有力的中小学实践育人体系。

二、统筹实践育人目标内容

（一）明确实践育人目标

通过实践活动，引导学生理解和践行社会主义核心价值观，从个体生活、社会生活及与大自然的接触中获得丰富的实践经验，提高学生对自然、社会、他人和自我之间联系的整体认识，培养学生爱党爱国爱人民的情怀、社会责任感、创新精神和实践能力，形成支撑终身发展、适应时代要求的关键能力。

小学阶段注重引导学生在参与中获得积极的实践体验，激发学生的好奇心和求知欲，培养学生亲近自然、热爱生活的情感态度，着重养成规则意识、文明礼仪习惯，学习生活技能，学会生活自理。

初中阶段注重培养学生正确的劳动价值观和尊重实践的态度，培养勇于应对挫折和困难的健康心理品质，树立法治意识，养成遵纪守法的行为习惯。爱护自然、保护环境，初步形成社会公德意识。学会合作与分享，发展兴趣专长，增强探索创新的意识，提高实践操作技能和解决实际问题的能力。

高中阶段着重培养公德意识与社会责任感，培育爱国情怀。关心他人、社区和社会发展，主动服务他人、服务社会，理解并践行社会公德，提高社会服务能力。着力培养科学精神和创新思维，激发科学探索热情，提高综合运用实践技能、自主解决问题的能力和创意表现的能力。增强学生生涯规划意识，发展适应社会需要的职业选择能力。

（二）整合实践活动内容

整合当前主要由市级教育行政部门主导开展的各类中小学生实践活动，构建以中小学生社会大课堂实践活动和课后服务为主要内容的学生实践活动体系。同时，鼓励各区和学校结合实际丰富和拓展中小学生实践活动。

中小学生社会大课堂实践活动，主要指依托社会大课堂资源开展的社会实践和课外学习，包括落实各学科平均应有不低于10%的课时用于开展校内外综合实践活动要求，组织开展的初中开放性科学实践活动和综合社会实践活动、“四个一”活动、学工学农活动、远郊区学生到城区学校游学、志愿服务、创新人才培养项目，以及研学旅行等活动。

课后服务是学校为帮助家长解决放学后接管学生的困难，主要利用校内场地、设施条件开展的实践活动，包括学校组织开展的课外活动和课后托管服务。

（三）统筹实践活动安排

根据不同学段学生身心发展特点和成长需要，结合课程教学计划，统筹安排各学段实践活动的课时和内容。

小学阶段。社会大课堂实践活动主要内容包括：落实各学科平均应有10%的课时用于开展校内外综合实践活动要求，开展适当形式的学工学农实践活动、志愿服务活动及“雏鹰计划”等活动。结合实际，组织开展研学旅行活动。学生参与社会大课堂实践活动的情况纳入小学生综合素质评价。

小学应提供课后服务。

初中阶段。社会大课堂实践活动主要内容包括：落实各学科平均应有10%的课时用于开展校内外综合实践活动要求，安排开展开放性科学实践活动和综合社会实践活动。拓展校级、班级志愿服务项目，开展义务劳动和公益服务。组织“四个一”活动、学工学农实践活动。结合实际，组织开展研学旅行活动。学生参加实践活动情况记入初中学生综合素质评价，作为初中毕业和升学的重要参考。

初中应提供课后服务。

高中阶段。社会大课堂实践活动主要内容包括：落实各学科平均应有不低于10%的课时在社会大课堂辅导完成的要求，开展适当强度和必要时间的学工学农实践活动。教育引导学生进行志愿者实名注册，主动参与志愿服务。实施“翱翔计划”。结合实际，组织开展研学旅行活动。学生参加实践活动情况记入高中学生综合素质评价，作为学生毕业和升学的重要参考。

三、完善实践育人保障机制

（一）强化政策导向

落实立德树人根本任务，研究出台完善中小学实践育人指导意见和相关配套政策，进一步明确学生实践活动内容、组织实施、责任分工、经费使用以及管理要求。建立健全学生实践活动系列管理制度，规范活动组织工作流程，明确应急管理要求，研究制定社会资源准入条件和考评制度。进一步完善实践育人评价体系，明确评价标准、评价方式、评价主体及结果应用等方面的政策要求。通过开展学生综合素质评价，引导学生积极参与实践，切实提升实践活动育人效果。

（二）拓展资源平台

以社会大课堂为依托，统筹学生实践活动资源建设。充分发挥校外教育机构的作用，进一步丰富资源单位类型，有重点地吸纳和培育一批主题突出、内容适合、活动丰富、保障条件较好的实践活动基地。建立市、区、校三级实践资源建设和管理体系，根据各项实践活动的需求，对资源单位进行分类管理，明确准入标准、申报程序、日常管理和考核要求等。凡涉及招标入围的，严格按照政府采购程序和要求加强规范管理。加大现代信息手段对资源管理的服务支撑作用，整合现有各项学生实践活动电子平台，开发统一的资源管理平台和学生实践活动服务记录平台。

（三）提升师资水平

适应育人方式变革对师资队伍的新要求，建设一支以教育行政人员为主要管理者，学校教师和实践基地专业人员为主要组织者，教科研部门人员为研究指导者的学生实践活动师资队伍。积极吸纳具有专业资质或具备一定专长的校外人员参与学生实践活动。加大对学生实践活动的教科研力度，密切结合课程教学改革，加强对学生实践活动资源开发、活动设计和综合评价的研究。组织学生实践活动教师专项培训，提高管理者组织管理水平和教师资源运用、策划实施活动的能力，提高育人水平。

（四）加大经费保障

整合各项实践活动专项经费，将涉及教育、教学各项活动经费纳入学校公用经费定额，并适时调整市级经费保障机制。区级财政应安排配套资金，确保学校完成各项实践活动任务。加强经费管理，明确学生实践活动经费管理要求，根据实际需求，不断优化经费使用管理，建立经费支出方向贴合实际、使用程序依法依规、使用效益不断提高的经费管理制度。

四、明确实践育人工作要求

（一）提高思想认识

强化实践育人是以习近平新时代中国特色社会主义思想为指导、贯彻落实党的十九大和全国教育大会精神的必然要求，是落实立德树人根本任务、培育和践行社会主义核心价值观的重要内容，是深化教育综合改革、切实转变育人方式、提高人才培养水平的有效途径。要充分认识开展好学生实践活动的重要性和必要性，积极推进育人方式、教与学方式的转变，促进教育与生产劳动相结合，与社会实践相结合，培养学生奋斗精神，为终身发展和人生幸福奠定基础。

（二）完善管理体系

完善市、区、校三级管理制度和机制。市教委对学生实践活动进行宏观管理，负责整体规划、统筹协调、政策完善、监督保障等，负责市级示范项目组织和实践基地建设。区教委全面负责本区学生实践活动的整体安排、统筹协调和监督指导，建设区级实践活动基地，落实对学生实践活动组织管理的主体责任。学校负责学生实践活动具体实施，须把学生实践活动纳入工作整体规划，有序安排，确保完成各项学生实践活动任务，并以此作为学生综合素质评价和教师育人能力评价的重要内容。市区教育督导部门要将学生实践活动的组织开展情况及学校实践育人效果纳入督导工作范围，推动各项工作落实。建立和完善学生实践活动的工作协调机制，加强教育部门和人力社保、财政等相关部门的沟通协调，形成工作合力。

（三）落实安全责任

建立安全责任制，层层落实安全责任。市区教育行政部门要研究制定学生实践活动安全管理制度，各相关部门和资源单位要制定切实有效的安全措施，提供安全条件保障。学校要做好行前调研和活动方案设计，切实开展安全教育。制定完善各项应急预案，如安排交通、食宿，应与交通、住宿、餐饮等服务提供方签订安全责任书。遇到极端天气等情况严格按照全市统一发布的预警等级处理，确保出行安全。要为学生投保校方责任险和附加无过失责任保险。建立校外人员入校身份核查和登记制度，切实维护校园安全环境。

（四）倾斜农村教育

加大市级资源对农村地区和学校的倾斜力度，支持农村地区和学校开发当地资源，引导城区优质资源通过多种方式支持农村教育。加强活动安排、场馆接待等方面的统筹协调，优先满足农村学校开展实践活动的需求，优先安排农村学校学生参加活动。加强经费保障，农村地区学生实践活动的生均经费标准高于城区标准。加强对农村学校的指导和培训，组织专项教研和培训活动。积极搭建交流平台，树立推广农村学校组织实践活动的先进典型和成功经验。

（五）鼓励形成特色

鼓励区教育部门立足区域实际，整合实践资源，优化活动设计，服务于学生成长需求，形成具有鲜明特色的实践活动品牌。充分挖掘区域资源优势，建设具有当地特色的实践基地，开发具有地方特色的系列实践活动课程。指导学校依据学生发展状况和办学特色，丰富和拓展实践活动内容形式。

（六）加强宣传引导

大力推广区和学校好的经验和做法，发挥示范带动作用，以点带面，整体推进。加大宣传力度，引导学校、家庭和社会树立正确的教育观、人才观和资源观，进一步强化实践育人导向，为开展学生实践活动营造宽松、良好的社会环境和舆论氛围，促进学生健康成长和全面发展。

2018 年 9 月 14 日

北　京　市　教　育　委　员　会
首都精神文明建设委员会办公室
北　京　市　妇　女　联　合　会

印发《北京市关于进一步加强中小学家庭教育指导服务工作的实施意见》的通知

京教基一〔2018〕11 号

各区教委、文明办、妇联：

为贯彻落实全国教育大会精神，落实教育部《关于加强家庭教育工作的指导意见》（教基〔2015〕10 号）和北京市妇女联合会等十部门《关于指导推进家庭教育的五年规划（2016—2020 年）》（京妇发〔2017〕21 号）等文件要求，切实加强学校家庭教育指导服务工作，健全学校家庭教育指导服务体系，营造全社会协同育人氛围，促进学生健康成长和全面发展，结合我市实际，制定本实施意见。

一、总体要求

（一）指导思想

以习近平新时代中国特色社会主义思想为指导，贯彻落实党的十九大精神和全国教育大会精神，全面贯彻党的教育方针，全面落实立德树人根本任务，以培育和践行社会主义核心价值观为引领，以提高学校家庭教育指导服务工作水平为重点，推动构建学校、家庭和社会协同育人体系，促进中小学生健康成长和全面发展。

（二）总体目标

以健全学校家庭教育指导服务体系，提升学校家庭教育指导服务水平为目标。进一步发挥学校在家庭教育工作中的重要作用，推动形成学校组织、家长参与、社会支持的家庭教育工作格局；进一步丰富学校家庭教育指导服务形式和内容，形成适应家长和学生需求的家庭教育支持服务体系；进一步构建和谐的家校合作育人关系，促进学校家庭教育指导服务专业化、精细化。

（三）基本原则

1. 坚持立德树人。以社会主义核心价值观为引领，帮助和指导家长更新家庭教育观念，培养学生正确的世界观、人生观、价值观，引导学生养成好思想、好品格、好习惯，努力培养担当民族复兴大任的时代新人。

2. 坚持以生为本。尊重学生的成长规律和教育规律，以学生为本，把学生放在正中央，帮助和指导家长不断提升和优化有利于学生健康成长的家庭教育环境，促进学生全面发展。

3. 坚持需求导向。关注学生和家长的实际需求，丰富学校家庭教育指导服务内容，为家长提供有针对性的多元化指导服务。针对家校合作中存在的问题，加强分类指导，不断提升学校与家庭沟通合作的能力和水平。

4. 坚持创新发展。结合新时代家庭教育的新问题、新趋势，加强家庭教育理论研究，注重学校家庭教育理念创新、指导服务模式创新和家校合作机制创新，不断提升学校家庭教育指导服务的科学性和实效性。

二、重点任务

（一）落实立德树人根本任务，把握学校家庭教育工作的正确方向

1. 推动社会主义核心价值观融入学校家庭教育指导服务

落实立德树人根本任务，引导家长和学生共同践行社会主义核心价值观。注重弘扬中华优秀传统文化，引导家长树立和坚持正确的家庭观、国家观、民族观，传承中华美德，倡导家庭美德，注重以身作则，树立良好家风，形成有利于学生成长的家庭环境。

2. 丰富学校家庭教育指导服务内容

开展家庭教育指导和培训，明确家长在家庭教育中的主体责任，引导家长主动配合学校担负起学生思想品德教育责任。引导家长更新家庭教育观念，树立正确的教育观和成才观，认识理解家庭教育对学生道德品质形成的关键作用，关心他们的身心健康和良好品德习惯的养成。引导家长全面学习家庭教育知识和科学有效的家庭教育方法，遵循学生成长规律，积极配合学校工作，减轻学生课业负担。

3. 拓展学校家庭教育活动载体

积极组织社会实践活动，广泛开展家长和学生共同参与的研学旅行、志愿服务等活动。以重大纪念日、民族传统节日为契机，通过丰富多彩、生动活泼的文艺、体育等活动增进亲子沟通和交流。围绕“重家教树家风传美德共育人”主题，组织开展家庭教育主题班队会、亲子共读经典等活动，在参与活动过程中深化家庭观念、融洽代际亲情、培育良好家风。

（二）健全长效机制，完善学校家庭教育指导服务工作体系

1. 办好家长学校

家长学校是学校开展家庭教育的重要平台。全市中小学要建立家长学校，建校率要达到100%。家长学校由学校负责组建，学校校长兼任家长学校校长。家长学校要做到“五有”，即有规范的管理制度、有较强的师资队伍、有明确的计划安排、有系统的教学内容、有可行的成效评估。家长学校每学期至少开展1次家庭教育指导和1次家庭教育实践活动。

2. 建好家长委员会

建立完善中小学三级家长委员会体系，成立校级、年级、班级三级家长委员会。将家长委员会纳入学校日常管理，制定家长委员会章程，组织开展形式多样的家庭教育指导服务和实践活动，引导广大家长积极、有序、规范地参与学校教育教学与管理。积极开展家长教师协会推广工作，构建民主开放的现代学校制度。

3. 开好家长会

家长会是家校沟通的重要桥梁，中小学每学期至少要召开1次家

长会。不断丰富家长会内容，通过家长会了解学生家庭情况，沟通学生思想状况和行为表现，开展先进教育理念和科学育人知识指导。积极创新家长会形式，通过专家主题讲座、家长典型经验交流等形式，引导广大家长树立正确的教育理念，掌握科学的家庭教育方法，形成育人合力，不断提升育人实效。

4. 建立完善教师家访制度

健全教师家访长效机制，通过考核和激励等方式，鼓励支持学校干部、班主任和任课教师对学生进行入户实地家访，对需要重点关注的学生每年至少要进行一次入户实地家访。入户实地家访要做到随访与定访相结合。教师要做好准备工作，明确家访目的，讲求家访方式，与家长有效沟通，达成共识。同时，要结合时代特点，不断丰富、创新、拓展家访的形式和途径，利用现代信息化手段，通过电话、网络、微信等渠道与家长进行及时交流。

5. 建设学校家庭教育指导教师队伍

加强学校家庭教育工作的政策支持和服务保障，强化工作指导和管理。结合实际，加强家庭教育指导教师队伍建设，逐步建立以分管德育工作的干部、班主任、德育课教师等为主体，专家学者和优秀家长共同参与，专兼职相结合的家庭教育指导教师队伍，不断提升家庭教育指导服务能力和水平。

6. 建立家校有效沟通和问题调处机制

积极宣传学校的办学理念和发展愿景，主动介绍学校的规章制度，引导家长理解认同并积极配合学校工作。通过家长会、校园开放日等方式，让广大学生家长走进校园、进入课堂，体验了解学校教育教学，并广泛征求和认真听取家长对学校工作的意见和建议。丰富家校沟通形式，通过“家长接待日”“家长热线”等途径，畅通及时有效的家长诉求渠道。建立问题调处机制，由法律专业人员、教师代表、家长代表等组成调处工作组，通过协商等途径，解决家长的困惑和难题，推动家校双方达成共识，形成育人合力。

7. 创新学校家庭教育指导服务工作模式

在办好家长学校和建好家长委员会的基础上，结合当前新形势，构建依法办学、自主管理、民主监督、社会参与的现代学校制度，探索有效的家校合作新模式。引导家庭和社会力量积极参与学校课后服务等工作，推动学校、家庭和社会协同育人。推动建立家长志愿服务、家长义工等机制，引导家长积极参与学校管理、支持学校建设、参与学校教育教学活动。

（三）丰富家庭教育资源，加快形成家庭教育社会支持网络

1. 构建家庭教育社区支持网络

在妇联的统一协调组织下，密切配合文明办、民政局等相关部门，推动建立社区（村）家长学校，落实对家庭教育的指导、服务等责任，构建学校、家庭和社会“三位一体”育人体系，推动合力育人。

2. 统筹协调各方社会力量

积极引导社会力量参与学校家庭教育指导服务，鼓励社会力量积极提供家庭教育指导服务资源。探索建立政府购买公益岗位，为学校配备家庭教育社工的机制。依托科技馆、青少年活动中心等资源单位，为不同年龄阶段孩子及家庭提供家庭教育指导服务。

3. 健全困境儿童支持保障机制

指导、支持和监督家庭切实履行家庭教育职责。特别关注留守儿童、残疾儿童和贫困儿童，鼓励和支持各类社会组织发挥自身优势，广泛开展适合困境儿童特点和需求的家庭教育指导服务和关爱帮扶。倡导企业履行社会责任，支持志愿者开展志愿服务。

三、保障措施

（一）加强组织领导

健全党委领导，政府负责，妇联、教育部门牵头，文明办、民政、文化、财政、科协、关工委等部门参与的协调领导机制，加强统筹规划，定期协调沟通。加强对中小学家庭教育工作的指导和管理，建立健全督导评价长效机制，推动中小学家庭教育指导服务水平不断提升，促进家校共育。

（二）加大经费投入

政府统筹安排经费，加大对学校家庭教育工作的投入，为学校家庭教育工作提供必要的经费保障。鼓励支持社会力量按照有关政策参

与学校家庭教育工作，丰富家庭教育场地、设施和活动资源，形成政府主导、社会力量支持的家庭教育经费保障机制。

（三）加强科学研究

坚持问题导向，针对新时期家庭教育工作面临的新情况和新问题，开展理论和实践研究，形成一批高质量的研究成果，切实解决家庭教育中“育人理念不一致”“育人责任不明确”“协调机制不健全”等难点和热点问题。

（四）加强宣传引导

培育、挖掘和提炼先进典型经验，利用报刊、广播、电视等媒体，大力宣传家庭教育正确的价值观和优秀家庭教育案例。通过家庭教育大讲堂等形式，引导家长承担家庭教育责任，提升家庭教育水平。同时，发挥舆论引导作用，引导全社会关心支持教育，为家庭教育工作营造良好的社会环境和舆论氛围。

2018年9月4日

北京市教育委员会

关于加强中小学生课后服务的指导意见（试行）

京教基一〔2018〕9号

各区教委：

为落实国务院办公厅《关于规范校外培训机构发展的意见》（国办发〔2018〕80号）和教育部办公厅《关于做好中小学生课后服务工

作的指导意见》（教基一厅〔2017〕2 号）对中小学生课后服务提出的工作要求，结合北京实际，对做好我市义务教育阶段课后服务工作，提出如下意见。

一、总体要求

（一）总体思路

坚持以人民为中心，以学生发展为本，落实立德树人根本任务，积极回应家长和学生的需求，坚持量力而行、尽力而为，充分发挥中小学场地条件和管理服务的优势，统筹家长、社会资源共同参与、协商共治，努力帮助家长解决放学后接管学生困难。普遍建立弹性离校制度，以学校丰富多彩的课外活动为基础，以提供课后托管服务为基本内容，做好课后服务工作，促进学生全面健康成长。

（二）基本要求

1. 坚持协商共治。充分发挥家长委员会的作用，建立共建共治共享的家校协同机制，重点在课后服务的资源统筹、需求调研、计划安排等方面集思广益、协商共治。

2. 坚持自主自愿。充分尊重学生和家长的意愿，学生和家长可根据学校提供的课后服务安排，自主自愿选择是否参加以及参加的内容、形式和时间等。

3. 坚持公益惠民。加大政府保障力度，努力满足学生和家长课后服务需求，不断提高学校课后服务能力。

4. 坚持因地制宜。结合区域、学校资源条件、服务能力等实际情况，组织开展课后服务。

二、具体安排

（一）服务时间

原则上，学校每天在完成规定课时之后提供课后服务，时间到下午 5:30。具体时间由各区、学校根据实际情况确定。

（二）内容与形式

1. 组织开展课外活动。继续实施义务教育课外活动计划，组织学校劳动实践活动、社团及兴趣小组活动，组织学校体育节、艺术节、科技节、文化节等展演活动，组织观影观演观赛等活动，为学生提供丰富多彩的校园文化生活。

2. 提供课后托管服务。学校开放教育资源，提供场地条件和管理服务，学生自主安排户外活动、校内阅读、自习、做作业等活动。坚决禁止学校借课后服务的名义组织学生集体补课、集体教学；坚决禁止以课后服务名义乱收费。

（三）课后服务供给来源

在坚持教师自愿的前提下，充分调动教师参与课后服务工作的积极性和主动性。引入具有一定资质和良好社会声誉、满足中小学发展需求、服务供给能力强且入校人员具有专业资质或专长的社会力量参与课后服务。积极动员家长委员会、校外教育机构、社区、关工委、志愿者团体、公益组织等方面的力量，联合开展课后服务工作。

三、组织实施

（一）完善三级管理

完善市、区、校三级管理，市教委负责政策制定、宏观指导、监督检查。区教委全面负责区域内课后服务工作，加强统筹规划，明确要求，落实责任，强化管理，结合区域实际研究制定切实可行的实施意见，并报市教委备案。学校要将此项工作纳入学校整体工作，充分发挥家长委员会的作用，开展需求调研，协商确定服务方式、时间、安排等，科学合理制定课后服务实施方案，并报区教委备案。

（二）加强统筹协调

建立健全与财政、人力社保等相关部门的协调机制，形成工作合力，加大对课后服务工作的资源、资金、人员队伍等保障力度。加强教育系统内部各相关部门的统筹，协调教科研等部门加强对课后服务工作的研究和指导。切实吸纳符合条件的社会力量参与课后服务，区教委要建立参与课后服务的社会力量准入条件和提供服务的质量要求，学校、教师要加强对社会力量提供课后服务的管理和指导。

（三）确保安全有序

学校要加强课后服务校园安全管理，按照学生自愿、家长申请、班级确认、学校统一实施的原则细化课后服务工作流程，制定并落实严格的考勤、监管、交接班制度。制定完善课后服务应急预案，明确应急处置流程。加强硬件设施设备的规划、建设和维护，确保场地设施安全。完善校外人员入校身份核查和登记制度。将学生参与课后服务纳入校方责任险和附加无过失责任保险范围。学校与家长签订协议，约定双方责任权利，探索建立课后服务家校合作制度。

各区、学校要从办人民满意教育的高度，正确认识课后服务的重要意义，加强统筹谋划，精心组织实施，确保取得实效，努力办好这项民生实事。各区教委要加强工作调研，及时发现并解决实际问题，注意总结推广实践中的典型经验和鲜活案例，建立健全信息报送制度，要及时向市教委报送相关情况。市教委将适时开展课后服务工作检查和督查，确保中小学生课后服务持续有效开展。

2018 年 9 月 14 日

北京市教育委员会

关于推进中小学集团化办学的指导意见

京教基一〔2018〕13 号

各区教委：

为深化教育体制机制改革，充分发挥优质教育资源的引领和辐射作用，进一步推进中小学集团化办学，扩大优质教育资源覆盖面，促进义务教育优质均衡发展，特制定此指导意见。

一、指导思想

以习近平新时代中国特色社会主义思想为指引，深入贯彻落实党的十九大精神，坚持以人民为中心的发展思想，全面贯彻党的教育方针，主动适应首都战略功能定位对教育发展的新要求，结合北京城市发展总体规划，优化基础教育资源布局，扩大优质教育资源供给，促进教育公平，努力办好百姓家门口的学校，增强人民群众的获得感，让每一名学生都能享受公平而有质量的教育，办人民满意的首都教育。

二、基本原则

（一）促进优质均衡。充分发挥优质教育品牌的辐射和带动作用，通过多种供给方式和发展途径，扩增优质教育资源，不断缩小校际间、区域间、城乡间教育差距，整体提升优质均衡发展水平。

（二）实现共同发展。尊重教育集团牵头校和成员校的办学实践和发展需求，积极促进集团内部教育理念认同、管理制度认同和质量标准认同，努力实现优势互补、相互促进、合作共赢、共同发展。

（三）坚持资源共享。挖掘和整合集团内外教育资源，打通校际资源边界，健全资源共享机制，搭建资源共享平台，促进集团内优质教育资源丰富供给、高效配置、集约利用。

（四）激发办学活力。调动教育集团内部各校自主办学的积极性和创造性，鼓励各校立足实际，借助集团化办学优势，进一步增强主动发展的动力和活力，不断深化教育教学改革，不断提升办学品质。

（五）鼓励办有特色。支持和保障优质品牌学校持续发展，发挥优势、办出特色，带动教育集团不断创新发展。同时，尊重各校办学自主权，尊重每一所学校的文化传统与办学特色，实现各美其美，美美与共。

三、总体目标

深入推进教育体制机制改革，积极引导和支持教育集团发展，完善集团化办学体制机制，集团化办学优势更加突显，教育资源布局更加合理，优质教育资源覆盖面和受益面进一步扩大，人民群众的获得感进一步增强，义务教育优质均衡发展水平整体提升。

四、主要任务

（一）加强统筹，优化集团办学布局

1. 统筹区内集团办学，促进区域优质均衡发展。支持各区通过集团化办学方式带动相对薄弱学校发展，不断扩增优质教育资源，缩小校际差距。

2. 鼓励跨区集团办学，推进城乡教育一体化发展。积极支持城区通过集团化办学，向农村地区扩充优质教育资源，带动农村学校发展。跨区集团办学坚持属地管理原则，学校所在区要加强管理，加大保障，促进集团化办学质量提升。

3. 规范异地集团办学，促进京津冀协同发展。落实京津冀协同发展国家战略，由市教委统筹京津冀协同发展集团化办学规划，积极有序支持我市优质教育资源到津冀等地区开展集团化办学。

（二）规范发展，完善集团治理结构

1. 合理确定集团规模。结合实际成立教育集团。科学规划教育集团发展，综合考虑发展需求、资源条件、辐射幅度、保障措施和实际效果等因素，有序推进集团化办学，合理控制集团办学规模。组建教育集团须经所在区教育行政部门同意，应积极探索集团学校进有所需、退有所据的动态管理机制，促进集团化办学持续、健康发展。公办教育集团举办或支持民办学校办学须依据国家相关法律法规管理。

2. 完善内部组织机构。探索建构一个法人一体化、多个法人联合体等集团治理结构。规范教育集团组织管理，设立由教育集团牵头校和成员校以及相关人员组成的内部组织管理机构，明确组织目标、原则、职能等，建立组织管理制度，健全组织运行机制，完善议事规则和决策程序。明晰集团内部法人学校主体责任，充分尊重法人学校办学自主权，妥善处理好教育集团与法人学校间责权关系。

（三）促进共享，发挥资源辐射作用

1. 促进集团内场地设施资源共享。加强集团化办学资源统筹，建立健全集团内教育资源管理、使用、评估、激励等制度机制。统筹集团内场地设施设备资源，探索资源共建机制，搭建资源共享平台、信息交互平台，促进集团内资源多元供给、充分共享，不断提升硬件资源使用效率和效益。

2. 支持集团内课程教学资源共享。依托教育集团资源共享平台，丰富课程教学资源供给，共享优质特色课程资源、优质课堂教学资源、教师培训和教科研成果等资源。搭建教育教学研讨交流展示平台，深化课程教学改革，促进集团内各校深度融合，整体提升集团化办学质量和水平。

3. 鼓励集团内干部教师交流。探索建立集团牵头校和成员校之间互派干部双向交流、互派教师轮岗交流的制度，探索集团内干部教师培养、培训、评价和考核等机制。发挥集团内优秀干部和骨干教师的示范带头作用，搭建干部教师成长发展平台，促进集团内干部教师专业发展、素质提升。

4. 倡导文化引领集团学校内涵发展。充分发挥教育集团的品牌影响力和文化辐射力，以先进文化引领集团学校发展。在尊重集团内各校办学实际和文化传统的前提下，凝聚发展共识，凝炼核心价值，共谋发展愿景，丰厚集团文化内涵，培育向善向上、和谐奋进的集团文化，促进集团学校内涵发展，品质提升。

（四）改革创新，激发集团发展活力

1. 探索更加灵活的用人制度。创新编制管理方式，探索教育集团统筹协调与法人学校聘任相结合的教师编制管理机制。探索在集团内统一职称评审，职称评聘向跨校任职、兼课、指导的干部教师倾斜。

2. 优化干部教师薪酬制度。探索调整教育经费支出结构，更加注重对人力资源的经费投入。鼓励干部教师积极参与集团内轮岗交流，按照多劳多得、优劳优酬的绩效奖励激励原则，科学合理核定人员薪酬。发挥财政资金效益，加强绩效管理，调动集团内各校校长、干部、教师的积极性，促进教育集团良性运行，健康发展。

3. 创新人才联合培养和贯通培养机制。对于同一学区内的集团，在坚持义务教育免试就近入学原则下，按照我市中考改革的方向和要求，积极探索集团各校间学生联合培养、贯通培养等试验，进一步完善集团化办学支持政策，进一步扩大集团化办学的受益面。

五、保障措施

（一）加强党的领导。加强党对集团化办学的领导，把握正确的政治方向和办学方向。充分发挥党组织政治核心作用，加强教育集团党建工作，保证教育集团和集团内各校全面贯彻落实党的教育方针，坚持立德树人，发展素质教育，推动集团化办学在促进教育公平，提高育人质量上取得良好成效。

（二）加强统筹规划。加强顶层设计和统筹规划，合理布局教育集团优质资源，有序、适度发展教育集团。研究制定集团化办学实施意见，明确主责部门、协调各方力量，加强集团化办学的政策研究、制度建设、工作指导、条件保障和发展评估，促进优质教育资源实质性扩大，持续性发展。

（三）加强政策保障。深化人事制度改革，探索适应集团化办学需要的人员编制、职称评定、薪酬待遇等制度机制。积极探索集团内部、各集团间、跨区和跨省集团化办学的管理机制、运行模式和保障措施。加大人力、财力、物力等政策和条件支持，切实为集团化办学提供有效支撑和有力保证。

（四）加强宣传引导。充分发挥新闻媒体的舆论引导作用，加大宣传力度。及时总结和宣传集团化办学中涌现出的百姓身边好学校，以及推进集团化办学的经验和成效。引导全社会关心、支持基础教育改革发展，营造有利于教育发展的良好氛围。

2018 年 9 月 27 日

北京市教育委员会

关于推进中小学学区制管理的指导意见

京教基一〔2018〕14号

各区教委：

为落实中共中央办公厅、国务院办公厅印发的《关于深化教育体制机制改革的意见》（中办发〔2017〕46号）精神，进一步推进学区制管理，促进义务教育优质均衡发展，特制定本指导意见。

一、指导思想

以习近平新时代中国特色社会主义思想为指引，深入贯彻落实党的十九大精神，坚持全面深化改革，全面贯彻党的教育方针，树立新发展理念，适应北京城市发展总体规划对教育的新要求，加大区域教育资源统筹力度，加强校际合作共享，努力办好百姓家门口的学校，让每一名学生都能享受公平而有质量的教育，增强人民群众的获得感，促进首都基础教育治理体系和治理能力现代化。

二、基本原则

坚持优质均衡。立足区域实际，充分发挥优质教育资源的辐射和带动作用，丰富教育供给，增强发展动力，着力解决区域内校际间发展不平衡不充分的问题，缩小校际教育差距，整体提升教育质量，促进区域教育优质均衡发展。

坚持资源统筹。统筹协调区域各类教育资源，跨越资源边界，打通资源微循环，盘活优质资源，优化供给方式，健全协同发展机制，搭建共建共享平台，实现区域资源互联互通，不断满足师生多样化发展需求，扩大优质教育资源受益面。

坚持多元共治。注重自上而下的政策制定与自下而上的实践探索相结合，上下联通，多方联动，建立健全多元共治的学区管理机制和运行机制，引导学校、街道（乡镇）和社会力量积极参与学区建设和管理，协同解决学区发展的实际问题，构建共建共治共享的学区发展共同体。

坚持因地制宜。结合区域实际，加强顶层设计和统筹协调，合理规划学区布局，均衡配置教育资源，适度控制发展规模。明确学区职能定位、组织架构和发展目标，适应区域教育需求和资源条件，发挥学区优势，促进形成良好教育生态。

坚持创新开放。本着有利于统筹教育资源、有利于调动各方积极性、有利于促进优质均衡发展的原则，探索学区制改革的新模式，开拓区域优质资源扩增新路径，创新学区化管理体制和运行机制，促进教育治理体系和治理能力现代化。

三、总体目标

深化中小学学区制改革，加大教育资源的统筹力度，优质教育资源的覆盖面进一步扩大，校际、区域差距进一步缩小，区域教育共建共治共享的制度机制更加健全，学校依法自主办学得到更好保障，社会参与支持教育的渠道更加通畅，以学区为依托的学校、家庭、社会协同育人格局逐步形成，区域教育教学质量和优质均衡发展水平整体提高。

四、主要任务

（一）合理划分学区范围

依据行政区划、适龄人口等因素，遵循义务教育免试就近入学、优质教育资源均衡分布等原则，合理划分学区范围，合理规划生源布局，合理配置教育资源。学区划分应统筹兼顾，相对稳定。根据地区生源需求和教育发展需要，统筹各学校、各学段资源要素，编制发展规划，科学预测学区教育规模，加强发展趋势研判，积极调控供需平衡，促进区域教育平稳有序发展。

（二）完善学区治理体系

结合区域实际加强学区建设，探索构建多元共治的学区发展模式。完善学区治理结构，通过建立学区管委会、理事会等组织形式，组织协调学区、学校、家庭、社区以及社会力量代表共同参与学区建设与管理。完善学区协调机制。通过协议、协商等方式，明确各方的权利和义务，促进各方教育责任共担、发展利益共享。完善学区议事规则和决策程序，充分听取各方意见建议，健全依法、科学、民主的决策程序。积极调动各方参与学区改革发展的积极性、主动性和创造性，促进形成多元主体协商共治和多方协同育人的区域教育发展新格局。

（三）健全学区管理机制

明确学区定位，履行学区职能。合理设置学区人员岗位和工作职责，健全完善“设置合理、目标明确、职责清晰、运行协调、保障有力”的学区化管理体制机制。着重发挥学区在服务入学升学、促进资源共享、搭建发展平台、完善治理体系等方面的职能优势，不断提升学区管理水平和服务保障水平。加强对学区的管理、指导和保障，探索对学区发展的评价考核办法，激励学区在统筹资源、综合治理、促进优质均衡发展方面发挥更大作用。

（四）统筹学区资源供给

统筹协调学区内外教育资源，建立学区资源共建共享平台，丰富拓展教育资源，搭建学区信息资源平台，精准对接学区内各校资源需求与供给，最大限度提高学区教育资源的利用效率和效益，以教育资源整合、融通、共享带动学校和学区提升发展。

（五）搭建学区发展平台

在尊重学区内中小学校自主办学的基础上，发挥学区优势，拓宽发展平台，增加发展机会，营造发展氛围。鼓励学区内各校加强校际协同合作，融通教育资源，贯通人才培养，促进干部教师交流。搭建教育教学交流平台，组织开展课程教学研讨、教师教科研训活动；搭建学生学习成长平台，组织开展学生综合实践活动和综合素质发展交流展示活动，促进师生增强实际获得感，促进学生全面发展，教师专业发展，学校内涵发展。

五、保障措施

（一）组织保障

加强党对学区的领导，坚持正确政治方向和办学方向，加强学区党组织建设，充分发挥党组织的政治核心作用，全面贯彻党的教育方针。加强对学区的业务管理和指导，充分发挥学区在推动教育教学改革，促进优质均衡发展等方面的积极作用，引导和规范学区发展。加强对学区发展的督导评价，注重效果评估和成果宣传，促其持续健康发展。

（二）政策保障

研究制定学区制管理的政策措施，统筹协调学区人力资源，探索建立干部教师合理流动机制和绩效考评制度。对学区兼职干部教师和在学区内跨校任职任教的干部教师，依据中小学教师绩效奖励激励办法，按照多劳多得，优绩优酬的原则予以奖励激励。完善专业技术职称评定考核办法，对在学区内跨校任职任教并取得良好业绩的干部教师，给予优先考虑。

（三）经费保障

加强对学区条件保障、资源建设、人员培训、活动开展等方面经费支持。从实际出发，科学合理编制学区基本运行和业务发展经费预算，将学区建设经费纳入区级预算管理，保障学区发展所需的经费投入。同时，加强绩效管理，提高经费使用效益。

2018 年 9 月 27 日

北 京 市 教 育 委 员 会
北京市人力资源和社会保障局

关于印发《北京市民办教育培训机构办学标准（暂行）》的通知

京教民〔2018〕10号

各区教委、人力社保局：

为促进我市教育培训市场健康有序发展，根据《中华人民共和国民办教育促进法》及有关法律法规和相关规范性文件的规定，特研究制定本标准，现印发给你们，请认真贯彻执行。

2018年11月9日

北京市民办教育培训机构办学标准（暂行）

第一章 总则

第一条 为进一步规范民办教育培训机构办学行为，提高办学质量，促进我市教育培训市场健康有序发展，根据《民办教育促进法》及有关法律法规及相关规范性文件的规定，制定本标准。

第二条 本标准中的民办教育培训机构是指：在本市行政区域

内，由国家机构以外的社会组织或者个人，利用非国家财政性经费，面向社会举办的不具备颁发学历证书资格的教育培训机构。

幼儿园不属于民办教育培训机构范畴。开展3周岁以下婴幼儿照护和儿童早期教育服务的机构、利用互联网技术在线实施培训活动的机构，其设置标准另行制定。国家及本市对中外合作培训机构的设置另有规定的从其规定。

第三条 在本市行政区域内设立民办教育培训机构，应当符合下列基本条件：

（一）具有合法的名称、规范的章程和必要的组织机构。

（二）具有符合法律法规规章要求的内部管理制度。

（三）具有符合规定任职条件的法定代表人、校长（行政负责人）及主要管理人员。

（四）具有与培训类别、层次、规模相适应的，有资质的教师。

（五）具有充足稳定的办学资金。

（六）具有符合国家标准的办学场所及设施设备。

（七）具有与所开办培训项目相适应的培训目标、培训计划以及符合要求的培训内容等。

（八）法律法规规章规定的其他必备条件。

第二章　组织机构

第四条 举办者应符合下列条件：

（一）举办者应为国家机构以外的社会组织或个人，其中：社会组织应具有独立法人资格，信用状况良好；个人应具有中华人民共和国国籍，且在中国境内定居，信用状况良好，无犯罪记录，具有政治权利和完全民事行为能力。

（二）举办者应当履行相应的法定出资义务，其中：非营利性民办教育培训机构举办者应及时足额缴存开办资金，营利性民办教育培训机构举办者应在出资承诺的期限内分期缴纳注册资金。

（三）举办者由多方组成的，应当签订联合办学协议，明确各方出资数额、出资方式、权利和义务等，并履行法定程序。

（四）中小学不得举办或参与举办民办教育培训机构。

第五条 民办教育培训机构的名称应符合下列规定：

（一）应符合国家有关法律法规及规章规定。申请设立非营利性民办教育培训机构的，其名称应符合《民办非企业单位登记管理暂行条例》《民办非企业单位名称管理暂行规定》等法规规章的规定；申请设立营利性民办教育培训机构的，其名称应符合《公司登记管理条例》《企业名称登记管理规定》等法规规章和国家市场监管总局、教育部、人力资源社会保障部有关营利性民办学校名称登记管理方面的相关规定。

（二）未经批准，名称不得冠以“中国”“全国”“中华”“国际”“世界”“全球”等字样；未经批准，名称中不得含有“大学”“学院”“学校”“高中”“幼儿园”等可能对公众造成误解或者引发歧义的内容和文字。

（三）使用简称应符合有关规定；外文名称应当与中文名称语义一致，并使用规范。

第六条 民办教育培训机构的决策机构应符合下列要求：

（一）民办教育培训机构应当设立理（董）事会或其他形式的决策机构，并建立相应的监督机构。决策机构成员由举办者或其代表、校长（行政负责人）、党组织负责人和教职工代表等组成。其中，民办非学历高等教育机构的决策机构三分之一以上成员应当具有5年以上的高等教育教学经验，党组织书记应通过法定程序进入学校决策机构，办学规模大、党员人数多的机构，符合条件的专职副书记也可进入决策机构。

（二）民办教育培训机构的主要领导成员，应当具有与教学层次相适应的管理能力，较高政治素质，信用状况良好。校长（行政负责人）为机构主要负责人，并依法行使教育教学和行政管理权。

第七条 民办教育培训机构的法定代表人，依法应当由决策机构负责人或者校长（行政负责人）担任，同时具备以下条件：

（一）有中华人民共和国国籍，在中国境内定居。

（二）信用状况良好，无犯罪记录，有政治权利和完全民事行为能力。

第八条 民办教育培训机构应当聘任专职校长（行政负责人），校长（行政负责人）除了熟悉相关法律法规及教育教学规律外，还应当具备以下条件：

（一）有中华人民共和国国籍，在中国境内定居。

（二）有政治权利和完全民事行为能力，信用状况良好，身体健康，年龄一般不超过70周岁。

（三）有大学专科及以上学历，5年以上相关教育管理经验和良好业绩。其中，从事非学历高等教育的教育机构，正、副院长应具有中级以上专业技术职称或大学本科以上学历。职业技能类民办培训机构的校长应当有中级及以上专业技术职称或三级及以上国家职业资格或相应职业技能等级。

第九条 民办教育培训机构应当依法制定章程，章程载明事项须符合相关法律法规规定，举办者根据章程规定的权限和程序，参与办学和管理活动。

第十条 民办教育培训机构应按照《民办教育促进法》以及相关政策规定，建立健全中国共产党基层组织，加强党的建设，实现党的建设同步谋划、党的组织同步设置、党的工作同步开展，确保正确的办学方向。

第十一条 民办教育培训机构应当有与办学项目和办学规模相适应的稳定的办学经费来源，注册资金不少于50万元。

第十二条 民办教育培训机构应按照法律法规规章的要求，制定并完善行政管理、教学管理、安全管理、员工管理、学生学员管理、档案管理、资产管理、财务管理以及学杂费存取专用账户管理、收费和退费管理、设施设备管理、教师培训及考核等制度。

第三章 场所及相关安全保障

第十三条 民办教育培训机构应当具有与办学项目和办学规模相

适应的办学场所，并符合下列条件：

（一）具有符合安全条件的固定场所，场所的房屋产权清楚，如系租赁，应签署3年及以上的有效协议（或合同）；如举办者自有场所，应提供办学场所的房屋产权证明材料。不得使用居民住宅、地下室作为办学场所。

（二）教育机构的办学场所，建筑面积应大于300平方米（不含300平方米），其中，教学用房建筑面积不少于办学场所总建筑面积的2/3，同一培训时段内生均面积不低于3平方米，消防、环保、卫生、食品经营、安全、疏散等条件符合相关规定。

（三）举办非学历全日制高等教育的，实际使用的校舍建筑总面积应不少于3000平方米，并按照办学规模保持生均不低于10平方米的建筑面积，生均宿舍建筑面积不低于公办高校标准；举办非学历非全日制高等教育的，其实际使用的校舍建筑总面积应不少于1000平方米。

（四）未经审批机关批准，不得擅自变更办学地址、增设分支机构或培训点。

（五）面向中小学生的民办教育培训机构设立分支机构或培训点，应符合本标准关于办学场所的条件。

第十四条 民办教育培训机构的教学、实训、住宿、餐饮等场所须符合消防、环保、卫生、食品经营、安全等相关标准。

第十五条 民办教育培训机构应建立健全风险防范、安全管理制度和应急处理机制，制定突发事件应急预案，举办者是安全管理第一责任人。配齐安全管理人员，加强安全教育培训，定期开展安全演练，提高师生安全意识和逃生自救能力。

第四章 教育教学

第十六条 教育教学内容不得违背党的教育方针，违反国家相关法律规定。从事未成年人教育培训的，教育内容和方式不得违背未成年人的成长规律，不得损害未成年人身心健康。

第十七条 从事学龄前儿童培训的机构，教育内容方法手段应体现儿童身心特点，不得提前教授汉语拼音、识字、计算、英语等小学课程内容，培训形式不得采用全日制形式。

第十八条 从事中小学语文、数学、英语、物理、化学、生物等学科知识培训的机构，在教学内容和进度上应遵循以下要求：

（一）合理安排教学内容，教学内容不得超出相应的国家课程标准。

（二）合理基于相应的课程标准制定科学的教学培训评价办法。

（三）培训的内容、班次、招生对象、进度、上课时间等，要向所在区教育部门备案并向社会公布，培训班次必须与招生对象所处年级相匹配，简洁直观规范命名培训班次，比如“小学三年级数学培训班”、“初中二年级语文培训班”。

（四）教学进度不得超过所在区中小学同期进度。

第十九条 非学历高等教育机构，应当以高等教育层次为主要教育教学内容，招收的受教育者应获得高中、职高、中专及以上学历。

第二十条 民办教育培训机构教师及教师管理应符合以下规定：

（一）教师须热爱教育事业，遵守宪法和法律，具有良好的思想品德和相应的培训能力。教育机构应当与所聘人员依法签订聘用合同、劳动合同或劳务协议。

（二）专兼职教师应当具有教师资格或相关职业资格证书或职业技能等级证书。其中，从事中小学语文、数学、英语、物理、化学、生物等学科知识培训的教师应具有相应的教师资格证。专职教师数不得少于教师总数的 1/4，单个教学场所（含教学点）的专职教师不得少于 3 人。教育机构应将教师的姓名、照片、任教班次及教师资格证编号在其网站及教学场所显著位置予以公示。

（三）从事非学历高等教育培训的专兼职教师，应当具有相应的教师资格或相关职业资格证书或职业技能等级证书。

（四）不得聘用中小学在职教师。

（五）聘任外籍教师应符合有关规定。

第二十一条 民办教育培训机构管理人员应符合下列规定：

（一）根据培训内容和规模配备相应比例的专职教学管理人员。专职教学管理人员应当具有大专及以上学历，3 年以上相关工作经验。

（二）教育机构应当按照相关规定，配备一定数量的财务管理人员和安全管理人员。

第二十二条 面向中小学生的民办教育培训机构，不得举办或变相举办各类中小学生等级考试、竞赛及进行排名，培训时间不得和所在区中小学教学时间相冲突，培训日结束时间不得晚于 20 ∶ 30。

第五章 资产财务与收费

第二十三条 民办教育培训机构应当依法建立财务、会计制度和资产管理制度，配备具有从事会计工作所需要的专业能力的会计人员，会计和出纳不得同一人兼任。

第二十四条 民办教育培训机构应当依法落实法人财产权，举办者应当将货币、土地使用权、房屋及知识产权等所有办学投入，及时过户到教育机构名下。机构存续期间，任何人不得抽逃注册资本，不得挪用、侵占学校办学资金。

第二十五条 面向中小学生的校外培训机构收费时段与教学安排应协调一致，不得一次收取时间跨度超过 3 个月的费用。

第六章 附则

第二十六条 2007 年制定的《北京市民办非学历教育培训机构设置管理规定》和 2017 年制定的《北京市教育委员会关于加强北京市民办非学历教育机构管理工作的若干意见》内容与本标准不一致的，以本标准为准。

第二十七条 本标准自公布之日起实施。

北京市教育委员会

关于印发《北京市学前教育专职督查队伍建设与管理暂行办法》的通知

京教学前〔2018〕14号

各区教委：

为落实市政府办公厅《关于进一步加强学前教育管理的意见》（京政办发〔2018〕34号）要求，促进本市学前教育专职督查队伍整体持续发展，切实规范与加强学前教育管理，特研究制定《北京市学前教育专职督查队伍建设与管理暂行办法》，现印发给你们，请遵照执行。

2018年11月9日

北京市学前教育专职督查队伍建设与管理暂行办法

第一章　总则

第一条　为落实市政府办公厅《关于进一步加强学前教育管理的意见》（京政办发〔2018〕34 号）要求，促进本市学前教育专职督查队伍整体持续发展，切实规范与加强学前教育管理，制定本办法。

第二条　本办法适用于市、区两级学前教育专职督查人员的管理。

第三条　学前教育专职督查人员是指受本市学前教育督查部门聘任，经培训上岗，针对本市学前教育管理特定事项履行督查职责的工作人员。

第二章　管理机制

第四条　本市学前教育专职督查队伍坚持市区双管，以区属地管理为主的原则。

第五条　市级建立市学前教育规范监督管理办公室，设在北京学生活动管理中心。市学前教育规范监督管理办公室设主任一人，副主任一人。

市教委学前处负责市学前教育规范监督管理办公室的业务管理。北京学生活动管理中心负责市级学前教育专职督查人员的日常管理。

第六条　区级学前教育督查部门由各区教委设立，一般依托本区教委所属教育教师研修机构，也可独立设置。

区教委安排相关科室具体负责本区学前教育专职督查队伍的业务管理，各区要加强对学前教育管理的统筹协调。区级学前教育专职督查队伍所依托机构负责区级学前教育专职督查队伍的日常管理。

第三章　职责任务

第七条　市学前教育规范监督管理办公室是承担全市学前教育专职督查队伍统筹协调、监督指导、培训服务等职责的专门部门，协助学前处管理市区两级学前教育专职督查队伍。协助市级教育行政部门开展学前教育领域行政执法工作。

区级学前教育督查部门是承担本区学前教育督查工作的专门部门，协助本区教育行政部门开展学前教育领域行政执法工作。

第八条　市级学前教育专职督查人员具体履行全市学前教育专职督查队伍的统筹协调、监督指导、培训服务等职责。

区级学前教育专职督查人员承担本区各类幼儿园（点）办园条件、安全卫生、保育教育、教职工队伍、内部管理等方面的督查工作，负责无证园排查、信息报告、举报情况核查工作。

第九条　市、区两级学前教育专职督查队伍坚持专编、专人、专用的原则。

第四章　工作机制

第十条　本市学前教育专职督查队伍坚持市区协同、分区负责的工作机制。

第十一条　市级学前教育专职督查队伍要建立覆盖全市的分区联系制度。

区级学前专职督查队伍要建立覆盖本区各类幼儿园（点）的责任划片制。一般每片由两人负责，对各类幼儿园（点）进行督查，每月至少一次。

第十二条　学前教育专职督查人员入园督查应出示相关工作证件。可采取园所巡查、随机观摩、查阅资料、座谈走访等多种方式督查，并做好工作记录。

第十三条　学前教育专职督查人员应督促幼儿园对督查发现的问

题及时整改。

区级督查人员每月完成对责任片区的督查后要撰写督查情况报告，上报区教委主管部门。各区学前教育督查部门每月向市学前教育规范监督管理办公室上报本区督查情况。市学前教育规范监督管理办公室每月向市教委上报全市情况。

第十四条 学前教育专职督查人员发现幼儿园存在重大安全隐患时，应及时报告主管部门。

第十五条 根据专项督查任务要求，市学前教育规范监督管理办公室可组成专项督查工作组，跨区域开展督查工作。

第十六条 市学前教育规范监督管理办公室定期听取区级学前专职督查人员工作汇报，研究相关问题。

第十七条 实行督查工作信息报送制度。建立信息化管理平台，按照要求报送督查工作相关材料。

第十八条 各区要统筹专职督查队伍与专兼职督学力量，建立协调工作机制，形成工作合力。

第五章　督查人员要求

第十九条 学前教育专职督查人员必须严格遵守国家的法律、法规，有强烈的责任感和事业心，坚持原则、实事求是、忠于职守、敢于负责、不徇私情、作风正派、廉洁奉公。

第二十条 学前教育专职督查人员应熟悉和掌握国家、北京市有关学前教育的政策方针、法律、法规。

第二十一条 学前教育专职督查人员应具有本科及以上学历，有2年以上学前教育相关工作经验，经培训后上岗。

第六章　考核及奖惩

第二十二条 市级学前专职督查人员由市教委学前处与北京学生活动管理中心共同考核。区级学前专职督查人员由区级管理部门与市学前教育规范监督管理办公室共同考核。

第二十三条 对学前教育专职督查人员的考核内容主要包括工作完成情况、参加培训情况、廉洁自律情况等。

考核等级分为优秀、合格、不合格。

第二十四条 学前教育专职督查人员有下列情形之一的，暂停督查工作：

（一）在督查活动中存在弄虚作假、徇私舞弊、滥用职权、打击报复及其他行为干扰被督查单位正常工作，造成不良影响的；

（二）违反督查程序，造成严重后果的。

第二十五条 专职督查人员在督查活动中不履行督查职责，玩忽职守的应追究行政责任，构成犯罪的应追究相应的法律责任。

第二十六条 各区要为学前教育专职督查人员提供必要的工作条件、专项经费和待遇保障，对专职督查人员进行定期培训。

学前教育专职督查人员享有所在单位工作人员正常享有的职务晋升、评优评选、绩效奖励等权利。

第七章 附则

第二十七条 各相关部门要重视督查结果。督查结果将作为幼儿园质量督导评估的重要依据。

第二十八条 本办法自 2018 年 12 月 1 日起施行。

第二十九条 本办法由北京市教育委员会负责解释。

北京市教育委员会

关于印发《中小学合成材料面层运动场地建设管理意见》的通知

京教建〔2018〕17号

各区教委：

现将《中小学合成材料面层运动场地建设管理意见》印发给你们，请结合实际，认真贯彻落实。

2018年11月15日

中小学合成材料面层运动场地建设管理意见

根据教育部办公厅《关于加强中小学合成材料面层运动场地建设管理的通知》（教体艺厅函〔2018〕72号）精神，为严格执行强制性国家标准《中小学合成材料面层运动场地》（GB36246-2018，以下简称新国标），进一步加强本市中小学校（包括职高、民办中小学校，以下简称学校）合成材料面层运动场地（以下简称操场）建设管理，确保广大师生的健康安全，结合本市实际情况，制定本意见。

一、总体要求

（一）高度重视。各区教委和学校要高度重视学校操场的建设、使用与管理，充分认识新国标对于提高学校操场的质量安全、保障学生健康、提升学校体育的重要意义，把该项工作作为关系民生的大事来抓，确保师生身体健康、校园安全稳定。

（二）有序推进。操场建设是指学校新建、改建和翻建等。各区教委要结合本区学校实际，按照“市级统筹、区级主责，先行试点、有序可控”的原则，研究制定本区 3—5 年学校操场建设规划，建立项目库分年度组织实施。2019 年项目以复工、足球特色校操场项目为主。

二、建立健全工作机制

（三）加强组织领导。各区教委要在区政府领导下统筹实施、管理监督本区学校操场建设工作。明确工作流程、工作要求及经费保障等。在招标采购、铺装施工、质量检查、竣工验收等过程中，争取有关部门支持，健全长效监管机制。

（四）强化业务指导。各区要组建由教育、体育、工程、质监、环保等方面专家组成的专家组，专家组负责从项目立项、设计到施工、验收全过程的技术指导。

三、严格过程管理，依法依规建设

（五）建立有效的管理体系。区级统筹实施并开展绩效考核。建设单位要切实落实主体责任，建立责任清晰的责任制，对学校操场建设各阶段实施质量管理。要根据实施计划，及早启动前期工作，确保按期开工，应建立“五位一体”（安全、质量、进度、成本、审计）的控制体系。要求施工单位按照工程设计要求、国家标准和合同约定进行施工，对材料的选购进行严格控制，厂家提供合格的检验报告；要求项目监理单位依据招投标文件、设计文件及相关规定，对所有进场材料的品种、规格、型号、数量、外观和尺寸进行验收，由监理和施工单位现场见证制备或取样，对不合格的原材料严禁使用，对涉及环保和重要使用功能的关键部位和关键工序应实施旁站，处理建设过程和保修阶段学校操场质量缺陷和事故。

（六）做好前期准备工作。一是学习领会新标准，开展专业培训。各区教委和学校要组织相关人员学习新标准、开展业务培训和专题研讨，吃透新标准的重点内容，把握执行新标准的关键环节。二是做好风险评估。要按有关规定和要求，在建设前必须进行社会稳定风险评估，并依规上报。三是重视施工图设计，聘用具备相应资质的单位按相关设计规范设计，满足操场使用、运行和维护要求。学校操场的功能设计要以便于开展学校体育工作，服务学生体育锻炼需要，突出实用性。四是加强各种合同管理。根据新建、翻建等不同类型的建设项目，制定有针对性的合同文本，组织专业人员和法律顾问参与审定。五是要认真疏理现有规章制度，健全具有可操作、可执行的上下联动工作制度，做到流程环环相扣，工作层层推进，确保优质、安全、高效地建设学校操场。

（七）抓好关键环节的控制。要防范预警在先、管理关口前移，会同相关监管部门，依法依规开展设计、施工、监理、材料采购、产品检测等重要环节的工作。

严格执行招投标和政府采购的管理制度，履行招标采购程序。依法必须进行招标的学校操场建设项目，建设单位应当按照规定科学严谨编制相关招标文件并按规定报有关行政主管部门；不得将建设项目发包给“无资质、无执照、无从业资格”的单位和个人；涉及基础施工的项目可发包给具有市政施工资质的单位，不涉及基础施工的项目可按设施设备采购的有关规定，直接发包给合成材料面层生产或供应单位，避免过多中间商介入，杜绝层层转包和低价中标行为。

（八）科学严谨组织工程验收。学校操场工程验收分为基础层验收、面层验收、工程质量竣工验收。基础层和面层验收合格后，方可进行工程质量竣工验收。建设单位组织勘察、设计、施工、监理、材料供应、检测等单位对建设项目进行合成材料面层质量验收、竣工验收，验收合格后向区教委备案。验收不合格的，不得交付使用。合成材料面层产品检测应当由建设单位委托有资质的检测单位，并组织有关责任人参与，按照相关程序进行。

（九）做好项目档案存档工作。建设单位要指定专人负责相关建设档案资料，按有关要求存档。

（十）统筹市区资金，做好预算安排。各区根据年度建设计划，统筹市区资金，做好滚动预算，安排年度资金支付。

四、落实质量责任

（十一）强化教育行政部门和学校责任。各区教委要建立和完善专门管理团队，明确责任，对实施的建设项目加强质量、安全管理。各校要全程参与本校操场建设，认真履行本校操场建设相关管理职责；为本校操场建设提供施工保障和安全防护教育，以及竣工验收后的合理使用维护等工作。

（十二）强化部门联动，建立监管机制。各区教委要强化与规划、住建、质监、工商等行政监督管理部门的联动，积极开展检查指导，严肃查处违法违章、扰乱操场建设的行为，确保学校操场建设质量。

（十三）严格问责制度。学校操场建设实行“阳光工程”，对不认真履行职责、玩忽职守等造成场地设施不符合质量标准，危害师生身体健康的相关人员，要依规依纪，予以问责和严肃查处。

五、做好宣传引导和信息公开

（十四）积极宣传，正面引导。新国标研究借鉴了国内外相关标准，针对性地解决了操场建设中存在的安全、环保、运动防护等突出问题，综合考虑操场全生命周期中各个环节的主要风险点，提出了符合绿色发展、技术进步、行业规范以及学生健康防护要求的各项技术指标。各区教委和学校要积极做好宣传引导，营造良好舆论氛围，及时规范回应社会诉求。

（十五）充分发挥家委会作用，做好信息公开。学校要将操场建设工作纳入学校整体工作，发挥家委会作用，做好与学生及家长的沟通和信息公开，可邀请家长代表参与相关工作，建立家校互信共治的工作格局。

六、确保信息畅通，提高应急处置能力

（十六）制定应急管理预案。应急管理预案要有针对性，及时报送信息，杜绝迟报、漏报、谎报、瞒报现象的发生，如有突发事件，果断处置。

北 京 市 教 育 委 员 会
北京市人力资源和社会保障局
北 京 市 民 政 局
北京市机构编制委员会办公室
北 京 市 市 场 监 督 管 理 局

关于印发《北京市民办学校分类登记办法》的通知

京教民〔2018〕11 号

各区教委、人力社保局、民政局、编办、市场监督管理局：

根据《北京市人民政府关于鼓励社会力量兴办教育促进民办教育健康发展的实施意见》，研究制定了《北京市民办学校分类登记办法》，现印发给你们，请认真贯彻执行。

2018 年 11 月 26 日

北京市民办学校分类登记办法

第一章　总则

第一条　为贯彻落实《国务院关于鼓励社会力量兴办教育促进民办教育健康发展的若干意见》，依据《中华人民共和国教育法》《中华人民共和国民办教育促进法》《全国人民代表大会常务委员会关于修改〈中华人民共和国民办教育促进法〉的决定》《教育部等五部门关于印发〈民办学校分类登记实施细则〉的通知》等有关法律法规，结合本市实际，制定本办法。

第二条　民办教育是社会主义教育事业的重要组成部分。民办学校应当遵守国家法律法规，全面贯彻党的教育方针，坚持党的领导，坚持社会主义办学方向，坚持公益性导向，坚持立德树人，对受教育者加强社会主义核心价值观教育，培养德、智、体、美、劳全面发展的社会主义建设者和接班人。

第三条　民办学校的设立审批和法人登记应当依据《中华人民共和国民办教育促进法》等法律法规和国家有关规定，并且符合京津冀协同发展战略和北京城市总体规划，符合我市经济、社会和教育发展需要，符合新增产业的禁止和限制目录。经批准正式设立的民办学校，由审批机关发给办学许可证后，依法依规到登记管理机关办理法人登记。

第四条　民办学校分为非营利性民办学校和营利性民办学校。选择登记为非营利性民办学校的，符合《事业单位登记管理暂行条例》等有关规定的，到机构编制部门登记为事业单位；符合《民办非企业单位登记管理暂行条例》等有关规定的，到民政部门登记为民办非企业单位。正式批准设立的营利性民办学校，依法到市场监管部门办理登记。

第五条　市教育行政部门负责全市民办教育工作的统筹规划、综合协调和宏观管理。教育、人力社保部门是相应民办学校的业务主管机关，负责民办学校的办学指导、办学许可管理及监督管理。民政、机构编制、市场监管等部门在各自职责内做好相关工作。

第六条　建立健全中国共产党基层组织，加强党的建设。设立民办学校要做到党的建设同步谋划、党的组织同步设置、党的工作同步开展，确保民办学校始终坚持社会主义方向。

第七条　民办学校终止时，应当妥善安置在校学生，依法进行财务清算，依法清偿债务，交回办学许可证，办理法人登记注销。

第二章　非营利性民办学校登记

第八条　企业事业单位、社会团体和其他社会力量以及公民个人利用非国有资产举办的非营利性民办学校，经批准设立后，依照《民办非企业单位登记管理暂行条例》的规定提交民办非企业单位法人登记申请文件。登记管理机关应当自收到登记申请的全部有效文件之日起，在规定期限内作出准予登记或者不予登记的决定。准予登记的，发给民办非企业单位（法人）登记证书；不予登记的，应当书面说明理由。

民办非企业单位（法人）登记证书是民办非企业单位法人资格的唯一合法凭证。未取得民办非企业单位（法人）登记证书的民办学校，不得以民办非企业单位法人名义开展活动。

第九条　企业事业单位、社会团体利用国有资产举办的非营利性民办学校，经批准设立后，依照《事业单位登记管理暂行条例》《事业单位登记管理暂行条例实施细则》《事业单位、社会团体及企业等组织利用国有资产举办事业单位设立登记办法（试行）》的规定提交事业单位法人登记申请文件。登记管理机关应当自收到登记申请书之日起，在规定期限内作出准予登记或者不予登记的决定。准予登记的，发给事业单位法人证书；不予登记的，应当书面说明理由。

事业单位法人证书是事业单位法人资格的唯一合法凭证。未取得事业单位法人证书的民办学校，不得以事业单位法人名义开展活动。

第十条　非营利性民办学校凭登记证书或者法人证书申请刻制印章，开立银行账户。

第十一条　非营利性民办学校的登记事项需要变更的，应当向原登记管理机关申请变更登记。变更事项需要审批的，应当自审批机关批准之日起 30 日内向登记管理机关提交有关审批文件。

第十二条　非营利性民办学校根据章程规定要求终止的，因分立或合并需终止原有学校的，或者由于其他原因需要注销登记的，应当向登记管理机关办理注销登记。民办学校在办理注销登记前，应成立清算组织，完成清算工作，业务主管机关和其他有关机关应加强指导。清算期间，民办学校不得开展清算以外的活动。

民办学校应当自完成清算之日起 15 日内，向登记管理机关办理注销登记。登记管理机关准予注销登记的，出具注销证明文件，收回登记证书、印章等。

第三章　营利性民办学校登记

第十三条　不得设立实施义务教育的营利性民办学校。

第十四条　营利性民办学校经审批机关审批后，依照法定管辖权限到市场监管部门依法登记，领取营业执照，取得企业法人资格。法律法规以及国务院等行政规范性文件另有规定的从其规定。

第十五条　设立营利性民办学校，应当办理学校名称预先核准。市场监管部门可以根据需要，就民办学校的名称预先核准事宜征求审批机关的意见。

预先核准的学校名称保留期为 6 个月。预先核准的学校名称在保留期内，不得用于从事经营活动，不得转让。

第十六条　正式批准的营利性民办学校，应当自批准之日起 90 日内向市场监管部门申请设立登记；逾期申请设立登记的，申请人应当报审批机关确认原批准文件的效力或者重新报批。民办学校依据《中华人民共和国公司法》《中华人民共和国公司登记管理条例》等法律法规，向市场监管部门提交公司登记申请文件，市场监管部门依法对民办学校申请文件作出是否受理和准予登记的决定。

第十七条　营业执照签发日期为营利性民办学校成立日期。民办学校凭市场监管部门核发的营业执照刻制印章，开立银行账户。

第十八条　营利性民办学校变更登记事项，应当向原市场监管部门申请变更登记。未经变更登记，民办学校不得擅自改变登记事项。营利性民办学校变更事项须经审批机关审批的，应在审批机关批准变更之日起 30 日内，向市场监管部门提交有关审批文件。

第十九条　根据学校章程要求终止并经审批机关批准的营利性

民办学校，应当依法清算。学校应成立清算组，清算组应当自成立之日起 10 日内将清算组成员、清算组负责人名单向市场监管部门备案。营利性民办学校应当自清算结束之日起 30 日内向原市场监管部门申请注销登记。

第四章　现有民办学校分类登记

第二十条　现有民办学校在完成分类登记之前，按现状继续办学。

实施学前教育以及非学历教育培训的民办学校，原则上应在 2019 年 9 月 1 日前向审批机关提交关于学校法人性质选择的书面申请；实施普通高级中等教育、中等职业教育的学历教育学校，原则上应在 2020 年 9 月 1 日前向审批机关提交关于学校法人性质选择的书面申请；实施高等学历教育的学校，原则上应在 2021 年 9 月 1 日前向审批机关提交关于学校法人性质选择的书面申请。在审批机关收到学校书面申请后，符合法定条件和相关规定的民办学校原则上应在 1 年内完成分类登记。

第二十一条　现有民办学校选择登记为非营利性民办学校的，依法修改章程，继续办学，履行新的登记手续。

现有民办学校选择登记为非营利性民办学校的，终止时，学校的财产依法清偿后有剩余的，根据出资者的申请，综合考虑在 2017 年 9 月 1 日前的出资、取得合理回报的情况以及办学效益等因素，从学校依法清偿后的剩余财产中给予出资者相应的补偿或者奖励，其余财产继续用于其他非营利性学校办学。

给予出资者相应补偿或奖励遵循下列原则：补偿或奖励数额不应超过 2017 年 8 月 31 日时学校法人名下的净资产扣除国有资产、社会捐赠资产之后的数额的 30%，其中出资者已获得合理回报的，应再做相应扣除；2017 年 9 月 1 日以后出资者的投入和新增办学积累不再作为补偿或奖励的参考依据；确定补偿或奖励数额，应在学校终止时由学校决策机构作出决议，并经审批机关和登记管理机关同意，在学校资产依法清偿其他债务以及扣除国有资产和社会捐赠资产之后仍有剩余的前提下，向出资者一次性给付。

第二十二条 选择登记为营利性民办学校的，应当进行财务清算，经市、区级政府有关部门和相关机构依法明确土地、校舍、办学积累等财产的权属并缴纳相关税费，办理新的办学许可证，重新登记。学校在清算、重新办理办学许可和法人登记过程中，可继续办学。

第五章 附则

第二十三条 本办法所称民办学校包括实施学历教育、学前教育、自学考试助学、其他文化教育的民办学校及民办教育机构，以及实施以职业技能为主的职业资格培训、职业技能培训的民办学校及民办教育机构。

本办法所称现有民办学校为 2016 年 11 月 7 日《全国人民代表大会常务委员会关于修改〈中华人民共和国民办教育促进法〉的决定》公布前经批准设立的民办学校。

第二十四条 本办法所称的审批机关包括市政府及市、区级教育、人力社保部门。本办法所称的登记管理机关包括市、区级民政、机构编制、市场监管部门。

第二十五条 本办法由北京市教育委员会、北京市人力资源和社会保障局、北京市民政局、北京市机构编制委员会办公室、北京市市场监督管理局负责解释。

第二十六条 本办法自印发之日起实施。

北　京　市　教　育　委　员　会
北京市人力资源和社会保障局
北　京　市　市　场　监　督　管　理　局

关于印发《北京市营利性民办学校监督管理办法》的通知

京教民〔2018〕12 号

各区教委、人力社保局、市场监督管理局：

根据《北京市人民政府关于鼓励社会力量兴办教育促进民办教育健康发展的实施意见》，研究制定了《北京市营利性民办学校监督管理办法》，现印发给你们，请认真贯彻执行。

2018 年 11 月 26 日

北京市营利性民办学校监督管理办法

第一章　总则

第一条　为贯彻落实教育部、人力资源社会保障部、工商总局印发的《营利性民办学校监督管理实施细则》，规范营利性民办学校办学行为，促进民办教育健康发展，根据《中华人民共和国教育法》《中华人民共和国民办教育促进法》《全国人民代表大会常务委员会关于修改〈中华人民共和国民办教育促进法〉的决定》《中华人民共和国公司法》等法律法规，结合我市实际，制定本办法。

第二条 社会组织或者个人可以依据法律法规和相关规定设立营利性民办学校，但不得设立实施义务教育的营利性民办学校。

社会组织或者个人不得以财政性经费、捐赠资产举办或者参与举办营利性民办学校。

第三条 营利性民办学校的举办者可以取得办学收益，学校的办学结余依照《中华人民共和国公司法》等有关法律法规的规定处理。

第四条 营利性民办学校从事教育教学活动，应当遵守法律法规，全面贯彻党的教育方针，坚持党的领导，坚持社会主义办学方向，坚持教育的公益性，始终把培养高素质人才、服务经济社会发展放在首位，实现社会效益与经济效益相统一。

营利性民办学校及其举办者、校长、教职工和受教育者的合法权益受法律保护，不受侵犯。

第五条 审批机关、市场监管部门和其他相关部门在职责范围内，依法对营利性民办学校行使监督管理职权。

第六条 营利性民办学校须建立健全学校风险防范、安全管理制度和应急预警处理机制，保障学校师生权益、生命财产安全，维护学校安全稳定。学校法定代表人是学校安全稳定工作的第一责任人。

第二章　学校设立

第七条 设立营利性民办学校应当具备《中华人民共和国教育法》《中华人民共和国民办教育促进法》及其他有关法律法规规定的条件，符合京津冀协同发展战略和北京城市总体规划，符合我市经济、社会和教育发展需要，符合新增产业的禁止和限制目录。设立营利性民办高等学校，应当纳入本市高等学校设置规划，按照学校设置标准、办学条件和学科专业数量等严格核定办学规模。中等及中等以下层次营利性民办学校办学规模由区级政府根据当地实际制定。

第八条 举办营利性民办学校的社会组织或个人应当具备与举办学校的层次、类型、规模相适应的经济实力，其净资产或者货币资金能够满足学校建设和发展的需要。

第九条 举办营利性民办学校的社会组织，应当具备下列条件：

（一）有中华人民共和国法人资格。

（二）信用状况良好。

（三）法定代表人有中华人民共和国国籍，在中国境内定居，信用状况良好，有政治权利和完全民事行为能力。

第十条 举办营利性民办学校的个人，应当具备下列条件：

（一）有中华人民共和国国籍，在中国境内定居。

（二）信用状况良好。

（三）有政治权利和完全民事行为能力。

第十一条 设立营利性民办学校须依法制定学校章程。学校章程对学校、举办者、董事、监事、管理人员、教师和受教育者具有约束力。

第十二条 营利性民办学校的举办者可以用货币出资，也可以用实物、知识产权、土地使用权等可以用货币估价并可以依法转让的非货币财产作价出资；但是，法律法规规定不得作为出资的财产除外。

对作为出资的非货币财产应当评估作价，核实财产，不得高估或者低估作价。法律法规对评估作价有规定的，从其规定。

第十三条 设立营利性民办学校按照以下权限审批：

（一）设立实施本科及以上高等学历教育的民办学校，按照有关规定报国务院教育行政部门审批。

（二）设立实施专科学历教育的民办高等职业学校，由市政府审批，报国务院教育行政部门备案。

（三）设立实施除义务教育之外的中等学历教育、学前教育、自学考试助学及其他文化教育的民办学校，由区教育行政部门审批，报市教育行政部门备案。

（四）设立实施以职业技能为主的职业资格培训、职业技能培训的民办学校，由区人力社保部门审批，抄送同级教育行政部门备案；设立民办技工学校，由市人力社保部门审批。

（五）法律法规另有规定的，按照相关规定执行。

第十四条 营利性民办学校的设立一般分筹备设立、正式设立两个阶段。具备办学条件，达到正式设立设置标准的，可以直接申请正式设立。

经批准筹备设立的营利性民办学校，举办者应当自批准筹备设立之日起 3 年内提出正式设立申请，3 年内未提出正式设立申请的，原筹备设立批复文件自然废止。民办学校在筹备设立期内不得招生。

第十五条 申请筹备设立营利性民办学校，举办者应当提交下列材料：

（一）筹备设立申请报告。内容主要包括：举办者的名称、地址或者姓名、住址及其资质，筹备设立学校的名称、地址、办学层次、办学规模、办学条件、培养目标、办学形式、内部管理机制、党组织设置、经费筹措与管理使用等。

（二）设立学校论证报告。

（三）举办者资质证明文件。举办者是社会组织的，应当包括社会组织的许可证、登记证或者营业执照、法定代表人有效身份证件复印件，决策机构、权力机构负责人及组成人员名单和有效身份证件复印件，有资质的会计师事务所出具的该社会组织近 2 年的年度财务会计报告审计结果，决策机构、权力机构同意投资举办学校的决议。举办者是个人的，应当包括有效身份证件复印件、个人存款、有本人签名的投资举办学校的决定等证明文件。

（四）资产来源、资金数额及有效证明文件，并载明产权。

（五）民办学校举办者再申请举办营利性民办学校的，还应当提交其举办或者参与举办的现民办学校的办学许可证、登记证或者营业执照、组织机构代码证、校园土地使用权证、校舍房屋产权证明复印件，近 2 年年度检查的证明材料，有资质的会计师事务所出具的学校上年度财务会计报告审计结果。

（六）有两个以上举办者的，应当提交合作办学协议，明确各举办者的出资数额、出资方式、权利义务，举办者的排序、争议解决办法等内容。出资计入学校注册资本的，应当明确各举办者计入注册资本的出资数额、出资方式、占注册资本的比例。

第十六条 申请正式设立营利性民办学校，举办者应当提交下列材料：

（一）正式设立申请报告。

（二）筹备设立批准书。

（三）举办者资质证明文件。提交材料同本办法第十五条第（三）项。

（四）学校章程。

（五）学校首届董事会、监事（会）、行政机构负责人及组成人员名单和有效身份证件复印件。

（六）学校党组织负责人及组成人员名单和有效身份证件复印件，教职工党员名单。

（七）学校资产及其来源的有效证明文件。

（八）学校教师、财会人员名单及资格证明文件。

第十七条 直接申请正式设立营利性民办学校的，须提交本办法第十五条第（二）项规定的材料、第十六条除第（二）项以外的材料。

第十八条 经审批正式设立的营利性民办学校应当依法到市场监管部门登记。营业执照签发日期为营利性民办学校法人成立日期。学校凭市场监管部门核发的营业执照刻制印章，开立银行账户。

第三章 组织机构

第十九条 营利性民办学校应当建立董事会、监事（会）、党组织、行政机构、教职工（代表）大会和工会等机构，并依据国家有关法律法规和学校章程管理学校。

第二十条 营利性民办学校董事会依据国家有关法律法规和学校章程行使职权。董事会决议的表决，实行 1 人 1 票。

学校董事会由举办者或者其代表、党组织负责人、校长、教职工代表等共同组成。其中1/3的董事应当具有5年以上的教育教学经验。学校董事会组成人员报审批机关备案。

董事应当对董事会的决议承担责任。董事会的决议违反法律法规或者学校章程，致使学校遭受严重损失的，参与决议的董事对学校负相应的法律责任。但经证明在表决时曾表明异议并记载于会议记录的，该董事可以免除责任。

第二十一条 营利性民办学校监事会中教职工代表不得少于1/3，主要履行以下职权：

（一）检查学校财务。

（二）监督董事会和行政机构成员履职情况。

（三）向教职工（代表）大会报告履职情况。

（四）国家法律法规和学校章程规定的其他职权。

第二十二条 学校董事、监事以及行政机构管理人员的任职资格须符合《中华人民共和国教育法》《中华人民共和国公司法》等有关规定。学校董事、监事、行政管理人员应当遵守法律法规和学校章程，对学校负有忠实义务和勤勉义务。

有犯罪记录、无民事行为能力或者限制行为能力者不得在学校董事会、监事会、行政机构任职。一个自然人不得同时在同一所学校的董事会、监事会任职。

第二十三条 营利性民办学校校长由董事会依法选聘和解聘。校长应熟悉教育及相关法律法规，具有5年以上教育管理经验和良好办学业绩，个人信用状况良好。校长的年龄、学历和专业技术职称应符合相关规定。校长依据法律法规和学校章程的规定，独立行使教育教学和行政管理职权。

第二十四条 营利性民办学校法定代表人由董事长或者校长担任，并依法登记。

第二十五条 营利性民办学校应当切实加强党组织建设和共青团组织建设，充分发挥教职工（代表）大会和工会的作用，切实维护教职工合法权益。学校应当将党建工作、思想政治工作和群团组织工作经费纳入学校经费预算。

第四章　教育教学

第二十六条　营利性民办学校应当以培养人才为中心，遵循教育规律，不断提高教育教学质量，增强受教育者的社会责任感、创新精神、实践能力。

第二十七条　营利性民办学校应当抓好思想政治教育和德育工作。加强思想政治理论课和思想品德课教学，推进中国特色社会主义理论体系进教材、进课堂、进头脑。深入开展理想信念、爱国主义、集体主义、中国特色社会主义教育和中华优秀传统文化、革命传统文化、民族团结教育，引导师生员工树立正确的世界观、人生观、价值观。

第二十八条　营利性民办学校应当保障教育教学投入，具备符合标准的校舍和教育教学设施设备。营利性民办学校应当制定人才培养方案，建立教学运行管理、教学质量监控等教学管理制度，保证教学质量。鼓励营利性民办学校进行教育教学改革。

第二十九条　实施学历教育的营利性民办学校应当按照国家规定设置专业、开设课程、选用教材。营利性民办幼儿园应当依据国家和地方有关规定科学开展保育和教育活动。

第三十条　营利性民办学校招收学历教育学生、境外学生应当遵守国家有关规定，招生简章和广告应当报审批机关备案。

第三十一条　实施学历教育的营利性民办学校应当建立学籍管理制度，并报审批机关备案；实施非学历教育的营利性民办学校应当建立学生注册登记制度，建立学业成绩档案。

第三十二条　营利性民办学校聘任的教师应当具备国家规定的教师资格或者相关专业技能资格，学校应当按照《中华人民共和国教师法》《中华人民共和国劳动合同法》等法律法规和有关规定与教职工签订劳动合同。学校应当加强教师师德建设和业务培训，依法保障教职工工资、福利待遇和其他合法权益。学校聘任外籍教师应当符合国家有关规定。

第三十三条 营利性民办学校招生简章和广告必须合法合规、真实准确，应当按照招生简章、广告或培训协议等承诺提供教育服务，按照有关规定及时办理入学、退学、转学、退费手续。

营利性民办学校应当建立受教育者申诉处理制度，受教育者对学校给予的处理有异议的，有权向学校提出申诉，学校应当予以复查。营利性民办学校侵犯受教育者的合法权益，受教育者及其亲属有权向教育、人力社保部门和其他有关部门申诉，受理部门依法依规处理。

第五章 财务资产

第三十四条 营利性民办学校执行《中华人民共和国公司法》及有关法律规定的财务会计制度。学校应当独立设置财务管理机构，统一学校财务核算，不得账外核算。

第三十五条 营利性民办学校应当建立健全财务内部控制制度，保证学校财务报告的真实性、完整性，保障学校资产安全，提升办学效益。

第三十六条 营利性民办学校除法定的会计账簿外，不得另立会计账簿。学校收入应当全部纳入学校财务专户，出具税务部门规定的合法票据，由学校财务部门统一核算、统一管理，保障学校的教育教学、学生资助、教职工待遇以及学校的建设和发展。

第三十七条 营利性民办学校应当依法设置会计科目，依据权责发生制原则确认收入和支出，按实际发生数列支，不得虚列虚报，不得以计划数或者预算数代替实际支出数，不得操纵账务。

第三十八条 营利性民办学校一次性收取费用的时间跨度按相关规定执行。收取费用的项目和标准根据办学成本、市场需求等因素确定，并应当在招生前30天向社会公示。学费标准调整时，新入学学生执行调整后的收费标准，在校生按照入学时招生简章、入学协议等方式约定的收费标准执行，没有约定的按照入学时的收费标准执行。不得在公示的项目和标准外收取其他费用，不得以任何名义向学生摊派费用或者强行集资。

第三十九条 营利性民办学校应准确核算教育成本。教育成本项目主要包括人员经费、公务费、业务费、修缮费、固定资产折旧费等学校教育和管理的正常支出，不包括灾害损失、事故等非正常费用支出和校办产业及经营性费用支出。

第四十条 营利性民办学校拥有法人财产权，存续期间，学校所有资产由学校依法管理和使用，任何组织和个人不得侵占、挪用、抽逃。营利性民办学校举办者不得抽逃注册资本，不得用教育教学设施抵押贷款、进行担保。营利性民办学校办学结余分配应在年度财务结算后进行。

第六章 信息公开

第四十一条 营利性民办学校应当依据法律法规建立信息公开制度及信息公开保密审查机制，公开的信息不得危及国家安全、公共安全、经济安全、社会稳定和学校安全稳定。

第四十二条 营利性民办高等学校信息公开内容应当执行《高等学校信息公开办法》等国家有关规定，其他营利性民办学校信息公开办法另行制定。

第四十三条 营利性民办学校应当按照《企业信息公示暂行条例》规定，通过国家企业信用信息公示系统，公示年度报告信息、行政许可信息以及行政处罚信息等信用信息。

第四十四条 营利性民办学校信息公开内容应当通过学校网站、信息公告栏、电子屏幕等场所和设施公开，并可根据需要设置公共阅览室、资料索取点方便调取和查阅。除学校已经公开的信息外，社会组织或者个人可以书面形式向学校申请获取其他信息。

第七章 变更与终止

第四十五条 营利性民办学校分立、合并、终止及其他重大事项变更，应当由学校董事会通过后报审批机关审批、核准，并依法向市场监管部门申请变更、注销登记手续。其中，营利性民办本科高等学校分立、合并、终止、名称变更由国务院教育行政部门审批，其他事项变更由市政府核准。

第四十六条 营利性民办学校分立、合并、终止及其他重大事项变更，应当制定实施方案和应急工作预案，并按隶属关系报学校主管部门备案，保障学校教育教学秩序和师生权益不受影响。

第四十七条 营利性民办学校申请分立、合并的，审批机关应当自受理之日起3个月内以书面形式答复；其中申请分立、合并民办高等学校的，审批机关可以自受理之日起6个月内以书面形式答复。

营利性民办学校申请变更为其他层次、类别的民办学校，审批机关应当自受理之日起3个月内以书面形式答复；其中申请变更为民办高等学校的，审批机关可以自受理之日起6个月内以书面形式答复。

第四十八条 营利性民办学校有下列情形之一的，应当终止：

（一）根据学校章程规定要求终止，并经审批机关批准的。

（二）被吊销办学许可证的。

（三）因资不抵债无法继续办学的。

营利性民办学校终止时，应当切实保障师生和相关方面权益。

第四十九条 营利性民办学校终止时，应当依法进行财务清算，并按照下列顺序清偿：

（一）应退受教育者学费、杂费和其他费用。

（二）应发教职工的工资及应缴纳的社会保险费用。

（三）偿还其他债务。

学校清偿上述债务后的剩余财产，按照《中华人民共和国公司法》的有关规定处理。

第五十条 营利性民办学校终止时，应当及时办理建制撤销、注销登记手续，将学校办学许可证正副本、印章交回原审批机关，将营业执照正副本交回原登记管理机关。

第五十一条 营利性民办学校发生分立、合并、终止等重大事项变更，学校党组织应当及时向上级党组织报告，上级党组织应当及时对学校党组织的变更或者撤销作出决定。

第八章　监督与责任

第五十二条　教育、人力社保部门依据《中华人民共和国民办教育促进法》规定的权限，对营利性民办学校实施年度检查制度。市场监管部门对营利性民办学校实施年度报告公示制度。

第五十三条　教育行政部门应当加强对实施学历教育的营利性民办学校执行电子学籍和学历证书电子注册制度情况的监督，对非法颁发或者伪造学历证书、学位证书的营利性民办学校依法予以处理。

第五十四条　教育、人力社保部门、市场监管或者其他相关部门对违反党的教育方针，因学校责任造成教育教学及安全事故，虚假广告宣传、违规招生，办学条件不达标、存在安全隐患，教育质量差、教学秩序混乱，财务管理混乱、侵害法人财产权，违规发放证书等行为依法予以处理。

第五十五条　未依法取得办学许可而擅自举办学历教育、学前教育、自学考试助学、其他文化教育的民办学校的，由所在地的教育行政部门会同同级公安、市场监管等有关部门依照《中华人民共和国民办教育促进法》等规定处理；未依法取得办学许可而擅自举办以职业技能为主的职业资格培训、职业技能培训的民办学校的，由所在地的人力社保部门会同同级公安、市场监管等有关部门依照《中华人民共和国民办教育促进法》等规定处理。

第五十六条　教育督导部门依法建立健全民办学校督导制度，将营利性民办学校办学行为纳入督导范围。组织或者委托第三方社会组织定期进行办学水平、教育教学质量和公众满意度评估，并向社会公布评估结果。教育、人力社保部门根据评估结果，对办学质量不合格的学校依法予以警告、限期整改直至吊销办学许可证。

第五十七条　民办学校有下列情形之一的，其举办者不得再举办或者参与举办营利性民办学校：

（一）法人财产权未完全落实。

（二）民办学校属营利性的，其被列入企业经营异常名录或严重违法失信企业名单。

（三）办学条件不达标。

（四）近2年有年度检查不合格情况。

（五）法律法规规定的其他情形。

第五十八条　营利性民办学校董事、监事以及行政管理人员执行学校职务时违反法律法规或者学校章程的规定，给学校造成损失的，应当承担赔偿责任。

第九章　附则

第五十九条　本办法所称民办学校包括实施学历教育、学前教育、自学考试助学、其他文化教育的民办学校及民办教育机构，以及实施以职业技能为主的职业资格培训、职业技能培训的民办学校及民办教育机构。

第六十条　本办法由北京市教育委员会、北京市人力资源和社会保障局、北京市市场监督管理局负责解释。

第六十一条　本办法自印发之日起实施。

北京市教育委员会
北 京 市 公 安 局
北京市交通委员会

关于印发《中小学校周边交通综合治理工作方案》的通知

京教勤〔2018〕43 号

各区教委、交通行政主管部门、公安交通支队、公安分局内保部门：

为贯彻陈吉宁市长 10 月 16 日在市交通综合治理领导小组第三次会议上的指示要求，落实《2018 年北京市缓解交通拥堵行动计划》和市交通综合治理领导小组会议有关任务分解方案，缓解学校周边交通拥堵状况，保证广大中小学生上下学交通安全，市教委、市公安局和市交通委联合研究制定了《中小学校周边交通综合治理工作方案》，请各单位按照方案要求部署落实。各单位要认真研究本区域的交通状况，细化本区域的中小学校周边交通综合治理工作实施方案，明确责任分工，加强校园周边交通综合治理，确保工作取得实效。

2018 年 11 月 28 日

中小学校周边交通综合治理工作方案

为贯彻陈吉宁市长在市交通综合治理领导小组第二、三次会议上的指示要求，落实《2018 年北京市缓解交通拥堵行动计划》和市交通综合治理领导小组会议有关任务分解方案，缓解学校周边交通拥堵状况，保证广大中小学生上下学交通安全，特制定《中小学校周边交通综合治理工作方案》。具体如下：

一、目标任务

结合全市教育系统实际和各区学校特点，认真落实市交通综合治理领导小组第三次会议关于“加强学生公德教育，更多发挥学校、学生、家长的主观能动性，共同维护校园周边交通秩序，缓解交通拥堵”的分工任务，强化教育管理，强化主体责任，强化综合治理，在总结前期城五区开展缓解学校周边交通拥堵试点工作基础上，全面组织全市教育系统开展学校周边交通综合治理工作，通过“共同参与、齐抓共管、共建共治”，努力使学校周边交通拥堵状况得到明显改善。

二、重点任务

（一）加强学生公德教育

将遵守交通安全法规、倡导文明绿色出行纳入学校德育和安全教育课程教材，每学期开学第一个月组织开展以遵守交通安全法规和文明绿色出行为重点的“安全教育月”活动，通过德育课、法治课、安全课、宣传栏、板报、标语、校园网、微信群、班队会、宣讲活动、国旗下讲话等多种形式，充分发挥法制副校长、交通文明宣讲员、社区民警、志愿者作用，开展丰富多彩的交通安全和文明绿色出行教育，提高全体学生在遵守交通法规、文明绿色出行方面的意识，提高自我防护能力。

责任单位：市教委、区教委、各学校

（二）加强学生日常行为规范管理

将遵守交通安全法规、维护学校周边交通秩序纳入中小学养成教育三年行动计划和学生日常行为规范管理，学校成立校园交通安全督查队，每天上下学高峰期间检查接送学生车辆是否遵守学校门前停车规定，对违规停车的车辆在学校范围内进行通报，对有关学生加强教育引导，并告知家长遵守学校门前停车相关要求，确保学生上下学安全快速集散。

责任单位：市教委、区教委、各学校

（三）加强对家长的交通文明引导教育

充分发挥家长学校作用，通过家长会、小手拉大手、家长微信群、致家长的一封公开信等形式，引导家长提高公德意识，自觉带头安全文明出行、绿色低碳出行，在接送孩子上下学时，遵守交通规则，不在学校门前划定区域内乱停乱放车辆，自觉维护上下学交通秩序。

责任单位：市教委、区教委、各学校

（四）鼓励有条件的学校实行错峰上下学

有条件的学校要根据本校实际，结合下午三点半课后活动安排，实行错峰上下学制度，安排学生分学段、分班级错峰上下学，分散化解学生集中入校离校压力，减轻上下学高峰期间家长接送学生造成的交通拥堵状况。

责任单位：市教委、区教委、各学校

（五）进一步完善义务教育阶段就近入学制度

继续完善义务教育阶段入学办法，加强政府统筹，强化部门联动，严格入学程序，规范入学工作，进一步提高全市中小学免试就近入学比例，为改进校园周边交通组织形式提供条件保障。

责任单位：市教委、区教委、各学校

（六）加强校门值班管理

强化校门值班制度，在上下学高峰期间，学校要组织带班领导、值周教师、保安员、家长志愿者，护导学生安全有序入校离校，配合属地公安交管部门安全有序疏导师生及车辆，共同维护校园门前交通秩序。严格学校车辆进出管理，结合学校自身条件实现人车分流。

责任单位：市教委、区教委、各学校

（七）坚持小黄帽路队制

学校要结合本校情况落实小黄帽路队制，要求学生上下学统一佩戴市教委统一配发的小黄帽，在教师的带领下整齐列队过马路，过马路要走人行道，遵守信号指示标志，在马路上行走要遵守行人规范。实行班主任放学制度，每天由班主任将学生列队带到指定地点，实行手递手方式进行放学，组织家长到指定地点接孩子，保证学生安全和道路通畅。

责任单位：市教委、区教委、各学校

（八）大力整治学校门前及周边交通秩序

落实中小学、幼儿园校园出入口两侧 50 米范围内不得施划道路停车泊位措施。按照规范设置禁停标志标线，前方学校注意儿童或注意行人标志，施划人行横道，完善交通监控设备等交通安全设施，保证学校门前学生上下学安全通道安全。建立学生上下学高峰时段交警或协管员执勤制度，加大对上下学高峰时段学校门前及校园周边的维护管理力度，同时进一步突出对平峰时段学校门前及校园周边各类交通违法的执法处罚力度，重点治理车辆乱停乱放，最大限度净化周边交通环境。

责任单位：市公安交通管理局、区公安交通支队

（九）完善学校门前及周边交通安全设施

优化学校周边交通组织。加大公交供给，完善公交设施，优化学校周边公交站点设置；加强学校周边停车管理；提高学校周边道路管养水平，完善交通设施。

责任单位：市交通委、各区交通行政主管部门

（十）强化学校上下学高峰勤务

严格按照《北京市公安局关于全市中小学幼儿园集中出入高峰时段安保勤务方案》《北京市公安局关于规范全市中小学幼儿园高峰勤务的通知》要求，落实校园周边“高峰勤务”“护学岗”制度，针对重点时段、重点学校，在保证上勤警力和时间的基础上，有针对性地将巡逻警力向交通拥堵问题突出的学校倾斜，提高巡逻密度和频次，及时发现处置各类涉嫌违法犯罪活动。

责任单位：市公安局内保局、区公安分局内保部门

（十一）加强各区政府对学校周边交通综合治理的统筹领导

将学校周边交通综合治理纳入全区交通综合治理整体工作，统筹教育、公安、交管、城管、交通执法等单位支持配合的长效协同机制，形成教育部门牵头、其他相关部门支持配合的学校周边交通综合治理工作格局。

责任单位：各区交通综合治理领导小组工作专班

三、工作要求

（一）高度重视，加强领导

各区教委要把学校周边交通综合治理工作作为“一把手工程”，列入本单位重要议事日程，明确分管领导和主责部门，加强对此项工作的领导。市教委成立由主要领导任组长、分管领导任副组长、相关处室任成员的工作领导小组，工作专班设在学校后勤处。各区教委要成立相应的工作机构，明确职责，细化分工，加强组织，专人联络，保障学校周边交通综合治理各项工作顺利开展。

（二）制定方案，狠抓落实

各区教委要按照全市统一部署及本方案要求，研究制定本区工作实施方案，指导学校“一校一案”制定校级缓解交通拥堵工作实施方案，建立工作台账制度和定期督促检查制度，创新工作方法，完善工作措施，狠抓工作落实，确保各项工作取得实效。市、区教委要建立专项工作定期报告制度，各区教委要将本区工作实施方案上报市教委备案，并按季度报送工作进展情况、存在问题及意见建议。市政府已将此项工作纳入督查考核，市教委将根据各区工作实施方案，加强对各区的督促检查和情况通报。

（三）加强宣传，营造氛围

各区教委要组织指导学校开展专题教育活动，传达上级要求，宣贯本区、本校工作实施方案，通过多种渠道、多种形式，积极开展针对校内校外、师生家长的缓解交通拥堵宣传，提倡文明交通行为，培养绿色出行习惯，提高交通安全素养，树立社会公德意识，形成共同维护学生交通安全和缓解交通拥堵的良好氛围。

北京市教育委员会

印发《关于支持和鼓励市属高校专业技术人员创新创业的实施办法》的通知

京教人〔2018〕32 号

各市属高校：

现将《关于支持和鼓励市属高校专业技术人员创新创业的实施办法》印发给你们，请结合实际，认真贯彻落实。

2018 年 12 月 2 日

关于支持和鼓励市属高校专业技术人员创新创业的实施办法

为落实《人力资源和社会保障部关于支持和鼓励事业单位专业技术人员创新创业的指导意见》（人社部规〔2017〕4 号）《中共北京

市委北京市人民政府关于全面深化新时代教师队伍建设改革的实施意见》(京发〔2018〕25号)《北京市教育委员会等六部门关于深化高等教育领域简政放权放管结合优化服务改革的实施意见》(京教策〔2018〕4号)等文件精神，激发专业技术人员创新活力和创业热情，健全以增加知识价值为导向的激励机制,促进人才合理流动。依据《北京市人力资源和社会保障局关于支持和鼓励高校科研机构等事业单位专业技术人员创新创业的实施意见》(京人社专技发〔2017〕117号)要求，结合北京市属高校的实际情况，现就支持和鼓励市属高校专业技术人员创新创业制定以下实施办法。

一、支持和鼓励专业技术人员兼职或在职创办企业

1. 市属高校专业技术人员在履行本校岗位职责、完成本职工作的前提下，个人书面提出申请，按人事管理权限经批准后，可利用本人及其所在团队科技成果到与本校业务领域相近的企业、事业单位、社会组织等机构兼职或者在职创办企业，并按规定获取相应报酬。市属高校应当将专业技术人员兼职和在职创办企业情况在单位内部进行公示。

2. 市属高校须与申请兼职或者创办企业的专业技术人员签订协议，约定兼职期限、保密等事项，作为聘用合同的补充条款，也可以约定知识产权保护等事项。创业项目涉及市属高校知识产权、科研成果的，市属高校、专业技术人员、相关企业应按国家和本市有关规定订立协议，明确权益分配等内容。

3. 兼职或者创办企业期间取得的业绩，可作为其职称评审、岗位聘用、考核奖励等重要参考依据。

4. 兼职或者创办企业期间自愿流动到兼职单位或者企业的，市属高校应按有关规定及时与其解除聘用合同并办理相关手续。

5. 兼职或者创办企业专业技术人员在兼职单位或者企业工作期间发生工伤的，由原市属高校申请工伤认定，并按相关规定承担相应工伤保险责任。

6. 国家和本市对市属高校领导人员兼职或者创办企业另有规定的，从其规定。

二、支持和鼓励市属高校设置流动岗位

7. 市属高校可根据工作需要设置流动岗位，聘用有创新实践经验的企业家、科技人才、管理人才、海外高水平创新人才到本校兼职（工作）。流动岗位不受本单位岗位总量限制，不占本单位高级岗位职数。

8. 市属高校须与流动岗位人员签订协议，约定工作期限、工作内容、工作时间、工作要求、工作条件、保密、报酬等；也可签订协议，约定成果归属、收益分配等知识产权保护事项。

9. 流动岗位人员通过公开招聘、人才项目引进等方式被市属高校正式聘用的，其兼职经历以及在原单位的专业技术职务资历，可作为市属高校评聘相应专业技术职务的重要参考依据。

三、支持和鼓励专业技术人员在岗开展科技成果转化、到企业挂职或参与项目合作

10. 市属高校可根据工作需要设立科技成果转化岗位，用于科研人员进行应用技术研究、项目开发与技术合作、成果推广转化，与企业进行产业化合作等工作。具体实施工作按照《北京市高等学校、科研机构设立科技成果转化岗位实施细则》（京人社专技发〔2014〕244 号）执行。市属高校可根据工作需要，按规定申请设置特设岗位，聘用急需紧缺高层次人才创新创业。特设岗位不受岗位总量和结构比例限制，对特设岗位聘用人员可实行年薪制、项目工资、协议工资等灵活分配方式。

11. 市属高校应充分发挥公共服务职能，按照创新创业要求和与本单位业务领域相近企业的需求，与企业合作建立科技创新及转化平台和机制，积极选派和鼓励符合条件的专业技术人员到企业挂职或者参与项目合作。

12. 市属高校须与挂职或者参与项目合作人员变更原聘用合同，约定岗位职责和考核、工资待遇等事项，也可以订立协议，约定成果归属、收益分配等知识产权保护事项。市属高校、专业技术人员、企业应按国家和本市有关规定，约定工作期限、报酬、奖励等权利义务；也可以约定依据专业技术人员服务形成的新技术、新材料、新品种的归属，以及成果转让、开发收益等知识产权保护事项。

13. 挂职或者参与项目合作人员与原市属高校其他在岗人员同等享有参加专业技术职务评聘和岗位等级晋升等方面的权利，取得的业绩，可作为其职称评审、岗位聘用、考核奖励等重要参考依据。

14. 挂职或者参与项目合作期间自愿流动到企业的，市属高校应按有关规定及时与其解除聘用合同并办理相关手续。

15. 挂职或者参与项目合作人员在企业工作期间发生工伤的，由原市属高校申请工伤认定，并按有关规定承担相应的工伤保险责任。

四、支持和鼓励专业技术人员离岗创业

16. 市属高校专业技术人员，个人书面提出申请，按人事管理权限经批准后，可携带科研项目和成果离岗创办科技型企业或者到企业开展创新创业工作（以下简称“离岗创业”）。

17. 市属高校须与离岗创业人员订立离岗协议，约定离岗事项、离岗期限、基本待遇、保密等内容，明确双方权利义务，同时相应变更原聘用合同。也可以就成果归属、收益分配等知识产权保护事项订立协议。离岗创业项目涉及原市属高校知识产权、科研成果的，市属高校、离岗创业人员、相关企业可按国家和本市有关规定订立协议，明确收益分配等内容。

离岗创业期限为 3 年。确因工作需要延长离岗创业期限的，按国家有关规定，可相应延长，但最长不超过 5 年。

18. 离岗创业人员与原市属高校其他在岗人员同等享有参加专业技术职务评聘和岗位等级晋升的权利，离岗期间取得的业绩，可作为其职称评审、岗位聘用、考核奖励等重要参考依据。离岗创业人员不占原单位专业技术岗位职数。

19. 离岗创业人员的工资福利、考核、社会保险和住房公积金按以下办法处理：

（1）原市属高校与离岗创业人员协商后可发放国家规定的基本工资。

（2）离岗创业人员应每年向原单位报告创业情况，作为其年度考核的重要依据。年度考核由所在企业提出考核建议，原市属高校确定考核等次。年度考核结果为合格及以上等次，正常晋升薪级工资。创业业绩突出，年度考核被确定为优秀等次的，不占原市属高校年度考核优秀比例。年度考核结果为不合格等次的，由原市属高校决定离岗创业人员停止创业，并按市属高校工作人员考核相关规定处理。

（3）社会保险、职业年金、住房公积金中单位缴纳的部分，仍由原市属高校缴纳；个人缴纳的部分，由离岗创业人员按约定时间交给原市属高校代缴（或在发放的基本工资内代为扣缴）；离岗期间，原市属高校按本人离岗前缴费基数按月为其缴纳社会保险费、职业年金、住房公积金；遇有国家基本工资调整时，相应调整缴费基数。

（4）企业应为离岗创业人员缴纳工伤保险。离岗创业人员在企业工作期间发生工伤的，由其所在的企业申请工伤认定，并按相关规定承担相应的工伤保险责任。工伤保险支付费用按照我市有关规定执行。

（5）离岗创业人员其他福利待遇，由原市属高校与离岗创业人员协商确定。离岗创业期间达到国家规定退休条件的，原市属高校应当及时为其办理退休手续。

20. 离岗创业期间违反事业单位工作人员管理相关规定的，按照《事业单位人事管理条例》等相关政策法规处理。

21. 市属高校在岗位总量已满的情况下，对离岗创业人员离岗创业期间空出的岗位，确因工作需要，经同级人力社保部门同意，可按有关规定用于聘用急需人才。离岗创业人员返回的，如无相应岗位空缺，可暂时突破岗位总量聘用，并逐步消化。

22. 离岗创业期间或期满愿意回原市属高校的，应提前30日向原市属高校提交书面申请。返回原市属高校时，原市属高校应按其专业技术职务做好相应的岗位聘用工作，双方协商变更聘用合同。离岗创业期间视为原市属高校工作年限。按规定缴纳社会保险和职业年金的，离岗创业年限可视为连续工龄。

23. 离岗创业期满无正当理由未按规定返回原市属高校的，原市属高校可依据相关规定与其解除聘用合同并办理相关手续。

24. 离岗创业期满后自愿流动到企业的，市属高校应按有关规定及时与其解除聘用合同并办理相关手续。

25. 承担涉及国防、国家安全等工程和项目的专业技术人员离岗创业的，按照国家和本市有关规定执行。

26. 具有专业技术职务的领导人员，辞去领导职务后可申请离岗创业。返回时，原市属高校应按其相应专业技术职务做好岗位聘用工作。国家和本市对事业单位领导人员离岗创业另有规定的，从其规定。

27. 离岗创业人员与原市属高校解除聘用合同流动到企业的，原市属高校有空缺岗位时，愿意返回原市属高校工作且符合岗位聘用条件的，可按有关规定优先聘用。

28. 从事科技管理工作、具有科技成果推广转化能力的管理人员，可参照本意见申请离岗创业。返回时，原市属高校应按其相应管理岗位等级做好岗位聘用工作。

五、组织实施

29. 市属高校应充分认识支持和鼓励专业技术人员创新创业的重要意义，要解放思想，大胆创新，自主制定支持和鼓励专业技术人员兼职或在职创办企业、设立流动岗位吸引优秀人才到本校兼职、本校专业技术人员在岗开展科技成果转化与到企业挂职或参与项目合作、本校专业技术人员离岗创业等具体实施办法；加强政策宣传，加大政策支持力度，为引导和支持创新创业营造良好环境；加强指导和服务，为人才合理流动创造有利条件，合力激发释放人才创新创业活力，促进京津冀协同发展。

30. 市属高校应发挥在首都创新体系建设中重要作用，不断完善激励政策和保障措施，充分调动专业技术人员创新创业积极性，切实解决他们的后顾之忧；加强规范管理，建立健全内部管理制度，规范程序，严禁徇私舞弊、弄虚作假的情况发生。如未按上述规定执行的，应按照有关规定给予处理，确保创新创业工作顺利推进。要定期将创新创业人员情况按程序报市教委及市人力社保局备案；要及时研究解决政策实施过程中遇到的新情况、新问题，重大问题及时向市人力社保局报告。

本文自发布之日起执行。

附件：1. 北京市属高校专业技术人员创新创业申请表（略）

2. 北京市属高校专业技术人员创新创业情况统计表（略）

2018 年 12 月 2 日

北京市教育委员会
北 京 市 财 政 局

关于印发《北京高校一流大学和一流学科建设管理办法》的通知

京教研〔2018〕13 号

各有关高等学校：

现将《北京高校一流大学和一流学科建设管理办法》印发给你们，请结合实际，认真贯彻落实。

2018 年 12 月 5 日

北京高校一流大学和一流学科建设管理办法

第一章　总则

第一条　为贯彻落实《国务院关于印发统筹推进世界一流大学

和一流学科建设总体方案的通知》（国发〔2015〕64 号）和《中共北京市委、北京市人民政府印发〈关于统筹推进北京高等教育改革发展的若干意见〉的通知》（京发〔2018〕12 号）精神，加快推进北京高校一流大学和一流学科建设，推动北京高等教育内涵发展，全面提升北京高校学科专业整体实力和水平，特制定本办法。

第二条 北京高校一流大学和一流学科（以下简称“双一流”）建设的主要对象包括教育部、财政部、国家发展改革委公布的世界一流大学和一流学科，北京高校“高精尖”学科、北京高校“一流专业”和地方高水平大学。

第三条 “双一流”建设旨在结合北京高等教育实际，充分整合优质资源，汇聚各方力量，鼓励和支持高校按照首善标准、一流目标合理定位，坚持内涵发展、特色发展、差异化发展，引领具有中国特色一流大学的发展模式。

第四条 “双一流”建设应坚持人才培养、学术团队培育、科研创新“三位一体”，聚焦国家战略和北京发展，全面融入“四个中心”建设，遵循学科和专业发展规律，着力凝练学科方向，创新学科组织模式，优化调整学科专业结构，建设一批一流学科和一流专业；引导高校以一流学科和一流专业为引领，辐射带动相关学科专业水平提升，形成重点明确、层次清晰、结构协调、互为支撑的学科专业体系，更好地服务国家和北京市经济社会发展。

第二章　组织实施

第五条 “双一流”建设实行项目管理，按照“分类指导、突出重点、平等竞争、动态发展”的原则进行建设。建设周期一般为五年。

第六条 “双一流”建设实行北京市相关管理部门、高等学校和学科专业实施主体三级管理，以学科专业实施主体为基础，以学科专业所在高等学校为依托，北京市有关管理部门统筹组织。

第七条 市教委及北京市其他有关部门组成北京市“双一流”建设领导小组，负责“双一流”建设总体规划、政策指导和监督管理，组织开展项目建设的评估评审、绩效管理和结果应用。市教委负责“双一流”建设的日常组织管理工作。

第八条 高校是“双一流”建设的责任主体，应加强领导，明确学科专业管理部门，统筹制订并组织实施本校“双一流”建设总体规划；建立健全有利于“双一流”建设发展的体制与机制，增强对国内外优秀人才的吸引力和凝聚力；负责筹措和落实“双一流”建设资金；监督管理建设实施过程，保证建设目标的完成；配合市教委做好“双一流”建设评估、考核和检查工作，及时向市教委报告建设工作有关情况。

第九条 各建设学科专业是“双一流”建设项目的实施主体。要准确把握学科专业发展方向与发展机遇，制订本学科专业建设规划；组织落实本学科专业的人才培养、科学研究、队伍建设、平台建设、学术交流、社会服务等工作；制订本学科专业建设资金使用方案并负责实施，确保完成建设目标；接受管理部门对本学科专业的定期评估、检查和考核工作。

第三章 建设管理

第十条 “双一流”建设要以一流为目标、以学科专业为基础、以绩效为杠杆、以改革为动力，聚焦建设一流师资队伍、培养拔尖创新人才、提升科学研究水平、传承创新优秀文化、着力推进成果转化等重点建设任务。

第十一条 市教委根据国家“双一流”建设要求和北京市经济社会发展需要，组织高校制定建设方案（一流大学整体建设方案或分学科专业建设方案），高校根据自身实际，确定建设思路、建设目标、建设路径和建设任务。

第十二条 “双一流”建设高校，应完善内部治理结构，探索构建学科专业管理运行新模式，着力破解体制机制障碍，加快实现重点领域和关键环节突破，释放和激发学科专业建设活力。重视学科专业交叉融合，积极开展与政府、科研院所、行业企业和其他高校的合作，协同推进高校学科专业发展。

第十三条 “双一流”建设学科专业，应以国内外同类领先学科专业为目标，强化对标管理，突出建设实效。坚持以绩效为杠杆，完善激励惩戒机制，激发内生动力，加快跨越发展，实现资源配置与建设绩效挂钩的良性互动。针对学科专业特点，改进分类管理办法，分类制定建设目标，分类核定支持标准和考核办法。

第十四条 “双一流”建设实行专项拨款，由高校按专项经费列入本校年度财务预算，报送市教委审核，市教委审定后纳入年度预算。预算与经费使用按照市财政局、市教委《北京高校“双一流”建设资金管理办法》相关要求执行。

第四章 评估考核

第十五条 北京市“双一流”建设采取日常指导和定期评估相结合的方式，遵循动态管理原则，形成激励约束机制，增强建设实效。市教委参照教育部学科评估指标体系等有影响力的第三方评价，按照结果导向组织开展“双一流”建设项目的中期评估、绩效跟踪、期末绩效评价。

第十六条 建设中期，建设高校根据建设方案对建设情况进行自评，对改革的实施情况、建设目标和任务完成情况、资金使用情况等进行分析，发布自评报告。市教委组织专家对照高校的建设方案和自评报告，提出中期评估意见。市教委会同市财政局根据中期评估结果对支持力度进行动态调整。

第十七条 “双一流”建设期末，建设高校需进行全面自评，并向市教委提交自评报告和验收申请，市教委组织专家或委托第三方机构进行期末绩效评价（评价结果分为优秀、良好、合格和不合格），根据建设成效和评价结果，动态调整下一周期的支持力度和范围。评价的主要内容是“双一流”建设任务完成情况、建设目标达成情况以及经费使用情况等。

第十八条 “双一流”建设项目应按照有关规定加强信息公开，及时将建设进展、建设成效及资金使用情况进行公开公示，接受监督检查。

第五章　附则

第十九条　本办法由市教委、市财政局负责解释。

第二十条　本办法自 2019 年 1 月 1 日起施行。

北京市教育委员会

印发《关于政府购买公共教育服务的实施方案》的通知

京教财〔2018〕12 号

市属各高等学校、中等专业学校、直属事业单位，各处室：

为进一步完善我委政府购买公共教育服务工作，我委对《北京市教育委员会关于政府购买公共教育服务的实施方案》进行了修订，现将修订后的《北京市教育委员会关于政府购买公共教育服务的实施方案》印发给你们，请结合实际，认真贯彻落实。

2018 年 12 月 21 日

北京市教育委员会
关于政府购买公共教育服务的实施方案

为贯彻落实党中央、国务院及北京市关于向社会力量购买服务有关文件精神，进一步推进我委政府购买公共教育服务工作、创新公共服务提供方式、提高服务质量和效率，加强政府购买公共教育服务资金管理、规范政府购买公共教育服务工作的实施，结合我委工作实际，经研究制定本实施方案。

一、工作目标

全面贯彻落实党的十九大和习近平总书记系列重要讲话精神，认真落实党中央、国务院决策部署，结合推进事业单位政府购买服务改革工作，进一步转变政府工作职能，深化简政放权、放管结合、优化服务改革、创新公共服务供给模式，切实提高公共服务质量和水平。

进一步推进我委政府购买公共教育服务工作，根据我委实际情况，逐步加大政府购买公共教育服务支出比例，扩大政府购买公共教育服务的范围和规模，更好的发挥市场在资源配置中的决定作用。

积极推进公益二类事业单位政府购买服务改革，将现由公益二类事业单位承担并且适宜由社会力量提供的服务事项，纳入政府购买服务指导性目录，并根据条件逐步转为通过政府购买服务方式提供。

逐步完善和规范政府购买公共教育服务工作机制和工作程序，开展政府购买服务第三方绩效评价工作，切实提高财政资金的使用效益。到 2020 年，基本建立政府购买公共教育服务工作体系，形成与经济社会发展水平相适应的、符合我市教育事业改革发展方向和社会公众对公共教育服务需求的工作机制，不断提升政府购买公共教育服务质量。

二、购买主体

购买主体包括北京市教育委员会机关和按照事业单位分类改革政

策规定划为承担行政职能的事业单位（以下简称“各购买主体”）。

三、承接主体

承接主体包括依法在民政部门登记成立的社会团体、基金会、社会服务机构等社会组织，以及经国务院批准免予登记但不由财政拨款保障的社会组织；按事业单位分类改革的政策规定，划为公益二类或从事生产经营活动的事业单位，以及依法在工商管理或行业主管部门登记成立的企业、机构等社会力量。

四、购买公共教育服务的主要内容

结合我委工作实际，各购买主体政府购买公共教育服务的内容是：符合我市教育事业改革发展方向和社会公众对教育服务的需求，适合采取市场化提供、社会力量能够承担的公共教育服务，具体包括以下内容：

（一）特色教育教学课程开发、引入与实施。指挖掘、整合高校、科研机构、企业等社会资源单位的各类教育教学资源，为学生提供更丰富的教育教学课程和活动，包括：

1. 初中开放性科学实践活动课程的组织与实施；

2. 中小学引入民办学校特色、优势课程的组织与实施；

3. 基础教育特色校本课程资源开发与实施；

4. 高校、社会力量参与中小学体育美育发展工作的组织与实施；

5. 学生健康教育工作的组织与实施；

6. 学生国防教育和军训教育教学工作的组织与实施；

7. 中小学创新型阳光体育运动推广工作的组织与实施；

8. 中高职学生创新创业教育课程的组织与实施；

9. 职业院校引进国外先进国家职业教育课程的组织与实施；

10. 学生法治教育培训课程开发和组织实施。

（二）学生体育、艺术等校外竞赛和活动的组织和实施。

1. 大中小学生运动会、篮球、排球等阳光体育运动项目的竞赛及活动的组织与实施；

2. 大中小学生校园足球、冰雪运动的竞赛及活动的组织与实施；

3. 民族艺术进校园、高雅艺术进校园、大中小学生艺术节、学生演出季、国际青少年艺术周等活动的组织与实施；

4. 学生科技节、科普进校园、中小学创客秀等学生科技竞赛及活动的组织与实施；

5. 学生法治教育竞赛、活动的组织与实施；

6. 阳光少年等校外系列活动的组织与实施；

7. 中小学生语言能力提升竞赛、活动的组织与实施；

8. 学生学农教育等社会实践活动的组织与实施。

（三）教育政策、宣传与推广。指利用各类新闻媒体和各种宣传形式对北京市重大教育改革政策、方案、教育教学方式方法、教育管理体制改革等进行宣传、发布，包括：

1. 重大教育改革方案的宣传推广；

2. 重大教育教学方式方法的宣传推广；

3. 重大教育管理政策的宣传推广；

4. 教育服务信息、教育资讯的发布等。

（四）国际教育交流活动的组织和实施。

1. 大中小学生（含外籍和港澳台侨学生）在中国境内的中国文化体验活动的组织与实施；

2. 境外及港澳台师生来京交流活动的组织与实施；

3. 赴境外开展学生体育、艺术、科技等国际交流活动；

4. 赴境外参加中外学生技术技能大赛等文化交流活动。

（五）学生就业创业服务。指针对大学生就业、创业的指导与服务。

（六）公益性教育活动组织和实施。指面向社会的、不以营利为目的的各类教育活动的组织与承办实施，包括向社会公众提供的语言文字教育活动如市民语言文化大讲堂等。

（七）其他适宜由社会力量承担的公共教育服务事项。

五、购买计划

各购买主体开展公共教育服务中适合采取市场化提供、社会力量能够承担的公共教育服务原则上应做到“应买尽买”。对于新增的公共教育服务内容，凡适于以购买服务实现的，原则上都应通过政府购买服务方式提供。对应当由单位直接提供、不适合社会力量承担的公共教育服务，以及不属于政府职责范围的公共教育服务项目，不得向社会力量购买。对暂时未列入指导性目录又确需政府购买服务的事项，应当按程序报财政部门审核后才能实施。

六、购买方式

1. 纳入政府采购范围的政府购买公共教育服务项目，均应严格执行政府采购政策和工作流程。其中，达到政府采购限额标准的政府购买公共教育服务项目，按照《中华人民共和国政府采购法》《中华人民共和国招投标法》等管理办法的相关规定，应采用公开招标、邀请招标、竞争性谈判、单一来源采购、竞争性磋商等方式确定承接主体，严禁转包行为。对于未达到政府采购限额标准的政府购买公共教育服务项目，可以按照“公平、竞争、择优”的原则，按照各购买主体的内部采购管理规定执行，并按照合同管理的相关要求，与承接主体签订合同，明确所购买公共教育服务的范围、标的、数量、质量等要求，以及服务期限、资金支付方式、权利义务和违约责任等。

2. 逐步推进向公益二类事业单位购买公共教育服务。2020 年底前，实现凡是公益二类事业单位承担并且适宜由社会力量提供的服务事项，全部将财政拨款改为政府购买服务。市教委作为行政主管部门可以直接将项目委托给公益二类事业单位，并实行合同化管理。其中，采取直接委托购买服务项目，属于政府采购集中采购目录以内或者采购限额标准以上的，通过单一来源采购方式实施；已经采用竞争性购买方式的，各购买主体应当继续实行。同时，各购买主体应积极推进采取竞争择优方式向公益二类事业单位购买服务，逐步减少向公益二类事业单位直接委托的购买服务事项。

七、资金管理

政府购买公共教育服务所需资金坚决落实“费随事转”的原则，杜绝既出钱养人又花钱买服务的行为。按照现行预算管理办法列入各购买主体单位的部门预算，统筹管理。各购买主体单位应加强政府购买公共教育服务资金的管理，坚持先有预算、后购买服务，不得将政府购买服务项目作为增加预算单位财政支出的依据，严禁利用或虚构政府购买服务合同违法违规融资。提高政府购买公共教育服务资金的使用效益，按照市财政局印发的《北京市市级政府向社会力量购买服务预算管理办法》要求，认真开展政府购买公共教育服务资金的预算编制、预算执行等各项工作。

八、信息公开

对于政府购买公共教育服务项目，除按政府采购有关规定公开采购信息外，各购买主体还应就确定购买公共教育服务的采购需求在中国政府采购网、北京市政府采购网上征求公众意见，并将验收结果于验收结束之日起 2 个工作日内向社会公告。

九、监督检查和绩效评价

各购买主体应进一步建立健全监督检查机制，做好对政府购买公共教育服务工作的全过程监督。加大监督力度，保障政府购买服务工作规范开展。

各购买主体应按照绩效评价管理有关规定对政府购买公共教育服务项目实行绩效评价，每年应分别选取 2 个以上受益对象为社会公众、资金量大、社会关注度高的政府购买服务项目开展第三方绩效评价工作，并将绩效评价结果由单位内部逐步向社会公布，接受单位内部人员和社会的监督。

各购买主体要配合市财政局、市审计局对政府购买公共教育服务重点项目的监督检查和绩效评价，并将监督检查和绩效评价结果作为以后年度选定政府购买公共教育服务项目承接主体、安排项目预算资金的依据。

北京市教育委员会
北 京 市 财 政 局

关于印发《北京市初中开放性科学实践活动管理办法（试行）》的通知

京教基二〔2018〕24 号

各区教委、财政局，各有关单位：

为稳步推进初中开放性科学实践活动，进一步规范活动管理，市教委、市财政局制定了《初中开放性科学实践活动管理办法（试行）》，现印发给你们，请遵照执行。

2018 年 12 月 29 日

北京市初中开放性科学实践活动管理办法（试行）

第一章　总则

第一条　为发展素质教育，创新育人模式，培养学生创新精神、实践能力和社会责任感，北京市开展初中开放性科学实践活动（以下简称开放科学活动）。旨在立足丰富的科技教育资源，通过构建无边界、跨学科的学习服务平台，为全市初中学生提供优质、多元、丰富、生动的合作探究式科学实践活动。为规范活动管理，制定本办法。

第二条 开放科学活动是综合实践活动课程和社会大课堂实践育人体系的重要组成部分。学生在初中三年须完成10次开放科学活动，其中6次在市级资源单位完成，4次在区级资源单位完成，按要求完成学习取得的成绩纳入中招计分。此外，鼓励有兴趣的学生在市级资源单位可以选择参加10次以内的活动。

第三条 开放科学活动坚持立德树人，坚持公益导向，坚持安全第一，坚持开放自主，坚持科学创新，坚持动手实践等工作原则。

第四条 开放科学活动实施经费由市、区两级承担，纳入中小学生实践活动专项定额管理。

第二章 资源单位标准

第五条 市级资源单位从高等学校、科研院所等事业单位，以及从事科技研发、创新和非物质文化遗产承接企业中产生，同时近三年来应没有受到过行政管理（执法）机构的处罚。

第六条 活动场地条件参照《北京市民办教育培训机构办学标准（暂行）》，建筑面积应大于300平方米（不含300平方米），其中，教学用房建筑面积不少于办学场所总建筑面积的2/3，同一活动时段内生均面积不低于3平方米，安全、消防、环保、疏散等条件符合相关规定。高校、科研院所按实验室生均面积标准执行。周边环境好、交通便利，适宜学生前往开展活动。

第七条 配备具有教育经验的主讲和辅助人员，主讲人员须具有与课程内容匹配专业的中级以上职称，能够较好的完成课程组织实施，对学生进行指导。辅助人员须具有本科以上学历或初级以上职称，能配合主讲人员对学生进行指导。

第八条 具有符合学生身心特点和学习需要，达到国家或行业相关标准要求，安全环保的设施、设备、器材和耗材，各项隔离和防护装置安装到位。

第九条 具有完备、规范的管理体制，有工作方案、安全预案、实施细则等管理制度及工作流程，能够积极配合教育部门工作。财务管理体制完善，内部保障机制健全，产权清晰，运行良好，日常运转经费来源稳定。

第十条 具备课程设计开发、组织实施的能力和水平，课程应与其研究领域或经营范围契合。须符合初中物理、化学、生物等学科课程标准和综合实践活动指导纲要，具有较高科技含量，主题突出特色鲜明，强调培养学生实践能力和创新精神。每次活动时长 2 小时（计 3 学时），其中不少于 2/3 的时间用于学生动手实践和科学探究。

第三章 管理要求

第十一条 建立市、区、校三级管理机制，纳入市、区督导工作。市教委负责制定有关政策、标准、市级资源单位和活动课程的认定、宏观监管和指导等，成立开放科学活动工作小组，组建活动课程专家委员会，作为管理机构。区教委建立相应管理机制，负责区级资源单位和活动课程的认定及常规管理。学校建立工作小组，负责指导学生选课、进行安全教育、特殊情况处理等工作。

第十二条 建立市、区两级资源单位和活动课程目录，实行动态管理。市级资源单位通过政府采购方式，符合标准即可进入目录，每年组织 1 次，服务期限原则上为 3 年。单位首次进入目录须至少提供 1 个符合要求的课程。活动课程采用标准化审核，目录内单位课程的补充审查每年由专家委员会组织 2 次。

各区按照市级标准和要求组织本区资源单位和活动课程认定，主要为高中重点实验室、翱翔基地学校、少年宫、科技馆、职业学校等教育系统单位。

第十三条 市级开发统一的资源管理平台和学生实践活动服务记录平台，市、区资源单位和活动课程全部在平台发布，坚持以学生为本，指导学生根据兴趣和质量，自由充分进行选择。学生和教师通过平台预约、记录、评价课程，区教委和学校通过平台分析、监督活动情况，资源单位通过平台发布课程、记录考勤、上传任务单。

第十四条 建立动态评价机制。活动课程实行量化评价并确定等级，每个活动课程量化评分为学生评价平均分减去督查记分。督查记分由督查部门对组织管理、活动实施、场地环境及投诉等违规行为记分，满分 12 分。实时更新平台上课程的量化评分和等级，作为学生选课引导和经费核算的依据。

第十五条 建立退出机制。活动课程量化评分不及格或督查记满 12 分，撤出课程目录。资源单位出现时长不足、主讲教师与备案信息不符、存在安全隐患等问题，暂停服务并责令限期改正，逾期未改，撤出单位目录。出现安全事故、违法违规行为、社会影响恶劣事件等严重问题，撤出单位目录，在两年内不得进入目录。

第十六条 选课方式分为自主选课和送课到校。自主选课由学生根据兴趣自主选择，每个课程一般不超过 30 人，时间主要为周末、假期。送课到校适用于学生自行外出学习困难的边远山区学校、特教学校等，学校在学生选择基础上统一预约，资源单位组织师资、携带设备材料到校上课。学校采用送课到校方式、次数及其他特殊需求由区教委备案。

第十七条 学生参加同一资源单位课程原则上不超过 3 个，同一课程不得重复学习。市级资源单位原则上同一次课程中来自同校同班级的学生不超过 10 人。

第十八条 资源单位法定代表人是开放科学活动第一责任人，要切实保障课程的安全和质量。要严格保证活动时间，全程指导学生。不得转包或委托第三方组织课程，不得安排商业性内容，不得干预学生预约和评价。要认真履行承诺，据实记录情况，配合相关部门的监督和评价。

第十九条 开放科学活动组织实施工作是学校教育教学管理的重要内容，市、区两级组织专门团队，采用多种方式分别对各自认定资源单位和活动课程进行全过程监督。加强安全和质量管理，发现存在违规干预学生预约、评价等行为的，对涉及的资源单位要立即撤出目录，对涉及的学校或其他单位要启动问责机制并严肃处理有关人员。

第二十条 市教委将按照活动成本和实施情况，定期动态调整开放科学活动实施经费支付标准。

实施经费主要用于支持资源单位提供活动服务所支出的专家费、培训费、劳务费、资料费、印刷费、材料费等。学校教师承担任务开展活动课时费，由各区给予统筹。各项支出标准根据市区相关预算管理规定及政府采购要求执行。

每学期活动结束后由各区教委与市级资源单位据实集中结算实施经费。

第四章 附则

第二十一条 本办法适用于组织管理开放科学活动的市、区教委，学校等单位，参加活动的教师、学生，承担活动实施的资源单位以及其他相关单位。

第二十二条 本办法由市教委、市财政局按照各自职责分工进行解释，《北京市初中开放性科学实践活动项目管理办法（试行）》（京教财〔2017〕14 号）同时废止。

第二十三条 本办法自发布之日起施行。

综　合

北京市教育委员会文件选编

（2018）

中共北京市委教育工作委员会
北　京　市　教　育　委　员　会
北京市人民政府教育督导室

关于印发 2018 年工作要点的通知

京教工〔2018〕3 号

各区委教工委、区教委、区政府教育督导室，各高等学校，机关各处室，各直管直属单位：

现将《中共北京市委教育工作委员会北京市教育委员会北京市人民政府教育督导室 2018 年工作要点》印发给你们，请结合实际，认真贯彻落实。

中共北京市委教育工作委员会
北　京　市　教　育　委　员　会
北京市人民政府教育督导室
2018 年 1 月 11 日

中共北京市委教育工作委员会
北 京 市 教 育 委 员 会
北京市人民政府教育督导室
2018年工作要点

2018年全市教育工作的总体要求是：全面贯彻党的十九大精神，以习近平新时代中国特色社会主义思想为指导，贯彻党的教育方针，落实立德树人根本任务，按照教育部和市委市政府决策部署，坚持稳中求进工作总基调，强化问题导向，回应社会关切，补短板、优布局、提质量、促改革、重治理、强自身，推进首都教育现代化，办好人民满意的首都教育，切实发挥首都教育在“四个中心”建设中的基础和支撑作用。

一、深入学习宣传贯彻党的十九大精神，加强党对教育事业的领导

1. 深入学习宣传贯彻党的十九大精神。把政治建设放在首位，牢固树立“四个意识”，自觉维护以习近平同志为核心的党中央权威和集中统一领导。梳理总结、宣传推广教育系统学习贯彻党的十九大精神的措施办法和成效经验，深入推进党的十九大精神进教材进课堂进头脑，打造一批示范课堂和教学成果，形成一批工作品牌，抓好重点研究项目攻关，自觉用习近平新时代中国特色社会主义思想武装头脑、指导实践、推动工作。按照中央和市委统一部署，开展“不忘初心、牢记使命”主题教育，推进“两学一做”学习教育常态化制度化。

2. 加强工作统筹谋划。及时传达学习中央和市委重要会议、文件精神，把教育系统党的建设和思想政治教育、教育改革发展、安全稳定等各项工作放在全市大局中谋划。加强工作统筹，完善工委委员会、主任办公会、务虚会、专题会等议事制度，健全工作专班、专项小组、联席会议等多方协作的联动机制，完善党的建设和首都教育改革发展稳定各项工作部署会、座谈会、述职会等会议制度，充分发挥两委一

室参与的议事协调机构作用，形成纵向贯通、横向协同的工作格局。

3. 不断提高促改革的能力水平。履行好教育体制改革专项小组办公室职责，围绕落实中央和市委的改革部署，推动改革不断深化。加强改革顶层设计，研制出台《深化首都教育体制机制改革的实施方案》和《首都教育现代化 2035》。聚焦教育热点难点问题，协调有关部门和各区深入调查研究，提出改革方案。不断完善抓落实的工作机制和办法，把要求提实、考核抓实，推动改革事项落地生根，以实际成效迎接改革开放 40 周年。

二、坚定不移全面从严治党，不断提升基层党建工作质量

4. 加强高校思想政治工作。提升教师思想政治工作水平，研究制定《首都高校教师思想政治工作规划（2018—2022 年）》，组织评选首都高校思想政治工作实效奖，健全市校院（系）三级理论培训机制。加强和改进大学生思想政治教育，研究制定《首都大学生思想政治工作规划（2018—2022 年）》，实施社会主义核心价值观校园传播计划，扎实推进思想政治工作“难点攻关”计划 10 个重大项目。用好课堂教学主渠道，继续办好“名家领读经典”市级思政课，指导各高校开设思政公选课，开展教师集体备课、联合攻关、拔尖人才培养等工作，整体提升思政课教学质量。研究细化高校思想政治工作检查考核办法。

5. 加强领导班子和干部队伍建设。从严管理领导干部，抓紧抓实各级领导班子建设，研究制定《关于进一步加强市属高校领导班子建设的若干意见》。加大对高校贯彻落实民主集中制和党委领导下校长负责制的指导监督检查力度，实行清单管理。协助教育部、市委组织部选好用好高校领导干部，提升高校领导干部治校理教能力，举办市属高校正职领导干部研讨班、市属高校校级领导干部治校能力提升境外培训班、高校年轻处级干部培训班。启动实施干部储备计划，注重培养选拔优秀年轻干部，统筹做好机关、高校、直属单位干部交流。

6. 扎实推进基层党组织建设。抓好高校基层党建工作，加强深入指导和督促检查。继续实施北京高校党建难点项目支持计划。提升基层党组织组织力，研究制定《北京高校坚持和完善院（系）党政联席会议的实施意见》，健全院（系）党政联席会议制度。全面推开党支部规范化建设工作。试点建设基层党组织书记工作室，实施教师党支部书记“双带头人”培育工程。扎实推进中小学校和民办学校党的建设，研究制定《北京市中小学党建工作基本标准》《北京民办高校党建和思想政治工作评估指标体系》，向民办普通高等学校选派党组织书记。

7. 切实履行好党风廉政建设主体责任。加强党风廉政建设责任制落实情况日常检查考核，推进高校层层分解落实“两个责任”。持之以恒正风肃纪，坚决纠正“四风”问题特别是形式主义、官僚主义的新表现，坚决防止不良风气反弹回潮。抓好教育系统先进典型示范教育、重大案件警示教育和廉政教育，加强制度建设，以长效机制推进廉政风险防控。开展全面从严治党突出问题专项整治。落实党内监督职责，运用好监督执纪“四种形态”，抓早抓小，保持反腐败高压态势，强化责任追究。

8. 进一步做好统战、离退休干部和关心下一代工作。督促落实《关于加强和改进新形势下北京高校统一战线工作的意见》。建设高校党外代表人士和后备人才数据库。做好党外知识分子工作。研究制定《关于加强北京高校港澳台学生工作的意见》。以“学习新思想、跟上新时代、体验新生活、做出新贡献”为主题，加强离退休干部思想政治引领，做好服务保障工作，发挥离退休干部作用。办好北京教育老干部大学和老干部党校。加强高校二级关工委建设，推进职业院校关工委工作，加强民办高校关工委基层组织建设。

9. 切实维护教育系统安全稳定。牢固树立总体国家安全观，深入推进“平安校园”建设。加强安全教育，提升自救自护意识和能力。做好中小学幼儿园视频监控建设联网工作，提高校园安全设施建设和管理水平。持续推进学校实验室危险化学品治理三年行动计划。健全防治协调机制，坚决遏制校园欺凌和暴力。做好涉校矛盾纠纷排查化解工作，加强突出情况通报核查。高度重视各类涉及师生切身利益的突发问题，加强工作指导和应急响应，强化风险防控。加强高校课堂讲座、校报校刊和校园网等阵地管理，完善高校意识形态领域舆情监测机制。

三、创新育人方式，促进学生全面发展

10. 构建立德树人系统化工作机制。着力构建以社会主义核心价值观为引领的大中小幼一体化德育体系。落实《中小学德育工作指南》，加强德育课程课堂教学指导，开发中小学德育一体化地方课程教材。落实《北京市中小学养成教育三年行动计划（2017—2019年）》。健全德育管理工作机制，建立学生思想道德水平测评制度。加强中小学心理健康教师和优秀班主任队伍建设，成立“紫禁杯”优秀班主任工作室。研究出台《北京市关于加强家庭教育工作的指导意见》，推动学校、家庭、社会协同育人。

11. 完善实践育人体系。落实《关于依托社会大课堂完善中小学实践育人体系的指导意见》，统筹优化实践活动的组织管理。建立社会大课堂资源单位动态管理制度。继续实施“一十百千”工程，组织开展中小学生“四个一”活动、“博物馆之春”、志愿服务、游学等活动。进一步加强学农、学工基地建设，组织实施初中学农、学工实践活动。继续推进初中综合社会实践活动。实施本科教育教学重点实验室建设计划、共享实习实训基地建设计划。推动高校加大学生实习实践比重，强化实习整体设计及过程管理。

12. 全面提升学生的综合素养。提升体育课堂教学质量，强化课外体育锻炼，健全竞赛活动体系，加快发展校园足球，大力推广冰雪运动。落实《“健康中国2030”规划纲要》要求，提高学生身体素质和健康水平。完善学校美育课程体系，切实改进美育教学，推进戏曲进校园，扩大民族艺术进校园活动受益面。深入推进高等学校、社会力量支持小学体育美育发展，在义务教育阶段学校全面实施课外活动计划，注重引导优质资源支持农村地区学校体育美育改革发展。优化校外教育资源供给，增强科技教育的科普性和创新性。加强国防教育科学化、规范化建设。

13. 推进人才培养模式创新。创新优质前沿科学教育资源供给方式，加强初中开放性科学实践活动项目建设，探索构建开放性新型学校形态，继续开展雏鹰计划、翱翔计划和超常儿童早期培养实验，形成既面向全体又为有特长学生打通高水平发展通道的创新人才培养金字塔。继续扩大中高职“3+2”衔接，稳步推进高端技术技能人才贯通培养试验，主动对接应用技术型本科高校，系统设计人才培养方案。

持续实施北京高校高水平人才交叉培养计划，整合优化高层次人才培养机制。推动高校研究生教育综合改革创新，加强产学研联合、国内外联合研究生培养基地建设。

14. 深化课程教材改革。召开基础教育数学、语文等学科教学会议，促进课堂教学提质增效。制定北京市贯彻落实《关于加强和改进新形势下大中小学教材建设的意见》的实施办法，加强教材管理。指导各区建立校本教材审核机制。落实教育部新修订普通高中课程方案和课程标准，研制本市普通高中课程实施方案和教学指导意见。合理运用多样化教学方式，关注学生实践获得，做好课程教学与中高考改革衔接工作。多措并举，减轻中小学生过重课外负担。

15. 稳步推进考试招生制度改革。进一步完善义务教育入学规则，巩固义务教育就近入学成果。探索本市户籍无房家庭承租人子女在承租区接受义务教育办法。公办义务教育学校寄宿制招生实行登记入学，城区逐年减少、逐步取消公办学校寄宿制招生。严格执行民办中小学招生简章和广告备案制度，民办中小学招生实行登记入学，优先招收其审批机关所在区域内学生。加大市级统筹优质高中招生计划精准分配力度，确保一般公办初中升入优质高中机会达到 40%。制定落实进一步推进高中阶段学校考试招生制度改革的实施意见，开展自主招生、集团直升等试点评估。研究制定高考综合改革有关配套政策。严格规范中小学生学籍管理。

四、优化资源供给，推进各级各类教育协调发展

16. 推动学前教育普及普惠。落实第三期学前教育行动计划，坚持公办民办并重，大力发展普惠性幼儿园，年内新增学位 3 万个左右。加大无证幼儿园治理力度，规范一批，取缔一批。出台加强学前教育管理的若干意见，加强监管，强化举办园者主体责任，落实政府部门监管责任，引导家长参与管理。扩大幼儿教师的培养规模，提升整体素质。贯彻落实好 3—6 岁儿童学习与发展指南，坚决纠正“小学化”倾向。扩大早期教育和特殊儿童随班就读的服务范围。

17. 推动基础教育“增量、提质、均衡、公平”。在城市发展新区和生态涵养区启动新建 10 所左右示范性学校。持续实施第二阶段扩优改革，加大对郊区优质教育资源改革的专家指导和支持力度，优先支持农村学校办学质量提升，推进城乡义务教育一体化。推进义务教育学校管理标准化建设，完善义务教育阶段学生综合素质评价体系。优化普通高中布局结构，扩大优质高中规模，促进特色高中建设。稳步推进随迁子女自办学校治理工作。

18. 推动高等教育内涵、特色、差异化发展。制定落实《关于统筹推进北京高等教育改革发展的若干意见》，引导市属高校坚持以人才培养为核心，紧紧围绕首都需求实现高质量发展。全面实施《关于提升北京高校人才培养能力的意见》。积极推进市属高校分类发展，启动市属高校办学定位研究确定工作，进一步优化学科和专业结构。支持在京高校“双一流”建设，布局建设一流专业和高精尖学科，建设地方高水平大学。加强高校在线开放课程建设与共享。制定北京地区学位授权审核建设规划，有序推进新增学位授予单位和授权点工作。

19. 全面提升高校科技创新能力。实施高校科技创新能力提升计划，打造高质量创新平台和高水平创新人才队伍，为北京“四个中心”建设提供有力支撑。进一步加强高精尖创新中心建设，完善相关政策，建立“有进有出”的机制，强化过程管理。开展高校卓越青年科学家计划，培育支持优秀青年人才。完善科研项目管理机制，构建层次清晰的科研创新人才成长体系。加强北京实验室建设，促进科教融合，提升服务北京经济社会发展能力。推进北京人文社会科学研究中心建设，提升高校人文社会科学创新发展能力。推进北京高校科技成果转化中心建设，提升高校科技成果转化能力。

20. 发展适应北京经济社会发展需求的职业教育。坚持立足需求、提升质量、优化布局、促进协同的发展思路，构建具有北京特色的现代职教体系。研究制定《职业教育改革发展行动计划》，出台提升教育教学质量及深化校企合作、产教融合配套文件，完善专业设置和教学内容，培育“工匠精神”，培养一批高素质劳动者和技术技能人才。鼓励校企共建工程师学院和技术技能大师工作室。办好职业技能比赛、文明风采竞赛，开展“一校一品”德育品牌创评工作。

21. 办好继续教育。坚持质量和规范并重推进高等继续教育发展，做好专业设置与管理，完善年检年报制度，不断提升教育质量。落实《学习型城市建设行动计划》，加快学习型社会建设。建好“京学网”，举办“学习指导师”研修班，评选100名学习之星，举办首都市民终身学习活动周。继续实施“引智扶贫”项目。加快推进老年教育和涉老人才培养。

22. 支持和规范民办教育发展。制定实施促进民办教育健康发展的实施意见、民办学校分类管理办法、营利性民办学校监督管理办法等文件。支持和规范社会力量兴办教育。平稳推进民办学校分类管理改革。加强对民办学校办学行为的监管，进一步完善工作体系，依法查处违法办学行为。着力规范民办教育培训机构管理，积极稳妥推进民办教育机构有序退出。

23. 促进特殊教育和民族教育发展。落实特殊教育提升计划，启动规划建设北京市特殊教育中心，在远郊区布点建设示范性学区融合教育资源中心和示范性自闭症教育康复基地。落实加快发展民族教育工作的意见，创新民族团结教育载体和方式，强化内地民族班的教育管理服务。

24. 创新推进语言文字工作。全面启动学校语言文字工作达标建设。组织开展第二十一届全国推广普通话宣传周活动。继续推进中小学语言能力提升计划和北京市民语言文化大讲堂工程。做好公务员和高校语言文字测试工作。

五、强化开放协同，推进教育交流合作

25. 优化教育空间布局。严格执行新增产业禁限目录。统筹空间布局，扎实推进北京城市学院、北京建筑大学、北京工商大学、北京电影学院和北京信息科技大学等高校新校区建设，启动北京联合大学新校区选址工作。推进落实良乡、沙河两个高教园区建设发展规划，积极支持中央高校疏解。指导核心区现有职业院校向外疏解。推动各区整顿压缩培训机构55个。落实城市副中心教育设施专项规划、通州区教师素质提升与基础教育质量提升支持计划，提升区域教育品质，做好行政办公区周边中小学幼儿园入学保障工作。

26. 极推动京津冀教育协同发展。加强京津冀教育部门定期沟通协商，完善招生计划联合会商和教育协同研究等机制，推动落实各级各类教育合作项目。全力支持雄安新区教育规划、建设和发展，力争 3 所新建学校（幼儿园）具备开工条件、4 所帮扶学校（幼儿园）挂牌招生。进一步深化名校办分校等基础教育领域合作交流。推进职业教育领域开展跨区域人才培养、数字化教学资源共享、实习实训基地共享、技术技能大赛等。深化京津冀高校联盟建设，推进高校间人员交流、科技合作、信息共享。

27. 统筹推进教育对口支援与合作。认真做好教育精准扶贫工作，加大对和田、拉萨、玉树、内蒙古、河北张承保地区对口贫困县的教育帮扶力度，推进和田地区国家通用语言普及工作。开展与银川市、河北省大名县的教育合作帮扶，统筹做好京沈、京赣、京豫、京鄂、京什教育合作。

28. 进一步扩大教育国际交流与合作。服务国家"一带一路"战略，做好"一带一路"国家人才培养基地绩效评估和建设工作，继续实施外国留学生"一带一路"奖学金。举办国际学生北京夏令营等品牌交流活动和境外教育推介活动。深入落实《留学北京行动计划》，扩大来华留学规模，提高留学生层次。支持高水平中外合作办学项目。落实《北京市外籍人员子女学校管理办法（试行）》，鼓励在国际人才社区、三城一区、海外高端人才聚集区域、科技创新产业聚集区域新设外籍人员子女学校，做好在京外籍人员子女教育服务。加强孔子学院（课堂）质量建设。继续推动京港澳姊妹校建设。

六、推进依法治教，提升服务保障水平

29. 全面推进依法治教。进一步完善行政规范性文件制发机制，切实落实公众参与、专家论证、风险评估、合法性审查、集体讨论决定的重大行政决策法定程序。全面梳理现有行政职权，进一步明确细化权力清单和责任清单。着力推进教育执法，加强指导监督，层层压实执法责任。建立健全联合执法机制，采用"双随机一公开"方式，加大行政检查力度，严厉查处教育违法行为。探索推进执法机构和队伍建设。加强和改进信息公开工作。落实高校放管服改革实施意见。启动依法治校示范校创建活动。加强干部师生法治教育，加强青少年法治教育实践基地和教育法治研究基地建设。

30. 进一步完善教育经费管理。督促各区依法保障教育经费投入，落实教育优先发展责任。完善市对区教育转移支付的机制，支持基础教育改革发展。继续推进三年滚动预算编制，加强预算执行管理，推进绩效管理。落实内部控制制度，加强教育审计工作，推动审计全覆盖，深入开展经济责任审计、预决算管理审计和重点领域审计，加强审计整改，强化结果运用。完善学生资助程序，适时调整学生资助范围和标准。

31. 持续提升教育信息化水平。加强教育信息化统筹协调，完善工作体制机制，整合教育信息化资源。制定《统筹推进北京教育信息化建设的意见》《北京教育信息化三年提升计划》。实施教育数据共建共享和优化电子政务系统两项提升工程。加强校园网络安全管理，强化信息化保障队伍建设，大力提升信息技术安全保障能力。推动教育社会信用体系信息化建设，探索教育管理新模式。

32. 加强学校后勤管理保障服务和节能减排考核。提高后勤发展质量和效益，提升科学化、精细化管理水平，推动学校后勤工作转型升级。加强学校食堂建设和在校就餐管理，落实市政府“阳光餐饮”工程。继续推进高校食堂、公寓和物业标准化建设，提升学校后勤整体服务保障能力。探索中小学“北京校服”发展模式，提升学生、家长和社会对校服工作的满意度。继续实施教育系统“十三五”时期节能减排行动计划、高校碳排放管理规范和北京市阳光校园金太阳光伏发电示范项目，组织开展高校垃圾分类试点工作，推进中小学节能减排绿色生态系列宣传教育活动。

33. 做好就业创业精准化服务。开发精准就业信息管理系统，构建大学生就业信息服务平台，提升就业服务质量。加强京津冀毕业生就业市场建设，拓展京外重点地区、重点行业、重点单位就业市场，引导毕业生到基层就业。加快完善“一街三园多点”创业园孵化体系建设，拓展创业园高校分园，遴选、支持一批优秀大学生创业团队入驻市级创业园。强化就业创业专业化培训。加强就业创业队伍建设。

34. 建设高素质专业化教师队伍。推进落实师德建设长效机制，开展全系统师德大讨论，全面提升教师思想政治素质和师德师风建设水平。建立健全师德考核评价和监督体系，探索建立师德考核负面清单，依法依规严肃处理违反师德行为。制定落实《北京市全面深化新时代教师队伍建设改革的实施意见》，稳步推进教师人事制度改革。实施《北京市拓展中小学教师来源行动计划（2018—2022年）》，办好师范教育，加大中小学教师培养力度。加强乡村教师队伍建设，持续实施乡村教师支持计划、素质提升计划和特岗计划。进一步完善义务教育学校绩效工资分配方案，完善绩效奖励机制。推进义务教育阶段学校校长教师交流轮岗制度化，推行中小学校长(书记)职级制。加强高校教师基础能力建设，做好高层次人才引进和特聘教授、长城学者、创新团队、青年拔尖人才的资助培养工作。

35. 全面提升首都教育舆论引导能力。主动做好新闻发布工作，积极回应社会关切，加大教育舆情和社会预期引导，妥善应对突发公共事件。切实落实好《关于进一步改进和规范首都教育新闻舆论工作的意见》，各项工作事前做好舆情评估和解读方案，事中做好政策解读和舆论引导，事后做好舆情监测和分析研判。加强教育自媒体和评论队伍建设。

七、强化督导职能，保障教育健康发展

36. 深入推进教育督导改革。健全完善教育督导“职能体系”“工作体系”“政策标准体系”“支持保障体系”。深化实施教育督导重点任务，大力强化区、校工作基础。加强督学队伍专业化建设，持续提升教育督导履职能力。推进教育督导信息系统的建、管、用，夯实督导信息化基础。有效履行市政府教育督导委员会办公室职责,实施《北京市教育督导报告发布管理暂行办法》，强化教育督导结果使用效能。

37. 强化政府履行教育职责督导。进一步完善区级政府履行教育职责和市政府相关部门履行教育职责督导评价工作规程并开展试评工作。完善北京市义务教育优质均衡发展督导评价工作规程，开展义务教育优质均衡发展督导评价。做好北京教育现代化发展水平督导试点评估。继续开展对行业企业和各区政府执行教育法律法规情况的督导检查。研究建立幼儿园办园质量综合督导评估体系，开展基础教育综合改革督导调研。有序推进特殊教育、中小学体育、实践育人等专项督导工作，进一步完善常规性专项督导工作模式。

38. 优化学校督导工作。深入实施各级各类学校教育督导工作，组织开展对中小学校培育和践行社会主义核心价值观、素质教育实施情况的督导，开展对职业院校技能人才培养、中高职衔接与贯通培养情况的督导，开展对市属高等学校师德、思想政治理论课督导和对民办高等学校的督导调研。稳步推进责任督学挂牌督导工作，加强对幼儿园和中小学校的经常性督导，做好开学检查、突发事件应对等各项工作。

39. 科学实施教育评估监测。做好 2018 年北京市学前教育发展状况监测、国家义务教育质量监测工作。开展北京市中小学生综合素质监测工具研制工作。开展中高职院校评估监测工作。继续组织北京市普通高等学校本科专业评估和本科教学工作审核评估。继续开展北京地区普通高等学校本科教学基本状态常态监测，探索开展区域高等教育质量监测。组织北京地区普通高等学校编制发布本科教学质量报告。做好硕士学位论文抽检工作。

八、加强机关和直属单位建设，不断提高履职能力

40. 加强机关党的建设。把政治建设摆在首位,增强“四个意识”，强化理论武装。加强机关干部选任，完善机关和直属单位处级干部后备干部库建设,抓好干部培训和交流。推进党支部工作标准化建设，严格执行“三会一课”制度，提升组织力，突出政治功能。加强作风建设和纪律建设，严格遵守八项规定实施细则精神，大兴调查研究之风，坚持开展党支部、党员联系基层活动。深化“为官不为”“为官乱为”专项治理,强化监督执纪问责。探索开展常态化警示教育活动，深入推进反腐败斗争。促进党建工作与业务工作的融合，切实发挥机关党组织和党员在推动首都教育改革发展稳定中的战斗堡垒和先锋模范作用。

41. 营造教育机关特色文化。深入开展学习型党组织建设，组织好机关大讲堂等学习活动，不断丰富机关阅览室、电子借阅机的服务内容。组织开展经常性谈心谈话活动，开展党员思想状况分析，深入了解机关和直属单位干部教师职工思想动态。完善党内激励、关怀、帮扶机制，为党员和群众提供及时有效的帮助和服务。围绕城市副中心建设，积极做好干部职工的思想工作，引导干部职工了解副中心、服务副中心、奉献副中心。

42. 推动直属单位改革发展。紧密围绕首都教育改革发展需求，进一步厘清直属单位的职能定位，坚持分类指导，综合推进直属单位改革，促进各单位更好地发挥服务保障作用。加强直属单位班子建设，强化思想政治建设和能力建设，提升政治站位，增强团结带领全体职工履职尽责的能力。加强各单位内部管理，严堵工作漏洞，从管理上提质量、增效率。完善安全工作制度体系，提高防范和抵御安全风险能力，保证各单位安全稳定。

北京市教育委员会办公室

关于印发 2018—2019 学年度各级各类学校校历的通知

京教办发〔2018〕3 号

各区教委，各普通高等学校、普通中等职业学校、成人学校，市教委直属单位：

现将 2018—2019 学年度北京市各级各类学校校历印发给你们，请结合本地区、本学校实际情况执行。

一、普通中小学、职业高中（职业中专）

第一学期：

2018 年 9 月 1 日（星期六）开学；

2019 年 1 月 25 日（星期五）结束本学期工作，共 21 周；

2019 年 1 月 26 日（星期六）至 2 月 24 日（星期日）放寒假，共

4 周零 2 天。

第二学期：

2019 年 2 月 25 日（星期一）开学；

2019 年 7 月 12 日（星期五）结束本学期工作，共 19 周零 5 天；

2019 年 7 月 13 日（星期六）至 8 月 31 日（星期六）放暑假，共 7 周零 1 天。

二、北京市校外教育机构

第一学期：

2018 年 9 月 5 日（星期三）至 2019 年 1 月 25 日（星期五）活动 20 周零 4 天；2019 年 1 月 26 日（星期六）至 2 月 26 日（星期二）放假 4 周零 4 天。

第二学期：

2019 年 2 月 27 日（星期三）至 6 月 18 日（星期二）活动 16 周；2019 年 6 月 19 日（星期三）至 7 月 9 日（星期二）放假 3 周。

2019 年 7 月 10 日（星期三）至 8 月 6 日（星期二）活动 4 周；2019 年 8 月 7 日（星期三）至 9 月 3 日（星期二）放假 4 周。

三、如遇市政府应急办发布空气重污染红色预警及其他极端天气红色预警，各区教委要按照《北京市教育委员会空气重污染应急预案》（2017 年修订）有关要求，根据区域实际污染情况采取相应应对措施，指导中小学、幼儿园做好相关工作。

四、各普通中等职业学校、成人高等学校、成人中等职业学校可根据教育部有关规定和主管部门要求，结合本校实际制定校历或参照上述日期执行。

五、各普通高等学校可根据教育部有关规定，结合本校实际制定校历。

附件：1. 北京市中小学 2018—2019 学年度第一学期校历

2. 北京市中小学 2018—2019 学年度第二学期校历

2018 年 2 月 22 日

附件1

北京市中小学2018—2019学年度第一学期校历

星期 / 月日 / 周次	一	二	三	四	五	六	日	说明
1						1/9	2	一、2018年9月1日开学。 二、本学期自2018年9月1日至2019年1月25日，共21周。 三、2019年1月26日至2月24日放寒假，共4周零2天。
2	3	4	5	6	7	8	9	
3	10	11	12	13	14	15	16	
4	17	18	19	20	21	22	23	
5	24	25	26	27	28	29	30	
6	1/10	2	3	4	5	6	7	
7	8	9	10	11	12	13	14	
8	15	16	17	18	19	20	21	
9	22	23	24	25	26	27	28	
10	29	30	31	1/11	2	3	4	
11	5	6	7	8	9	10	11	
12	12	13	14	15	16	17	18	
13	19	20	21	22	23	24	25	
14	26	27	28	29	30	1/12	2	
15	3	4	5	6	7	8	9	
16	10	11	12	13	14	15	16	
17	17	18	19	20	21	22	23	
18	24	25	26	27	28	29	30	
19	31	1/1	2	3	4	5	6	
20	7	8	9	10	11	12	13	
21	14	15	16	17	18	19	20	
22	21	22	23	24	25			

附件 2

北京市中小学 2018—2019 学年度第二学期校历

星期 / 月 日 / 周次	一	二	三	四	五	六	日	说明
1	25/2	26	27	28	1/3	2	3	一、2019 年 2 月 25 日开学。 二、本学期自 2019 年 2 月 25 日至 7 月 12 日，共 19 周零 5 天。 三、2019 年 7 月 13 日至 8 月 31 日放暑假，共 7 周零 1 天。
2	4	5	6	7	8	9	10	
3	11	12	13	14	15	16	17	
4	18	19	20	21	22	23	24	
5	25	26	27	28	29	30	31	
6	1/4	2	3	4	5	6	7	
7	8	9	10	11	12	13	14	
8	15	16	17	18	19	20	21	
9	22	23	24	25	26	27	28	
10	29	30	1/5	2	3	4	5	
11	6	7	8	9	10	11	12	
12	13	14	15	16	17	18	19	
13	20	21	22	23	24	25	26	
14	27	28	29	30	31	1/6	2	
15	3	4	5	6	7	8	9	
16	10	11	12	13	14	15	16	
17	17	18	19	20	21	22	23	
18	24	25	26	27	28	29	30	
19	1/7	2	3	4	5	6	7	
20	8	9	10	11	12			

中共北京市委教育工作委员会
北 京 市 教 育 委 员 会
北京市人民政府教育督导室

关于印发2018年教育督导工作要点的通知

京教督〔2018〕9号

各高等学校，各区委教工委、区教委、区政府教育督导室，两委一室机关各处室，各直属单位：

《中共北京市委教育工作委员会北京市教育委员会北京市人民政府教育督导室2018年教育督导工作要点》已经市委教工委2018年第5次工委委员会议审议通过，现印发给你们，请结合实际，认真贯彻落实。

2018年2月23日

2018年教育督导工作要点

2018年全市教育督导工作的总体要求是：全面贯彻党的十九大精神，以习近平新时代中国特色社会主义思想为指导，紧紧围绕“办人民满意教育”宗旨和教育改革发展的重点任务，认真贯彻落实全国教育督导工作部署要求，坚持立德树人，按照“围绕大局、把握重点、深化落实、整体提升”的工作思路，深入推进教育督导改革发展各项工作，有效履行督政、督学、评估监测各项职责，不断提升教育督导工作水平，为推动首都教育事业新发展，实现首都教育现代化保驾护航。

一、深化落实教育督导改革重点工作

1. 进一步健全完善教育督导体制机制。加快推进教育督导地方立法调研工作，协调推进教育督导立法进程。成立北京市教育督导学会，加大教育督导社会组织的培育力度。分类组建教育督导评估专家委员会，完善教育督导评估专家库，做强教育督导专家资源支持系统。推进第三方机构教育督导评估监测项目实施。

2. 进一步推进各项教育督导政策标准落地实施。加强对《北京市教育督导改革与发展三年行动计划（2018—2020）》《北京市人民政府关于对区政府和市政府有关部门履行教育职责情况督导评价工作方案》《学校督导规程》等系列政策、制度、标准实施的培训和基础工作，推动稳步实施；加快推进北京市属高等学校学风建设、实践教学与创业就业能力培养等督导评估标准的研制，进一步完善相关领域教育督导工作规范。

3. 进一步强化教育督导基层基础。健全市级统筹、市区协调工作机制，进一步明晰区级教育督导工作任务。加强对区、校教育督导工作的指导，完善教育督导职能体系。创新教育督导组织模式，指导各区建立起统筹协调、运行顺畅的工作机制，建立与学校办学模式、管理模式改革相适应的督导工作体系。指导学校加强内部督导体系建设。

4. 进一步落实市政府教育督导委员会办公室职责。落实市政府教育督导委员会工作规则，召开年度工作会议，推动教育督导重大决策与事项落实。规范实施《北京市教育督导报告发布管理暂行办法》，做好教育督导报告发布工作，强化教育督导结果使用效能。

二、强化政府履行教育职责督导

5. 积极推进政府履行法定教育职责。印发实施《北京市人民政府关于对区政府和市政府有关部门履行教育职责情况督导评价工作方案》并对部分区开展督导调研；统筹做好我市接受国务院开展的省级人民政府履行教育职责督导检查的各项工作。围绕办学体制机制改革、教师队伍建设、乡村教师支持计划落实等内容开展综合督政，进一步推动相关政策落实。

6. 开展学前教育专项督导。制定学前教育行动计划督导实施方案，实施专项督导，加强学前教育发展状况动态监测，推动2018年目标任务落到实处。印发实施《幼儿园办园状况与质量综合督导评估办法》，对全市各区开展督导评估。落实学前教育挂牌督导责任，扎实开展经常性督导，促进幼儿园规范办园行为，提高保教质量。建立健全协同工作机制，加强幼儿园安全监督监管。

7. 开展义务教育优质均衡发展状况督导评价。印发实施《北京市义务教育优质均衡发展督导评价工作方案》，对部分区开展义务教育优质均衡发展状况督导评价，进一步推动市委市政府《关于推进义务教育优质均衡发展的意见》落实。协同做好国家级义务教育优质均衡发展区申报和检查实施工作，推进我市义务教育优质均衡发展。

8. 探索开展区域教育现代化督导评价。围绕首都实现教育现代化目标，印发《北京教育现代化发展水平督导评价方案》，探索开展教育现代化督导评价，促进《北京市中长期教育改革和发展规划纲要（2010—2020年）》《北京市"十三五"时期教育改革和发展规划》的有效实施。

9. 开展执行教育法律法规情况督导检查。依照相关法律法规，围绕学前教育和义务教育阶段学位保障情况等，对部分区政府进行督导检查。依据职业教育法相关规定，对市属部分行业企业履行教育职责情况进行督导检查。

10. 扎实推进重点领域和热点难点问题督导工作。印发实施中小学德育、体育、美育、实践育人等重点领域督导评估方案，开展中小学体育、美育督导评估调研工作。协同开展中小学校章程建设情况专项督导。坚持教育引导和规范管理"两个全覆盖"，进一步推进中小学校及教师有偿补课专项治理工作。围绕春秋季开学、校园欺凌治理、空气重污染应对等开展专项督导。

三、优化学校教育教学督导

11. 深入实施中小学校督导工作。依据《北京市中小学校培育和践行社会主义核心价值观督导评估方案》，开展对中小学校培育和践行社会主义核心价值观情况的综合督导。印发实施《北京市普通中小学校全面实施素质教育督导评价方案》，对中小学校素质教育实施情况开展督导调研。专项开展《关于进一步深化中小学教学改革提高教育质量的若干意见》《北京市中小学养成教育三年行动计划》等落实情况的督导调研。协同开展外籍人员子女学校办学情况督导调研。

12. 深化职业院校重点工作督导调研。加强对职业院校技能人才培养、中高职衔接与贯通培养、办学行为和办学效果等的督导调研，探索开展北京市职业院校（含民办）职业技能人才培养质量专项督导工作，督促职业院校规范办学，不断提升教育教学质量。

13. 强化高等学校督导调研工作。针对北方工业大学等九所高校开展师德建设与学风建设情况督导调研，实现 24 所市属普通高校师德建设与学风建设情况督导调研全覆盖。围绕高等学校思想政治理论课教学质量、实践教学与就业创业能力培养、高水平人才交叉培养计划等开展督导调研。开展部分民办高校规范办学情况的督导调研。

14. 深化推进责任督学挂牌督导工作。召开全市责任督学挂牌督导工作总结推进会，全面总结中小学校责任督学挂牌督导创新区工作，进一步提升工作水平。指导第三批市级责任督学挂牌督导创新区做好国家级创新区评估认定工作，实现全市 16 个区全部达到国家级责任督学挂牌督导创新区标准的目标。充分发挥挂牌督导工作机制优势，重点围绕培育和践行社会主义核心价值观、义务教育阶段减负、春秋季开学检查、校园欺凌治理、幼儿园保育教育与管理等情况，加强对中小学校和幼儿园的经常性督导。

四、科学实施教育评估监测

15. 扎实开展基础教育质量监测工作。继续组织实施国家义务教育质量监测工作。印发实施《北京市中小学校学生综合素质监测评价实施办法》。探索开展北京市中小学生学业质量监测评价。继续做好区域教育工作公众满意度调查。

16. 深入推进高等学校评估与质量监测工作。组织对北京信息科技大学等 10 所市属高校进行本科教学工作审核评估。继续开展北京地区普通高等学校本科教学基本状态数据常态监测，探索开展北京地区高等教育质量监测。组织北京地区普通高等学校编制发布2017—2018学年本科教学质量报告。印发实施《北京市普通高等学校本科专业评估实施方案》。探索开展北京民办高等学校办学状况与质量评估监测工作。做好硕士学位论文抽检工作。探索开展北京地区普通高等学校和科研院所研究生培养质量评估监测。

17. 继续开展中高职院校评估监测工作。依据国务院教育督导委员会办公室关于开展2018年全国职业院校评估工作要求，组织开展北京市中等职业学校办学能力评估和高等职业院校适应社会需求能力评估。印发实施《职业院校技能人才培养质量督导评估标准》。协同做好北京市职业教育质量年度报告编制工作。

五、持续提升教育督导履职能力

18. 加强教育督导队伍专业化建设。印发实施《关于加强教育督导队伍建设的意见》，深入推进教育督导队伍建设。落实《北京市“十三五”时期督学培训规划》，办好督学大讲堂、市级督学培训班、幼儿园及中小学责任督学挂牌督导专题培训班、区政府教育督导室主任高级研修班、区级骨干督学研修班、学校内部督导人员研修班等培训。落实与国家教育行政学院签署的合作协议，建设在线学习平台，推进督学培训实践基地建设。进一步充实督学培训师资库。持续推进培训课程标准和教材建设，努力提升督学培训质量。落实《北京市督学管理暂行办法》，加强督学队伍动态管理，推动全市督学备案工作。

19. 推进教育督导信息系统的建、管、用。推进北京教育督导信息化管理服务平台（四期）建设，深化功能开发，完善区级、校级平台，夯实首都智慧督导基础。逐步建立覆盖各级各类教育的基本状态数据系统，强化数据支持、信息支撑、管理保障与服务决策功能。深化教育督导业务应用，探索教育督导方式创新。加强督导信息化制度建设，提升管理水平，确保信息安全可控、使用便捷。

20. 深化教育督导交流协作与宣传工作。以“教育现代化与督导评估”为主题，举办第十届北京教育督导与评价研讨会，推动全国教育督导合作交流。落实京津冀教育督导重点协作项目并牵头推进，召开京津冀教育督导协作交流工作会议，指导各区积极开展区域间交流协作，完善区域、跨区域教育督导协作交流工作机制。出版《北京教育督导三十年》，多渠道加大对教育督导改革重点内容、区校基层改革经验的宣传力度，促进教育督导工作水平不断提升。

21. 加强教育督导党建工作。深入学习宣传贯彻党的十九大精神和习近平新时代中国特色社会主义思想，牢固树立“四个意识”。切实加强市政府教育督导室各党支部建设，严格执行“三会一课”等制度规定，深入开展学习型党组织建设。落实全面从严治党要求，进一步规范党内政治生活，履行好党风廉政建设主体责任。切实加强国家安全人民防线、保密等工作。

附件：2018 年教育督导重点工作计划（略）

中共北京市委教育工作委员会
北 京 市 教 育 委 员 会
北京市人民政府教育督导室

关于调整北京教育志编纂委员会委员单位及组成人员的通知

京教办〔2018〕4 号

各区委教工委、区教委，各高等学校，各直属单位：

根据工作需要，经北京市教委 2018 年第 3 次主任办公会研究，决定调整北京教育志编纂委员会委员单位及组成人员。调整后委员单位及组成人员名单如下：

卢向红	安全稳定工作处处长
姚林修（常务）	发展规划处处长
杨江林（常务）	人事处处长
李艳春	财务处处长
张龙	基本建设处处长
郭春彦（常务）	学前教育处副处长
张凤华（常务）	基础教育一处处长
徐建姝（常务）	基础教育二处处长
王东江（常务）	职业教育与成人教育处处长
邵文杰（常务）	高等教育处处长
沈聪伟	学生处处长
张宪国	科学技术与研究生工作处处长
王军（常务）	体育卫生与艺术教育处处长
潘芳芳	国际合作与交流处处长
武怀海	学校后勤处处长
陶春梅	审计处处长
孙志刚	语言文字工作处副处长
王力志	对口支援与区域合作处处长
马千里	督导室综合处处长
张士佐	督政处处长
龙梅	学校督导处处长
聂荣	专项督导处处长
韩宝来	督学管理与信息化处处长
张晓玲	评估与监测处处长
方中雄	北京教育科学研究院院长
何劲松	北京教育学院院长
钱军	北京教育考试院党委书记、院长
李开发	北京教育音像报刊总社党委书记、社长
王永刚（常务）	北京教育志编纂委员会办公室副主任
周玉玲	东城区教委主任

武捷	顺义区教工委书记、教委主任
余浚	北京大学党办校办副主任
楚艳红	中国人民大学学校办公室副主任
金富军	清华大学校史研究室副主任
刘幸菡	北京工业大学党委办公室主任
冉楠	北京城市学院副院长
马景林	北京市第四中学校长

2018 年 2 月 26 日

北京市教育委员会

关于进一步加强低收入农户帮扶工作的通知

京教职成〔2018〕10 号

各市属高校、职业院校：

为了贯彻市委市政府《关于进一步推进低收入农户增收及低收入村发展的意见》（京发〔2016〕11 号）的要求，市教委在 2017 年初启动了“引智帮扶”工程，目前已有 8 所市属高校和高职院校与部分低收入村结对，开展“校村联手”实施“精准帮扶”试点工作。经过一年多的实践，“引智帮扶”试点工作取得了一些成功的经验和效果，有一些低收入村经过帮扶，村集体经济和农户的收入有了大幅度的增收，已走上脱贫致富之路。为了更好地落实完成市新农办《关于进一步加强低收入农户帮扶工作的措施》所提出的任务和要求，今年将在所有市属高校及有关职业院校开展“校村联手”“精准帮扶”工作，在实施“引智帮扶”工程试点的基础上，全面启动市属高校参与“引智帮扶”工程,进一步做好“引智帮扶”工程点上深化、面上扩展工作。现将有事项通知如下：

一、目的意义

低收入村和低收入农户帮扶工作是我市全面建成小康社会必须完成的硬任务，各市属高校及有关职业院校必须坚持以习近平新时代中国特色社会主义思想为指导，深入贯彻习近平总书记关于实施乡村振兴战略、打好精准脱贫攻坚战的重要指示精神,要进一步增强做好“引智帮扶”工作的责任感、紧迫感、使命感，为建设国际一流的和谐宜居之都提供智力支持。

二、目标任务

各市属高校及有关职业院校，要充分利用人才优势和专业优势，结合当地的自然资源、人文资源、地域优势等，帮助做好乡镇、村经济发展规划、小城镇建设规划，确定帮扶项目，制定帮扶计划和实施方案，开展有针对性的职业技能培训，转变农民的生产、经营和生活等观念，普及现代科学文化知识，提高农民整体的素质。每所市属高校及有关职业院校至少对接帮扶一个低收入村（已开展帮扶工作的高校和高职院校不再新对接低收入村）。

三、工作安排

（一）2018 年 5 月市委教工委、市教委成立了以两委领导为组长的“引智帮扶”工程领导小组，领导小组成员有：市委教工委干部处，市教委发展规划处、财务处、人事处、高教处、职成处。办公室设在职成处，负责统筹协调实施“引智帮扶”工程的各项工作。

（二）各市属高校及有关职业院校将在 2018 年 5 月 18 日前将“引智帮扶”工程填报表报送市教委职成处。建议市属高校可以与本校派驻第一书记的村结对帮扶，没有外派第一书记的高校可结合本校实际情况自主选择，各高校在选择低收入村结对时，应避免与市属国企派驻第一书记的村、34 家市属国企对接低收入村、已和市属高校或高职院校结对的低收入村相重合。高校在选择低收入村时可登录“引智帮扶”公邮查阅相关参考资料（参考资料包括：全市低收入村名单、全市低收入村产业帮扶意向需求统计表、市属高校派驻第一书记村的一览表、34 家国企对接低收入村一览表、市属国企派驻第一书记村的一览表等）。

（三）2018 年 6 月底前市委教工委、市教委将召开“引智帮扶”工作现场会，各市属高校及有关职业院校与对接低收入村签署“引智帮扶”协议书。

（四）2018 年 11 月 30 日前各市属高校及有关职业院校将“引智帮扶”工作进展情况（工作总结）报送市教委职成处。

四、有关要求

（一）各市属高校及有关职业院校要成立以院校级领导任组长的“引智帮扶”工程领导小组，小组成员应由院校有关处室和相关二级学院（系）负责同志组成，具体工作和职责要落实到人，并将领导小组名单报送市教委职成处。

（二）各学校要充分发挥人才和专业优势，建立对口帮扶长效机制，提高帮扶工作的时效性。市委教工委、市教委、市政府教育督导室将各市属高校“引智帮扶”工作纳入年度绩效考核。

附件：北京市属高校、高职院校“引智帮扶”工程填报表（略）

2018 年 5 月 11 日

中共北京市委教育工作委员会
北　京　市　教　育　委　员　会

转发教育部办公厅关于进一步加强防范非法集资有关工作文件的通知

京教办〔2018〕32 号

各市属高校：

现将教育部办公厅《关于进一步加强防范非法集资有关工作的通知》（教财厅函〔2018〕18 号）转发给你们，请结合实际认真贯彻落实。

2018 年 9 月 25 日

教育部办公厅

关于进一步加强防范非法集资有关工作的通知

教财厅函〔2018〕18 号

各省、自治区、直辖市教育厅（教委），各计划单列市教育局，新疆生产建设兵团教育局，部属各高等学校：

为进一步贯彻落实《国务院关于进一步做好防范和处置非法集资工作的意见》和处置非法集资部际联席会议有关决策部署，现就进一步加强防范非法集资有关工作通知如下：

一、加强宣传教育，提高风险防范意识。各地各高校要在秋季开学一段时间内，集中开展防范非法集资宣传教育进校园活动，充分利用学校课堂、校园广播电视、宣传栏、校园网、微信等形式，教育引导广大师生树立合理的理财观念，提高广大师生对非法集资风险的防范意识，使广大师生牢固树立“高收益必然伴随高风险”“参与非法集资风险自担、责任自负”的意识，消除学生对“非法集资损失政府买单”的误解和不当期盼，引导师生绝不参与非法集资活动。

二、加强日常监控，完善风险防范机制。各地各高校要加强校园秩序管理，严禁任何人、任何组织通过任何形式在校园内推介非法集资活动。定期开展非法集资活动排查，密切关注非法集资入侵校园的形式，警惕通过校园课堂、传单、微信朋友圈、微博、信息推送、熟人推荐等形式吸引学生参与非法集资活动。畅通校园非法集资举报渠道，鼓励广大师生对非法集资线索进行举报。一经发现存在参与非法集资苗头和活动，要及时向当地政府及有关部门报告，做到早发现、早预防、早处置，防止酿成事端。

三、加强沟通协调，确保校园安全稳定。各地各高校要在当地政府领导下，积极配合做好教育领域防范和处置非法集资的风险排查、监测预警、案件查处、善后处置、维护稳定等工作。对已参与非法集资活动的学校和师生，要启动应急预案，协助有关部门做好解释安抚、维稳化解工作，加强校园安全防范，避免事态扩大。

各地各高校要在各自门户网站设置“防范非法集资”宣传专栏，做好防范非法集资公益广告片的播放工作。同时，参照处置非法集资部际联席会议办公室编写的《防范非法集资宣传教育参考提纲》（附件），做好相应宣传教育工作。

附件：防范非法集资宣传教育参考提纲

2018 年 8 月 28 日

附件

防范非法集资宣传教育参考提纲

一、非法集资的定义、危害及主要手法等

（一）非法集资的定义和基本特征

根据《最高人民法院关于审理非法集资刑事案件具体应用法律若干问题的解释》（法释〔2010〕18号），非法集资是违反国家金融管理法律规定，向社会公众（包括单位和个人）吸收资金的行为。非法集资行为需同时具备非法性、公开性、利诱性、社会性四个特征要件，具体为：一是未经有关部门依法批准或者借用合法经营的形式吸收资金；二是通过媒体、推介会、传单、手机短信等途径向社会公开宣传；三是承诺在一定期限内以货币、实物、股权等方式还本付息或者给付回报；四是向社会公众即社会不特定对象吸收资金。

（二）非法集资的危害和损失承担

非法集资不可持续，犯罪分子通过欺骗手段聚集资金后，挥霍、浪费、转移或者非法占有，参与者很难收回资金，此外，非法集资严重干扰正常的经济、金融秩序，极易引发社会风险。

根据我国相关法律法规规定，非法集资不受法律保护，参与非法集资风险自担。

（三）非法集资人的法律责任

我国《刑法》中，非法集资根据主观态度、行为方式、危害结果等具体情况的不同，构成相应的罪名，其中最主要的是《刑法》中第176条非法吸收公众存款罪和第192条集资诈骗罪。

《刑法》规定，犯非法吸收公众存款罪的，处三年以下有期徒刑或者拘役，并处或者单处二万元以上二十万元以下罚金；数额巨大或者有其他严重情节的，处三年以上十年以下有期徒刑，并处五万元以上五十万元以下罚金。犯集资诈骗罪，数额较大的，处五年以下有期徒刑或者拘役，并处二万元以上二十万元以下罚金；数额巨大或者有

其他严重情节的，处五年以上十年以下有期徒刑，并处五万元以上五十万元以下罚金；数额特别巨大或者有其他特别严重情节的，处十年以上有期徒刑或者无期徒刑，并处五万元以上五十万元以下罚金或者没收财产。

（四）非法集资的常见手段

一是承诺高额回报。不法分子编造“天上掉馅饼”“一夜成富翁”的神话，许诺投资者高额回报。为了骗取更多的人参与集资，非法集资人在集资初期往往按时足额兑现承诺本息，待集资达到一定规模后，便秘密转移资金或携款潜逃，使集资参与人遭受经济损失。

二是编造虚假项目。不法分子大多通过注册合法的公司或企业，打着响应国家产业政策、开展创业创新等幌子，编造各种虚假项目，有的甚至组织免费旅游、考察等，骗取社会公众信任。

三是以虚假宣传造势。不法分子在宣传上往往一掷千金，聘请明星代言、名人站台，在各大广播电视、网络等媒体发布广告、在著名报刊上刊登专访文章、雇人广为散发宣传单、进行社会捐赠等方式，制造虚假声势。

四是利用亲情诱骗。有些类传销非法集资的参与人，为了完成或增加自己的业绩，不惜利用亲情、地缘关系，编造自己获得高额回报的谎言，拉拢亲朋、同学或邻居加入，使参与人员迅速蔓延，集资规模不断扩大。

二、识别防范非法集资宣传重点

1. 向公众宣传银行业金融机构、保险机构的官方网站、客户服务电话等正规服务渠道，告知群众查询银行正规理财产品的途径和方法、购买保险产品、查询保单真伪、获取保单服务的正确途径和方法等。

2. 向公众宣传银行员工行为规范、保险销售行为规范等，提示公众不与银行、保险从业人员个人签订投资理财协议，不接收从业人员个人出具的任何收据、欠条。告知非法集资及有关违规行为举报投诉方式，鼓励社会公众及时举报非法集资线索。

3. 提示社会公众不要轻易相信所谓的高息“保险”、高息“理财”，不被小礼品打动，不接收“先返息”之类的诱饵。通过正规渠道购买金融产品，购买保险过程中要尽量做到“三查、两配合”，即通过保险公司网站、客户热线或监管部门、行业协会网站查人员、查产品、查单证，配合做好转账缴费、配合做好回访。

4. 提示社会公众注意保护个人信息，关注正规机构发布的银行、保险广告信息和非法集资风险提示，遇到涉嫌非法集资行为及时举报投诉。

5. 提示社会公众，如遇以下情形的“理财”“保险”产品，务必提高警惕：

一是以“看广告、赚外快”“消费返利”为幌子的；

二是以境外投资股权、期权、外汇、贵金属等为幌子的；

三是以投资养老产业可获高额回报或“免费”养老为幌子的；

四是以私募入股、合伙办企业为幌子，但不办理企业工商注册登记的；

五是以投资虚拟货币、区块链等为幌子的；

六是以“扶贫”“互助”“慈善”等为幌子的；

七是在街头、商场、超市等发放广告传单的；

八是以组织考察、旅游、讲座等方式招揽老年群众的；

九是“投资、理财”公司、网站及服务器在境外的；

十是要求以现金方式或向个人账户、境外账户缴纳投资款的。

北京市教育委员会

关于印发《北京市教育委员会空气重污染应急预案（2018 年修订）》的通知

京教办〔2018〕36 号

各区教委，各高等学校、中等职业学校：

根据《北京市人民政府关于印发〈北京市空气重污染应急预案（2018 年修订）〉的通知》（京政发〔2018〕24 号）精神和要求，为切实加强本市教育系统空气重污染应对工作，我委对《北京市教育委员会空气重污染应急预案（2017 年修订）》进行了修订完善。现将《北京市教育委员会空气重污染应急预案（2018 年修订）》（以下简称《预案》）印发给你们，请认真组织实施。

《预案》自发布之日起实施，《北京市教育委员会空气重污染应急预案（2017 年修订）》（京教办〔2017〕43 号）同时废止。

2018 年 10 月 28 日

北京市教育委员会空气重污染应急预案（2018 年修订）

一、适用范围

本预案适用于本市辖区内所有中小学校及幼儿园（含中等职业

学校、外籍人员子女学校、驻华使馆学校、少年宫及校外教育机构）。当空气重污染预警分级达到红色预警时，本预案适用北京地区高等院校。

二、预警分级

根据《环境空气质量指数（AQI）技术规定（试行）》（HJ633–2012）分级方法，按照生态环境部关于全国重污染天气预警分级标准有关规定，依据空气质量预测结果，综合考虑空气污染程度和持续时间，将空气重污染预警分为3个级别，由轻到重依次为黄色预警、橙色预警和红色预警。

（一）黄色预警：预测全市空气质量指数日均值＞200将持续2天（48小时）及以上，且短时出现重度污染，未达到高级别预警条件时。

（二）橙色预警：预测全市空气质量指数日均值＞200将持续3天（72小时）及以上，且未达到高级别预警条件时。

（三）红色预警：预测全市空气质量指数日均值＞200将持续4天（96小时）及以上，且预测日均值＞300将持续2天（48小时）及以上时；或预测全市空气质量指数日均值达到500时。

三、应急措施

根据空气重污染预警级别，分别采取相应的应急措施。对因沙尘暴形成的空气重污染，按照《北京市沙尘暴灾害应急预案》执行；对未达到预警启动条件的短时重污染或因臭氧引发的空气重污染，及时发布健康防护提示。

（一）黄色预警

中小学、幼儿园、少年宫及校外教育机构停止体育课、课间操、运动会、体育考试等户外活动。

（二）橙色预警

中小学、幼儿园、少年宫及校外教育机构停止户外课程和活动。

（三）红色预警

小学、幼儿园、少年宫及校外教育机构停课。中学（含初、高中、中等职业学校）实施弹性教学方式，由区教委、学校根据所在区域空气质量状况灵活掌握。可采取三种弹性模式：一是学校不停文化课，缩短学生在校时间；二是学校实施半日制上课模式；三是学校实施停课，可利用与邻近的周六或周日进行调休安排。

停课期间，中小学、幼儿园应按照“停课不停学”的原则，通过网络、通讯等途径与家长和学生保持联系，提出可参考的合理化学习建议；应提示家长在家对孩子进行生活和安全教育，对家中无照看条件，需送到学校、园所的学生，学校、园所要妥善安排好到校学生的学习、生活，确保有人监管。教师要合理调整教学方式，灵活安排学习内容，指导学生充分利用北京数字学校网络平台和数字化资源开展自主学习。

在空气重污染期间，如遇特殊情况，学校可以根据所在地区及周边情况，做出相应调整，报区教委同意后实施。

高等院校要严格落实红色预警指令的有关措施要求，指导学生安排好在校的学习和生活，减少户外活动，停止户外体育活动、社团活动、社会实践等活动。

四、应急响应

（一）预警发布与解除

市教委成立空气重污染应急领导小组（以下简称“领导小组”），下设办公室负责日常工作。领导小组办公室设在市教委办公室。

领导小组办公室接收市空气重污染应急指挥部办公室预警发布与解除指令后，报领导小组组长、副组长，并按照领导小组要求，通过市教委门户网站、信息安全传播平台、短信平台、即时通讯、电话传真等方式向各区教委发布和解除预警信息，进行督促检查，并及时向领导小组报告应急措施落实情况。

各区教委负责组织辖区内中小学（含职业高中、外籍人员子女学校、驻华使馆学校）、幼儿园、少年宫及校外教育机构启动和解除预警响应预案。

（二）预警调整

领导小组办公室按照市空气重污染应急指挥部办公室发布的预警调整指令，报领导小组组长、副组长，并按照领导小组要求，及时通过市教委门户网站、信息安全传播平台、短信平台、即时通讯、电话传真等方式向各区教委传达预警调整信息。

五、工作要求

（一）加强组织领导

各成员单位要高度重视空气重污染应急工作，从切实保护中小学生和幼儿园儿童身体健康的实际出发，加强对此项工作的领导，各区教委要成立空气重污染应急工作领导小组，建立健全工作制度，及时对照全市预案要求对本单位预案进行修订，保证应急措施落到实处。

（二）加强责任落实

空气重污染应急工作社会影响面广，责任重大，各成员单位要根据空气重污染应急工作需要抓好各项任务落实，明确职责分工，保证任务到位、责任到位、人员到位，各环节要专人负责，做到有迹可循、件件留痕、事事留迹，保证空气重污染应急工作体系平稳有序运转，确保万无一失。

（三）加强宣传教育

各成员单位要加强对此项工作的宣传教育，使全体干部师生及家长了解空气重污染应急预案内容，掌握一定的防护知识与技能；加强对舆情的引导，及时做好网络舆情的应对工作。

（四）强化应急值守

各成员单位要加强应急值班，保证通讯联络畅通，及时接收和报送信息，在每次预警发布与解除半小时内按规定上报落实情况。黄色预警时，各成员单位要保持备班备勤；橙色预警时，各成员单位要加强在岗值守；红色预警时，各成员单位要全天（含节假日）值守。

附件：1. 北京市教育委员会空气重污染应急领导小组及办公室成员名单

2. 北京市教育委员会空气重污染应急职责分工

附件 1

北京市教育委员会空气重污染应急领导小组及办公室成员名单

一、市教委空气重污染应急领导小组成员名单

组　长：刘宇辉　市教委主任

副组长：叶茂林　市教委副主任

李奕　市教委副主任

黄侃　市教委副主任

王定东　市教委巡视员

冯洪荣　市教委副巡视员

葛巨众　市教委副巡视员

冯义国　市政府教育督导室副主任

成　员：周彤　市教委办公室主任

寇红江　市委教工委宣教处副处长

姚林修　市教委发展规划处处长

郭春彦　市教委学前教育处副处长

张凤华　市教委基础教育一处处长

徐建姝　市教委基础教育二处处长

王东江　市教委职业教育与成人教育处处长

刘霄　市教委高等教育处副处长

王军　市教委体育卫生与艺术教育处处长

潘芳芳　市教委国际合作与交流处处长

龙梅　市政府教育督导室学校督导处处长

聂荣　市政府教育督导室专项督导处处长

牛晓亮　市教委办公室副主任

周玉玲　东城区教委主任

赵蓬欣　西城区教委主任

肖汶　朝阳区教委主任
王方　海淀区教委主任
张洋　丰台区教委主任
李秀兰　石景山区教委主任
陈江锋　门头沟区教委主任
顾成强　房山区教委主任
申键　通州区教委主任
武捷　顺义区教委主任
李成旺　昌平区教委主任
王学军　大兴区教委主任
李学东　平谷区教委主任
李连鑫　怀柔区教委主任
杨华利　密云区教委主任
魏旭斌　延庆区教委主任
张荣波　燕山教委主任

二、市教委空气重污染应急领导小组办公室成员名单

牛晓亮　市教委办公室副主任
王攀　北京教育新闻中心主任
姬云鹏　市教委发展规划处副处长
李强　市政府教育督导室专项督导处副处长
姜华　市教委办公室干部
刘月　市教委国际交流与合作处干部
彭兴蕊　市教委学前教育处主任科员
王昱人　市教委基础教育一处主任科员
李磊　市教委基础教育二处干部
巫梅琳　市教委职业教育与成人教育处主任科员
段磊　市教委高等教育处主任科员
张志华　市教委体育卫生与艺术教育处主任科员
张磊　市政府教育督导室学校督导处
詹伟华　北京教育科学研究院基教研中心副主任

陈昊　　北京教育网络和信息中心电子政务与网络主任

各区教委主管主任

附件 2

北京市教育委员会空气重污染应急职责分工

一、市教委职责

（一）办公室（突发事件应急工作处）

负责接收市空气重污染应急专项指挥部预警发布、解除指令；负责组织发布、解除预警信息；负责信息报送及有关协调工作。

（二）宣教处、教育新闻中心

负责与市宣传部门联系，通过公众媒体和教育政务微博发布预警信息，分析有关舆情，并做好宣传应对工作。

（三）发展规划处（民办高等教育处）

负责指导民办高校、民办教育机构制定预警响应预案；负责民办高校、民办教育机构预警响应，提出预警信息发布内容；负责协调处理群众和媒体举报事项并收集反馈有关信息。预警指令下达后，负责监督检查全市民办高校、民办教育机构应急预案启动及应急响应措施的落实情况，并及时向领导小组办公室反馈。

（四）体育卫生与艺术教育处

负责指导各区教委制定减少学生户外活动、停止体育课及各类竞赛和活动的预警响应预案；负责市教委主办或支持的市级中小学生体质健康监测、运动会等各类竞赛和活动的预警响应并负责收集反馈有关信息。预警指令下达后，负责全面监督检查市教委主办或支持的中小学生各类竞赛、活动及市级校外教育机构应急预案启动及应急响应措施的落实情况，并及时向领导小组办公室反馈。

（五）基础教育一处、基础教育二处

负责指导各区及中小学校制定停课预警响应预案；负责全市中小

学停课应对安排的预警响应，提出预警信息发布内容；负责协调处理群众和媒体举报事项并收集反馈有关信息。预警指令下达后，基础教育一处负责督促检查东城、西城、朝阳、海淀、丰台、石景山区教委应急预案启动及应急响应措施的落实情况，并及时向领导小组办公室反馈；基础教育二处负责督促检查门头沟、房山、通州、顺义、昌平、大兴、平谷、怀柔、密云、延庆、燕山地区教委及北京市盲人学校、北京西藏中学应急预案启动及应急响应措施的落实情况，并及时向领导小组办公室反馈。

（六）学前教育处

负责指导各区及幼儿园制定停园预警响应预案；负责全市幼儿园停园应对安排的预警响应，提出预警信息发布内容；负责协调处理群众和媒体举报事项并收集反馈有关信息。预警指令下达后，负责全面督促检查幼儿园应急预案启动及应急响应措施的落实情况，并及时向领导小组办公室反馈。

（七）职业教育与成人教育处

负责指导高职院校、中等专业学校制定预警响应预案；负责高职院校、中等专业学校预警响应，提出预警信息发布内容；负责协调处理群众和媒体举报事项并收集反馈有关信息。预警指令下达后，负责督促检查全市高职院校、中等专业学校（含市教委直属中等专业学校）应急预案启动及应急响应措施的落实情况，并及时向领导小组办公室反馈。

（八）高等教育处

负责指导高校制定预警响应预案；负责高校预警响应，提出预警信息发布内容；负责协调处理群众和媒体举报事项并收集反馈有关信息。预警指令下达后，负责监督检查全市高校应急预案启动及应急响应措施的落实情况，并及时向领导小组办公室反馈。

（九）国际合作与交流处

负责指导外籍人员子女学校、驻华使馆学校制定预警响应预案；负责外籍人员子女学校、驻华使馆学校预警响应，提出预警信息发布内容；负责协调处理群众和媒体举报事项并收集反馈有关信息。

预警指令下达后，负责监督检查外籍人员子女学校、驻华使馆学校应急预案启动及应急响应措施的落实情况，并及时向领导小组办公室反馈。

（十）北京教育科学研究院基教研中心、北京教育网络和信息中心

负责在市教委门户网站、北京数字学校同步发布有关预警信息；制定空气重污染红色预警时学校停课的应对措施，通过北京数字学校网站推送中小学同步课程，指导学生在家开展自主学习，保证中小学生“停课不停学”。

二、市政府教育督导室职责

（一）专项督导处

负责协调区教育督导部门，督促检查预警指令发布后，中小学校（幼儿园）应急预案启动及应急响应措施的落实。并及时向领导小组办公室反馈。

（二）学校督导处

负责协助专项督导处，协调区教育督导部门，督促检查预警指令发布后，中小学校（幼儿园）应急预案启动及应急响应措施的落实。并及时向领导小组办公室反馈。

三、区教委职责

（一）各区教委应根据《北京市教育委员空气重污染应急预案》制定分预案，指导辖区内中小学校及幼儿园（含中等职业学校、外籍人员子女学校、驻华使馆学校、少年宫及校外教育机构）做好预案制定工作，确保预案的可操作性，并在接到预警指令后组织实施。

（二）各区教委应在预警响应期间督促检查辖区内中小学校及幼儿园（含中等职业学校、外籍人员子女学校、驻华使馆学校、少年宫及校外教育机构）预案的落实情况，统筹协调红色预警停课后课程调整和本级组织的学生体育竞赛、体育考试、体质健康测试延期调整等工作，努力降低因天气情况对学生学习和锻炼的影响。

（三）各区教委根据所在区域空气质量状况以及预警分级情况，可差别化实施弹性教学方式（即三种弹性模式），并将组织实施情况报市教委。

（四）各区教委应在预警响应期间确保主管领导、主责部门负责人24小时通讯畅通，并及时收集汇总有关情况上报市教委。

四、中小学校及幼儿园（含中等职业学校、外籍人员子女学校、驻华使馆学校、少年宫及校外教育机构）职责

（一）中小学校及幼儿园（含中等职业学校、外籍人员子女学校、驻华使馆学校、少年宫及校外教育机构）应在区教委指导下，制定空气重污染应急预案，并在接到预警指令后启动实施。

（二）中小学校及幼儿园（含中等职业学校、外籍人员子女学校、驻华使馆学校、少年宫及校外教育机构）应根据预警级别减少或停止学生户外运动，组织学生在室内上好体育课或开展体育活动，并通过布置家庭体育作业指导学生开展体育锻炼。

（三）中小学校及幼儿园（含中等职业学校、外籍人员子女学校、驻华使馆学校、少年宫及校外教育机构）应在停课期间，及时通过校园网、班级博客、校讯通、手机信息平台等形式，为家长提供学生在线学习指导，并提示家长控制学生上网时间，做好学生看护工作，保证学生在家安全。

（四）中小学校及幼儿园（含中等职业学校、外籍人员子女学校、驻华使馆学校、少年宫及校外教育机构）应在预警响应期间确保领导干部、教师24小时通讯畅通，注意了解掌握有关情况并及时上报区教委。

（五）中小学校及幼儿园（含中等职业学校、外籍人员子女学校、驻华使馆学校、少年宫及校外教育机构）应通过多种形式，加强对空气重污染应急、健康防护等方面科普知识的宣传。

法治建设

中共北京市委教育工作委员会
北 京 市 教 育 委 员 会
北京市人民政府教育督导室

关于印发 2018 年北京市教育法治工作要点的通知

京教策〔2018〕5 号

各区委教工委、区教委、区政府教育督导室，各高等学校，机关各处室，各直管直属单位：

根据教育部和市委、市政府相关工作部署，为更好地落实北京市教育“十三五”规划和教育系统“七五”普法规划要求，进一步推进依法治教工作，创建民主、和谐、法治的教育文化氛围，现将《2018 年北京市教育法治工作要点》印发给你们，请结合实际，认真贯彻落实。

2018 年 2 月 13 日

2018年北京市教育法治工作要点

2018年全市教育法治工作总体要求是：全面贯彻党的十九大和十九届二中全会精神，以习近平新时代中国特色社会主义思想为指导，贯彻党的教育方针，落实立德树人根本任务，按照教育部和市委市政府决策部署，紧紧围绕北京市教育“十三五”规划和教育系统“七五”普法规划任务要求，补短板、提质量、促改革、强自身，全面推进依法治教、依法治校，开创教育法治工作新局面，为深化教育综合改革、加快推进教育现代化提供有力法治保障。

一、积极稳妥推动教育立法

聚焦“十三五”教育规划重点任务，开展教育领域法律热点难点问题研究分析，为顺利推进教育改革提供法律支撑。跟进国家教育立法计划，适时启动修订《北京市学前教育条例》《北京市实施〈中华人民共和国职业教育法〉办法》的准备工作，启动《北京市实施〈中华人民共和国民办教育促进法〉办法》修订调研。进一步推进《北京市教育督导条例》《北京市终身学习促进条例》立法调研，力争列入市人大立法计划。

二、严格实施教育决策合法性审查

全面落实重大行政决策公众参与、专家论证、风险评估、合法性审查和集体讨论决定的程序要求，推进决策科学化、民主化、法治化。完善行政规范性文件制发机制，落实《北京市行政规范性文件备案规定》，严格执行规范性文件合法性审查、备案制度，有件必审、有件必备。严格落实公平竞争审查制度，提升教育依法服务能力。充分发挥法律顾问在重大行政决策、合同文书审查、行政执法中的法律服务作用。

三、动态调整完善权责清单

坚持权由法定、权依法使，厘清权责边界，在服务方式、管理方式和监督方式上推进清单制度长效管理机制建设。落实权力清单动态管理制度，根据法律法规立改废释、机构职能调整情况及工作实际，再次全面梳理教育行政部门现有行政职权，及时调整确定2018版权力清单和责任清单，在政务服务中心窗口、门户网站及时公示，规范教育行政职权运行。

四、持续深化“放管服”改革

持续推进简政放权，进一步加强事中事后监管，优化政府服务。推动落实市教委等六部门《关于深化高等教育领域简政放权放管结合优化服务改革的实施意见》，落实和扩大高校办学自主权，激发学校办学活力和教研人员创新动力。深入推进管办评分离，强化教育督导职能，完善第三方评估机制，加快构建政府、学校、社会新型关系。巩固深化行政审批制度改革成果，规范行政许可行为，优化行政办事服务。简环节、优流程、转作风、提效能、强服务，依法规范市区两级教育政务服务窗口建设。

五、着力加强教育行政执法

贯彻落实《教育部关于加强教育行政执法体制机制改革的意见》，推进我市教育行政执法体制机制改革，探索推进专门执法机构和队伍建设。加大行政执法协调、指导、监督力度，层层压实执法责任。进一步明确行政检查事项，建立完善执法人员和检查对象名录库，全面推行“双随机一公开”监管模式。研制教育行政处罚工作手册，加强执法实务培训，规范操作流程和执法文书。加强与公安、工商、城管等部门的联合执法，加大对教育违法行为的查处力度，及时公布相关信息。加强行政执法案卷评查，建立市区两级教育行政部门执法情况按季度通报制度，强化执法监督。组织好教育行政执法资格考试及换证工作，加强行政执法平台日常监控，做好执法人员岗位关联、信息填报、12345举报投诉数据确认等基础工作。

六、做好教育行政救济工作

进一步完善法制机构和业务部门合议办理案件工作机制，积极采用依法协调、行政调解的方式化解矛盾。依法依规办理教育行政案件，在保证事实清楚、证据充分、适用法律正确的基础上，突出程序合法，注重时效。落实行政机关负责人出庭应诉、参与重点案件研讨制度。编发高校处理教师学生工作指导手册，加强对学校相关工作的指导，努力从源头上减少案件数量。建立教育行政案件通报制度，定期汇总通报案件情况。收集整理典型案例评析，以案释法，提高办案整体水平。

七、深入推进依法治校

学习贯彻《教育部关于加强高校法治工作的意见》,推动落实《关于全面推进北京市中小学依法治校工作的指导意见》。落实教育部依法治校创建工作部署，研制高校、中小学依法治校基本标准和考核办法，建立我市依法治校示范校评选机制。加强分类指导，推动各区及各级各类学校扎实开展达标创建工作。研究章程执行和监督评价机制，督促高校依据章程及时修改完善学校规章制度，探索开展高校章程执行情况第三方评估。督促指导各区教委加快推进中小学校章程建设。

八、加强改进信息公开工作

认真落实教育部办公厅《关于深入落实高校信息公开清单做好高校信息公开年度报告工作的通知》要求，依法全面、及时、准确地公开清单事项信息，切实提升高校信息公开工作标准化水平。做好中小学信息公开工作。坚持“以公开为常态、不公开为例外”的原则，加强市区教育行政部门信息发布、解读、更新和回应，增强主动公开信息的时效性。改进依申请信息公开的程序和文书，规范信息公开申请常用答复口径，加强业务培训，依法依规做好依申请公开工作。

九、着力抓好宪法学习宣传

认真落实十九届二中全会精神，以宪法修改公布施行为契机，认真组织开展好尊崇宪法、学习宪法、遵守宪法、维护宪法、运用宪法的宣传教育活动，大力弘扬宪法精神，大力弘扬社会主义法治精神。积极维护宪法的尊严与权威,通过组织教育系统“国家宪法日”现场会、落实新任处级干部宪法宣誓制度等形式，传递依宪治国、依宪执政理念。广泛动员和组织大中小学生参与全国学生“学宪法讲宪法”学习教育活动，不断增强学生宪法教育针对性和实效性。

十、落实落细青少年法治教育

以“七五”普法中期检查为契机，协调推进《北京教育系统法治教育第七个五年规划（2016—2020 年）重点任务分工方案》落实。发挥好法治教育课堂主渠道作用，落实《青少年法治教育大纲》要求，加强《道德与法治》课程建设，举办第二届中小学教师法治教育基本能力大赛，丰富教师课堂讲法手段和方法，关注学生学法实际获得。重点支持 7 个区推进市级青少年法治教育实践基地建设，实现市级青少年法治教育实践基地全覆盖。继续开展第六届北京大学生法治微视频作品征集活动。以《法治与校园》正式公开发行为契机，提升刊物编写品质，不断增强法治教育的感染力和影响力。

十一、进一步加强依法治教学习培训

抓好领导干部“关键少数”学法用法，结合群众关切、社会民生中的法律问题，组织办公会前学法和理论中心组专题学法。通过专家授课、观摩庭审、观看专题片等多种形式，组织好机关干部和中小学校长教师依法治教“七五”轮训。按照“谁执法、谁普法”普法责任制要求，坚持教育执法人员以案释法、以案讲法，不断提高依法行政能力和自身法治素养。

十二、强化教育法治工作保障

发挥北京优质法学资源优势，加强教育法治研究基地建设，探索建立基地保障教育法治工作的长效机制。重视北京市青少年法治教育中心建设，不断提升普法工作科学化水平。加强法律法规落实情况督导检查和教育系统“七五”普法规划中期落实情况监督检查，督促有关单位认真履责。在市教委门户网站设置北京教育普法专栏，加强信息报送工作，促进教育法治工作沟通交流。增进教育部门与公检法司等部门的协作配合，完善法治工作协同推进机制。

中共北京市委教育工作委员会
北　京　市　教　育　委　员　会

关于组织开展全市教育系统宪法学习宣传教育活动的通知

京教策〔2018〕9 号

各区委教工委、区教委，各高等学校，各直管直属单位：

为认真落实中央关于深入学习宣传和贯彻实施宪法的有关精神，按照中央及北京市关于组织开展宪法学习宣传教育活动要求，现决定在全市教育系统深入开展宪法学习宣传教育活动，大力弘扬宪法精神，大力弘扬社会主义法治精神，教育引导广大干部师生不断增强宪法意识，自觉成为宪法的忠实崇尚者、自觉遵守者、坚定捍卫者。现将有关事项通知如下：

一、总体要求

高举中国特色社会主义伟大旗帜，以习近平新时代中国特色社会主义思想为指引，全面贯彻党的十九大和十九届二中、三中全会精神，以“尊崇宪法、学习宪法、遵守宪法、维护宪法、运用宪法”为主题，在全市教育系统深入开展宪法学习宣传教育活动，加强宪法和宪法修正案学习宣传教育，坚定宪法自信，增强宪法自觉，维护宪法法律权威，更好地发挥宪法在全面依法治国、建设法治中国首善之区中的重大作用，进一步引导广大干部师生强化“四个意识”，坚定“四个自信”，为建设国际一流和谐宜居之都、建设社会主义现代化强国而努力奋斗！

二、主要活动安排

（一）开展争当“宪法小卫士”活动（2018 年 5 月至 6 月）

组织辖区各中小学登录教育部全国青少年普法网（www.qspfw.edu.cn, 以下简称“普法网”）宪法活动专栏，观看百个青少年宪法课堂视频，参加线上宪法知识挑战，争当“宪法小卫士”并点亮“小火炬”。普法网将制作“宪法小卫士”网络火炬传递地图，对全国学生参与宪法学习情况进行全面及时展示。各区、各学校在开展争当“宪法小卫士”活动时，坚持课内课外、线上线下、日常集中相结合，充分利用普法网相关宪法学习资源，在校园内张贴宪法挂图，设置宪法活动签名墙，组织学生学唱宪法歌曲，在校园内营造浓厚热烈的宪法学习教育氛围。“宪法小卫士”点亮“小火炬”活动具体要求详见普法网公布的实施细则。

（二）征集优秀宪法教育课件（2018 年 5 月至 10 月 12 日）

为进一步丰富中小学宪法学习教育资源，拓展宪法教育新形式，提高教师开展宪法教育的积极性，教育部全国教育普法领导小组办公室于 2018 年 5 月 15 日至 10 月 12 日面向广大教师、高校学生征集中小学宪法教育教学的微课程、课堂教学视频及配套课件、教案等宪法教育课件。征集活动分为小学低年级组（1—2 年级）、小学高年级组（3—6 年级）、初中组、高中组（含中职）四个组别。请各区、各高校认真组织师生积极参与，师生通过普法网自行上传提交作品，经过审核后，该课件将在普法网上集中展示并参与评奖。活动具体要求详见普法网公布的实施细则。

（三）扎实办好“学宪法讲宪法”比赛（2018 年 5 月至 12 月）

在广泛深入开展宪法学习的基础上，市委教工委、市教委今年继续组织全市大中小学生参加“学宪法 讲宪法”比赛。各区委教工委、区教委、各高校组织学生认真学习宪法知识的基础上，经层层遴选，分别推荐小学、初中、高中、高校各1名学生选手，参加全市宪法主题演讲、知识竞答、主题辩论现场比赛。市赛表现突出的学生将组成北京市代表队，参与11月底，由教育部统一组织的全国学生“学宪法 讲宪法”总决赛。市级比赛具体安排与要求详见北京市教委政务网教育普法专栏（jw.beijing.gov.cn/jypu/）公布的实施细则。

（四）组织国家宪法日宣传周活动（2018年12月3日至12月8日）

今年12月4日“国家宪法日”期间，市委教工委、市教委将组织第五个国家宪法日暨教育系统宪法学习周系列活动，普及宪法知识，弘扬宪法精神，强化宪法意识。组织全市教育系统宪法教育现场活动，交流宪法教育经验，展示宪法教育成果。各区要认真落实教育部关于组织开展全国中小学生“宪法晨读”活动要求，通过现场或网络直播同步参与全国千万师生共同诵读宪法现场活动。积极发挥各高校法学教育优势资源，结合当代大学生的特点，组织法律沙龙、法治论坛、法治辩论、文艺展演等多种形式的宪法教育实践活动，提升宪法教育的吸引力和感染力。

（五）开展“我与宪法”优秀微视频征集（2018年5月至12月）

为不断丰富宪法教育形式，探索贴近学生教育需求的宪法教育实践，真正实现让文本上的宪法“活起来”“落下去”，根据全国普法办相关活动要求，市委教工委、市教委于今年5月至12月间，在各区、各级各类学校广大师生中开展“我与宪法”优秀微视频征集活动。该活动通过讲述类、公益广告类、工作展示类等形式微视频，记录学生学习诵读宪法教育成效，讲述我与宪法的精彩故事，展示教育系统广大干部师生学习宣传和贯彻实施宪法的成果、展现各级各类学校和教师依照宪法和法律规定落实依法治校、依法执教的情况。届时，市委教工委、市教委将向全国普法办推荐20 ~ 30个优秀作品参与全国征集展映活动。征集具体要求详见北京市教委政务网教育普法专栏（jw.beijing.gov.cn/jypu/）公布的实施细则。

三、工作要求

（一）把握正确方向。要组织引导广大干部师生深入学习领会我国宪法的重大意义、基本内容和主要精神，特别是准确领会把握宪法修正案的核心要义和精神实质，把宪法学习教育与党史国史教育、中国特色社会主义的生机活力和辉煌成就、新时代治国理政的伟大实践结合起来，引导广大干部师生深刻理解宪法确立的国家指导思想，中国共产党领导地位，国家根本任务、发展道路、奋斗目标等，进一步强化“四个意识”，坚定“四个自信”。

（二）加强组织领导。各区、各高校要高度重视，加强组织管理，结合工作实际制定具体方案，使广大师生及时了解活动要求，广泛参与形式多样的学习教育活动。要充分认识开展此次教育活动的重要意义，坚持宪法教育与公民教育相结合，与实践活动相结合，要把宪法教育作为本年度推进青少年法治教育的重点工作予以落实。市委教工委、市教委也将把各区、各校参与此次活动的情况，纳入“七五”普法评估和依法治教示范区、依法治校示范校创建的重要内容。

（三）注重活动实效。各区、各校要切实扩大活动参与面，重在普及，重在参与，组织吸引干部师生有效开展宪法学习，着力保证宪法教育全覆盖见实效。要集中开展读宪法原文活动，将宪法教育有机融入升旗仪式、开学典礼和毕业典礼、主题班会、社团活动等，大力培育校园宪法文化。在研学实践教育、社会实践、志愿服务中增加宪法教育内容，在青少年法治教育基地中专门开辟宪法主题区、宪法馆，增强宪法体验。注重加强与公检法司、共青团等部门合作，探索协力推进宪法教育的有效形式和长效机制。

（四）加强宣传引导。市委教工委、市教委要对宪法学习教育的优秀成果、经验做法和先进典型进行及时总结和报道，创新宣传形式，把握舆论导向，使宣传工作接地气、有温度。北京市教委政务网站开设“宪法教育”专题，全面展示宪法教育动态，推送各校有效做法，形成良好舆论氛围。各级各类学校要充分利用好校园网、广播站、宣传栏等阵地，宣传报道教育活动情况，展示教育成效。

市委教工委、市教委将随时追踪各区、各校组织开展宪法学习教育情况。请各单位及时报送工作中的好经验、好做法。

请于6月22日前，将宪法教育活动工作联系人、电话反馈至政策研究与法制工作处。

2018年6月1日

发展规划

北　京　市　教　育　委　员　会
北京市发展和改革委员会
北　　京　　市　　财　　政　　局
北京市人力资源和社会保障局
北京市人民政府教育督导室

关于印发《北京职业教育改革发展行动计划（2018—2020年）》的通知

京教职成〔2018〕4号

各区教委、发展改革委、财政局、人力社保局、区政府教育督导室，各职业院校，有关单位：

职业教育是我市教育体系的重要组成部分，办好职业教育对于提升北京城市治理水平和服务品质、促进产业转型升级和经济社会发展、构建国际一流和谐宜居之都具有十分重要的意义。为深入贯彻落实党的十九大及市委第十二次党代会精神，落实《北京市人民政府关于加快发展现代职业教育的实施意见》，完善职业教育和培训体系，深化职业教育改革，市教委会同市发展改革委、市财政局、市人力社保局、市政府教育督导室制定了《北京职业教育改革发展行动计划（2018—2020年）》，经市教育体制改革专项小组第4次全体会议审议通过，现印发给你们，请结合本地区、本部门、本单位实际情况认真贯彻落实。

附件：北京职业教育改革发展行动计划（2018—2020年）

2018年4月12日

北京职业教育改革发展行动计划（2018—2020年）

为贯彻落实党的十九大及市委第十二次党代会精神，落实《北京城市总体规划（2016—2035年）》《国务院办公厅关于深化产教融合的若干意见》《教育部等六部门关于印发〈职业学校校企合作促进办法〉的通知》《北京市人民政府关于加快发展现代职业教育的实施意见》，进一步深化北京职业教育改革，特制定本行动计划。

一、指导思想

坚持以习近平新时代中国特色社会主义思想为指导，全面贯彻党的教育方针，紧密契合首都“四个中心”战略定位，坚持立足需求、提升质量、优化布局、城教融合、协同发展的思路，构建完善现代职业教育和培训体系，推进产教深度融合、校企紧密合作，培养大批高素质技术技能人才，为提升北京城市治理水平和服务品质、促进产业转型升级和经济社会发展、构建国际一流和谐宜居之都提供有力支撑。

二、基本原则

——坚持需求导向，注重服务功能。紧密对接人才市场和产业发展对职业教育的需求，明确北京职业教育在促进城教融合、满足人民日益增长的美好生活需要和促进经济社会发展中的重要作用。

——坚持问题导向，注重优化调整。根据城市功能定位，整合职业院校资源，优化调整结构和布局，构建现代职业教育和培训体系。完善产教融合、校企合作机制，激发职业院校办学活力，做精、做强、做特职业教育。

——坚持目标导向，注重质量提升。完善职业教育质量提升机制，深化职业教育教学改革，增强教师综合能力，激发学生学习兴趣，全面提高人才培养质量。

——坚持战略导向，注重开放协同。服务“一带一路”、京津冀协同发展等国家战略，集成区域职业教育改革合力，将国内外先进经验与北京特色相融合，打造国际一流的技术技能人才培养高地。

三、主要目标

到2020年，全市职业教育规模结构更加合理，院校布局和专业设置与首都经济社会发展更加契合，现代职业教育和培训体系基本形成，职业教育发展环境更加优化，职业院校办学能力和贡献力更加显著，形成职普相互融通、城教充分融合、学段衔接贯通、校企协同育人的职业教育发展新局面。

——调整结构，打造精品。重点建设10所左右特色鲜明、世界一流的职业院校，形成具有国际竞争力的人才培养高地。

——对接产业，服务北京。高水平建设100个左右国内领先、世界一流的骨干专业。

——产教融合，校企合作。重点建设100个左右工程师学院及技术技能大师工作室。

——面向人人，提高素质。每年完成职业技术技能培训100万人次以上。

四、重点任务

（一）立德树人，培育工匠

1.强化立德树人导向。全面贯彻党的教育方针，落实立德树人根本任务，以培养德智体美全面发展的社会主义建设者和接班人为目标，探索具有北京职业院校特色的思想政治和德育工作长效机制，巩固拓展“一校一品”、文明风采竞赛、班主任基本功大赛、职业素养护照、“未来工匠”等项目建设成果，培育一批社会主义核心价值观德育实践基地，搭建网上心理检测与咨询、职业指导等数字化德育平台，注重学生人格塑造，将劳模精神和工匠精神融入到人才培养全过程。

（二）优化布局，促进提升

2.调整优化院校布局。进一步优化职业院校布局，东、西城区原则上不再举办职业教育；朝阳、海淀、丰台、石景山区职业院校以服务中央和首都功能为方向，精准化办学；其他区职业院校立足本区域功能定位或行业企业需求，特色化办学。坚决清理无办学行为中等职业学校，合理调减中等职业学校规模，稳定高等职业学校规模。到2020年，中职教育在校生规模6万人左右，专科层次高职教育在校生规模10万人左右。重点建设10所左右办学定位准确、专业特色鲜明、社会服务能力强、综合办学水平领先、与北京经济社会发展需要契合度高、行业优势突出的世界一流职业院校，建好一批世界技能大赛集训基地。

3. 推动京津冀协同发展。服务首都职业人才需求，按照产业链与津冀职业教育开展跨区域人才培养、课程开发、数字化教学资源共享、实习实训基地共享、教学科研成果共享、技术技能大赛等交流合作。发挥世界技能大赛集训基地和国家级高技能人才培训基地作用，重点建设若干京津冀职业教育人才培养基地，为北京城市副中心、雄安新区、北京新机场、2022年冬奥会等重大项目培养培训应用技术型人才。

（三）构建体系，畅通渠道

4. 构建现代职教体系。构建“中职—高职—应用型本科—专业硕士”相衔接的人才培养体系，制定一体化人才培养方案。稳步推进高端技术技能人才贯通培养、综合高中等改革试验项目，进一步扩大“中职—高职”贯通培养（3+2）规模，扩大“高职—应用型本科”贯通培养（3+2）、“中职—高职—本科”贯通培养（3+2+2）规模。鼓励技工院校与高职院校合作培养学生，建立技能类职业资格和职业院校学历双向贯通培养通道。

5. 完善考试评价体系。对照国家职业标准构建职业院校学生职业能力水平测试系统。建立“公共基础课 + 思想品德 + 专业技能”的职业院校学生综合素质评价体系。完善“文化素质 + 职业技能”的职业院校学生贯通培养考试招生体系，把分类考试作为职业院校学生考试升学的主渠道，安排在统一高考之前进行，逐步提高本科院校招收职业院校毕业生比例。建立全市统一的职业院校学籍管理系统。

6. 完善职业培训体系。支持职业院校面向中小学生、社区居民、高校毕业生、在职职工、退役士兵、来京从业人员、新型职业农民、失业人员等群体，大规模开展职业体验、就业技能培训、岗位技能提升培训和创业培训。每年根据各职业院校申报的培训项目和培训能力发放培训任务清单，加强培训绩效考核。完善院校培训收入管理、培训教师评聘和薪酬管理等激励机制。鼓励职业院校与行业企业联合开发产业技术课程、职业培训包等优质教育资源，探索“互联网＋教育培训”模式，推动探索职业院校和行业企业课程学分转换互认，支持职业院校向行业企业和社会培训机构购买创新创业、前沿技术课程和教学服务。

（四）强化内涵，提高质量

7. 提升专业建设水平。加强信息交换与共享，建立行业产业动态调整和人才供需状况定期发布制度，形成专业预警和退出机制。优化职业院校专业布局，针对限制和禁止发展产业，撤并一批面向低端产业的专业；针对调整转型产业，改造升级一批传统优势专业；针对高精尖产业，优先发展一批新兴专业；针对城市管理服务、社会建设需求，重点建设一批紧缺人才专业；针对疏解转移产业，与产业承接地合作办好一批品牌专业。定期发布专业指导性目录和禁限目录。重点建设100个左右紧贴产业转型发展、校企深度融合、社会认可度高的国内领先、世界一流的骨干专业，在专业特色发展、实训条件改善、师资队伍建设、课程资源开发、教学方法改革等方面予以经费支持。

8. 改进人才培养模式。推进“工学结合、校企合作”育人模式改革，职业院校与行业、企业共同设立专业建设指导委员会，制定一体化人才培养方案。借鉴德国双元制办学理念，探索现代学徒制，广泛开展“有趣、有用、有效”的课堂教学，形成以小班化、模块化、项目式、案例式、混合式教学和探究性、合作性学习为主要特色的人才培养模式。加强和推广信息化教学，坚持以赛促学，建立国家、市级、校级三级职业院校技术技能竞赛体系。积极发展集民族工艺传承创新、文化遗产保护、高技能人才培养、产业孵化于一体的职业教育。

9. 加强课程体系建设。完善以学生为中心、以能力为导向、以课程为主体、与职业资格标准相融合的课程体系。开发和引进行业、企业及国际先进的课程资源。以促进学生综合职业能力提升为目标，重构教学计划，合理设计教学模块，改进公共基础课教学，推动专业核心课对接国家职业标准和行业操作标准，着重提升学生专业能力、方法能力及社会能力，促进学生职业生涯的可持续发展。

（五）产教融合，校企合作

10. 完善校企合作机制。鼓励和支持行业企业举办或参与举办职业院校。健全德技并修、工学结合的育人机制，支持行业企业参与人才培养全过程，扩大校企联合招生、联合培养的现代学徒制订单班试点，鼓励学校与企业合作设计人才培养方案、开发课程、建设实训基地、建设教师队伍、开展技术研发，鼓励企事业单位承担学生实践和实习实训，形成“人才共育、设备共用、技术共享、文化互补、管理互通”的校企合作长效机制。建立职业院校教师与企业工程技术人员、高技能人才双向聘用机制，对符合条件愿意到职业院校任职的高技术技能人才，结合职业院校水平和特点，可申报职称评审。

11. 共建校企育人平台。推进产教深度融合，实施引企入教，遴选若干国内外龙头企业或行业开展产教融合试点，与职业院校共建100个左右工程师学院及技术技能大师工作室。重点建设15个左右职教集团和若干世界技能大赛集训基地，按照财政相关管理规定予以经费支持。明确职教集团和世界技能大赛集训基地在人才需求调查、专业设置、课程开发、专业教师培训、兼职教师选聘、实训基地建设、技能大赛组织、科研成果转化等方面的任务，并加强绩效考核。

（六）提升能力，增强师资

12. 加强基础能力建设。统筹安排职业教育专款和国家职业教育基础能力建设项目，支持职业院校改善基本办学条件，开发优质教学资源，提高教师素质。加快发展“互联网＋职业教育”，统筹推进智慧校园建设，加强智慧教室和微课、慕课等数字化课程资源开发，依托“京学网”构建全市优质数字化课程教学资源共享平台。建设一批公共实习实训中心、数字化市级公共实训基地和与专业课程配套的虚拟仿真实训系统。

13. 提升师资队伍水平。依托职业院校、应用型本科高校和知名企业高标准建设20个左右职业教育师资培训基地，依托“京学网”建设教师网络培训平台。定期举办职业院校校长和管理人员领导力研修班；实施新任专业教师经培训后持证上岗制度，到2020年完成首轮新教师培训。完善人才引进、培养和使用机制与政策，重点培养30名左右在本领域具有一定影响力、知名度、居于国内同领域专业前列的职业教育名师和100名左右专业基础扎实、专业成果突出并在国内有一定影响的专业带头人；重点支持50个左右专业创新团队，在促进经济社会发展和教育教学改革中发挥积极作用；努力培养400名左右优秀青年骨干教师，使其成为教育改革、教学实践以及技术开发的骨干力量；资助50名特聘专家。探索师资培训基地与教师企业实践基地"双基地"合作培养"双师型"教师新模式，进入"双师型"系列的教师，每5年必须在企业实践1年以上，到2020年"双师型"教师占专业教师的比例达到80%。

（七）国际合作，开放发展

14. 提升国际合作水平。以提升国际化综合要素深度融入教育教学全过程为着力点，加强同国外职业教育机构、行业协会的交流合作，鼓励职业院校借鉴国际先进的办学模式和考核标准，探索开发与国际先进标准相对接、体现北京特色和水平的北京职业教育课程体系。推进德国胡格（HUG）人才培养模式本土化，开展英国创新创业教育（NCEE）、澳大利亚TAFE等合作项目，引进一批国际知名的职业资格证书。重点建设若干国际化程度较高的职业院校，与在京跨国公司开展校企合作，建立人才培养培训基地。

15. 积极参与"一带一路"。加强与"一带一路"沿线国家的职业教育与特色文化交流与合作，配合国家战略项目"走出去"，输出优质职业教育资源。支持职业院校国外办学，参照国际先进专业建设标准、课程标准、资格证书标准，与承载地教育部门和企业联合制定人才培养方案，培养具有国际视野、通晓国际规则的技术技能人才。鼓励和支持招收"一带一路"沿线国家留学生，开展多种形式的学生交流活动。

五、保障措施

（一）强化统筹协调

坚持市级统筹，强化办学主体责任，深化区域内教育供给侧结构性改革。坚持问题导向，快速响应需求，加强市级相关部门对职业教育改革发展重点难点问题的政策协调。引导职业院校找准学校改革发展定位，增强自身办学能力，不断提升竞争力和贡献力，加强对职业教育的规范管理和监督指导。

（二）完善保障制度

完善教师评聘制度，建立独立的职业院校教师职称评定机制。完善经费保障机制，创新经费投入方式，优化投入结构。对职业教育重点改革项目给予经费支持。依法完善职业教育资助政策体系，逐步扩大职业院校助学金、奖学金的覆盖面，建立补助标准动态调整机制，对非城镇户口学生及涉农、养老服务、非遗传承、师范教育类专业的学生减免学费。

（三）加强督导评价

教育督导部门要完善督导评估办法，加强对政府及有关部门履行发展职业教育职责的督导。完善职业教育质量评价机制，定期开展中等职业学校办学能力评估和高等职业学校适应社会需求能力评估，实施职业教育质量年度报告制度。探索职业院校多元评价机制，加强校内督导，发挥行业、用人单位作用，积极支持第三方机构开展评估。

（四）凝聚社会合力

充分调动职业教育的科研力量，联合科研院所、职业院校加强对职业教育改革成果的推广转化，增强科研服务决策、创新理论、指导实践的能力。充分发挥新闻媒体的作用，营造全社会崇尚劳动、尊重技能，重视和支持职业教育发展的良好氛围，提升北京职业教育的影响力。

北京市教育委员会

关于转发教育部《教育信息化 2.0 行动计划》的通知

京教研〔2018〕6 号

各区教委、各有关高等学校：

现将《教育部关于印发〈教育信息化 2.0 行动计划〉的通知》（教技〔2018〕6 号）转发给你们，请结合本区、本单位工作实际，认真贯彻执行。

附件：教育部关于印发《教育信息化 2.0 行动计划》的通知

2018 年 5 月 28 日

教育部

关于印发《教育信息化 2.0 行动计划》的通知

教技〔2018〕6 号

各省、自治区、直辖市教育厅（教委），各计划单列市教育局，新疆生产建设兵团教育局，部属各高等学校：

为深入贯彻落实党的十九大精神，办好网络教育，积极推进“互

联网 + 教育”发展，加快教育现代化和教育强国建设，我部研究制定了《教育信息化 2.0 行动计划》，现印发给你们，请结合本地、本单位工作实际，认真贯彻执行。

2018 年 4 月 13 日

教育信息化 2.0 行动计划

为深入贯彻落实党的十九大精神，加快教育现代化和教育强国建设，推进新时代教育信息化发展，培育创新驱动发展新引擎，结合国家“互联网 +”、大数据、新一代人工智能等重大战略的任务安排和《国家中长期教育改革和发展规划纲要（2010—2020 年）》《国家教育事业发展“十三五”规划》《教育信息化十年发展规划（2011—2020 年）》《教育信息化“十三五”规划》等文件要求，制定本计划。

一、重要意义

教育信息化 2.0 行动计划是在历史成就基础上实现新跨越的内在需求。党的十八大以来，我国教育信息化事业实现了前所未有的快速发展，取得了全方位、历史性成就，实现了“三通两平台”建设与应用快速推进、教师信息技术应用能力明显提升、信息化技术水平显著提高、信息化对教育改革发展的推动作用大幅提升、国际影响力显著增强等“五大进展”，在构建教育信息化应用模式、建立全社会参与的推进机制、探索符合国情的教育信息化发展路子上实现了“三大突破”，为新时代教育信息化的进一步发展奠定了坚实的基础。

教育信息化 2.0 行动计划是顺应智能环境下教育发展的必然选择。教育信息化 2.0 行动计划是推进“互联网 + 教育”的具体实施计划。人工智能、大数据、区块链等技术迅猛发展，将深刻改变人才需求和教育形态。智能环境不仅改变了教与学的方式，而且已经开始深入影响到教育的理念、文化和生态。主要发达国家均已意识到新形势下教育变革势在必行，从国家层面发布教育创新战略，设计教育改革发展蓝图，积极探索新模式、开发新产品、推进新技术支持下的教育教学创新。我国已发布《新一代人工智能发展规划》，强调发展智能教育，主动应对新技术浪潮带来的新机遇和新挑战。

教育信息化2.0行动计划是充分激发信息技术革命性影响的关键举措。经过多年来的探索实践，信息技术对教育的革命性影响已初步显现，但与新时代的要求仍存在较大差距。数字教育资源开发与服务能力不强，信息化学习环境建设与应用水平不高，教师信息技术应用能力基本具备但信息化教学创新能力尚显不足，信息技术与学科教学深度融合不够，高端研究和实践人才依然短缺。充分激发信息技术对教育的革命性影响，推动教育观念更新、模式变革、体系重构，需要针对问题举起新旗帜、提出新目标、运用新手段、制定新举措。

教育信息化2.0行动计划是加快实现教育现代化的有效途径。没有信息化就没有现代化，教育信息化是教育现代化的基本内涵和显著特征，是“教育现代化2035”的重点内容和重要标志。教育信息化具有突破时空限制、快速复制传播、呈现手段丰富的独特优势，必将成为促进教育公平、提高教育质量的有效手段，必将成为构建泛在学习环境、实现全民终身学习的有力支撑，必将带来教育科学决策和综合治理能力的大幅提高。以教育信息化支撑引领教育现代化，是新时代我国教育改革发展的战略选择，对于构建教育强国和人力资源强国具有重要意义。

二、总体要求

（一）指导思想

以习近平新时代中国特色社会主义思想为指导，全面贯彻党的十九大精神，围绕加快教育现代化和建设教育强国新征程，落实立德树人根本任务，因应信息技术特别是智能技术的发展，积极推进“互联网+教育”，坚持信息技术与教育教学深度融合的核心理念，坚持应用驱动和机制创新的基本方针，建立健全教育信息化可持续发展机制，构建网络化、数字化、智能化、个性化、终身化的教育体系，建设人人皆学、处处能学、时时可学的学习型社会，实现更加开放、更加适合、更加人本、更加平等、更加可持续的教育，推动我国教育信息化整体水平走在世界前列，真正走出一条中国特色的教育信息化发展路子。

（二）基本原则

坚持育人为本。面向新时代和信息社会人才培养需要，以信息化引领构建以学习者为中心的全新教育生态，实现公平而有质量的教育，促进人的全面发展。

坚持融合创新。发挥技术优势，变革传统模式，推进新技术与教育教学的深度融合，真正实现从融合应用阶段迈入创新发展阶段，不仅实现常态化应用，更要达成全方位创新。

坚持系统推进。统筹各级各类教育的育人目标和信息化发展需求，兼顾点与面、信息化推进与教育改革发展，实现教学与管理、技能与素养、小资源与大资源等协调发展。

坚持引领发展。构建与国家经济社会和教育发展水平相适应的教育信息化体系，支撑引领教育现代化发展，形成新时代的教育新形态、新模式、新业态。

三、目标任务

（一）基本目标

通过实施教育信息化 2.0 行动计划，到 2022 年基本实现“三全两高一大”的发展目标，即教学应用覆盖全体教师、学习应用覆盖全体适龄学生、数字校园建设覆盖全体学校，信息化应用水平和师生信息素养普遍提高，建成“互联网 + 教育”大平台，推动从教育专用资源向教育大资源转变、从提升师生信息技术应用能力向全面提升其信息素养转变、从融合应用向创新发展转变，努力构建“互联网 +”条件下的人才培养新模式、发展基于互联网的教育服务新模式、探索信息时代教育治理新模式。

（二）主要任务

继续深入推进“三通两平台”，实现三个方面普及应用。“宽带网络校校通”实现提速增智，所有学校全部接入互联网，带宽满足信息化教学需求，无线校园和智能设备应用逐步普及。“优质资源班班通”

和“网络学习空间人人通”实现提质增效，在“课堂用、经常用、普遍用”的基础上，形成“校校用平台、班班用资源、人人用空间”。教育资源公共服务平台和教育管理公共服务平台实现融合发展。实现信息化教与学应用覆盖全体教师和全体适龄学生，数字校园建设覆盖各级各类学校。

持续推动信息技术与教育深度融合，促进两个方面水平提高。促进教育信息化从融合应用向创新发展的高阶演进，信息技术和智能技术深度融入教育全过程，推动改进教学、优化管理、提升绩效。全面提升师生信息素养，推动从技术应用向能力素质拓展，使之具备良好的信息思维，适应信息社会发展的要求，应用信息技术解决教学、学习、生活中问题的能力成为必备的基本素质。加强教育信息化从研究到应用的系统部署、纵深推进，形成研究一代、示范一代、应用一代、普及一代的创新引领、压茬推进的可持续发展态势。

构建一体化的“互联网 + 教育”大平台。引入“平台 + 教育”服务模式，整合各级各类教育资源公共服务平台和支持系统，逐步实现资源平台、管理平台的互通、衔接与开放，建成国家数字教育资源公共服务体系。充分发挥市场在资源配置中的作用，融合众筹众创，实现数字资源、优秀师资、教育数据、信息红利的有效共享，助力教育服务供给模式升级和教育治理水平提升。

四、实施行动

（一）数字资源服务普及行动

建成国家教育资源公共服务体系，国家枢纽和国家教育资源公共服务平台、32 个省级体系全部连通，数字教育资源实现开放共享，教育大资源开发利用机制全面形成。

完善数字教育资源公共服务体系。建成互联互通、开放灵活、多级分布、覆盖全国、共治共享、协同服务的国家数字教育资源公共服务体系，国家枢纽连通国家教育资源公共服务平台和所有省级体系。建立国家数字教育资源公共服务体系联盟，发布系列技术和功能标准规范，探索资源共享新机制，提升数字教育资源服务供给能力，有效支撑学校和师生开展信息化教学应用。

优化“平台+教育”服务模式与能力。依托国家数字教育资源公共服务体系，初步形成覆盖全国的数字教育资源版权保护和共享交易机制，利用平台模式实现资源众筹众创，改变数字教育资源自产自销的传统模式，解决资源供需瓶颈问题。完善优课服务，发挥“一师一优课、一课一名师”示范引领作用，形成覆盖基础教育阶段所有学段、学科的生成性资源体系。升级职业教育专业教学资源库建设，丰富职业教育学习资源系统。提升慕课服务，汇聚高校、企业等各方力量，提供精品大规模在线开放课程，达成优质的个性化学习体验，满足学习者、教学者和管理者的个性化需求。

实施教育大资源共享计划。拓展完善国家数字教育资源公共服务体系，推进开放资源汇聚共享，打破教育资源开发利用的传统壁垒，利用大数据技术采集、汇聚互联网上丰富的教学、科研、文化资源，为各级各类学校和全体学习者提供海量、适切的学习资源服务，实现从“专用资源服务”向“大资源服务”的转变。

（二）网络学习空间覆盖行动

规范网络学习空间建设与应用，保障全体教师和适龄学生“人人有空间”，开展校长领导力和教师应用力培训，普及推广网络学习空间应用，实现“人人用空间”。

引领推动网络学习空间建设与应用。制订网络学习空间建设与应用规范，明确网络学习空间的定义与内涵、目标与流程、功能与管理。印发加快推进“网络学习空间人人通”的指导意见，推动各地网络学习空间的普及应用。

持续推进“网络学习空间人人通”专项培训。继续开展职业院校和中小学校长、骨干教师的“网络学习空间人人通”专项培训，在中国移动、中国电信、中国联通的支持下，培训1万名中小学校长、2万名中小学教师、3000名职业院校校长、6000名职业院校教师，并带动地方开展更大范围的培训。

开展网络学习空间应用普及活动。依托国家数字教育资源公共服务体系，组织广大师生开通实名制网络学习空间，促进网络学习空间与物理学习空间的融合互动。开展空间应用优秀区域、优秀学校的展示推广活动，推进网络学习空间在网络教学、资源共享、教育管理、综合素质评价等方面的应用，实现网络学习空间应用从“三个率先”向全面普及发展，推动实现“一人一空间”，使网络学习空间真正成为广大师生利用信息技术开展教与学活动的主阵地。

建设国家学分银行和终身电子学习档案。加快推进国家学分银行建设，推动基础教育、职业教育、高等教育、继续教育机构逐步实行统一的学分制，加快实现各级各类教育纵向衔接、横向互通，为每一位学习者提供能够记录、存储学习经历和成果的个人学习账号，建立个人终身电子学习档案，对学习者的各类学习成果进行统一的认证与核算，使其在各个阶段通过各种途径获得的学分可以得到积累或转换。被认定的学分，按照一定的标准和程序可累计作为获取学历证书、职业资格证书或培训证书的凭证。

（三）网络扶智工程攻坚行动

大力支持以“三区三州”为重点的深度贫困地区教育信息化发展，促进教育公平和均衡发展，有效提升教育质量，推进网络条件下的精准扶智，服务国家脱贫攻坚战略部署。

支持“三区三州”教育信息化发展。通过中国移动、中国电信、中国联通等企业和社会机构的支持，在“三区三州”等地开展“送培到家”活动，加强教育信息化领导力培训和教师信息化教学能力培训，推动国家开放大学云教室建设，开展信息化教学设备捐赠、优质数字教育资源共享、教育信息化应用服务等系列活动，落实教育扶贫和网络扶贫的重点任务，助力提升深度贫困地区教育质量和人才培养能力，服务地方、区域经济社会发展。

推进网络条件下的精准扶智。坚持“扶贫必扶智”，引导教育发达地区与薄弱地区通过信息化实现结对帮扶，以专递课堂、名师课堂、名校网络课堂等方式，开展联校网教、数字学校建设与应用，实现“互联网+”条件下的区域教育资源均衡配置机制，缩小区域、城乡、校际差距，缓解教育数字鸿沟问题，实现公平而有质量的教育。

（四）教育治理能力优化行动

完善教育管理信息化顶层设计，全面提高利用大数据支撑保障教育管理、决策和公共服务的能力，实现教育政务信息系统全面整合和政务信息资源开放共享。

提高教育管理信息化水平。制订进一步加强教育管理信息化的指导意见，优化教育业务管理信息系统，深化教育大数据应用，全面提升教育管理信息化支撑教育业务管理、政务服务、教学管理等工作的能力。充分利用云计算、大数据、人工智能等新技术，构建全方位、全过程、全天候的支撑体系，助力教育教学、管理和服务的改革发展。

推进教育政务信息系统整合共享。以“互联互通、信息共享、业务协同”为目标，完成教育政务信息系统整合工作。建立“覆盖全国、统一标准、上下联动、资源共享”的教育政务信息资源大数据，打破数据壁垒，实现一数一源和伴随式数据采集。完善教育数据标准规范，促进政务数据分级分层有效共享，避免数据重复采集，优化业务管理，提升公共服务，促进决策支持。

推进教育“互联网＋政务服务”。连接教育政务信息数据和社会宏观治理数据，建立教育部“互联网＋政务服务”网上办事大厅，实现政务服务统一申请、集中办理、统一反馈和全流程监督，分步实施教育政务数据的共享开放，做到事项清单标准化、办事指南规范化、审查工作细则化和业务办理协同化，实现“一张表管理”和“一站式服务”，切实让百姓少跑腿、数据多跑路，增强人民群众获得感。

（五）百区千校万课引领行动

结合教育信息化各类试点和“信息技术与教育深度融合示范培育推广计划”的实施，认定百个典型区域、千所标杆学校、万堂示范课例，汇聚优秀案例，推广典型经验。

建立百个典型区域。通过推荐遴选东中西部不同地区的典型区域，培育一系列教育信息化整体推进的样本区，探索在发达地区、欠发达地区利用信息化优化教育供给的典型路径，为同类区域的发展提供参照，引领教育信息化提质升级发展。

培育千所标杆学校。分批组织遴选100所高等学校、300所职业学校、1000所基础教育学校和一定数量的举办继续教育的学校开展示范，探索在信息化条件下实现差异化教学、个性化学习、精细化管理、智能化服务的典型途径。

遴选万堂示范课例。汇聚电教系统、教研系统等各方力量，以“一师一优课、一课一名师”活动、全国职业院校技能大赛教学能力比赛、推出国家精品在线开放课程等为依托，设定专门制作标准和评价指标，遴选万堂优秀课堂教学案例，包括1万堂基础教育示范课（含普通中小学校示范课、少数民族语言教材示范课、特殊教育示范课、学前教育示范课）、1000堂职业教育示范课、200堂继续教育示范课，推出3000门国家精品在线开放课程，建设7000门国家级和1万门省级线上线下高等教育精品课，充分发挥示范课例的辐射效能。

汇聚推广优秀案例。总结典型经验，汇聚优秀案例，分批出版教育信息化创新应用系列案例集，并通过在国家教育资源公共服务平台、中国教育电视台等渠道开设专门栏目、召开现场会、举办应用展览活动等方式进行推广。

（六）数字校园规范建设行动

通过试点探索利用宽带卫星实现边远地区学校互联网接入、利用信息化手段扩大优质教育资源覆盖面的有效途径。全面推进各级各类学校数字校园建设与应用。

推进宽带卫星联校试点行动。与中国卫通联合在甘肃省甘南藏族自治州、云南省昭通市、四川凉山彝族自治州各选择1个县开展试点，每县选择1所主体学校和4所未联网学校（教学点），免费安装“中星16号”卫星设备并连通网络，开展信息化教学和教研，为攻克边远山区、海岛等自然条件特殊地区学校联网问题、实现全部学校100%接入互联网探索路径。

促进数字校园建设全面普及。落实《职业院校数字校园建设规范》，发布中小学、高等学校数字校园建设规范，推动实现各级各类学校数字校园全覆盖。将网络教学环境纳入学校办学条件建设标准，数字教育资源列入中小学教材配备要求范围。加强职业院校、高等学校虚拟仿真实训教学环境建设，服务信息化教学需要。推动各地以区域为单位统筹建立数字校园专门保障队伍，彻底解决学校运维保障力量薄弱问题。

（七）智慧教育创新发展行动

以人工智能、大数据、物联网等新兴技术为基础，依托各类智能设备及网络，积极开展智慧教育创新研究和示范，推动新技术支持下教育的模式变革和生态重构。

开展智慧教育创新示范。协调有关部门，支持在雄安新区等一批地方积极、条件具备的地区，设立10个以上“智慧教育示范区”，开展智慧教育探索与实践，推动教育理念与模式、教学内容与方法的改革创新，提升区域教育水平，探索积累可推广的先进经验与优秀案例，形成引领教育改革发展的新途径、新模式。

构建智慧学习支持环境。加强智慧学习的理论研究与顶层设计，推进技术开发与实践应用，提高人才培养质量。大力推进智能教育，开展以学习者为中心的智能化教学支持环境建设，推动人工智能在教学、管理等方面的全流程应用，利用智能技术加快推动人才培养模式、教学方法改革，探索泛在、灵活、智能的教育教学新环境建设与应用模式。

加快面向下一代网络的高校智能学习体系建设。适应5G网络技术发展，服务全时域、全空域、全受众的智能学习新要求，以增强知识传授、能力培养和素质提升的效率和效果为重点，以国家精品在线开放课程、示范性虚拟仿真实验教学项目等建设为载体，加强大容量智能教学资源建设,加快建设在线智能教室、智能实验室、虚拟工厂（医院）等智能学习空间，积极探索基于区块链、大数据等新技术的智能学习效果记录、转移、交换、认证等有效方式，形成泛在化、智能化学习体系，推进信息技术和智能技术深度融入教育教学全过程，打造教育发展国际竞争新增长极。

加强教育信息化学术共同体和学科建设。与有关部门建立联合工作机制，设立长期研究项目和研究基地，形成持续支持教育信息化基础研究、应用研究和技术开发的长效机制。在协同创新中心、教育部重点实验室等建设布局中考虑建设相关研究平台，汇聚各高校、研究机构的研究基地，建立学术共同体，加强智能教学助手、教育机器人、智能学伴、语言文字信息化等关键技术研究与应用。加强教育信息化交叉学科建设，促进人才、学科、科研良性互动，实现大平台、大项目、大基地、大学科整体布局、协同发展。

（八）信息素养全面提升行动

充分认识提升信息素养对于落实立德树人目标、培养创新人才的重要作用，制定学生信息素养评价指标体系，开展规模化测评，实施有针对性的培养和培训。

制定学生信息素养评价指标体系。组织开展学生信息素养评价研究，建立一套科学合理、适合我国国情、可操作性强的学生信息素养评价指标体系和评估模型。开展覆盖东中西部地区的中小学生信息素养测评，涵盖5万名以上学生。通过科学、系统的持续性测评，掌握我国不同学段的学生信息素养发展情况，为促进信息素养提升奠定基础。

大力提升教师信息素养。贯彻落实《中共中央国务院关于全面深化新时代教师队伍建设改革的意见》，推动教师主动适应信息化、人工智能等新技术变革，积极有效开展教育教学。启动"人工智能+教师队伍建设行动"，推动人工智能支持教师治理、教师教育、教育教学、精准扶贫的新路径，推动教师更新观念、重塑角色、提升素养、增强能力。创新师范生培养方案，完善师范教育课程体系，加强师范生信息素养培育和信息化教学能力培养。实施新周期中小学教师信息技术应用能力提升工程，以学校信息化教育教学改革发展引领教师信息技术应用能力提升培训，通过示范性培训项目带动各地因地制宜开展教师信息化全员培训，加强精准测评，提高培训实效性。继续开展职业院校、高等学校教师信息化教学能力提升培训。深入开展校长信息化领导力培训，全面提升各级各类学校管理者信息素养。

加强学生信息素养培育。加强学生课内外一体化的信息技术知识、技能、应用能力以及信息意识、信息伦理等方面的培育，将学生信息素养纳入学生综合素质评价。完善课程方案和课程标准，充实适应信息时代、智能时代发展需要的人工智能和编程课程内容。推动落实各级各类学校的信息技术课程，并将信息技术纳入初、高中学业水平考试。继续办好各类应用交流与推广活动，创新活动的内容和形式，全面提升学生信息素养。

五、保障措施

（一）加强领导，统筹推进

教育部重点组织制定宏观政策，针对各级各类教育改革发展的需要和不同地区发展情况，加强工作指导，制定标准规范。地方各级教育行政部门要进一步健全教育信息化工作领导体制，整合教育系统专业机构的力量，充分利用相关企业专业化服务的优势，探索和建立便捷高效的教育信息化技术服务支撑机制。各级各类学校应普遍施行由校领导担任首席信息官（CIO）的制度，并明确责任部门，全面统筹本校信息化的规划与发展。各地将教育信息化作为重要指标，纳入本地区教育现代化指标体系。全面开展面向区域教育信息化的督导评估和第三方评测，提升各地区和各级各类学校发展教育信息化的效率、效果和效益。

（二）创新机制，多元投入

各地要切实落实国家关于财政教育经费可用于购买信息化资源和服务的政策，加大教育信息化投入力度，将教育信息化2.0行动计划与“互联网+”、大数据、云计算、智慧城市、信息惠民、宽带中国、数字经济、新一代人工智能等工作统筹推进。要充分发挥政府和市场两个方面的作用，为推进教育信息化提供良好的政策环境和发展空间，积极鼓励企业投入资金，提供优质的信息化产品和服务，实现多元投入、协同推进。

（三）试点引领，强化培训

各地要始终坚持试点先行、典型引路的推进机制，有针对性地开展教育信息化区域综合试点和各类专项试点，总结提炼先进经验与典型模式。通过组织召开现场观摩会、举办信息化应用展览、出版优秀典型案例集等多种方式，广泛宣传推广试点取得的经验成效，形成以点带面的发展路径，发挥辐射引导效应。要将全面提升“人”的能力作为推进教育信息化2.0行动计划的核心基础，大力开展各级各类学校教师、校长和管理者培训，扩大培训规模、创新培训模式、增强培训实效。各地要坚持传统媒体与新媒体相结合，建立全方位、多层次的长效宣传机制，营造良好的舆论氛围。

（四）开放合作，广泛宣介

继续合作开展并积极参与联合国教科文组织、联合国儿童基金会等国际组织和机构的各项教育信息化活动，不断加强“一带一路”沿线国家等教育信息化国际交流与合作，积极对外宣传推广教育信息化的中国经验，注意讲好中国故事、传播中国理念，增加国际话语权。加强研究领域合作，建设外专引智基地和国际联合研究中心等平台和基地，支持我国教育信息化专家走出国门，参与相关国际组织工作和各类学术交流活动。加强实践领域国际合作，促进中外学校、校长、教师和专业机构间的交流合作，分享教学创新成果和典型经验，取长补短、协作推进。积极支持和推动我国教育信息化领域的企业走出去，提升我国教育的国际影响力。

（五）担当责任，保障安全

加强教育系统党组织对网络安全和信息化工作的领导，明确主要负责人为网络安全工作的第一负责人，建立网络安全和信息化统筹协调的领导体制，做到网络安全和信息化统一谋划、统筹推进。完善网络安全监督考核机制，将网络安全工作纳入对领导班子、干部的考核当中。以《网络安全法》等法律法规为纲，全面提高教育系统网络安全防护能力。全面落实网络安全等级保护制度，深入开展网络安全监测预警，提高网络安全态势感知水平。做好关键信息基础设施保障，重点保障数据和信息安全，强化隐私保护，建立严密保护、逐层开放、有序共享的良性机制，切实维护好广大师生的切身利益。

北京市教育委员会

关于印发《北京教育信息化三年行动计划（2018—2020年）》的通知

京教信〔2018〕1号

各区教委，各市属高校：

为推动北京教育信息化发展，加快教育现代化建设，我委研究制定了《北京教育信息化三年行动计划（2018—2020年）》（以下简称“计划”），现印发给你们，请结合本区、本单位工作实际，认真贯彻执行。

各区教委、各市属高校要根据本计划制定本单位行动方案和落实措施，于2018年10月底报市教委备案。

2018年7月13日

北京教育信息化三年行动计划（2018—2020年）

为推进北京教育现代化建设，发挥信息技术对教育综合改革的支撑引领作用，根据《教育信息化十年发展规划（2011—2020年）》《教育信息化2.0行动计划》《北京市“十三五”时期教育改革和发展规划（2016—2020年）》《北京市大数据和云计算发展行动计划（2016—2020年）》的要求，结合北京教育信息化工作实际，制订本计划。

一、总体要求

（一）指导思想

以习近平新时代中国特色社会主义思想为指导，全面贯彻党的十九大精神，全面贯彻党的教育方针，落实立德树人根本任务，坚持信息技术与教育教学深度融合的核心理念，按照需求引导、应用驱动、统筹推进、融合创新的总体思路，创新应用信息技术手段，努力构建与教育现代化发展目标相适应的教育信息化体系，形成具有北京特色的新型教育治理模式、人才培养模式与教育服务模式，更好支撑北京教育改革与发展。

（二）基本原则

坚持育人为本。以信息化为引领，构建以学生为中心、线上线下相结合的全新教育教学生态，实现公平而有质量的教育，促进人的全面发展。

坚持统筹规划。加强教育信息化顶层设计，全面统筹业务需求，科学规划建设内容，合理设计总体框架，构建服务全局的教育信息化发展新格局。

坚持深度融合。通过应用带动环境营造、支撑核心业务，强化教育信息化对教育教学改革的服务与支撑，实现信息化与教育教学的常态化、深层次融合。

坚持创新发展。积极探索基于新技术的教育教学新模式、新业态，建立与北京教育发展水平相适应的新型教育信息化体系，推动北京教育创新发展。

二、目标任务

（一）工作目标

落实《教育信息化 2.0 行动计划》总体要求，构建新型“互联网 + 教育”管理服务平台，构建新型教育大数据支撑体系，进一步推动信息技术与教育教学深度融合创新发展，全面提升师生信息素养与创新能力，到 2020 年实现“两新一融一提升”的工作目标，形成北京教育信息化新模式。

（二）主要任务

建设新型“互联网＋教育”管理服务平台。以“互联网＋”理念整合各级各类教育管理应用系统，优化再造业务模型，形成以流程全面贯通为基本要求、以信息实时流动为基本保障、以工作全面协同为基本目标、以业务云端全时运行为基本特征的新型教育管理平台，支撑信息时代教育治理的新模式；按照信息时代人才培养特点和要求，推进教育服务系统建设、整合和创新应用，建立以互联网为载体、以大数据、物联网、人工智能等新技术为手段，以多元社会力量共同参与为服务供给模式、以支撑信息化条件下新型人才培养为目标、能满足师生个性化需求和体验的新型教育服务平台，支撑线上线下相结合的北京教育服务新模式。

建设新型教育大数据决策支撑体系。汇聚教育管理服务数据资源，集成多元教育数据，融合形成以统一目录体系为统领、以深度关联为特征、以动态更新为根本的北京教育大数据新体系；探索教育大数据和人工智能等技术手段在改进教学、优化管理、提升绩效方面的创新应用，建立以海量数据为基础、以智能技术为支撑、以数据驱动管理决策和个性化服务为主要目标的大数据应用新模式；通过机制创新和技术创新，大力推进教育大数据建设，形成数据汇聚、深度应用的开放共享新态势。

推动信息技术与教育教学深度融合。鼓励探索信息技术与教育教学融合新途径，开展教育信息化创新课题研究，建立教育信息化融合应用示范基地，推动形成一批融合创新应用系统、应用基地和应用人才；培育教育信息化和业务融合的新模式、新示范，提升北京教育发展质量。

提升师生信息素养与创新能力。完善考核机制，推动教师主动适应信息化时代变革，有效运用信息技术开展教育教学，研究教师信息技术能力评价指标体系，开展信息技术培训，提升学校管理者信息素养；提升学生信息素养，完善课程体系，培养学生信息技术应用意识和能力，营造提升学生创新精神的氛围与环境。

三、实施行动

（一）教育大数据应用行动

构建教育大数据平台。汇聚教育管理服务相关数据资源，集成多元教育数据，分层分级建立教育数据目录体系，形成面向各种教育主题的教育数据集合；制定教育基础数据共享管理办法，明确数据资源采集、共享、授权、应用等各环节工作规程；建立常态化数据更新机制，实现不同数据源数据汇聚；建立数据交换共享机制和大数据的应用服务机制。

开展大数据辅助决策与服务。建立教育大数据综合分析决策系统，围绕北京教育综合改革进程中重点、热点问题，开展专题分析研究，形成系列模型，有效辅助趋势研判、行政决策、应急管理等工作；建立教育大数据共享服务系统，对接北京大数据行动计划，面向相关委办局和各级教育部门提供数据共享交换服务，面向社会公众提供公开教育数据服务。

（二）教育管理信息化提升行动

打造全流程教育管理服务。构建精细化、协同化的教育管理和教学管理信息系统，实现日常办公管理、人事管理、财务管理、装备管理等业务精细化、网络化管理；通过系统整合和流程对接，实现招生管理、学籍管理、学业水平管理、体质健康管理、综合素质评价、就业管理等各项工作的全程贯通与融合；实现督政、督学、评估监测等业务的精准化在线管理。

推进一站式电子政务服务。整合行政管理与服务业务事项，以业务协同和数据共享为重点，优化政务服务信息化流程，逐步实现各类政务服务事项的网上办理、移动办理，全面提升政务服务效率和水平。

（三）教育公共服务优化行动

构建教育公共服务平台。整合现有各项学生实践活动、青少年体育活动、创业就业、教师网络研修等多元公共服务内容、数据和流程，提升服务工作的便捷化程度；按照“城教融合”理念，加快专业课程配套虚拟仿真实训系统建设，提升职业教育信息化管理和服务能力，充分发挥数字资源平台和网络学习空间的作用，整合首都教育、文化、科技、体育等现有优质资源，建成覆盖全市的终身学习服务体系。

深化网络学习空间人人通应用。以网络学习空间为抓手，汇集现有各类在线学习、网络研修、家校互动等公共应用和数据分析服务，形成服务学生、教师、家长、机构、管理者、班级、学校、区域的网络化学习空间；积极开展基于网络学习空间的特色教育教学活动，鼓励教师利用个人空间开展在线备课、网上课堂等相关工作，引导学生利用个人空间开展个性化、自主式的学习和活动，支持学校利用个人空间积累数据开展个性化数据分析诊断。

（四）数字教育资源拓展行动

构建数字教育资源公共服务体系。依托北京市数字教育资源共享服务平台，推动形成教育资源开发利用机制，实现“联通所有区、覆盖各学校”的资源共享新格局；健全数字资源共享交换中心和统一服务门户，实现统一元数据管理、统一门户呈现、统一服务输出，整合各类优质资源，完成各级教育资源公共服务体系对接；探索京津冀区域教育资源融合共享和市场化运营机制，优化教学资源应用生态，扩大优质资源服务覆盖面。

开展优质数字资源建设与汇聚。继续开展与教材配套的优质数字资源建设，实现知识点优质数字资源全覆盖；针对信息素养提升等重点工作，建设或采购系列化精品在线课程资源，免费向全市范围共享；汇聚互联网上各类教学、科研、文化等资源，为各级各类学校提供海量、优质资源服务，提升服务供给能力，支撑学校和师生的信息化应用。

加强优质在线开放课程建设与应用。制定加强高校在线开放课程建设与共享实施意见，鼓励高校间通过协同创新的方式建设满足不同教学需要、不同学习需求的在线开放课程；结合课程的教学内容与资源、教学设计与方法、教学活动与评价、教学效果与影响等要素，采取先建设应用、后评价认定的方式，认定一批精品在线开放课程；加大职业教育数字化课程开发力度，推动职业教育教学资源共建共享，建好“京学网”，加大社区教育、继续教育网络课程资源开发力度，推进学习型城市建设。

（五）基础环境与网络安全提升行动

提升北京教育云环境支撑能力。依托北京教育信息网，完成 IPv6 在北京教育领域的建设部署并开展相关应用试点，基于现有网络基础设施和各类公共云服务，整合各级教育单位基础设施资源，贯通各区（各高校）教育云节点，构建形成一个市级主中心、多个区级和高校子节点协同工作的教育云基础环境体系；各级教育单位要根据实际情况，分批次逐步将各类分散部署的信息化应用向教育云迁移，各节点要为有需求的本级和下级应用提供云服务；联合多方力量参与教育云建设、管理与运营工作，建立教育云协同管理工作新机制，健全教育云管理制度规范，保障教育云业务持续稳定运行。

提升网络与信息安全保障能力。贯彻落实《中华人民共和国网络安全法》，围绕提升意识水平、完善制度保障、强化技术支撑、深化日常管理四个重点，引入各类新型安全防护技术和设备，进一步减少信息安全薄弱环节，以网络态势可感知、网络攻击可预判、网络事件可管控为目标，确保系统与数据的完整性、安全性，努力营造安全可靠的教育网络环境。

（六）融合创新“双百”示范行动

设立百项信息技术与课堂应用融合创新课题。引导教师日常教学中信息技术创新应用，设立100项示范课题，激发一线教师信息技术应用积极性、主动性，评定为优秀等级的课题可在教师职称评审中作为参考。对有示范意义的成果，在全市范围推广。

建立百个“智慧校园”融合应用示范基地。引导学校结合办学特色和实际需要，开展信息化与教育教学融合创新，建设100个信息化融合应用示范基地，鼓励各学校依托教育云、共性平台和资源，开展信息化应用试点和示范工作，解决信息化应用中热点难点问题。

探索建立信息化应用激励机制。研究制定信息化应用量化考核指标，引导学校组织教师利用信息技术手段开展混合式教学工作；引导教师进行网上研修学习，并经认定后纳入继续教育学分；引导各级教育管理部门组织优秀数字课程资源评选、信息技术应用先进教师评选等活动，获得的相关荣誉，可作为职称评审、骨干教师评选、评优评先等工作的参考。

（七）信息素养与创新能力提升行动

全面提升教师和教育管理者的信息素养。开展教师信息技术应用能力培训，利用线上线下培训方式对教师进行专项培训、全员培训，提升教师信息素养；开展校长信息化领导力培训，提升管理意识和能力。

加强学生信息素养培育。将学生信息素养纳入学生综合素质评价体系；推动学校开设人工智能、STEAM 教学、创客教育、编程教学等特色信息技术课程，完善适应信息时代的信息技术课程体系，加强学生信息技术基础技能培训和创新能力培养；组织开展学生信息技术创新成果评选、创新交流等活动，提升学生信息技术应用水平与创新能力。

四、保障措施

（一）组织保障

各区（各高校）要切实加强教育信息化工作组织领导，成立专门领导机构，明确职能部门，形成职能部门统筹归口管理、技术支撑部门协同推进的工作机制，确保将各项工作落到实处。

（二）队伍保障

加强教育信息化工作队伍建设。教育信息化技术部门专职工作人员数应满足实际需要，并不断提高高级职称人才比例；加强教育信息化专业人才培养，形成一批业务骨干，带动信息化队伍整体能力提升；各区（各高校）可结合实际成立教育信息化专家队伍，充分发挥专家智库的咨询指导作用。

（三）经费保障

加大信息化经费投入。各区（各高校）要加强信息化经费统筹归口管理，优化经费结构，避免“重建设，轻应用”的情况；对信息化运维经费给予足额保障；鼓励各教育单位使用市级（区级）公共服务及购买社会服务，避免重复建设；支持各区（各高校）运用大数据、云计算、区块链、人工智能等新技术开展教与学创新应用；加强对项目申报、立项、实施、验收、绩效考核等各环节进行全过程管理，提高经费使用效益；加强项目建设经费监管，各监管部门依据职责开展监督检查工作。

（四）制度保障

建立健全教育信息化工作制度。各区（各高校）要建立各项管理制度与工作规范，确保信息化工作扎实推进，提升应用绩效；市教委将通过综合师生评价、社会评价、专家评价和系统使用情况监测等不同方式，适时开展信息化应用评估，保障北京教育信息化有序发展。

学前教育

北京市教育委员会文件选编

（2018）

北京市教育委员会

关于认定第十一批北京市示范幼儿园的通知

京教函〔2018〕24号

各区教委、燕山教委：

为落实市第二期学前教育三年行动计划，不断满足人民群众对高质量学前教育的需求，完成“加强质量管理，不断提升幼儿园保教质量”的工作任务，根据《北京市教委关于修订北京市示范幼儿园标准的通知》（京教学前〔2004〕7号）精神，我委于2017年10月24日至12月3日，组织了第十一批9所幼儿园的北京市示范幼儿园的认定评审工作。经幼儿园自评申报，区教委核准上报，市教委组织评审组的评审，拟认定商务部幼儿园等9所幼儿园为北京市示范幼儿园。

各区教委要认真总结、推广示范幼儿园的办园经验和特色，发挥其示范作用，促进办园质量不断提高。

附件：第十一批北京市示范幼儿园名单（9所）

2018年1月15日

附件

第十一批北京市示范幼儿园名单

商务部幼儿园

北京市西城区西四北幼儿园

北京市西城区信和幼儿园

北京市西城区虎坊路幼儿园

国家机关事务管理局花园村幼儿园广源分园

中国科学院第一幼儿园

北京市房山区韩村河镇中心幼儿园

北京市房山区琉璃河镇中心幼儿园

北京市第四幼儿园长阳分园

北 京 市 教 育 委 员 会
北京市人民政府教育督导室

关于开展幼儿园“小学化”专项治理工作的通知

京教学前〔2018〕9 号

各区教委、区政府教育督导室：

为贯彻落实《教育部办公厅关于开展幼儿园“小学化”专项治理工作的通知》(教基厅函〔2018〕57 号，以下简称《通知》)，防止和纠正幼儿园“小学化”倾向，切实提高幼儿园科学保教水平，促进幼儿身心健康发展。结合本市实际，现就开展本市幼儿园“小学化”专项治理工作通知如下。

一、工作思路

各区结合本区实际，围绕《通知》中的五大治理任务，通过采取自查与摸排相结合、抽查与整改相结合，集中整治与长效机制相结合等措施。全盘考虑，分阶段、逐步推进，促进幼儿园落实以游戏为基本活动，严格落实小学“零起点”教学，努力规范教育培训机构教育行为，为幼儿健康快乐发展营造良好环境。

二、工作步骤

第一阶段：自查与摸排阶段（2018 年 8 月—10 月）

各区教委制定本区治理方案，于 9 月 20 日前将方案报市教委，并组织幼儿园、小学、教育培训机构按要求开展自查。区教委开展抽查和摸排，边查边改，坚决纠正“小学化”倾向的各种错误行为，于

10月20前将专项治理工作报告上交市教委。

第二阶段：全面整改阶段（2018年11月—2019年3月）

市教委开展对幼儿园“小学化”专项治理抽查和调研工作，推进整改，对存在重大问题的幼儿园、小学、教育培训机构依法依规整顿。本阶段于2019年3月底完成。

第三阶段：专项督查阶段（2019年4月）

市教委会同市政府督导室开展专项督查，重点检查办园行为不规范、存在“小学化”倾向的幼儿园，不坚持“零起点”办学的小学以及以“学前班”“幼小衔接”等名义提前教授小学内容的教育培训机构。对专项督查发现的问题进行督促整改。本阶段于2019年4月底完成。

三、工作要求

（一）高度重视，加强组织领导

区教育行政部门加强统筹，按照职责分工将专项治理工作分解细化，落实到具体部门，督促指导幼儿园、小学及教育培训机构按照相关要求查改问题，采取有效措施，确保如期完成治理任务，切实提高幼儿园科学保教水平，促进幼儿身心健康发展。

（二）加强引领，强化园长教师培训

积极推进《北京市“十三五”时期幼儿园干部教师培训工作实施意见》,全面落实《2018年北京市幼儿园园长教师培训工作实施方案》,各区要强化对新任教师、初任园长、民办幼儿园园长教师、幼儿园转岗教师培训，同时加强对园长教师的师德师风和安全教育，2018年底之前，对幼儿园园长和教师进行一轮全员培训。努力构建科学的学前教育干部教师培训体系和完善的培训制度，加强对幼儿园保教工作的动态监管和指导，要切实健全覆盖各类幼儿园三级教研网络，进一步促进干部教师的专业化发展和队伍整体水平提升。

（三）加强监督，落实工作责任

加强行政监管，各区教育行政部门要将“小学化”治理工作作为行政督查重要内容，进行经常性的入园督促查看。各区教育行政部门要设置专门举报监督电话和信箱，自觉接受家长和社会监督。各区政府教育督导室结合幼儿园责任督学经常性督导工作，将纠正“小学化”问题纳入教育督导内容，督促幼儿园进一步规范办园行为，切实提高办园质量。

（四）加大宣传，营造良好氛围

要创新宣传方式，利用多种渠道宣传科学学前教育理念，引导家长减少育儿焦虑。及时总结推广典型经验，为科学育儿提供典型示范。同时指导幼儿园面向家长宣传科学的育儿知识，为幼儿做好生活常规、学习品质、社会交往等方面的入学准备。家庭、社会和幼儿园等通力合作，形成良好社会氛围，确保专项治理工作顺利推进。

附件：教育部办公厅关于开展幼儿园“小学化”专项治理工作的通知

2018 年 8 月 29 日

附件

教育部办公厅

关于开展幼儿园小学化”专项治理工作的通知

教基厅函〔2018〕57 号

各省、自治区、直辖市教育厅（教委），新疆生产建设兵团教育局：

近年来，各地坚持发展与质量并重，促进幼儿园保育教育水平不断提高。但一些幼儿园违背幼儿身心发展规律和认知特点，提前教授小学内容、强化知识技能训练，“小学化”倾向比较严重，这不仅剥夺了幼儿童年的快乐，更挫伤了幼儿的学习兴趣，影响了身心健康发展。为深入贯彻落实《幼儿园工作规程》《幼儿园教育指导纲要》和《3—6岁儿童学习与发展指南》，推进幼儿园科学保教，现就开展幼儿园“小学化”专项治理工作通知如下。

一、指导思想

以习近平新时代中国特色社会主义思想为指导，深入贯彻落实党的十九大精神，全面贯彻党的教育方针，落实立德树人根本任务，遵循幼儿年龄特点和身心发展规律，建立完善科学保教的长效机制。通过自查摸排、全面整改和专项督查，促进幼儿园树立科学保教观念，落实以游戏为基本活动，坚决纠正“小学化”倾向，切实提高幼儿园科学保教水平，促进幼儿身心健康发展。

二、治理任务

1. 严禁教授小学课程内容。对于提前教授汉语拼音、识字、计算、英语等小学课程内容的，要坚决予以禁止。对于幼儿园布置幼儿完成小学内容家庭作业、组织小学内容有关考试测验的，要坚决予以纠正。社会培训机构也不得以学前班、幼小衔接等名义提前教授小学内容，各地要结合校外培训机构治理予以规范。

2. 纠正“小学化”教育方式。针对幼儿园不能坚持以游戏为基本活动，脱离幼儿生活情景，以课堂集中授课方式为主组织安排一日活动；或以机械背诵、记忆、抄写、计算等方式进行知识技能性强化训练的行为，要坚决予以纠正。要引导幼儿园园长、教师及家长树立科学育儿观念，坚持以幼儿为本，尊重幼儿学习兴趣和需求，以游戏为基本活动，灵活运用集体、小组和个别活动等多种形式，合理安排和组织幼儿一日生活，促进幼儿在活动中通过亲身体验、直接感知、实践操作进行自主游戏和学习探究。

3. 整治“小学化”教育环境。对于未按规定创设多种活动区域（区角），未提供充足的玩教具、游戏材料和图书，缺乏激发幼儿探究兴趣、强健体魄、自主游戏的教育环境的，要调整幼儿园活动区域设置，合理利用室内外环境，创设开放的、多样的区域活动空间，并配备必要的符合幼儿年龄特点的玩教具、游戏材料、图画书；要充分利用本地生活和自然资源，遴选、开发、设计一批适宜幼儿的游戏活动，丰富游戏资源，满足幼儿开展游戏活动的基本需要。

4. 解决教师资质能力不合格问题。对于不具备幼儿园教师资格的，要督促其参加专业技能补偿培训并通过考试取得幼儿园教师资格证，仍不能取得教师资格的，要限期予以调整。对于不适应科学保教需要，习惯于“小学化”教学，不善于按照幼儿身心发展规律和特点组织开展游戏活动的，要通过开展岗位适应性规范培训，提高幼儿园教师科学保教能力。

5. 小学坚持零起点教学。对于小学起始年级未按国家课标规定实施零起点教学、压缩课时、超前超标教学，以及在招生入学中面向幼儿组织小学内容的知识能力测试，或以幼儿参加有关竞赛成绩及证书作为招生依据的，要坚决纠正，并视具体情节追究校长和有关教师的责任，纳入规范办学诚信记录。

三、治理步骤

专项治理分四个阶段进行。

第一阶段：全面部署。地方各级教育行政部门要认真制定治理方案，明确工作要求，于 2018 年 8 月底前完成。

第二阶段：自查与摸排。幼儿园、小学、培训机构按要求进行自查，教育行政部门组织抽查和摸排，于 2018 年 12 月底完成。

第三阶段：全面整改。根据自查和摸排的情况，坚持边查边改、及时整改，坚决纠正“小学化”倾向的各种错误行为。总体整改工作于 2019 年 4 月底前完成。

第四阶段：专项督查。国务院教育督导委员会办公室、教育部及各省级教育督导机构和教育行政部门开展专项督查，于 2019 年 6 月底前完成。

四、组织实施

1. 加强组织领导。开展幼儿园“小学化”专项治理，事关人民群众切身利益，事关幼儿身心健康成长，事关学前教育事业科学发展，意义十分重大。各地务必要高度重视，切实加强组织领导，认真制订专项治理工作方案，压实职能部门推进责任，强化幼儿园主体责任，明确工作目标，采取有效措施，确保如期完成治理任务。

2. 强化园长教师培训。各地要按教育部有关要求，认真制定幼儿园教师专项培训方案，本着“缺什么，补什么”的原则，切实加强新教师入职培训、初任园长任职资格培训、民办幼儿园园长专项培训、幼儿园转岗教师岗位培训、幼儿园教师专业技能补偿培训、师德师风和安全意识全员培训等，在2020年12月底前，要对幼儿园园长和教师进行一轮全员培训。要完善区域教研和园本教研制度，确保基层幼儿园园长和教师能够得到经常性的业务指导，切实提高园长教师科学保教能力。

3. 健全长效机制。各地要认真落实挂牌责任督学制度，把纠正“小学化”问题作为督导的重要内容，建立定期督导与报告制度。对办园教学行为不规范、存在“小学化”倾向的幼儿园、小学及社会培训机构要责令限期整改，对问题频发、社会反映强烈的，实行年检一票否决，并严肃追究其主要负责人的责任。各级教育行政部门要设置专门举报监督电话和信箱，自觉接受家长和社会监督。要充分利用各种媒体，加大宣传力度，广泛宣传科学育儿理念，为广大幼儿身心健康发展营造良好环境。

2018年7月4日

基础教育

北京市教育委员会文件选编

（2018）

北京市教育委员会

关于做好2018年1+3培养试验工作的通知

京教基二〔2018〕13号

各区教委：

为促进义务教育优质均衡发展，促进小升初就近入学，推动教育公平，在初二年级结束后提前给予当年就近入学的学生一次升入优质高中的选择机会，并探索高中人才培养方式，2018年我市继续实施1+3培养试验。学生在初二年级结束后进入试验学校，在试验学校连续完成初三及高中共四年学习。现将有关工作通知如下：

一、1+3培养试验学校分为两类：一是市级统筹类学校，计划主要面向城六区一般公办初中，分配到校（工美附中、徐悲鸿中学、张家湾中学计划不分配）；二是区级普通类学校，计划面向本区。

二、具有普通高中升学资格且在同一学校具有连续两年学籍等条件的初二学生可报名参加本试验。

三、市级统筹类学校录取流程为：

（一）学生自愿报名。学生选择一所试验学校在1+3培养试验报名系统报名。网址：yjrx.bjedu.cn，使用教育统一认证登录（用户名和密码与初中开放科学实践活动相同）。

（二）试验学校确定面试名单。试验学校结合学生初中综合素质评价信息，按1∶3比例确定面试名单，并在学校网站公布。

（三）试验学校面试。试验学校组织面试，面试结果在学校网站公布。

四、区级普通类学校录取流程为：

（一）学生自愿报名。学生选择一所试验学校在 1+3 培养试验报名系统报名。网址：yjrx.bjedu.cn，使用教育统一认证登录（用户名和密码与初中开放科学实践活动相同）。已通过市级统筹类学校面试的学生不能报名。

（二）试验学校面试。试验学校组织面试，面试结果在学校网站公布。

五、面试要突出素质教育导向，突出宽与活，避免学生参加各种培训班增加学习负担。严禁试验学校进行文化课笔试；严禁与社会其他教育机构合作选拔学生。

六、进入本试验的学生不需参加中考，直升本校高中。

七、允许进入本试验的学生在初三中考报名前退出试验，退出的学生转回原初中校，可参加当年中考，不能参加校额到校、市级统筹、统招定向招生录取。

附件：1. 2018 年 1+3 市级统筹类学校计划

2. 2018 年 1+3 区级普通类学校计划

3. 2018 年 1+3 培养试验工作时间表

2018 年 6 月 4 日

附件 1

2018 年 1+3 市级统筹类学校计划

序号	学校	计划	范围
1	清华附中 （将台路校区）	420	城六区一般公办初中（含清华附中集团内一般公办初中 20）
2	北大附中 （惠新东街校区）	250	城六区一般公办初中（含北大、北大附中教职工子女 20）

续表

序号	学校	计划	范围
3	人大附中 丰台学校	80	东城、西城、朝阳、海淀、石景山区一般公办初中
4	人大附中 （通州校区）	80	城六区一般公办初中（含通州区初中10）
5	工美附中	60	城六区初中
6	徐悲鸿中学	50	城六区初中
7	通州区张家湾中学	60	城六区及通州区初中
合计		1000	

附件 2

2018 年 1+3 区级普通类学校计划

序号	区	学校	计划	范围
1	西城	北京市鲁迅中学	35	本区初中
2		月坛中学	70	本区初中
3	朝阳	北京市第二外国语学院附属中学	50	本区初中
4		北京化工大学附属中学	60	本区初中
5		中央美术学院附属实验学校	25	本区初中
6		中国科学院附属实验学校分校	30	本区初中
7		北京中学	120	本区初中
8		北京市三里屯一中	30	本区初中

续表 1

序号	区	学校	计划	范围
9	海淀	北京市第五十七中学	120	本区初中
10		北方交通大学附属中学（东校区）	70	本区初中
11		北京科技大学附属中学	60	本区初中
12		中国人民大学附属中学翠微学校	70	本区初中
13		首师大二附中	36	本区初中
14		海淀实验中学	80	本区初中
15		北京实验学校（海淀）	60	本区初中
16		北京外国语大学附属中学	60	本区初中
17	丰台	北京市大成学校	45	本区初中
18		北京师范大学第四附属中学	50	本区初中
19		人大附中丰台学校	140	本区初中
20	石景山	北京大学附属中学石景山学校	50	本区初中
21		北京市古城中学	20	本区初中
22	门头沟	北京市大峪中学	80	本区初中
23		首师大附中永定分校	80	本区初中
24	房山	北师大良乡附中	70	本区初中
25	通州	潞河中学	80	本区初中
26	顺义	牛栏山一中	90	本区初中
27	昌平	昌平一中	60	本区初中
28		昌平二中	60	本区初中
29	大兴	大兴一中	80	本区初中
30	平谷	平谷中学	80	本区初中
31	怀柔	一〇一中学怀柔分校	80	本区初中
32		怀柔一中	80	本区初中

续表 2

序号	区	学校	计划	范围
33	密云	密云二中	80	本区初中
34	延庆	延庆一中	80	本区初中
合计			2271	本区初中

附件 3

2018 年 1+3 培养试验工作时间表

时间	工作
6 月 9 日—6 月 24 日	学生报名市级统筹类学校
6 月 29 日	市级统筹类学校公布面试名单
7 月 7—8 日（星期六、日）	市级统筹类学校面试
7 月 9 日（星期一）	市级统筹类学校公布面试结果
7 月 11—12 日（星期三、四）	学生报名区级普通类学校
7 月 15 日（星期日）	区级普通类学校面试
7 月 16 日（星期一）	区级普通类学校公布面试结果
9 月	在学籍系统中完成转学

北京市教育委员会

关于印发 2018 年秋季北京市中小学教学用书目录的通知

京教基二〔2018〕15 号

各区教委，燕山教委：

现将《2018 年秋季北京市中小学教学用书目录》（以下简称《目录》）印发给你们，请按照教育部《中小学教科书选用管理暂行办法》（教基二〔2014〕8 号）、教育部办公厅《关于 2018 年中小学教学用书有关事项的通知》（教材厅函〔2018〕5 号）、市教委《关于印发北京市中小学教科书选用管理实施细则（暂行）的通知》（京教基二〔2017〕10 号）要求，认真做好 2018 年秋季中小学教学用书选用工作。有关具体事项通知如下，请认真贯彻执行。

一、本目录包括三部分内容：一是北京市自编及实验教学用书目录；二是本市选用的普通高中课程改革实验教材目录；三是教育部印发的 2018 年全国中小学教学用书目录（变动部分）。

二、义务教育国家课程相关学科（除道德与法治、语文、历史和小学科学之外）仍使用教育部《2016 年义务教育教学用书目录》（教基二厅函〔2016〕12 号）及本《目录》“北京市自编及实验教学用书”公布的教材。

三、实施六·三学制地区，义务教育一、二年级和七、八年级统一使用统编《道德与法治》《语文》教材；七、八年级统一使用统编《历史》教材。原使用人民教育出版社三科教材地区的三年级和九年级使用统编三科教材。

实施五·四学制地区，义务教育一、二年级和六年级统一使用统编《道德与法治》《语文》五·四学制教材，初中历史课程起始年级统一使用统编《历史》五·四学制教材。道德与法治八年级下全部使用统编法治专册教材。其他年级，可根据《2018 年全国中小学教学用书目录（变动部分）》（见附件）和本地教学实际，确定使用统编三科教材进度。

尚未使用统编教材的年级，应使用原选用出版社出版的教材，不得更换版本。

四、义务教育一、二年级使用审定通过的增编小学科学教材，三至六年级使用现行教材。因修订审查工作尚未全部结束，仍沿用原选用出版社出版的教材，不得更换其他版本。

五、普通高中国家课程各学科仍使用《2011 年中小学教学用书目录（变动部分）》（教基二厅函〔2010〕20 号）和《2009 年基础教育课程标准实验教学用书目录》（教基厅〔2008〕6 号）公布的教材。因普通高中教材正在进行全面修订，各地仍沿用原选用出版社出版的教材，不得更换其他版本。

六、特殊教育学校义务教育阶段相关学科相应年级原则上使用特殊教育新编教材，没有新编教材的学科和年级沿用原版本的教材。

七、体育运动学校七、八年级道德与法治、语文使用国家统编教材，其他学科使用体育运动学校专用新编实验教材。没有新编实验教材的年级仍沿用原版本教材。

八、中小学教材使用应保持相对稳定。如确需更换教材版本，应严格按照中小学教材选用有关规定进行，及时报市教委基础教育二处，并为教材印刷、发行留足时间，确保课前到书。各区应将本区域教科书选用结果及时报市教委基础教育二处备案。

九、中小学教材中不得夹带任何商业广告或教学辅助资料的链接网址、二维码等信息。

十、各区要加强对教材使用情况的检查，对未按相关规定更换教材、使用未经审定教材的要严肃处理，责令纠正。

有关教育部公布的教学用书目录可登陆教育部门户网站（www.moe.gov.cn）机构设置栏“教材局”下的“工作动态”查询下载。

附件：1. 2018 年秋季北京市普通中小学自编及实验教学用书目录（略）

2. 2018 年秋季北京市普通高中课程改革实验教材目录(略)

3. 教育部印发的 2018 年全国中小学教学用书目录（变动部分，略）

2018 年 7 月 23 日

北京市教育委员会

关于印发 2019 年春季北京市普通中小学自编及实验教学用书目录的通知

京教基二〔2018〕22 号

各区教委、燕山教委：

现将《2019 年春季北京市普通中小学自编及实验教学用书目录》印发给你们，请按照教育部《中小学教科书选用管理暂行办法》（教基二〔2014〕8 号）、教育部办公厅《关于 2018 年中小学教学用书有关事项的通知》（教材厅函〔2018〕5 号）、市教委《关于印发北京市中小学教科书选用管理实施细则（暂行）的通知》（京教基二〔2017〕10 号）、《关于印发 2018 年秋季北京市中小学教学用书目录的通知》（京教基二〔2018〕15 号）等文件要求，认真做好 2019 年春季中小学教学用书选用工作。

各区在教材选用过程中要严格执行有关规定，切实加强和规范中小学教学用书管理。教材选用中出现的问题，请及时与市教委基础教育二处联系。各区教材选用工作完成后，要及时将教材选用情况报基础教育二处。

附件：2019 年春季北京市普通中小学自编及实验教学用书目录

2018 年 12 月 12 日

附件

2019 年春季北京市普通中小学自编及实验教学用书目录

第一部分　教科书

一、小学自编及实验教科书

序号	使用年级	书名	出版社	备注
小 1	一年级	数学一年级下册	北京出版社	
小 2	一年级	九年义务教育小学实验教科书·数学一年级下册	人民教育出版社	相关实验学校用
小 3	一年级	英语一年级下册	北京出版社	
小 4	一年级	音乐一年级下册	人民音乐出版社	
小 5	一年级	美术一年级下册	人民美术出版社	
小 6	二年级	数学二年级下册	北京出版社	
小 7	二年级	九年义务教育小学实验教科书·数学二年级下册	人民教育出版社	相关实验学校用

续表 1

序号	使用年级	书名	出版社	备注
小 8	二年级	英语二年级下册	北京出版社	
小 9	二年级	音乐二年级下册	人民音乐出版社	
小 10	二年级	美术二年级下册	人民美术出版社	
小 11	三年级	* 语文三年级下册（修订版）	北京出版社	
小 12	三年级	九年义务教育小学实验教科书·语文三年级下册	人民教育出版社	相关实验学校用
小 13	三年级	数学三年级下册	北京出版社	
小 14	三年级	九年义务教育小学实验教科书·数学三年级下册	人民教育出版社	相关实验学校用
小 15	三年级	英语三年级下册	北京出版社	
小 16	三年级	* 道德与法治三年级下册	首师大出版社	
小 17	三年级	科学第二册	北京出版社	
小 18	三年级	科学第二册	首师大出版社	
小 19	三年级	音乐三年级下册	人民音乐出版社	
小 20	三年级	美术三年级下册	人民美术出版社	
小 21	三年级	劳动技术（三年级下）	北京出版社	
小 22	四年级	语文第八册	北京出版社	
小 23	四年级	九年义务教育小学实验教科书·语文四年级下册	人民教育出版社	相关实验学校用
小 24	四年级	数学四年级下册	北京出版社	
小 25	四年级	九年义务教育小学实验教科书·数学四年级下册	人民教育出版社	相关实验学校用
小 26	四年级	英语四年级下册	北京出版社	
小 27	四年级	品德与社会四年级下册	首师大出版社	

续表 2

序号	使用年级	书名	出版社	备注
小 28	四年级	科学第四册	北京出版社	
小 29	四年级	科学第四册	首师大出版社	
小 30	四年级	音乐四年级下册	人民音乐出版社	
小 31	四年级	美术四年级下册	人民美术出版社	
小 32	四年级	劳动技术（四年级下）	北京出版社	
小 33	五年级	语文第十册	北京出版社	
小 34	五年级	九年义务教育小学实验教科书·语文五年级下册	人民教育出版社	相关实验学校用
小 35	五年级	数学五年级下册	北京出版社	
小 36	五年级	九年义务教育小学实验教科书·数学五年级下册	人民教育出版社	相关实验学校用
小 37	五年级	英语五年级下册	北京出版社	
小 38	五年级	品德与社会五年级下册	首师大出版社	
小 39	五年级	科学第六册	北京出版社	
小 40	五年级	科学第六册	首师大出版社	
小 41	五年级	音乐五年级下册	人民音乐出版社	
小 42	五年级	美术五年级下册	人民美术出版社	
小 43	五年级	劳动技术（五年级下）	北京出版社	
小 44	六年级	语文第十二册	北京出版社	
小 45	六年级	数学六年级下册	北京出版社	
小 46	六年级	英语六年级下册	北京出版社	
小 47	六年级	品德与社会六年级下册	首师大出版社	
小 48	六年级	科学第八册	北京出版社	

续表 3

序号	使用年级	书名	出版社	备注
小 49	六年级	科学第八册	首师大出版社	
小 50	六年级	音乐六年级下册	人民音乐出版社	
小 51	六年级	美术六年级下册	人民美术出版社	
小 52	六年级	劳动技术（六年级下）	北京出版社	

二、初中自编及实验教科书

序号	使用年级	书名	出版社	备注
中 1	七年级	数学七年级下册	北京出版社	
中 2	七年级	* 英语七年级下册（修订版）	北师大出版社	
中 3	七年级	生物学七年级下册	北京出版社	
中 4	七年级	* 地理七年级下册（修订版）	中国地图出版社	
中 5	七年级	* 地理图册七年级下册（修订版）	中国地图出版社	经教育部审查通过
中 6	七年级	美术七年级下册	人民美术出版社	
中 7	七年级	音乐七年级下册	人民音乐出版社	
中 8	八年级	数学八年级下册	北京出版社	
中 9	八年级	* 英语八年级下册（修订版）	北师大出版社	
中 10	八年级	生物学八年级下册	北京出版社	
中 11	八年级	* 地理八年级下册（修订版）	中国地图出版社	
中 12	八年级	* 地理图册八年级下册（修订版）	中国地图出版社	经教育部审查通过
中 13	八年级	美术八年级下册	人民美术出版社	
中 14	八年级	音乐八年级下册	人民音乐出版社	

续表

序号	使用年级	书名	出版社	备注
中 15	九年级	* 语文九年级下册（修订版）	北京出版社	
中 16	九年级	义务教育实验教科书・语文九年级下册	开明出版社	相关实验学校用
中 17	九年级	* 道德与法治九年级下册	首师大出版社	
中 18	九年级	数学九年级下册	北京出版社	
中 19	九年级	化学九年级下册	北京出版社	
中 20	九年级	美术九年级下册	人民美术出版社	
中 21	九年级	音乐九年级下册	人民音乐出版社	
中 22	九年级	* 历史九年级下册	北京出版社	

第二部分 教师用书

一、小学自编及实验教材教师用书

序号	使用年级	书名	出版社	备注
小 53	一年级	英语教师用书一年级下册	北京出版社	
小 54	一年级	英语生词卡片（教师用）一年级下册	北京出版社	
小 55	一年级	英语课堂活动手册一年级下册	北京出版社	
小 56	一年级	数学教师用书一年级下册	北京出版社	
小 57	一年级	九年义务教育小学实验教科书・数学教师用书一年级下册	人民教育出版社	相关实验学校用
小 58	一年级	音乐教师用书一年级下册	人民音乐出版社	含光盘
小 59	一至九年级	中小学音乐教学挂图	人民音乐出版社	

续表 1

序号	使用年级	书名	出版社	备注
小 60	一年级	美术教学参考用书一年级下册	人民美术出版社	含光盘
小 61	二年级	数学教师用书二年级下册	北京出版社	
小 62	二年级	九年义务教育小学实验教科书·数学教师用书二年级下册	人民教育出版社	相关实验学校用
小 63	二年级	英语教师用书二年级下册	北京出版社	
小 64	二年级	英语生词卡片（教师用）二年级下册	北京出版社	
小 65	二年级	英语课堂活动手册二年级下册	北京出版社	
小 66	二年级	音乐教师用书二年级下册	人民音乐出版社	含光盘
小 67	二年级	美术教学参考用书二年级下册	人民美术出版社	含光盘
小 68	三年级	* 语文教师用书三年级下册（修订版）	北京出版社	
小 69	三年级	九年义务教育小学实验教科书·语文教师用书三年级下册	人民教育出版社	相关实验学校用
小 70	三年级	数学教师用书三年级下册	北京出版社	
小 71	三年级	九年义务教育小学实验教科书·数学教师用书三年级下册	人民教育出版社	相关实验学校用
小 72	三年级	英语教师用书三年级下册	北京出版社	
小 73	三年级	英语生词卡片（教师用）三年级下册	北京出版社	
小 74	三年级	英语课堂活动手册三年级下册	北京出版社	
小 75	三年级	* 道德与法治教师用书三年级下册	首师大出版社	
小 76	三年级	科学教学参考书第二册	北京出版社	
小 77	三年级	科学教师用书第二册	首师大出版社	

续表 2

序号	使用年级	书名	出版社	备注
小 78	三年级	音乐教师用书三年级下册	人民音乐出版社	含光盘
小 79	三年级	美术教学参考用书三年级下册	人民美术出版社	含光盘
小 80	四年级	语文教学参考书第八册	北京出版社	
小 81	四年级	九年义务教育小学实验教科书·语文教师用书四年级下册	人民教育出版社	相关实验学校用
小 82	四年级	数学教师用书四年级下册	北京出版社	
小 83	四年级	九年义务教育小学实验教科书·数学教师用书四年级下册	人民教育出版社	相关实验学校用
小 84	四年级	英语教师用书四年级下册	北京出版社	
小 85	四年级	英语课堂活动手册四年级下册	北京出版社	
小 86	四年级	品德与社会教师用书四年级下册	首师大出版社	
小 87	四年级	科学教学参考书第四册	北京出版社	
小 88	四年级	科学教师用书第四册	首师大出版社	
小 89	四年级	音乐教师用书四年级下册	人民音乐出版社	含光盘
小 90	四年级	美术教学参考用书四年级下册	人民美术出版社	含光盘
小 91	五年级	语文教学参考书第十册	北京出版社	
小 92	五年级	九年义务教育小学实验教科书·语文教师用书五年级下册	人民教育出版社	相关实验学校用
小 93	五年级	数学教师用书五年级下册	北京出版社	
小 94	五年级	九年义务教育小学实验教科书·数学教师用书五年级下册	人民教育出版社	相关实验学校用
小 95	五年级	英语教师用书五年级下册	北京出版社	
小 96	五年级	英语课堂活动手册五年级下册	北京出版社	

续表 3

序号	使用年级	书名	出版社	备注
小 97	五年级	品德与社会教师用书五年级下册	首师大出版社	
小 98	五年级	科学教学参考书第六册	北京出版社	
小 99	五年级	科学教师用书第六册	首师大出版社	
小 100	五年级	音乐教师用书五年级下册	人民音乐出版社	含光盘
小 101	五年级	美术教学参考用书五年级下册	人民美术出版社	含光盘
小 102	六年级	语文教学参考书第十二册	北京出版社	
小 103	六年级	数学教师用书六年级下册	北京出版社	
小 104	六年级	英语教师用书六年级下册	北京出版社	
小 105	六年级	英语课堂活动手册六年级下册	北京出版社	
小 106	六年级	品德与社会教师用书六年级下册	首师大出版社	
小 107	六年级	科学教学参考书第八册	北京出版社	
小 108	六年级	科学教师用书第八册	首师大出版社	
小 109	六年级	音乐教师用书六年级下册	人民音乐出版社	含光盘
小 110	六年级	美术教学参考用书六年级下册	人民美术出版社	含光盘
小 111	小学通用	小学书法课本教师用书（下册）	人民美术出版社	小学六个年级用
小 112		* 小学语文毕业考试说明（修订版）	北京科学技术出版社	六年级用
小 113		* 小学数学毕业考试说明（修订版）	北京科学技术出版社	六年级用
小 114		* 小学英语毕业考试说明（修订版）	星球地图出版社	六年级用

二、初中自编及实验教材教师用书

序号	使用年级	书名	出版社	备注
中 23	七年级	数学教师用书七年级下册	北京出版社	
中 24	七年级	* 英语教师教学用书七年级下册（修订版）	北师大出版社	含光盘
中 25	七年级	英语课堂活动手册七年级下册	北师大出版社	
中 26	七年级	生物学教师用书七年级下册	北京出版社	
中 27	七年级	* 地理教师教学用书七年级下册（修订版）	中国地图出版社	含光盘
中 28	七年级	美术教学参考用书七年级下册	人民美术出版社	含光盘
中 29	七年级	音乐教师用书七年级下册	人民音乐出版社	含光盘
中 30	八年级	数学教师用书八年级下册	北京出版社	
中 31	八年级	* 英语教师教学用书八年级下册（修订版）	北师大出版社	含光盘
中 32	八年级	英语课堂活动手册八年级下册	北师大出版社	
中 33	八年级	生物学教师用书八年级下册	北京出版社	
中 34	八年级	* 地理教师教学用书八年级下册（修订版）	中国地图出版社	含光盘
中 35	八年级	美术教学参考用书八年级下册	人民美术出版社	含光盘
中 36	八年级	音乐教师用书八年级下册	人民音乐出版社	含光盘
中 37	九年级	* 语文教师用书九年级下册（修订版）	北京出版社	
中 38	九年级	义务教育实验教科书·语文教师用书九年级下册	开明出版社	相关实验学校用
中 39	九年级	* 道德与法治教师用书九年级下册	首师大出版社	

续表

序号	使用年级	书名	出版社	备注
中 40	九年级	数学教师用书九年级下册	北京出版社	
中 41	九年级	化学教师用书九年级下册	北京出版社	
中 42	九年级	音乐教师用书九年级下册	人民音乐出版社	含光盘
中 43	九年级	美术教学参考用书九年级下册	人民美术出版社	含光盘
中 44	九年级	* 历史教师用书九年级下册	北京出版社	

第三部分　选用教材

一、小学自编及实验选用教材

序号	使用年级	书名	出版社	备注
小 115	一年级	书法练习指导一年级下册	人民美术出版社	北京市实验
小 116	二年级	书法练习指导二年级下册	人民美术出版社	北京市实验
小 117	三年级	书法练习指导三年级下册	人民美术出版社	北京市实验
小 118	四年级	书法练习指导四年级下册	人民美术出版社	北京市实验
小 119	五年级	书法练习指导五年级下册	人民美术出版社	北京市实验
小 120	六年级	书法练习指导六年级下册	人民美术出版社	北京市实验

二、初中自编及实验选用教材

序号	使用年级	书名	出版社	备注
中 45	七年级	房山区地理	中国地图出版社	房山区实验
中 46	初中	探索丰台	北京出版社	丰台区实验
中 47	九年级	* 北京市中考考试说明（修订版）	北京理工大学出版社	供 2019 年初中毕业生用

三、高中自编及实验选用教材

序号	使用年级	书名	出版社	备注
中 48	高中	* 北京市普通高中学业水平考试合格性考试说明 语文	北京出版社	2018 级高一学生使用
中 49	高中	* 北京市普通高中学业水平考试合格性考试说明 数学	北京出版社	2018 级高一学生使用
中 50	高中	* 北京市普通高中学业水平考试合格性考试说明 英语	北京出版社	2018 级高一学生使用
中 51	高中	* 北京市普通高中学业水平考试合格性考试说明 历史	北京出版社	2018 级高一学生使用
中 52	高中	* 北京市普通高中学业水平考试合格性考试说明 地理	北京出版社	2018 级高一学生使用
中 53	高中	* 北京市普通高中学业水平考试合格性考试说明 物理	北京出版社	2018 级高一学生使用
中 54	高中	* 北京市普通高中学业水平考试合格性考试说明 化学	北京出版社	2018 级高一学生使用
中 55	高中	* 北京市普通高中学业水平考试合格性考试说明 思想政治	北京出版社	2018 级高一学生使用
中 56	高中	* 北京市普通高中学业水平考试合格性考试说明 生物	北京出版社	2018 级高一学生使用
中 57	高中	* 北京市普通高中学业水平考试合格性考试说明 信息技术、体育与健康、通用技术、音乐、美术	北京出版社	2018 级高一学生使用

北京市教育委员会

转发教育部《中小学图书馆（室）规程》的通知

京教基二〔2018〕23号

各区教委，各有关单位：

现将《教育部关于印发〈中小学图书馆（室）规程〉的通知》（教基〔2018〕5号）转发给你们，并提出如下要求，请结合工作实际贯彻落实。

一、充分认识图书馆工作在教育教学工作中的重要意义

中小学图书馆是学校的文献信息中心，是学校教育教学和教育科学研究的重要场所，是促进学生全面发展和推动教师专业成长的重要平台。中小学图书馆承担着建立健全学校文献信息和服务体系，协助教师开展教学教研活动，指导学生掌握检索与利用文献信息的知识与技能，培养学生阅读兴趣和阅读习惯的重要功能；肩负着贯彻党的教育方针，培育社会主义核心价值观，弘扬中华优秀传统文化，促进学生德智体美劳全面发展的重要任务。各区教委、各有关单位及各中小学校要高度重视图书馆在育人中的重要作用，努力办好每一所学校图书馆。

二、认真落实加强图书馆建设工作的各项举措

我市中小学校图书馆工作目前正处于转型升级阶段，正在向规范化、科学化、现代化转变。各区教委、各有关单位和各中小学校要结合实际，认真落实好《中小学图书馆（室）规程》，充分发挥我市中小学图书馆工作在全国的引领示范作用。各区教委、各有关单位和各中小学校要进一步优化馆藏图书结构，使馆藏图书更加适合中小学生年龄特点和认知要求，结构更加符合《中小学图书馆（室）藏书分类比例表》基本要求。要建立健全图书剔旧更新机制（见附件2《北京市中小学图书馆剔旧工作指南》)，进一步提升馆藏图书质量。定期开展馆藏图书清查审查，严禁盗版图书等非法出版物及不适宜中小学生阅读的出版物进入图书馆，保障广大中小学生健康成长。加大图书馆信息化建设，加强市、区两级数字图书馆和文献信息中心建设，市、区数字图书馆和其他信息资源中心要为学校图书馆方便快捷获取数字图书和电子期刊等数字资源提供好指导和服务，加快推进我市中小学校图书馆管理的信息化。促进图书馆应用与服务，鼓励各中小学校通过建设智能图书馆，实现“全天候”借阅，通过开展阅读指导、新书推荐、图书赏析、社团活动等，真正把图书馆打造为文献资源中心、知识传播中心和信息交流中心。充分发挥“书香燕京——北京市中小学阅读指导活动”等活动作用，支撑市、区、校开展丰富多彩的学生阅读活动。

三、切实强化对图书馆工作的组织领导

各区教委要进一步加强对图书馆工作的领导，将中小学图书馆工作纳入工作重要议事日程，建立由主要领导负总责，分管领导牵头负责，有关业务部门主管的领导机制。进一步健全完善管理体制，中小学校图书馆工作由市教委统一规划，各区教委指导教育装备部门和学校做好图书馆的建设、配备、管理、应用、培训、评估等工作。加强图书馆管理人员队伍建设，市级教育装备部门设立“中小学图书馆工作研究室”，探索建立图书馆参与中小学教研机制，各区教委要完善中小学图书馆管理人员专业技术聘任机制，要将中小学图书管理人员纳入教师继续教育专业培训，提高专业化水平和服务能力。强化对中小学图书馆工作的检查和督导，加强对中小学图书馆工作的监督检查，督促学校在日常教育教学中充分发挥图书馆的作用；将中小学图书馆工作纳入教育督导范围，定期组织开展中小学图书馆藏书质量和管理服务的督导评估，促进中小学图书馆的建设与应用，落实图书馆在立德树人、提高学生核心素养和教育教学水平等方面的重要作用。

附件：1. 教育部关于印发《中小学图书馆（室）规程》的通知

2. 北京市中小学图书馆剔旧工作指南

2018 年 12 月 21 日

附件 1

教育部
关于印发《中小学图书馆（室）规程》的通知

教基〔2018〕5 号

各省、自治区、直辖市教育厅（教委），新疆生产建设兵团教育局，各有关单位：

为贯彻党的十九大精神，落实立德树人根本任务，加强中小学图书馆（室）工作的指导，我们对 2003 年发布的《中小学图书馆（室）规程（修订）》进行了修订，现印发给你们，请结合实际认真贯彻执行。

2018 年 5 月 28 日

中小学图书馆（室）规程

第一章　总则

第一条　为加强中小学图书馆（室）（以下简称图书馆）规范化、科学化、现代化建设，落实立德树人根本任务，提升服务教育教学能力，特制定本规程。

第二条 本规程适用于公办、民办全日制普通中小学校的图书馆。

第三条 图书馆是中小学校的文献信息中心，是学校教育教学和教育科学研究的重要场所，是学校文化建设和课程资源建设的重要载体，是促进学生全面发展和推动教师专业成长的重要平台，是基础教育现代化的重要体现，也是社会主义公共文化服务体系的有机组成部分。

第四条 图书馆的主要任务是：贯彻党的教育方针，培育社会主义核心价值观，弘扬中华优秀传统文化，促进学生德智体美全面发展；建立健全学校文献信息和服务体系，协助教师开展教学教研活动，指导学生掌握检索与利用文献信息的知识与技能；组织学生阅读活动，培养学生的阅读兴趣和阅读习惯。

第二章 体制与机构

第五条 县级以上教育行政部门负责行政区域内图书馆的规划和管理，指导教育技术装备机构和学校做好图书馆的建设、配备、管理、应用、培训、评估等工作。

第六条 图书馆实行校长领导下的馆长负责制，由一名校级领导分管图书馆工作。有关图书馆工作的重大事项应当听取图书馆馆长意见，最终由校长办公会决定。

第七条 学校可根据需要设立阅读指导机构，指导和协调全校阅读活动的开展。

阅读指导机构由一名校领导担任负责人，成员由学校图书馆及相关职能部门负责人、教师和学生代表组成，鼓励家长代表参加。

阅读指导机构应当定期召开会议，制定学校阅读计划，组织阅读活动的实施，反映师生意见和要求，向学校提出改进阅读活动的建议。

第三章 图书配备与馆藏文献信息建设

第八条 学校应根据发展目标，以师生需求为导向，统筹纸质资源、数字资源和其他载体资源，制定图书配备与其他馆藏文献信息建设发展规划。

第九条 图书馆藏书包括适合中小学生阅读的各类图书和报刊、供师生使用的工具书、教学参考书、教育教学理论书籍和应用型的专业书籍。民族地区中小学应当根据教育教学需要配备相应民族语言文字的文献资源。接收残疾学生随班就读的学校应当配备适合特殊学生阅读的盲文图书、大字本图书和有声读物等。

第十条 图书馆藏书量不得低于《中小学图书馆（室）藏书量》（附表一）的规定标准。建立完善增新剔旧制度。图书馆每年生均新增（更新）纸质图书应当不少于一本。图书复本量应当根据实际需要合理确定。

第十一条 图书馆应当建立和完善馆藏资源采购、配备办法，定期公告资源更新目录，注重听取师生意见，建立意见反馈机制，不断提高资源质量和适宜性。定期开展清理审查，严禁盗版图书等非法出版物及不适合中小学生阅读的出版物进入图书馆。

第十二条 图书馆应当把《中小学图书馆（室）藏书分类比例表》（附表二）和教育部指导编制的《全国中小学图书馆（室）推荐书目》作为中小学图书馆馆藏建设的主要参考依据，合理配置纸质书刊。

第十三条 图书馆应当重视数字资源建设，依托区域数字图书馆和信息资源中心获取数字图书和电子期刊等。

地方教育行政部门要统筹推进区域数字图书馆和文献信息资源中心建设，促进优质数字资源共建共享。

第十四条 根据需要，图书馆可参与学校的校本资源开发和建设。

第四章 图书馆与文献信息管理

第十五条 图书馆应当建立健全各项规章制度，并确保执行。

第十六条 图书馆应当建立书刊总括登录和个别登录两种账目。

第十七条 各类型文献应当按照《中国图书馆分类法》进行分类。

第十八条 图书著录应当遵循《普通图书著录规则》；期刊著录

应当遵循《连续出版物著录规则》，计算机编目应当遵循《中文图书机读目录格式》。图书馆应当有明确的馆藏图书排架体系。

第十九条 图书馆应当对采集的文献信息进行科学分类编目，建立完善的书目检索系统，实现书名、著者、分类等多种途径的检索。

第二十条 图书馆应当以全开架借阅为主。以学校图书馆为中心，在确保安全的前提下，充分利用走廊、教室等空间，创新书刊借阅方式，优化借阅管理，创建泛在阅读环境。

第二十一条 图书馆应当纳入学校信息化建设整体规划，实行信息化、网络化管理。

第二十二条 图书馆应当建设文献信息管理和服务系统，建立数据长期保存机制，妥善保护师生个人信息、借阅信息及其他隐私信息，不得出售或以其他方式非法向他人提供，保障信息安全。

第二十三条 图书馆应当依据档案管理规范，制定科学管理流程，妥善保存档案资料。

第二十四条 图书馆应当建立完善的资产账目和管理制度。

第二十五条 图书馆应当如实填报各类统计数据，做好统计数据的分析和保存。

第五章 应用与服务

第二十六条 教学期间，图书馆每周开放时间原则上不少于 40 小时。鼓励课余时间、法定节假日和寒暑假期间对师生有效开放。

第二十七条 图书馆应当做好阅览、外借、宣传推荐服务工作；开设新生入馆教育、文献信息检索与利用、阅读指导课等，鼓励纳入教学计划；为教育教学和科研活动提供有效的文献信息支撑；创新各类资源使用方式，积极创建书香校园，组织形式多样的阅读活动，促进全民阅读工作；鼓励开展图书借阅数据分析，有针对性地改进学生阅读。

第二十八条 图书馆应当加强馆际交流，推动校际阅读活动、校本资源和特色资源的合作与共享。

第二十九条 图书馆应当积极与本地公共图书馆，特别是少年儿童图书馆、高等学校图书馆开展馆际合作，实现资源共享。

各地教育行政部门要重视和加强乡镇中心学校图书馆建设，辐射周边小规模学校。在确保校园安全的前提下，有条件的学校可以探索向家长、社区有序开放。

第三十条 鼓励有条件的图书馆开展纸质图书和数字图书资源的一体化编目和服务。

第六章 条件与保障

第三十一条 图书馆馆舍建设应当纳入学校建设总体规划。有条件的中小学校设立独立的图书馆舍。图书馆应当有采编、藏书、阅览、教学、读者活动等场所。

图书馆应当重视馆内环境的绿化美化，具备良好的通风、换气、采光、照明、防火、防潮、防虫、保洁、安全等条件。接受残疾生源的学校图书馆应当设置无障碍设施及相关标识。

第三十二条 图书馆应当配备书架、阅览桌椅、借阅台、报刊架、书柜、计算机等必要的设施设备，并有计划地配置文件柜、陈列柜、办公桌椅、借还机、打印机、扫描仪、电子阅读设备、复印设备、文献保护设施设备、装订、安全监测等相关设备。设施、设备应当符合学生年龄使用需要。

第三十三条 图书馆应当设专职管理人员并保持稳定性。图书馆管理人员编制在本校教职工编制总数内合理确定。

图书馆管理人员应当具备基本的图书馆专业知识与专业技能。中学图书馆管理人员应当具备大学本科以上文化程度，小学图书馆管理人员应当具备大学专科以上文化程度。

第三十四条 图书馆专业人员实行专业技术职务聘任制。图书馆管理人员专业技术职务聘任参照国家有关规定执行，有条件的地区和学校，可设立中小学图书馆图书资料系列专业技术岗位。图书馆管理人员在调资晋级或评奖时，与学科教师同等对待，并按国家相关规定享受相应的福利待遇。

第三十五条 图书馆管理人员应当定期参加教育行政部门或专业学术团体组织的专业培训，并纳入继续教育学分管理。支持图书馆管理人员参加专业学术团体。

第三十六条 各地教育行政部门和学校应当保障图书馆建设、配备、管理、应用、培训等所需经费，在经费预算和资金保障方面应当向农村学校和薄弱学校倾斜。

图书馆应当积极配合企事业单位、社会团体和公民个人以各种方式支持、参与图书馆建设，依法组织捐赠，确保质量。

第三十七条 地方各级教育行政部门应当建立健全出版物采购廉政风险防控机制，定期组织开展中小学图书馆藏书质量和管理服务的督导评估，推动提高馆藏文献信息质量和服务效能。图书馆建设与管理工作纳入学校和校长考核体系。

第七章 附则

第三十八条 特殊教育学校图书馆参照本规程执行。

第三十九条 本规程自 2018 年 6 月 1 日起施行，2003 年 5 月 1 日发布的《中小学图书馆（室）规程》同时废止。

附表一

中小学图书馆（室）藏书量

	完全中学	高级中学	初级中学	小学
人均藏书量（册）（按在校学生数）	40	45	35	25
报刊（种）	120	120	80	60
工具书、教学参考书（种）	250	250	180	120

附表二

中小学图书馆（室）藏书分类比例表

<table>
<tr><td colspan="3">部类</td><td colspan="2">分类比例</td></tr>
<tr><td>五大部类</td><td colspan="2">22个基本部类</td><td>小学</td><td>中学</td></tr>
<tr><td>第一大类</td><td colspan="2">A马克思主义、列宁主义、毛泽东思想、邓小平理论</td><td>1.5%</td><td>2%</td></tr>
<tr><td colspan="3">部类</td><td colspan="2">分类比例</td></tr>
<tr><td>五大部类</td><td colspan="2">22个基本部类</td><td>小学</td><td>中学</td></tr>
<tr><td>第二大类</td><td colspan="2">B哲学、宗教</td><td>1.5%</td><td>2%</td></tr>
<tr><td rowspan="11">第三大类</td><td colspan="2">C社会科学总论</td><td rowspan="11">64%</td><td rowspan="11">54%</td></tr>
<tr><td colspan="2">D政治法律</td></tr>
<tr><td colspan="2">E军事</td></tr>
<tr><td colspan="2">F经济</td></tr>
<tr><td rowspan="3">G</td><td>文化、科学</td></tr>
<tr><td>教育</td></tr>
<tr><td>体育</td></tr>
<tr><td colspan="2">H语言、文字</td></tr>
<tr><td colspan="2">I文学</td></tr>
<tr><td colspan="2">J艺术</td></tr>
<tr><td colspan="2">K历史、地理</td></tr>
<tr><td rowspan="5">第四大类</td><td colspan="2">N自然科学总论</td><td rowspan="5">28%</td><td rowspan="5">38%</td></tr>
<tr><td colspan="2">O数理科学和化学</td></tr>
<tr><td colspan="2">P天文学、地球科学</td></tr>
<tr><td colspan="2">Q生物科学</td></tr>
<tr><td colspan="2">R医药、卫生</td></tr>
</table>

续表

部类		分类比例	
五大部类	22个基本部类	小学	中学
第四大类	S农业科学	28%	38%
	T工业技术		
	U交通运输		
	V航空、航天		
	X环境科学、安全科学		
第五大类	Z综合性图书	5%	4%

附件2

北京市中小学图书馆剔旧工作指南

第一条 为规范北京市中小学图书馆管理工作，优化馆藏图书结构，提升图书质量，指导我市中小学校做好馆藏图书剔旧工作，根据《中小学图书馆（室）规程》（教基〔2018〕5号）、《关于加强新时期中小学图书馆建设与应用工作的意见》（教基一〔2015〕2号）文件精神，现制定《北京市中小学图书馆剔旧工作指南》。

第二条 工作频次。中小学校应定期开展馆藏图书剔旧工作，原则上每两年开展一次。

第三条 组织人员。中小学校应成立剔旧工作小组，成员包括学校领导、图书馆管理人员、图书馆专家、资产管理人员、教师代表、学生代表等。

第四条 剔旧重点。国家明令查禁和查缴的图书；有严重政治问题、思想问题，违背社会主义核心价值观的图书；违反著作权法、无合法版权的图书；内容有错误的图书；陈旧过时的图书；外观严重破损、脱线、缺页，套册不全并无法修复的图书；长期压架，流通率很低的图书；复本量过多的图书。

第五条　剔旧程序。各中小学校应按照以下剔旧工作程序开展工作：成立小组——制定方案（确定剔旧的内容、范围、组织专家论证）——组织初选（编制待剔除书单、查找待下架图书、对下架图书进行再次核定、将待剔除图书信息数据备份）——组织复选——组织终选（目录注销、加盖注销章）。

第六条　剔旧规则。“五剔”“四不剔”“三慎剔”规则。

“五剔”：剔残，剔除不可修补破损书；剔赘，剔除超出读者需求的多余复本；剔错，剔除不适合馆藏政策的图书；剔失，剔除丢失的图书；剔年，按年限剔除时效性强、技术更新快的图书。

“四不剔”：不剔地方文献；不剔珍本、善本；不剔品种（“剔年”除外）；不剔核心馆藏。

“三慎剔”：慎剔工具书；慎剔特色书；慎剔经典图书。

第七条　处置方式。被剔除图书可视实际情况，采取移入旧书库、调拨交换、无偿赠送、折价处理或报废等相应方式处理。

高等教育

北京市教育委员会文件选编

（2018）

北京市教育委员会

关于公布首批市属普通高等学校“新工科”研究与实践项目名单的通知

京教函〔2018〕141 号

各市属普通高等学校：

按照教育部办公厅《关于推荐新工科研究与实践项目的通知》（教高厅函〔2017〕33 号）要求，我委组织市属普通高等学校开展了首批“新工科”研究与实践项目申报工作。

根据教育部办公厅《关于公布首批“新工科”研究与实践项目的通知》（教高厅函〔2018〕17 号），现将首批市属普通高等学校“新工科”研究与实践项目名单予以公布。

各高校要把“新工科”建设作为引领高等教育改革的有力抓手，落实教育部文件精神，积极推进项目实施。

附件：首批“新工科”研究与实践项目名单（市属普通高等学校）

2018 年 4 月 18 日

附件

首批“新工科”研究与实践项目名单
（市属普通高等学校）

一、“新工科”综合改革类项目

（三）地方高校“新工科”综合改革类项目

2. 地方高校二组项目群

指导专家：顾佩华、李志义、成洪波

序号	负责人	所在单位	项目名称
1	程明智	北京印刷学院	互联网 + 背景下“工文艺”三学科交叉融合的工程人才培养模式探索与实践
2	盛鸿宇	北京联合大学	开放、融合、共享的地方院校新工科校企协同育人模式创新与实践

二、“新工科”专业改革类项目

2. 大数据类项目群

指导：计算机类专业教指委、梅宏、周傲英

序号	负责人	所在单位	项目名称
1	王兴芬	北京信息科技大学	多学科交叉融合的大数据应用型人才培养模式探索与实践
2	刘林	北京城市学院	创新人才培养模式，创建产业型大数据学院的研究与实践

7. 自动化类项目群

指导：自动化类专业教指委

序号	负责人	所在单位	项目名称
1	乔俊飞	北京工业大学	以智能服务为培养方向的机器人工程专业学科融合建设
2	鲍泓	北京联合大学	智能时代的新工科人才培养创新与实践

11. 土木、建筑、水利、海洋类项目群

指导:土木类专业教指委、建筑类专业教指委、水利类专业教指委、海洋工程类专业教指委、刘加平

序号	负责人	所在单位	项目名称
1	张爱林	北京建筑大学	“一带一路”建筑类工程教育国际化研究与实践

12. 能源、电气、核工程类项目群

指导：能源动力类专业教指委、电子类专业教指委、核工程类专业教指委、何雅玲、陈军、杨勇平

序号	负责人	所在单位	项目名称
1	王力	北方工业大学	电气自动化类专业“产政教学研”多主体协同育人模式探索与实践
2	韩占生	北京石油化工学院	面向京津冀协同发展的环境和能源类专业工程应用型人才培养“新模式”探索与实践

14. 环境、纺织、轻工类项目群

指导：环境科学与工程类专业教指委、纺织类专业教指委、轻工类专业教指委、石碧

序号	负责人	所在单位	项目名称
1	杨永刚	北京印刷学院	面向“一带一路”的印刷工程教育国际化研究与实践

15. 生物、医药类项目群

指导：生物工程类专业教指委、生物科学类专业教指委、任露泉

序号	负责人	所在单位	项目名称
1	马力耕	首都师范大学	生物学衍生的新工科——生物能源与环境专业建设与探索实践

北京市教育委员会

关于公布 2017 年度市属普通高等学校本科专业备案和审批结果的通知

京教函〔2018〕142 号

各市属普通高等学校：

根据教育部高教司关于《2017 年度普通高等学校本科专业设置工作的通知》（教高司函〔2017〕26 号）要求，我委组织市属普通高等学校开展了 2017 年度本科新设专业申报工作。根据《教育部关于公布 2017 年度普通高等学校本科专业备案和审批结果的通知》（教高函〔2018〕4 号）精神，现将 2017 年度市属普通高等学校本科专业备案和审批结果予以公布。请各校充分利用现有办学条件，加强新增本科专业建设，切实保证人才培养质量，推进高校特色发展。

附件：2017 年度市属普通高等学校本科专业备案和审批结果

2018 年 4 月 18 日

附件

2017 年度市属普通高等学校
本科专业备案和审批结果

一、新增备案本科专业名单

学校名称	专业名称	专业代码	学位授予门类	修业年限	备注
北京联合大学	西班牙语	050205	文学	四年	
北京工业大学	机器人工程	080803T	工学	四年	
北京工业大学	纳米材料与技术	080413T	工学	四年	
北方工业大学	数据科学与大数据技术	080910T	工学	四年	
北京石油化工学院	数据科学与大数据技术	080910T	工学	四年	
北京石油化工学院	应用统计学	071202	理学	四年	
北京农学院	物联网工程	080905	工学	四年	
北京农学院	酿酒工程	082705	工学	四年	
首都医科大学	信息管理与信息系统	120102	管理学	四年	
首都医科大学	医学影像技术	101003	理学	四年	
首都师范大学	音乐表演	130201	艺术学	四年	
北京第二外国语学院	阿尔巴尼亚语	050226	文学	四年	
北京第二外国语学院	保加利亚语	050227	文学	四年	
北京第二外国语学院	斯洛伐克语	050230	文学	四年	
北京第二外国语学院	斯洛文尼亚语	050254	文学	四年	
首都经济贸易大学	数据科学与大数据技术	080910T	理学	四年	
北京工商大学	西班牙语	050205	文学	四年	
北京舞蹈学院	艺术管理	130102T	艺术学	四年	
北京城市学院	数据科学与大数据技术	080910T	工学	四年	

续表

学校名称	专业名称	专业代码	学位授予门类	修业年限	备注
北京城市学院	数字媒体艺术	130508	艺术学	四年	
北京城市学院	会展经济与管理	120903	管理学	四年	
北京城市学院	工程造价	120105	管理学	四年	
北京工商大学嘉华学院	摄影	130404	艺术学	四年	
北京工商大学嘉华学院	广播电视编导	130305	艺术学	四年	
北京工商大学嘉华学院	电子商务	120801	管理学	四年	
北京工商大学嘉华学院	表演	130301	艺术学	四年	
北京工业大学耿丹学院	金融工程	020302	经济学	四年	
北京工业大学耿丹学院	建筑学	082801	工学	四年	
北京吉利学院	数据科学与大数据技术	080910T	工学	四年	
北京吉利学院	表演	130301	艺术学	四年	
北京吉利学院	产品设计	130504	艺术学	四年	
北京吉利学院	数字媒体艺术	130508	艺术学	四年	
北京吉利学院	管理科学	120101	管理学	四年	
北京吉利学院	电子信息工程	080701	工学	四年	

二、新增审批本科专业名单

学校名称	专业名称	专业代码	学位授予门类	修业年限	备注
北京电影学院	影视技术	130312T	艺术学	四年	新专业
北京舞蹈学院	舞蹈教育	130207T	艺术学	四年	新专业
北京联合大学	信息安全	080904K	工学	四年	

三、撤销本科专业名单

学校名称	专业名称	专业代码	学位授予门类	修业年限	备注
北京联合大学	经济学	020101	经济学	四年	
北京联合大学	生物技术	071002	理学	四年	
北京联合大学	环境科学	082503	理学	四年	
北京联合大学	公共事业管理	120401	管理学	四年	
北京联合大学	信息与计算科学	070102	理学	四年	
北京联合大学	建筑电气与智能化	081004	工学	四年	
北京联合大学	包装工程	081702	工学	四年	
北京联合大学	生物医学工程	082601	工学	四年	
北京联合大学	材料科学与工程	080401	工学	四年	

北京市教育委员会

关于组建文创设计专业群的通知

京教高〔2018〕4号

各有关高等学校：

为深化专业建设内涵，推进高校间协同发展，我委于2011年底启动了专业群建设工作。为进一步推进专业群建设，提高北京高校设计类人才培养质量，提升北京高校服务首都经济发展的贡献力，经研究，我委决定启动北京高校文创设计专业群建设工作。

现将北京高校文创设计专业群专家组织名单予以公布（见附件）。各高校要为专业群专家委员会及教学协作委员会开展工作提供必要条件，切实发挥专业群及其专家组织在提高学校教学和人才培养质量方面的重要作用。

附件：文创设计专业群专家委员会及教学协作委员会名单

2018 年 5 月 8 日

附件

文创设计专业群专家委员会
及教学协作委员会名单

一、文创设计专业群专家委员会名单

主任委员：	中国地质大学（北京）	郭颖
副主任委员：	北京工业大学	黄韬
委　　员：	中国地质大学（北京）	王鼐
	北京工业大学	武非
	清华大学	王晓昕
	中央美术学院	藤菲
	北京理工大学	杨建明
	北京服装学院	兰翠芹
	北京服装学院	邹宁馨
	北京工美集团	魏连伟
秘 书 长：	中国地质大学（北京）	朱友楠
	北京工业大学	张岩

二、文创设计专业群教学协作委员会名单

主任委员：	北京工业大学	黄韬

副主任委员：	中国地质大学（北京）	郭颖
委　　　员：	中国地质大学（北京）	何魁
	北京工业大学	武非
	清华大学	王晓昕
	中央美术学院	刘骁
	北京理工大学	杨新
	北京服装学院	高伟
	北京服装学院	聂茜
	北京航空航天大学	马良书
	北京林业大学	兰超
	北京工商大学	郑子云
	北方工业大学	蔡兴泉
	中国戏曲学院	谭铁志
	北京联合大学	楚天
	北京城市学院	王利民
	北京工美艺术研究院	申文广
秘　书　长：	中国地质大学（北京）	朱友楠
	北京工业大学	李国平

北京市教育委员会

转发教育部办公厅关于做好2018年深化创新创业教育改革示范高校建设工作文件的通知

京教函〔2018〕222号

各有关高等学校：

近期，教育部办公厅下发了《关于做好2018年深化创新创业教育改革示范高校建设工作的通知》（教高厅函〔2018〕20号）（附件1），要求获得国家级创新创业示范高校在更高层次、更深程度、更关键环节深入推进创新创业教育改革。现将《通知》转发给你们，并将有关事项通知如下：

一、各示范高校要深入落实好国办发〔2015〕36号文件明确的改革任务，凸显示范引领作用，深入推进创新创业教育与专业教育、思想政治教育、职业道德教育紧密结合，深层次融入人才培养全过程。

二、着力建设创新创业教育优质课程。各示范高校要面向全体学生开设创新创业教育专门课程，要调整专业课程设置，深入推进创新创业教育与专业教育紧密结合，要加快创新创业教育在线开放课程建设，推动课程资源共享，完善学分互认等制度。各示范高校要建成不少于5门创新创业线下精品课程和2门线上精品课程。

三、着力提升教师创新创业教育能力。各示范高校要在职务评聘和绩效考核中落实全体教师创新创业教育的责任，加强创新创业导师队伍建设和管理，开展教师创新创业教育能力培训。每所示范校都要组织专题培训，确保覆盖本校创新创业教育专兼职教师及相关专业导师，同时要凸显示范引领作用，培训一定数量其他高校的相关教师。

四、着力开展青年红色筑梦之旅活动。各示范高校要摸清乡村振兴和精准扶贫需求，认真制定方案，牵头组建不少于2支青年红色筑梦之旅团队赴革命老区、贫困地区开展相关活动，助力乡村振兴战略和精准扶贫工作。

五、以上工作的开展情况将列入教育部、市教委对各示范校综合考察内容，北京市级创新创业示范高校也以同样标准参与本次建设工作。请各示范高校高度重视，认真组织实施，并及时梳理总结。各高校填写创新创业教育优质课程建设情况汇总统计表（附件2）、教师创新创业教育教学能力培训情况汇总统计表（附件3）、“青年红色筑梦之旅”活动开展情况汇总统计表（附件4），并将以上三方面工作情况形成总结报告，于2018年6月28日前将电子版报送至市教委高教处。

附件：1. 教育部办公厅关于做好2018年深化创新创业教育改革示范高校建设工作的通知（教高厅函〔2018〕20号）
2. 创新创业教育优质课程建设情况汇总统计表（略）
3. 教师创新创业教育教学能力培训情况汇总统计表（略）
4. “青年红色筑梦之旅”活动开展情况汇总统计表（略）

2018年5月10日

附件 1

教育部办公厅

关于做好 2018 年深化创新创业教育改革示范高校建设工作的通知

教高厅函〔2018〕20 号

各省、自治区、直辖市教育厅（教委），新疆生产建设兵团教育局：

深化创新创业教育改革示范高校（以下简称示范校）建设工作实施以来，各省级教育行政部门大力推动，200 所示范校大胆探索实践，相关工作取得显著成效。根据 2018 年全国教育工作会议部署要求，为全面贯彻落实党的十九大精神，深入学习贯彻习近平总书记给“青年红色筑梦之旅”大学生重要回信精神，进一步贯彻落实《国务院办公厅关于深化高等学校创新创业教育改革的实施意见》（国办发〔2015〕36 号）精神，在更高层次、更深程度、更关键环节上深入推进创新创业教育改革，现就做好 2018 年示范校建设工作有关事项通知如下。

一、原则及目标

坚持强化关键领域、优化资源配置、凸显示范引领，以深化课程、师资等重点领域改革为主线，深入推进创新创业教育与专业教育、思想政治教育、职业道德教育紧密结合，深层次融入人才培养全过程。全力打造一批创新创业教育优质课程、开展一批高质量创新创业教育师资培训、发掘一批“青年红色筑梦之旅”优秀团队，带动全国高校创新创业教育工作取得新成效、开拓新格局、开创新未来，着力构建中国特色、世界水平的创新创业教育体系。

二、重点推进事项

2018 年，各示范校在继续落实好国办发〔2015〕36 号文件明确的 9 项改革任务的基础上，重点抓好三方面工作。

（一）着力建设创新创业教育优质课程

各示范校要面向全体学生开好创新创业教育专门课程，全面打造依次递进、有机衔接、科学合理的专门课程群。积极调整专业课程设置，挖掘和充实各类专业课程的创新创业教育资源，深入推进创新创业教育与专业教育紧密结合。充分利用现代信息技术，加快建设创新创业教育在线开放课程，推动优质课程资源共享，完善相关课程学习认证和学分认定制度。每所示范校要建成不少于5门创新创业教育线下精品课程和2门线上精品课程。

（二）着力提升教师创新创业教育能力

各示范校要进一步完善专业技术职务评聘和绩效考核标准，强化全体教师创新创业教育责任。进一步加强创新创业导师管理，积极推动校内外导师合作开展课程开发、教材编写、教法改革、课题研究、实践指导，打造高素质专业化团队。依托国家级教师教学发展示范中心、校级教师教学发展中心，积极开展教师创新创业教育教学能力培训，每所示范校要组织专题培训，确保覆盖本校创新创业教育专兼职教师及相关专业导师，培训中还应包括一定数量的其他高校相关教师。

（三）着力开展“青年红色筑梦之旅”活动

各示范校要主动联系当地政府农业和扶贫工作有关部门，摸清乡村振兴和精准扶贫脱贫需求，认真研究制定方案，牵头组建不少于2支“青年红色筑梦之旅”团队，组织学生赴革命老区、贫困地区开展相关活动，接受思想洗礼、学习革命精神、传承红色基因、提高实践能力，用创新创业成果服务乡村振兴战略、助力精准扶贫，全力打造覆盖全国范围、具有全局影响的大学生思想政治教育“大课堂”。

三、相关要求

各示范校要认真组织实施、及时梳理总结，将上述三方面工作情况形成文字材料报各省级教育行政部门，各省级教育行政部门汇总后，于8月25日前统一报高等教育司。高等教育司将根据上报材料综合考查各校工作成效，并通过中央彩票公益金大学生创新创业教育专项资金给予相应经费支持，支持额度根据各校工作情况及实际成效确定。

2018年3月27日

北京市教育委员会

关于做好 2018 年度市属高等学校本科专业设置工作的通知

京教高〔2018〕5 号

各市属高等学校：

根据教育部高教司《关于 2018 年度普通高等学校本科专业设置工作的通知》（教高司函〔2018〕26 号）的要求，现将 2018 年度市属高等学校本科专业申报有关工作通知如下：

一、申报范围

市属高等学校新设置本科专业、第二学士学位专业，调整专业学位授予门类和修业年限，撤销专业等，集中进行申报，逾期不再受理。

二、申报程序

（一）校内审议。申报高校要成立校内专业设置评议专家组织，对拟申报专业进行审议，并形成审议意见。申报专业要充分体现“保证质量，控制数量”的要求。

（二）校内公示。申报高校要在学校主页的显要位置公示拟申报专业及申报材料，公示时间不少于 7 天，并开通监督举报电话和邮箱。公示无异议方可进入下一程序。

（三）网络申报。7 月 1 日—31 日，申报学校指定专门人员登录普通高等学校本科专业申报与管理平台（网址：http://www.bkzy.org，以下简称平台），按照平台提示，提交学校负责人签字的专业申报材料（扫描件，下同）和校内专家组织审议意见，同时填报本校 2017 年停招专业名单和 2018 年拟停招专业名单。

（四）网络公示。8 月 1 日—31 日，高校专业设置申报材料在平台进行公示。高校可根据公示期间的意见，决定撤销申报或继续申报。

（五）报送材料。申报专业公示期满后，对确认继续申报的专业，请于9月12日前报送材料：对于备案专业，需将学校专业设置申请公文（含备案专业汇总表）、公示期间所提意见的研究处理情况扫描成pdf格式发至电子邮箱；对于审批专业，除需发送上述pdf材料外，还需将在平台上提交的专业申报材料（纸质一式三份）报送至高教处。

三、申报要求

1. 主动服务国家和北京发展。各高校要牢牢抓住全面提升人才培养能力这个核心点，主动服务国家战略和北京经济社会发展需要，增设乡村振兴、健康中国、人工智能、网络安全、外语非通用语种等领域相关专业。

2. 依据标准设置专业。《普通高等学校本科专业类教学质量国家标准》已经发布。各校要依据标准设置专业，高校主管部门要做好审核工作，确保新专业质量达到设置要求。对于达不到《标准》基本要求的专业，原则上不予备案。

2018年6月25日

北京市教育委员会

关于做好《统筹推进北京高等教育改革发展的若干意见》落实工作的通知

京教高〔2018〕6号

各有关市属高校：

为贯彻落实好市委市政府《关于统筹推进北京高等教育改革发展

的若干意见》（京发〔2018〕12号，以下简称《若干意见》）有关要求，全面推动市属本科高校明确办学定位、深化内部改革、激发内生动力、实现高质量发展，现就有关事项通知如下：

一、抓好学习贯彻

《若干意见》以习近平新时代中国特色社会主义思想为主导，在全面深入调研的基础上，紧密结合北京高等教育实际，提出了统筹推进北京高等教育改革发展总体要求、改革任务、基础工作和保障措施，是新时期推动北京高等教育特别是市属高校改革发展的重要文件。各高校要坚持班子带头、自上而下，认真学习、深刻领会，切实把思想和行动统一到市委精神上来。

二、制订实施方案

各高校要根据《若干意见》提出的目标要求，制订切实可行的实施方案（方案模板见附件1），并于2018年9月30日前将方案一式三份报送市教委高等教育处。其中，特别要明确本校的办学类别（分类标准见附件2）。制订好本校关键领域改革发展详细计划，明确阶段性目标成效、时间节点、具体措施等，增强工作的统筹性、前瞻性、有序性，确保各项政策措施的逐项落地、改革发展目标的如期实现。

三、加强科学论证

各高校落实《若干意见》的实施方案是对学校战略发展规划的再梳理、再明确，事关学校改革发展的长远大计。各高校要对制定的实施方案广泛征求全校教职员工的意见建议，开展广泛的讨论研究，进行充分的科学论证，确保实施方案具有较强的适应性、针对性、操作性。市教委对各学校上报的实施方案将进行专家论证。

四、加强组织领导

各高校主要负责同志和领导班子要切实承担起领导责任，抓好统一思想、工作部署、方案制订、统筹协调、督办督查，形成统一领导、分工协作、部门联动、齐抓共管的工作格局。要把深化综合改革作为第一动力，注重改革的系统性整体性协同性，找准改革的切入点和突破口，把握好改革的次序、节奏、力度，积极稳妥有序地推进学校各项改革工作。

五、加强宣传引导

各高校主动面向校内发布改革发展信息，及时解疑释惑，凝聚改革发展共识，努力营造干部师生理解改革、支持改革、推动改革的良好氛围。同时，要建立信息报送机制，及时汇总学校各类改革发展信息（信息模板参考附件 3），并安排专人在梳理总结筛选的基础上定期报送市教委高等教育处。

六、加强督促检查

市教委、市政府教育督导室将建立统筹推进北京高等教育改革发展的督促检查机制，对各高校落实情况进行专项指导和督促检查，及时纠正存在的问题、定期开展工作评估，确保改革发展质量和效果。各高校要加强内部督查督办，全程跟踪、督促落实各项工作的进展，确保落地见效。

附件：1. XX 大学（学院）落实《关于统筹推进北京高等教育改革发展的若干意见》实施方案（略）

2. 北京市属高校办学类别分类标准

3.《关于统筹推进北京高等教育改革发展的若干意见》落实情况信息简报模板（略）

2018 年 7 月 13 日

附件 2

北京市属高校办学类别分类标准

一、高水平应用型大学分类标准

1. 在学科建设方面，具有博士学位授予权；或者具有硕士学位授予权，拥有一定数量的硕士点，部分学科具有鲜明特色；或者具有学士学位授予权，面向城市、区域或行业领域办学。

2. 在科学研究方面，以从事应用基础研究和应用研究为主；拥有一定数量的省部级或行业科研平台，并承担一定数量的国家、北京市或企业科研任务，部分科研成果得到转化或应用。

3. 在人才培养方面，本科专业设置主要面向城市、区域或特定领域的需求；具有较为完善的产教协同育人机制；具有硕士学位授予权的高校应当具有一定数量的在校研究生。

4. 在师资队伍方面，拥有一定规模的专任教师队伍和一定数量的产业行业专家队伍，其中，拥有一批有学术影响力的学科或专业带头人和一批国家级、北京市级教学名师奖获得者。

二、高水平特色大学分类标准

1. 在学科建设方面，学科特色鲜明、优势突出；具有博士学位授予权，或者具有硕士学位授予权并且原则上具有一定数量的一级学科在第四次学科评估中居全国高校前 20%。

2. 在科学研究方面，以基础研究和应用基础研究为主；拥有一定数量的国家级或省部级科研平台，并承担一定数量的国家和北京市科研任务，获得一定数量的国家级或省部级科技奖励。

3. 在人才培养方面，本科专业设置聚焦度较高，主要面向行业需求，50% 以上的本科专业能够体现学校的优势和特色；具有一定规模的在校研究生。

4. 在师资队伍方面，拥有适当规模的专任教师队伍，其中，拥有一批有学术影响力的学术带头人和一批国家级、北京市级教学名师奖获得者。

三、高水平研究型大学分类标准

1. 在学科建设方面，具有博士学位授予权，一级学科博士学位授权点数量较多；部分学科位居同类高校前列，入选国家“双一流”建设或者在国际、国内排名中达到或接近一流水平。

2. 在科学研究方面，以从事前瞻性研究和基础研究为主；拥有一定数量的国家级科研平台或相当规模的省部级科研平台，承担较多数量的国家和北京市重大科研任务，获得一定数量的国家级或省部级科技奖励。

3. 在人才培养方面，本科专业设置与学科建设匹配度较高；具有较大规模在校研究生，其中，拥有一定比例博士研究生；人才培养理念、模式先进，近五年教学改革成果突出，拥有较多数量的国家和北京市级教学成果奖。

4. 在师资队伍方面，拥有较大规模的专任教师队伍，其中，拥有一批有学术影响力的学科带头人和一批国家级、北京市级教学名师奖获得者。

北京市教育委员会

关于公布2018年入选北京高等学校高水平人才交叉培养“实培计划”项目的通知

京教高〔2018〕9号

各有关高校：

根据《北京市教育委员会关于印发北京高等学校高水平人才交叉培养计划的通知》(京教高〔2015〕1号)、《北京市教育委员会、北京市财政局关于印发北京高等学校高水平人才交叉培养“实培计划”项目管理办法（试行）的通知》(京教高〔2015〕11号）以及《北京市教育委员会、北京市财政局关于印发北京高等学校高水平人才交叉培养毕业设计（创业类）支持计划的通知》(京教高〔2015〕17号）精神，市教委组织开展了2018年北京高等学校高水平人才交叉培养“实培计划”项目的征集遴选工作，经学校申报、市教委组织专家审核等环节，现将入选2018年北京高等学校高水平人才交叉培养“实培计划”项目名单（见附件，可在市教委高教处官方网站：http://jw.beijing.gov.

cn/gjc/ 下载）予以公布，并将有关事项通知如下：

一、项目高校要严格按照《北京高等学校高水平人才交叉培养“实培计划”项目管理办法（试行）》（京教高〔2015〕11 号）以及《北京市教育委员会、北京市财政局关于印发北京高等学校高水平人才交叉培养毕业设计（创业类）支持计划的通知》（京教高〔2015〕17 号）要求，建立健全本校项目管理制度和管理办法（含经费使用），做好入选项目的实施管理工作。

二、项目院校要加强对入选项目的过程管理和绩效考核，同时做好相关资料的留存备案，市教委将组织专家对项目进行检查验收，并将把检查验收结果作为下一年度项目分配的重要依据。

附件：1. 大学生毕业设计（科研类）项目入选名单（略）

2. 大学生毕业设计（创业类）支持计划入选名单（略）

3. 大学生科研训练计划深化项目入选名单（略）

2018 年 10 月 30 日

职业教育

北京市教育委员会文件选编

（2018）

北京市教育委员会

关于2018年开展高端技术技能人才贯通培养试验的通知

京教职成〔2018〕1号

各区教委，各有关高等院校、中等职业学校，教育考试院、教育科学研究院：

为贯彻落实中办国办《关于深化教育体制机制改革的意见》《关于深化产教融合的若干意见》以及《北京市关于加快发展现代职业教育的实施意见》（京政发〔2015〕57号）精神，深入推进教育领域综合改革，深化产教融合，加强校企合作，探索培养高端技术技能人才的新路径，经市教委2018年第3次主任办公会研究通过，按照“稳中求进、优化完善”的工作原则，决定2018年继续开展高端技术技能人才贯通培养试验，现将有关事项通知如下：

一、指导思想

坚持立德树人、全面发展，深化职业教育体制机制改革；坚持职业教育的培养方向，探索实施素质教育的新途径；促进教育公平，完善职业教育体系，构建人才培养“立交桥”，为学生成长成才提供更多更好的发展机会；对接北京经济社会发展和产业转型升级需要，培养高端技术技能人才；为提升北京城市治理水平和服务品质、促进北京经济社会发展和产业转型升级提供有力人才支撑。

二、项目类别

（一）高端技术技能人才贯通培养项目

以北京市重点高职院校和中职学校为招生单位，与本科高校和国内外企业协作，选择对接产业发展的优势专业开展高等职业教育和本科专业教育（其中本科教育通过专升本转段录取）。

（二）校企深度合作人才培养项目

以北京市重点职业院校为招生单位，支持职业院校与国内知名企业开展深度合作，本科阶段对接市属本科高校，三方合作培养契合北京城市定位和紧缺人才需求的高端技术技能人才（其中本科教育通过专升本转段录取）。

（三）非通用语外语人才培养项目

以北京第二外国语学院为招生单位，培养高层次、高素质、高水平的非通用语外语人才（其中本科教育通过专升本转段录取）。

（四）学前教育与基础教育师资培养项目

以北京第二外国语学院、北京城市学院、北京财贸职业学院、北京市商业学校、北京市昌平职业学校为招生单位，培养学前教育与基础教育教师（其中本科教育通过专升本转段录取）。

三、招生管理

（一）招生对象

符合当年中考升学资格的本市正式户籍考生。

（二）招生计划（见附表）

2018 年计划招生 5330 人，其中：高端技术技能人才贯通培养项目招生计划 4100 人，校企深度合作人才培养项目招生计划 140 人，非通用语外语人才培养项目招生计划 100 人，学前教育与基础教育师资培养项目招生计划 990 人。

（三）招生录取

非通用语外语人才培养项目的招生计划按专业大类下达到各区，其他项目在全市范围招生，不对各区分配计划指标。

贯通培养试验各项目通过提前招生方式录取，按项目和专业类别设置最低录取分数线。具体招生录取办法按考试院有关文件执行。

四、学籍管理

（一）对于高等职业院校和本科高校招录的学生，1 至 3 学年执行中等职业学校学籍管理办法，4 至 5 学年执行高等职业学校学籍管理办法，完成 5 年学习任务成绩合格者，按相应学段实际学习时间取得高等职业教育毕业证书；完成高等职业教育阶段学习通过专升本转段考试进入本科阶段学习，完成 6 至 7 学年学习任务成绩合格者，取得普通高等教育本科层次（专升本）毕业证书。

（二）对于中等职业学校招录的学生，1 至 3 学年执行中等职业学校学籍管理办法；完成 3 年学习任务，成绩合格者取得普通中等职业教育毕业证书；4 至 5 学年进入高等职业教育阶段学习，成绩合格者取得高等职业教育毕业证书；完成高等职业教育阶段学习通过专升本转段考试进入本科阶段学习，完成 6 至 7 学年学习任务成绩合格者，取得普通高等教育本科层次（专升本）毕业证书。

（三）依据学生个人意愿，允许学生在完成中等职业教育或高等职业教育学段后选择毕业退出贯通培养项目，由学籍所在学校颁发相应学段的毕业证书，毕业后学生不再具有贯通培养资格。本科院校招录的学生只能在完成高等职业教育学段后选择毕业。

五、教育教学

（一）整合优质教育资源，聚焦创新人才培养

1. 基础文化课教育可以引进优质高中课程予以强化；基础文化课要为专业培养目标服务；本科教育阶段与市属本科高校联合培养。

2. 学生在校学习期间，综合成绩优秀者通过中外双方设置的选拔机制，同时达到国外院校专业考核标准及该国家语言水平要求，由政府给予部分资助进入国外院校开展访学研修。

3. 试验院校要与合作院校、合作企业和国外合作单位建立联合培养机制，并签订合作协议。共同设计一体化人才培养方案，整合校内外教师、设施、实验、实训等资源，构建整体设计、系统培养、贯通实施、校企合作、协同育人的人才培养新机制。

4. 学生入学后基础文化课程教育阶段不分专业，进入专业课程教育阶段可按学校规定申请相应专业。

（二）深化教育教学改革，着力提升学生面向未来的核心素养

1. 基础文化课程按照素质教育的理念搭建课程体系，开展通识

教育，引入大学先修课程和创新创业课程，培育和践行社会主义核心价值观，提升学生的人文素养、科学素养、健康素养，增强学生创新精神、实践能力和社会责任感，培养学生国际交往能力和可持续发展能力。

2. 专业教育课程瞄准高精尖产业人才需求，通过与国内外高水平大学、国际大型企业的合作联合培养，共同制定人才培养方案和计划，培养国际化、高水平、创新型、复合型人才。

3. 试验院校要重视校企合作，进一步推动产教融合。支持各院校与国内外知名企业共同成立工程师学院，探索“人才共育、师资共建、设备共用、技术共享”的校企深度合作运行机制，发挥工程师学院在高端技术技能人才培养中的重要作用。

4. 全方位推动教学组织、教学方法、教育科研、教学评价、教学资源开发利用创新，推行小班化教学、选课制、走班制、学分制、导师制，实施启发式、参与式、讨论式、探究式等教学改革，充分激发学生学习兴趣，切实增强学生自主学习能力。

六、组织领导

（一）加强组织领导

1. 市教委成立贯通培养试验工作领导小组，相关处室按照责任分工指导相关学校做好改革试验的各项工作，协调解决试验推进过程中的重大问题，指导各区、各试验院校做好相关政策解读。领导小组下设工作办公室，统筹协调开展试验的具体组织实施工作。

2. 各区教委要加强对招生工作的领导，做好初中毕业生升学辅导工作。北京教育考试院要研究制定招生录取办法，并认真组织实施。北京教育科学研究院要加强对试验实施过程的跟踪研究和质量监测。

（二）保障经费投入

各试验院校开展改革试验所需经费，按照财政相关预算管理规定予以保障。

（三）明确各方责任

1. 试验院校是贯通培养试验的责任主体，要成立由主要领导任组长、分管领导任副组长，相关部门参加的工作领导小组。要积极与各合作单位建立紧密联系，签订合作协议，明确各方责任，建立健全协作机制，推进资源共享，实现优势互补。科学制定实施方案与工作计划，精心组织实施，做好项目风险评估和相关调整预案，扎实推进各项工作。

2. 试验院校要加强教师培训力度，按照素质教育的目标和要求，逐步建立适应贯通培养试验项目的教师队伍，尤其要注重基础文化课程阶段的教师队伍建设。继续聘请高水平外籍教师参与改革试验，逐步将外籍教师教授的课程从语言类课程向专业技术类课程转移。

3. 对接试验院校的本科高校要积极参与一体化人才培养方案的整体设计，做好与试验院校在招生录取、专业建设、课程改革、质量评价等方面的衔接工作，确保人才培养质量。

4. 贯通培养试验工作中的重大问题，试验院校要及时上报市教委。

附件：2018 年北京市高端技术技能人才贯通培养试验招生计划表

2018 年 1 月 24 日

附件

2018 年北京市高端技术技能人才贯通培养试验招生计划表

项目名称	招生规模	招生院校	对接本科高校	招生专业	招生总数	最低分数线
高端技术技能人才贯通培养项目	4100	北京电子科技职业学院	北京信息科技大学 北方工业大学 北京工商大学 北京服装学院	电子与信息、机械与数控、自控与电气、汽车与交通、经济与管理、食品与生物、艺术与设计	1400	430
		北京工业职业技术学院	北方工业大学 北京建筑大学 首都经济贸易大学	机电工程类、电气与信息类、建筑与测绘类、经管与文法类	600	
		北京财贸职业学院	首都经济贸易大学 北京建筑大学 北京工商大学	财经类、商贸类、旅游类、建筑工程管理类、文化创意类	480	
		北京信息职业技术学院	北京信息科技大学	软件技术、信息安全与管理、大数据技术与应用	450	
		北京劳动保障学院	首都医科大学	智慧养老与健康管理	360	
			北京信息科技大学	智慧城市设施安全管理、智能楼宇信息技术		
			首都经济贸易大学	人力资源管理、社会保障		

续表 1

项目名称	招生规模	招生院校	对接本科高校	招生专业	招生总数	最低分数线
		北京政法职业学院	北方工业大学	国内安全保卫、法律文秘、司法信息安全、司法助理、法律事务	300	430
		北京农业职业学院	北京农学院 北京工商大学	农林牧渔、食品药品与粮食、旅游与休闲农业	200	
		北京铁路电气化学校	北京信息科技大学	轨道交通车辆运用、轨道交通设备与控制、轨道交通供电	240	
		首都医科大学附属卫生学校	首都医科大学	护理	70	460
校企深度合作人才培养项目	140	北京国际职业教育学校	北京联合大学	文物保护与修复（与故宫博物院合作培养）	50	430
		北京市昌平职业学校	北京联合大学	大数据技术与应用（与联想集团合作培养）	30	
		北京市商业学校	北京联合大学	云财务会计（与新道科技股份有限公司合作培养）	30	
		北京市丰台区职业教育中心学校	北京联合大学	烹饪（与全聚德集团合作培养）	30	

续表 2

项目名称	招生规模	招生院校	对接本科高校	招生专业	招生总数	最低分数线
非通用语外语人才培养项目	100	北京第二外国语学院	北京第二外国语学院	拉脱维亚语、爱沙尼亚语、罗马尼亚语、波兰语	100	520
学前教育与基础教育师资培养项目	990	北京第二外国语学院	北京第二外国语学院	英语（中小学英语教师）	200	460
		北京城市学院	北京城市学院	学前教育	150	430
				小学教育（含北京国际艺术学校定向招生）	150	460
		北京财贸职业学院	首都师范大学	学前教育	120	430
		北京市昌平职业学校	首都师范大学	学前教育	100	430
		北京市商业学校	北京联合大学	学前教育、音乐学（师范）、艺术教育、科学教育	180	430
				小学教育	90	460

北 京 市 教 育 委 员 会
北京市人力资源和社会保障局

关于公布2018年新增“3+2”中高职衔接办学项目的通知

京教职成〔2018〕2号

各区教委，各有关职业院校：

为贯彻党的十九大精神，落实市委第十二次党代会和北京城市总体规划的要求，根据《北京市人民政府关于加快发展现代职业教育的实施意见》（京政发〔2015〕57号），拓宽技术技能型人才发展通道，强化职业教育为首都经济社会发展提供有力人才支撑，结合首都城市战略定位和京津冀协同发展战略需要，市教委及市人力社保局组织对2018年拟新增的“3+2”中高职衔接申报项目进行了论证评议。经专家小组集中评审、评委会评议、领导小组审议通过，现将2018年新增“3+2”中高职衔接办学项目名单予以公布，并就下一步有关工作通知如下：

一、坚持“整体设计、系统培养、协同创新”的原则。合作院校要发挥中高职集成优势，加强一体化人才培养方案设计，在重订教学计划、重构课程体系、重组教学模块上进一步完善，注重文化基础和综合素质培养，关注学生心理健康，按照学生综合素养和可持续发展的职业能力递进规律，研究制定课程体系，强化特色凝练，实现衔接创新。

二、全过程强化校企合作，深化产教融合。在中高职紧密合作基础上，强化与市场需求的无缝对接，在校企、校校的多元、系统和深入合作中，打造极具首都特色的“3+2”中高职衔接品牌专业，并开拓新业态、新技术和特色产业人才培养，发挥职业教育对培育现代服务业、服务新兴产业和高技术产业的重要支撑作用。

三、合作院校要统筹组织开展办学管理。加强对教育资源、管理力量和师资队伍的整体统筹，精心组织，强化衔接办学管理，加强专兼职教师队伍的整合，不断总结和改进教学方法和手段，加强教育教学质量监控，做好学生录取、转段、毕业等各阶段学籍管理工作。

附件：2018 年新增“3+2”中高职衔接办学项目名单

2018 年 1 月 24 日

附件

2018 年新增“3+2”中高职衔接办学项目名单

中职学校	中职专业	高职学院	高职专业
北京国际职业教育学校	学前教育	北京城市学院	学前教育
北京市实美职业学校	学前教育	北京城市学院	学前教育
北京商贸学校	动漫游戏	北京信息职业技术学院	数字展示（虚拟现实方向）
北京商贸学校	会计	北京信息职业技术学院	会计
北京市对外贸易学校	商务英语	北京电子科技职业学院	商务英语
北京市对外贸易学校	智能终端电子产品维护与维修	北京信息职业技术学院	电子信息工程技术

续表 1

中职学校	中职专业	高职学院	高职专业
北京市对外贸易学校	网络信息安全	北京信息职业技术学院	信息安全与管理
北京市信息管理学校	航空服务	北京财贸职业学院	空中乘务（航空服务与管理方向）
北京市信息管理学校	影像与影视技术	北京市信息职业技术学院	影视动画（影视方向）
北京市信息管理学校	计算机网络技术（网络信息安全）	北京市信息职业技术学院	信息安全与管理
北京市信息管理学校	电子商务	北京财贸职业学院	电子商务
北京新城职业学校	电子商务	北京经济管理职业学院	电子商务
北京新城职业学校	学前教育	北京财贸职业学院	学前教育
北京市房山区第二职业高中	航空服务	北京科技职业学院	旅游管理（乘务管理方向）
北京市房山区第二职业高中	汽车制造与检修	北京信息职业技术学院	新能源汽车技术
北京市求实职业学校	航空服务	北京财贸职业学院	空中乘务（航空服务与管理方向）
北京市求实职业学校	商务助理（新媒体运营助理方向）	北京信息职业技术学院	市场营销（新媒体营销方向）
北京市门头沟区中等职业学校	中餐烹饪与营养膳食	北京北大方正软件技术学院	餐饮管理
北京市门头沟区中等职业学校	汽车运用与维修	北京交通运输职业学院	新能源汽车技术

续表 2

中职学校	中职专业	高职学院	高职专业
北京市门头沟区中等职业学校	旅游服务与管理	北京工业职业技术学	旅游管理
北京市平谷区职业学校	机电技术应用	北京农业职业学院	无人机应用技术
北京市平谷区职业学校	中餐烹饪与营养膳食	北京北大方正软件技术学院	餐饮管理
北京市平谷区职业学校	计算机网络技术	北京经济管理职业学院	计算机网络
北京市自动化工程学校	数字影像技术	北京信息职业技术学院	数字展示技术（影视方向）
北京市自动化工程学校	无人机操控与维护技术	北京工业职业技术学院	机电一体化（无人机方向）
北京市昌平职业学校	计算机动漫与游戏制作	北京信息职业技术学院	影视动画（动漫方向）
北京市昌平职业学校	宠物养护与经营	北京农业职业学院	动物医学（宠物医学方向）
北京市昌平职业学校	数字影像技术	北京信息职业技术学院	影视动画（影视方向）
北京市昌平职业学校	航空服务	北京城市学院	空中乘务
北京市经济管理学校	数字媒体技术应用（虚拟现实技术方向）	北京信息职业技术学院	数字展示
北京市经济管理学校	会计（金融事务方向）	北京经济管理职业学院	互联网金融
北京市经济管理学校	计算机网络技术（网络信息安全方向）	北京信息职业技术学院	信息安全与管理
北京市密云区职业学校	计算机网络技术	北京信息职业技术学院	云计算技术与运用

续表 3

中职学校	中职专业	高职学院	高职专业
北京市密云区职业学校	计算机平面设计	北京信息职业技术学院	图文信息处理
北京市商业学校	汽车运用与维修（新能源技术方向）	北京交通运输职业学院	新能源汽车技术
北京市商业学校	眼视光与配镜	北京社会管理职业学院	康复辅助器具技术
北京市商业学校	商务助理	北京劳动保障职业学院	国际商务
北京市园林学校	宠物养护与经营	北京农业职业学院	动物医学（宠物医学方向）
北京市园林学校	园林绿化	北京信息职业技术学院	大数据技术与应用（园林方向）
北京金隅科技学校	数控技术应用	北京工业职业技术学院	数控技术（三维数字化设计与 3D 打印方向）
北京金隅科技学校	工程造价	北京工业职业技术学院	工程造价
北京市大兴区第一职业学校	计算机与数码产品维修	北京信息职业技术学院	电子信息工程技术
北京市大兴区第一职业学校	机电技术应用	首钢工学院	机电一体化技术
北京市大兴区第一职业学校	电子商务	北京财贸职业学院	电子商务
北京水利水电学校	工程测量	北京工业职业技术学院	工程测量技术（无人机应用方向）
北京水利水电学校	建筑工程施工	北京工业职业技术学院	建筑工程技术
北京铁路电气化学校	机电技术应用	北京工业职业技术学院	新能源汽车技术

续表 4

中职学校	中职专业	高职学院	高职专业
北京铁路电气化学校	电气运行与控制	北京农业职业学院	建筑智能化工程技术
北京铁路电气化学校	城市轨道交通信号	北京工业职业技术学院	通信技术（城市轨道交通通信信号方向）
北京市房山区房山职业学校	电子商务	北京财贸职业学院	电子商务
北京市东城区古城职业高中	汽车运用与维修	北京交通运输职业学院	汽车检测与维修技术
北京市黄庄职业高中	旅游服务与管理	北京体育职业学院	体育运营与管理（冰雪运动服务与推广）
北京市昌平卫生学校	中药	北京城市学院	中药学
北京市黄庄职业高中	美发与形象设计	北京戏曲艺术职业学院	舞台艺术设计与制作
北京市劲松职业高中	数字影像技术	北京信息职业技术学院	影视动画（影视方向）
北京市电气工程学校	数字广播电视技术	北京电子科技职业学院	数字媒体艺术设计
北京市丰台区职业教育中心学校	航空服务	北京科技职业学院	航空服务
北京仪器仪表高级技工学校	机械设备装配与自动控制	北京劳动保障职业学院	城市轨道交通机电技术
北京市新媒体技师学院	物流（航空物流方向）	北京财贸职业学院	物流（航空物流方向）
北京市实验技工学院	汽车维修	北京劳动保障职业学院	汽车检测与维修
北京市实验技工学院	人力资源管理	北京劳动保障职业学院	人力资源管理

北京市教育委员会

关于公布中等职业学校 2018 年新增专业备案的通知

京教函〔2018〕60 号

各区教委，各有关职业院校：

根据《北京市中等职业学校专业设置管理办法实施细则（试行）》（京教职成〔2010〕13 号）和市教委《关于做好 2018 年中等职业学校专业申报备案的通知》（京教函〔2017〕596 号）精神，我委组织专家对部分学校申报的 2018 年新增专业（技能方向）进行了综合评议和答辩审议，经研究确定对 22 所学校 39 个新增专业（技能方向）进行备案（附件 1），从 2018 年起列入招生计划；同时撤销 3 所学校 7 个专业（附件 2）。

各学校要及时办理新增专业收费许可手续，填写《北京地区中等职业学校收取学费标准申报表》（附件 3）一式 3 份，并加盖学校公章于 2018 年 4 月 27 日前报送至市教委职成处（西城区前门西大街 109 号 520 室）。民办中等职业学校收费按相关规定办理。本文及附件可登陆北京职成教网 http://bjzj.bjedu.cn/ 通知公告栏下载。

附件：1. 北京市中等职业学校 2018 年新增专业备案一览表

2. 北京市中等职业学校 2018 年撤销专业备案一览表

3. 北京地区中等职业学校收取学费标准申报表（略）

2018 年 2 月 1 日

附件 1

北京市中等职业学校 2018 年
新增专业（技能方向）备案一览表

学校名称	专业类别	专业名称	专业技能方向	专业代码	学制（年）	备注
北京市供销学校	交通运输类	航空服务		082300	三	
	体育与健身类	电子竞技运动与管理		150411	三	目录外
北京市经济管理学校	财经商贸类	电子商务	跨境电子商务	121100	三	
	信息技术类	机器人技术与应用		092611	三	目录外
	信息技术类	计算机网络技术	云计算技术应用	090500	三	
北京市商业学校	财经商贸类	互联网金融		123511	四	目录外
	财经商贸类	移动商务		123611	四	目录外
北京商贸学校	信息技术类	数字媒体技术应用	虚拟现实	090200	三	
	公共管理与服务类	人力资源管理事务		180600	三	
北京金隅科技学校	交通运输类	无人机操控与维护技术		083311	四	目录外
	交通运输类	航空服务	空港地面服务	082300	四	
	土木水利类	楼宇智能化设备安装与运行	商厦管理	040700	四	
北京市对外贸易学校	信息技术类	网络信息安全		092711	四	目录外

续表 1

学校名称	专业类别	专业名称	专业技能方向	专业代码	学制（年）	备注
北京市园林学校	文化艺术类	文物保护技术		140700	三	
	文化艺术类	花艺设计与制作		144011	三	目录外
北京市自动化工程学校	信息技术类	网络信息安全		092711	四	目录外
	交通运输类	无人机操控与维护技术		083311	四	目录外
北京市房山区第二职业高中	文化艺术类	数字影像技术		141900	三	
	交通运输类	新能源汽车运用与维修		083711	三	目录外
北京市大兴区第二职业学校	信息技术类	机器人技术与应用		092611	三	目录外
北京市昌平职业学校	交通运输类	通用航空器维修		083411	三	目录外
	交通运输类	飞行技术与航务管理		083511	三	目录外
	信息技术类	大数据技术应用		092411	三	目录外
北京市信息管理学校	信息技术类	机器人技术与应用	机器人装调与维护	092611	三	目录外
	信息技术类	计算机应用	大数据技术应用	090100	三	
北京市求实职业学校	体育与健身类	电子竞技运动与管理	赛事组织与管理	150411	三	目录外
	信息技术类	网络信息安全		092711	三	目录外
北京市电气工程学校	交通运输类	新能源技术服务		083611	三	目录外
	信息技术类	网络信息安全		092711	三	目录外
	农林牧渔类	园林绿化	中草药种植与应用	011600	三	

续表 2

学校名称	专业类别	专业名称	专业技能方向	专业代码	学制（年）	备注
北京市密云区职业学校	交通运输类	新能源汽车运用与维修		083711	三	目录外
北京市平谷区职业学校	信息技术类	计算机动漫与游戏制作		090400	三	
北京市现代音乐学校	文化艺术类	戏剧表演		141200	三	
北京市爱莲舞蹈学校	文化艺术类	美术设计与制作		142200	三～六	
北京市朝阳区安华学校	农林牧渔类	果蔬花卉生产技术		010700	三	
北京新城职业学校	旅游服务类	中餐烹饪与营养膳食		130700	三	
	旅游服务类	西餐烹饪		130800	三	
北京市国际美术学校	文化艺术类	美术设计与制作	美术影视与动画	142200	三	
北京市农业广播电视学校	农林牧渔类	农村经济综合管理	农村党建	013100	三	

附件 2

北京市中等职业学校 2018 年撤销专业备案一览表

学校名称	专业类别	专业名称	专业代码	学制（年）	备注
北京金隅科技学校	加工制造类	焊接技术应用	052200	四	
	土木水利类	土建工程测量	041700	四	
北京市昌平职业学校	加工制造类	数控技术应用	051400	三	
北京市延庆区第一职业学校	信息技术类	电子技术应用	091300	三	
	财经商贸类	商务英语	121300	三	
	文化艺术类	美术设计与制作	142200	三	
	公共管理与服务类	物业管理	180700	三	

北京市教育委员会

关于公布 2018 年新增高等职业教育专业名单的通知

京教函〔2018〕67 号

有关高等职业院校：

根据《普通高等学校高等职业教育（专科）专业设置管理办法》和《关于做好 2018 年高等职业学校拟招生专业申报工作的通知》（教

职成司函〔2017〕78号）要求，我委对2018年北京市新增高等职业教育专业进行了评议，并报教育部备案审核。根据教育部备案审批结果，现将2018年北京市新增高等职业教育专业名单予以公布。

各高职院校应紧密围绕首都经济社会和产业发展实际需求，注重结合自身的办学优势，充分利用学校现有的办学条件，加强新增专业建设，合理控制招生规模，切实保证人才培养质量。

附件：1. 2018年北京市新增高等职业教育专业名单

2. 教育部关于公布2018年高等职业教育专业备案和审批结果的通知

2018年2月8日

附件1

2018年北京市新增高等职业教育专业名单

序号	学校名称	专业名称	专业代码	修业年限
1	北京工业职业技术学院	无人机应用技术	560610	3
2	北京工业职业技术学院	信息安全与管理	610211	3
3	北京工业职业技术学院	健身指导与管理	670410	3
4	北京工业职业技术学院	宝玉石鉴定与加工	520105	3
5	北京工业职业技术学院	建设项目信息化管理	540504	3
6	北京电子科技职业学院	生物产品检验检疫	570105	3
7	北京电子科技职业学院	广播影视节目制作	660203	3
8	北京财贸职业学院	互联网金融	630209	3
9	北京财贸职业学院	建筑室内设计	540104	3

续表 1

序号	学校名称	专业名称	专业代码	修业年限
10	北京农业职业学院	无人机应用技术	560610	3
11	北京信息职业技术学院	微电子技术	610103	3
12	北京信息职业技术学院	智能交通技术运用	600201	3
13	北京信息职业技术学院	商务数据分析与应用	630804	3
14	北京政法职业学院	空中乘务	600405	3
15	首钢工学院	护理	620201	3
16	首钢工学院	社区康复	690304	3
17	北京京北职业技术学院	艺术设计	650101	3
18	北京京北职业技术学院	工程造价	540502	3
19	北京京北职业技术学院	电子竞技运动与管理	670411	3
20	北京北大方正软件技术学院	大数据技术与应用	610215	3
21	北京北大方正软件技术学院	护理（4+2）	620201	2
22	北京经济管理职业学院	互联网金融	630209	3
23	北京交通职业技术学院	市政工程技术	540601	3
24	北京交通职业技术学院	建筑动画与模型制作	540107	3
25	北京经贸职业学院	中小企业创业与经营	630607	3
26	北京经济技术职业学院	学前教育	670102K	3
27	北京经济技术职业学院	老年服务与管理	690301	3
28	北京培黎职业学院	汉语	670201	3
29	北京培黎职业学院	金融管理	630201	3
30	北京科技职业学院	学前教育	670102K	3

续表 2

序号	学校名称	专业名称	专业代码	修业年限
31	北京科技职业学院	云计算技术与应用	610213	3
32	北京网络职业学院	数字媒体应用技术	610210	3
33	中国传媒大学高等职业技术学院	影视制片管理	660205	3
34	北京交通大学	机电一体化技术	560301	3
35	北京交通大学	道路桥梁工程技术	600202	3
36	北京交通大学	工商企业管理	630601	3

附件 2

教育部

关于公布 2018 年高等职业教育专业设置备案和审批结果的通知

教职成函〔2018〕3 号

各省、自治区、直辖市教育厅（教委），新疆生产建设兵团教育局：

根据《普通高等学校高等职业教育（专科）专业设置管理办法》（教职成〔2015〕10 号），我部对 2018 年经各省级教育行政部门备案的高等职业教育（以下简称高职）专业设置情况进行了汇总，并依法组织对 2018 年申请新设国家控制的高职专业进行审批。现将汇总备案结果和审批结果予以公布。

一、2018 年，经各省级教育行政部门备案的非国家控制高职专业和我部审批同意新设的国家控制高职专业共计 733 个，专业点 57087 个。

二、经各省级教育行政部门备案的非国家控制高职专业点 56859 个，备案结果数据库已与招生来源计划管理系统相衔接，数据共享。汇总备案结果可在全国职业院校专业设置管理与公共信息服务平台（网址：www.zyyxzy.cn）查询。专业名称、代码及修业年限以平台公布的内容为准。

三、截至 2017 年 11 月 1 日，我部共受理 2018 年拟新设国家控制的高职专业点申请 392 个。经过专家评议和卫生计生委、中医药局、公安部、司法部等行业主管部门审核，同意 2018 年新设国家控制的高职专业点 228 个，自 2018 年起可以招生，其专业名称、专业代码、修业年限等均以本通知公布的内容为准。不同意 2018 年新设国家控制的高职专业点 164 个。

请各省级教育行政部门严格按照本通知公布的备案和审批结果合理安排高职招生计划。

附件：2018 年新设国家控制的高职专业审批结果（北京）

2018 年 1 月 9 日

附件

2018 年新设国家控制的高职专业审批结果（北京）

1. 同意设置的国家控制专业点

1.4 教育类

序号	省份	学校名称	专业代码	专业名称	修业年限
1	北京市	北京经济技术职业学院	670102K	学前教育	3
2	北京市	北京科技职业学院	670102K	学前教育	3

2. 不同意设置的国家控制专业点

2.4 教育类

序号	省份	学校名称	专业代码	专业名称	修业年限
1	北京市	北京农业职业学院	670102K	学前教育	3
2	北京市	北京艺术传媒职业学院	670102K	学前教育	3

北京市教育委员会

转发教育部办公厅关于做好 2018 年度现代学徒制试点工作文件的通知

京教函〔2018〕143 号

各中高等职业院校，有关单位：

根据《教育部关于开展现代学徒制试点工作的意见》（教职成〔2014〕9 号），教育部 2018 年将继续开展第三批现代学徒制试点工作。现将《教育部办公厅关于做好 2018 年度现代学徒制试点工作的通知》（教职成厅函〔2018〕10 号）转发给你们。请按以下要求做好第一批验收、第二批年度检查、第三批试点申报工作。

一、第一批试点验收

北京市昌平职业学校、北京交通运输职业学院、北京电子科技职业学院、北京财贸职业学院等第一批国家现代学徒制试点院校，对照备案的任务书及 2017 年度检查意见表，全面总结试点工作，总结报告、典型案例及相关佐证材料电子版须于 2018 年 8 月 20 日至 28 日登录管理平台提交，不能按期完成的，试点牵头单位须于 2018 年 4 月 18 日前向教育部职成司书面提交延期验收申请。

同时，将以上电子版材料（典型案例 5 月 3 日前）及盖章纸质版一份于 8 月 28 日前提交我委，以便我委完成省级验收结论报告，上传管理平台并函报教育部。

二、第二批试点自检

北京工业职业技术学院、北京农业职业学院、北京劳动保障职业学院、北京信息职业技术学院、北京市电气工程学校等第二批试点的五所院校，对照备案的任务书，撰写自检报告、典型案例及相关佐证材料，于 2018 年 8 月 20 日至 28 日登录管理平台提交，任务书内容如有变更，牵头单位须于 4 月 18 日前向教育部职成司备案。

同时，将以上电子版材料（典型案例 5 月 3 日前）及盖章纸质版一份于 8 月 28 日提交我委，以便我委完成省级年检结果报告，上传管理平台并函报教育部。

三、第三批试点申报

各院校自愿申报（原则上第一、二批试点单位含参与单位，不可牵头参与本批申报），按第三批现代学徒制试点工作方案（部文附件 1）准备任务书（部文附件 2）和实施方案，于 2018 年 4 月 20 日至 28 日前登录管理平台填报，并将以上材料电子版及盖章纸质版一份于 4 月 28 日前提交我委，以便我委完成管理平台的省级遴选，并完成省级推荐报告函报教育部。

附件：教育部办公厅关于做好 2018 年度现代学徒制试点工作的通知

2018 年 4 月 9 日

附件

教育部办公厅

关于做好2018年度现代学徒制试点工作的通知

教职成厅函〔2018〕10号

各省、自治区、直辖市教育厅（教委），新疆生产建设兵团教育局，有关单位：

为贯彻党的十九大精神，落实《国务院关于加快发展现代职业教育的决定》（国发〔2014〕19号）和《国务院办公厅关于深化产教融合的若干意见》（国办发〔2017〕95号），以及《教育部关于开展现代学徒制试点工作的意见》（教职成〔2014〕9号）和《教育部2018年工作要点》（教政法〔2018〕1号），现就做好2018年度现代学徒制试点相关工作通知如下：

一、新增第三批试点

2018年，我部拟遴选新增现代学徒制试点140个左右。地方政府、规模以上企业、职业院校及行业组织均可自愿申报。

1.网上填报。申报单位须于2018年4月20日至28日登录教育部官网职业教育与成人教育司主页（http://www.moe.edu.cn/s78/A07/）《高等职业教育创新发展行动计划（2015-2018年）》专题"现代学徒制试点工作管理平台"（以下简称管理平台），按照第三批现代学徒制试点工作方案（附件1），向省级教育行政部门提交任务书（附件2）和实施方案。实施方案应包括申请单位（含合作单位）基本情况、工作基础、目标任务、进度安排、政策及条件保障、预期成果、推广价值及有关佐证材料。

2.省级推荐。省级教育行政部门对省内申请单位进行遴选（原则上每省份不超过15家），于2018年5月4日至11日登录管理平台完成推荐工作，并于 2018 年 5 月 17 日前将申请材料和省级推荐表（各 1 份）函报我部职成司。

全国性行业组织按上述要求向我部职成司提交申请材料。

3. 专家遴选。我部委托全国现代学徒制工作专家指导委员会（以下简称专委会）遴选确定试点单位，原则上第一、二批现代学徒制试点单位（含参与单位）不牵头参与本次申报。

二、第二批试点年检

1. 试点自检。第二批试点单位须对照备案的任务书，总结试点经验、撰写自检报告。自检报告应包括：试点任务完成情况、工作成效及创新点、资金到位和执行情况、存在问题及改进措施、下一阶段工作计划等。自检报告及相关佐证材料电子版须于 2018 年 8 月 20 日至 28 日登录管理平台提交。任务书内容如有变更，牵头单位须于 2018 年 4 月 18 日前报我部职成司备案。

2. 省级检查。省级教育行政部门要加强对试点工作的支持和指导，于 2018 年 9 月 28 日登录管理平台审查各试点自检报告，结合其他形式的检查结果提出审查意见，形成省级年检报告，督促试点单位完善工作。省级年检报告应包括：省内试点工作总体进展、工作成效及创新点、组织保障、扶持政策、经费投入、存在问题及解决措施、下一阶段工作计划等。省级年检报告电子版须于 2018 年 9 月 28 日前上传管理平台，纸质版（1 份，附省级年检结果汇总表）须于 2018 年 9 月 28 日前函报我部职成司。

全国性行业组织按上述要求向我部职成司提交年检材料。

3. 复核检查。我部委托专委会对各地和试点单位报送的年检材料进行复核，根据实际需要开展实地检查并反馈改进意见。对于工作不力或造成不良影响的，暂停或终止试点。

三、第一批试点验收

1. 试点总结。第一批试点单位须对照备案的任务书及 2017 年度检查意见表，全面总结试点工作、撰写总结报告。总结报告应包括：目标任务完成情况、工作成效及创新点、资金到位和执行情况、存在问题、对策建议等。总结报告及相关佐证材料电子版须于 2018 年 8

月20日至28日登录管理平台提交。不能按期完成试点任务的，试点牵头单位须于2018年4月18日前将延期验收申请报我部职成司备案。

2. 省级验收。省级教育行政部门须通过查资料、看现场等方式对试点单位进行省级验收，形成省级验收报告。验收报告应全面总结省内第一批试点工作并明确每个试点的省级验收结论。省级验收报告电子版须于2018年9月28日前上传管理平台，纸质版（1份，附省级验收结论汇总表）须于2018年9月28日前函报我部职成司。

全国性行业组织按上述要求向我部职成司提交总结报告。

3. 结果复核。我部委托专委会对各地和试点单位报送的验收材料进行复核，并根据实际需要组织实地验收，适时公布验收结果。

四、其他工作

1. 账号管理。管理平台登录账号实行分级管理。全国性行业组织和省级教育行政部门管理平台登录账号由我部指定联系人管理，地方政府、企业、区域行业组织及职业院校等试点（申报）单位的登录账号由省级教育行政部门管理。

2. 案例宣传。2018年我部将委托专委会向全国推出一批现代学徒制试点工作典型案例。请各省级教育行政部门结合本地试点工作实际，从政策支持、组织保障、显著成效等方面推荐3个省级层面的工作案例；从人才培养、招生招工、师资队伍建设、实习实训基地建设、管理创新等方面遴选推荐10个试点单位层面的典型案例，于2018年5月25日前上传管理平台。案例内容应思路清晰、图文并茂、数据翔实，具有示范作用和推广价值，字数控制在1500字以内。

全国性行业组织可根据工作实际提交3个案例。

五、联系方式（略）

附件：1. 教育部第三批现代学徒制试点工作方案

2. 教育部第三批现代学徒制试点工作任务书（样表，略）

2018年3月6日

附件 1

第三批现代学徒制试点工作方案

现代学徒制试点是深化产教融合、完善职业教育和培训体系，推动职业教育高质量发展的重要实现形式。为扎实做好现代学徒制试点工作，根据《国务院办公厅关于深化产教融合的若干意见》（国办发〔2017〕95 号）和《教育部关于开展现代学徒制试点工作的意见》（教职成〔2014〕9 号）制定本方案。

一、试点目标

探索建立校企联合招生、联合培养、双主体育人的长效机制，完善学徒培养的教学文件、管理制度、培养标准，推进专兼结合、校企互聘互用的双师结构教师队伍建设，建立健全现代学徒制的支持政策，形成和推广政府引导、行业参与、社会支持，企业和职业院校双主体育人的中国特色现代学徒制。

二、试点内容

（一）探索校企“双主体”育人机制。完善学徒培养管理机制，明确校企双方的职责与分工，推进校企紧密合作、协同育人。完善校企联合招生、共同培养、多方评价的双主体育人机制。探索人才培养成本分担机制，统筹利用好校内实训场所、公共实训中心和企业实习岗位等教学资源，形成企业与职业院校联合开展现代学徒制人才培养的长效机制。

（二）推进招生招工一体化。完善职业院校招生录取与企业用工一体化的招生招工制度，推进校企共同制订和实施招生招工方案。规范职业院校招生录取和企业用工程序，签订学生与企业、学校与企业两份合同（或学徒、学校和企业之间的三方协议），明确学徒的“企业员工”和“职业院校学生”的“双重身份”（对于年满 16 周岁未达到 18 周岁的学徒，须由学徒、监护人、学校和企业四方签订协议），明确各方权益及学徒在岗培养的具体岗位、教学内容、权益保障等。

（三）完善人才培养制度和标准。按照“合作共赢、职责共担”原则，校企共同设计人才培养方案，共同制订专业教学标准、课程标准、师傅标准、质量监控标准及相应实施方案。校企共同建设基于工作内容的专业课程和基于典型工作过程的专业课程体系，开发基于岗位工作内容、融入国家职业标准的专业教学内容和教材。

（四）建设校企互聘共用的教师队伍。完善双导师制，建立健全双导师的选拔、培养、考核、激励制度，形成校企互聘共用的管理机制。明确导师的职责和待遇，合作企业要选拔优秀高技能人才担任师傅，明确师傅的责任和待遇。院校要将指导教师的企业实践和技术服务纳入教师考核并作为晋升专业技术职务的重要依据。建立灵活的人才流动机制，校企双方共同制订双向挂职锻炼、联合技术研发、专业建设的激励制度和考核奖惩政策。

（五）建立体现现代学徒制特点的管理制度。建立健全与现代学徒制相适应的教学管理制度，制订学分制管理办法和弹性学制管理办法。创新考核评价与督查制度，基于工作岗位制订以育人为目的的学徒考核评价标准，建立多方参与的考核评价机制。建立定期检查、反馈等形式的教学质量监控机制。制订学徒管理办法保障学徒权益，根据教学需要科学安排学徒岗位、分配工作任务，保证学徒合理报酬。落实学徒的责任保险、工伤保险，确保人身安全。

三、试点形式

申报试点的单位应是具有一定工作基础、愿意先行先试的地方政府、行业、企业及职业院校。

（一）地方政府牵头的试点。以地方政府作为试点单位，统筹行政区域内职业院校和企业，立足行政区域内职业院校资源和企业资源确定试点专业和试点规模，重点探索地方实施现代学徒制的支持政策和保障措施。

（二）行业牵头的试点。以行业作为试点单位，统筹行业内职业院校和重点企业，选择行业重点专业开展现代学徒制试点工作，侧重开发规范和保证现代学徒制实施的各类标准。

（三）职业院校牵头的试点。以职业院校作为试点单位，选择学校主干专业，联合有条件、有意愿、有影响的企业共同开展试点工作，重点探索现代学徒制的人才培养模式和管理制度。

（四）企业牵头的试点。以具有校企双主体育人经验的规模企业作为试点单位，联合职业院校共同开展试点工作，重点探索企业参与现代学徒制的有效途径、运作方式和激励机制。

四、组织实施

现代学徒制试点工作按照自愿申报、省级推荐、部级遴选、组织实施、验收推广等程序进行，试点工作在省级教育行政部门的统筹协调下开展。

（一）自愿申报。申报单位须提交试点实施方案，根据实施方案编制并提交任务书。地方政府、职业院校、区域行业组织的申报材料由所在省级教育行政部门统一组织报送，企业申报材料由合作院校所在省级教育行政部门报送。全国性行业组织申报材料直接报送教育部（职成司）。

（二）省级推荐。省级教育行政部门对照教育部要求，结合区域发展和产业布局，统筹考虑省内职业院校、企业、区域行业组织，推荐试点单位。

（三）部级遴选。教育部在省级推荐的基础上遴选确定试点项目，优先支持服务“一带一路”建设、京津冀协同发展、长江经济带等国家战略的试点项目；优先支持高附加值产业相关专业及新一代信息技术、高档数控机床和机器人、航空航天装备、海洋工程装备及高技术船舶、先进轨道交通装备、节能与新能源汽车、电力装备、新材料、生物医药及高性能医疗器械、农业机械装备等与“中国制造2025”联系密切的10大领域相关专业开展试点；优先支持目标明确、方案完善、支持力度大、示范性强的试点项目。

（四）组织实施。省级教育行政部门负责区域内试点工作的统筹协调和年度检查；教育部委托全国现代学徒制工作专家指导委员会对试点工作进行指导、监督和检查，组织推动各地和试点单位之间经验交流，及时固化和完善成功经验。

（五）验收推广。试点工作自批准起为期二年。试点期满，试点单位须对照任务书进行总结、撰写总结报告；省级教育行政部门应对所属试点单位进行全面检查、组织省级验收；教育部将组织专家复核省级验收结论和进行抽查，公布最终验收结果。省级教育行政部门及有关单位应在总结试点经验的基础上，有序推广实施现代学徒制，使现代学徒制成为校企合作培养技术技能人才的重要途径。

五、保障措施

（一）加强指导。各地要加强对试点工作的指导，落实责任制，建立跨部门的试点工作领导小组，定期会商和解决有关试点工作重大问题；专人负责，及时协调有关部门支持试点工作；制订试点工作扶持政策，加强对招生工作的统筹协调；加大投入，通过财政资助、政府购买等措施引导企业和职业院校实施现代学徒制培养。

（二）科学实施。各试点单位要深入调研，科学制定实施方案，明确试点任务和目标；精心组织实施，坚持问题导向，针对现代学徒制试点过程中的实际问题，着力创新体制机制，完善制度体系，优化政策环境，确保试点工作取得实效。

（三）注重实效。试点单位要坚持边试点边研究，及时总结提炼，注重把试点工作中的好做法和好经验上升成为理论和措施，促进理论与实践同步发展。

北京市教育委员会

关于开展物流专业胡格教育模式改革试验的通知

京教职成〔2018〕6号

各有关职业院校，北京教育科学研究院：

为进一步提升我市职业教育国际合作水平，促进职业院校教育理念创新和教学方法改革，适应经济社会发展和产业转型升级对人才培养的需要，按照北京市教委与德国巴登符腾堡州教育部签署的《职业教育合作备忘录》有关要求，在汽修专业胡格教育模式改革项目成功实施的基础上，经研究，决定选择部分职业院校在物流专业开展第二期胡格教育模式改革试验（以下简称“胡格项目”）。现将有关事项通知如下：

一、指导思想

坚持以职业教育规律为指导，探索人文素养、科学素养、职业素养与职业技能培养高度融合的新型职业教育模式；根据首都经济社会发展、产业转型升级及学生可持续发展需要，调整人才培养目标、课程体系、课程标准、教学进度、教学方法，开展学生综合职业能力评价，全面加强校企合作，培养独立、负责任、能够在团队条件下高效率解决问题的高端技术技能人才。

二、试验范围

本期胡格项目以物流专业为试点专业，在北京交通运输职业学院、北京信息职业技术学院、北京电子科技职业学院、北京财贸职业学院、北京农业职业学院、北京市商业学校、顺义区人力资源和社会保障局高级技工学校等七所职业院校开展改革试验。

三、培养方案

自 2017 年 9 月起，参与试验的职业院校在物流专业开始招生，学制 3 年，按照胡格项目的有关要求培养物流专业技能人才。原则上前两年在试验院校接受胡格模式汽修专业课程教育，第三年到企业接受企业实践教育。

共同参与物流专业“3+2 中高职衔接”培养的中高职院校，要注意教学计划和课程内容的设计与开发，避免课程重复讲授，做到难易有别，前后衔接。

四、组织实施

（一）加强组织领导

市教委成立“胡格教育模式改革试验”工作领导小组，指导各学校做好改革试验的各项工作，协调解决胡格项目推进过程中的重大问题。领导小组办公室设在职业教育与成人教育处，统筹协调胡格项目的具体组织实施工作。各院校要依据此文件积极争取财政经费支持。

（二）精心组织实施

参与改革试验的职业院校是胡格项目的责任主体，各院校要成立校领导牵头的改革试验领导小组，科学制定实施方案与工作计划，明确任务分工，做好经费保障，精心组织实施，扎实推进各项工作。各院校领导班子要从思想上加强对此项改革的认识，把胡格项目纳入学校的重点工作；各院校的教务、人事、财务等部门要通力合作、协调配合，从各方面给予大力支持。

（三）注重改革成效

各院校要借鉴汽修专业胡格项目的成功经验，充分吸收胡格项目的教学手段和方式方法，并运用到实际教学过程中。鼓励胡格项目教师团队通过集体备课、课堂听课等形式开展教研活动，拆分教学计划、重组教学模块，促使德国先进职业教育思想理念和手段方法的本土化。

（四）加强考核评价

在胡格项目实施过程中，各院校要加强对学生专业能力和非专业能力的综合考评，每学期末由德国专家和中方教师团队共同研究制定考评方案，统一开展学生综合职业能力测评。在第三学年结束时由德国专家团队组成考评组，对学生进行全面综合考评。

（五）做好质量监测

各院校要加强对胡格项目实施过程的跟踪研究和质量监测，及时掌握本校胡格项目的实施情况，确保胡格项目的顺利实施。北京教科院职教所要积极参与此项改革，配合德国专家和中方教师团队做好教学计划、课程内容和评价方案的研究制定和组织实施等相关工作。

各院校在实施过程中遇重大问题，及时上报市教委。

2018 年 4 月 12 日

北京市教育委员会

关于开展 2018 年北京市中等职业学校英语课程学业水平测试工作的通知

京教职成〔2018〕8 号

各区教委，各中等职业学校：

为贯彻落实十九大精神和《教育部关于深化职业教育教学改革全面提高人才培养质量的若干意见》（教职成〔2015〕6 号）及《北京市人民政府关于加快发展现代职业教育的实施意见》（京政发〔2015〕57 号）等文件精神，按照高质量发展的要求，逐步建立与完善我市中等职业学校公共基础课程教学工作诊断与改进制度，提高我市中等职业学校公共基础课程教学质量，我委决定在 2018 年继续组织进行北京市中等职业学校英语课程学业水平测试工作。中职英语课程学业水平测试是我市推动建立和完善职业院校内部质量监测评价的一项重要工作，是构建以学生文化素养与技术技能水平为核心的职业教育质量评价体系的重要组成，测试结果拟纳入我市职业教育人才培养质量年度报告，面向社会公开发布。具体测试实施委托北京教育科学研究院职业教育研究所承担。

现将《北京市中等职业学校英语课程学业水平测试工作方案》印发给你们，请各区教委、中等职业学校根据方案做好相关工作。

2018 年 4 月 25 日

北京市中等职业学校英语课程学业水平测试工作方案

为贯彻落实十九大精神和《教育部关于深化职业教育教学改革全面提高人才培养质量的若干意见（教职成〔2015〕6 号）》及《北京市人民政府关于加快发展现代职业教育的实施意见（京政发〔2015〕57 号）》等文件精神，逐步建立与完善北京市中职学校公共基础课程教学工作诊断与改进制度，提高中等职业学校公共基础课程教学质量，北京市于 2018 年继续组织开展中等职业学校英语课程学业水平测试工作。具体工作方案如下：

一、测试目的及意义

通过开展北京市中等职业学校英语课程学生学业水平测试工作，对北京市中等职业学校英语课程教学进行诊断，充分发挥评价的引导和激励作用，切实促进北京市中等职业学校英语课程教学改革和学生学习质量提升，推动建立和完善职业院校内部质量监测评价工作。

二、测试工作安排

（一）测试内容与方式

本次测试内容为教育部颁行的《中等职业学校英语课程教学大纲》（2009 年版）要求的基础模块教学内容。

本次测试采用纸笔测试方式。全市统一命题、统一测试时间、统一阅卷。

（二）测试时间

2018 年 6 月的第 4 周，具体时间按照测试通知执行。

（三）测试工作程序

1. 测试前培训

测试前由北京教育科学研究院组织《北京市中等职业学校英语课程学业评价标准》培训。

2. 测试报名

各有关中等职业学校根据要求完成《北京市中等职业学校英语课程学业水平测试报名表》填写，并于 2018 年 5 月 19 日前将报名表（详见附件 1 和附件 2）电子版与纸质版上交。

3. 试卷领取

测试前一天下午，各学校由专门负责人到指定地点领取试卷；试卷取回学校后，按要求放保密室保存试卷。

4. 测试工作

各学校测试工作，实行校长负责制。安排好人员，在规定时间，按照要求组织开展好本校英语课程学业水平测试，确保测试顺利进行。

测试办公室将安排人员进行考场巡视。

5. 试卷密封与送卷

各学校在测试完成后按照要求对试卷进行回收、装袋，填写记录单，密封，并在规定时间内交回。

6. 阅卷工作

由北京教育科学研究院组织相关教师，开展英语课程学业水平测试试卷的阅卷工作。

（四）测试成绩应用

本次中等职业学校英语课程学业水平测试成绩将为全面了解我市中等职业学校英语课程教学质量提供有效数据支撑，测试评价结果拟纳入我市职业教育人才培养质量年度报告，面向社会公开发布，为我市中等职业学校英语课程教学改革与质量提升提供参考。

三、测试学校及测试对象

（一）测试学校

北京市独立设置的公办中等职业学校（不含技工学校、成人中专和艺术、体育类中等专业学校）

（二）测试对象

各学校在本校完成基础模块教学的年级中，自主选取不少于 30% 的学生作为测试对象。各专业参加测试的学生比例不得低于本专业年级学生总人数的 30%。

四、测试工作要求

各区教委、各中等职业学校要高度重视此项工作，认真落实相关工作安排，确保本年度英语课程学业水平测试工作圆满完成。

附件：1. 2018 年北京市中等职业学校英语课程学业水平测试报名表（略）

2. 2018 年北京市中等职业学校英语课程学业水平测试报名汇总表（略）

北京市教育委员会

关于开展数字媒体专业胡格教育模式改革试验的通知

京教函〔2018〕479号

各有关职业院校，北京教育科学研究院：

为进一步提升我市职业教育国际合作水平，促进职业院校教育理念创新和教学方法改革，适应经济社会发展和产业转型升级对人才培养的需要，按照北京市教委与德国巴登符腾堡州教育部签署的《职业教育合作备忘录》有关要求，在汽修和物流专业两期胡格教育模式改革项目成功实施的基础上，经研究，决定遴选优质职业院校在数字媒体专业开展第三期胡格教育模式改革试验（以下简称“胡格项目”）。现将有关事项通知如下：

一、总体目标

根据首都经济社会发展和产业转型升级对人才的需要，借鉴德国先进的职业教育理念、引入德方先进教学手段和教学方法，优化课程体系、研发课程标准、创新学生综合职业能力评价，全面加强校企合作，培养独立、负责任、能够在团队条件下高效率解决问题的高端技术技能人才。坚持以职业教育规律为指导，推动职业教育国际交流合作，探索人文素养、科学素养、职业素养与职业技能培养高度融合的新型职业教育模式。

二、试验范围

本期胡格项目以数字媒体专业为试点专业，经过认真遴选，确定以下学校参加改革试验：北京信息职业技术学院、北京经济管理职业学院、北京市昌平职业学校、北京市丰台区职业教育中心学校、北京市信息管理学校、北京市劲松职业高中、北京市求实职业学校、北京市黄庄职业高中。

三、培养方案

在上述8所试验院校开设胡格项目试验班，自2019年9月起，在数字媒体专业开始招生，学制3年，共6个学期。原则上前5个学期接受文化课和专业课教育，第6学期到企业实习。各学校可根据自身实际，依据中德双方联合制定的人才培养方案进行适当调整。

在试验过程中，如有多家职业院校共同参与数字媒体专业的“3+2中高职衔接”项目，中高职院校之间要注意教学计划和课程内容的设计与研发，避免课程重复讲授，做到难易有别，前后衔接。

四、组织实施

（一）加强组织领导

市教委职业教育与成人教育处统筹胡格项目组织实施工作，协调解决胡格项目推进过程中的重大问题。各院校要成立校领导牵头的改革试验领导小组，学校领导班子要从思想上提高认识，把胡格项目作为学校的重要工作来抓。

（二）精心组织实施

各院校要积极参与胡格项目改革，科学制定实施方案与工作计划，合理安排教师的参训时间，明确任务分工，精心组织实施，扎实推进各项工作。各院校可依据此文件商请同级财政落实改革经费，学校的教务、人事、财务等部门要通力合作、协调配合，从各方面给予大力支持。

（三）注重改革成效

各院校要借鉴汽修和物流专业胡格项目的成功经验，将胡格项目先进的教学手段和方式方法运用到实际教学过程中。支持胡格项目教师团队通过集体备课、互相听课等形式开展教研活动，促使德国先进的职教理念和手段方法本土化，并在校内其他专业进行推广。

（四）加强考核评价

在胡格项目实施过程中，各院校要加强对学生专业能力和非专业能力的综合考评，每学期末在德方专家的指导下，中方教师团队共同研究制定考评方案，统一开展学生综合职业能力测评。在第三学年结束时由德国专家团队组成考评组，对学生进行全面综合考评。

（五）做好质量监测

各院校要加强对胡格项目实施过程的跟踪研究和质量监测，及时掌握本校胡格项目的实施情况，确保胡格项目的顺利实施。北京教科院职教所要积极参与此项改革，配合德国专家和中方教师团队做好组织实施等相关工作。

各院校在实施过程中遇重大问题，及时上报市教委。

2018 年 8 月 31 日

北京市教育委员会

关于同意成立北京学前教育职业教育集团的批复

京教函〔2018〕604 号

北京青年政治学院：

你校《关于组建北京学前教育职业教育集团的请示》（京青院文〔2017〕25 号）收悉。经过你院一年来的积极筹备，各项准备工作基本就绪。经我委研究，现批复如下：

一、根据《教育部关于深入推进职业教育集团化办学的意见》（教职成〔2015〕4 号）、《北京市人民政府关于加快发展现代职业教育的实施意见》（京政发〔2015〕57号）等文件精神，同意你校牵头，联合相关中高等职业院校、学前教育机构等单位共同组建“北京学前教育职业教育集团”（以下简称“集团”）。

二、集团成立后，应充分发挥集团优势，积极贯彻落实全国和北京市教育大会精神，为提升职业院校学前教育专业品质和师资队伍水平提供服务。要凝聚集团内部优质资源，服务和带动北京职业院校学前教育专业建设、实习实训条件、教育教学质量和教育科研工作整体提升，努力培养政治可靠、思想过硬、师德高尚、心理健康、业务精通，与北京城市定位相匹配的高水平的学前教育专业人才。

三、集团应主动接受教育行政部门的指导，各成员单位要自觉遵守国家法律法规和各项文件规定，履行集团章程中规定的责任和义务，始终以服务北京职业院校学前教育专业建设与发展为己任。

四、希望学前教育职教集团在实践中，积极探索职教集团化办学规律，不断完善集团内部管理和运行机制，推动多元合作的集团化职业教育产学研体系建设，为全市职业教育改革发展提供宝贵经验。

五、集团成立大会召开之后，请将集体讨论通过的章程等材料报市教委备案。

2018年11月5日

北京市教育委员会

关于在首钢技师学院和首钢工学院开展胡格教育模式改革试验的通知

京教函〔2018〕617号

首钢技师学院、首钢工学院：

为进一步提升我市职业教育国际合作水平，促进职业院校教育理念创新和教学方法改革，贯彻落实《北京职业教育改革发展行动计划（2018—2020年）》，按照北京市教育委员会与德国巴登符腾堡州教育部签署的《职业教育合作备忘录》有关要求，经认真研究，决定自2019年起，在你校开展胡格教育模式改革试验（以下简称“胡格项目”）。现将有关事项通知如下：

一、总体目标

根据首都经济社会发展和产业转型升级对高素质技术技能人才的需要，在我市汽修和物流专业成功开展胡格教育模式改革的基础上，优化课程体系，研发课程标准，创新学生综合职业能力评价，进一步推动职业教育国际交流合作，探索人文素养、科学素养、职业素养与职业技能培养高度融合的新型职业教育模式。

按照市教委等五部门联合印发的职业教育改革发展三年行动计划，充分借鉴德国的先进职业教育理念、教学手段和评价方法，逐步推动学校的整体转型，为我市重点打造一所国际化水平高、综合实力强、专业特色鲜明的高水平职业院校。

二、试验方案

你校的胡格项目以智能制造、计算机网络等若干重点专业为试点，先行开始试验。原则上自 2019 年 9 月起，可以在上述专业开设胡格项目试验班，并开始招生，关于学制设置、课程安排、评价方式、实习实训等具体事宜，你校可根据自身实际，按照中德双方联合制定的人才培养方案进行调整。

三、组织实施

（一）加强组织领导

市教委职业教育与成人教育处统筹胡格项目组织实施工作，协调解决胡格项目推进过程中的重大问题。你校要成立校领导牵头的改革试验领导小组，学校领导班子要从思想上提高认识，把胡格项目作为学校的重要工作来抓。

（二）精心组织实施

你校要科学制定实施方案与工作计划，合理安排教师的参训时间，明确任务分工，精心组织实施，扎实推进各项工作。你校应商请同级财政落实改革经费，学校的教务、科研、人事、财务等部门要通力合作、协调配合，从各方面给予大力支持。

（三）注重改革成效

在胡格项目推进过程中，要注重经验积累和成果转化，将胡格项目先进的教学手段和方式方法运用到实际教学过程中。促使德国先进的职教理念和手段方法本土化，并逐步在其他专业进行推广。

（四）加强考核评价

在胡格项目实施过程中，要加强对学生专业能力和非专业能力的综合考评，在德方专家的指导下，中方教师团队要认真研究制定考评方案，统一开展学生综合职业能力测评。

（五）做好质量监测

要加强对胡格项目实施过程的跟踪研究和质量监测，及时掌握你校胡格项目的进展情况，确保胡格项目的顺利实施。市教委职成处会对你校胡格项目开展督导检查。

在实施过程中遇重大问题，应及时上报市教委。

2018 年 11 月 9 日

北 京 市 教 育 委 员 会
北京市人力资源和社会保障局

关于开展北京市特色高水平职业院校和骨干专业（群）建设与遴选工作的通知

京教职成〔2018〕16 号

各区教委、区人力社保局，各有关行业企业，各职业院校：

为学习贯彻全国教育大会和全市教育大会重要精神，贯彻落实《北京市人民政府关于加快发展现代职业教育的实施意见》（京政发〔2015〕57 号），全面实施《教育部高等职业教育创新发展行动计划（2015—2018 年）》和《北京职业教育改革发展行动计划（2018—2020 年）》，进一步优化我市职业教育结构布局，提升职业院校整体办学水平，激发职业院校办学活力，做精做强职业教育，市教委和市人力社保局决定开展北京特色高水平职业院校和骨干专业（群）建设与遴选工作，现将有关事项通知如下：

一、建设目标

（一）特色高水平职业院校

坚持把立德树人作为根本任务，深化教育改革创新，分批次重点建设 10 所左右办学定位准确、专业特色鲜明、社会服务能力强、综合办学水平领先、与北京经济社会发展需要契合度高、行业优势突出的世界一流职业院校。逐步形成具有国际竞争力的高素质技术技能人才培养高地。

（二）特色高水平骨干专业（群）

坚持以服务需求，促进就业为建设方向，深化产教融合，分批次重点建设100个左右紧贴北京产业转型发展、校企深度融合、能够支撑重点产业与区域支柱产业的专业（群）。逐步打造一批特色鲜明、综合实力强、社会认可度高、招生就业好、具有示范引领作用、可推广可输出的专业品牌。

二、申报条件

（一）申报北京市特色高水平职业院校建设单位原则上应满足以下条件：

1. 学校办学定位与北京经济社会发展需要高度契合，学历教育和社会培训并举，全日制学历教育在校生达到一定规模，职业培训规模每年达到2万人天。

2. 近五年获得过国家级教学成果奖，或北京市教学成果奖特、一等奖，或国家技能人才培育突出贡献单位奖。

3. 近三年学生获得过全国职业院校技能大赛一等奖，或获得过世界技能大赛中国选拔赛国家集训队资格，或获得过国家级二类以上技能竞赛一等奖。

4. 在政府指导下，与行业企业成立并运行三年以上职教集团；或者参与过教育部现代学徒制试点、人力社保部企业新型学徒制试点；或参加人力社保部一体化课程改革试点。

5. 积极参与国家或北京市重大战略任务，近三年在服务京津冀职业教育协同发展、“一带一路”、精准扶贫、创新创业、城市安全运行、中外合作培养首都紧缺高精尖技能人才等方面做出重要贡献。

6. 近三年学校在财务、招生、学生管理、教师队伍、办学条件等方面未被列入负面清单，未出现过重大责任事故。

（二）申报北京市特色高水平骨干专业（群）建设单位原则上应满足以下条件：

1. 该专业（群）与北京市经济社会发展需求高度契合，且连续三年招生，校企合作紧密，教学改革成果显著、师资队伍实力强、实习实训条件好，招生就业情况良好。

2. 近三年该专业（群）作为国家级职业教育专业教学资源库主持

建设单位，或作为教育部现代学徒制试点或定向培养士官专业，或主持教育部国家精品在线开放课程建设，或作为人力社保部企业新型学徒制专业，或作为教育部确定的全国职业院校示范专业点，或参与人力社保部一体化课程改革试点专业。

3. 近三年该专业学生获得过全国职业院校技能大赛奖项，或该专业作为世界技能大赛中国集训基地，或该专业学生获得过国家二类以上技能竞赛一、二等奖，或获得世界技能大赛中国选拔赛国家集训队资格。

4. 近三年该专业（群）教师获得过北京市高等学校教学名师奖或青年教学名师奖，或入选北京市特级教师、学科教学带头人、骨干教师，或该专业“双师型”教师比例达到 80%。

5. 近三年该专业（群）作为全国行业职业教育指导委员会委员单位，或作为职业院校教学（教育）指导委员会委员单位，或作为北京市职业院校教师培训基地，或参加国际化教学模式改革重点项目。

三、工作要求

（一）申报特色高水平职业院校须经办学主管部门同意，并由主管部门相关负责人签字盖章；申报特色高水平骨干专业（群）须经学校校长办公会审议，同意推荐，并由校领导签字盖章。

（二）按照分批次建设的原则，今年底拟首批遴选出 30 个左右特色高水平骨干专业（群），特色高水平职业院校遴选数量依实际情况而定。

（三）申报特色高水平职业院校和骨干专业（群）建设单位，必须同时提交该校落实三年行动计划的实施方案。

（四）申报特色高水平骨干专业（群）建设单位，首批遴选每学校限报 1 ～ 2 个；既可以由一所学校申报，也可以由中职、高职及应用型本科院校联合申报，或由职业院校与行业企业联合申报；既可以为单一专业，也可以为专业群，专业群原则上应涵盖 3 ～ 5 个专业，其中有 1 ～ 2 个核心专业；

（五）各学校于 2018 年 11 月 15 日前，将相关申报数据在“北京市特色高水平职业院校和骨干专业建设信息管理系统”上填报完毕

（http://jw.beijing.gov.cn/bjzj/），同时将项目申报书纸质盖章版一式5份报送至市教委职成处。

（六）申报材料包括以下内容：

1. 北京市特色高水平职业院校建设项目申报书（附件1）

2. 北京市职业院校特色高水平骨干专业（群）建设项目申报书（附件2）

3. 申报书填写内容需提供相关佐证材料，否则视为无效数据。

四、工作程序

（一）学校申报。各职业院校按照申报条件和工作要求做好申报工作，按时提交申报材料。

（二）专家评审。市教委、市发展改革委、市人力社保局、市财政局、市政府教育督导室成立评审委员会，组织专家进行项目初评和答辩，视实际情况开展实地考察。

（三）结果公示。评审委员会审议确定建设院校和骨干专业（群）名单并在网络上予以公示，公示时间为7天。

（四）发文公布。发文公布经公示且无异议的建设院校和骨干专业（群）名单。

附件：1. 北京市特色高水平职业院校建设项目申报书（略）

2. 北京市职业院校特色高水平骨干专业（群）建设项目申报书（略）

2018年10月15日

北 京 市 教 育 委 员 会
北京市人力资源和社会保障局

关于开展北京市职业院校工程师学院及技术技能大师工作室建设工作的通知

京教职成〔2018〕17 号

各区教委、人力社保局，各有关行业企业，各职业院校：

为学习贯彻全国教育大会和全市教育大会精神，贯彻落实国务院办公厅《关于深化产教融合的若干意见》、教育部等六部门《职业学校校企合作促进办法》、北京市人民政府《关于加快发展现代职业教育的实施意见》精神，全面实施《北京职业教育改革发展行动计划(2018—2020年)》，加快推进北京职业教育人才培养供给侧改革，切实发挥企业的重要办学主体作用，完善职业教育和培训体系，提高职业教育服务新时代北京“四个中心”建设和高精尖产业发展能力，北京市将开展职业院校工程师学院及技术技能大师工作室建设项目，现将有关工作通知如下。

一、功能定位

工程师学院及技术技能大师工作室是北京市深化产教融合、校企合作办学模式的重要载体，是在校内建立的集人才培育、资源共享、技术创新、社会服务四位一体的“产教共同体”。工程师学院由职业院校与行业龙头企业共建，其合作专业可涵盖一、二、三产业，名称上不限于“工程师”字样；技术技能大师工作室依托在行业具有较大影响力的技术技能领军人才、身怀绝技的工匠或非遗传承人，由职业院校与大师所在企业共建。旨在激励企业参与校企合作，发挥其资本、技术技能、设备和理念等资源优势，创新人才培养模式，促进企业可持续发展，为首都高精尖产业发展、技术技能传承提供人才支撑。

二、主要任务

（一）人才培育

坚持以学生为中心、以能力为本位、以课程为抓手，拆分教学计划，重组教学模块，校企联合设计人才培养方案。打造产教融合育人环境，把企业文化、工匠精神、经营理念融入人才培养全过程。推行现代学徒制和企业新型学徒制；创新教学方法和手段，实现课程内容与职业标准对接、教学过程与生产过程对接、评价标准与行业技术标准对接。

（二）资源共享

整合校企优质资源，实现知识技术技能共享、人力资源共享和设备设施共享。学校为企业研发定制员工培训内容，企业把经营管理过程中的先进技术、知识、管理经验，转化为学校的课程资源；激励教师承担企业培训课程开发，逐步成为企业培训师，同时企业技术骨干和管理团队成为学校兼职教师；充分运用设备设施等资源，开展技术技能研发和企业员工培训，企业与学校共建生产性实训基地。

（三）技术创新

协调推进技术技能积累、传承和进步。围绕关键技术、核心工艺和共性问题探索协同创新，承接企业技术任务，承担科研攻关项目，联合开展新技术研究和新产品开发，探索促进流程再造，共同申报发明专利，为企业提质增效提供智库服务。培育成果转化团队，探索促进创新成果转化流程和机制，促进科技成果转化。

（四）社会服务

协同研发企业员工能力体系，创新培训形式，强化员工岗前、转岗和在职提升培训；促进教师教学研究和企业实践，提升教师专业实践能力和企业技术人员教学能力。面向社会、行业或区域广泛开展技术技能、就业创业和素质提升培训；开展专业能力培训和职业技能鉴定。为中小微企业和相关机构提供科技服务、咨询服务和信息服务。合作研发相关教育教学标准和行业标准，辐射带动全市相关专业群建设、服务行业标准建设。

三、建设目标

2018—2020年分三期遴选建设100个左右工程师学院及技术技能大师工作室。培育一批契合北京产业发展需求、企业主体作用发挥突出、人才培养模式创新的产教融合品牌项目，为深化职业教育产教融合提供北京方案。其中，2018年第一期拟遴选30个左右工程师学院及技术技能大师工作室作为典型进行重点建设和培育，逐步形成可推广、可持续的建设模式。

四、申报条件

（一）院校和企业条件

职业院校具有较高的教育教学及管理水平和较强的专业建设基础。工程师学院的冠名合作企业应为世界500强企业、国有大型企业、中华老字号、北京传统文化企业和知名民营企业等。技术技能大师应为行业领域内德技双馨的领军人才，或为身怀绝技的工匠和非遗传承人，或为国家级技能大师、北京市首席技师。

（二）专业（群）条件

专业（群）精准对接高精尖产业发展和优秀传统文化传承，具有扎实的专业建设基础，专业综合实力校内排名靠前且为学校“十三五”期间重点建设的主干专业（群），同等条件下建设五年以上的专业和示范专业优先；或者专业建设特色鲜明，具有良好的发展前景。

（三）师资条件

专业师资团队由企业专业技术人员、特聘专家、名师、专业带头人、骨干教师等组成。工程师学院的企业专业技术人员所占比例不低于30%，“双师型”（一体化）教师所占比例不低于80%且承担70%的课程（含专业基础课）教学任务；专任教师中，高职院校副高级专业技术职务以上者所占比例不低于50%，中职学校中高级专业技术职务以上者所占比例不低于60%。技术技能大师工作室大师带领的团队，能承担带徒传技、技能攻关、技艺传承、技艺创新、技能推广、产品运营等任务，具有将真实项目转化为课程的教学能力。

（四）其他条件

签订校企合作协议，明确各方权利义务、合作内容、合作方式、合作期限（不少于三年）和争议解决等内容；建立健全决策机构和教学指导机构等组织领导和运行机制，制定实施科学有效的管理流程和规章制度，探索完善校企人员互兼互聘机制、实训平台协同创新机制等。

五、有关要求

（一）学校申报

2018 年第一期每所学校限报 1 ～ 2 个。申报工程师学院和技术技能大师工作室，须经学校组织的专家组（7 名专家中至少 4 名企业专家）评审和学校校长办公会审议通过，并由校领导签字、盖学校章。于 2018 年 11 月 15 日（周四）前将项目申报书、专业人才培养方案（含教学计划进程）、合作协议、其他支撑材料，一式 5 份盖章纸质版和电子版提交市教委职成处。

（二）专家评审

市教委会同市人力社保局、市发展改革委、市财政局、市政府教育督导室组织专家组对申报材料进行初步评审，对通过初审的项目视情况组织答辩和实地考察。

（三）结果公示

评审委员会审议确定拟认定名单，并在网上予以公示，公示时间为 7 天。

（四）发文认定

7 天公示期满后无异议，由市教委、市人力社保局、市发展改革委、市财政局、市政府教育督导室联合发文，向社会公布认定名单并统一挂牌。

附件：1. 北京市职业院校工程师学院项目申报书（略）

2. 北京市职业院校技术技能大师工作室项目申报书（略）

2018 年 10 月 15 日

继续教育

北京市教育委员会文件选编

（2018）

北京市教育委员会

关于发挥职成院校办学优势 广泛开展职业技术技能培训的通知

京教职成〔2018〕9号

各区教委、职业院校、社区学院、社教中心、成教中心：

为贯彻落实《北京市学习型城市建设行动计划（2016—2020年）》及《北京职业教育改革发展行动计划（2018—2020年）》要求，进一步发挥职成院校办学优势，广泛开展各类职业技术技能培训活动，进一步提升职成院校培训能力，现将有关事项通知如下：

一、目的意义

坚持以十九大精神为指导，紧密围绕首都“四个中心”战略定位，认真落实2018年市政府提出的“深化城教融合、校企合作，推动职业教育、继续教育、特殊教育和网络教育与首都经济社会发展需求更紧密结合，建设学习型城市”的要求，构建完善现代职业教育和培训体系，培养大批高素质技术技能人才，为提升北京城市治理水平和服务品质、促进产业转型升级和经济社会发展、构建国际一流和谐宜居之都提供有力支撑。

二、目标任务

（一）依托职成院校，深入推进职工素质提升工程，加快发展生活性服务业培训。到2020年底前在职业院校和成人院校申报的培训项目和培训能力的基础上，全市认定50个左右职工继续教育基地，每年完成参与素质工程的职工达到100万人次，并加强培训绩效考核。

（二）依托职成院校，面向中小学生、社区居民、高校毕业生、在职职工、退役士兵、来京从业人员、失业人员等群体，大规模开展职业体验、就业技能培训、岗位技能提升培训和创业培训。到 2020 年底前在职业院校和成人院校申报的培训项目和培训能力的基础上全市认定 100 个市民终身学习基地。

（三）依托职成院校，实施乡村振兴战略中提出的“加快培育农业职业人才、农业科技人才、农村专业人才、农村乡土人才”任务要求，逐年提高新型职业农民的学历层次和技术技能。到 2020 年底前在职业院校和成人院校申报的培训项目和培训能力的基础上全市认定 50 个新型职业农民培训基地。

三、工作安排

（一）每年 8 月 31 日前各有关单位完成北京市职工继续教育基地、北京市民终身学习基地、北京市新型职业农民培训基地认定工作的材料申报。

（二）每年 9 月市教委组织专家完成对申报单位报送的材料的遴选及实地考察工作。

（三）每年 10 月市教委在北京市全民终身学习活动周上对当年认定的基地进行授牌。

（四）每年 11 月 20 日前各职成院校向市教委报送本年度开展职业技术技能培训总结。

四、有关要求

（一）完善工作机制。各职成院校要从经济社会发展全局和战略高度，切实把职业培训工作摆到突出位置，定期召开专题会议，研究解决工作中存在的困难和问题。把职业培训工作纳入学校目标责任制考评范围。

（二）科学制订规划。各职成院校要根据经济社会发展和实施扩大就业发展战略的要求，制订职业培训和技能人才发展专项规划和年度实施计划。

（三）提高培训质量。各职成院校要加快培养既能讲授专业知识又能传授操作技能的教师队伍。实行专兼职教师制度，建立和完善职业培训教师在职培训和到企业实践制度。根据职业培训规律和特点，针对不同的培训对象，研发高技能人才培训的课程体系、培训计划大纲以及培训教材。

附件：1. 北京职工继续教育基地认定条件

2. 北京市民终身学习基地认定条件

3. 北京市新型职业农民培训基地认定条件

2018 年 4 月 28 日

附件 1

北京市职工继续教育基地认定条件

一、主办单位具有独立法人资格，坚持公益属性。

二、场地设施完善，能够满足区域内职工继续教育的需求，学习场所面积达到 1000 平方米以上。

三、配备专职管理人员，专兼职教师以及志愿者队伍。

四、学习管理制度健全，组织管理规范，安全措施严格。

五、课程资源丰富，有符合培训目标的资源库。

六、专业特色鲜明，社会服务能力强，与北京经济社会发展需要契合度高。

七、面向社会开放，并能及时公布培训项目。

八、具有学员满意度调查机制，满意度达到 90% 以上。

九、培训规模达每年 10000 人次以上。

基地认定条件中的人次指人天，即人数 × 天数的总和。假设 50 个人，培训一天，人次为：50 × 1=50 人次；假设 50 个人，培训半天，人次为：50 × 0.5=25 人次。

附件 2

北京市民终身学习基地认定条件

一、主办单位具有独立法人资格，坚持公益属性。

二、场地设施完善，能够满足区域内市民日益增长的学习需求，面向公众开放的学习场所面积达到2000平方米以上。

三、配备专职管理人员，专兼职教师以及志愿者队伍。

四、学习管理制度健全，组织管理规范，安全措施严格。

五、学习活动内容丰富、形式多样、特色鲜明、效果明显，深受市民欢迎，具有一定社会影响力。

六、面向社会开放，并及时公布学习培训项目。

七、每年度开展培训在3000人次以上。

八、具有学员满意度调查机制，满意度达到90%以上。

九、具有稳定的终身学习活动投入，活动经费列入单位年度预算，保证活动正常开展。

基地认定条件中的人次指人天，即人数 × 天数的总和。假设50个人，培训一天，人次为：50×1=50人次；假设50个人，培训半天，人次为：50×0.5=25人次。

附件3

北京市新型职业农民培训基地认定条件

一、主办单位具有独立法人资格。

二、场地设施完善，能够满足新型职业农民、农村实用人才、返乡务农人员等培训的需求。

三、配备职业培训或继续教育的专职管理人员。

四、学习管理制度健全，组织管理规范，安全措施严格。

五、面向社会开放，并能及时公布培训项目。

六、每年度开展培训在3000人次以上。

七、具有学员满意度调查机制，满意度达到90%以上。

八、培训活动能够提升从业人员职业技术技能，对实际工作产生积极影响。

九、具有稳定的经费保障来源，保证培训活动正常开展。

基地认定条件中的人次指人天，即人数 × 天数的总和。假设50

个人，培训一天，人次为：50×1=50人次；假设50个人，培训半天，人次为：50×0.5=25人次。

北京市教育委员会

转发教育部关于公布2018年高等学历继续教育拟招生专业备案结果文件的通知

京教函〔2018〕477号

各有关高等学校：

现将教育部《关于公布2018年高等学历继续教育拟招生专业备案结果的通知》（教职成函〔2018〕9号）转发给你们，各高校要按照文件要求，加强高等学历继续教育专业建设，保证人才培养质量。

2018年8月30日

教育部

关于公布2018年高等学历继续教育拟招生专业备案结果的通知

教职成函〔2018〕9号

各省、自治区、直辖市教育厅（教委），新疆生产建设兵团教育局，有关部门（单位）教育司（局），部属各高等学校：

根据《高等学历继续教育专业设置管理办法》（教职成〔2016〕7号），我部通过全国高等学历继续教育专业管理和公共信息服务平台，组织开展了全国高等学历继续教育2018年拟招生专业填报工作。依照相关规定和程序，我部对经各高校依规自主填报、省级教育行政部门统筹提交的高等学历继续教育专业设置情况进行了汇总，现将专业备案结果予以公布，并就有关事项通知如下：

一、2018年，经各类高校依规自主设置、省级教育行政部门统筹提交、教育部汇总公布的高等学历继续教育拟招生专业共873个（其中,本科专业358个,专科专业515个),招生专业点共39252个(其中,本科专业点20559个，专科专业点18693个)。汇总备案结果可在全国高等学历继续教育专业管理和公共信息服务平台（网址：www.zygl.edu.cn）查询。专业名称、专业代码、培养层次、学习形式、修业年限以该平台公布的内容为准。根据工作安排，2018年没有开展新设国家控制专业审批工作。

二、各地各高校要以教育部公布的专业备案结果为依据，组织开展高等学历继续教育招生和宣传工作。专业备案结果数据将提供“教育部成人高校招生来源计划网上管理系统”，作为招生计划填报时的重要参考，专业备案结果将与全国网络教育阳光招生服务平台实现数据共享。

三、省级教育行政部门要切实履行好对属地高校高等学历继续教育专业设置工作的统筹指导和监管服务职责。各地各高校要加强高等学历继续教育专业建设，重视发挥高等学历继续教育专业设置评议专家组织作用，积极探索“放管服”改革背景下更有效的工作机制和创新举措，合理控制招生规模，健全专业建设评价、检查和评估机制，切实保证人才培养质量。

2018年7月21日

学习型城市建设

北京市教育委员会文件选编（2018）

北京市教育委员会

关于公布第二批北京市民终身学习示范基地北京市职工继续教育基地和北京市新型职业农民培训基地认定名单的通知

京教函〔2018〕606号

各区教委，有关院校及基地：

为贯彻落实《北京市学习型城市建设行动计划（2016—2020年）》（京教职成〔2016〕8号）提出的“市民终身学习示范基地建设工程”“创新职工素质提升工程”和“新型职业农民培训工程”，2018年全市范围内开展了第二批“北京市民终身学习示范基地”“北京市职工继续教育基地”和“北京市新型职业农民培训基地”认定工作。在各区教委及有关部门推荐申报基础上，市教委组织专家组对各申报基地进行了实地考察与综合评议，研究确定了各类基地认定名单并通过了社会公示，现予以正式公布。

被认定的基地要紧密结合区域发展需求，切实发挥基地培训功能，不断丰富拓展基地资源及服务内容，完善培训体系，创新培训方式，努力为市民终身学习、职工继续教育和新型职业农民培养提供更加优质的教育培训服务，推动全社会终身学习与可持续发展。

附件：1. 第二批北京市民终身学习示范基地名单

2. 第二批北京市职工继续教育基地名单

3. 第二批北京市新型职业农民培训基地名单

2018 年 11 月 7 日

附件 1

第二批北京市民终身学习示范基地名单

（共 30 个，排名不分先后）

北京市第一七九中学

北京现代职业学校

北京人民艺术剧院戏剧博物馆

北京市西城经济科学大学

北京宣武红旗业余大学

居仁堂京瓷（北京）文化有限公司（京彩瓷博物馆）

北京市朝阳区社区老年大学

北京市劲松职业高中

北京市朝阳区团结湖街道文化服务中心

北京民俗博物馆

北京市丰台区职工大学

北京市大兴区西红门镇成人学校

北京市大兴区瀛海镇成人学校

北京市大兴区黄村镇成人学校

北京市房山区石楼镇社区成人职业学校

北京市房山区韩村河镇社区成人职业学校

北京市房山区燕山成人教育中心

北京桃山月亮湖种养殖专业合作社

北京市延庆区第一职业学校

北京市延庆区妫川书院
北京市门头沟区少年宫
北京开放大学密云分校
北京市密云区文化馆
北京市昌平区图书馆
北京国际鲜花港
北京七彩蝶创意文化有限公司
北京市顺义区汉石桥湿地自然保护区管理办公室
北京大运河艺术馆
北京文旺阁木作博物馆
中国园林博物馆

附件 2

第二批北京市职工继续教育基地名单

（共 16 个，排名不分先后）

北京开放大学怀柔分校
北京市丰台区职工大学
北京社会管理职业学院
北京市朝阳区职工大学
北京市石景山社区学院
北京新城职业学校
北京市顺义区人力资源和社会保障局高级技工学校
北京市房山区成人教育中心
北京市大兴区礼贤镇成人学校
北京市昌平区成人教育中心
北京市昌平卫生学校
顺鑫大学（党校）

北京金隅科技学校
北京市延庆区职业技术教育中心
北京铁路电气化学校
北京水利水电学校

附件3

第二批北京市新型职业农民培训基地名单

（共20个，排名不分先后）

北京鑫城缘果品专业合作社农民田间学校
北京圣泉果品专业合作社农民田间学校
北京谷氏农业专业合作社农民田间学校
北京中农富通园艺有限公司
北京市通州区西集成人文化技术学校
北京益农缘生态农业专业合作社
北京聚兰兴养殖专业合作社
北京市房山区史家营乡社区成人职业学校
北京市房山区霞云岭乡社区成人职业学校
北京市房山区琉璃河镇社区成人职业学校
北京市房山区佛子庄乡社区成人职业学校
北京市房山区窦店镇社区成人职业学校
北京市房山区十渡镇社区成人职业学校
北京市房山区大石窝镇社区成人职业学校
北京市大兴区青云店镇成人学校
北京市大兴区魏善庄镇成人学校
北京市大兴区榆垡镇成人学校

北京市大兴区长子营镇成人学校
北京市怀柔区长哨营满族乡社区教育中心
北京市平谷区职业学校

北京市教育委员会

关于认定怀柔区为北京市建设学习型城市工作示范区的通知

京教职成〔2018〕20 号

怀柔区人民政府：

为深入贯彻落实党的十九大、全国教育大会和全市教育大会精神，推进全民终身学习，加快首都学习型城市建设步伐，根据市委、市政府《关于大力推进首都学习型城市建设的决定》（京发〔2007〕7 号）、《北京市学习型城市建设行动计划（2016—2020 年）》（京教职成〔2016〕8 号）的有关要求，在怀柔区自评的基础上，市教委组织专家于 2018 年 11 月 29 日至 30 日对怀柔区建设学习型城市示范区工作进行了全面评估。经专家组审议，市教委认定怀柔区为“北京市建设学习型城市工作示范区”。

希望怀柔区认真总结创建工作经验，紧紧围绕以生态涵养为核心，以科技创新、会议休闲、影视文化为支撑的“1+3”发展格局，以建设学习型城市示范区为契机，积极探索建设学习型城市示范区工作的新途径、新模式，通过城教融合、全民学习、教育创新发展来增强全区的学习能力，进而促进城市发展模式创新。并进一步加强学习型社会理论的学习研究，大力推进各类学习型组织创建工作，构建终身教育和终身学习服务体系，创新学习手段和学习制度，广泛开展市民学习活动，不断深化怀柔区建设学习型城市示范区工作，全力打造国际一流的百年科学城、服务国家国际交往、可举办全流程主场外交活动的核心承载区、具有全球影响力的影视产业示范区和美丽宜居的森林之城，在决胜全面建成小康社会的新时代，加快建设国际一流的和谐宜居之都的新征程上，助推北京建成天蓝水清、森林环绕的生态城市，建成世界超大城市可持续发展的典范，为推进北京学习型城市建设做出新的贡献。

附件：关于对怀柔区建设学习型城市工作示范区评估的回复意见

2018 年 12 月 5 日

附件

关于对怀柔区建设学习型城市工作示范区评估的回复意见

怀柔区人民政府：

为深入贯彻落实市委市政府《关于大力推进首都学习型城市建设的决定》（京发〔2007〕7 号）以及《北京市学习型城市建设行动计划（2016—2020 年）》（京教职成〔2016〕8 号）的精神，根据《关于开展北京市建设学习型城市工作示范区县评估的通知》（京学习办〔2011〕5 号文件）有关要求，在你区申报和专家视导的基础上，市教委组织专家于 2018 年 11 月 29 日至 30 日，对你区创建学习型城市工作示范区情况进行了检查评估，现将评估意见回复如下：

一、建设学习型城市工作示范区的主要成绩

近几年来，怀柔区在建成学习型城区先进区的基础上，深入贯彻落实党的“十八大”“十九大”精神和习近平新时代中国特色社会主义思想。紧紧围绕“以学习促提升，以创新谋发展”这一主题，深入推进城教融合，充分发挥教育服务区域发展、服务社会治理的功能，全面提高市民素质和文明程度，全方位提升区域核心竞争力，为区域经济和社会发展提供了智力支持和不懈动力。近年来，创建工作成效显著，特色鲜明，在全市产生了一定的影响，发挥了积极的引领和示范作用。

（一）提高认识，增强创建学习型示范区的动力

“十三五”以来，怀柔区制定了全面构建“以生态涵养为核心，以科技创新、影视文化、休闲会展三大产业板块为支撑”的“1+3”发展模式。区委、区政府高度重视学习型怀柔建设，深刻认识到，创建学习型示范区是提高怀柔区城市建设水平、解决现实问题的重要手段，是补齐公共服务短板的迫切需要，将学习型怀柔建设作为区域创新发展的基础性工程，较好的满足了群众的多样化、个性化学习需求，努力增进全区人民福祉，为全区各项事业发展营造了良好的社会环境。

（二）加强顶层设计，健全领导管理体制

学习型怀柔创建成为“一把手”工程，成立了由区委书记任组长、区长任常务副组长，区委主管领导、主管副区长任副组长，各部委办局一把手为成员的创建学习型怀柔工作领导小组，统筹领导学习型怀柔创建工作。办公室设在区教委，负责全区创建工作的规划、指导和协调。建立了八家创建牵头单位，成立了一支由专家、管理者、教师和志愿者队伍组成的创建骨干队伍，全区形成了“区委、区政府领导，区教委（学习办）主导，部门牵头，上下联动，专家指导，全民参与”的良好工作格局。今年结合区域功能定位和工作需要，怀柔区重新调整了领导小组成员和工作职责，进一步健全了学习型怀柔创建工作的领导管理体制和运行机制，形成各部门齐抓共管的整体合力，保证创建工作深入持久的开展。

（三）统筹协调各类教育，推进终身教育体系不断完善

怀柔区委、区政府坚持各级各类教育协调发展，打造集幼教、普教、职教、高教、成教以及老年教育于一体的现代化教育体系，满足全体市民多样化学习需求。引入名校教育资源，形成从学前教育、义务教育到高等教育的跨越式发展；推动职业教育创新发展，引导职业教育

与成人教育融合发展；深化成人继续教育改革，大力发展社区教育和农村成人继续教育，形成了以区社区教育中心为龙头,14所乡镇成人学校为骨干，284所村成人学校为基础的三级成人教育办学网络。区创建办协调区域资源，建立起跨部门合作培训机制，将社区教育、文化活动和民生服务寓于社会治理之中，引导和组织居民自我教育、自我完善、自我发展、自我管理，提高了社区治理能力和治理水平。积极发展老年教育，助推夕阳圆梦。怀柔已基本建立了面向全体市民的终身教育体系。

（四）整合资源，完善终身学习服务体系

怀柔区按照“共建共享、资源整合”原则，整合全区教育、文化、科技、体育等人文社会资源，与职能部门、社会组织、职业培训机构、科研院所合作共建终身学习载体和学习基地，为市民提供学习、体验、创新、交流、共享的平台。学校、图书馆、文化馆、博物馆、驻区高校资源免费向市民开放，实现了公共学习资源使用效益的最大化。多种形式的学习教育活动，为市民创造了多层次、宽领域、全方位的学习发展空间。培育“书香满怀柔”和“文化大观园”两个市级学习品牌；培育“周末市民大讲堂”等14个区级学习品牌。打造数字化学习平台，初步构建了“立体化”的学习网络。依托“智慧怀柔”建设，将数字化学习方式作为推进学习型怀柔建设的重要手段,开通“怀柔学习网”、官方微博、微信等平台，设置视频课堂、电子图书馆、手机移动学习、远程教学、在线学习等项目，基本满足了全区市民多样化的学习需求。

（五）创新推进学习型组织建设，增强各类组织的发展活力

怀柔区积极推动各类学习型组织建设，形成多模式、广覆盖的学习型组织创建格局。近年来,以推进学习型党组织和学习型机关为龙头，积极推进学习型企业、学习型学校、学习型街道、乡镇等9个系列的学习型组织建设，初步构建遍布城乡的居民自主学习团队和学习共同体。创新推进机制,通过建立“管理推进”、“绩效考评”和“项目引领”等三大推进机制，有效地激发了各类组织的创建热情，不断增强各类组织的学习力、竞争力和创新力，为持续创建发展奠定了坚实的基础。纳入政府绩效考评加大了创建管理工作力度，系统的评分标准使学习

型组织创建有章可循，严格的考评程序使创建工作评价更加公平，示范项目引领使怀柔区的学习型组织建设迈上新的台阶。这些均有效破解了学习型组织创建推动难、创建工作与实际工作相脱节、缺乏高端引领和深入推进等难题，开辟了推进学习型组织建设的新路径。

（六）以典型引路，推动怀柔国际会都发展和美丽乡村建设

在全面推进学习型怀柔建设的同时，注重以典型引路，把创建学习型组织与怀柔区“十三五”重点工程和关键任务紧密结合起来。雁栖湖生态发展示范区管委会，以破解难题为突破口，稳步推进学习型组织建设，在实践中不断探索，打造出高水平的专业管理团队和独具国际会都特色的学习型组织创建模式，即“建立一个愿景、实现两个突破、做到三个结合、抓好四个统筹”，促进了机关组织的理念创新、服务创新和管理创新，圆满完成了具有世界影响力国际高端会议的服务任务，是学习型组织建设推动组织创新发展的有力印证，取得了显著效果。学习型乡镇建设有效助推了美丽乡村建设，通过创建，使镇、村干部的管理水平和村民综合素质得以迅速提高，有效改善了农村的人文环境和生态环境，实现了农民增收致富；文明乡村蔚然成风，农村社会的和谐程度日益改善，乡村产业持续稳定发展，农村各项公共事业发展取得新的进步，广大农民的幸福指数不断提升。创建工作极大地推进了怀柔农村城市化步伐，推动了乡镇经济和社会更加持续、健康发展。

二、希望与建议

（一）进一步完善各项政策及制度建设，为学习型城市建设提供持久动力

学习型城市建设不仅仅是一项教育领域的改革创新，更是区域管理和社会公共服务的不断创新。怀柔区要在坚持首都战略定位的基础上，更加牢固树立“以学习促发展”的意识，持续深入推进怀柔区学习型城区建设工作。一是在建设国际一流的生态文明示范区中，要更加重视区委、区政府对学习型城市建设的政策引领和目标导向，进一步加强区教委（区学习办）统筹协调和指导推进的力度；二是在完善终身教育和终身学习服务体系中，要不断加大社区教育和农村成人继

续教育的投入力度；三是不断推进人事劳动制度的改革，鼓励市民和农民参与培训，主动学习，持证上岗；四是积极探索各类学习成果积累、认证和转换的制度，推动不同学习成果的互认和转换，逐步为市民搭建横向沟通、纵向衔接的终身学习立交桥。

（二）进一步完善乡镇成人继续教育办学基地建设

在新的历史条件下，要进一步明确乡镇成人继续教育办学机构——乡镇成人学校在区域终身教育和终身学习服务体系中的功能及任务；加强乡镇成人学校的硬件及软件建设；整合资源，多种途径解决乡镇成人学校专职管理及教学人员的编制问题。更好地发挥乡镇成人学校在建设学习型美丽乡村中的特殊作用。

（三）进一步推动各类学习型组织创建工作向广度和深度发展

在进一步加大各类学习型组织的创建普及的基础上，不断推进创建学习型组织工作向更高的阶段发展。积极探索在破解重大难题和实施重大项目中，加大团队学习和组织学习的力度，将教育、学习和培训工作与组织发展和管理创新有机结合起来，鼓励知识积累和技术创新，不断提高组织的创新活力。要提倡知识共享，推广知识管理，努力促进组织变革，不断提升各类组织的核心竞争力。进一步推动学习型党组织、机关、街道、乡镇、企业、学校等各类组织创新发展，进而不断推动区域各项事业的不断进步。

（四）进一步重视并发挥现代信息技术在终身学习服务中的重要作用

在现有工作基础上，进一步加强信息化基础设施建设，以“怀柔终身学习网”等为基础，逐步完善市民数字化学习平台；在加快区域城乡信息化建设的同时，依托远程教育网络，积极发展各类数字化远程教育。进一步完善涵盖基础教育、职业教育、高等教育和成人继续教育等各类课程资源建设。创新学习管理方式，为市民提供多种多样的个性化学习服务，逐步建设城乡一体化的智慧学习环境。

民办教育

北京市教育委员会文件选编

（2018）

中共北京市委教育工作委员会
北京市教育委员会
北京市公安局
北京市卫生和计划生育委员会
北京市食品药品监督管理局
北京市财政局
北京市民政局

关于开展北京民办高等学校及其他民办高等教育机构2017年度办学状况检查工作的通知

京教民〔2018〕2号

各民办普通高校、独立学院、民办非学历高等教育机构：

为引导本市民办高等教育健康有序发展，促进学校依法办学、规范办学，提高教育质量和办学水平，根据《中华人民共和国民办教育促进法》《中华人民共和国高等教育法》《民办高等学校办学管理若干规定》（教育部令第25号）等有关法律、法规、规章的要求，结合北京实际，组织开展2017年度民办高等学校及其他民办高等教育机构（以下简称“民办高校”）办学状况年度检查（以下简称“年检”）工作。现将有关事项通知如下：

一、范围及原则

（一）市教委批准成立或管理的持有合法有效的民办学校办学许可证、法人证书的民办高校均应参加年检。

（二）根据转变政府职能要求，加强依法行政，简政放权；坚持检查与自查相结合，加强学校自我评价和规范管理。

（三）将年检工作和日常监管相结合，除年度集中检查之外，将年检和日常巡查、专项检查相结合，加强日常监管和指导。

二、组织领导

（一）市委教工委、市教委会同市公安局、市卫生计生委、市食品药品监管局、市财政局、市民政局联合成立北京市民办高校办学状况年度检查工作领导小组(以下简称“领导小组”),确定年检工作方案，聘请专家审核年检材料，组成联合专家组开展进校考察。领导小组下设工作组，负责组织日常工作，工作组办公室设在市教委民办高等教育处。

（二）领导小组委托北京民办教育协会（以下简称“协会”）承担年检的具体实施工作。协会应根据年检工作总体部署，在领导小组的领导下具体开展各项工作。

（三）领导小组审核专家组意见建议，确定年检结论，并向学校反馈意见，向社会公布年检结果。

三、年检程序

年检工作由学校自查、专项进校检查、专家组审核材料、专家组进校考察四个阶段组成。

（一）学校自查阶段（2018 年 1 月至 2018 年 2 月）

学校要把自查作为提高自我管理和自我评价水平的重要手段，应召开专题会议，认真梳理办学中的成绩与问题，如实撰写自查报告，填报相关调查表；根据《2017 年度审计任务书》(见附件 4）的要求，委托会计师事务所进行审计。

自查报告应包括以下几方面内容（具体格式参考附件 5）：

1. 学校学习宣传党的十九大精神、坚持社会主义办学方向、全面贯彻党的教育方针、加强党的建设和思想政治工作情况，年度事业发展概况，重要变更事项情况（举办者、校长、董事长、办学地址、名称等），重大发展事项（重大项目、专业调整或发展合作事项），资产财务方面的变化（资产、负债、净资产等变化及原因），政府资助项目的支出使用情况，所获的重要奖项（应为师生参与的省市级以上或行业的科技成果和竞赛奖项、北京市区两级政府部门组织的重要评奖或表彰等）。

2. 学校重点专业、办学特色及下一步的发展思路，重点说明学校落实疏解“非首都功能”的具体思路和做法。

3. 学校办学过程中面临的困难和问题及拟采取的措施。

4. 按照年检考核要点的要求逐项说明基本办学情况，要点中需要提供的支撑材料作为自查报告附件一并提交。

（二）安全稳定、食堂食品安全、卫生安全检查阶段（2018 年 1 月至 2018 年 3 月）

全日制民办非学历高等教育机构和为短期培训学生提供住宿及餐饮服务的非全日制民办非学历高等教育机构要接受安全稳定、食堂食品安全、卫生安全的联合进校检查。

2016 年度开展全日制教育、2017 年度已无全日制在校生的民办非学历高等教育机构如申请转为非全日制学校，应在 2018 年 1 月 19 日前向市教委提交申请；为短期培训学生提供住宿及餐饮服务的非全日制民办非学历高等教育机构应在 2018 年 1 月 19 日前向北京民办教育协会提交说明（含培训学生学制、数量、培训内容、提供住宿和餐饮的地点及相关条件等）。

（三）专家组审核材料阶段（2018 年 3 月）

组织专家组对学校自查报告、相关调查表、《2017 年度审计报告》等相关材料进行书面审查，并根据材料审核情况和不同类型学校的办学情况，确定专家组进校考察学校名单和存在的重点问题。

（四）专家组进校考察阶段（2018 年 3 月至 2018 年 4 月）

根据年检材料审核情况，委派专家组对部分学校进校考察。考察方式包括实地考察校园环境及设施，听课，走访，召开座谈会，核查学校有关档案资料等。专家组离校前要和学校负责人交流考察意见，重点围绕学校的办学思路及存在的问题提出指导性意见和建议。在专家组进校考察时，学校按照进校考察通知提前准备考察需要的相关材料。

专家组根据书面材料审查、专项进校检查情况及进校考察情况，提出年检考察意见、结论建议。各考核项目的意见及学校年检结论建议报领导小组。

四、结论及使用

（一）年检结论判定将综合考虑年检材料审核、专项检查、进校考察情况，并将政府相关主管部门的日常巡查、其他专项检查及日常监管情况作为确定年检结论的依据。

（二）年检结论分为“通过”“基本通过”“暂缓通过”和“不通过”。年检结论经领导小组和市教委主任办公会批准生效，有效期为 1 年。

结论为“通过”的学校，准予在下一学年招生，办学许可证到期后可办理许可证延续手续。在年检中发现存在一定问题，但在规定期限内整改积极、措施到位的学校，年检结论可定为“基本通过”。结论为“基本通过”的学校，准予在下一学年招生，办学许可证到期后可办理许可证延续手续。

结论为“暂缓通过”的学校，应在 1 年内限期整改，整改期间暂停办理办学许可证延续手续，暂停招生；结论为“不通过”的学校，根据年检中发现的相关问题有关部门将在各自职权范围内依法作出处理，停止办理办学许可证延续手续，依法停止当年招生。

（三）年检将从严审查下列问题：有办学资质，但长期无实质办学行为或开展与办学无关业务的活动；对于上一年度年检中发现的问题在本年度年检中仍未整改到位或重新出现的；向审批机关瞒报、漏报、错报或迟报重要信息的。

（四）从 2017 年年检开始，探索建立《年度学校不规范办学行为问题清单》制度，建立“有问题建账”“整改问题销账”“不整改问题挂账”的工作制度，适时推进问题清单信息公开。

（五）学校发生的违规问题不属于本文件及附件考核检查要点范

围，但属于违法违规行为的，将依据有关规定处理。

（六）年检结论与政府评选表彰和促进支持等政策措施挂钩。

五、有关要求

（一）学校撰写、提供的自查报告和有关资料、档案应如实反映学校的办学情况，杜绝各种形式主义、弄虚作假的现象。对弄虚作假的，一经查实，年检不予通过。通过瞒报方式通过年检的，一经查实，将年检结论修改为“不通过”并向社会公布。

（二）自查报告首页应附诚信承诺书，自查报告需要提供的附件材料需单独装订成册并加盖骑缝章（具体见附件5），审计报告需贴有会计师事务所防伪标。

（三）学校应于2018年2月9日前送交自查报告和相关调查表（A4纸打印，一式1份）、审计报告一式1份。上述纸质材料报送协会，同时将电子版发送至电子邮箱。

（四）年检所需费用由市教委专项经费统一支出。年检期间，学校不得向专家组和工作人员赠送礼品、礼金。专家组要廉洁自律，不得接受学校的礼品、礼金。

协会要提前7天通知有关学校专家组进校考察的时间、考察内容、确定考察的日程安排。有关年检的文件及相关表格等材料可登陆市教委或北京民办教育协会网站下载。

附件：1. 北京民办高校2017年度办学状况年度检查工作领导小组成员名单（略）

2. 北京民办高校2017年度办学状况年度检查工作领导小组办公室主任、副主任名单（略）

3. 北京民办高等学校及其他民办高等教育机构办学状况年度检查考核要点（试用）

4. 2017年度审计任务书（略）

5. 年检自查报告模板（略）

2018年1月9日

附件 3

一、北京民办高等学校及其他民办高等教育机构办学状况年度检查考核要点（试用）

考核项目	考核要点	考核内容	法律法规及相关政策文件依据	考核材料要求	备注
一、依法诚信办学	1. 办学定位	学校应遵守法律法规和相关规定，贯彻党和国家的教育方针，坚持社会主义办学方向和教育公益性原则，培养中国特色社会主义合格建设者和可靠接班人。 学校应自觉树立服务首都意识，按照疏解“非首都功能”要求推进落实相关工作，结合区域经济社会发展，生源结构合理。	1.《民办教育促进法》第三条、第四条 2.《关于加强民办高校规范管理 引导民办高等教育健康发展的通知》 3.《民办高等学校办学管理若干规定》第二条 4. 中央及北京市有关文件精神	自查报告中应说明学校办学定位、办学思路、人才培养目标、在疏解“非首都功能”中的思路及具体措施、北京生源比例。	★学校的办学定位、发展模式等与北京城市战略定位和首都核心功能不相符并无具体思路和措施、生源结构不合理，年检结论为“暂缓通过”或“不通过”。
	2. 招生宣传	学校应将招生简章和广告进行备案，招生应按照备案内容、通过合法渠道进行宣传，不得有虚假、模糊和夸大的宣传。	1.《民办教育促进法》第四十一条、第六十二条第三款 2.《民办高等学校办学管理若干规定》第八条第二款 3.《北京市实施〈民办教育促进法〉办法》第十七条 4.《北京市民办高等教育机构招生简章和广告备案管理办法（试行）》	1. 自查报告中应说明招生的机构设置、人员配置、相关制度及招生宣传的渠道等。 2. 提供印制的招生简章和广告（自查报告附件 1）。	★年度内如发现存在模糊或虚假招生宣传等情况并整改不力造成重大影响，年检结论为“暂缓通过”或“不通过”。

续表 1

考核项目	考核要点	考核内容	法律法规及相关政策文件依据	考核材料要求	备注
一、依法诚信办学	3. 证书发放	学校应依照相关标准向学生发放学历证书、结业证书或者培训合格证书。	1.《民办教育促进法》第二十五条第一款、第六十二条第四款 2.《高等教育法》第十八条、第二十条	自查报告中应说明学校的办学层次、招收学生的类别、有关证书发放的管理办法等。	★年度内如发现违规发放学业证书情况，年检结论为“暂缓通过”或“不通过”。
	4. 规范管理	学校应加强内部管理，规范管理，保障良好的教育教学秩序；不得以各类形式变相出租出借办学资质。	《民办教育促进法》第六十二条第五款、第七款	1. 自查报告应说明内部管理制度、规范管理措施及合作办学情况。 2. 提供仍在执行的合作办学协议复印件（自查报告附件 2）。	★年度内如发生违规合作办学行为或其他管理混乱问题，情况严重的，年检结论为“暂缓通过”或“不通过”。
	5. 名称规范	学校应根据办学层次和定位等确定名实相符的学校名称，民办非学历高等教育机构应做好名称规范工作。	1.《民促法实施条例》第十五条 2.《高等教育法》第二十六条 3.《民办非企业单位登记管理暂行条例》第八条第五款 4.《民办非企业单位名称管理暂行规定》 5.《营利性民办学校名称登记管理有关工作的通知》 6.《北京市教育委员会关于规范民办非学历高等教育机构校名的通知》	存在名称不规范问题的学校在自查报告中应明确修改校名的时间。	★存在名称不规范问题的，年检结论为“暂缓通过”。

续表 2

考核项目	考核要点	考核内容	法律法规及相关政策文件依据	考核材料要求	备注
一、依法诚信办学	6. 办学地址	学校原则上应一校一址，变更办学地址或增设教学地点，应当及时办理审批、备案手续。办学地址应合法有效、稳定，具备符合办学要求的办学条件。	1.《民办高等学校办学管理若干规定》第八条第一、三款 2.《北京市实施〈民办教育促进法〉办法》第二十八条	1. 自查报告中应说明学校的办学地址是否与许可证地址一致、是自有校舍还是租赁、租赁校舍的产权归属及租期等情况、简要介绍办学地址的基本办学条件。 2. 学校是否有多个教学点，是否经批准，设置多个教学点的原因及教学点的基本情况。 3. 提供办学地址及教学点的具有法律效力的租赁合同复印件（自查报告附件 3）。	★存在实际办学地址与许可证地址不一致情况且未报告并不能按时整改的，或未经批准自行增设教学点的，年检结论不可为“通过”，情况严重的，年检结论为“暂缓通过”或“不通过”。

续表 3

考核项目	考核要点	考核内容	法律法规及相关政策文件依据	考核材料要求	备注
二、师生权益保障	7. 学生权益	学校应当依法建立学籍管理制度，对学生实施奖惩，并建立学生申诉处理的机构和制度；应当建立资助困难学生的减补学费制度，及时足额发放国家设立的各项奖助学金及相关补贴；应当依法公示收费项目、收费标准和退费办法，并认真执行相关制度。民办学校应从学费收入中提取不少于 5% 的资金，用于奖励和资助学生。	1.《民办教育促进法》第三十二条、三十七条 2.《高等教育法》第五十四条、五十五条 3.《北京市实施〈民办教育促进法〉办法》第二十五条第一款、第二十九条 4.《国务院关于鼓励社会力量兴办教育 促进民办教育健康发展的若干意见》 5.《北京市民办学校退费指导意见》 6.《民办教育收费管理暂行办法》	自查报告中应说明建立的学籍管理制度、奖惩制度及学校负责申诉处理的机构、人员及工作程序等；具体说明奖助学金的类型、发放人数、发放金额、发放时间等；具体说明负责处理退费的机构、负责人员、退费流程等；具体说明是否从学费中提取 5% 的学费用于奖励和资助学生。	★ 1. 如年度内多次发生学生申请而不依规及时退费等情况的，年检结论不可为“通过”，情况严重的，年检结论为“暂缓通过”或“不通过”。 2. 年度内发生侵害学生其他合法权益行为的，年检结论不可为“通过”，情况严重的，年检结论为“暂缓通过”或“不通过”。

续表 4

考核项目	考核要点	考核内容	法律法规及相关政策文件依据	考核材料要求	备注
二、师生权益保障	8. 教师权益	学校应依法保障教职工合法权益、参与民主管理和监督的权利，调动教师教育教学的积极性，并建立工会组织；应依法为教职工缴纳社会保险和住房公积金；应依法聘任具有任职资格和条件的教师和职员，与聘任的教职工依法签订劳动合同或聘用协议。	1.《民办教育促进法》第二十六条、第三十条 2.《民促法实施条例》第二十三条、第二十四条 3.《北京市实施〈民办教育促进法〉办法》第二十三条	自查报告中应说明保障教职工合法权益、参与民主管理和监督的具体做法；年度内是否发生过拖欠教职工工资情况；为教职工缴纳社会保险和住房公积金的情况介绍。	★ 1. 拖欠教职工工资的，年检结论为“暂缓通过”或“不通过”。 2. 年度内发生侵害教职工其他合法权益行为的，年检结论不可为“通过”，情况严重的，年检结论为“暂缓通过”或“不通过”。
三、内部管理机构	9. 决策机构	学校应依法设立董（理）事会或者其他形式的决策机构，决策机构的组成人员名单应报审批机关备案，决策机构应依法履行职责；把民办高校党组织建设有关内容纳入学校章程，制定党组织参与决策工作机制；民办高校党组织书记进入学校董（理）事会或其他形式决策机构，符合条件的专职副书记进入董（理）事会，党组织书记一般应兼任副校长（副院长）或分管部分行政业务工作。	1.《民办教育促进法》第十九条、第二十条、第二十一条 2.《民促法实施条例》第十九条、第二十条、第五十一条第一款 3.《北京市实施〈民办教育促进法〉办法》第十八条 4.《北京市贯彻落实〈关于加强民办学校党的建设工作的意见（试行）〉实施方案》（京组通〔2017〕43 号）	1. 自查报告中应说明决策机构组成人员是否备案及召开的会议情况。 2. 年度内决策机构召开会议的会议纪要复印件（自查报告附件 4）。	

续表 5

考核项目	考核要点	考核内容	法律法规及相关政策文件依据	考核材料要求	备注
三、内部管理机构	10. 校长履职	校长的履职应符合有关规定。	1.《民办教育促进法》第二十四条 2.《民促法实施条例》第二十一条	提供上一年度年初、年终校长办公会会议纪要复印件（自查报告附件 5）。	
四、资产与财务管理	11. 学校资产管理	学校的资产和收取的学费应由学校依法管理和使用，任何组织和个人不得侵占。	1.《民办教育促进法》第三十六条第一款 2.《高等教育法》第六十四条 3.《民办高等学校办学管理若干规定》第六条第三款	提供审计报告，必要时查阅会计账簿。	★年度内收入未纳入学校账户统一管理和使用的，年检结论为“暂缓通过”或“不通过”。
	12. 举办者义务	学校的举办者应当按时、足额履行出资义务；举办者及关联单位不得抽逃资金或挪用办学经费。当学校净资产低于开办资金时，举办者应及时补足。	1.《民办教育促进法》第六十二条第八款 2.《民促法实施条例》第八条 3.《高等教育法》第六十一条 4.《民办高等学校办学管理若干规定》第六条第一、二款 5.《北京市民办非企业单位年度检查暂行办法》第十一条第六款	提供审计报告，必要时查阅会计账簿。	★年度内发生举办者抽逃资金、举办者及关联单位占用办学经费或净资产低于开办资金且举办者未及时补足，年检结论为“暂缓通过”或“不通过”。

续表 6

考核项目	考核要点	考核内容	法律法规及相关政策文件依据	考核材料要求	备注
四、资产与财务管理	13. 财务管理	学校应依法进行会计核算、编制会计报告，依法进行审计并公布结果，规范资产和财务管理。	1.《民办教育促进法》第三十八条 2.《民促法实施条例》第五十一条第四款 3.《高等教育法》第六十五条 4.《北京市实施〈民办教育促进法〉办法》第二十二条	提供审计报告、对外签订的重大经济合同复印件（资产买卖、出租出赁办学场所及设施、对外投资理财等）（自查报告附件6），必要时查阅会计账簿。	★发生连续多年亏损且负债较高或其他财务管理混乱问题，年检结论为“暂缓通过”或“不通过”。
	14. 提取发展基金	学校应依法从净资产增加额或年度净收益中按照不低于 25% 的比例提取发展基金，用于学校的建设、维护和教学设备的添置、更新等。	《民促法实施条例》第三十七条	提供审计报告，必要时查阅会计账簿。	
五、教育教学管理	15. 教育教学管理	学校应当按照招生简章或广告的承诺开设相应专业、课程，并规范教学管理工作，开展教学检查，保障教育教学质量并保障教学经费投入。学校要按照人才培养目标制定并落实培养方案。	1.《民办教育促进法》第六十二条第五款 2.《民促法实施条例》第二十六条、第五十一条第二款	1. 自查报告中应说明学校的专业设置及开设的课程情况，教学管理工作情况（包括机构、人员、工作制度等），用于教育教学的经费投入情况。 2. 实施学历教育和开展全日制教育的民办高校提供人才培养方案及实施情况（自查报告附件 7）。	

续表 7

考核项目	考核要点	考核内容	法律法规及相关政策文件依据	考核材料要求	备注
六、党建和思想政治教育工作	16. 党建工作	党组织履行全面从严治党主体责任，认真执行党的路线方针政策和决策部署，发挥战斗堡垒作用；党组织机构健全，设置合理，按期换届；严肃党内政治生活，落实“三会一课”、民主生活会和组织生活会、民主评议党员等制度；发展党员程序规范，手续完备；严格教育管理党员，推进“两学一做”学习教育常态化、制度化，及时用党的创新理论武装头脑，引导党员在教书育人环节中发挥示范带动作用。	1.《中国共产党章程》 2.《北京市贯彻落实〈关于加强民办学校党的建设工作的意见（试行）〉实施方案》（京组通〔2017〕43号）	1. 自查报告应说明党组织基本情况，当年党建工作思路、总体要求，加强党建工作的主要措施及实际效果。 2. 提供“三会一课”、民主生活会和组织生活会、民主评议党员等组织生活召开情况记录复印件（自查报告附件 8）。 3. 提供“两学一做”学习教育常态化制度化安排、学习十九大精神记录及党内学习有关记录复印件（自查报告 9）。 4. 提供当年党组织名称变更、隶属关系变更、换届等工作的批件复印件（自查报告附件 10）。	★应建而不建党组织的，年检结论不可为“通过”，视情况，年检结论为“暂缓通过”或“不通过”。

续表 8

考核项目	考核要点	考核内容	法律法规及相关政策文件依据	考核材料要求	备注
六、党建和思想政治教育工作	17. 思想政治工作	党组织领导学校思想政治工作，加强分析研判，及时研究解决重要问题；牢牢掌握意识形态工作领导权，巩固学校思想文化和意识形态阵地；推动社会主义核心价值观进课堂、进教材、进头脑；准确把握学生思想动态，有针对性地做好学生思想政治工作；建立并落实师德师风评估制度，坚决落实师德“一票否决制”；领导和支持工会、教职工（代表）大会、共青团、学生会等群团组织工作；积极开展精神文明创建活动。	1.《中国共产党章程》 2.《北京市贯彻落实〈关于加强民办学校党的建设工作的意见（试行）〉实施方案》（京组通〔2017〕43 号）	1. 自查报告应说明当年开展思想政治工作的基本思路、总体要求、主要措施及实际效果。 2. 提供党组织研究思想政治工作的会议记录复印件（自查报告附件 11）。	
	18. 条件保障	决策机构、校行政领导班子支持党建工作，保证党组织的话语权；党组织有必要的办公场所、设施、设备和活动场所，设党委的有必要的职能部门；党建工作经费纳入学校年度预算，党建和思想政治教育活动有必要的经费保障；辅导员、班主任、思政课教师和党务干部等队伍健全，落实相应待遇。	1.《中国共产党章程》 2.《北京市贯彻落实〈关于加强民办学校党的建设工作的意见（试行）〉实施方案》（京组通〔2017〕43 号）	提供学校决策机构与行政领导班子支持党建工作会议纪要及指示记录复印件；党委职能部门的设置文件复印件；财务年度预算决算复印件；辅导员、班主任、思政课教师和党务干部等队伍名册，辅导员津贴发放表及专兼职党务工作人员待遇发放表复印件（自查报告附件 12）。	

续表 9

考核项目	考核要点	考核内容	法律法规及相关政策文件依据	考核材料要求	备注
七、安全稳定工作	19. 组织领导与条件保障	1. 高度重视维护安全稳定工作，落实安全稳定主体责任，认真贯彻落实中央和市委有关指示精神，定期研判学校安全稳定形势，推动安全稳定各项工作落实到位。 2. 学校设有专门的安全稳定工作部门，院（系）有负责安全稳定工作的干部，聘请有资质的专职保安人员承担校园安全保卫任务。 3. 每年对专兼职保卫干部做好培训。 4. 设立开展校园安全稳定工作的保障经费。 5. 非全日制民办非学历高等教育机构应结合实际加强安全稳定组织保障。	1.《民办高等学校办学管理若干规定》（教育部令 25 号） 2.《北京市实施〈民办教育促进法〉办法》	自查报告中应说明安全稳定工作部门、队伍建设及培训、经费投入等情况。	★民办学历高校和全日制民办非学历高等教育机构无安全稳定工作机构、未配备专职保卫干部的，年检结论不可为“通过”，视情况，年检结论为“暂缓通过”或“不通过”。

续表 10

考核项目	考核要点	考核内容	法律法规及相关政策文件依据	考核材料要求	备注
	20. 维护稳定工作	1. 高度重视意识形态领域工作，及时发现、妥善解决各类敏感问题，积极配合有关机关开展工作，坚决维护国家安全。 2. 做好各类矛盾纠纷排查化解工作，及时发现、妥善解决办学过程中出现的各类矛盾纠纷，坚决防止发生群体性事件、个人极端行为等突出问题。 3. 密切关注、及时掌握师生思想动态和相关网络舆情，有针对性加强教育引导，及时解决涉及师生利益的相关问题，做好相关舆情应对工作，确保师生群体稳定。 4. 认真落实上级和属地要求，认真做好各重要节点维护安全稳定工作。	1、《国家安全法》 2.《民办高等学校办学管理若干规定》（教育部令 25 号） 3.《北京市实施〈民办教育促进法〉办法》	自查报告中应说明是否存在影响稳定的各类矛盾纠纷及采取针对性解决措施情况；重要时期维护校园稳定工作情况。	★本年度发生校园安全稳定突出问题的，年检结论不可为“通过”，造成严重后果的，年检结论为“暂缓通过”或“不通过”。

续表 11

考核项目	考核要点	考核内容	法律法规及相关政策文件依据	考核材料要求	备注
	21. 安全教育管理	1. 校园消防、交通、治安防范、饮食卫生、生产安全等设备设施达到国家、北京市有关标准，确保运行良好。 2. 按照北京市地方标准加强技防系统建设，技防系统维护、更新及时到位。 3. 校园安全管理各方面规章制度健全完备，各项工作措施落实到位。 4. 健全安全隐患定期排查与日常安全检查相结合的工作机制，及时排查整治各类安全隐患。 5. 面向全体师生积极开展安全教育，增强安全意识，提高安全防范技能。 6. 对学校运营管理的网站和信息系统落实信息安全等级防护制度，加强内容发布审核，确保信息安全和内容安全。 7. 加强校园重点部位、实验室、危化品安全管理，协助、配合有关部门开展反恐怖工作，发现恐怖活动嫌疑或者恐怖活动嫌疑人员的，及时向公安机关或者有关部门报告。 8. 非全日制民办非学历高等教育机构应结合实际开展工作。	1.《网络安全法》、《反恐怖主义法》 2.《民办高等学校办学管理若干规定》（教育部令 25 号） 3.《北京市实施〈民办教育促进法〉办法》3. 国家和北京市相关地方标准	自查报告中应说明校园安全基础设施和技防系统建设情况，规章制度建立、安全隐患排查、安全教育开展情况。	★民办学历高校和全日制民办非学历高等教育机构未建立视频监控技防系统和消防设施的，年检结论不可为“通过”，视情况，年检结论可为“暂缓通过”或“不通过”。

续表 12

考核项目	考核要点	考核内容	法律法规及相关政策文件依据	考核材料要求	备注
	22. 应急处置	1. 建立完善突发事件应急总体预案和专项预案。 2. 健全突发事件应急处置组织领导体系和工作机构，建立专兼职应急处置队伍，配备必要应急处置装备。 3. 定期组织相关部门和师生开展应急演练。 4. 突发事件应急处置及时有效，信息报送及时准确。 5. 非全日制民办非学历高等教育机构应结合实际开展工作。	1.《民办高等学校办学管理若干规定》（教育部令25号） 2.《北京市实施〈民办教育促进法〉办法》 3.《中华人民共和国突发事件应对法》	自查报告中应说明突发事件应急总体、专项预案制定情况，应急工作机构、队伍建设和装备情况，演练情况。	★瞒报、漏报、迟报重大突发事件的，年检结论不可为“通过”，视情况，年检结论为“暂缓通过”或“不通过”。

二、全日制及部分非全日制非学历民办高等教育机构安全稳定、食品安全、卫生安全进校检查要点

考核项目	考核要点	分值	考核内容	查阅材料
一、安全稳定	1. 基础工作	1	单独设置安全保卫工作机构，按照 1000 ∶ 1 比例配备专职保卫干部，主管领导及保卫干部取得保卫干部资格证书；所使用的保安人员符合国务院保安服务条例相关规定；安全保卫工作制度健全；各类突发事件应急处置预案齐全；执行情况良好。	查阅保卫干部资格证书、各种安全制度及预案；各类安全制度日常执行的工作记录等。

续表 1

考核项目	考核要点	分值	考核内容	查阅材料
一、安全稳定	2. 安全防范	3	按北京市地方标准（DB11/255–2004）三级风险等级规定的场所、部位安装技术防范设施；有技术防范系统运行维护合同；中控室值守人员具有岗位资格证书，24 小时值班，值班记录齐全，有工作流程和应急预案；监控图像显示清晰、硬盘录像机回放图像清晰、存储时间符合要求；定期开展安全检查，检查记录详细、清楚，检查中发现的安全隐患及时进行整改。	查阅技防系统相关材料、安全检查记录等。
	3. 校园稳定	2	切实深入了解掌握师生思想动态，摸排校园内部各类不安定因素，及时上报各类预警性信息，做好各类矛盾纠纷的预防化解工作；按照安委会通知要求，每月报送的信息及采用数量达标；及时准确报告并积极协助有关部门稳妥处置各类群体性事件；加强对学生的法治安全教育，适时开展各类反恐防爆及安全演练，并留有声像资料。切实提高学生法制意识及安全防范意识，提高学生的自我保护和紧急避险能力；学校应争创“零发案”学校，上一评定年度内学校发生治安、刑事案件及安全生产事故等情况。	查阅按要求报送信息情况、法治教育、各类演练的相关资料、学校上一年度发案情况。

续表 2

考核项目	考核要点	分值	考核内容	查阅材料
一、安全稳定	4. 消防基础工作	3	单位内建筑应依法取得消防合格验收行政许可或备案。单位应建立消防安全管理组织机构并定期召开工作会议。应根据消防法规的规定建立专职消防队、义务消防队，并开展消防安全专项培训。校内建筑消防设施、灭火器材齐备、有效，并每年进行一次检测。提供《电气防火技术检测报告》《建筑消防设施检测报告》。单位内部安全出口、疏散通道保持畅通，指示标志设置明显。在明显位置设置平面疏散示意图；单位应按照消防法和公安部“61 号令”等法律法规的规定建立消防安全基本情况档案和消防安全管理情况档案以及各项消防安全管理制度。	查看会议记录、单位文件、检测报告等，实地检查和抽查。
	5. 消防隐患排查及演练	1	应落实每周、每月的防火安全检查。检查次数符合规定。实行火灾隐患整改责任制，发现的火灾隐患应当立即改正。不能立即改正的火灾隐患，应限定整改期限，整改完毕应当组织验收；单位应制定灭火和应急疏散预案，并定期演练。演练要有声像、文字等记录。	查看防火检查记录及火灾隐患整改制度和整改记录、演练预案、演练记录等。
二、学校食堂食品安全	6. 许可、从业人员及设施布局	4	是否取得有效的食品经营许可证；实际经营地址、经营内容与食品经营许可证上许可内容是否一致。 服务从业人员是否每年进行健康检查，取得健康合格证明；从业人员是否定期接受食品安全教育和培训，是否建立培训档案；从业人员是否穿戴清洁的工作衣帽，并保持个人卫生。 设备布局和工艺流程是否合理，是否擅自改变布局。	学校食堂《餐饮服务许可证》、供餐协议、供餐单位资质证明。食品安全管理人员培训合格证明，从业人员健康管理和培训管理制度，从业人员健康证，从业人员晨检记录，食堂平面布局图。

续表 3

考核项目	考核要点	分值	考核内容	查阅材料
二、学校食堂食品安全	7. 粗加工间、操作间及餐饮具消毒	3	粗加工间：动物性食品、植物性食品、水产品 3 类食品原料是否分开清洗，水池数量或容量与加工食品的数量相适应。各类水池、容器、加工工具是否以明显标识标明其用途。 操作间：操作环境是否整洁；地面、墙壁、设备设施是否符合保证食品安全的要求。冰箱内食品原料、半成品、成品是否分开存放。 餐饮具消毒：餐饮具消毒设施是否正常运转；盛放直接入口食品的容器，使用前是否洗净、消毒；已消毒的餐饮具是存放在密闭保洁柜中并有明显标记。	关键环节操作规程，餐厨废弃物处置管理制度。
	8. 库房、食品及食品原料等安全管理	3	食品仓库是否符合贮存条件；食品是否分类，分架，隔墙隔地存放，各类食品是否有明显标志；是否建立仓库进出库专人验收登记制度，做到勤进勤出，先进先出，定期清仓检查；食品成品、半成品及食品原料是否做到分开存放，是否存在食品与药品、杂品等物品混放；食品添加剂是否设置了单独的存放区域，进出库及使用是否有详细记录。 是否严格执行食品及原料、食品添加剂、食品相关产品进货查验和索证索票制度并建立台账。	食品、食品添加剂、食品相关产品采购索证索票、进货查验和台账记录、食品添加剂使用记录。

续表 4

考核项目	考核要点	分值	考核内容	查阅材料
三、卫生安全	9. 生活饮用水	4	自备水井、二次供水有卫生许可证。学校使用的涉水产品有省级以上卫生行政部门颁发的涉水产品批件。水质消毒设备正常运转并有巡视检查记录。学校近 12 个月内未发生水污染事件。	学校自备水井或二次供水卫生许可证、学校使用涉水产品的省级以上卫生行政部门颁发的涉水产品卫生许可批件、水质消毒设备正常运转巡视检查记录、近 12 个月辖区卫生行政部门检查记录。
	10. 医疗机构与传染病管理	4	全日制教育机构应设置校内医疗机构，并具有合法、有效的《医疗机构执业许可证》；医疗机构实际提供服务的诊疗项目与《医疗机构执业许可证》核准的诊疗项目相符；各类卫生技术人员均取得执业资格，注册地点在本院，按照本人执业范围开展诊疗活动；按要求分类收集医疗废物，医疗废物盛放容器符合要求，医疗废物暂存地点和条件符合要求，暂存不超过 2 天。学校建立校长负责制，主管学校传染病防控工作，有传染病防控工作应急预案，有传染病报告制度、消毒隔离制度、接种证查验制度等，有专人负责传染病疫情报告，有晨午检、因病缺课、追访、复课登记、日常巡查、消毒等相关记录；学校入学有体检记录；学校近 12 个月内未发生因瞒报、漏报、迟报或措施落实不力而导致的传染病暴发事件。	《医疗机构执业许可证》、学校医务人员的相应《职业证书》或《卫生技术专业职称证书》、医疗废物处置记录、学校传染病疫情报告登记本、新生入学体检记录、近 12 个月辖区卫生计生行政部门检查记录。

续表 5

考核项目	考核要点	分值	考核内容	查阅材料
	11. 教学及生活环境	2	一年内新购进的人造板课桌椅、实验台，应有省级卫生部门出具的甲醛释放量检测报告、且结果符合国家卫生标准。学校宿舍应符合《学生宿舍要求及管理规范》（GB31177–2014）要求。	人造板课桌椅、实验台的供货厂家向学校提供的近 12 个月内在省级卫生机构检测报告书的复印件。

备注：1.“安全稳定”项目得分大于或等于 8.5 分可评为通过，年检年度内出现因违规办学、虚假招生宣传等行为导致重大群体访或出现重大安全责任事故、重大刑事（治安）案件、重大火灾等，此项目为不通过。

2.“食堂食品安全”“卫生安全”项目得分大于或等于 8 分可评为通过。

3. 此三项项目有一项评分不通过，且在规定时间内未完成整改，当年年检结论为“暂缓通过”或“不通过”；如在规定时间内完成整改，当年年检结论为基本通过。

北京市教育委员会

关于做好 2018—2019 学年民办高校招生简章和广告备案工作的通知

京教民〔2018〕4 号

各民办普通高校、独立学院、民办非学历高等教育机构：

为进一步加强本市民办高校管理，规范招生宣传工作，促进民办高等教育健康发展，根据《中华人民共和国民办教育促进法》《民办高等学校办学管理若干规定》（教育部令第 25 号）《国务院关于第三批取消中央指定地方实施行政许可事项的决定》（国发〔2017〕7 号）和《北京市民办高等教育机构招生简章和广告备案管理办法》（京教高〔2007〕2 号）等有关法律法规规定，2018—2019 学年本市继续实施民办高校招生简章和广告备案工作。现将有关事项通知如下：

一、备案范围

凡经我委批准设立或管理的，持有效的《办学许可证》和《法人登记证》，2018—2019 学年具有招生资格的民办普通高校、独立学院、民办非学历高等教育机构（以下简称“民办高校”）发布招生简章和广告，均要进行备案。

民办高校在本市或外省（自治区、直辖市），通过报刊、广播、电视、互联网、户外广告、未经出版的印刷品及影像资料等媒介，以刊登、播放、张贴、散发、邮寄等方式发布的 2018—2019 学年秋季及春季招生简章、广告、报考指南、入学通知等各种形式的招生及办学宣传信息，均为备案内容。

二、备案内容要求

民办高校招生简章和广告内容必须真实、准确、客观、合法，要符合以下几项要求：

（一）学校总体情况的介绍要明确、具体

1. 学校名称、办学地址、办学类型、办学内容、举办者、校长等信息应与《办学许可证》一致，如发生变更，须到我委办理变更手续。学校办学类型包括民办本科学校（含独立学院）、民办高等职业学校、民办非学历高等教育机构等。办学内容包括全日制普通本科、高等职业教育、高等教育培训（含高等教育自学考试助学）、短期或业余培训、函授教育等。招生宣传的主体必须是民办高校，不得以内设机构（如二级学院）名义单独进行宣传。

2. 有关办学条件、教学活动的图片要使用本校及本校师生员工的实景照片，不得使用电脑合成的图片；使用的图片要有文字说明，选用人物图片要征得本人同意使用。不得以国家机关工作人员的名义进行招生宣传，招生简章和广告中不得使用国家领导人及其他国家机关工作人员的照片。

3. 学校的获奖项目要注明获奖时间和评选单位名称，招生简章和广告主要宣传教育行政主管部门或政府其他行政管理部门组织评选的奖项，由非政府部门评选的奖项应主要宣传近三年（2015 年以来）取得的，数量不得超过所宣传获奖项目总数的 50%。

4. 招生宣传内容不得含有虚假、模糊、夸大的信息，不得对学生和家长产生误导。不得回避、混淆学历教育与非学历教育的区别。举办非学历教育的民办普通高校、独立学院，要将学历教育与非学历教育的招生简章和广告分别制作、发布和备案。非学历教育招生简章和广告在专业设置、证书颁发等内容上要严格区别于学历教育，不得标注北京教育考试院统一编制的普通本（专）科招生“学校代码”“专业代码”等内容。不具有学位授予权的学校使用学生穿学位服的图片，须根据学校办学实际情况附加有关通过自考等取得学位的文字说明。

不得使用“最大”“最好”“第一”等描述性用语，不得使用“100%考试通过率”“入学即签订就业协议”“100%就业率”“高薪就业，一步到位”等承诺性用语。不得对学校办学条件、师资力量及学生就业前景、薪金水平等做虚假、夸大宣传。

（二）招生专业的介绍要明晰、详实

1. 招生类别要明确分为本（专）科学历教育、高等教育自学考试助学、培训、其他文化教育等。

2. 学习形式要明确分为全日制教育、业余培训、短期培训、函授（或远程网络）教育等。

3. 学校要根据招生类别和学习形式，分别介绍普通本（专）科专业、高等教育自学考试助学专业、学校自设培训专业、资格（等级）证书培训专业、中外合作办学项目、中外校际交流项目等（专业介绍一览表参考格式见附件 2）。

4. 非学历高等教育机构举办培养目标是护士的护理类专业培训，招生对象须具有中等卫生学校毕业证书。

（三）根据招生类别分别介绍学业证书类别，应说明颁发主体及颁发办法

1. 被录取到普通本（专）科统招专业学习的学生，学习期满，成绩合格，由学校颁发国家承认学历的普通高校本（专）科毕业证书。

2. 参加高等教育自学考试助学的学生，由学校组织参加（或自行参加）北京市高等教育自学考试，通过专业考试计划规定的全部课程，由北京市高等教育自学考试委员会颁发国家承认学历的本（专）科毕业证书。

3. 参加学校自设培训专业学习的学生，学习期满，成绩合格，由学校颁发结业证书。

4. 参加资格（等级）证书课程培训的学生，经相关部门或行业组织的考试，成绩合格，可获得相应的资格（等级）证书。

5. 学校举办本科以上中外合作办学机构或项目，须经教育部批准；举办本科以下中外合作办学机构或项目，须经北京市教委批准。参加中外合作办学的学生，取得证书的类别与办法应与有关批准文件一致。

民办普通高校、独立学院在本校办学层次内开展面向计划内学生的中外校际交流项目（如“2+1”“2+2”“3+1”项目），不得使用“预科”“直升”“直通”“连读”等承诺性用语。校际交流项目要取得国（境）外院校证书，证书认证工作应提前按教育部留学服务中心要求办理相关手续。

6. 学校与国内普通高等学校合作举办的成人高等学历教育校外教学站必须经我委2015年检查合格，与教育部现代远程教育试点高校合作设置的校外学习中心必须经我委2017年度检查评估合格。要按照主办高校相关要求，发布主办高校成人高等学历教育校外教学站，或教育部现代远程教育试点高校校外学习中心的招生信息；不得以任何形式以承办校名义发布相关招生信息。相关“校外教学站”“校外学习中心”的招生信息不作为承办校的招生信息备案。

（四）招生简章和广告应载明的其他内容

1. 收退费标准和办法。学历教育的收费项目和标准试行分类管理，城区内的学历教育收费项目须经市发展改革委批准；城区以外民办高校学历教育收费标准，实行市场调节价管理，具体学费、住宿费标准由民办高校自主确定，相关信息报市价格、教育行政主管部门备查。非学历教育的收费项目和标准由学校在所属区发展改革委备案。收费项目和标准应与有关部门审批或备案的内容一致，退费办法应符合《北京市民办学校退费指导意见》（京教民〔2012〕1号）的要求。经批准的中外合作办学机构和项目收费按照有关规定执行。

2. 学校办学许可证编号。

3. 公示网站 :http://jw.beijing.gov.cn

三、工作程序

（一）各民办高校印制的招生简章和广告，应在学校官方网站登载。招生简章和广告由学校法定代表人签发，对其真实性、合法性负责，并承担相应法律责任。学校要在招生简章和广告发布后15日内，将所发布的招生简章和广告等备案材料送达北京民办教育协会（海淀区北四环中路269号3号楼301房间）。

1. 学校提供下列纸质备案材料：

（1）招生简章和广告（一式2份），需加盖学校公章（骑缝章）；学校招生宣传内容若包含视频短片，应报送视频光盘（一式1份）。（招生简章和广告电子文档要发送到北京民办教育协会的指定邮箱，应含文字、图片等内容，应为word文档。）

（2）有效的《办学许可证》（副本）和《法人登记证》（副本）复印件各一份。

（3）民办学校学历教育收费标准的批复文件复印件或备查表、《民办学校非学历教育收费标准备案表》复印件（一式1份，需加盖学校公章）。

（4）《备案表》（一式2份，需加盖学校公章）。

2. 学校提供下列证明材料，若往年已提供过相同材料且仍在有效期内，则无需重复报送。

（1）招生简章和广告内容涉及中外合作办学的，要提交教育部或我委有关批准文件的复印件；与国（境）外学校开展学分互认等中外校际交流项目的，要提交相关合作协议（中文）复印件，参加学生为计划内学生的证明，及教育部留学服务中心同意认证的证明。申请备案的招生简章和广告内容涉及招收外国留学生的，应按照相关规定提前办理招收外国学生的备案手续。

（2）招生简章和广告中涉及与用人单位开展联合办学、订单培养、推荐就业等，要提供加盖双方单位公章的有效合作协议，协议签署有效期要涵盖本期所招学生毕业时间。

（3）招生简章和广告中涉及到的获奖项目，需提交相关的评奖结果文件或获奖证书复印件。

（4）招生简章和广告中涉及聘请具有一定知名度的外单位教师，需提交聘书或学校聘用文件复印件。聘书或聘用文件应注明聘用期限，聘用期限应涵盖本期所招学生就读期间。

（5）其他能够证明招生简章和广告内容真实性的合法、有效证明材料。

（二）市教委将加强民办高校招生简章和广告备案工作的事中事后监管，加大对违规发布招生简章和广告行为的查处力度，把招生简章和广告的备案及招生活动情况列入年度检查的重要考核项目。对发布违规、虚假招生简章和广告，招生管理混乱，造成恶劣社会影响的学校，将依法予以严肃处理。

四、备案受理时间和地点

（一）受理时间

每星期一至星期五 9：00—12：00，13：30—16：30。

（二）受理地点

办公地点：海淀区北四环中路 269 号 3 号楼 301 房间北京民办教育协会

五、备案管理机关和地点

我委作为北京市民办高校招生简章和广告备案管理机关，负责招生简章和广告的备案管理工作。

办公地点：西城区前门西大街 109 号 806 室

附件：1. 2018—2019 学年北京市民办高校招生简章和广告备案表（略）

2. 专业介绍一览表参考格式（略）

2018 年 5 月 11 日

北京市教育委员会

关于公布2017年度民办高等学校及其他民办非学历高等教育机构办学状况年度检查结果的通知

京教函〔2018〕322号

各民办普通高校、独立学院、民办非学历高等教育机构：

2017年度民办高等学校及其他民办非学历高等教育机构办学状况年度检查已于近期完成，现予以公布结果，并就有关事项通知如下。

一、年检结果

参加2017年度办学状况年度检查的民办高等学校及其他民办非学历高等教育机构共78所，另有3所学校未按要求参加年检。参加年检的学校中包括11所民办普通高校、5所独立学院及62所民办非学历高等教育机构。市年检工作领导小组委托专家组对学校提交的自查报告、办学状况调查表及2017年度财务审计报告等材料进行审核，委派专家组对12所学校进行进校考察，并会同相关部门对开展全日制教育及为短期培训学生提供餐饮住宿服务的非全日制教育的31所民办非学历高等教育机构进行卫生安全、食品安全和安全稳定的专项检查。25所学校年检结论为“通过”等次，36所学校为“基本通过”等次，15所学校为“暂缓通过”等次，5所学校为“不通过”等次（具体情况见附件）。

二、年检结果的使用

（一）对于年检结论为“通过”和“基本通过”等次的学校，准予在 2018—2019 学年度招生。

（二）对于年检结论为“暂缓通过”等次的学校，要求在一年内限期整改，整改期间暂停招生活动。学校应针对目前存在的问题，制定切实可行的方案和措施，认真整改，在整改期限内达到要求，准予恢复招生。

（三）对于年检结论为“不通过”等次的学校，要求停止招生活动，加紧处理存在的问题，切实维护学校的安全稳定。

三、按期办理办学许可证年检及延续手续

（一）年检结论为“通过”和“基本通过”等次的学校，应于 7 月 7 日前携带办学许可证副本原件到市教委加盖年检合格戳记。

（二）办学许可证已到期的学校如办理有效期延续手续，到指定邮箱查看申请材料要求，按要求申报材料，经审核通过后办理有效期延续。

（三）年检结论为“暂缓通过”等次的学校，在整改期间暂停办理办学许可证加盖戳记及延续手续；年检结论为“不通过”且办学许可证已到期的学校，停止办理有效期延续手续，并应于 6 月 30 日前将办学许可证正、副本原件交回市教委。

（四）办理办学许可证年检手续地址：西城区前门西大街 109 号民办高等教育处 804 房间。

附件：2017 年度民办高等学校及其他民办非学历高等教育机构办学状况年度检查结果一览表

2018 年 6 月 19 日

附件

2017 年度民办高等学校及其他民办高等教育机构办学状况年度检查结果一览表

一、民办普通高校及独立学院（16 所）

学校名称	办学许可证号	年检结论
北京城市学院	011010800000010	通过
北京吉利学院	011011400000020	通过
首都师范大学科德学院	111010000000010	通过
北京工商大学嘉华学院	111010000000020	通过
北京工业大学耿丹学院	111010000000040	通过
北京第二外国语学院中瑞酒店管理学院	111010000000050	通过
北京邮电大学世纪学院	111010000000030	基本通过
北京汇佳职业学院	111010010000010	通过
北京培黎职业学院	111010010000020	通过
北京经贸职业学院	111010010000060	通过
北京经济技术职业学院	111010010000080	通过
北京艺术传媒职业学院	111010010000090	通过
北京网络职业学院	111010010001000	通过
北京科技经营管理学院	111010010000030	基本通过
北京科技职业学院	111010010000070	基本通过
北京北大方正软件职业技术学院	111010010000050	不通过

二、全日制民办非学历高等教育机构（32 所）

学校名称	办学许可证号	年检结论
北京现代音乐研修学院	111010020000050	通过
北京航空旅游专修学院	111010020000170	通过
北京演艺专修学院	111010020000640	通过
北京应用技术专修学院	111010020000030	基本通过
北京工商管理专修学院	111010020000070	基本通过
北京文理研修学院	111010020000110	基本通过
北京国际标准舞研修学院	111010020000120	基本通过
北京财经专修学院	111010020000130	基本通过
北京北大资源研修学院	111010020000140	基本通过
北京东方文化艺术研修学院	111010020000180	基本通过
北京涉外经济专修学院	111010020000320	基本通过
北京明园研修学院	111010020000330	基本通过
北京影视研修学院	111010020000360	基本通过
北京经贸研修学院	111010020000390	基本通过
北京华嘉专修学院	111010020000440	基本通过
北京新亚研修学院	111010020000460	基本通过
北京华夏管理研修学院	111010020000480	基本通过
北京瀚林职业研修学院	111010020000610	基本通过
北京高等秘书研修学院	111010020000040	暂缓通过
北京八维研修学院	111010020000060	暂缓通过

续表

学校名称	办学许可证号	年检结论
北京民族大学	111010020000080	暂缓通过
北京世华管理专修学院	111010020000090	暂缓通过
北京建设大学	111010020000100	暂缓通过
北京人文大学	111010020000260	暂缓通过
现代管理大学	111010020000340	暂缓通过
北京美国英语语言学院	111010020000470	暂缓通过
北京企业管理研修学院	111010020000490	暂缓通过
北京珠宝首饰研修学院	111010020000041	暂缓通过
北京黄埔大学	111010020000280	不通过
北京东方大学	111010020000310	不通过
北京兴华大学	111010020000430	不通过
北京世贤研修学院	111010020000061	不通过

三、非全日制民办非学历高等教育机构（33所）

学校名称	办学许可证号	年检结论
北京金融研修学院	111010020000010	通过
北京国际青年研修学院	111010020000190	通过
北京彼得·德鲁克管理研修学院	111010020000240	通过
北京机械工程师进修学院	111010020000250	通过
北京东方老年研修学院	111010020000400	通过
中关村创新研修学院	111010020000420	通过

续表 1

学校名称	办学许可证号	年检结论
北京经济研修学院	111010020000590	通过
北京翻译研修学院	111010020000620	通过
北京民生财富研修学院	111010020000630	通过
北京礼仪专修学院	111010020000051	通过
北京计算机专修学院	111010020000020	基本通过
北京京海研修学院	111010020000150	基本通过
中国教育国际交流研修学院	111010020000200	基本通过
北京逻辑语言研修学院	111010020000210	基本通过
北京管理软件进修学院	111010020000290	基本通过
北京华大研修学院	111010020000350	基本通过
北京美容研修学院	111010020000410	基本通过
北京韩红艺术研修学院	111010020000500	基本通过
中国现代教育研修中心	111010020000510	基本通过
北京盛唐研修学院	111010020000520	基本通过
北京当代艺术研修学院	111010020000530	基本通过
北京军地专修学院	111010020000540	基本通过
北京摄影函授学院	111010020000560	基本通过
北京经济技术研修学院	111010020000570	基本通过
北京长城研修学院	111010020000600	基本通过
北京国际汉语研修学院	111010020000650	基本通过

续表2

学校名称	办学许可证号	年检结论
北京商务研修学院	111010020000071	基本通过
北京高等珠宝研修学院	111010020000081	基本通过
北京东方研修学院	111010020000160	暂缓通过
北京心理学研修学院	111010020000220	暂缓通过
北京汉语国际推广中心	111010020000230	暂缓通过
中国农民大学	111010020000270	暂缓通过
北京蒙代尔企业家研修学院	111010020000450	暂缓通过

德　育

北京市教育委员会文件选编

（2018）

北京市教育委员会

关于建设学习贯彻党的十九大精神“特色示范课堂”的通知

京教函〔2018〕25号

各区教委：

为深入学习贯彻党的十九大精神，落实立德树人根本任务，深入推动习近平新时代中国特色社会主义思想进教材、进课堂、进头脑，按照教育部办公厅《关于建设学习贯彻党的十九大精神“万个示范课堂”的通知》（教社科厅函〔2017〕49号）要求，市教委决定在全市中小学建设学习贯彻党的十九大精神优秀教师“特色示范课堂”。现将有关工作通知如下：

一、指导思想

贯彻落实党的十九大精神，以习近平新时代中国特色社会主义思想为指导，全面贯彻党的教育方针，落实立德树人根本任务。充分发挥课堂主渠道育人作用，引导教育系统广大党员干部和师生员工牢固树立“四个意识”，坚定“四个自信”，坚持“四个服务”，努力培养担当民族复兴大任的时代新人。

二、建设目标

通过中小学优秀教师“特色示范课堂”建设活动，将党的十九大有关精神和内容有机融入到道德与法治、思想政治课及语文、历史等学科课堂教学中，使广大中小学生进一步了解党史国情，培养学生爱党爱国爱人民，增强国家意识和社会责任意识，了解中华优秀传统文化、革命文化及社会主义先进文化，准确理解和把握社会主义核心价值观的深刻内涵和实践要求，养成良好政治素质、道德品质、法治意识和行为习惯，促进学生健康成长和全面发展，为学生成长奠定坚实的思想基础。

三、主要内容

（一）以道德与法治、思想政治课为主要学科，充分挖掘课程思想内涵，密切联系学生生活实际，特别关注学生的情感体验和道德实践，将党的十九大精神特别是习近平新时代中国特色社会主义思想全面落实到课堂教学中。全市计划建设 200 堂道德与法治、思想政治“特色示范课堂”。

（二）以语文课、历史课为重点学科，有效利用课程中语言文字、传统文化、史实材料等丰富的思想道德教育因素，潜移默化地对学生进行正确的世界观、人生观、价值观的教育引导，将习近平新时代中国特色社会主义思想全面落实到课堂教学中。全市计划建设 100 堂语文“特色示范课堂”和 100 堂历史“特色示范课堂”。

四、工作要求

（一）高度重视。“特色示范课堂”建设是贯彻落实党的十九大精神的具体举措，是落实立德树人根本任务的重要内容，是加强课程建设、提升课堂教学水平的有力抓手。各区教委和教研部门要高度重视，将“特色示范课堂”建设工作纳入学习宣传贯彻党的十九大精神总体工作安排。各区教委、教研部门应通力合作，将行政发动与专业引领有机结合，推动“特色示范课堂”建设在小学、初中、高中不同学段和区域内所有学校全覆盖。

（二）认真组织。各区要按照市教委统一部署，认真组织，研究制定切实可行、操作性强的实施办法，并明确时间表和路线图。3 月 15 日前，各区教委和教研部门要进行专题部署；3 月 15 日至 4 月底，各区组织推进区（校）一级“特色示范课堂”建设；5 月 10 日前，各区按照名额分配表（附件 1），向市教研部门报送承担市级“特色示范课堂”教师情况登记表（附件 2）、教学设计（附件 3）、教学课件（含教学资源）等；6 月底前，在市区教研部门的指导下，向市教研部门上报市级“特色示范课堂”的实录光盘5份，并将教师情况登记表、教学设计、教学课件等刻录在光盘中，课堂实录由区信息中心（电教馆）或学校，依据技术标准（附件4）录制。

（三）加强指导。市区教研部门要加强业务指导，指导相关学科优秀教师在深刻领会习近平新时代中国特色社会主义思想重大意义、丰富内涵、科学体系、实践要求基础上，结合学科特点和不同学段目标，打造“特色示范课堂”，并适时组织交流研讨展示活动。在日常教学研究、研讨等活动中，认真落实学科德育指导纲要有关要求。加大教师培训力度，引导广大教师牢固树立“四个意识”，坚定“四个自信”，坚持“四个服务”，在政治立场、政治方向、政治原则、政治道路上同以习近平为核心的党中央保持高度一致，把思想和认识统一到党的十九大精神上来，把智慧和力量凝聚到实现党的十九大确定的目标任务上来，自觉维护以习近平同志为核心的党中央权威和集中统一领导。

（四）注重宣传。各区要加强对“特色示范课堂”的宣传，努力营造学习宣传贯彻党的十九大精神的良好氛围。在工作推进过程中，各区教委和教研部门要结合课堂教学改革，认真总结和梳理区域和学校在“特色示范课堂”建设中的典型经验和做法，通过组织课堂教学观摩展示、交流研讨等活动，推出一批优秀课例，推广一批优秀教师的课堂教学改革经验成果，带动更多老师成为“四有”好老师和“四个引路人”，整体提升全市中小学教师专业素养和课堂教学水平。

附件：1. 优秀教师“特色示范课堂”名额分配表

2.“特色示范课堂”教师情况登记表（略）

3. 教学设计（略）

4. 视频拍摄制作技术标准（略）

2018年1月15日

附件1

优秀教师“特色示范课堂”名额分配表

序号	区	道德与法治（小学）	道德与法治/思想政治（中学）	语文（含中小学）	历史（中学）
1	东城区	10	14	10	10
2	西城区	10	14	10	10
3	朝阳区	10	14	10	10
4	海淀区	10	14	10	10
5	丰台区	6	10	8	8
6	石景山区	6	8	6	6
7	门头沟区	2	2	4	4
8	房山区	3	4	4	4
9	通州区	3	6	4	4
10	顺义区	6	12	8	8
11	昌平区	3	6	4	4
12	大兴区	2	6	4	4
13	平谷区	2	2	4	4
14	怀柔区	2	2	4	4
15	密云区	2	2	4	4
16	延庆区	2	2	4	4
17	燕山地区	1	2	2	2
合计		80	120	100	100

北京市教育委员会

转发《教育部关于加强大中小学国家安全教育的实施意见》的通知

京教职成〔2018〕11 号

各区教委、各职业院校：

现将《教育部关于加强大中小学国家安全教育的实施意见》（教思政〔2018〕1 号）转发给你们，并提出以下意见请一并贯彻执行。

一、高度重视，扎实推进国家安全教育工作。各区教委、各职业院校接到通知后，要召开一次领导班子会议，结合深入学习党的十九大精神和习近平总书记总体国家安全观，按照《实施意见》的各项部署和工作要求，制定本单位推进国家安全教育工作计划和年度工作安排。形成校领导牵头、各院系（专业）实施、班级辅导员（班主任）负责三级推进机制。校党委（总支、支部）监督执行，确保国家安全教育工作在院校全面推进。近期，各校要及时开展一次面向全体师生的国家安全教育讲座，同期启动全校国家安全教育工作。

二、要将国家安全教育纳入学生职业素养培养体系。紧密结合贯彻落实我市《提升中职学生职业素养的指导意见》，将国家安全教育融入职业院校“一校一品”优秀德育品牌建设、“文明风采”等德育主题活动，作为提升学生职业素养的重要内容。

三、认真做好国家安全教育进课堂的各项准备工作。要选择经验丰富、工作负责的教师任课，并指导其他任课教师将国家安全教育体现在平时授课之中。

四、多形式开展国家安全教育。利用学校宣传栏、楼道墙面、校园网、校园广播、图书馆等开展多种类型的宣传活动，建立必要的学习宣传园地，有条件的院校可以建立必要的师生教育体验基地。要将国家安全教育工作融入学校各项活动中，努力做到“事事、处处、时时”覆盖平时工作之中。

2018 年 5 月 16 日

教育部

关于加强大中小学国家安全教育的实施意见

教思政〔2018〕1 号

各省、自治区、直辖市教育厅（教委），新疆生产建设兵团教育局，部属各高等学校：

为深入贯彻党的十九大精神和习近平总书记总体国家安全观，落实党中央关于加强大中小学国家安全教育有关文件精神和“将国家安全教育纳入国民教育体系”的法定要求，结合教育系统实际，现就做好大中小学国家安全教育相关工作提出以下实施意见。

一、总体要求和目标任务

（一）深刻认识加强大中小学国家安全教育的重要性。党中央高度重视国家安全，将坚持总体国家安全观纳入新时代坚持和发展中国特色社会主义的基本方略并写入党章。党的十九大报告强调要加强国家安全教育，增强全党全国人民国家安全意识，推动全社会形成维护国家安全的强大合力。加强大中小学国家安全教育，使广大学生牢固树立国家安全意识，是立德树人的重要任务，是全民国家安全教育的重要内容，是党和国家的一项基础性、长期性、战略性工程，事关人民安居乐业，事关党和国家兴旺发达、长治久安。

（二）准确把握加强大中小学国家安全教育的总体要求。全面贯彻落实党的十九大精神，以习近平新时代中国特色社会主义思想为指导，坚持和加强党对国家安全教育的领导，全面落实党的教育方针，服务统筹推进“五位一体”总体布局和协调推进“四个全面”战略布局，牢固树立和认真贯彻总体国家安全观，坚持“系统设计、整体谋划，尊重规律、注重实效，部门联动、协同推进”的工作原则，以国家安全战略需求为导向，弘扬爱国主义主旋律，夯实国家安全人才基础，构建国家安全教育体系，为实现“两个一百年”奋斗目标、实现中华民族伟大复兴的中国梦提供坚实的国家安全教育保障。

（三）全面落实加强大中小学国家安全教育的目标任务。构建中国特色国家安全教育体系，把国家安全教育覆盖国民教育各学段，融入教育教学活动各层面，贯穿人才培养全过程，实现国家安全教育进学校、进教材、进头脑，提升学生国家安全意识，提高维护国家安全能力，强化责任担当，筑牢国家安全防线，培养德智体美全面发展的社会主义建设者和接班人，培养担当民族复兴大任的时代新人。

二、重点工作

（一）构建完善国家安全教育内容体系。深刻阐释总体国家安全观，教育部牵头制定《大中小学国家安全教育指导纲要》，明确提出国家安全教育的目标，科学设置教育教学的整体架构和主要内容，提出各学段具体的教育内容要求，贯彻落实宪法和国家安全法的精神和原则。各地教育行政部门根据《指导纲要》制定相应的实施办法，各学校要做好教学安排。小学生应了解国家安全基本常识，增强爱国主义情感；中学生应掌握国家安全基础知识，增强国家安全意识；大学生应接受国家安全系统化学习训练，增强维护国家安全的责任感和能力。

（二）研究开发国家安全教育教材。教育部编制国家安全教材编审指南，明确各学段教材编审原则。在大学现有相关课程中丰富和充实国家安全教育的内容，组织编写高校国家安全专门教材。组织修订中小学相关教材，语文、思想政治、道德与法治、历史、地理、信息技术等课程要强化政治安全、经济安全、国土安全、社会安全、生态安全、网络安全教育，充分体现国家安全意识。开展优秀国家安全教育教材相关评选和奖励。

（三）推动国家安全学学科建设。设立国家安全学一级学科。依托普通高校和职业院校现有相关学科专业开展国家安全专业人才培养。教育部遴选一批有条件的高校建立国家安全教育研究专门机构，设立相关研究项目，为国家安全教育教学和相关学科建设奠定基础。各地教育行政部门和高校可结合实际培育建设相关研究机构，组织开展相关研究。

（四）改进国家安全教育教学活动。各地教育行政部门和学校要积极发挥课堂教学主渠道作用，改进教育教学方式方法，组织国家安全教育公开课，运用“两微一端”等新媒体手段，结合政治、德育、历史、语文等相关学科内容强化国家安全教育。依托少先队、共青团、学生党支部、学生会、学生社团等组织，开展知识竞赛、演讲比赛、文艺表演、社会实践等形式多样的国家安全教育主题活动。规范学生成人仪式宣誓词，增加维护国家安全方面内容。充分利用全民国家安全教育日、《国家安全法》颁布实施等重要时间节点，组织面向大中小学生的系列特色教育活动，确保总体国家安全观入脑入心。

（五）推进国家安全教育实践基地建设。统筹利用现有资源，鼓励支持各地遴选建设一批符合总体国家安全观要求的综合性教育实践基地、满足不同领域国家安全教育需求的专题性教育实践基地。推动相关教育实践基地改造升级，以适应总体国家安全观教育实践需要。会同有关部门、地区指导教育实践基地发挥特色优势，通过讲座展览、网上展示、实践体验、书籍资料等多种形式，增强对大中小学生的吸引力和传播力，不断提高宣传教育的能力和水平。

（六）丰富国家安全教育资源。创新方式方法和平台载体，充分发挥互联网优势，建立国家安全教育案例库，分级分类开发在线课程。结合不同地区、不同领域、不同学段特点，分别编写国家安全教育读本。充分借助社会力量，组织或参与开发体现国家安全教育要求的音乐、美术、戏剧、影视、动漫、游戏等作品，增强教育的吸引力、感染力、影响力。

（七）加强国家安全教育师资队伍建设。积极推进国家安全教育专业教师培养工作。学校在教师招聘环节要加强对国家安全知识和责任意识的考核。教育行政部门和学校分级开展教育行政管理者专题培训。重点培育和选拔一批国家安全教育教学名师，打造一支以专业教师为骨干、专兼结合的国家安全教育师资队伍。在各级教师培训计划中增加国家安全教育教学培训内容。指导各地有效开展面向全体教师的总体国家安全观教育教学培训。

（八）建立健全国家安全教育教学评价机制。教育行政部门对学校、学校对内设机构进行工作考核、奖励时，要充分考虑其国家安全教育工作成绩。把教师开展国家安全教育工作的表现纳入绩效考核，作为职称晋升和评优的重要参考。把学生参与国家安全教育活动及相关课程学习情况纳入综合素质档案，作为评优评先等重要参考。研究提出评价学生国家安全意识和维护国家安全能力的指标体系和方式方法，组织开展教育教学效果评估。

三、组织保障

（一）加强组织领导。教育部统筹协调教育系统各学段国家安全教育工作，会同有关部门推动解决重点难点问题。各地教育行政部门要认真落实学生国家安全教育各项任务要求，会同相关部门研究制定大中小学国家安全教育规划，明确目标任务、责任主体、考核指标、保障措施；要定期研究国家安全教育工作，主动向上级教育部门、本级党委汇报国家安全教育工作情况，加强与相关部门协作配合，形成党委和政府领导、教育行政部门主导、其他部门协作、学校组织实施的工作格局。

（二）强化业务指导。教育部牵头成立全国国家安全教育指导委员会，开展国家安全教育教学的研究、咨询、指导、评估、服务等工作。组织开展高校国家安全教育教材和中小学教材修订审查。各地教育行政部门和学校通过开展典型培养、评优评先、学术研讨、经验交流等活动，进一步发挥示范引领作用。

（三）开展教育督导。教育部统筹建立国家安全教育督导评价制度，将国家安全教育开展情况纳入年度督导计划，并根据实际需要开展专项督导检查。各地要加强对所在行政区域内学校的督导评价，将督导评价结果纳入年度考核指标体系。各地教育督导部门要定期开展专项督导。

（四）确保经费投入。各地教育行政部门和学校要充分利用各种经费渠道，积极支持国家安全教育工作。积极吸纳符合条件的社会力量参与国家安全教育资源建设。

2018 年 4 月 9 日

北京市教育委员会
北京市妇女联合会

关于在全市中小学开展 2018 年“重家教 树家风 传美德 共育人”系列主题教育实践活动的通知

京教基一〔2018〕4 号

各区教委、妇联：

为深入贯彻党的十九大精神和习近平总书记关于“注重家庭、注重家教、注重家风”等系列重要讲话精神，充分发挥家庭教育的育人作用，进一步推动家庭、学校和社会密切配合，形成育人合力，促进青少年学生健康成长和全面发展，市教委、市妇联联合在全市中小学开展2018年“重家教 树家风 传美德 共育人”系列主题教育实践活动。现将有关事项通知如下：

一、指导思想

全面贯彻落实党的十九大精神，以习近平新时代中国特色社会主义思想为指导，全面贯彻党的教育方针，全面落实立德树人根本任务，以培育和践行社会主义核心价值观为引领，按照教育部《关于加强家庭教育工作的指导意见》(教基〔2015〕10号)和北京市妇联、市教委等10部门《关于指导推进家庭教育的五年规划(2016—2020年)》(京妇发〔2017〕21号)等文件要求，坚持“立德树人、政府主导、家长尽责、创新发展”的原则，推动家庭、学校、社会密切配合，共同培养德智体美全面发展的社会主义建设者和接班人。

二、重点内容

(一)开展“家庭教育大讲堂·校园行”活动

丰富北京市家庭教育专家资源库，组织家庭教育专家巡回各区和学校开展家庭教育大讲堂活动。各区结合区域实际，开发本区家庭教育专家资源，支持学校办好家长学校。各学校每学期至少开展1次家庭教育讲堂，讲堂活动要覆盖到全体学生家长。通过家庭教育大讲堂，明确家长在家庭教育中的主体责任，引导家长不断更新家庭教育观念，全面学习家庭教育知识，积极配合学校工作，减轻学生校外过重课业负担。

(二)开展“家校共培育 亲子共成长”家庭教育主题班队会活动

各中小学每学期至少组织1次以家庭教育为主题的班队会，班队会要覆盖到全校各班级。学校邀请家庭教育经验丰富的专家、教师、家长走进班级，帮助学生家长树立正确的家庭教育观念、掌握家庭教育策略、提高家庭教育实效。学校要统筹谋划不同年级班队会的主题和内容，既要符合不同学段学生的成长规律和身心发展特点，又要注重不同年级班队会主题的关联性、系统性。

各区教委根据工作实际，组织开展家庭教育主题班队会优秀案例征集和展示交流活动，并推选20份优秀案例，于9月30日前将电子版发至邮箱。

（三）开展“我家根脉图”绘制展示活动

各小学组织学生积极参与“绘制我家根脉图”活动，引导学生和家长一同践行社会主义核心价值观，在参与活动的过程中深化家庭观念、融洽代际亲情、培育良好家风。“绘制我家根脉图”主要内容包括：

家庭根脉传承图：参照“中国亲戚关系图”底板（见附件1），标明包括学生往上父系和母系至少三代的姓名、年龄、籍贯、亲戚关系等信息。

我家家训：家训是每个家庭成员立身处世、持家治业的教诲，组织学生了解自家家训，并书写在根脉图的相应位置。

家风故事：组织学生探访与自家家教、家训、家风有关的家庭故事，在根脉图上进行记录呈现。

各小学通过宣传栏、板报等形式展示学生的优秀作品，并通过主题班会、成果展示等形式，组织学生和家长讲述家风故事。各区教委结合实际，组织开展区级展示交流活动，并推选20幅优秀“我家根脉图”，于9月30日前将纸质版和汇总表报送至市教委基教一处。

（四）开展“新时代 新变迁”诗词征文诵读活动

各中学围绕纪念改革开放40周年，以“新时代新变迁”为主题，组织学生开展诗词征文创作诵读活动，引导学生结合新时代生活、环境等方面的变迁，记录感悟自身的成长变化和新时代的获得感幸福感，弘扬社会正能量，激发爱国情怀，树立正确的国家观和民族观。

各中学组织教师指导学生创作主题明确、语言凝练、情感充沛、意象丰富的诗词征文，并组织学生和家长开展朗诵演讲活动。各区教委结合工作实际，组织开展区级展演活动，并推选20篇优秀作品，于9月30日前将电子版和汇总表发至邮箱。

（五）开展“阅读悦成长”家庭亲子阅读活动

各中小学以“相伴共读 书香润德”为主题，组织学生家庭开展“阅读悦成长”家庭亲子阅读活动，引导学生和家长积极响应亲子阅读“四个一”行动（倡议书见附件2），每天共享一段亲子阅读时间，每周进行一次家庭读书分享，每月走进一次公共文化场所，每年互写一封家书家信寄语。鼓励学生家庭成员、亲朋好友之间书写家书家信、交流读书心得、互推阅读书目、互晒最美阅读角，通过多种形式培养阅读习惯，促进亲子关系，传承家德家风。

各学校通过主题班会、读书交流、成果展示等形式，组织学生和家长共读家书家信、分享读书心得、展示最美阅读角。各区教委根据工作实际，组织开展区级展示交流活动，并推选20封优秀家书家信、20张最美阅读角图片（班级或家庭阅读角均可,照片请提供JPG格式，每张图片请压缩至400K—1M以内），于9月30日前将家书家信纸质版报送至市教委基教一处，将照片电子版和汇总表发至邮箱。

（六）开展“志愿家庭护环境”家庭志愿服务活动

各中小学组织学生登录北京市中小学数字德育网，积极参与北京市网上夏令营“志愿家庭护环境”活动，引导中小学生利用假期和空余时间，和家长一起开展以家庭为单位的保护环境的志愿服务活动，如不使用塑料袋、塑料书皮等一次性生活塑料制品，分类投放垃圾，宣传环保理念等。同时，拍摄一张自己和家长参加环境保护志愿服务活动的照片，记录一篇参加志愿服务的日志，上传至北京市网上夏令营，与大家分享自己的志愿服务经历。

各学校要广泛征集学生家庭的志愿服务照片和日志，通过主题班会、成果展示等形式开展展示交流活动。

三、工作要求

（一）高度重视，加强领导

各区教委、妇联、学校要高度重视“重家教 树家风 传美德 共育人”主题教育实践活动，加强对活动的指导。相关部门之间、区校之间要加强沟通、密切配合、协同推进，按要求做好各项工作落实，形成家庭、学校和社会协同育人合力。

（二）精心组织，加强宣传

围绕活动主题，明确工作任务和进度安排，精心策划、周密组织、积极创新，不断提高活动的吸引力、感染力和影响力。充分利用电视、互联网、公众号等媒体，主动宣传，营造良好的家庭教育氛围。同时，结合德育信息月报制度，及时将活动开展情况报送到市教委。此外，征集的各类获奖作品，市教委与市妇联将适时组织开展相关宣传展示交流活动。

（三）突出重点，注重实效

将社会主义核心价值观教育融入到指导服务、亲子活动等家庭教育各环节，充分展现中华优秀传统文化魅力，倡导和弘扬中华传统家庭美德，重言传、重身教、重品德，帮助学生养成美好心灵，促进学生健康成长。

附件：1.“中国亲戚关系图”底板（略）

2. 亲子阅读“四个一”行动倡议书（略）

3. 2018 年“重家教 树家风 传美德 共育人”系列主题教育实践活动作品汇总表（略）

2018 年 5 月 17 日

北京市教育委员会

转发教育部教材局关于依托德育教材落实宪法精神有关工作文件的通知

京教函〔2018〕239 号

各区教委、燕山教委，北京教育科学研究院：

现将教育部教材局《关于依托德育教材落实宪法精神有关工作的通知》（教材局函〔2018〕22 号）转发给你们，并提出以下要求，请结合实际一并遵照执行。

一、加强宪法学习宣传教育是实施宪法的重要基础。要高度重视学习宣传和贯彻落实好《中华人民共和国宪法》的重要意义，加强组织领导，深入开展中小学生法治教育，引导学生从小掌握宪法法律知识、树立宪法法律意识，养成尊法守法习惯。

二、中小学德育教材是学习宣传和贯彻实施《中华人民共和国宪法》的重要渠道。要结合中小学德育教材，深刻领会和把握这次宪法修正案的核心要义和精神实质。

三、结合不同学段学生特点和需求加强教学研究与指导，采取多种方式提升教育教学针对性和实效性。对少年儿童要着力培养宪法观念、树立宪法意识。对中学生要进一步抓好学习宪法的整体性、系统性。

四、结合教材编写出版单位制作发送的落实宪法精神相关教学资料，通过专题讲座、课例研究、交流研讨等方式切实加强教师培训，实现德育教师全员培训。

2018 年 5 月 16 日

教育部教材局

关于依托德育教材落实宪法精神有关工作的通知

教材局函〔2018〕22 号

各省、自治区、直辖市教育厅（教委），新疆生产建设兵团教育局：

第十三届全国人民代表大会第一次会议于 2018 年 3 月 11 日通过并公布施行《中华人民共和国宪法修正案》。宪法修改是党和国家政治生活中的一件大事，是党和国家从新时代坚持和发展中国特色社会主义全局和战略高度作出的重大决策，是推进全面依法治国、推进国家治理体系和治理能力现代化的重大举措。学习宣传和贯彻实施好《中华人民共和国宪法》，对于全面贯彻党的十九大和十九届二中、三中全会精神，坚持以马克思列宁主义、毛泽东思想、邓小平理论、“三个代表”重要思想、科学发展观、习近平新时代中国特色社会主义思想为指导，坚持和加强党的全面领导，进一步动员全党全国各族人民在以习近平同志为核心的党中央坚强领导下，为新时代坚持和发展中国特色社会主义、实现“两个一百年”奋斗目标、实现中华民族伟大复兴的中国梦而不懈奋斗，具有十分重要的意义。

中小学（含中职）德育教材（含统编道德与法治、其它现行品德与生活、品德与社会、思想品德、思想政治等）是学习宣传和贯彻实施《中华人民共和国宪法》的重要渠道。各地要结合中小学德育教材，深刻领会和把握这次宪法修正案的核心要义和精神实质。

（一）宪法修正案确立了习近平新时代中国特色社会主义思想在国家政治和社会生活中的指导地位。要让学生认识到，在宪法中确立习近平新时代中国特色社会主义思想在国家政治和社会生活中的指导地位，反映了全国各族人民的共同意愿，体现了党的主张和人民意志的统一，明确了全党全国人民为实现中华民族伟大复兴而奋斗的共同思想基础，具有重大的现实意义和深远的历史意义。

（二）宪法修正案调整充实了中国特色社会主义事业总体布局和第二个百年奋斗目标的内容。要让学生认识到，作出这些修改有利于引领全党全国人民把握规律、科学布局，在新时代不断开创党和国家事业发展新局面，齐心协力为实现“两个一百年”奋斗目标、实现中华民族伟大复兴的中国梦而不懈奋斗。

（三）宪法修正案完善了依法治国和宪法实施举措。要让学生认识到，将“健全社会主义法制”修改为“健全社会主义法治”，体现了党和国家依法治国理念和方式的新飞跃。将宪法宣誓制度在宪法中确认下来，对于促使国家工作人员树立宪法意识、恪守宪法原则、弘扬宪法精神、履行宪法使命，激励和教育国家工作人员忠于宪法、遵守宪法、维护宪法，加强宪法实施，具有重要意义。

（四）宪法修正案充实了坚持和加强中国共产党全面领导的内容。要让学生认识到，宪法从社会主义制度的本质属性角度对坚持和加强党的全面领导进行规定，有利于在全体人民中强化党的领导意识，有效把党的领导落实到国家工作全过程和各方面，确保党和国家事业始终沿着正确方向前进。

（五）宪法修正案修改了国家主席任职方面的有关规定。要让学生认识到，宪法的这一修改，有利于维护以习近平同志为核心的党中央权威和集中统一领导，有利于加强和完善国家领导体制。

（六）宪法修正案增加有关监察委员会的各项规定。要让学生认识到，这些修改内容贯彻了党的十八大以来党中央关于深化国家监察体制改革的精神，体现了推进改革试点工作取得的成果，为成立国家监察委员会和地方各级监察委员会提供了宪法依据。

各地要加强对宪法学习宣传和贯彻实施工作的领导，指导本地区中小学校在实际教学过程中，结合教材编写出版单位制作并发送的落实宪法精神相关教学材料，加强教师培训，认真抓好落实。

2018 年 4 月 20 日

北京市教育委员会

关于开展2018年“少年传承中华传统美德”系列教育活动的通知

京教函〔2018〕343号

各区教委：

为进一步学习贯彻习近平新时代中国特色社会主义思想和党的十九大精神，贯彻落实立德树人根本任务和《中小学德育工作指南》，深入开展理想信念教育、中华优秀传统文化教育、革命传统教育以及社会主义核心价值观教育，根据教育部办公厅《关于开展2018年“少年传承中华传统美德”系列教育活动的通知》（教基厅函〔2018〕41号）要求，市教委决定在全市中小学开展2018年“少年传承中华传统美德”系列教育活动，现将有关事项通知如下：

一、活动主题

少年传承中华传统美德

二、活动时间

2018年7月至11月

三、活动对象

全市普通中小学校学生

四、活动内容

2018年“少年传承中华传统美德”系列教育活动包括“小小百家讲坛”“墨香书法展示”“寻访红色足迹”“小小传承人”“争做新时代好少年”“英雄在我心中”。

（一）“小小百家讲坛”

组织中小学生围绕中华优秀传统文化，阅读中华经典文学、民族文化、历史典故等经典读物，开展诵读和“小小百家讲坛”主题演讲活动，加强中小学生对中华优秀传统文化的理解和认同，增强民族自豪感和文化自信心，并自觉践行社会主义核心价值观。

（二）“墨香书法展示”

在各中小学校广泛开展书法作品征集与展示活动，积极推动书法教育健康和深入发展，激发和培育广大中小学生学习书法的热情，引导学生感受书法魅力，提高审美能力和人文素养，增强文化自信与爱国情感。

（三）“寻访红色足迹”

在各中小学校广泛开展爱国主义和革命传统教育，通过综合实践活动、研学旅行、社会大课堂、网上冬令营和夏令营等活动，组织中小学生阅读革命传统故事，观看红色电影、走访革命后代，到革命历史遗址、革命历史博物馆、革命先辈纪念馆、烈士陵园等场所参观和学习，引导学生学习、了解中国近现代史特别是中国革命史和中国共产党史，进一步加深对革命传统和革命精神的感悟，传承红色基因。

（四）“小小传承人”

各区和中小学校组织中小学生在了解历史文化知识的基础上，挖掘地方非物质文化遗产资源，传承优秀传统文化。通过综合社会实践活动、主题班队会、社团活动、社会大课堂等途径，组织学生学习体验并动手制作非物质文化遗产项目和产品，争做非遗小传承者。通过绘本、童谣、儿歌、动画等形式，鼓励学生学习宣传非遗文化。通过传承实践，引导学生将中华优秀传统文化和中华传统美德内化于心，外化于行。

（五）“争做新时代好少年”

鼓励学生积极参与首都文明办等五部门组织开展的 2018 年度“新时代好少年”活动，组织学生学习“新时代好少年”先进事迹和可贵品质，开展形式多样的学习实践活动，用榜样力量引导广大中小学生立志向、有梦想，爱祖国、爱学习、爱劳动，自强自立、创新创造，弘扬民族精神和时代精神、自觉践行科学健康文明向上的生活方式，成为担当民族复兴大任的时代新人。

（六）“英雄在我心中”

以组织中小学生观看爱国主义影片，阅读英雄革命家书，走访革命后代，举行歌咏比赛和文艺活动演出等形式，宣传英雄模范人物事迹，进一步引导广大中小学生牢记历史、铭记英雄、崇尚英雄、捍卫英雄、向祖国英雄致敬和学习，传承与弘扬无私无畏、精忠报国的英雄精神。

五、活动要求

（一）强化组织，统筹推进

各区要高度重视并做好活动的策划和组织工作，统一部署，抓好落实。要在以往组织活动的基础上，总结经验，创新方式，制定切实可行的工作方案，积极引导广大中小学生广泛参与，精心设计活动，力求取得实效。

（二）明确导向，严格把关

各区要做好指导并严格把关，确保学生作品能够展示社会主义核心价值观、中华优秀传统文化和革命精神的内容，做到作品主题鲜明，思想观点正确，内容健康向上。

（三）加强管理，确保安全

加强安全防范，制定活动安全保障方案及应急预案，落实安全措施，对学生进行必要的安全教育。同时，有条件的区和学校应为学生购买保险，确保学生的人身财产安全和身心健康。

（四）广泛宣传，营造氛围

加强协调，周密安排，提高活动的吸引力、感染力和影响力，使学生在活动中了解中国历史和国情，深入理解中华传统美德的精神和内涵。充分利用媒体平台，大力宣传系列教育活动的经验和成果，扩大活动的覆盖面和影响力，共同营造传承中华传统美德、关心青少年健康成长的良好氛围。

2018 年 6 月 28 日

北京市教育委员会

关于授予景白云等10名同学2017—2018学年度“北京市优秀学生”荣誉称号的决定

京教基一〔2018〕5号

各区教委，各中等专业学校、北京西藏中学：

根据教育部和北京市评选省级优秀学生的文件精神，依照评选程序，经北京市优秀学生评审小组审定和市教委2018年第16次主任办公会研究决定，授予北京汇文中学景白云等10名同学2017—2018学年度“北京市优秀学生”荣誉称号。

希望受到表彰的同学再接再厉，做好表率。同时，各区教委和学校要加大优秀学生的宣传力度，充分发挥优秀学生的示范引领作用，激励和引导广大中小学生以他们为榜样，自觉培育和践行社会主义核心价值观，成为德智体美全面发展的社会主义建设者和接班人。

附件：2017—2018学年北京市优秀学生名单

2018年6月28日

附件

2017—2018 学年度
北京市优秀学生建议名单
（10 人排名不分先后）

北京汇文中学	景白云
北京市第四中学	白钰卓
北京市朝阳外国语学校	刘馨凝
清华大学附属中学	冷延鹏
北京市平谷中学	刘梦扬
北京市顺义牛栏山第一中学	贾梦辰
北京市怀柔区第二中学	赵明新
北京市昌平职业学校	夏雨
首都医科大学附属卫生学校	崔安迪
北京商业学校	张晓宇

北京市教育委员会

转发教育部办公厅关于严禁商业广告、商业活动进入中小学校和幼儿园的紧急文件的通知

京教函〔2018〕591 号

各区教委，燕山教委：

现将教育部办公厅《关于严禁商业广告、商业活动进入中小学校和幼儿园的紧急通知》（教基厅函〔2018〕77 号，以下简称《通知》）转发给你们，并将有关工作要求通知如下，请各区认真贯彻执行。

一、高度重视，提高认识

维护校园安全秩序，积极营造促进学生健康成长的良好育人氛围，是教育系统的重要职责，各区要充分认识严禁商业广告、商业活动进入中小学校和幼儿园的重要意义，要迅速将《通知》精神传达到各中小学和幼儿园，进一步加强学校管理，规范学校办学行为。

二、加强领导，明确责任

各区教委要根据《通知》要求，加强工作领导，明确管理部门，落实工作责任，以有效举措抓紧抓实抓好此项工作，确保各项工作落到实处，坚决杜绝任何商业行为侵蚀校园。要结合日常工作，切实加强校园日常监管，加强宣传教育，引导全社会形成关心爱护广大中小学生和幼儿健康成长的良好氛围。

三、健全机制，狠抓落实

各区教委要严格按照教育部文件要求，立即开展一次全面排查，坚决禁止任何形式的商业广告、商业活动进入中小学和幼儿园。严格审批“进校园”活动，凡进入中小学校和幼儿园的活动，或组织中小学生、在园幼儿参加的活动，须由区教育行政部门进行审批，实行备案制度。要健全日常监管制度，切实减少与学校教书育人无关的各类活动，维护学校正常教育教学秩序。

请各区教委将贯彻落实及排查整改情况于 2018 年 11 月 15 日（周四）前报市教委基础教育一处，电子版发送至邮箱。

附件：教育部办公厅关于严禁商业广告、商业活动进入中小学校和幼儿园的紧急通知

2018 年 10 月 29 日

教育部办公厅

关于严禁商业广告、商业活动进入中小学校和幼儿园的紧急通知

教基厅函〔2018〕77 号

各省、自治区、直辖市教育厅（教委），新疆生产建设兵团教育局：

近日，山东菏泽市开发区交警大队联合菏泽市开发区丹阳路小学开展“交通安全进校园”活动时，菏泽万达广场及菏泽市广播电台经济文艺广告工作人员现场发放了印有菏泽万达商业广告的小黄帽和红领巾，性质恶劣。山东省委、省政府高度重视，对此事进行了严肃查处。各地要从中吸取深刻教训，举一反三，采取有效措施，坚决禁止任何形式的商业广告、商业活动进入中小学和幼儿园。现就有关要求紧急

通知如下：

一、立即开展一次全面排查。各地教育行政部门要立即组织力量对区域内中小学校、幼儿园开展一次全面检查，重点排查在中小学校、幼儿园开展商业广告活动，或利用中小学生和幼儿的教材、教辅材料、练习册、文具、教具、校服、校车等发布或者变相发布广告等行为，要特别关注有无将红领巾及其名义用于商标、商业广告以及商业活动，各类“进校园”活动有无夹带商业活动等问题，发现一起，查处一起，坚决杜绝任何商业行为侵蚀校园。

二、严格审批“进校园”活动。各地教育行政部门要建立各类“进校园”活动备案审核制度，对活动内容、具体方案、举办单位和参加人员等进行严格把关。对于各类进入校园或组织中小学生、在园幼儿参加的活动，由县级及以上教育行政部门进行审批，实行备案管理。凡未经批准的活动，一律禁止进入校园或组织中小学生、在园幼儿参加。对于经审批进入校园或组织中小学生、在园幼儿参加的活动，县级及以上教育行政部门要明确责任人负责全程监管，一经发现与审批备案情况不符，或存在发布或变相发布商业广告的行为，要立即采取措施予以制止，并第一时间报告县级及以上教育行政部门。

三、切实加强校园日常监管。各地教育行政部门要健全日常监管制度，切实减少与学校教书育人无关的各类活动。经批准同意进入校园的各类教育活动，必须坚持公益性原则，不得干扰学校正常的教育教学秩序，不得给学校和师生增加额外负担。要加强教育培训，不断增强校长教师法治意识，提高应对突发事件的应急能力。学校要坚决抵制各类利用中小学生和幼儿的教材、教辅材料、练习册、文具、教具、校服、校车等发布或者变相发布广告等行为。

四、营造外部良好育人环境。各地教育行政部门要会同相关部门，严格按照广告法等相关法律规定，杜绝企业以任何形式发布不利于中小学生和幼儿身心健康的商业广告，对违规在校园进行商业宣传活动，给学校、教师、学生摊派任何购买、销售任务，给学校、教师、学生分发带有商业广告的物品等行为进行严肃查处，确保学校一方净土。要加强宣传教育，引导全社会形成关心爱护广大中小学生和幼儿健康成长的良好氛围。

请各地将贯彻落实情况及时报教育部基础教育司。

2018 年 10 月 10 日

北　京　市　教　育　委　员　会
首都精神文明建设委员会办公室

关于认定第三批北京市中小学文明校园的通知

京教函〔2018〕595 号

各区教委、文明办：

为贯彻落实党的十九大精神和全国教育大会精神，充分展示学校精神文明建设成果，激励各中小学校以习近平新时代中国特色社会主义思想为指导，积极培育和践行社会主义核心价值观，不断深化文明校园创建活动，全面落实立德树人根本任务，北京市教育委员会、首都精神文明建设委员会办公室今年组织开展了第三批北京市中小学文明校园考核认定。

经学校自主申报、各区教委及文明办联合考核推荐、北京市教育委员会及首都精神文明建设委员会办公室审核验收、社会公示等程序，现认定北京市第二中学分校等 280 所中小学校为第三批北京市中小学文明校园（名单附后）。

希望被认定的学校，继续巩固创建成果，完善创建工作长效机制，提高创建活动实效，不断提升师生文明素养和校园文明水平，为促进首都教育现代化、办好人民满意的教育作出新贡献。各区教委、文明办要进一步做好统筹规划，强化过程管理，加强指导和监督，及时总结推广创建活动中的好经验好做法，推动文明校园创建活动深入开展。

附件：第三批北京市中小学文明校园名单

2018 年 11 月 7 日

附件

第三批北京市中小学文明校园名单

（排名不分先后）

东城区

北京市第二中学分校
北京市第五中学分校
北京市第十一中学分校
北京市第二十一中学
北京市第五十四中学
北京市第一六五中学
北京市东城区和平里第三小学
北京市东城区和平里第九小学
北京市东城区史家小学分校
北京市东城区西中街小学
北京市东城区北新桥小学
北京市汇文第一小学
北京市东城区体育馆路小学
北京市东城区新景小学
北京市第五中学分校附属方家胡同小学
北京市第一六六中学附属校尉胡同小学

北京市东直门中学附属雍和宫小学
中央工艺美院附中艺美小学

西城区

北京市第六十六中学
北京市第四中学
北京市鲁迅中学
北京师范大学附属实验中学
北京市西城外国语学校

朝阳区

北京中学
北京市第五中学朝阳双合分校
北京市团结湖第三中学
东北师大朝阳学校
北京市八里庄第三中学
北京市金盏学校
北京市第八十中学实验学校温榆河分校
北京市劲松第一中学
北京景山学校朝阳学校
北京市第十六中学
北京市陈经纶中学崇实分校
北京市第八十中学管庄分校
北京市楼梓庄中学
北京市第八十中学睿德分校
北京教育学院朝阳分院附属学校
北京市朝阳区黑庄户中学
北京市朝阳区爱迪外国语学校
北京市朝阳区于家围小学
北京市朝阳区半壁店小学
中国传媒大学附属小学
对外经济贸易大学附属小学

北京市朝阳区新升小学
北京市朝阳区牌坊小学
北京市朝阳区祁庄小学
北京市朝阳区西直河小学
北京市朝阳区国美家园小学
北京市朝阳区定辛庄小学
北京市朝阳区豆各庄中心小学
北京市朝阳区张家店小学
北京市朝阳区日坛小学
北京市朝阳区三里屯小学
北京市朝阳区兴隆小学
北京市朝阳区高家园小学
北京市朝阳区团结湖第二小学

海淀区

北京市清河中学
北京市清华志清中学
中国人民大学附属中学
北京市信息管理学校
首都师范大学附属育新学校
清华大学附属中学永丰学校
中国人民大学附属中学第二分校
北京市八一学校附属玉泉中学
十一学校龙樾中学
中国人民大学附属中学翠微学校
北京理工大学附属中学
北京航空航天大学实验学校分校
人大附中北大附小联合实验学校
中央民族大学附属中学
北京市师达中学
北京交通大学附属中学分校

北京交通大学附属中学分校
北京师范大学第三附属中学
北京市盲人学校
北京市海淀区万泉小学
北京市海淀区永丰中心小学
清华大学附属小学
北京市海淀区第三实验小学
清华大学附属中学上地小学
北京市海淀区清华东路小学
北京外国语大学附属小学
北京市海淀区香山小学
北京市海淀区和平小学
北京市海淀区太平路小学
北京市海淀区四王府小学
北京市建华实验学校小学部
北京市海淀区花园村第二小学
北京市海淀区图强第二小学
北京市海淀区前进小学
北京师范大学实验小学
北京市海淀区翠湖小学
北京科技大学附属小学
北京市海淀区苏家坨中心小学
北京市海淀区六一小学
北京理工大学附属小学
北京市海淀区培英小学
北京市海淀区西颐小学
北京医科大学附属小学
北京市海淀区双榆树第一小学
北京市海淀区教师进修学校附属实验小学
北京市海淀区八里庄小学

北京市海淀区枫丹实验小学
北京市海淀区东升实验小学
北京市海淀区羊坊店中心小学
北京石油学院附属第二实验小学
北京市海淀区九一小学

丰台区

北京市丰台区长辛店第七小学校
北京市丰台区靛厂小学
北京市丰台区东高地第四小学
北京市丰台区第一小学长辛店分校
北京教育学院丰台分院附属学校
北京市丰台区丰台第二中学
北京市丰台区丰台第二中学附属实验小学
北京市丰台区东罗园小学
首都经济贸易大学附属小学
北京市丰台区西罗园第五小学
北京市丰台区卢沟桥第二小学
北京市大成学校
北京市丰台区角门小学
北京市第十二中学附属实验小学
北京市第十八中学附属实验小学
北京市丰台区东铁匠营第一中学
北京市丰台区东铁匠营第二中学
北京教育科学研究院丰台学校
北京市丰台区卢沟桥中学
北京市丰台区大红门第一小学
北京市丰台区长辛店第一中学
北京市丰台区和义学校
北京市丰台区看丹中学
北京市丰台区玉林小学

石景山区

北京市古城中学
北方工业大学附属学校
北京教科院附属石景山实验学校
北京大学附属中学石景山学校
北京市石景山区金顶街第四小学
北京市石景山外语实验小学
北京市石景山区苹果园第二小学

门头沟区

北京市门头沟区潭柘寺中学
北京市门头沟区军庄中学
北京市门头沟区斋堂中学
北京市第八中学京西校区
北京市门头沟区中等职业学校
北京市门头沟区京师实验小学
北京市门头沟区琉璃渠小学
北京市门头沟区龙泉雾小学
北京市第八中学京西附属小学
北京市门头沟区潭柘寺中心小学
北京市门头沟区军庄中心小学
北京市门头沟区付家台中心小学
北京市门头沟区军响中心小学
北京市门头沟区斋堂中心小学
北京市门头沟区峪分附属小学

昌平区

北京市昌平区平西府中学
北京市昌平区崔村中学
北京市昌平区十三陵中学
首都师范大学附属中学昌平学校
北京市昌平区小汤山中学

北京市昌平区桃洼学校
北京市昌平区兴寿学校
北京市昌平区黑山寨学校
北京市昌平区二一学校
北京市昌平区史各庄中心小学
北京市昌平区实验第三小学
北京市昌平区巩华中心小学
北京市昌平区东小口中心小学
北京市昌平区流村中心小学
北京市昌平区平西府中心小学
北京市昌平区十三陵中心小学
北京市昌平区南口铁道北小学
北京市昌平区小汤山中心小学

大兴区

北京市大兴区第六中学
北京市大兴区孙村中学
北京亦庄实验中学
大兴区红星中学
北京市第八中学亦庄分校
北京市大兴区旧宫中学
北京市大兴区狼垡中学
北京市大兴区垡上中学
北京市大兴区郭家务中学
北京市大兴区定福庄中学
北京市大兴区长子营中学
北京市大兴区凤河营中学
北京市大兴区礼贤民族中学
首都师范大学附属中学大兴南校区
北京印刷学院附属小学
北京市大兴区榆垡镇第一中心小学

北京市大兴区黄村镇第二中心小学
北京市大兴区魏善庄镇第一中心小学
北京景山学校大兴实验学校
北京市大兴区魏善庄第二中心小学
北京教科院旧宫实验小学
北京市大兴区黄村第三中心小学
北京市大兴区永华实验学校
北京教育学院附属大兴实验小学
北京市育才学校大兴分校
北京市大兴区青云店第二中心小学

房山区

北京市房山区良乡第六中学
北京市房山区长阳中学
北京市房山区南召中学
北京市房山区房山三中
北京市房山区张坊中学
北京市房山区窦店中学
北京市房山区石窝中学
北京市房山区十二中朗悦学校
北京市房山区昊天学校
北京市房山区长育中心校
北京市房山区韩村河中心校
北京市房山区长沟中心校
北京市房山区南召中心校
北京市房山区交道中心校
北京市房山区大石窝中心校
北京市房山区水泥厂学校
北京市房山区首师附房山小学

通州区

北京市通州区柴厂屯中学

北京市通州区陆辛庄学校
人民大学附属中学（通州校区）
北京市通州区甘棠中学
北京市通州区宋庄中学
北京市通州区大杜社中学
北京市通州区小务中学
北京市通州区觅子店中学
北京市通州区漷县中学
北京市通州区牛堡屯学校
北京市通州区西集中学
北京市通州区郎府中学
首师大附属中学通州校区

顺义区

北京市第四中学顺义分校
北京市顺义区天竺中学
北京市顺义区南法信中学
北京市顺义区张镇中学
北京市顺义区赵全营中学
北京市顺义区沿河中学
北京市顺义区北务中学
首都师范大学附属顺义实验小学
北京市顺义区仇家店中心小学
北京市顺义区李遂中心小学
北京市顺义区明德小学
北京市顺义区天竺第一小学
北京市顺义区天竺第二小学
北京市顺义区北石槽中心小学
北京市顺义区李各庄学校

怀柔区

北京市怀柔区实验小学

北京市怀柔区怀柔镇中心小学
北京市怀柔区杨宋镇中心小学
北京市怀柔区桥梓镇中心小学

密云区

北京市密云区河南寨中学
北京市密云区第五中学
北京师范大学密云实验中学
北京市育英学校密云分校
北方交通附属中学密云分校
北京市密云区高岭学校
北京市密云区北庄中学
北京市密云区第五小学
北京市密云区第六小学
北京市密云区石城镇中心小学
北京市密云区古北口镇中心小学
北京市密云区十里堡镇中心小学
北京市密云区冯家峪镇中心小学
北京市密云区新城子镇中心小学

平谷区

北京市平谷区黄松峪中学
北京市平谷区第三中学
北京市平谷区第七中学
北京市平谷区刘家河中学
北京市平谷区放光中心小学
北京市平谷区门楼中心小学
北京市平谷区第三小学
北京市平谷区马坊中心小学
北京市平谷区马昌营中心小学
北京市平谷区北杨桥中心小学
北京市平谷区刘家店中心小学

延庆区

北京市延庆区旧县中学

北京市延庆区沈家营中学

北京市延庆区张山营学校

北京市延庆区体育运动学校

北京市延庆区沈家营中心小学

北京市延庆区旧县中心小学

北京市延庆区小丰营中心小学

北京市延庆区八达岭中心小学

北京市教育委员会

关于调整“四个一”活动相关安排的通知

京教基一〔2018〕15号

各区教委，燕山教委：

按照《北京市中小学培育和践行社会主义核心价值观实施意见》（京政办〔2014〕52号）要求，市教委于2014年启动了“四个一”活动。四年来，已组织146万人次中小学生到天安门观礼台参加升国旗仪式，分别走进一次国家博物馆、首都博物馆、抗日战争纪念馆。为贯彻落实党的十九大精神和全国教育大会、全市教育大会精神，深入推进实践育人，2019年市教委将在全市中小学继续开展“四个一”活动，并对相关安排进行调整。为保障活动顺利开展，现就相关事项通知如下。

一、活动内容

2018 年 6 月起，天安门城楼及城台实施为期一年的修缮工程。为保障师生安全，2019 年市教委将不再安排学生到天安门观礼台参加升国旗仪式。同时，委托军事博物馆承担“四个一”活动接待工作。2019 年，“四个一”活动内容调整为：组织学生分别走进一次国家博物馆、首都博物馆、军事博物馆、抗日战争纪念馆。

二、经费支持

根据市教委、市财政局共同制定的《北京市中小学生培育和践行社会主义核心价值观“四个一”活动项目管理办法》，国家博物馆按照 22 元 / 人次给予接待经费支持，首都博物馆按照 20 元 / 人次给予接待经费支持，抗日战争纪念馆按照 18 元 / 人次给予接待经费支持。根据场馆接待能力、资源和课程内容，并参照其它场馆接待经费支持标准，军事博物馆按照 22 元 / 人次给予接待经费支持。场馆接待支持经费由市财政统一支付。

区教委和学校组织学生参加“四个一”活动所需的交通经费，由市财政通过基础教育公用经费定额拨付到区教委，各区教委根据相关规定使用。

三、工作要求

（一）落实责任

区教委要明确“四个一”活动的主管领导，指定教委专门科室负责本区活动的组织管理工作。学校要明确校领导对“四个一”活动的领导责任，本校学生参加“四个一”活动时，学校必须安排相关干部到现场全程参与指挥，确保活动安全有序开展。

（二）强化管理

区教委和学校要按照相关要求，制定详细的活动方案，配备充足的教师，并对教师开展专项培训。参与活动的教师要按照“四个一”活动工作手册的工作流程切实履行职责，按照场馆、场所的管理规定，做好活动的组织和管理工作，保证各环节工作有效落实，确保各项活动安全有序。

（三）注重实效

区教委和学校要在活动设计上下功夫，做好行前、行中、行后的教育活动设计与安排，增强教育效果。同时，要将“四个一”活动作为开展公共文明教育的重要契机，在活动中展现首都中小学生良好的精神风貌。

2018 年 11 月 30 日

北 京 市 教 育 委 员 会
共 青 团 北 京 市 委 员 会
少先队北京市工作委员会

转发教育部 共青团中央 全国少工委关于严肃规范红领巾等少先队标志标识使用工作文件的通知

京教函〔2018〕694 号

各区教委、团委、少工委，燕山教委、团委、少工委：

为进一步加强少先队组织工作，规范红领巾等少先队标志标识使用，提高少先队组织建设科学化水平，教育部、共青团中央和全国少工委联合印发了《关于严肃规范红领巾等少先队标志标识使用的通知》（教基函〔2018〕8 号），现转发给你们，请各区按照文件精神，切实提高思想认识，切实加强少先队辅导员和相关教师队伍建设，规范少先队标志标识的使用和管理，推动营造良好社会氛围。

2018 年 12 月 12 日

教　育　部
共青团中央
全国少工委

关于严肃规范红领巾等少先队标志标识使用的通知

教基函〔2018〕8号

各省、自治区、直辖市教育厅（教委）、团委、少工委，新疆生产建设兵团教育局、团委、少工委：

近一段时间，个别地方发现不当使用、佩戴红领巾，甚至利用红领巾等少先队标志标识恶意营销炒作的问题，损害了少先队员的权益，造成了恶劣的社会影响。为进一步加强少先队组织工作，规范红领巾等少先队标志标识使用，提高少先队组织建设科学化水平，现就有关要求通知如下：

一、切实提高思想认识。中国少年先锋队是中国共产党创立和领导的少年儿童群团组织，是少年儿童学习中国特色社会主义和共产主义的学校。红领巾是中国少年先锋队的标志，它代表红旗的一角，是革命先烈的鲜血染成。各地要提高政治站位，高度重视少先队工作，充分认识红领巾的深刻含义及对于少先队员的重要意义，通过开展主题鲜明、生动活泼、丰富多彩、与时俱进、独具特色的教育实践活动，深入开展爱党爱国教育、理想信念教育、社会主义核心价值观教育等，积极引导广大少先队员珍惜爱护红领巾等少先队标志标识，增强光荣感和组织归属感，树立远大理想、形成坚定信念、继承革命传统、传承红色基因，培养德智体美劳全面发展的社会主义建设者和接班人。

二、迅速开展一次全面排查。各地教育行政部门、团委和少工委要共同组织中小学校迅速开展一次全面排查，了解少先队员佩戴使用红领巾、队徽、队旗、队歌和呼号、誓词、队礼、队委标志、鼓号等学校少先队标志标识基本情况，重点排查不当使用少先队标志标识、利用少先队标志标识进行商业活动等问题。对排查中发现的问题要及时采取针对性措施予以整治，相关问题线索要及时向当地市场监管、公安等部门报告。对发现学校或其他组织利用红领巾进行商业活动，要立即会同市场监管、公安等部门予以制止，追究责任。

三、有效提升少先队辅导员和相关教师专业化水平。各地教育行政部门、团委和少工委要切实做好少先队辅导员和相关教职工的选拔、聘任、培训和教育等工作，不断提高少先队辅导员和教师队伍的整体素质。要教育指导少先队辅导员理解党和国家方针政策和少先队有关规定要求，抓好少先队基础建设，落实少先队改革任务，组织开展少先队活动，开展少先队员思想教育和服务，帮助队员学会自主管理、自我教育等。要把少先队辅导员培训纳入教师继续教育培训体系，保障参加培训的时间和质量。要进一步落实相关政策，将少先队辅导员工作内容纳入绩效考核。

四、严格规范学校管理。各地教育行政部门、团委和少工委要指导中小学校高度重视红领巾、队徽等少先队组织特有标志的佩戴、使用和管理。各学校要严格按照《中国少年先锋队组织工作条例（试行）》《中国少年先锋队标志礼仪基本规范》，规范使用少先队标志礼仪，少先队员参加校内外少先队集会、活动，参加升国旗仪式、开学典礼、毕业典礼等重要仪式活动，须佩戴红领巾；少先队辅导员在参加少先队集会、活动时，应佩戴大号红领巾；各级少先队组织、少先队员、少先队辅导员不得购买使用不合规定的红领巾。少先队辅导员要加强对少先队员的组织教育，加强大、中、小队建设，肩负阵地教育责任，尊重少年儿童的主体地位，发挥育人作用，增强少先队员光荣感。各地中小学责任督学要将中小学校少先队工作作为督导的重要内容，将督导结果作为评价地方教育工作和学校管理工作成效的重要内容。

五、推动营造良好社会氛围。各地教育行政部门、团委和少工委要积极会同相关部门充分调动社会各方面的积极性，为教育营造良好氛围，使全社会共同承担教育责任，为中小学生全面发展创造良好制度政策环境、法律环境、人文环境。要积极协调校外活动场所、社区和社会有益资源，加强社区少先队活动阵地建设，为少先队组织工作提供支持。要充分发挥新闻媒体作用，开展宣传引导工作，形成良好社会舆论氛围。

请各地将贯彻落实情况及时报教育部、共青团中央。

2018 年 10 月 17 日

体育·卫生

北京市教育委员会文件选编

（2018）

北京市教育委员会

关于开展中小学校园足球等优秀体育教学课例征集与评选工作的通知

京教体艺〔2018〕7 号

各区教委、燕山教委：

为贯彻落实市政府办公厅《关于强化学校体育促进学生身心健康全面发展的实施意见》（京政办发〔2017〕52 号），强化中小学体育教学，推动校园足球、奥林匹克教育和冰雪运动进校园等工作发展，经研究，市教委决定开展中小学校园足球、奥林匹克教育和冰雪等教学课例征集与评选工作。现将《2018 年北京市中小学体育优秀教学课例征集与评选方案》印发给你们，并提出如下要求，请认真组织实施：

一、各区要结合实际制定本区评选工作方案，安排专人负责课例的评选和推荐工作。各区方案报北京教科院基教研中心体育教研室。

二、各区要结合实际积极组织教师进行足球、奥林匹克教育、冰雪等专题教学实践和研讨，广泛动员中小学校体育教师全员参与优秀教学课例征集活动。

三、各区要以开展课例评选为契机，组织体育教研员和一线教师认真学习《北京市中小学体育与健康教学质量基本标准（试行）》，积极改进课堂教学。

四、各区要加强体育课堂教学调研和管理，对调研发现的问题要及时督促整改。

五、学校要积极开展校内教学技能培训，推荐优秀教师参加市、区交流，努力提高中小学体育课教学质量。

附件：2018 年北京市中小学体育优秀教学课例征集与评选方案

2018 年 4 月 16 日

附件

2018 年北京市中小学体育优秀教学课例征集与评选方案

一、主办单位

北京市教育委员会

二、承办单位

北京教育科学研究院（以下简称“市教科院”）

三、评选范围

全市普通中小学校。共征集足球课例 100 节，冰雪和奥林匹克教育课例由各区自主申报，总数原则上不超过 5 节。同时，继续做好田径、体操和武术等（篮球和排球除外）课例征集工作。

四、参评要求

（一）在本市中小学任教满 3 年的体育教师均可参加；参加足球、奥林匹克教育和冰雪教学课例评选的教师，教龄满 1 年即可。参加过前一届市级课例评选并获奖的教师，不能参加此次评选（申报奥林匹克教育和冰雪课例除外）。

（二）同一所学校只能报送 1 节优秀课例、集团校不超过 2 节（奥林匹克教育和冰雪课例不计入总数），努力扩大课例评优工作的覆盖面。

（三）各区推荐课例要真实反映本区体育教学改革的发展水平，充分利用现有教学资源，教学特色鲜明、导向性强、便于推广。按照教学质量对上报课例进行排序，其中，足球、奥林匹克教育和冰雪 3

类课例要分别单独排序。

（四）所报课例的上课学生必须和日常教学相同，严禁挑选学生录制课例的行为，一经发现，取消参评资格，并通报授课教师所在区。

（五）上报的课例中，女教师的课例不少于 1 节；要合理分配中小学教师比例，保证中小学体育课堂教学协调发展。

（六）区级评选结果确定后，要指派中、小学各 1 名教师到指定区异地公开上课，促进本市不同区域教师之间的教学交流。其中，足球课例不少于 1 节，鼓励跨区进行奥林匹克教育课堂交流活动。不按要求参加异地上课的教师，在市级评审阶段视为自动放弃获奖资格。

（七）各区要按要求上报有关材料。材料不齐者，不予评审。

五、评价标准

（一）教学文件（50 分）

学年教学计划（10 分）、学期教学计划（10 分）、单元或模块计划（10 分）、课时计划（20 分），由评审委员会根据日常教学的规范性要求进行评价。

（二）课堂教学（100 分）

义务教育阶段和高中阶段的课例，教学目标的确定、教学内容的选择、教学过程的实施等方面要依据教育部制定的《义务教育体育与健康课程标准（2011 版）》和《普通高中体育与健康课程标准（2017 版）》，符合《北京市中小学体育与健康教学质量基本标准（试行）》有关要求。

评分标准按照《北京市中小学体育与健康课堂教学评价标准（试行）》（附表 1）执行。

（三）总分的计算

课例评选总分由教学文件和课堂教学两部分得分组成；学年和学期教学计划由区评审小组进行审核、评定。市级评审时，只评定单元（模块）教学计划、课时计划和课堂教学实录。

六、评选程序

本次课例评选分学校、学区（片）、区级和市级 4 个阶段进行。第 1 至 3 阶段（4 月至 10 月 19 日），完成学校、学区（片）的推荐、区级展示和选拔。第4阶段(10月至12月),完成异地交流和市级评审。

（一）区级评审

各区要组织专家成立课例评审委员会，区级评委需具有高级教师职称或区级学科带头人及以上荣誉称号；不具备资质者，不得参与评审工作。

评审工作严格遵守主动回避的原则，评审专家不能参与自己指导课例的评审。凡未达到标准基本要求的课例，不得申报市级优秀课例。各区不得采取直接指定的方式推荐参与市级评优教师人选。

所有参加评选的教师要在一定区域内上好公开课，并积极参加不同阶段的展示交流活动。各区要组织中小学体育教师开展现场观摩，加强教师间、学校间的教学交流与学习，扩大优质课的引领和辐射作用。各区要将评选结果作为体育教师业务考核成绩的重要部分纳入教学（业务）档案。

（二）各区申报

各区在评审基础上按照名额分配（附表2）将优秀课例报送至市教科院基教研中心体育教研室。冰雪项目优秀课例推荐工作截至2019年1月11日（星期五）。其他项目优秀课例在2018年10月19日（星期五）前完成上报。

（三）市级评审

市教委组织中小学体育有关专家成立课例评审委员会开展市级评审工作。市级评委需具有高级教师职称或市级学科带头人及以上荣誉称号。

市级评审工作分学段进行，包括初评和复评两个阶段。初评后将采取抽签的方式对获得一等奖的部分课例进行现场复评，复评未达到相应等级标准者，以专家现场意见为准，以确保课例的真实性；获得其他奖项的课例原则上不进行现场评审。

市级课例评选设一等奖、二等奖和三等奖。各奖项的比例和数量，由评审委员会根据上报评优课的整体情况研究确定。最终获奖结果由专家仲裁委员会讨论通过后认定。

（四）课例观摩

市教委将在评审基础上组织中小学体育教学观摩研讨活动，并择优推荐教师参加全国中小学体育教学观摩展示。

七、相关具体要求

（一）课例录制及材料报送

1. 上报课例需经区课例评选工作领导小组同意推荐后，方可录制成光盘参加市级评选活动。

2. 课例的摄制要使用 DV 数码摄像机或较好的数字摄像机，摄制完毕后刻录成 DVD 光盘。要确保录制效果，因录制质量问题，无法播放或有剪接痕迹的录像课，取消参评资格。

3. 上报的课例需上交以下材料：

（1）教师登记表（附表 3，略）一式 1 份；

（2）区级指导教师基本情况汇总表（附表 4，略）一式 1 份；

（3）区级评审专家基本情况汇总表（附表 5，略）一式 1 份；

（4）教师基本情况汇总表（附表 6 ，略），仅上交电子版；

（5）相关教学文件（教学计划）一式 3 份；

（6）专家点评（可附在课时计划后）一式 3 份；

（7）教学课例光盘一式 6 份。

同时，请将材料（1）至（6）的电子版发至电子邮箱。

4. 报送的课例光盘和教案封面要注明区、学校名称、任课教师、点评人、录像制作单位和联系方式等基本信息。

（二）异地上课的要求

1. 授课教师所在区教委要主动与指定区联系，将上课所需的教学条件告知对方，便于做好准备工作。异地上课的具体时间双方商定后，上报市教科院基教研中心体育教研室，市教委将组织专家抽查异地上课情况。

2. 各区要认真组织中小学教师异地上课活动，促进教师之间互相学习、相互切磋、取长补短、共同提高。异地上课应该在 11 月 1 日至 30 日之间进行（冰雪项目除外），因天气因素影响原定上课时间者，双方协商后另行确定。

3. 异地上课按照城郊结合的原则，具体如下：怀柔→东城→通州

→海淀→昌平→密云→石景山→平谷→顺义→大兴→朝阳→门头沟→西城→房山（燕山）→丰台→延庆→怀柔。按箭头所指方向，前一个区到后一个区进行公开授课。

4. 各区要加强协调，精心组织，周密安排，高度重视工作安全，确保交流活动圆满完成。

附表 1

北京市中小学体育与健康课堂教学评价标准（试行）

评价项目	评价要素	权重
教学目标	1. 聚焦学生健康发展。体现健康第一指导思想，落实立德树人根本任务； 2. 符合《体育与健康课程标准》的要求和教材特点，符合学生的实际；体现体育健康知识、基本技术、技能的传授，以及身心健康发展、体育品德、体育能力和情感的培养； 3. 体现“三维目标”的思想，根据具体情况有所侧重；难度适宜，针对性强，具体、可操作，便于检测。	0.10
教学内容	1. 教学内容选择符合国家课程标准和审定教材的要求，内容选择有依据； 2. 单元（模块）内充分体现所选运动项目本身的教育性、趣味性和文化性，体现运动项目的整体特征； 3. 课的内容安排符合学生生理、心理、身体健康状况和体育水平的实际，对运动项目进行教材化处理； 4. 重点准确，难点突出。	0.15

续表 1

评价项目	评价要素	权重
教学过程	1. 课的结构规范，教学步骤合理。教学组织严谨、有序；教、学、练有机结合，体育课堂教学充满活力； 2. 根据锻炼身体和掌握技能需要，科学设计运动负荷的量和强度； 3. 注重体育健康知识、锻炼方法的渗透和心理素质的培养； 4. 安全措施到位、场地利用和器材布置合理、师生着装得体。	0.12
教学方法	1. 既要面向全体，又要注意个体差异，因材施教； 2. 根据教学内容的需要，科学选用教学方法； 3. 对学生课堂中的学习及时给予恰当的评价和反馈； 4. 指导学生学习方法的选择和运用，通过观察、讨论、比较、自我评价等方法，培养学生的体育学习能力； 5. 善于采用游戏和比赛的方法，培养学生的良好心理品质和社会适应能力。	0.20
教学能力	1. 教学基本技能扎实。动作示范正确优美，口令清晰，讲解正确精炼、简明扼要，保护、帮助得力； 2. 教态自然，具有创设和谐教学气氛和教学情景的能力，能驾驭教学全过程，恰当处理偶发事件，具有及时进行思想品德教育的能力； 3. 重视师生间的交流与互动，保持学生学习的积极性等。	0.18
教学效果	1. 能够完成掌握知识、技术和技能的教学目标，并使学生受到思想、方法、心理素质方面的教育； 2. 能主动参与教学活动，师生关系融洽，实效性强； 3. 学生学习兴趣盎然，情绪高涨，能细心观察和模仿，刻苦锻炼，能与教师和同学主动交流等。	0.20

续表 2

评价项目	评价要素	权重
教学特色	1. 在培养学生体育核心素养方面进行大胆尝试，效果好； 2. 体现先进的教育思想，教学模式新颖、有创意，在发挥学生的主体地位、培养创新精神和实践能力方面有突出体现； 3. 对原有教材进行再加工、创新，具有地域性、民族性和民间性特征。	0.05

备注: 1. 各项评价要素得分采用等级赋值方法: A 级赋值 95 分，B 级赋值 80 分，C 级赋值 65 分，D 级赋值 50 分；

2. 根据评价表中规定的权重，分别计算各评价要素的实际得分；分项得分＝等级赋值 × 权重。

附表 2

2018 年北京市中小学体育课例评选名额分配表

区	名额分配		
	常规课例	足球课例	合计
东城区	9	7	16
西城区	10	8	18
朝阳区	14	11	25
海淀区	13	12	25
丰台区	10	8	18
石景山区	4	3	7

续表

区	名额分配		
	常规课例	足球课例	合计
门头沟区	4	3	7
房山区	11	7	18
昌平区	7	6	13
大兴区	10	8	18
通州区	10	8	18
顺义区	7	6	13
密云区	5	3	8
怀柔区	4	3	7
平谷区	5	3	8
延庆区	5	3	8
燕山	2	1	3
合计	130	100	230

备注：各区自主申报冰雪和奥林匹克教育课例，总数不超过 5 节。

北京市教育委员会

关于进一步落实《北京市控制吸烟条例》的通知

京教体艺〔2018〕11 号

各区教委，各普通高校、中等专业学校：

《北京市控制吸烟条例》颁布以来，各级各类学校积极组织学习、贯彻落实条例要求，营造了健康的校园环境。但是，高校学生吸烟率和小学生家长吸烟率仍然比较高，影响无烟校园建设，学校控烟工作依然严峻。现就进一步做好学校控烟工作通知如下：

一、加强控烟管理。控制烟草是《健康中国 2030 规划》的具体要求，也是学校卫生管理和健康教育的重要内容，各级各类学校要高度重视，严格按照教育部《无烟学校参考标准》完善控烟制度，加强控烟宣传，落实责任人，将控烟政策和健康理念融入学校教育教学管理全过程，采取切实措施做到有效控烟。

二、家校协同控烟。充分发挥学校领导、教师、家长的表率作用，指导学生远离烟草。积极劝导、帮助吸烟的教职员工戒烟，倡导、带动家长共同开展控烟行动，共同为学生创造健康、快乐的学习和生活环境。学校要带动家长教导学生自觉抵制烟草诱惑，针对中学生吸烟问题要给予特别关注并制定科学有效的干预措施，引导学生在行动上拒绝第一支烟。

三、开展控烟评估。制定学校控烟工作计划，认真组织有效实施，并加强日常信息报送。同时，做好《北京市控制吸烟条例》实施以来学校控烟工作总结，提炼特色，查找不足，提出建议。各区教委，各普通高校、中等专业学校于 4 月 6 日前将工作总结电子版报市教委体卫艺处。市教委将在此基础上组织开展学校控烟效果评估。

2018 年 4 月 26 日

北京市教育委员会

关于开展 2018 年北京市中小学生冰雪运动普及推广系列活动的通知

京教函〔2018〕335 号

各区教委：

为落实市教委、市体育局、北京冬奥组委新闻宣传部《关于实施北京 2022 年冬奥会和冬残奥会北京市中小学生奥林匹克教育计划的意见》（京教体艺〔2018〕15 号），进一步做好冰雪进校园普及推广工作，市教委决定联合市体育局、冬奥组委新闻宣传部和北京奥运城市发展促进会共同主办 2018 年北京市中小学生冰雪运动普及推广系列活动。现将有关事项通知如下：

一、活动主题

冰雪进校园、冬奥在身边

二、主要内容

（一）冰雪文化进校园

1. 在全市中小学开展冬奥知识进校园活动。

2. 在特教学校内开展冬奥知识宣讲，开设轮转冰、冰上体验等适合残疾学生的冰雪运动项目。

（二）冰雪特色运动项目活动

1. 队列滑项目：聘请芬兰及国内队列滑项目专家定期开展教师培训班并对学生进行指导。

2. “轮转冰”项目：组织按照就近原则在冰上运动场馆开展相关滑冰体验课程。

3. 旱地冰球项目：聘请项目专家定期开展教师培训班并组织市级竞赛活动。

4. 冰壶项目：聘请项目专家定期开展教师培训班并组织市级竞赛活动。

（三）冰雪运动体验课

针对学校冰雪运动发展需求，举行旱地冰球、旱地滑雪等适合校园内开展的冰雪项目体验观摩，组织运动装备、器材、课程体系展示活动。

（四）冰雪文化知识竞赛

在班、校、区开展冰雪文化知识分级赛的基础上，举行市级总决赛。市级总决赛将组建专家组建立题库并由电视台全程直播比赛过程。

（五）绘画作品征集

以“我眼中的冬奥冠军”为主题向各区中小学征集优秀作品。

三、工作要求

（一）建立完善机制：各区要提前做好各项组织工作准备，充分发挥区域资源优势，创造性开展本区冰雪运动推广普及活动，指导学校提升活动质量、扩大学生参与范围，推动我市校园冰雪运动进一步发展。各分项活动的具体要求另行通知。

（二）注重育人效果：各区要积极发动所属中小学校参与并做好安全教育，确保各项活动顺利进行。各学校要充分发挥冰雪运动的育人功能，在推广普及冰雪运动的同时，加强奥林匹克教育，让学生了解奥林匹克文化，理解奥林匹克精神，激发他们学生的体育运动兴趣，培养青少年拼搏进取、团结协作的体育精神，引导他们养成健康生活习惯，促进他们身心健康成长。

（三）坚持特色引领。各区要加强特色校建设特别是课程建设和师资建设，充分发挥特色校的引领、示范和辐射作用，以点带面形成区域特色，构建全市中小学校蓬勃发展冰雪运动、广泛开展奥林匹克教育的良好局面。

2018 年 6 月 25 日

北京市教育委员会

转发教育部办公厅关于 2018 年高水平运动队建设项目调整有关事项文件的通知

京教函〔2018〕390 号

各有关高等学校：

现将教育部办公厅《关于 2018 年高水平运动队建设项目调整有关事项的通知》（教体艺厅函〔2018〕42 号）转发给你们，请认真贯彻落实。

2018 年 7 月 25 日

教育部办公厅

关于 2018 年高水平运动队建设项目调整有关事项的通知

教体艺厅函〔2018〕42 号

各省、自治区、直辖市教育厅（教委），新疆生产建设兵团教育局，部属各高等学校：

为落实《教育部关于进一步加强普通高校高水平运动队建设的实施意见》（教体艺〔2017〕6 号，下简称“6 号文件”），进一步做好 2018 年高水平运动队项目的调整工作，现将有关事项通知如下：

一、各高水平运动队建设校 2018 年可以按照“6 号文件”要求进行项目的结构优化调整。调整的项目不得超出世界大学生运动会项目和全国学生运动会项目范围。

二、项目调整应坚持突出重点、发挥优势、利于竞赛、动态调整的原则，不断优化高水平运动项目的规划布局。承担柔道、棋牌、攀岩、摔跤等四个项目建设的学校除个别承担有国家队建设任务的学校外，将在 2019 年停止该四个项目招生，鼓励其向足球等校园开展较为普及的项目调整。承担定向越野、龙舟建设项目的学校，要在两年内向足球等国家重点发展项目、校园普及性较强和增强体质效果较好的项目进行调整。

三、根据“6 号文件”确定的“严格控制高水平运动队建设学校的规模总量，现有高水平运动队建设学校总数原则上不再增加”的总要求，同时为了进一步鼓励和发展校园冰雪运动，鼓励有条件的高校申请组建冰雪运动队。各地可以在现有规模总量内进行校际间建设学校和项目的结构调整。各校高水平运动队建设项目除足球、冰雪项目外原则上不再增加。

四、各地要进一步加强和规范对建设项目的管理。所有高校2018年须如实申报每个项目是否分男、女队建设的情况；沙滩排球不在排球项目范围内，如需建设，须单独申报；足球项目仅指11人制室外足球项目，不再单独设其他人制的足球队；篮球仅限指5人制篮球项目。

五、各高水平运动队建设学校如需进行新增和调整，新调整申报学校、项目必须按照我部印发的《“新申请学校”高水平运动队建设项目评审指标体系》（教体艺〔2010〕3号）进行自我评估，并在2018年9月10日之前，将有关文字材料（可含省级部门的初审意见）及电子版统一报送至教育部高校高水平运动队项目建设专家评估委员会秘书处（教育部体育卫生与艺术教育司体卫处），电子版注明高校名称＋拟新增（调整）的新设项目。同时，在9月10日之后请将有关材料挂至本校体育部的网站至10月1日之前，并将有关网站域名一并报送，以便专家评估委员会专家查阅。我部组织相应项目专家委员会将根据报送材料及网站的有关材料对建设该项目的必要性和可行性进行技术评估，再反馈省级教育行政部门审核。

2018年7月2日

北京市教育委员会

关于做好 2018 年国家学生体质健康标准测试及监测等工作的通知

京教函〔2018〕508 号

各区教委，各高等学校、中等职业学校：

为全面贯彻国务院办公厅《关于强化学校体育促进学生身心健康全面发展的意见》（国办发〔2016〕27 号）精神，深入落实《国家学生体质健康标准（2014 年修订）》（以下简称《标准》）和《学生体质健康监测评价办法》（以下简称《办法》）等文件要求，市教委决定继续做好 2018 年《标准》测试及监测等工作。现将有关事宜通知如下：

一、完成《标准》测试及数据上报工作

2018 年本市普通高等学校、中等职业学校和中小学校要按照教育部的统一要求，面向全体学生开展《标准》测试，并按照规定的时间要求和报送途径上报测试数据。具体工作内容详见附件 1。

二、做好《标准》监测工作

（一）监测范围。为客观评价各区、各学校学生体质健康工作质量，市教委将面向 16 区，抽取约 6 万名中小学生开展《标准》监测。监测数据将作为评价各区学校体育工作的重要依据，也将作为被监测学生年度测试成绩直接上报市级数据库，对于监测中不及格和临时免体学生可由所在学校再安排一次补测，其它监测学生不再参加学校测试。

（二）监测要求。各区教委和相关学校要按照《〈标准〉监测工作要求》（附件 2）及《2018 年北京市中小学生国家学生体质健康标准监测工作手册》，认真落实相关工作。

（三）鼓励开展第三方监测。各区凡在2018年9至12月期间，统一组织全区中小学生通过第三方开展《标准》测试工作的，可申请免于参加市级《标准》监测。各区申请时需填报《2018年免于参加市级〈标准〉监测申请表》（见附件4），连同测试方案于9月21日（星期五）前上报市教委体卫艺处。

三、完成教育部《标准》抽查复核工作

2018年，教育部将继续组织专家组对各省、市组织实施《标准》测试情况进行抽查复核。各有关区教委、高等学校及中小学校要认真按照教育部工作组要求做好相关工作。凡参加教育部抽查复核的中小学校将不再参加本年度市级《标准》监测。具体工作内容详见附件5。

四、工作要求

（一）规范测试。各区教委和学校要建立监督检查机制，组织相关人员对测试结果进行随机抽查核对，确保上报数据真实、准确。各区教委和各级各类学校要设立《标准》测试工作监督电话并向社会公开，接受社会咨询和监督。

（二）加强研究。各区教委和学校要通过监测评价，动态把握学生体质健康变化趋势，及时分析测试数据，查找影响因素，开展体质健康预警与干预，完善学生体质健康改善措施，提高学校体育工作的科学性、针对性、实效性。

（三）强化应用。各级各类学校要按要求制作《国家学生体质健康标准登记卡》，规范记录每一名学生的体质健康测试成绩及其评定等级。小学将体质健康测试情况列入学生成长记录或素质报告书，初中以上学校列入学生档案，作为学生综合素质评价和学业水平考试的重要指标和内容。高等学校要将体质健康测试情况作为学生评优评先、毕业考核的重要依据。各区教委要将学生体质健康状况作为评价学校教育质量的重要指标。

附件：1.《标准》测试及数据上报工作要求（略）

2.《标准》监测工作要求

3.监测点学校统计表（略）

4. 2018 年免于参加市级《标准》监测申请表（略）

5. 2018 年教育部抽查复核工作要求（略）

2018 年 9 月 18 日

附件 2

《标准》监测工作要求

一、监测时间及地点

（一）监测时间：10 月 17 日至 11 月 6 日，双休日正常进行测试。如遇空气重污染等极端天气，按照有关要求调整测试时间。

（二）监测地点：各区自定，原则上要选取具有 400 米跑道操场的学校，尽量沿用 2017 年监测点，如有变动请根据附件 3 要求报送新监测点信息。请各区教委于 9 月 20 日（星期四）参加领队会时统一上报测试点信息，并将更换测试点信息上报至电子邮箱。

二、监测内容及对象

（一）监测项目

1. 现场监测项目：《标准》中规定的各项测试项目；

2. 问卷调查：面向部分学生及教师开展问卷调查。

（二）监测对象。按照各区中小学生总数按比例从 CMIS 电子学籍库中随机抽取约 6 万名中小学生，覆盖各区一年级至高三年级的 12 个学段。

三、监测方式

市教委采取公开招标的方式，选定同方健康科技（北京）股份有限公司作为 2018 年北京市中小学《国家学生体质健康标准》第三方监测机构，负责各区监测工作。第三方监测机构负责实施测试工作，提供现场组织、测试器材、测试人员等服务，并为各区提供监测分析报告。第三方监测机构需严格执行测试标准，并接受市、区教育行政部门和学校监督，不得随意提高或降低标准，如发现标准不统一等违规行为，将视情节轻重按违约处理。

四、抽样及领队会

（一）抽样。市教委按照各区中小学及学生数量比例，抽取一定数量的学校参加监测，抽样结果将在《标准》监测前 1 周通知各区教委。

（二）领队会。9 月 20 日（星期四）14:00 在市教委 517 会议室召开领队会，部署监测工作，请各区教委安排 1 名负责同志参加。

五、相关要求

（一）加强组织领导。各区教委和中小学校要成立监测工作领导小组，制定监测工作实施方案，明确分工并责任到人，特别要做好医疗卫生、安全保卫、交通协调、应急处置等保障工作。

（二）认真部署监测工作。区教委要明确各校参加监测的具体时间，有序组织学校按计划完成监测工作；第三方监测机构要做好测试场地布置等前期筹备工作，并协助区教委做好前期策划和现场组织工作。学校要面向被监测学生开展专题安全教育，详细了解学生健康状况，对于长期免体不参加体育课或患有心脏病等不适宜参加监测的学生要严格把关，避免发生安全事故。

（三）完成学籍信息同步工作。认真组织中小学校及区学籍管理部门于 9 月 25 日（星期二）前完成学生学籍数据与市教委信息中心学籍信息同步工作，做好相关在籍不在学学生标记。各区教委要及时做好数据更新、数据同步以及学生卡（学籍 IC 卡）制发等技术支持工作，确保学籍数据的完整性和准确性，保证学生学籍号、学生照片、学生姓名等信息的准确，确保被监测学生人手两卡（学籍 IC 卡、证件卡），无卡学生要及时上报补卡。无法读取 8 位教育 ID 号的学籍卡需要提前做好升级工作。

（四）按照程序反映和解决问题。在现场监测过程中，学校如有异议要按程序在现场向区教委负责人反映，不得直接与第三方监测机构交涉，由区教委统一与第三方监测机构进行协调解决。所有测试问题都需在现场进行确定，学生离场后所有成绩将不得更改。

北京市教育委员会

关于转发2018年全国青少年校园篮球特色学校名单（北京）的通知

京教函〔2018〕711号

各区教委：

根据教育部办公厅《关于公布2018年全国青少年校园篮球特色学校名单的通知》（教体艺厅函〔2018〕89号），我市北京市第一七一中学等30所中小学校被教育部认定并命名为2018年全国青少年校园篮球特色学校。现将名单转发给你们。

各区教委要以本次评选和建设全国青少年校园篮球特色学校（以下简称特色学校）为契机，深入推进校园篮球教学改革，指导各特色学校切实发挥好示范引领作用，进一步强化体育课和课外锻炼，切实帮助广大学生在体育锻炼中享受乐趣、增强体质、健全人格、锤炼意志，努力保障学生健康快乐成长。

附件：2018年全国青少年校园篮球特色学校名单（北京）

2018年12月20日

附件

2018 年全国青少年校园篮球特色学校名单（北京）

序号	学校名称	学校类别	详细地址
1	北京市第一七一中学	D	北京市东城区和平里北街 8 号
2	北京市第五中学分校	B	北京市东城区地安门东大街 127 号
3	北京市东城区史家胡同小学	A	东城区朝阳门北小街南弓匠营胡同 2 号
4	北京小学	A	北京市西城区槐柏树街 9 号
5	北京市三帆中学	B	北京市西城区德外新风街 7 号
6	中国人民大学附属中学朝阳学校	A	北京市朝阳区太阳宫南街 8 号
7	北京中学	B	北京市朝阳区西坝河东里 1 号
8	中央民族大学附属中学	C	北京市海淀区法华寺甲 5 号
9	北京市育英学校	F	北京市海淀区万寿路西街 11 号
10	北京市丰台区黄土岗中学	B	北京市丰台区南四环西路 16 号
11	北京市第十中学	D	北京市丰台区长辛店南关东里 1 号
12	北京市第九中学分校	B	北京石景山金顶北路 8 号
13	首都师范大学附属中学永定分校	D	北京市门头沟区石龙北路 32 号
14	北京市房山区窦店镇窦店中心小学	A	北京市房山区窦店镇窦店村六区 65 号村
15	北京市房山区良乡中学	C	北京市房山区良乡南关东路 5 号

续表

序号	学校名称	学校类别	详细地址
16	北京市通州区台湖学校（小学部）	E	通州区台湖镇台湖学校
17	北京市通州区第六中学	B	通州区第六中学
18	北京市顺义区第九中学	C	顺义区集汇大街南 100 米
19	北京市顺义区杨镇第二中学	B	顺义区杨镇三街
20	北京市顺义区李遂中心小学校	A	顺义区南孙路 17 号
21	北京市昌平第二实验小学	A	北京市昌平区回龙观龙泽苑东区 26 号
22	北京市昌平区前锋学校	F	北京市昌平区水库路 20 号
23	北京市大兴区第七中学	B	北京市大兴区黄村镇兴丰大街 2 段 215 号
24	北京市怀柔区第六小学	A	怀柔区开放路 119 号
25	北京市怀柔区第三中学	B	怀柔区迎宾北路 36 号
26	北京市平谷区第五中学	D	北京市平谷区北二环路园丁小区 1 号
27	北京市密云区第四小学	A	密云区环新北路东侧
28	北京市密云区第五中学	B	北京市密云区行宫街法制公园北侧
29	北京市延庆区第一中学	C	北京市延庆区高塔路 5 号
30	北京市延庆区十一学校	E	北京市延庆区三清观 29 号

注：学校类别按：A 小学，B 初中，C 高中，D 完全中学，E 九年一贯制学校，F 十二年一贯制学校填写字母，G 为民办学校。

北京市教育委员会

关于做好当前传染病防控工作的通知

京教体艺〔2018〕25 号

各区教委，各普通高等学校、中等专业学校、民办教育机构：

目前，我市已进入流感高发季节，一些学校陆续出现了流感疫情，肠道传染病疫情也时有发生。学校是人群高度密集的公共场所，为切实做好学校流感防控工作，保障师生身体健康，现将有关事项通知如下：

一、重视增强学生体质

学校必须牢固树立健康第一的思想，一方面要积极组织广大师生加强体育锻炼，同时要指导家长带领学生进行家庭体育锻炼，增强学生体质和抗病能力。

二、加强防病宣传教育

各级各类学校要通过多种形式开展有针对性的健康教育和防病宣传工作，使广大师生掌握卫生防病知识，提高自我防范意识和自我保护能力。重点教育并督促学生保持良好个人卫生习惯，包括：经常用肥皂和流水洗手；咳嗽或打喷嚏时应用纸巾遮住口鼻；保持居住及学习场所的经常开窗通风；加强体育锻炼，注意膳食营养，提高自身免疫力；减少或避免前往人群稠密场所；如出现流感样症状要及时到医院看病，留在家中休息等。

三、提高应急处置能力

各区教委，各级各类学校要认真梳理前期学校传染病防控和食品安全督导检查中发现的问题并提出有效整改措施，认真落实传染病防控工作的组织建设、制度建设、经费投入、设备配备、工作流程、人员培训等工作要求，提高学校传染病防控应急处理水平和能力。

四、加强监测报告

各级各类学校要严格落实晨午检制度，缺勤、复课登记，以及日常消毒制度，及时掌握师生因病缺勤缺课情况，做好登记和统计工作。一旦发现有学生出现发热、呕吐等情况，学校要积极配合疾控部门按照《北京市学校及托幼园所集中发热处理技术规范》开展流行病学调查和传染病防控工作。高校校医院要严格按照有关规定，做好流感疫情监测、排查和报告工作，落实预检分诊、消毒隔离、医疗废物处置等管理制度，确保做到传染病疫情早发现、早报告、早处置。

2018 年 12 月 25 日

科学与艺术教育

北京市教育委员会文件选编

（2018）

中共北京市委宣传部
北京市教育委员会
北京市财政局
北京市文化局

关于实施戏曲进校园工作计划的通知

京教体艺〔2018〕16号

各区委宣传部、教委、财政局、文化局（委）：

为进一步推动戏曲进校园工作的深入开展，促进中华优秀传统文化的传承和弘扬，根据中宣部、教育部、财政部、文化部《关于戏曲进校园的实施意见》（中宣发〔2017〕26号），现将戏曲进校园的有关工作通知如下：

一、将戏曲教育融入校园文化

1. 将戏曲教育作为传承弘扬中华优秀传统文化的重要内容。戏曲是表现和传承中华优秀传统文化的重要载体，是中华民族精神的具体体现。将戏曲教育融入校园文化，在学校营造浓厚的戏曲文化氛围，让中华优秀传统文化基因通过校园文化浸润学生心灵、促进学生全面发展。

2. 紧密围绕首都城市战略定位推进戏曲进校园。传承中华优秀传统文化是建设全国文化中心的重要任务，在校园弘扬戏曲文化是教育服务首都城市建设的具体体现。充分利用全国文化中心的资源优势，广泛吸纳不同民族、不同区域的戏曲文化形式，将戏曲文化传承与非遗文化传承工作有机结合，进一步丰富校园文化的形式和内容，促进戏曲文化发扬光大。

3. 采取多种形式积极营造校园戏曲文化的浓厚氛围。通过统筹优质资源、建设特色学校、发展学生社团、加强师资力量、搭建有效平台，充分利用校园网络、自媒体、橱窗等宣传戏曲文化，引导学校将戏曲教育渗透在相关学科教学中，鼓励校外教育单位增设戏曲兴趣培训内容，在校内外形成重视戏曲文化传承的生动局面。

二、加强戏曲课堂建设

4. 普及开展戏曲通识教育，以京剧进课堂为试点逐步探索戏曲进校园的有效模式和科学路径。扩大京剧进中小学生课堂的试点范围，通过编写戏曲剧目教材、录制名家名段赏析、名家教唱名段等方式向中小学生推介优秀戏曲剧（节）目，鼓励试点学校开发京剧校本教材。

5. 通过开展专项培训、建立戏曲艺术家工作室、邀请戏曲名家讲座等多种方式，培养一支业务精、能力强、理念新的优秀教师团队。将教师培训纳入教师继续教育培训序列，并赋予相应学分。

6. 支持各戏曲艺术院团和专业院校对中小学校开展结对帮扶，鼓励戏曲专家走进校园担任兼职教师，开展戏曲教学和教师培训工作。通过高校实施双导师制，加强在校相关艺术学科师范生的贮备培养。

7. 在高校、社会力量参与小学体育美育发展工作中，通过增设戏曲课程、补充戏曲师资力量、建立学生戏曲社团全面支持结对小学普及戏曲教育。继续支持艺术类高校与普通高中开展零门槛的戏曲传承实践。

三、丰富学生戏曲实践

8. 重点支持传递向上向善价值观的青少年戏曲作品的创作和推广。依托专业力量实施校园国剧项目，每年编排 10 部校园国剧以及其他剧种的戏曲剧目，通过衔接讲台和舞台强化学生对戏曲文化的理解和体验，促进传统文化入脑入心。

9. 进一步扩大“国戏杯”学生戏曲大赛的影响力，在学生艺术节中增设戏曲实践内容，紧密结合戏曲进课堂的推进，丰富比赛形式和内容，带动家庭、社会关注和支持戏曲文化的传承发展。

10. 将戏曲教育纳入课外活动内容，支持和鼓励各区、各学校根据自身特色开展形式多样的戏曲学习和传承活动，为远郊地区和农村地区学校开展活动创造更好条件。

11. 开展多种形式的国际交流与合作，多渠道搭建青少年对外文化交流平台，鼓励各级各类学校根据自身条件和特点积极参与中外人文交流，传播戏曲文化、弘扬中华精神。

四、推动戏曲文化普及

12. 优化民族艺术进校园观演计划，落实“每年的戏曲演出占民族艺术进校园活动总演出场次的 30% 以上”和“重点保障学生在小学阶段看一场经典戏曲”的要求。同时，精品剧目向农村地区倾斜。

13. 支持大中小学组织学生欣赏名家名段赏析、名家教唱名段等多种形式，向中小学生推介优秀戏曲剧（节）目。加大经费投入和部门协调，争取每年让学生免费欣赏到 1 场优秀的戏曲演出。

14. 与宣传、文化等部门共同开展学生戏曲国粹展评及校园剧先锋活动、戏曲知识竞赛等文化推广活动；支持开展戏曲电影进校园计划；利用北广传媒等媒介平台开展名家、名剧、名段推介活动。

五、加强戏曲人才培养

15. 加大对中国戏曲学院、北京戏曲艺术职业学院等戏曲艺术院校的支持力度，提高戏曲专业人才培养能力，加强院校戏曲专业人才培养。

16. 支持中国戏曲学院实施京剧流派传承创新推进工程。落实职业教育戏曲表演专业学生免学费制度。

17. 建立戏曲艺术中专、高职、大专院校师资“多向授课”机制，加强院校间交流与合作。在北京戏曲艺术职业学院与中国戏曲学院之间设立“专升本”渠道。

18. 完善“双向进入”机制，鼓励戏曲民间艺人和非物质文化遗产传承人参与戏曲学校的教育教学，鼓励有关院校建立名师工作室。支持戏曲艺术院校与戏曲艺术表演团体合作，加强学生学习（实践）基地及人才培养基地建设。

六、加强组织保障

19. 建立完善宣传、教育、财政、文化等部门协同配合的工作机制，加强资源统筹，强化责任意识，发挥各自优势，为戏曲进校园营造有力的政策环境。充分调动家庭、社会的关注度和积极性，共同做好戏曲进校园的发展和创新工作。

20. 进一步发挥北京学校中华文化传统促进会、高校及中小学美育研究机构等组织的作用，着力整合戏曲文化教育资源，通过开展课题调研、师资培训，举办演出、比赛、展览、研讨会等多种形式，促进戏曲文化的传承和弘扬。

2018 年 2 月 6 日

北京市教育委员会

转发教育部关于公布第二批全国中小学中华优秀文化艺术传承学校名单文件的通知

京教函〔2018〕120 号

各区教委：

为深入贯彻党的十九大精神，传承中华优秀传统文化，深入推进学校美育改革，根据《教育部关于在全国中小学开展中华优秀文化艺术传承学校创建活动的通知》，经学校自主申报、市区两级推荐、专家复核与公示，最终教育部认定北京市昌平区流村中学等 1035 所学校为第二批全国中小学中华优秀文化艺术传承学校，其中我市 31 所中小学位列其中。现将教育部公布的《第二批全国中小学中华优秀文化艺术传承学校名单》转发给你们。

各传承学校要以此次创建活动为契机，全力扎实推进创建工作，要以课堂教学为基础，以师资队伍为支撑，以实践活动为抓手，以成果展示为助推，坚持创造性转化和创新性发展，将传承中华优秀传统文化艺术打造成为本校的美育特色和品牌。

各区教委要切实加强对传承学校创建工作的组织领导、健全工作机制、理清工作体系、明确工作环节、强化组织保障、实施动态管理，开展阶段总结、推广典型经验，充分发挥传承学校的示范引领辐射作用，扎实推进中华优秀传统文化的传承与弘扬。

附件：第二批全国中小学中华优秀文化艺术传承学校名单（北京市）

2018 年 3 月 23 日

附件

第二批全国中小学中华优秀文化艺术传承学校名单（北京市）

所属区	学校名称	传承项目
东城区	北京市东城区天坛东里小学	书法（篆刻）
	北京市第一七一中学	京剧
西城区	北京市第三十五中学	民族民间音乐
	北京市宣武师范学校附属第一小学	京剧
朝阳区	北京市陈经纶中学嘉铭分校	国画
	北京市朝阳区白家庄小学	泥工

续表1

所属区	学校名称	传承项目
海淀区	北京医科大学附属小学	剪纸
	北京市第十九中学	民族管弦乐
丰台区	北京市丰台区丰台第一小学	戏曲
	北京市丰台区新发地小学	剪纸
石景山区	北京市京源学校	戏曲
	北京市京源学校莲石湖分校	书法
门头沟区	北京市门头沟区黑山小学	京剧
	北京市王平中学	麦秸秆画
房山区	北京市房山区窦店镇窦店中心小学	京剧
	北京市房山区城关小学	剪纸
燕山	北京市燕山前进第二小学	京剧
大兴区	北京市大兴区第六小学	剪纸
	北京第二实验小学大兴实验学校	戏曲
通州区	北京教育科学研究院通州区第一实验小学	书法
	北京市通州区运河中学	篆刻
顺义区	北京市顺义区港馨小学	去碑营凤秧歌
	北京市顺义区李各庄学校	剪纸
昌平区	北京市昌平区流村中学	漆园村龙鼓
	北京市昌平区小汤山中心小学	花钹大鼓
平谷区	北京绿谷小香玉艺术学校	戏曲

续表 2

所属区	学校名称	传承项目
怀柔区	北京实验学校	书法
延庆区	北京市延庆区永宁学校	永宁南关竹马
	北京市延庆区八里庄中心小学	灯彩
密云区	北京市密云区檀营满族蒙古族乡中心小学	马头琴
	北京市密云区第六中学	民族音乐

北京市教育委员会

关于公布北京市学生金帆艺术团
北京市学生金鹏科技团
北京市学生金帆书画院
评审结果的通知

京教函〔2018〕121 号

各区教委：

多年来，北京市学生金帆艺术团、北京市学生金鹏科技团、北京市学生金帆书画院在全面提高学生综合素质、发展兴趣爱好、培育学校文化、创建学校品牌等方面发挥了重要作用。根据《北京市学生金帆艺术团、金鹏科技团、金帆书画院管理办法》，我委于 2017 年 10 月至 12 月对北京市学生金帆艺术团（以下简称“金帆团”）、北京市学生金鹏科技团（以下简称“金鹏团”）、北京市学生金帆书画院（以下简称“书画院”）开展了评审工作。

经过学校申报、区级推荐、市级评审、网络公示等相关评审程序，并经市教委 2018 年第 7 次主任办公会议审议通过，最终认定金帆团 119 个、金鹏团 78 个、书画院 64 个，现将评审结果予以公布。

各区要以此次验收评审工作为契机，以社会主义核心价值观为导向，坚持立德树人根本任务，坚持面向全体学生，围绕北京全国文化中心和科技创新中心的功能定位，在新的人才观和教育观的背景下，优化教育资源配置，发挥金帆团、金鹏团以及书画院的育人功能。要结合从促进教育优质均衡发展，推进首都教育现代化的角度，明确金帆团、金鹏团以及书画院的发展新路径和新任务。

各承办学校要认真总结经验，发挥金帆团、金鹏团以及书画院的示范、引领和窗口作用，积极参与社会公益活动，扩大金帆团、金鹏团以及书画院的影响力，不断推动学校美育、科技教育工作的深入开展。

附件：1. 北京市学生金帆艺术团评审认定名单
2. 北京市学生金鹏科技团评审认定名单
3. 北京市学生金帆书画院评审认定名单

2018 年 3 月 23 日

附件 1

北京市学生金帆艺术团评审认定名单

东城区

北京第一师范学校附属小学（合唱团）

北京市东城区灯市口小学（合唱团、话剧团）

北京市东城区东四九条小学（舞蹈团）

北京市东城区分司厅小学（话剧团）

北京市东城区府学胡同小学（行进管乐团）
北京市东城区革新里小学（话剧团）
北京市东城区回民实验小学（话剧团）
北京市东城区史家胡同小学（舞蹈团、合唱团、管乐团）
北京汇文中学（合唱团）
北京景山学校（舞蹈团）
北京市第二十二中学（管弦乐团）
北京市第二十七中学（民族管弦乐团）
北京市第二中学（舞蹈团、管乐团）
北京市第六十五中学（舞蹈团）
北京市第五十中学（舞蹈团）
北京市第五中学（民族管弦乐团）
北京市第一〇九中学（管乐团）
北京市第一六六中学（管乐团、话剧团）
北京市第一七一中学（合唱团）
北京市东直门中学（管弦乐团）
北京市广渠门中学（管乐团）
北京市文汇中学（合唱团）

西城区

北京第二实验小学（合唱团、管乐团、舞蹈团）
北京第一实验小学（管乐团）
北京市西城区进步小学（管乐团）
北京市西城区五路通小学（舞蹈团）
北京市西城区育民小学（民族管弦乐团）
北京市西城区展览路第一小学（合唱团）
北京市宣武师范学校附属第一小学（民族管弦乐团）
北京小学（舞蹈团、合唱团）
北京师范大学附属实验中学（舞蹈团）
北京师范大学附属中学（舞蹈团）
北京师范大学亚太实验学校（合唱团）

北京市第八中学（管弦乐团）
北京市第六十六中学（管乐团）
北京市第三十五中学（民族管弦乐团、合唱团）
北京市第十五中学（京剧团、民族管弦乐团）
北京市第四中学（合唱团、舞蹈团）
北京市回民学校（民族管弦乐团）
北京市育才学校（管乐团、话剧团）

朝阳区

北京市朝阳区白家庄小学（合唱团）
北京市朝阳区芳草地国际学校世纪小学（民族管弦乐团）
北京市朝阳区劲松第四小学（舞蹈团、管乐团）
北京市朝阳区兴隆小学（话剧团）
北京市朝阳师范学校附属小学（行进管乐团）
中国传媒大学附属小学（民族管弦乐团）
北京市朝阳区芳草地国际学校（管乐团）
北京市陈经纶中学（合唱团）
北京市第八十中学（管乐团、舞蹈团）
中国教育科学研究院朝阳实验学校（管乐团）
中国音乐学院附属北京实验学校（民族管弦乐团）

海淀区

北京大学附属小学（京剧团）
北京市海淀区翠微小学（民族管弦乐团）
北京市海淀区第二实验小学（行进管乐团）
北京市海淀区实验小学（合唱团、管乐团、舞蹈团）
北京市海淀区万泉小学（民族管弦乐团）
北京市海淀区五一小学（管乐团）
北京市海淀区西颐小学（京剧团）
北京市海淀区中关村第二小学（管弦乐团、舞蹈团）
北京市海淀区中关村第三小学（舞蹈团）
北京市海淀区中关村第一小学（京剧团）

清华大学附属小学（民族管弦乐团）
中国农业科学院附属小学（管乐团）
中国人民大学附属小学（京剧团）
北京交通大学附属中学（合唱团）
北京理工大学附属中学（行进管乐团）
北京实验学校（海淀）（管乐团）
北京市八一学校（管乐团、合唱团）
北京市第十九中学（民族管弦乐团）
北京市第五十七中学（行进管乐团）
北京市第一〇一中学（管弦乐团）
北京市海淀区教师进修学校附属实验学校（话剧团）
北京市十一学校（合唱团、管弦乐团）
北京市育英学校（管乐团、合唱团）
北京市育英中学（民族管弦乐团）
北京市中关村中学（管乐团、京剧团）
清华大学附属中学（民族管弦乐团）
首都师范大学附属中学（舞蹈团）
中国人民大学附属中学（管弦乐团、合唱团、舞蹈团）

丰台区

北京市丰台区丰台第五小学（民族管弦乐团）
北京市丰台区丰台第一小学（管乐团）
北京舞蹈学院附中丰台实验小学（舞蹈团）
北京市第十二中学（民族管弦乐团）
北京市丰台区丰台第二中学（管乐团）

石景山区

北京市第九中学（舞蹈团）

门头沟区

北京市大峪中学（合唱团）
北京市门头沟区新桥路中学（舞蹈团）

昌平区

北京市昌平第二实验小学（民族管弦乐团）

北京市昌平区第二中学（民族管弦乐团）

通州区

北京市通州区中山街小学（管乐团）

大兴区

北京市大兴区第三小学（管乐团）

北京市大兴区德茂中学（民族管弦乐团）

北京小学翡翠城分校（舞蹈团）

平谷区

北京绿谷小香玉艺术学校（舞蹈团）

房山区

北京市房山区良乡第四小学（合唱团）

顺义区

北京市牛栏山一中实验学校（民族管弦乐团）

附件 2

北京市学生金鹏科技团评审认定名单

东城区

北京市东城区东四九条小学（地球与环境分团）

北京市东城区和平里第四小学（生命科学分团）

北京市东城区史家胡同小学（天文分团、地球与环境分团）

北京汇文中学（天文分团）

北京景山学校（天文分团）

北京市第六十五中学（电子与信息分团）

北京市第二中学（机器人分团）

北京市第十一中学（机器人分团）

北京市第五中学（生命科学分团）

北京市第一六六中学（生命科学分团）
北京市第一七一中学（机器人分团）
北京市广渠门中学（生命科学分团）
北京市文汇中学（模型分团）
北京市东城区崇文青少年科学技术馆（校外分团）
北京市东城区青少年科学技术馆（校外分团）

西城区

北京第二实验小学（地球与环境分团）
北京市西城区展览路第一小学（机器人分团）
北京师范大学第二附属中学（机器人分团）
北京师范大学附属实验中学（生命科学分团）
北京师范大学附属中学（生命科学分团）
北京市第八中学（机器人分团）
北京市第三十五中学（生命科学分团）
北京市第十五中学（电子与信息分团）
北京市第四中学（模型分团）
北京市第一六一中学（生命科学分团）
北京市育才学校（模型分团）
北京市西城区青少年科学技术馆（校外分团）
北京市宣武青少年科学技术馆（校外分团）

朝阳区

北京市朝阳区白家庄小学（地球与环境分团）
北京市朝阳区芳草地国际学校远洋小学（天文分团）
北京市朝阳区南磨房中心小学（模型分团）
北京工业大学附属中学（机器人分团）
北京市陈经纶中学（天文分团）
北京市陈经纶中学分校（机器人分团）
北京市第八十中学（机器人分团）
北京市和平街第一中学（机器人分团）
中国教育科学研究院朝阳实验学校（模型分团）

北京市朝阳区青少年活动中心（校外分团）

海淀区

北京大学附属小学（机器人分团）

北京理工大学附属小学（机器人分团）

北京市海淀区中关村第二小学（天文分团、地球与环境分团）

北京市海淀区中关村第三小学（模型分团）

北京市海淀区中关村第一小学（模型分团）

中国人民大学附属小学（模型分团）

北京航空航天大学实验学校（模型分团）

北京交通大学附属中学（机器人分团）

北京理工大学附属中学（天文分团）

北京市八一学校（模型分团、机器人分团）

北京市第十九中学（电子与信息分团）

北京市第一〇一中学（生命科学分团、天文分团）

北京市十一学校（模型分团）

北京市中关村中学（电子与信息分团）

首都师范大学附属中学（天文分团）

中国人民大学附属中学（电子与信息分团）

丰台区

北京市丰台区东高地第三小学（电子与信息分团）

北京市第十八中学（模型分团）

北京市第十二中学（机器人分团）

北京市丰台区东高地青少年科技馆（校外分团）

石景山区

北京市京源学校（地球与环境分团）

门头沟区

北京第二实验小学永定分校（电子与信息分团）

北京市大峪中学（生命科学分团）

通州区

北京市通州区梨园学校（天文分团）

北京市通州区潞河中学（天文分团）

大兴区

北京师范大学大兴附属小学（天文分团）

北京市大兴区第三小学（机器人分团）

北京市大兴区长子营镇第一中心小学（模型分团）

北京师范大学大兴附属中学（模型分团）

顺义区

北京市顺义牛栏山第一中学（生命科学分团）

昌平区

北京市昌平区昌盛园小学（地球与环境分团）

北京市昌平区第二中学（机器人分团）

怀柔区

北京市怀柔区第一中学（生命科学分团）

平谷区

北京市平谷区黄松峪中学（天文分团）

密云区

北京市密云区大城子学校（生命科学分团）

市级

北京学生活动管理中心（校外分团）

附件 3

北京市学生金帆书画院评审认定名单

东城区

北京市东城区灯市口小学（美术分院）

北京市东城区和平里第四小学（美术分院）

北京市东城区史家胡同小学（美术分院）

北京景山学校（书法分院）

北京市东城区少年宫（美术分院）

西城区

北京市宣武回民小学（美术分院）

北京市第一五六中学（书法分院）

北京市徐悲鸿中学（美术分院）

北京市育才学校（美术分院）

北京市西城区青少年美术馆（美术分院）

朝阳区

北京市朝阳区八里庄中心小学（美术分院）

北京市朝阳区白家庄小学（美术分院）

北京市朝阳区第二实验小学（书法分院）

北京市朝阳区芳草地国际学校富力分校（美术分院）

北京市日坛中学（美术分院）

北京青年政治学院附属中学（美术分院）

北京市朝阳区青少年活动中心（美术分院）

海淀区

北京市海淀区翠微小学（美术分院）

北京医科大学附属小学（美术分院）

清华大学附属小学（美术分院）

北京交通大学附属中学（美术分院）

北京市第十九中学（美术分院）

首都师范大学第二附属中学（书法分院）

首都师范大学附属中学（美术分院）

丰台区

北京市丰台区丰台第五小学（美术分院）

北京市大成学校（美术分院）

北京市第十二中学（美术分院）

北京市芳星园中学（美术分院）

北京市丰台区少年宫（美术分院）

石景山区

北京大学附属小学石景山学校（美术分院）

北京市京源学校（美术分院）

门头沟区

首都师范大学附属中学永定分校（美术分院）

北京市门头沟区少年宫（美术分院）

昌平区

北京市昌平第二实验小学（美术分院）

北京市昌平区昌盛园小学（书法分院）

北京市昌平区城北中心小学（美术分院）

北京市昌平区马池口中心小学（书法分院）

北京市昌平区燕丹学校（书法分院）

通州区

北京教育科学研究院通州区第一实验小学（书法分院）

北京市通州区潞河中学（美术分院）

北京市通州区运河中学（美术分院）

北京市育才学校通州分校（美术分院）

大兴区

北京市大兴区第七小学（书法分院）

北京市大兴区第七中学（美术分院）

北京市第二中学亦庄学校（书法分院）

北京小学翡翠城分校（书法分院）

北京市大兴区少年宫（书法分院）

平谷区

北京师范大学附属中学平谷第一分校（书法分院）

北京市平谷区黄松峪中学（美术分院）

密云区

北京市密云区第三小学（美术分院）

北京市密云区第四小学（美术分院）

房山区

北京市房山区城关第二小学（美术分院）

北京市房山区窦店镇窦店中心小学（美术分院）
北京市房山区良乡第四小学（美术分院）
北京市房山区良乡镇良乡中心小学（美术分院）
北京市房山区房山第五中学（美术分院）

顺义区

北京市顺义区第九中学（美术分院）
北京市顺义区少年宫（美术分院）

怀柔区

北京市怀柔区喇叭沟门满族乡中心小学（美术分院）
首都师范大学附属红螺寺中学（美术分院）

延庆区

北京市延庆区第五中学（美术分院）
北京市延庆区青少年活动中心（美术分院）

燕山

北京市燕山东风中学（美术分院）

市级

北京学生活动管理中心（美术分院）

北京市教育委员会

关于公布2017年度北京市中小学生金帆奖、银帆奖获奖名单的通知

京教函〔2018〕130号

各区教委，各中等职业学校：

根据《北京市教育委员会关于申报2017年度北京市中小学生金

帆奖、银帆奖的通知》(京教函〔2017〕337号)有关精神，按照《北京市中小学生金银帆奖评选办法》(京教体美〔2011〕14号)有关要求，经市评审小组评选，决定授予北京市东城区东四九条小学刘嘉希等32名学生北京市中小学生金帆奖，授予北京市东城区体育馆路小学潘晓宇等159名学生北京市中小学生银帆奖，现将名单予以公布。

附件：2017年度北京市中小学生金帆奖、银帆奖获奖名单

2018年3月30日

附件

2017年度北京市中小学生金帆奖、银帆奖获奖名单

金帆奖32人

刘嘉希	北京市东城区东四九条小学
王楚涵	北京市东城区东四九条小学
陈熙珍	北京市东城区史家小学分校
杜奕萱	北京市东城区史家小学分校
阮树轩	北京市东城区美术馆后街小学
黄新媛	北京市东城区美术馆后街小学
王一尧	北京市东城区美术馆后街小学
陈璟宏	北京市东城区美术馆后街小学
赵亚欣	北京市东城区金台书院小学
袁榕	北京市东城区金台书院小学
刘辰熙	北京市第二十七中学
张博禹	北京市第二十七中学
张若涵	北京市第二十七中学
张若琳	北京市第二十七中学

岳亮　北京市陈经纶中学
陈睿奇　北京市陈经纶中学
马一寒　北京市陈经纶中学
张昊月　北京市陈经纶中学
高思雨　北京市陈经纶中学
张乔智　北京市陈经纶中学
孙乙丹　北京市海淀区中关村第一小学
陈戴维　北京市海淀区中关村第一小学
赵海博　北京市海淀区中关村第二小学
曹朝临　北京市海淀区中关村第二小学
章岑硕　北京市海淀区中关村第二小学
康伊萌　北京市海淀区中关村第二小学
孙晨洋　北京市海淀区玉泉小学
杜亦晨　北京市海淀区玉泉小学
林子轩　北京市第一〇一中学
陈浩然　北京市第一〇一中学
郭彬然　北京市第一〇一中学
刘哲凯　北京市第十二中学

银帆奖 159 人

潘晓宇　北京市东城区体育馆路小学
刘心艺　北京市东城区府学胡同小学
赵泓堰　北京市东城区府学胡同小学
范思涵　北京市东城区史家胡同小学
董祎楠　北京市东城区史家胡同小学
赵禹磬　北京市东城区史家胡同小学
谭添　北京市东城区史家胡同小学
姜睿曦　北京市第二中学
曲秉铎　北京市第一七一中学
华啸锟　北京市第一七一中学
刘一　北京市第一七一中学

王昭宇	北京市第一七一中学
朱婉莹	北京市第一七一中学
马博卿	北京景山学校
唐瑞娴	北京景山学校
李徐清	北京景山学校
王佳悦	北京市宣武师范学校附属第一小学
李远	北京市第四中学
何李	北京市第四中学
郑雅心	北京市第四中学
廉昌学	北京市第四中学
刘天越	北京市第四中学
刘涵	北京市第四中学
赵鑫辰	北京市第四中学
刘静雯	北京市第四中学
王阳昇	北京市第四中学
胡宇征	北京市第四中学
张紫瑶	北京市第四中学
姚慧心	北京市第三十五中学
黄潇	北京师范大学第二附属中学
朱国文	北京师范大学第二附属中学
方俊博	北京市育才学校
汝佳睿	中国传媒大学附属小学
唐佳扬	中国传媒大学附属小学
班继晨	北京市第八十中学
周雨欣	中国人民大学附属中学朝阳学校
吴桐雪	北京市陈经纶中学
张天瑶	北京市陈经纶中学
李萱	北京市陈经纶中学
张心怡	北京市陈经纶中学
王潇	北京市陈经纶中学

汤维依	北京市海淀区实验小学
许伊一	北京市海淀区实验小学
乔韵嘉	北京市海淀区实验小学
林长源	北京市海淀区七一小学
彭筱雅	北京市海淀区七一小学
刘若水	北京市海淀区七一小学
王嘉成	北京市海淀区七一小学
宋伯轩	北京市海淀区七一小学
李延祎	北京市海淀区中关村第一小学
王喆	北京市海淀区中关村第一小学
王董昱	北京市海淀区中关村第一小学
马天欣	北京市海淀区中关村第一小学
王紫玄	北京市海淀区中关村第一小学
张艺骞	北京市海淀区中关村第一小学
王瑞鑫	北京市海淀区中关村第一小学
吴宇阳	北京市海淀区中关村第一小学
张峻玮	北京市海淀区中关村第一小学
王铱	北京市海淀区中关村第一小学
齐天瑞	北京市海淀区中关村第二小学
禹政君	北京市海淀区中关村第二小学
谢宜禾	北京市海淀区中关村第二小学
魏心涤	北京市海淀区中关村第三小学
杨雨轩	北京市海淀区清河第一小学
卓奕扬	北京市海淀区上地实验小学
贺天馨	北京市海淀区上地实验小学
张以清	北京医科大学附属小学
张倍嘉	清华大学附属小学
张筠钒	清华大学附属小学
刘梓萱	清华大学附属小学
于芷鉴	清华大学附属小学

宋文沁	中国人民大学附属小学
李钰瑶	中国人民大学附属小学
刘瀚辰	中国人民大学附属中学实验小学
冯超然	中国人民大学附属中学实验小学
孙楚峰	中国人民大学附属中学实验小学
高鑫莹	中国人民大学附属中学实验小学
张奕乔	北京市十一学校
张益	北京市十一学校
陈孝涵	北京市十一学校
富博涵	北京市十一学校
姜思雨	北京市十一学校
陈卓皓	北京市第十九中学
潘政昂	北京市第五十七中学
周羽昕	北京市第五十七中学
孙美晴	北京市第五十七中学
黄科元	北京市第五十七中学
张壬喆	北京市第一〇一中学
鲜于子越	北京市第一〇一中学
樊子豪	北京市第一〇一中学
刘兆晖	北京市第一〇一中学
陈凯桐	北京市第一〇一中学
古懿琛	北京市第一〇一中学
刘子凌	北京市第一〇一中学
王皓笛	北京市第一〇一中学
张之恒	北京市第一〇一中学
洪深	北京市第一〇一中学
徐天杨	北京市第一〇一中学
赵一非	北京市中关村中学
方芳	北京市中关村中学
李奕橙	北京市中关村中学

魏雪淳　　北京市中关村中学
魏莞芯　　北京市八一学校
常铭珺　　北京市育英学校
余国北　　北京市育英学校
丁伟恒　　清华大学附属中学
陈廷翰　　清华大学附属中学
方正　　清华大学附属中学
张霁晖　　清华大学附属实验学校
董伯纲　　中国人民大学附属中学
邵梦瑶　　中国人民大学附属中学
冯驰　　中国人民大学附属中学
潘法昇　　中国人民大学附属中学
李佳绪　　中国人民大学附属中学
曹毅　　中国人民大学附属中学
汪勃霖　　中国人民大学附属中学
马洪政　　中国人民大学附属中学
张颖茜　　中国人民大学附属中学
杨雨林　　中国人民大学附属中学
姬晨轩　　中国人民大学附属中学
王佳琦　　中国人民大学附属中学翠微学校
武意桐　　北京航空航天大学实验学校
崔航　　北京航空航天大学实验学校
刘佳旎　　中国农业大学附属中学
杨智涵　　北京交通大学附属中学
杨天惠　　北京交通大学附属中学
隆簪晖　　北京理工大学附属中学
孙晨曦　　北京理工大学附属中学
朱梦琳　　北京理工大学附属中学
冯天宇　　北京理工大学附属中学
刘睿　　北京理工大学附属中学

石业瀚	北京理工大学附属中学
李昊昕	北京理工大学附属中学
赵培彰	北京理工大学附属中学
甘芸瑄	北京理工大学附属中学
张晨雪	北京理工大学附属中学
宋子麟	北京理工大学附属中学
姚烨	首都师范大学附属中学
李姗迪	首都师范大学附属中学
王宇涵	首都师范大学附属育新学校
官鑫	首都师范大学附属育新学校
杨艺航	首都师范大学附属育新学校
陈雅婧	首都师范大学附属育新学校
石响	首都师范大学附属中学
王子健	首都师范大学附属中学
王曦	北京市第十二中学
崔景浩	北京市第十二中学
池梦娇	北京市大兴区第一中学
刘振飞	北京市第二中学亦庄学校
王依	北京市第二中学亦庄学校
张宇驰	北京市第二中学亦庄学校
王硕	北京市第二中学亦庄学校
宿昊宗	北京市昌平区职业学校
丁雨桐	北京市密云区第三中学
李博睿	北京市密云区第六中学
田明阳	北京市密云区第六中学

首都精神文明建设委员会办公室
中共北京市委教育工作委员会
北 京 市 教 育 委 员 会
海 军 政 治 工 作 部
国 家 海 洋 局 宣 教 中 心
共 青 团 北 京 市 委 员 会

关于举办 2018 年北京学生海洋意识教育主题系列活动的通知

京教体艺〔2018〕14 号

各区教委，各高等学校、各中等职业学校：

为加强学生海洋意识教育，引导学生树立正确的海洋观，不断激发广大学生认识海洋、重视海权、关注海军的热情，根据国家海洋局、教育部等五部委《关于印发〈提升海洋强国软实力——全民海洋意识教育和文化建设“十三五”规划〉的通知》（国海发〔2016〕2 号），海军政治工作部、国家海洋局宣教中心、市委教工委、市教委、首都文明办、团市委将继续举办北京学生海洋意识教育主题系列活动。现将有关事项通知如下：

一、活动主题

走向深蓝　守护海疆

二、组织机构

活动由海军政治工作部、国家海洋局宣教中心、市委教工委、市教委、首都文明办、团市委主办，各区教委协办。活动下设北京市学生海洋意识教育活动组委会，组委会办公室设在《现代舰船》杂志社及北京市宣武青少年科学技术馆。

三、参加对象

大中小学、中等职业学校在校学生

四、活动内容

围绕“海洋、海权、海军”开展包含海洋知识竞赛、海洋主题征文、海洋大讲堂活动及海洋知识巡展、海洋主题绘画摄影比赛、海洋意识教育示范校评选、海洋文化节、海洋意识拓展训练营等活动（活动方案见附件）。

五、工作要求

（一）高度重视：海洋意识教育活动是对学生进行社会主义核心价值观教育的重要手段，是落实立德树人根本任务的重要体现。要充分认识活动的重要意义，将活动纳入各区和学校工作规划，认真研究制定本区、本学校的实施方案，协调配合、周密组织，引导学生积极广泛参与。

（二）认真组织：充分利用学校学生社团、兴趣小组等学生群团组织，广泛开展活动及培训，引导学生树立海洋意识，提升学生的创新精神和动手实践能力。充分发挥金帆艺术团和金鹏科技团的示范作用，引导学校开辟与海洋科技及海洋艺术相关的活动内容，逐步将海洋科技及海洋艺术纳入相关评比标准。

（三）确保安全：牢固树立安全第一的宗旨，严格按照活动的相关要求，制定相应的安全措施和方案，确保活动安全实施。

（四）加强宣传：及时总结经验，加强上下沟通，并利用报纸、广播、学校网站等媒介进行广泛宣传。各区要于6月30日前将本区负责活动宣传的信息员以及活动组织部门及联系方式上报北京学生海洋意识教育活动组委会办公室。于12月底前将本区、学校参与活动的相关情况汇总，上报组委会办公室。届时将根据上报情况评选组织工作奖项。

六、联系方式（略）

附件：2018年北京学生海洋意识教育主题系列活动方案（略）

2018年5月29日

北京市教育委员会

关于公布2018年（第十届）北京市中小学生科学建议奖获奖名单的通知

京教函〔2018〕674号

各区教委：

经市教委2018年第32次主任办公会研究，决定授予中国人民大学附属中学实验小学原博雅等14名学生2018年北京市科学建议奖，北京市怀柔区渤海镇中心小学于铭萱、雷淇羽、沈梦瑶等16名学生2018年北京市中小学生科学建议提名奖（名单附后）。

各区要加大科学建议奖评选的宣传力度，引导广大中小学生关注社会、培养社会责任意识，提高实践创新能力，促进德智体美劳全面发展。

附件：2018年（第十届）北京市科学建议奖、科学建议提名奖获奖名单

2018年12月6日

附件

2018年（第十届）北京市中小学生科学建议奖、科学建议提名奖获奖名单

一、科学建议奖获奖名单（14名）

中国人民大学附属中学实验小学	原博雅
北京市西城区复兴门外第一小学	黄袆涵
北京市密云区大城子学校	池思楠
北京市朝阳区陈经纶中学分校实验学校	顾曦之
北京市第十五中学	王若兮
北京市西城区白纸坊小学	牛乐凡
北京市西城区陶然亭小学	杨宸
北京市海淀区翠微小学	傅千越
北京市海淀区育鹰小学	蒋湧晴
	刘祺一
	白必迅
北京市顺义牛栏山第一中学	蔡宸
北京市朝阳区白家庄小学	陈治东
	王禹涵

二、科学建议提名奖名单（16名）

北京市第四中学	唐近豪
北京市陈经纶中学分校	姚晨曦
北京市怀柔区渤海镇中心小学	于铭萱
	雷淇羽
	沈梦瑶
北京市第一六一中学	陈怿恺

	马子岳
北京市西城区白纸坊小学	徐嘉睿
北京市顺义牛栏山第一中学	郝斯嘉李
北京市海淀区九一小学	刘彦哲
	崔熙悦
	尤鹏宇
北京市陈经纶中学分校	王颉
北京市海淀区花园村第二小学	高果
北京市东城区文汇小学	张澜萌
	李欣烨

校外教育

北京市教育委员会文件选编

（2018）

北京市教育委员会

关于公布北京市中小学生社会大课堂河北省资源单位名单的通知

京教函〔2018〕108 号

各区教委：

为贯彻落实京津冀协同发展国家战略，稳步推进京津冀教育协同发展工作，依据《关于进一步加强中小学生社会大课堂工作的意见》（京教工〔2011〕68 号）和《北京市中小学生社会大课堂资源管理办法》（京教德〔2008〕5 号）精神，进一步拓展中小学生社会大课堂资源，经过河北省资源单位直接申报、北京市中小学生社会大课堂管理办公室组织相关专家组进行资格审查、资料审阅、汇报答辩和实地抽查，并召开由市委宣传部等 12 家社会大课堂合作建设部门参加的联席会议，研究确定河北省 12 家单位为北京市中小学生社会大课堂资源单位（名单见附件），资格时间为 2018 年 1 月 1 日至 2019 年 12 月 31 日。各中小学可结合实际选择适合学生特点的资源单位进行参观和学习。

附件：北京市中小学生社会大课堂河北省资源单位名单

2018 年 3 月 19 日

附件

北京市中小学生社会大课堂
河北省资源单位名单

西柏坡纪念馆（委托运营单位北京勤学教育科技有限公司）

赵州桥景区（委托运营单位北京勤学教育科技有限公司）

廊坊博物馆

梦东方未来世界（委托运营单位北京志成国际教育文化交流中心）

唐山开滦博物馆（委托运营单位唐山市学拓科技有限公司）

乐亭县李大钊纪念馆（委托运营单位唐山学拓科技有限公司）

保定市莲池博物馆

保定市清苑区冉庄地道战纪念馆（委托运营单位北京韶华智亿教育科技有限公司）

河北省正定乒乓球训练基地（委托运营单位正定晴耕雨读文化发展有限公司）

河北省正定县荣国府管理处（委托运营单位正定晴耕雨读文化发展有限公司）

河北省正定县塔元庄村委会（委托运营单位正定晴耕雨读文化发展有限公司）

张家口崇礼冰雪博物馆（委托运营单位菜鸟教育科技有限公司）

北京市教育委员会

关于开展北京市校外教育“三个一”优质项目评选活动的通知

京教函〔2018〕162号

各区教委，北京学生活动管理中心：

为深化北京市校外教育供给侧结构性改革，进一步提高校外教育质量，满足全市中小学生核心素养培育需求，根据《北京市教育委员会关于在全市校外教育机构开展“三个一”活动的通知》（京教函〔2016〕230号），促进全市优质创新项目、特色项目、精品项目建设，市教委将在全市校外教育机构开展“三个一”优质项目评选。

各区教委要根据《北京市校外教育“三个一”优质项目评选工作方案》（附件1）、《北京市校外教育“三个一”优质项目评价标准》（附件2），结合本区实际，认真组织实施，确保本区评选活动的质量。区级评选活动后，各区要按照《各区参评市级校外教育“三个一”优质项目名额分配表》（附件3）推荐本区优秀的创新项目、特色项目、精品项目。各区要以评选活动为契机，推动本区课外校外教育规范化、科学化发展。

附件：1. 北京市校外教育“三个一”优质项目评选活动方案

2. 北京市校外教育“三个一”优质项目评价标准

3. 各区参评市级校外教育“三个一”优质项目名额分配表

2018年4月17日

附件 1

北京市校外教育“三个一”优质项目评选活动方案

一、评选范围

市级评选范围是 2017 年申报的在建创新项目、特色项目、精品项目。区级评选范围由各区根据工作实际和发展需求自定。

二、评选时间

此次评选活动分为三个阶段：

第一阶段：2018 年 9 月，各申报单位自评。

第二阶段：2018 年 10—12 月，区级评选。

第三阶段：2019 年上半年，市级评选。

三、评选原则

（一）坚持公平、公正、公开的原则；

（二）依据标准，质量为先，兼顾类别和数量；

（三）鼓励各区在区级评选中突出区域特色；

（四）创新项目评选适度向郊区倾斜。

四、评选内容和安排

（一）组织者培训会

2018 年上半年，组织各区校外教育“三个一”优质项目评选活动组织者培训会。

（二）单位自评

2018 年 9 月，各申报单位根据评价标准对各申报项目进行评审，完成本单位项目自评。

（三）区级评选

各区校外“三个一”活动办公室制定区级评选细则，成立区级评选专家组（专家需副高以上职称），依据《北京市校外教育“三个一”优质项目评价标准》，参照市级评选的方案内容，采用“材料评选”和“现场评选”的形式，组织区级“三个一”优质项目评选。

2018 年 12 月 30 日前，各区向市“三个一”办公室上报推荐参加市级评选的项目名单（按附件 3 中规定名额）。电子版发送至邮箱，纸质盖章版交至：东城区龙潭湖百果园 3 号 7 号楼，北京市校外教育研究室。

（四）市级评选

1. 2019 年 3 月，市“三个一”活动领导小组办公室组织各区提交参评项目现场抽签排序，专家组对评选材料进行打分。

评选材料包括：

（1）项目概述（5000 字左右，要求包括“规划与计划”、“支持与保障”、“方法与过程”、“成绩与效果”等四个方面的内容介绍）。

（2）项目课程建设材料：教材（或课程框架）、公开课、课题等。

（3）一个学期的教育教学计划、总结、教案。

（4）一次教学活动实录（45 ~ 90 分钟）。

（5）项目效果证明材料（项目教师团队花名册，教师培养证明材料，教师获奖证书，学生作品、证书或证明材料，媒体宣传材料等）。

（6）其他相关材料。

2. 2019 年 5 月，组织市级现场评选活动完成评审。

现场评选：项目核心教师（1 ~ 6 人）用演示文稿现场介绍项目（15 分钟内），并回答评委提出的相关问题（5 分钟内）。

3. 对评选出的市级优质创新项目、特色项目、精品项目颁发证书，并对优秀组织单位进行表扬。

（五）成果推广与项目管理

1. 组织系列市级优质创新项目、特色项目、精品项目建设成果展示与转化活动，各区要将“三个一”优质成果转化到中小学课后服务工作之中。

2. 2019 年起，市教委每三年组织一届全市校外教育“三个一”优质项目的申报和评选活动，立足长效，动态管理。

五、工作机构

（一）北京市校外教育“三个一”活动领导小组办公室负责“三

个一”优质项目评选活动的组织实施。

（二）成立北京市校外教育“三个一”优质项目评选活动专家组，负责市级评选的培训、指导、评审等工作。

六、工作要求

（一）高度重视，认真落实。各区教委要深刻认识到校外教育“三个一”优质项目评选活动的重要意义，按时制定区级评选活动方案，确定评选活动负责人，积极做好区级评选、材料报送和研讨总结等工作。

（二）统筹安排，深化改革。各区校外教研室要将此次评选活动与校外教师基本功展评、校外教科研、校外教师培训等活动有机结合，科学设计，精准实施，确保各申报项目符合“三个一”优质项目评选标准导向。

（三）注重实效，优质发展。各校外教育机构要把评选活动列为年度工作重点，以评选促进教师队伍建设，以评选优化供给结构，以评选提升校外教育供给质量。

附件 2

北京市校外教育“三个一”优质项目评价标准

一级指标	二级指标	三级指标		
		创新项目	特色项目	精品项目
一、规划与计划（20分）	（一）依据基础（4分）	1. 符合教育部、北京市教委等相关政策文件，符合首都教育综合改革方向。（1分） 2. 符合学生成长规律，适应学生发展需求。（1分） 3. 机构具备项目实施的师资、场地、设备设施等基础条件。（1分） 4. 具有创新性。实施时间1年以上。（1分）	1. 符合教育部、北京市教委等相关政策文件，符合首都教育综合改革方向。（1分） 2. 符合学生成长规律，适应学生发展需求。（1分） 3. 机构具备项目实施的师资、场地、设备设施等基础条件。（1分） 4. 具有独特性。实施时间3年以上。（1分）	1. 符合教育部、北京市教委等相关政策文件，符合首都教育综合改革方向。（1分） 2. 符合学生成长规律，适应学生发展需求。（1分） 3. 机构具备项目实施的师资、场地、设备设施等基础条件。（1分） 4. 具有示范性。实施时间3年以上。（1分）

续表 1

一级指标	二级指标	三级指标		
		创新项目	特色项目	精品项目
一、规划与计划（20分）	（二）理念目标（3分）	5. 以践行社会主义核心价值观为导向，紧紧围绕立德树人的根本任务，坚持活动育人、实践育人，坚持兴趣培养和个性化教育。（1分） 6. 结合专业特点，落实《中国学生发展核心素养》要求，目标设置条理清楚，具体可行。（2分）	5. 以践行社会主义核心价值观为导向，紧紧围绕立德树人的根本任务，坚持活动育人、实践育人，坚持兴趣培养和个性化教育。（1分） 6. 结合专业特点，落实《中国学生发展核心素养》要求，目标设置条理清楚，细致具体，针对性强。（2分）	5. 以践行社会主义核心价值观为导向，紧紧围绕立德树人的根本任务，坚持活动育人、实践育人，坚持兴趣培养和个性化教育。（1分） 6. 结合专业特点，落实《中国学生发展核心素养》要求，目标设置条理清楚，细致具体，科学严谨。（2分）
	（三）结构内容（13分）	7. 规划科学可行，年度计划安排合理。（2分） 8. 建构起基本的课程框架。（7分） 9. 统筹利用社会资源，将社会资源转化为教育资源。（2分） 10. 生源相对稳定。（2分）	7. 规划科学可行，年度计划安排合理。（2分） 8. 课程结构完整，内容体系完善。有比较成熟的教材。（7分） 9. 统筹利用社会资源，将社会资源转化为教育资源，有相对固定的社会资源单位。（2分） 10. 有稳定的学生梯队。（2分）	7. 规划科学可行，年度计划安排合理。（2分） 8. 有成熟的课程体系，有较高质量的原创教材，并获区级以上奖项或公开出版。（7分） 9. 统筹利用社会资源，将社会资源转化为教育资源，有长期合作的社会资源单位，有很强的示范性。（2分） 10. 有高水平的学生社团。（2分）

续表 2

一级指标	二级指标	三级指标		
		创新项目	特色项目	精品项目
二、支持与保障（20分）	（四）师资队伍（10分）	11. 核心教师在编在岗，专业水平得到同行认可。（4分） 12. 有教师团队，团队成员职责明确。（3分） 13. 有师资培养计划并实施。有专家指导。（3分）	11. 核心教师在编在岗，专业水平较高。（4分） 12. 有比较稳定的教师团队，团队成员职责明确。（3分） 13. 有师资培养计划并实施。有专家指导。（3分）	11. 核心教师在编在岗，专业水平高，有知名度。（4分） 12. 有稳定的教师团队，整体水平高，专业结构和年龄结构合理。（3分） 13. 有师资培养计划并实施。有专家指导。（3分）
	（五）场地设施（4分）	14. 有固定场地。（2分） 15. 设施设备适用、安全。（2分）	14. 有固定场地，特点鲜明。（2分） 15. 设施设备适用、安全。（2分）	14. 有固定场地，特点鲜明。（2分） 15. 设施设备适用、安全。（2分）
	（六）制度建设（3分）	16. 有明确的项目管理办法。（2分） 17. 有安全管理制度，责任到人。（1分）	16. 有明确的项目管理办法。（2分） 17. 有安全管理制度，责任到人。（1分）	16. 有明确的项目管理办法。（2分） 17. 有安全管理制度，责任到人。（1分）
	（七）经费投入（3分）	18. 经费投入能够充分满足项目发展需求。（3分）	18. 经费投入能够充分满足项目发展需求。（3分）	18. 经费投入能够充分满足项目发展需求。（3分）

续表3

一级指标	二级指标	三级指标		
		创新项目	特色项目	精品项目
三、方法与过程（35分）	（八）教学条件（14分）	19. 有完整的学期教学计划。有科学合理的活动方案。有学期教学总结。（8分） 20. 有效运用现代信息技术。（3分） 21. 有反映项目教学质量的论文（案例）。（3分）	19. 有完整的学期教学计划。有科学合理的活动方案。有学期教学总结。（8分） 20. 熟练运用现代信息技术。（3分） 21. 有反映项目教学质量的论文（案例），公开发表或获奖。（3分）	19. 有完整的学期教学计划。有科学合理的活动方案，精细化程度高。有学期教学总结。（8分） 20. 恰当运用现代信息技术。（3分） 21. 有反映项目教学质量的论文（案例），公开发表或获市级及以上奖励。（3分）
	（九）教学过程（21分）	22. 以学生为中心，注重学生核心素养培育，全程育人、全方位育人。（3分） 23. 活动育人的本质特征突出，形式新颖，内容原创性特点显著。（3分） 24. 根据学生实际不断调整、生成适当的教育教学内容，能够及时将最新的教科研成果融入教学。（3分） 25. 活动形式丰富，注重实践性、趣味性。体现学生探究、合作、自主等学习方式。（3分）	22. 以学生为中心，注重学生核心素养培育，全程育人、全方位育人。（3分） 23. 活动育人的本质特征突出，规范化程度较高，目标达成度较高。（3分） 24. 根据学生实际不断调整、生成适当的教育教学内容，能够及时将最新的教科研成果融入教学。（3分） 25. 活动形式丰富，注重实践性、趣味性。体现学生探究、合作、自主等学习方式。（3分）	22. 以学生为中心，注重学生核心素养培育，全程育人、全方位育人。（3分） 23. 活动育人的本质特征突出，规范化程度高，目标达成度非常高。（3分） 24. 根据学生实际不断调整、生成适当的教育教学内容，能够及时将最新的教科研成果融入教学。（3分） 25. 活动形式丰富，注重实践性、趣味性。体现学生探究、合作、自主等学习方式。（3分）

续表 4

一级指标	二级指标	三级指标		
		创新项目	特色项目	精品项目
三、方法与过程（35分）	（九）教学过程（21分）	26. 运用多元检测方法对学生进行激励性评价。（3分） 27. 活动环节完整，教、学、评一体化。（3分） 28. 教学活动过程与规划、计划一致。（3分）	26. 运用多元检测方法对学生进行激励性评价。（3分） 27. 活动环节完整，教、学、评一体化。（3分） 28. 教学活动过程与规划、计划一致。（3分）	26. 运用多元检测方法对学生进行激励性评价。（3分） 27. 活动环节完整，教、学、评一体化。（3分） 28. 教学活动过程与规划、计划一致。（3分）
四、成绩与效果（25分）	（十）学生收获（7分）	29. 学生参与活动积极性高，学习成果显著。专业素养和综合素质有明显提高。（4分） 30. 学生在相关部门组织的活动中进行展示、演出。（3分）	29. 学生参与活动积极性高，学习成果显著。专业素养和综合素质有明显提高。（4分） 30. 学生在教育行政部门组织的活动中进行展示、演出或获得市级及以上奖项。（3分）	29. 学生参与活动积极性高，学习成果显著。专业素养和综合素质有明显提高。（4分） 30. 学生在教育行政部门组织的活动中进行展示、演出或获得市级及以上奖项。（3分）
	（十一）教师发展（6分）	31. 承担过一次机构级及以上公开课或观摩课、研究课。（2分） 32. 积极进行本项目的课题研究。（2分） 33. 教师能够积极参加与专业项目有关的评选、展示。（2分）	31. 三年内承担一次区级及以上公开课或观摩课、研究课。（2分） 32. 担任区级及以上规划课题负责人或核心组成员。（2分） 33. 教师在专业项目的有关评选中获奖。（2分）	31. 三年内承担一次市级及以上公开课或观摩课、研究课。（2分） 32. 担任市级及以上规划课题负责人或核心组成员。（2分） 33. 教师在专业项目的市级评选中获奖。（2分）

续表5

一级指标	二级指标	三级指标		
		创新项目	特色项目	精品项目
四、成绩与效果（25分）	（十二）机构发展（3分）	34. 对本机构的教学质量、办学水平、综合实力的提升有促进作用。（3分）	34. 对本机构的教学质量、办学水平、综合实力的提升有较大的促进作用。（3分）	34. 对本机构的教学质量、办学水平、综合实力的提升有较大的促进作用。（3分）
	（十三）学校发展（5分）	35. 与学校教育有效结合，对学校教育有指导支持作用。（5分）	35. 与学校教育紧密结合，对学校教育有指导推动作用。（5分）	35. 与学校教育深度融合，对学校教育有指导推动作用。（5分）
	（十四）社会影响（4分）	36. 家长认可度高，口碑好。（2分） 37. 项目建设得到相关领域专家的认可。（1分） 38. 有相关媒体的宣传报道。（1分）	36. 家长认可度高，口碑好。（2分） 37. 在同类项目中有较大的知名度与影响力。（1分） 38. 有相关媒体的宣传报道。（1分）	36. 家长认可度高，口碑好。（2分） 37. 在同类项目中有较大的知名度与影响力。（1分） 38. 有区级及以上媒体宣传报道。（1分）

附件 3

各区参评市级校外教育“三个一”优质项目名额分配表

序号	区名	推荐项目数量
1	北京学生活动管理中心	6
2	东城区	32
3	西城区	36
4	朝阳区	16
5	丰台区	7
6	石景山区	4
7	海淀区	6
8	门头沟区	2
9	房山区	6
10	燕山	2
11	通州区	2
12	顺义区	3
13	昌平区	5
14	大兴区	7
15	怀柔区	3

续表

序号	区名	推荐项目数量
16	平谷区	2
17	密云区	4
18	延庆区	7
共计		150

北京市教育委员会

关于表扬北京市中小学生社会大课堂先进集体和先进个人的通知

京教函〔2018〕346 号

各区教委、燕山教委：

根据《关于做好北京市中小学生社会大课堂十周年总结展示会相关筹备工作的通知》要求，通过市区两级申报，市教委组织专家对申报北京市中小学生社会大课堂先进集体和先进个人的单位及个人进行评审，认定国家博物馆、北京市第二十七中学等 100 家资源单位、中小学校、社会大课堂管理办公室为北京市中小学生社会大课堂先进集体，认定故宫博物院果美侠、史家小学郭志滨等 200 名辅导教师和管理人员为北京市中小学生社会大课堂先进个人（名单附后）。

社会大课堂是落实立德树人根本任务，发挥社会实践育人作用，培养社会主义建设者和接班人的重要途径。各区教委要进一步加强社会大课堂建设和运行的组织领导，健全管理机制，充分发挥社会大课堂先进集体和先进个人的示范辐射作用，不断增强中小学生社会大课堂实践育人成效。

附件：北京市中小学生社会大课堂先进集体和先进个人名单

2018 年 7 月 2 日

附件

北京市中小学生社会大课堂先进集体和先进个人名单

（排名不分先后）

北京市中小学生社会大课堂先进集体

（一）资源单位（45 家）

国家博物馆
首都博物馆
中国人民抗日战争纪念馆
故宫博物院
中国妇女儿童博物馆
中国铁道博物馆
中国地质博物馆
中国电影博物馆
中国园林博物馆
中国印刷博物馆
中国长城博物馆
中国科学院京区科学技术协会
中国农业科学院国家农业科技展示园
宋庆龄故居管理中心
北京自然博物馆
北京天文馆
北京汽车博物馆
北京市大葆台西汉墓博物馆
西周燕都遗址博物馆
北京鲁迅博物馆
中华民族博物院

千龙网·中国首都网
北京市第二人民法院
北京京港地铁有限公司
北京市海淀区人民法院
北京动物园
世界花卉大观园
太平洋海底世界博览馆有限公司
北京工体富国海底世界
北京国际都市农业科技园
第五季富饶（北京）生态农业有限公司
北京七彩蝶蝴蝶园
北京国际鲜花港
北京市昌裕新园农业科技中心
北京三元食品股份有限公司
北京呀路古热带植物园
北京航天科普教育基地
红星快乐营
中国影视大乐园
生存岛
黄花城水长城
张裕爱斐堡生态农业开发有限公司
北京市密云区科技馆
世界葡萄博览园
北京云瀑沟生态旅游观光有限公司

（二）中小学和校外教育机构（55家）

北京学生活动管理中心
北京市东城区青少年课外校外活动指导服务中心
北京市第二十七中学
北京市第二中学分校
北京市东城区金台书院小学
北京市东城区史家胡同小学
北京第二实验小学
北京第一实验小学
北京建筑大学附属小学
北京市第七中学
北京市三帆中学裕中校区
朝阳区社会大课堂办公室
北京市朝阳区呼家楼中心小学
北京市朝阳区社区青少年教育培训中心
北京市陈经纶中学分校
北京市朝阳区高碑店中心小学
海淀区海淀学区教育教学辅助中心
北京市海淀区青龙桥青少年活动中心
北京市海淀北部新区实验学校小学部
丰台区中小学生社会大课堂管理办公室（丰台分院课程发展中心）
中国教育科学研究院丰台实验学校
北京市丰台区东高地第三小学
北京市第九中学分校

北京市石景山区爱乐实验小学
北京市京源学校
门头沟区社会大课堂管理办公室
北京市门头沟区琉璃渠中小学劳动艺术教育基地
首都师范大学附属中学永定分校
北京市房山区窦店镇窦店中心小学
北京市房山区青龙湖中学
北京市房山区房山少年宫
北京市房山区燕山星城小学
北京市燕山职业学校
通州区中小学生社会大课堂办公室
北京教育科学研究院通州区第一实验小学
北京市育才学校通州分校
顺义区社会大课堂办公室
北京市顺义区后沙峪中心小学校
北京市顺义区仁和中学
昌平区社会大课堂管理办公室
北京市第十五中学南口学校
北京市昌平区回龙观第二小学
北京小学翡翠城分校
北京建筑大学附属中学
首都师范大学附属中学大兴北校区
北京市怀柔区第一小学
北京市怀柔区第三中学
北京市怀柔区九渡河中学
北京实验学校附属小学
北京实验学校附属中学
北京市平谷区刘家河中学
北京市延庆区中小学生社会大课堂办公室
北京市延庆区第三小学
北京市密云区太师屯镇中心小学
北京市密云区中小学生社会大课堂办公室

北京市中小学生社会大课堂先进个人

（一）资源单位（60人）

吴学婷　国家博物馆
杨小燕　国家博物馆
陈慰　国家博物馆
王新迎　首都博物馆
宋珊珊　首都博物馆
李鑫月　首都博物馆
杨艳喆　中国人民抗日战争纪念馆
张栓中　中国人民抗日战争纪

念馆
孟超　中国人民抗日战争纪念馆
韩英智　天安门管理委员会
刘谦　北京市公安局天安门地区分局治安大队
果美侠　故宫博物院
孙桂鞠　中国地质博物馆
李建萍　中国农业博物馆
胡博文　中国铁道博物馆（东郊馆）
白舸　中国电影博物馆
谭栩炘　中国印刷博物馆
王晨雁　中国长城博物馆
王虎纹　中国科学院京区科学技术协会
张静雅　中国海洋石油工业展览馆
魏灵玲　中国农业科学院国家农业科技展示园
王硕　宋庆龄故居管理中心
高凤　北京市文天祥祠文物保管所
金淼　北京自然博物馆
卢瑜　北京天文馆
赵晓玲　北京市大葆台西汉墓博物馆
岳新　西周燕都遗址博物馆
高爽　周口店北京人遗址博物馆
张建新　詹天佑纪念馆
刘晴　北京鲁迅博物馆
倪亚楠　中华民族博物院
张震　北京市万安公墓（李大钊烈士陵园）
闫莉青　千龙网·中国首都网
尚秀云　北京市海淀区人民法院
赵晓黎　北京动物园
邹强军　北京市水生野生动植物救护中心
于洋　太平洋海底世界博览馆有限公司
谭晓慧　北京工体富国海底世界
陈瑶　大白鲸世界
赵新宇　北京绿伞化学股份有限公司
刘志强　稻香湖景酒店稻香湖非遗科学城
徐强　世界花卉大观园
孔繁金　北京定向猎狐基地
冯华毅　北京迷你世界文化交流有限公司
李泊锐　装技所青少年国防教育体验基地（中航曙光〈北京〉科技有限公司）
刘芳　中国第四纪冰川遗迹陈列馆
张春红　北京三元食品股份有限公司

刘军　北京航天科普教育基地
张彦芳　红星快乐营
云霄　第五季富饶（北京）生态农业有限公司
赵广华　鹿世界
王琦峰　世界葡萄博览园
刘江山　北京中少军培训中心
于继东　朴素生活体验馆
戴桂聪　北京慧田蔬菜种植专业合作社
李佳雪　北京沃联福农业开发有限公司
蔡仕林　北京悠波润宏旅游开发有限公司
王文旺　北京文旺阁木作博物馆
张专　北京神笛陶艺文化有限公司
高立　北京马铃薯产业高科技园区筹备办

（二）中小学和校外教育机构（150人）

高付元　北京市中小学生社会大课堂管理办公室
翟敬群　北京市中小学生社会大课堂管理办公室
李滢　北京市中小学生社会大课堂管理办公室
刘旭庚　北京市中小学生社会大课堂管理办公室
唐俊颖　北京市第十一中学
王婷　北京市东城区宝华里小学
冀红杰　北京市第二中学
郦雅　北京市国子监中学
刘春燕　北京市东城区和平里第四小学
郭志滨　北京市东城区史家胡同小学
殷东旭　北京市东城区西中街小学
李君　中央工艺美院附中艺美小学
黄航　北京市东城区青少年课外校外活动指导服务中心
贾坤　北京市第四十三中学
张京嫰　北京市四十四中学
莫艾玲　北京第二实验小学白云路分校
王卫民　北京市西城区厂桥小学
刘艳　北京市西城区阜成门外第一小学
李荣　北京市宣武回民小学
刘娣　北京市回民学校
常楠　北京市西城区新世纪实验小学
杨容涛　北京市宣武外国语实验学校
吴青　北京市西城区展览路第一小学

王托娅　朝阳区青少年活动中心
沈红　芳草地国际学校
薛畅　北京市朝阳区白家庄小学
姬艳辉　北京市朝阳区劲松第四小学
刘海娜　北京市朝阳区新源里第四小学
王晓棠　北京市润丰学校
王晓松　中国音乐学院附属北京实验学校
李凌云　北京师范大学三帆中学朝阳学校
李冬生　北京市和平街第一中学
张爱军　黄冈中学北京朝阳学校
庄蕾蕾　北京市陈经纶中学
田丽　海淀区羊坊店青少年活动中心
马敬东　北京市海淀区青龙桥青少年活动中心
王亚萍　北京市海淀区海淀青少年活动中心
肖媛辉　北京市海淀区翠湖小学
翟菲　北京石油学院附属中学
贾藜　北京师范大学第三附属中学
邢艳　北京市海淀区七一小学
蔡彤鑫　首都师范大学第二附属中学
刘建　丰台区社会大课堂管理办公室（丰台分院课程发展中心）
郭金明　中国教育科学研究院丰台实验学校
毕嘉鑫　北京市西罗园学校
赵红艳　中国教育研究院丰台实验学校
梁新　北京师范大学第四附属中学
张小娟　北京市西罗园学校
张海英　北京市丰台区看丹小学
张猛　北京市丰台区南苑中学
袁金虎　北京市丰台区长辛店第七小学
王婧　北京市丰台区南苑镇第一小学
吴悦　北京市高井中学
冯颖　北京市石景山区爱乐实验小学
孙敬　北京市京源学校
林臻　石景山区教育委员会
杨琳　北京市石景山区实验小学
高英娟　北京市石景山区实验中学分校
朱明欣　北京市石景山区实验中学分校
田威　北京市第八中学京西附属小学
付春琴　北京市门头沟区城子

小学
谭哲理　北京市门头沟区大台中心小学
张娇娇　北京市门头沟区清水中学
高玉明　门头沟区少年宫
江克祥　北京市门头沟区琉璃渠中小学劳动艺术教育基地
杨盈　门头沟区社会大课堂管理办公室
杨青泉　首都师范大学附属中学永定分校
陈宏伟　北京市房山区琉璃河镇琉璃河中心小学
于莹　北京市房山第四中学
邢秀丽　北京市房山区少年宫
王春蕾　北京市房山区青龙湖镇中心小学
于雷　北京市房山区少年宫
程燕林　北京市燕山向阳小学
童远康　北京市燕山向阳中学
赵超　北京市房山区燕山星城小学
刘芳　北京市燕山星城中学
谢冰　燕山教育委员会
宋勇　北京市燕山职业学校
蔡旭　北京市育才学校通州分校
陈金香　北京教育科学研究院通州区第一实验小学
刘海红　北京市通州区永顺镇中心小学
刘军昌　北京市通州区台湖学校
刘士东　北京市通州区教师研修中心
苏金良　北京市通州区教师研修中心
李艳平　北京市通州区教师研修中心
李爱民　顺义区教育委员会
李宝祥　北京市顺义区第二中学
刘满　顺义区教育委员会
曲丽华　北京市顺义区后沙峪中心小学校
谢岩　顺义区教育委员会
张新颖　北京市顺义区马坡中心小学校
赵雪莲　北京市顺义区裕龙小学
刘洋　昌平区社会大课堂管理办公室
刘军芳　北京市第十五中学南口学校
李云耘　北京市昌平区回龙观第二小学
刘庆文　北京市昌平区第四中学
杨学梅　北京市昌平区第三中学
王冲　北京市昌平实验小学
王颖　北京市昌平区城北中心小学

王霞　北京市昌平区前锋学校
张伟　大兴区中小学综合实践活动基地
王峥　北京第二实验小学大兴实验学校
张云明　北京市大兴区第二小学
张洪莲　北京小学大兴分校
王开红　北京市大兴区第五小学
杜文凤　北京市大兴区德茂中学
柳建伟　北京市第八中学大兴分校
武强　北京市大兴区第一中学
郑伟　北京市大兴区教师进修学校
曹兰　北京市怀柔区第六小学
彭兴民　北京市怀柔区怀柔镇中心小学
刘宗明　北京市怀柔区北房中学
黄丽　怀柔区教育委员会
李劲松　北京市怀柔区喇叭沟门满族乡中心小学
张言群　北京市怀柔区汤河口中学
王秀兰　怀柔区教科研中心
杨淑会　怀柔区教科研中心
贾小双　北京第二外国语学院平谷附属学校
张海英　北京市平谷区北杨桥中心小学
薛伶　北京市平谷区南独乐河中心小学
黄利勇　北京市平谷区第八小学
董春辉　北京市平谷区峪口中学
乔淑娟　北京市平谷区第三小学
刘志远　北京市平谷区第四中学
李红梅　北京市平谷区第五中学
吴亚琼　北京市延庆区第四小学
侯春玖　北京市延庆区大柏老中心小学
段金星　北京市延庆区第三小学
任金英　北京市延庆区青少年活动中心
郑利民　北京市延庆区八达岭中学
王计林　北京市延庆区第八中学
高建春　北京市延庆区第一中学
王桂平　北京市密云区第一小学
王崇忠　北京市密云区新城子中心小学
张德军　北京市密云区不老屯中学
张宏起　北京市密云区第六中学
杨宝春　北京市密云区河南寨中学
张利利　密云区教育委员会
刘小红　北京市密云区巨各庄镇中心小学
于海霞　北京市密云区第五小学（民族小学）

国防教育

北京市教育委员会文件选编

（2018）

北京市教育委员会

转发教育部关于公布2017年中小学国防教育示范学校名单文件的通知

京教函〔2018〕42号

各区教委：

现将教育部《关于公布2017年中小学国防教育示范学校名单的通知》（教体艺函〔2017〕14号）转发给你们。各区要以此次评选认定工作为契机，进一步完善管理制度，丰富教育内容，总结工作经验，梳理工作思路，充分发挥中小学国防教育示范学校的辐射引领和示范作用，为推进全民国防教育的深入普及和创新发展做出新的贡献。

2018年1月23日

教育部

关于公布2017年中小学国防教育示范学校名单的通知

教体艺函〔2017〕14号

各省、自治区、直辖市教育厅（教委），新疆生产建设兵团教育局：

为深入学习贯彻党的十九大精神，落实《国家教育事业发展“十三五”规划》关于探索建设国防教育示范学校的总体部署，根据《中小学国防教育示范学校基本要求》，在学校自主申报、省级教育行政部门推荐基础上，我部综合认定北京市八一学校等618所学校为“中小学国防教育示范学校”，现将示范学校名单予以公布。

请各地教育行政部门及时将工作进展情况和发现的有关问题报告我部。

附件：2017年中小学国防教育示范学校名单

2017年12月18日

附件

2017年中小学国防教育示范学校名单（北京市）

省（区、市）	所属市	所属县（区）	学校名称	学校类别
北京市	—	东城区	北京景山学校	高中阶段

续表

省（区、市）	所属市	所属县（区）	学校名称	学校类别
北京市	—	西城区	北京市育才学校	高中阶段
北京市	—	海淀区	北京市八一学校	高中阶段
北京市	—	房山区	北京市房山区良乡中学	高中阶段
北京市	—	朝阳区	北京市东方德才学校	义务教育阶段（初中）
北京市	—	丰台区	北京市第十八中学	义务教育阶段（初中）
北京市	—	石景山区	北京市京源学校	义务教育阶段（初中）
北京市	—	门头沟区	首都师范大学附属中学永定分校	义务教育阶段（初中）
北京市	—	通州区	北京市通州区潞河中学	义务教育阶段（初中）
北京市	—	顺义区	北京市顺义区杨镇第二中学	义务教育阶段（初中）
北京市	—	昌平区	北京市第十五中学南口学校	义务教育阶段（初中）
北京市	—	大兴区	北京市大兴区第七中学	义务教育阶段（初中）
北京市	—	平谷区	北京市平谷区第一小学	义务教育阶段（普通小学）
北京市	—	延庆区	北京市延庆区第二小学	义务教育阶段（普通小学）
北京市	—	燕山地区	北京市燕山向阳小学	义务教育阶段（普通小学）
北京市	—	密云区	北京市密云区第二小学	义务教育阶段（普通小学）
北京市	—	怀柔区	北京市怀柔区桥梓镇中心小学	义务教育阶段（普通小学）

北京市教育委员会

转发教育部关于公布2017年国防教育特色学校的通知

京教函〔2018〕79号

各区教委，各普通高校、中等职业学校：

现将《教育部关于公布2017国防教育特色学校名单的通知》（教体艺函〔2018〕1号）转发给你们。各区、各普通高校、各中等职业学校要以此次评选认定工作为契机，进一步完善管理制度，丰富教育内容，总结工作经验，梳理工作思路，充分发挥国防教育特色学校的辐射引领和示范作用，为推进全民国防教育的深入普及和创新发展做出新的贡献。

2018年2月28日

教育部

关于公布2017年国防教育特色学校名单的通知

教体艺函〔2018〕1号

各省、自治区、直辖市教育厅（教委），新疆生产建设兵团教育局：

为全面贯彻党的十九大精神，落实《国家教育事业发展“十三五”规划》，提高学生综合国防素质，继续推动国防教育特色学校建设，在学校自主申报、省级教育行政部门推荐基础上，我部综合认定北京大学等4382所学校为“国防教育特色学校”。现将特色学校名单予以公布，并就有关事宜通知如下：

一、深化改革创新，注重特色建设。特色学校要充分利用所在地人文环境、优秀历史传统和教育资源创造性地开展工作。在管理机制、课程开发、教育方式、工作模式、活动开展、师资队伍和实践基地建设等方面进一步提高水平和办出特色。

二、统筹各类资源，保障教学效果。特色学校要保障教学时间，在相关课程中有机融入学校国防教育内容。有效开展主题活动，利用重要时间节点营造良好的教育氛围，利用图书馆、阅览室、宣传栏、互联网站等资源开展形式多样的日常教育活动。学校国防教育工作要得到师生员工的广泛支持，并努力为其他地区和学校国防教育改革与发展提供先进经验，发挥示范作用。

三、强化组织领导，健全管理机制。特色学校要高度重视国防教育，纳入年度工作计划和议事日程，定期研究工作，明确分管校领导和专门机构负责组织开展教育教学活动，完善教育教学方案和计划，健全管理制度和绩效评估机制，加大经费预算和政策支持，安排专职和兼职教师进行课程教学和各项活动。

四、纳入发展规划，加强建设管理。各地教育行政部门要把特色学校纳入本地教育发展规划，制定本地区的管理、建设和支持方案，明确工作目标，完善政策措施。各类教师培训中涵盖学校国防教育内容，加强学校国防教育综合实践基地建设与管理，整合各类教育教学资源。

五、完善质量监测，建立报告制度。各地教育行政部门要对本区域内学校年度国防教育情况进行统计汇总，向上级提交专项报告。省级教育行政部门编制发布本地区学校国防教育年度报告，教育部编制全国学校国防教育年度报告。

六、扩大舆论宣传，营造良好氛围。各地教育行政部门要充分发挥大众传媒特别是新媒体的舆论宣传作用，加大对学校国防教育的政策、经验和做法的正面宣传报道，努力形成全社会关注、关心和支持学校国防教育的良好氛围。

教育部在“十三五”期间将有计划有步骤地持续开展国防教育特色学校的认定公布工作，建立健全特色学校带动学校国防教育全面发展的有效机制，实施扶持项目，统筹多方资源，继续推动和支持国防教育特色学校建设。教育部将加强特色学校国防教育工作情况和教育教学质量的监督检查，对于不合格的学校启动退出机制，取消命名并予以通报。请各地教育行政部门及时将工作进展情况和发现的有关问题报告我部。

附件：2017 年国防教育特色学校名单

2018 年 1 月 16 日

附件

2017 年国防教育特色学校名单（北京市）

省（区、市）	所属市	所属县（区）	学校名称	学校类别
北京市	—	—	北京大学	本科院校
北京市	—	—	中国人民大学	本科院校
北京市	—	—	北京化工大学	本科院校
北京市	—	—	北京交通大学	本科院校
北京市	—	—	首都师范大学	本科院校
北京市	—	—	北京科技大学	本科院校
北京市	—	—	北京师范大学	本科院校
北京市	—	—	华北电力大学	本科院校
北京市	—	—	北京建筑大学	本科院校
北京市	—	—	北方工业大学	本科院校
北京市	—	—	首都经济贸易大学	本科院校
北京市	—	—	北京服装学院	本科院校
北京市	—	—	北京吉利学院	本科院校
北京市	—	—	北京财贸职业学院	高职院校
北京市	—	—	北京工业职业技术学院	高职院校
北京市	—	—	北京电子科技职业学院	高职院校
北京市	—	—	北京青年政治学院	高职院校
北京市	—	—	北京经济技术职业学院	高职院校
北京市	—	—	北京铁路电气化学校	中等职业学校
北京市	—	—	北京市商业学校	中等职业学校
北京市	—	东城区	北京市第二中学	普通高中

续表1

省（区、市）	所属市	所属县（区）	学校名称	学校类别
北京市	—	东城区	北京市第二十二中学	普通高中
北京市	—	东城区	北京市第五中学	普通高中
北京市	—	东城区	北京市第一七一中学	普通高中
北京市	—	东城区	北京宏志中学	普通高中
北京市	—	东城区	中央工艺美术学院附属中学	普通高中
北京市	—	东城区	北京市第一中学	义务教育阶段学校
北京市	—	东城区	北京市第五十五中学	义务教育阶段学校
北京市	—	东城区	北京市第六十五中学	义务教育阶段学校
北京市	—	东城区	北京市东直门中学	义务教育阶段学校
北京市	—	东城区	北京市前门外国语学校	义务教育阶段学校
北京市	—	东城区	北京市东城区和平里第一小学	义务教育阶段学校
北京市	—	东城区	北京市东城区地坛小学	义务教育阶段学校
北京市	—	东城区	北京市东城区黑芝麻胡同小学	义务教育阶段学校
北京市	—	东城区	北京市崇文小学	义务教育阶段学校
北京市	—	东城区	北京市东城区东四九条小学	义务教育阶段学校
北京市	—	东城区	北京市东城区培新小学	义务教育阶段学校
北京市	—	东城区	北京第一师范学校附属小学	义务教育阶段学校
北京市	—	西城区	北京市第四十三中学	普通高中
北京市	—	西城区	北京市第八中学	普通高中
北京市	—	西城区	北京市第四十四中学	普通高中
北京市	—	西城区	北京市第六十六中学	普通高中
北京市	—	西城区	北京市铁路第二中学	普通高中
北京市	—	西城区	北京教育学院附属中学	普通高中
北京市	—	西城区	北京市第五十六中学	义务教育阶段学校

续表 2

省（区、市）	所属市	所属县（区）	学校名称	学校类别
北京市	—	西城区	北京市第七中学	义务教育阶段学校
北京市	—	西城区	北京市西城区半步桥小学	义务教育阶段学校
北京市	—	西城区	北京市西城区五路通小学	义务教育阶段学校
北京市	—	西城区	北京市西城区阜成门外第一小学	义务教育阶段学校
北京市	—	西城区	北京师范大学京师附小	义务教育阶段学校
北京市	—	西城区	北京市宣武回民小学	义务教育阶段学校
北京市	—	朝阳区	北京市东方德才学校	普通高中
北京市	—	朝阳区	北京工业大学附属中学	普通高中
北京市	—	朝阳区	北京市和平街一中	普通高中
北京市	—	朝阳区	中国人民大学附属中学朝阳学校	普通高中
北京市	—	朝阳区	清华大学附属中学朝阳学校	普通高中
北京市	—	朝阳区	北京中学	普通高中
北京市	—	朝阳区	北京市朝阳区十八里店小学	义务教育阶段学校
北京市	—	朝阳区	北京市朝阳区国美家园小学	义务教育阶段学校
北京市	—	朝阳区	北京市朝阳区石佛营小学	义务教育阶段学校
北京市	—	朝阳区	北京市第九十四中学朝阳新城学校	义务教育阶段学校
北京市	—	朝阳区	北京市朝阳区新源里第四小学	义务教育阶段学校
北京市	—	朝阳区	北京市朝阳区垂杨柳中心小学	义务教育阶段学校
北京市	—	朝阳区	北京市朝阳区芳草地国际世纪小学	义务教育阶段学校
北京市	—	朝阳区	北京市朝阳区豆各庄中心小学	义务教育阶段学校
北京市	—	朝阳区	北京市朝阳区九十七中学	义务教育阶段学校
北京市	—	丰台区	北京市第十八中学	普通高中

续表 3

省（区、市）	所属市	所属县（区）	学校名称	学校类别
北京市	—	丰台区	北京市第十中学	普通高中
北京市	—	丰台区	北京师范大学第四附属中学	普通高中
北京市	—	丰台区	中国教育科学研究院丰台实验学校	普通高中
北京市	—	丰台区	北京市丰台区丰台第二中学	普通高中
北京市	—	丰台区	北京市右安门外国语学校	义务教育阶段学校
北京市	—	丰台区	北京教育学院附属丰台实验学校	义务教育阶段学校
北京市	—	丰台区	北京市佟麟阁中学	义务教育阶段学校
北京市	—	丰台区	北京市丰台区靛厂小学	义务教育阶段学校
北京市	—	丰台区	北京市丰台区五爱屯小学	义务教育阶段学校
北京市	—	丰台区	北京市丰台区扶轮小学	义务教育阶段学校
北京市	—	丰台区	北京市丰台区东高地第三小学	义务教育阶段学校
北京市	—	丰台区	北京市丰台区长安新城小学	义务教育阶段学校
北京市	—	石景山区	北京景山学校远洋分校	普通高中
北京市	—	石景山区	首都师范大学附属苹果园中学	普通高中
北京市	—	石景山区	北京师范大学附属中学京西分校	普通高中
北京市	—	石景山区	北京大学附属中学石景山学校	普通高中
北京市	—	石景山区	北京市石景山区爱乐实验小学	义务教育阶段学校
北京市	—	石景山区	北京市石景山区实验小学	义务教育阶段学校
北京市	—	石景山区	北京市同文中学	义务教育阶段学校
北京市	—	石景山区	北京市石景山区古城第二小学	义务教育阶段学校
北京市	—	石景山区	北京市石景山区红旗小学	义务教育阶段学校
北京市	—	石景山区	北京市石景山区先锋小学	义务教育阶段学校

续表 4

省（区、市）	所属市	所属县（区）	学校名称	学校类别
北京市	—	石景山区	北方工业大学附属学校	义务教育阶段学校
北京市	—	石景山区	北京教育科学研究院附属石景山实验学校	义务教育阶段学校
北京市	—	石景山区	北京市高井中学	义务教育阶段学校
北京市	—	海淀区	首都师范大学附属中学	普通高中
北京市	—	海淀区	首都师范大学附属育新学校	普通高中
北京市	—	海淀区	北京市第二十中学	普通高中
北京市	—	海淀区	北京市育英学校	普通高中
北京市	—	海淀区	中国地质大学附属中学	普通高中
北京市	—	海淀区	北京实验学校（海淀）	普通高中
北京市	—	海淀区	北京市海淀区第二实验小学	义务教育阶段学校
北京市	—	海淀区	北京市海淀区育鹰小学	义务教育阶段学校
北京市	—	海淀区	北京市海淀区玉泉小学	义务教育阶段学校
北京市	—	海淀区	北京航空航天大学实验学校	义务教育阶段学校
北京市	—	海淀区	北京科技大学附属中学	义务教育阶段学校
北京市	—	海淀区	北京市海淀区翠微小学	义务教育阶段学校
北京市	—	海淀区	北京市海淀区羊坊店第四小学	义务教育阶段学校
北京市	—	海淀区	北京市海淀区中关村第三小学	义务教育阶段学校
北京市	—	门头沟区	北京市育园中学	普通高中
北京市	—	门头沟区	北京市第八中学京西校区	普通高中
北京市	—	门头沟区	北京市王平中学	义务教育阶段学校
北京市	—	门头沟区	北京市门头沟区大峪第二小学	义务教育阶段学校
北京市	—	门头沟区	北京市门头沟区潭柘寺中心小学	义务教育阶段学校
北京市	—	门头沟区	北京市门头沟区育园小学	义务教育阶段学校

续表 5

省（区、市）	所属市	所属县（区）	学校名称	学校类别
北京市	—	门头沟区	北京第二实验小学永定分校	义务教育阶段学校
北京市	—	门头沟区	北京市门头沟区黑山小学	义务教育阶段学校
北京市	—	门头沟区	北京市门头沟区妙峰山民族学校	义务教育阶段学校
北京市	—	门头沟区	北京市门头沟区大台中心小学	义务教育阶段学校
北京市	—	门头沟区	北京市门头沟区付家台中心小学	义务教育阶段学校
北京市	—	门头沟区	北京市第八中学京西附属小学	义务教育阶段学校
北京市	—	房山区	北京市房山区实验中学	普通高中
北京市	—	房山区	首都师范大学附属房山中学	普通高中
北京市	—	房山区	北京师范大学良乡附属中学	普通高中
北京市	—	房山区	北京市房山区坨里中学	普通高中
北京市	—	房山区	北京市房山区长阳镇长阳中心小学	义务教育阶段学校
北京市	—	房山区	北京市房山区青龙湖镇中心小学	义务教育阶段学校
北京市	—	房山区	北京市房山第四中学	义务教育阶段学校
北京市	—	房山区	北京市房山区窦店中学	义务教育阶段学校
北京市	—	房山区	北京市房山区良乡第二中学	义务教育阶段学校
北京市	—	房山区	北京市房山区良乡第三中学	义务教育阶段学校
北京市	—	通州区	北京市通州区运河中学	普通高中
北京市	—	通州区	北京理工大学附属中学通州校区	普通高中
北京市	—	通州区	北京市通州区张家湾中学	普通高中
北京市	—	通州区	北京市第二中学通州分校	普通高中
北京市	—	通州区	北京市通州区永乐店中学	普通高中

续表 6

省（区、市）	所属市	所属县（区）	学校名称	学校类别
北京市	—	通州区	北京市通州区后南仓小学	义务教育阶段学校
北京市	—	通州区	北京市通州区张家湾中心小学	义务教育阶段学校
北京市	—	通州区	北京市通州区马驹桥学校（初中）	义务教育阶段学校
北京市	—	通州区	北京市通州区漷县镇中心小学	义务教育阶段学校
北京市	—	通州区	北京市通州区永顺镇焦王庄小学	义务教育阶段学校
北京市	—	顺义区	北京市顺义区第二中学	普通高中
北京市	—	顺义区	北京市顺义区第一中学	普通高中
北京市	—	顺义区	北京市顺义区杨镇第一中学	普通高中
北京市	—	顺义区	北京市顺义区第九中学	普通高中
北京市	—	顺义区	北京市第四中学顺义分校	普通高中
北京市	—	顺义区	北京市牛栏山一中实验学校	普通高中
北京市	—	顺义区	北京市顺义区第五中学	义务教育阶段学校
北京市	—	顺义区	北京市顺义区第八中学	义务教育阶段学校
北京市	—	顺义区	北京市顺义区第十二中学	义务教育阶段学校
北京市	—	顺义区	北京市顺义区第三中学	义务教育阶段学校
北京市	—	顺义区	北京市顺义区高丽营学校	义务教育阶段学校
北京市	—	顺义区	北京市顺义区第十三中学	义务教育阶段学校
北京市	—	顺义区	北京市顺义区双兴小学	义务教育阶段学校
北京市	—	顺义区	北京市顺义区光明小学	义务教育阶段学校
北京市	—	顺义区	北京市顺义区西辛小学	义务教育阶段学校
北京市	—	顺义区	首都师范大学附属顺义实验小学	义务教育阶段学校
北京市	—	顺义区	北京市顺义区南彩第二小学	义务教育阶段学校

续表 7

省（区、市）	所属市	所属县（区）	学校名称	学校类别
北京市	—	昌平区	北京市昌平区第一中学	普通高中
北京市	—	昌平区	北京市昌平区前锋学校	普通高中
北京市	—	昌平区	北京市昌平区实验学校	普通高中
北京市	—	昌平区	首师大附属回龙观育新学校	普通高中
北京市	—	昌平区	北京市昌平区第三中学	普通高中
北京市	—	昌平区	首都师范大学附属中学昌平学校	普通高中
北京市	—	昌平区	北京市昌平区城北中心小学	义务教育阶段学校
北京市	—	昌平区	北京市昌平区大东流中心小学	义务教育阶段学校
北京市	—	昌平区	北京市昌平区城关小学	义务教育阶段学校
北京市	—	昌平区	北京市昌平区昌盛园小学	义务教育阶段学校
北京市	—	昌平区	北京市昌平区百善学校	义务教育阶段学校
北京市	—	昌平区	北京市昌平区天通苑学校	义务教育阶段学校
北京市	—	昌平区	北京市昌平区下庄学校	义务教育阶段学校
北京市	—	昌平区	北京市昌平区南口镇小学	义务教育阶段学校
北京市	—	昌平区	北京市昌平区阳坊中心小学	义务教育阶段学校
北京市	—	昌平区	北京市昌平区回龙观中学	义务教育阶段学校
北京市	—	昌平区	北京市昌平区第四中学	义务教育阶段学校
北京市	—	昌平区	北京市昌平区南邵中学	义务教育阶段学校
北京市	—	大兴区	北京市第二中学亦庄学校	普通高中
北京市	—	大兴区	北京师范大学大兴附属中学	普通高中
北京市	—	大兴区	北京市大兴区旧宫中学	普通高中
北京市	—	大兴区	北京市大兴区第一中学	普通高中
北京市	—	大兴区	首都师范大学大兴附属中学	普通高中
北京市	—	大兴区	北京市大兴区兴华中学	普通高中

续表 8

省（区、市）	所属市	所属县（区）	学校名称	学校类别
北京市	—	大兴区	北京小学大兴分校	义务教育阶段学校
北京市	—	大兴区	北京师范大兴附属小学	义务教育阶段学校
北京市	—	大兴区	北京市大兴区第七中学	义务教育阶段学校
北京市	—	大兴区	北京市大兴区安定小学	义务教育阶段学校
北京市	—	大兴区	北京市第八中学亦庄分校	义务教育阶段学校
北京市	—	大兴区	北京市大兴区德茂中学	义务教育阶段学校
北京市	—	大兴区	北京市大兴区第二小学	义务教育阶段学校
北京市	—	大兴区	北京市大兴区金海学校（小学部）	义务教育阶段学校
北京市	—	大兴区	北京市大兴区庞各庄镇第一中心小学	义务教育阶段学校
北京市	—	大兴区	北京市大兴区亦庄中学	义务教育阶段学校
北京市	—	大兴区	北京市大兴区第三小学	义务教育阶段学校
北京市	—	大兴区	首都师范大学附属中学大兴南校区	义务教育阶段学校
北京市	—	怀柔区	北京市怀柔区第一中学	普通高中
北京市	—	怀柔区	北京市怀柔区第二中学	普通高中
北京市	—	怀柔区	北京市怀柔区张各长中学	义务教育阶段学校
北京市	—	怀柔区	北京市怀柔区九渡河镇中心小学	义务教育阶段学校
北京市	—	怀柔区	北京市怀柔区宝山镇中心小学	义务教育阶段学校
北京市	—	平谷区	北京市平谷中学	普通高中
北京市	—	平谷区	北京市平谷区第五中学	普通高中
北京市	—	平谷区	北京市平谷区第三小学	义务教育阶段学校
北京市	—	平谷区	北京实验学校附属小学	义务教育阶段学校
北京市	—	平谷区	北京市平谷区第六小学	义务教育阶段学校

续表 9

省（区、市）	所属市	所属县（区）	学校名称	学校类别
北京市	—	平谷区	北京第二实验小学平谷分校	义务教育阶段学校
北京市	—	平谷区	北京市平谷区南独乐河小学	义务教育阶段学校
北京市	—	平谷区	北京市平谷区马昌营小学	义务教育阶段学校
北京市	—	平谷区	北京市平谷区第四中学	义务教育阶段学校
北京市	—	平谷区	北京市平谷区峪口中学	义务教育阶段学校
北京市	—	平谷区	北京市平谷区黄松峪中学	义务教育阶段学校
北京市	—	密云区	北京市密云区第二中学	普通高中
北京市	—	密云区	首都师范大学附属密云中学	普通高中
北京市	—	密云区	北京师范大学密云实验中学	普通高中
北京市	—	密云区	北京市密云区巨各庄中学	普通高中
北京市	—	密云区	北京市密云区太师庄中学	普通高中
北京市	—	密云区	北京市密云区第六中学	义务教育阶段学校
北京市	—	密云区	北京市密云区古北口中学	义务教育阶段学校
北京市	—	密云区	北京市密云区新农村中学	义务教育阶段学校
北京市	—	密云区	北京市密云区穆家峪中学	义务教育阶段学校
北京市	—	密云区	北京市密云区第二小学	义务教育阶段学校
北京市	—	密云区	北京市密云区第四小学	义务教育阶段学校
北京市	—	密云区	北京市密云区第六小学	义务教育阶段学校
北京市	—	密云区	北京市密云区穆家峪镇中心小学	义务教育阶段学校
北京市	—	密云区	北京市密云区季庄小学	义务教育阶段学校
北京市	—	密云区	北京市密云区南菜园小学	义务教育阶段学校
北京市	—	密云区	北京市密云区古北口镇中心小学	义务教育阶段学校

续表 10

省（区、市）	所属市	所属县（区）	学校名称	学校类别
北京市	—	密云区	北京市密云区太师屯镇中心小学	义务教育阶段学校
北京市	—	延庆区	北京市延庆区第一中学	普通高中
北京市	—	延庆区	北京市延庆区第二中学	普通高中
北京市	—	延庆区	北京市延庆区第三中学	普通高中
北京市	—	延庆区	北京市延庆区第五中学	普通高中
北京市	—	延庆区	北京市延庆区第一小学	义务教育阶段学校
北京市	—	延庆区	北京市延庆区第二小学	义务教育阶段学校
北京市	—	延庆区	北京市延庆区西二道河中心小学	义务教育阶段学校
北京市	—	延庆区	北京市延庆区第三小学	义务教育阶段学校
北京市	—	延庆区	北京市延庆区第四小学	义务教育阶段学校
北京市	—	延庆区	北京市延庆区康庄中心小学	义务教育阶段学校
北京市	—	延庆区	北京市延庆区第四中学	义务教育阶段学校
北京市	—	延庆区	北京市延庆区十一学校	义务教育阶段学校
北京市	—	延庆区	北京市延庆区康庄中学	义务教育阶段学校
北京市	—	延庆区	北京市延庆区八达岭中学	义务教育阶段学校
北京市	—	延庆区	北京市延庆区永宁学校	义务教育阶段学校
北京市	—	延庆区	北京市延庆区沈家营中学	义务教育阶段学校
北京市	—	燕山	北京市燕山前进中学	义务教育阶段学校
北京市	—	燕山	北京市房山区燕山星城小学	义务教育阶段学校
北京市	—	燕山	北京市房山区燕山羊耳峪小学	义务教育阶段学校

北京市教育委员会

转发教育部关于公布2018年中小学国防教育示范学校名单文件的通知

京教函〔2018〕465号

各区教委：

现将教育部《关于公布2018年中小学国防教育示范学校名单的通知》（教体艺函〔2018〕9号）转发给你们。各区要以此次评选认定工作为契机，进一步完善管理制度，丰富教育内容，总结工作经验，梳理工作思路，充分发挥中小学国防教育示范学校的辐射引领和示范作用，为推进全民国防教育的深入普及和创新发展做出新的贡献。

2018年8月27日

教育部

关于公布2018年中小学国防教育示范学校名单的通知

教体艺函〔2018〕9号

各省、自治区、直辖市教育厅（教委），新疆生产建设兵团教育局：

为全面贯彻习近平新时代中国特色社会主义思想和党的十九大精

神，落实《国家教育事业发展“十三五”规划》关于探索开展中小学国防教育示范校创建活动试点的总体部署，根据《中小学国防教育示范学校基本要求》，在学校自主申报、省级教育行政部门推荐基础上，我部综合认定北京市第一五六中学等1314所学校为中小学国防教育示范学校，现将示范学校名单予以公布。

请各地教育行政部门及时将工作进展情况和发现的有关问题报告我部。

附件：2018年中小学国防教育示范学校名单（北京）

2018年7月24日

附件

2018年中小学国防教育示范学校名单（北京）

省（区、市）	所属市	所属县（区）	学校名称	学校类别
北京市	—	朝阳区	中国人民大学附属中学朝阳学校	高中阶段
北京市	—	丰台区	北京市第十中学	高中阶段
北京市	—	通州区	北京市通州区运河中学	高中阶段
北京市	—	昌平区	北京市昌平区第二中学	高中阶段
北京市	—	东城区	北京市第五十五中学	义务教育阶段（初中）
北京市	—	西城区	北京市第一五六中学	义务教育阶段（初中）
北京市	—	海淀区	北京市上地实验学校	义务教育阶段（初中）
北京市	—	怀柔区	北京市怀柔区张各长中学	义务教育阶段（初中）

续表

省（区、市）	所属市	所属县（区）	学校名称	学校类别
北京市	—	平谷区	北京市平谷区山东庄中学	义务教育阶段（初中）
北京市	—	密云区	北京市密云区第三中学	义务教育阶段（初中）
北京市	—	延庆区	北京市延庆区第四中学	义务教育阶段（初中）
北京市	—	燕山教委	北京市燕山星城中学	义务教育阶段（初中）
北京市	—	石景山区	北京大学附属小学石景山学校	义务教育阶段（普通小学）
北京市	—	大兴区	北京小学大兴分校	义务教育阶段（普通小学）
北京市	—	门头沟区	北京市门头沟区大峪第二小学	义务教育阶段（普通小学）
北京市	—	房山区	北京市房山区良乡第二小学	义务教育阶段（普通小学）
北京市	—	顺义区	北京市顺义区西辛小学	义务教育阶段（普通小学）

教学研究

北京市教育委员会文件选编

（2018）

北京市教育委员会

关于公布 2013—2015 年北京高等学校教育教学改革立项项目结题验收结果（第二批）的通知

京教函〔2018〕299 号

各有关高等学校：

为了进一步提高北京高等学校人才培养质量，根据市教委《关于开展 2013—2015 年北京高等学校教育教学改革立项工作的通知》（京教函〔2013〕338 号），我委组织了北京高等学校教育教学改革立项工作，共支持北京高校教改立项项目 841 项，其中重点项目 34 项，联合项目 49 项，面上项目 758 项。2017 年 6 月，在第一批结题验收中共有 361 项课题批准结项。

近期，我委根据各学校及课题组的结题申请，组织了第二批结题验收工作，经过专家评审和认定，共有 227 项课题符合结项要求，准予结项。其中，重点课题 11 项，联合项目 11 项，面上项目 205 项。现将第二批结题验收结果予以公布。我委将于下半年组织第三批验收，原则上要求其余未完成的课题全部于第三批结项。各高校要加强对未验收项目过程指导及进度管理，确保立项项目按计划、高质量完成。

为了进一步落实习近平总书记在北京大学师生座谈会上的讲话，形成更高水平的人才培养体系，我委鼓励各高校切实将教育教学改革研究成果运用到人才培养过程之中，发挥北京高等学校教育教学改革项目的实际作用，通过研究与实践提升教育教学水平，培养造就一大批高素质专门人才和拔尖创新人才。

附件：2013—2015 年北京高等学校教育教学改革立项项目验收结果（第二批）

2018 年 6 月 8 日

附件

2013—2015 年北京高等学校教育教学改革立项项目验收结果（第二批）

重点项目

推荐单位	项目负责人	项目名称
北京科技大学	张跃	面向专业的教学基本状态数据库构建及应用研究
北京化工大学	任新钢	推进多主体协同教育、提升高等工程教育的国际竞争力
北京外国语大学	赵刚	北京外国语大学欧洲非通用语自主学习平台
对外经济贸易大学	蒋先玲	新常态下高校深层次国际化人才培养模式研究
北京工业大学	蒋宗礼	工程教育认证文化背景下的毕业要求及其达成与评价
北京服装学院	李晓慧	以需求为导向，构建艺工融合人才培养模式
北京农学院	张喜春	京津冀一体化形势下都市型现代农业人才培养的改革与探索

续表

推荐单位	项目负责人	项目名称
北京信息科技大学	吕勇	基于工程教育专业认证的光电信息科学与工程专业培养方案及教学制度设计
北京工业职业技术学院	牛小铁	德国“胡格模式”在汽修高端技能人才培养中的运用研究
首都高等工程教育研究中心	郭广生	中国加入《华盛顿协议》背景下首都高等工程教育专业认证与建设研究
首都高等工程教育研究中心	陈喆	基于“卓越工程师培养计划”的建筑学专业“开放式”教学体系的综合改革研究

联合项目

推荐单位	项目负责人	项目名称
北京财贸职业学院 北京工业职业学院 北京信息职业技术学院	平若媛	高职 E 化教学模式研究与实践
北京财贸职业学院 北京市通州区潞河中学	李明	财经商贸类专业高端技术技能人才贯通培养试验项目基础教育阶段课程开发研究
北京服装学院 北京印刷学院	王素艳	断裂·融合——数理化课程教学与大学生科学素养与人文素养培养的和谐发展研究
北京联合大学 对外经济贸易大学	牛爱芳	基于“双培计划”的人才培养机制研究——以复合型旅游人才为例
北京农学院 中国农业大学 北京林业大学 北京农业职业学院	范双喜	北京农林院校实践基地开放共享机制研究
北京师范大学 北京工商大学 北京工业大学	张萍	自主、合作与探究：大学物理教学模式创新与效果研究

续表

推荐单位	项目负责人	项目名称
北京外国语大学 首都师范大学 北方工业大学 北京城市学院	孙有中	融入跨文化交际能力培养的大学英语教学改革与过程评估研究
北京语言大学 北京第二外国语学院	陆薇	外语类院校“英语／非通用语准复语”人才培养模式探索
清华大学 北京工业大学	李双寿	高校创客空间跨界共建共享机制的研究
中国人民公安大学 北京市公安局 北京警察学院 北京安泰通恒技术开发有限公司	宫志刚	公安院校治安学专业协同创新机制研究
首都高等工程教育研究中心 北京化工大学等	杨晶	基于 COOP 理念搭建校企合作平台，探索高素质制药工程专业人才培养新模式

面上项目

推荐单位	项目负责人	项 目 名 称
北京大学	傅绥燕	北京大学创新人才培养改革实践
	金顶兵	以暑期学校为平台，促进优质教育资源共享
	吴飞	以哲学主干基础课为主全面探索哲学本科教学模式改革
	李沉简	个性化培养具有国际视野和水平的创新型生物科学人才的探索
	王宪	医学生评价体系的建设与实施

续表 1

推荐单位	项目负责人	项 目 名 称
清华大学	郑力	清华大学本科教育教学质量保障新体系建设
	于世洁	面向不同类型学生的选拔方案及选育衔接实施方案研究
	郝吉明	基于“三位一体”的本科培养方案重构研究
	张为民	基于通识教育与专业教育融合的大学英语课程体系构建与探索
	于歆杰	建设优质慕课资源，提升教育公平性，改善高校课程质量
	钟周	研究生助教发展探索
	刘铮	清华大学本科课程管理改革探索与实践
	文雯	基于“建立促进学生全面发展的学业评价体系”的教师发展行动研究
	李俊峰	利于协调教学与科研的教师评价研究
北京科技大学	张朝晖	基于信息处理技术的课堂教学质量评估系统
	李擎	基于课程地图的自动化专业培养方案优化研究
	吴平	基于创新型人才培养的大学物理实验学生成绩评价体系的研究
	戴淑芬	学院（系）教学管理体系构建研究
北京化工大学	杨屹	面向大化工类专业的仪器分析课程案例库建设的研究与实践
	孙军	IT 背景下的电子商务课程建设与教学方法研究与实践
	李齐方	高分子材料与工程专业高年级研究性课程体系构建与人才培养

续表 2

推荐单位	项目负责人	项 目 名 称
北京化工大学	王璇	项目管理视角下的物流管理专业建设探索与创新
	陈畅	以提升学生能力为目标的研究性教学方法的探索及其在生物化学课程中的实践
	张丽丹	基础化学实验教学纵向双向衔接，横向多层次多模块立体交叉式创新能力培养平台的建设
北京邮电大学	李永华	面向创新的工程教学方法研究与实践
	尹霄丽	基于团队学习的混合教学法在电子信息类学科基础课程中的应用
	刘晓平	面向“互联网 +”与“中国制造 2025”复合型拔尖创新人才培养综合改革研究与实践
	魏翼飞	基础课教师教学质量评价方法研究与实践
中国农业大学	杜凤沛	翻转课堂教学模式在大学理科基础课程中的探索与实践
	张晓东	基于 MOOC 平台的高校教育教学新模式研究与实践
	李云开	协同适应工程教育认证和卓越农林人才培养的农业工程类专业课程建设研究与实践
	曹静	动物解剖学虚拟仿真数据库建设
	赵建柱	以工程教育认证为导向的车辆工程专业实践教学改革研究与实践
北京中医药大学	闫永红	北京中医药大学通识课程改革的实践与研究
	吴宇峰	北京中医药大学选修课程模块化体系建设研究
	罗祥云	我校网络辅助教学的研究与实践

续表 3

推荐单位	项目负责人	项 目 名 称
北京中医药大学	吴清	基于行业与学生双需求的中药学实验课程改革研究
	焦楠	北京中医药大学建设“暑期学校”的研究
北京师范大学	周星	综合性大学艺术类拔尖人才培养与大学美育课程改革
	李融武	基础物理课程教育教学改革
	范楼珍	高等学校本科生科研国际化策略研究与实践
北京外国语大学	赵冬	把中国介绍给世界——“佛教与中国文化”（英文）课程建设
	苏乐舟	输出驱动理论指导下的研究生学术英语教学模式研究
	牛华勇	面向中国经济全球化重大战略需求，构建复合型、复语型国际商业人才培养体系
	刘琛	新形势下国际化人才的跨文化传播能力培养
	詹惠蓉	语言类院校经管专业教学质量保障体系建设的研究与实践
	孙晓萌	“一带一路”沿线国家非通用语人才培养课程体系研究
	廖鸿婧	大学英语课程校本评估：创新评估模式与评估方法的应用研究
北京语言大学	施家炜 刘苏桥	汉语国际教育专业与汉语语言专业中外学生联合实习模式的创新与实践
	赵雷	基于任务法的合作学习与口试资源库（中级）建设研究
	陈亮	基于网络课程资源共享平台（MOOC）与翻转课堂的教学改革——“北语模课”的设计与实践

续表 4

推荐单位	项目负责人	项 目 名 称
北京语言大学	陈琳	面向过程的个性化教学综合创新实验模式的实践与研究
	郭修敏	多参照、立体式对外汉语教学分级测试体系建构
	李晓波	基于教学数据收集和分析的高校学生评教体系的研究
中国传媒大学	王韶华	艺术史类课程翻转教学模式研究
中央财经大学	杨金观	财经类大学专业提升与综合改革研究与实践
	陈文娟	高校思想政治课“问题链教学法”研究
	张晓涛	卓越国际商务人才培养模式及路径创新——基于胜任力模型及行动学习法视角的研究
	聂建峰	研究型大学课堂教学质量评价指标体系与运行机制研究—基于我校“深化精英教育战略”的实证分析
对外经济贸易大学	李自杰	基于开放格局下的全球企业管理人才培养模式的探索与实践
	余湄	提升金融工程人才创新、择业能力的实验实践教学模式开发
	华迎	首都跨境电子商务人才培养模式改革与创新研究
	许德金	对外经济贸易大学大学英语教学改革探索——从大学英语到大学商务英语
	程絮森	基于建导的移动互联网跨国团队协作创新人才培养模式研究
	孙芳	中俄经济类大学联盟经管人才培养项目实验班建设

续表 5

推荐单位	项目负责人	项 目 名 称
对外经济贸易大学	王剑锋	金融学专业培养方案中的“制度金融学模块”建设
	李海莲	海关专业课程的教学方法创新与实现路径研究
中国政法大学	于志刚	政法院校法律公益教育工作研究
	李群英	构建口述史与大学专业课程相融合的全新互动教学模式——《口述当代中国外交》课程体系的建设与研究
	刘晓兵	高等法学院校卷宗课教学改革研究
	赵卯生	高校思想政治理论课 CMPCL 教学法研究
	张文灿	微课程、翻转课堂与实践教学的互动——以《中国近现代史纲要》课程为例
	于冲	“一带一路”背景下涉外法律人才培养模式研究
国际关系学院	柳青	英美报刊选读课程中个性化学习模式的应用
	钱坤强	基于“英语写作中心”的英语教学模式、人才培养及中国文化对外传播的创新研究
中央戏剧学院	郝戎	表演系表演教学改革与青年教师剧目排演
华北电力大学	韩民晓	基于工程项目的电力电子实验教学体系的研究
	徐衍会	以专业认证为导向的电气工程人才培养方案研究与完善
	杜小泽	高校重点实验室提升本科创新人才培养能力模式探索
	牛东晓	虚拟仿真环境下电力经管类实验课程体系建设的研究与实践

续表 6

推荐单位	项目负责人	项 目 名 称
华北电力大学	杨世关	校际及校企共建共享新能源教学资源的途径探索与实践
	司微	大学英语综合教学改革
中国矿业大学（北京）	黄波	任务驱动与过程管理相结合的矿物加工专业实践教学云平台的构建
	郭东明	本科生素质培养模式及评价体系的实践研究
中国地质大学（北京）	郝会颖	多元化物理类课程体系的构建与教学模式创新
	张秀荣	高校思想政治理论课教学模式的创新研究
	赵国春	北戴河地学实践教学体系改革与实习平台建设
	董国臣	燕山地质实践教学后备基地建设
	张以河	材料类本科生创新和实践能力的培养机制探索
	孟小红	勘查技术与工程专业主干课程体系建设与教学模式研究
北京航空航天大学	兰巍	研究型大学教师教学发展模式的探索与实践
	许学琳	以人为本的教学运行服务体系研究
	高翔	“北京学院”人才培养模式的探索与实践
	曹庆华	云环境下在线实验平台建设
	高翔	北航北京学院“书院制”下“双培计划”人才培养模式的探索与实践
	于靖军	纵贯机械工程专业本科生培养过程的 STEP 教学模式与公共实验平台建设
	徐平	强化解决复杂工程问题能力培养的工业科学与技术实验课程研究

续表 7

推荐单位	项目负责人	项目名称
北京航空航天大学	张莉	软件工程领域创新创意创业人才培养的探索与实践
	马齐爽	基于基础学科拔尖学生培养联盟的荣誉教育研究与实践
北京理工大学	胡纪滨	基于成果导向教育的大机械工程专业人才培养综合改革探索
	孙良	MOOC 背景下线性代数课程混合式教学模式的研究与实践
	胡海云	基于慕课面向多元化专业人才培养的大学物理模块化分层次混合式教学模式与方法的探究与实践
	彭熙伟	基于成果导向教育的课程目标达成度的质量评价及保障体系的研究与实践
北京电子科技学院	张艳硕	密码理论课程的“三化”示范性研究
	张晓昆	学生自我探索主导的计算思维训练课程建设
	杨亚涛	“四位一体”无线通信安全技术特色教学模式构建
中国人民公安大学	汪勇	公安学类专业主干学科与核心课程研究
	周志钧	“三位一体”课堂教学模式改革实践——基于学校案例教学的探索与创新
	罗亚平	现代司法鉴定制度下刑事科学技术教学体系的科学构建
	高见	面向公安创新人才培养的网络安全与执法专业建设研究
北京体育大学	章潮晖	高校参与构建小学体育课程模式的研究与实践
	左琼	高等体育院校优秀残疾人运动员人才培养研究

续表 8

推荐单位	项目负责人	项目名称
北京体育大学	张健	高校户外教育人才培养模式研究
	秦彪生	思政课翻转课堂教学模式研究与实践——以北京体育大学为例
	史姜旭	体育学专业学生实践创新能力培养模式的探索
北京工业大学	崔素萍	面向北京材料行业的卓越工程师实践能力培养
	赵乾坤	自适应外语课程体系建设
	范周田	大学数学基础课程的立体化改革研究
	王越	北京地方高校大学物理课程分层次教学的探索与实践
	苏林琴	基于学习过程的大学生学情调查与实证研究
	张忠占	北京工业大学学位点评估的改革与实践
北方工业大学	刘永祥	应用型大学经管类专业本科生工程素质和实践能力培养的研究
	王雪莹	数字信息技术作用下的视觉传达设计专业创新交叉模式与实践
北京工商大学	李宝河	基于课堂应答系统（Clicker）的学生互助式教学法（PI 教学法）的研究
	廉小亲	以工程实践能力培养为目标的电子信息类专业实践教学内容体系建设
北京服装学院	韩润萍	以实施交叉培养计划为契机，创新自动化专业人才培养模式、提升人才培养质量
北京印刷学院	姜东升	面向行业实践创新人才的培养

续表 9

推荐单位	项目负责人	项 目 名 称
北京建筑大学	王崇臣	以课题组为单元的本科生人才培养模式深化研究
	张艳	基于 MOOC 平台的建筑类院校专业课程体系构建
北京农学院	伍军	食品科学与工程专业葡萄酒特色方向人才培养模式研究
	刘莹莹	农林院校计算机基础课程“O2O”教学模式构建
	韩芳	地方农林高校“双师型”教师队伍建设研究与实践
首都师范大学	孙士聪	新媒体与师范大学生文学素养教育教学改革研究
	李水金	以核心能力培养为导向的公共事业管理专业课程地图建设研究
	关桂霞	计算机系统课程群建设探索与实践
	李刚	《面向素质教育的音乐类师范生实践能力提升研究》
首都体育学院	尹军	中小学生室内身体运动功能练习方法创编与实践
北京第二外国语学院	裴登峰	外语类院校人文素质课程改革研究
	程维	翻译人才实验班人才培养模式建构
	周洁	日语专业基础教学质量提升的改革与探索
	王磊	国际校级合作基础上的网络协作课程在人才培养中的应用
北京物资学院	朱杰	建设多元化实践教学体系，培养创新型物流信息人才
	郭键	特色型市属高校和部属高校人才培养协同创新机制研究

续表 10

推荐单位	项目负责人	项目名称
首都经济贸易大学	范合君	经管类核心课程“翻转课堂”的模式设计、课堂组织与教学管理保障体系研究
	纪宏	应用统计大数据分析人才协同培养创新模式研究
首都经济贸易大学	刘文辉	应用型本科院校经管类专业课程体系建设研究
	王竞达	“内外双驱、校企联动、个性与专业发展相结合”国际化资产评估人才培养研究与实践
	高杰英	面向“走出去”战略的北京高校金融国际化人才培养改革研究
	顾奋玲	本科卓越人才校企联合培养模式的实现路径和培养机制研究——以注册会计师专业为例
中国音乐学院	樊华	深化考试招生制度改革背景下的独立设置音乐学院本科招生考试制度改革研究
	彭双印	中国音乐学院特色课程建设研究
	刘颖	中国音乐学院教材建设规划研究
北京电影学院	倪洁	本科拔尖人才培养模式创新研究——以摄影系为例
北京信息科技大学	李淑琴	规范基地管理，实现合作共赢——外国语学院校外实习基地建设与拓展研究
	李学华	产业创新驱动下首都高校信息通信类工程人才培养的改革与实践
北京联合大学	鲍新中	应用型大学财会专业实践教学改革创新研究
	谢职安	借助 TEP 平台 + 在线课程优质资源，提升学生英语听说能力的校本实证研究

续表11

推荐单位	项目负责人	项目名称
北京城市学院	刘雪梅	软件工程专业培养工程实践能力协同创新平台的构建与实施
	郝峻弘	建设多层次专业实践平台，促进城乡规划实践教学改革
	李丹丹	以课程目标梳理为切入点的数据结构课程改革与建设
北京城市学院	缪仁康	应用型本科法律实践教学改革研究——以模拟法庭课程为例
北京吉利学院	李敏	应用型本科高校的师资队伍建设：北京吉利学院的探索
北京第二外国语学院中瑞酒店管理学院	蒋薇	新建课程《互联网+酒店》的教学内容建设
	王立	应用型高校Teamwork教学法研究
首都师范大学科德学院	焉丽平	独立学院学生学习状况成因实证研究
北京工业职业技术学院	张丽丽	以“第三方评价”为主的工程造价专业人才培养质量评价体系的构建
	郭秀敏	高职学生文化素质教育课程体系构建与实践
	王芳	贯通培养模式中学生职业基本素养培养体系探索与实践
	王巍	京津冀一体化协调发展背景下高职信息类专业建设及人才培养定位的研究

续表 12

推荐单位	项目负责人	项 目 名 称
北京财贸职业学院	吕一中	北京财贸职业学院专业核心竞争力提升计划
	王成荣	财经类高职“研学结合”教学改革实验研究
	张伦	电子商务专业“实训、实战”一体化教学体系创新研究
	闻立欧	基于校企深度合作下的生产实训基地人才培养模式实践研究
	刘瑾	新媒体环境下高职思想政治理论课学习与考核方式改革与创新
	周红利	基于现代学徒制的财经类管理培训生培养模式改革实践
北京财贸职业学院	孙旭	产业园建设对高职人才职业能力的深度影响研究
	刘永立	服务首都经济发展、满足物流行业需求的高职物联网应用技术专业建设研究
	高丽敏	校企深度融合培养高职导游人才的探索
	王涛鹏	高职艺术专业技能竞赛教学模式研究
	赵晓燕	财经商贸类专业贯通培养项目人才培养特色研究
	吴红霞	会展策划与管理专业实践教学改革模式探讨
	王妍	高端技术技能人才贯通培养项目中数学教学文化建设探究
	梁毅炜	中高职衔接会计职业能力标准研究与实践
	叶靖	“2+3+2”现代物流技术与管理专业高端技术技能人才培养模式研究

续表13

推荐单位	项目负责人	项目名称
北京农业职业学院	刘红梅	基于教育信息化的教学设计研究与实践
	迟全元	基于工作过程的《园林植物保护》课程建设
	高秀清	高职土木工程专业群实践教学体系创新研究与实践
	肖海峻	北京地区高职院校生物医药专业与区域经济发展适应性分析
	李淑荣	基于信息技术的食品微生物检测技术课程的创新设计与实践
	王晶	高职院校实训基地规范化建设与管理的研究
	向双云	《动物微生物》理实一体化课程建设
北京信息职业技术学院	张文丽	基于京津冀协同发展的北京高职机电类专业定位与建设研究
	刘海燕	基于国家共享资源库的混合式教学模式研究与实践——以高职《虚拟化技术》课程为例
	周云虹	基于“蓝墨云班课”平台的英语翻转课堂教学模式研究与实践
	马卫	微学习在高职影视动画创新型人才培养中的作用研究
	魏朝夕	网络环境下外语教学互动有效性的调查及优化研究
北京青年政治学院	李燕萍	云教育环境中的教学课件设计研究
	赵欣	以职业为导向，突显专业特色，优化英语教学体系——高职英语课程改革实践与研究
	肖毅	高职院校学生学情现状调查与改进策略研究

续表 14

推荐单位	项目负责人	项 目 名 称
北京培黎职业学院	翟天利	高职院校实用英语课程建设与教学改革
北京教育学院	冯华	STEM 视野下的基础教育课程整合及科学教师培训课程建构研究
国家开放大学	刘志敏	国家开放大学基于网络课程的教学模式改革
北京市东城区职工大学	张淑娟	成人高校高等数学现代学习技艺提升研究
北京市东城区职工大学	宋晓星	混合式学习模式在成人高校大学英语教学中的应用研究
首都高等工程教育研究中心	关少化	教育领域综合改革背景下首都高等工程教育人才培养模式研究

北京市教育委员会

关于开展 2018 年北京市职业教育教学改革项目立项工作的通知

京教函〔2018〕685 号

各区教委，各职业院校，各有关单位：

为学习贯彻全国教育大会、全市教育大会精神，落实《北京职业教育改革发展行动计划（2018—2020 年）》（京教职成〔2018〕4 号）要求，进一步深化职业教育体制机制改革，调动社会各界参与职业教育教学改革的积极性，激发职业院校改革与发展的内生动力，探索与培育一批体现职业教育特色的北京模式、北京标准、北京方案，我委决定开展 2018 年北京市职业教育教学改革项目立项工作（以下简称教改立项）。现就有关事项通知如下：

一、指导思想

深入学习领会习近平总书记关于教育的重要论述，围绕“培养什么人、怎样培养人、为谁培养人”这一根本问题，以科学研究指导改革实践，推动职业教育理论研究、实践创新和制度突破。注重研究的科学性、创新性、实效性，加强研究成果的落地转化和推广应用，探索人才培养新机制、新模式、新举措，培养高素质技术技能人才。

二、立项原则

（一）坚持问题导向。服务国家战略和北京经济社会发展，紧密对接人才市场和产业发展对职业教育的需求，结合北京职业教育改革与发展的重点和难点问题，瞄准特色高水平发展方向，进行选题与立项。

（二）坚持改革创新。对接科技发展趋势和市场需求，完善职业教育和培训体系，坚持以立德树人为根本任务，优化专业布局，深化办学体制改革和育人机制改革，着力培养知识型、技能型、创新型劳动者和技术技能人才。

（三）坚持实践引领。注重研究的实效性，解决职业教育教学实际问题。充分发挥教学改革研究在教学改革方向上的引领作用及在提高教学质量上的辐射推动作用。

三、立项要求

（一）教改立项鼓励开放联合研究，支持跨院校、跨领域、跨学段联合申报，以及行业企业与院校联合申报并深度开展项目，鼓励吸收优秀行业企业专家和技术技能大师，深度参与职业教育教学改革。

（二）教改立项鼓励团队申报，项目申请人须具备职业教育教学改革创新理念，有丰富的职业教育教学实践经验，有一定影响力；具备较强的项目管理能力，能有效组织研究团队，调动各种资源开展研究。教改立项研究周期原则上不超过 3 年。

（三）教改立项鼓励有关单位参考《2018 年北京市职业教育教学改革项目选题指南》（附件 1）积极立项，亦可自拟选题。各区教委、各职业院校、有关单位要组织好项目立项申报、项目实施和过程管理工作。本次教改立项不提供财政经费支持，建议各区教委、职业院校和相关单位对获得立项的项目给予一定的经费支持。

四、工作程序

（一）提交材料。高职院校、中专学校、其他院校及教育科研单位、行业企业由学校（单位）统一组织和提交材料；各区职业高中、社区教育、成人教育机构由区教委统一组织和提交材料。须报送材料申报书（附件 2）一式 5 份、汇总表（附件 4）一式 2 份，于 2018 年 12 月 28 日至 29 日报送至北京教育科学研究院 B 座 312 室（北京市海淀区翠微路 4 号院颐源居内）。

（二）专家评审。市教委组织专家组对立项申报材料开展专家评审。

（三）公示立项。市教委对拟立项的教学改革研究项目进行公示，公示期满无异议，确定正式立项名单。

本文及附件可登录北京职成教网（网址：http://jw.beijing.gov.cn/bjzj/）通知公告栏中下载。

附件：1. 2018 年北京市职业教育教学改革项目选题指南

2. 2018 年北京市职业教育教学改革项目立项申报书（略）

3. 2018 年北京市职业教育教学改革项目立项申报限额表（略）

4. 2018 年北京市职业教育教学改革项目立项申报汇总表（略）

2018 年 12 月 12 日

附件 1：

2018 年北京市职业教育教学改革项目选题指南

学习贯彻全国教育大会、全市教育大会精神，全面落实《北京职业教育改革发展行动计划（2018—2020 年）》，2018 年北京市职业教育教学改革研究与实践项目主要聚焦 8 类研究领域，并拟定 80 个指导性立项选题或研究方向，各职业院校及相关单位组织研究力量，结合实际情况并围绕以下选题确定申报项目名称。

一、立德树人（代码 A）

1. 职业院校特色思想政治和德育工作长效机制的研究与探索
2. 职业院校全员、全过程、全方位育人长效机制的研究与实践
3. 职业院校弘扬和培育社会主义核心价值观的探索与实践
4. 职业院校师德师风建设的研究与实践
5. 职业院校与行业企业结合培养学生职业素养的创新与实践
6. “工匠精神”融入人才培养全过程的改革与实践
7. “一校一品”职业院校思想政治教育模式的创新与实践
8. 职业院校学生综合素质评价体系的研究与实践
9. 职业院校人文素养培育体系构建的研究与实践
10. 职业院校特色德育课程的研究和实践

二、现代职教体系（代码 B）

1. 北京现代职业教育和培训体系的建设与完善
2. 北京高端技术技能人才贯通培养模式的研究与实践
3. 北京中高职衔接培养的研究与实践
4. 北京“职普融通”教育模式的创新与实践
5. 职业院校“1+X”专业能力证书的探索与实践
6. 职业院校学历教育与职业培训模式的研究与实践

三、产教融合（代码 C）

1. 职业教育产教融合、校企合作办学模式的研究与实践

2. 职业教育集团化办学机制、模式的研究与实践

3. 职业院校现代学徒制人才培养的探索与实践

4. 校企共建“技能大师工作室”、“工程师学院”的创新与实践

5. 校企共建生产性实训基地的改革与创新

6. 校企合作推进技术技能积累创新与转化的探索与实践

7. 北京城市功能定位和新产业体系构建下职业教育适应性变革与实践

8. 职业院校专业建设与产业需求契合度的调查与研究

9. 校企合作开展企业员工技能提升培训和行业性社会培训及鉴定的探索与实践

10. 职业院校教师企业实践模式创新的研究与实践

11. 职业院校学生企业实习模式创新的研究与实践

12. 校企合作开展行业标准和教育教学标准研发的研究与实践

13. 校企合作的职业教育人才培养方案的研发与实践

四、院校内涵建设（代码 D）

1. 北京特色高水平职业院校建设的探索与实践

2. 京津冀职业教育协同发展的探索与实践

3. 职业教育教学标准对接行业规范（标准）、职业资格标准的有效模式研究与实践

4. 职业院校创新创业教育的研究与实践

5. 以能力为导向、以学生为中心，融合职业资格标准的课程体系研究与实践

6. 基于创新能力培养的教学方式方法改革研究与实践

7. “有趣、有用、有效”教学标准的研究与辐射

8. 职业院校学生技能大赛促进教育教学改革的探索与实践

9. 职业院校特色高水平骨干专业（群）的建设与研究

10. 职业院校实践教学体系的改革与实践

11. 围绕专业人才培养的公共基础课教学模式改革与创新

五、教学资源建设（代码 E）

1. 职业院校“双师型”教师队伍建设模式和路径研究

2. 职业院校教师教学能力提升的研究与实践

3. 师资培训基地与教师企业实践基地“双基地”培养的探索与实践

4. 职业院校教师教学能力比赛促进教学资源建设的创新与实践

5. 公共实习实训中心和数字化公共实训基地建设的探索与实践

6. 职业院校智慧校园建设的创新与实践

7. “互联网 +”职业教育教学资源建设的研究与实践

8. 职业院校虚拟仿真实训资源开发与应用

9. 职业院校基于云技术的教学模式改革研究

10. 职业教育信息化教学资源建设规范与标准、共建与共享机制研究

11. 优质数字化课程教学资源共享平台建设的研究与实践

六、教学管理与质量监控（代码 F）

1. 职业院校教学管理体制与运行机制的研究与实践

2. 职业教育弹性学制、学习成果认证和“学分银行”制度的实施研究

3. 职业院校教学诊断与改进机制研究与实践

4. 职业院校教学基本状态数据常态监测与质量年报制度的研究

5. 职业院校教学管理队伍建设及管理机制创新的研究与实践

6. 职业院校质量监测、保障与评价机制的研究与实践

7. 行业企业参与职业院校人才培养质量评价标准体系的研究和实践

8. 职业院校教学督导体系建设的探索与实践

七、国际合作交流（代码 G）

1. 职业院校服务“一带一路”的探索与实践

2. 职业院校引进、转化与应用国际优质职业教育资源的研究与实践

3. 职业院校借鉴德国 HUG、TAFE、NCEE 等优质模式及人才培养模式本土化的研究与实践

4. 职业院校引进国际知名职业资格证书深度融入课程体系的研究

与实践

5. 国际合作建设人才培养培训基地的探索与实践

八、终身教育与学习型城市建设（代码 H）

1. 职业教育支持服务终身学习体系建设的探索与实践
2. 职业院校开展社会培训和技术服务的研究与实践
3. “互联网 +”和大数据背景下学习型城市建设与推进研究
4. 城教融合背景下开放教育的研究与实践
5. 职业院校面向重点群体开展就业技能和创业培训的研究与实践
6. 学习型城市建设北京模式的研究与实践
7. 学习型社会建设监测与评价研究
8. 市民学习成果认证体系的研究与实践
9. 家校社协同共育模式的研究与实践
10. 首都社区学习共同体培育研究
11. 北京老年教育模式的创新与实践
12. 职业教育服务北京乡村振兴的研究与实践
13. 新型职业农民课程资源建设与研究
14. 终身职业技能培训机制创新的研究与实践
15. 城教融合背景下社区学院建设的研究与实践
16. 学习指导师培育的探索与实践

科研管理

北京市教育委员会文件选编

（2018）

北京市教育委员会

关于下达 2018 年度科技计划以及社科计划资助项目的通知

京教函〔2018〕92 号

有关市属高等学校：

根据市教委、市财政局《北京市属高等学校提高科技创新能力建设项目管理办法（试行）》（京教研〔2013〕8 号）的文件规定，经过项目申请、学校初选推荐、专家评审等项目立项工作程序，产生了 2018 年度北京市教育委员会科技计划（以下简称“科技计划”）和北京市教育委员会社科计划（以下简称“社科计划”）资助项目 500 项。科技计划资助项目 310 项，其中科技重点项目（市自然基金—市教委联合资助）50 项，科技一般项目 260 项；社科计划资助项目 190 项，其中社科重点项目 33 项，社科一般项目 157 项。现予公布（项目名单见附件）。各项目的经费额度以财政最终下达的经费额度为准。

请各有关高校加强对本计划项目的管理，提供必要的条件支持并督促项目组开展研究工作，确保科研计划的顺利实施，项目取得的科研成果均需标注受市教委科研计划资助和项目编号。

本通知可从市教委科研处网站（http://kyc.bjedu.gov.cn/）下载。

附件：北京市教育委员会 2018 年度科技计划、社科计划批准立项项目

2018 年 3 月 12 日

附件

北京市教育委员会2018年度科技计划、社科计划批准立项项目

北京市教育委员会2018年度批准立项项目分布情况表

序号	学校名称	项目数合计（项）	科技计划项目		社科计划项目	
			重点项目	一般项目	重点项目	一般项目
			项目数（项）	项目数（项）	项目数（项）	项目数（项）
1	北京工业大学	64	10	35	5	14
2	北方工业大学	24	1	15	0	8
3	北京工商大学	29	6	12	1	10
4	北京服装学院	16	0	11	1	4
5	北京印刷学院	18	0	12	1	5
6	北京建筑大学	25	4	18	1	2
7	北京石油化工学院	17	3	11	0	3
8	北京农学院	30	5	19	1	5
9	首都医科大学	48	12	30	1	5

续表 1

序号	学校名称	项目数合计（项）	科技计划项目		社科计划项目	
			重点项目	一般项目	重点项目	一般项目
			项目数（项）	项目数（项）	项目数（项）	项目数（项）
10	首都师范大学	53	6	22	7	18
11	首都体育学院	7	0	4	0	3
12	北京第二外国语学院	8	0	1	2	5
13	北京物资学院	11	0	3	1	7
14	首都经济贸易大学	18	0	2	2	14
15	中国音乐学院	5	0	1	0	4
16	中国戏曲学院	4	0	0	0	4
17	北京电影学院	7	0	1	2	4
18	北京舞蹈学院	7	0	1	1	5
19	北京信息科技大学	33	0	24	2	7
20	北京联合大学	28	3	14	1	10
21	北京青年政治学院	8	0	0	3	5
22	北京财贸职业学院	3	0	0	0	3

续表 2

序号	学校名称	项目数合计（项）	科技计划项目		社科计划项目	
			重点项目	一般项目	重点项目	一般项目
			项目数（项）	项目数（项）	项目数（项）	项目数（项）
23	北京电子科技职业学院	7	0	5	0	2
24	北京工业职业技术学院	7	0	6	0	1
26	北京城市学院	3	0	3	0	0
25	北京农业职业学院	7	0	6	0	1
27	北京教育学院	2	0	0	0	2
28	北京开放大学	4	0	1	1	2
29	北京劳动保障职业学院	1	0	0	0	1
30	北京信息职业技术学院	2	0	2	0	0
31	北京经济管理职业学院	0	0	0	0	0
32	北京人民警察学院	4	0	1	0	3
合计		500	50	260	33	157

北京市教育委员会 2018 年度科技计划重点项目立项一览表

项目编号	项目名称	负责人	承担单位	研究类别	成果形式	批准经费（万元）	启动时间	完成时间	合作单位
KZ201810005001	高温超导体中的超快动力学研究	刘海云	北京工业大学	基础研究	论文	80	2018 年 1 月	2020 年 12 月	中国科学院物理研究所
KZ201810005002	面向低空航拍影像的实时目标深度认知技术研究	卓 力	北京工业大学	应用基础研究	论文、专利	80	2018 年 1 月	2020 年 12 月	中国科学院计算技术研究所
KZ201810005003	用于谐振式光纤陀螺的保偏空芯光子晶体光纤设计与制作	汪滢莹	北京工业大学	应用基础研究	论文、专利、样品	80	2018 年 1 月	2020 年 12 月	北京航空航天大学
KZ201810005004	MOFs 在农产品污染物检测与去除中的应用探索	李建荣	北京工业大学	基础研究	论文、专利	80	2018 年 1 月	2020 年 12 月	中国农科院农业质量标准与检测技术研究所
KZ201810005005	基于双相强化的 Mg–Gd–Er–Zn–Zr 合金性能及增效机理研究	杜文博	北京工业大学	应用基础研究	专利	80	2018 年 1 月	2020 年 12 月	中国航发北京航空材料研究院
KZ201810005006	微混合 / 反应技术制备纳米流体及其在微型散热器内流动与传热特性研究	夏国栋	北京工业大学	应用基础研究	论文、专利、样机	80	2018 年 1 月	2020 年 12 月	华北电力大学
KZ201810005007	基于血流动力学效应优化的体外反搏个性化治疗策略研究	刘有军	北京工业大学	应用基础研究	论文、专利	80	2018 年 1 月	2020 年 12 月	北京航空航天大学

续表 1

项目编号	项目名称	负责人	承担单位	研究类别	成果形式	批准经费（万元）	启动时间	完成时间	合作单位
KZ201810005008	高强钢筋超高性能混凝土结构抗震行为与设计计算方法研究	邓宗才	北京工业大学	应用基础研究	论文、报告	80	2018 年 1 月	2020 年 12 月	无
KZ201810005009	埋地钢质管道全张量地磁定位与管体损伤诊断技术及实现方法研究	王新华	北京工业大学	应用基础研究	论文、专利、样机	80	2018 年 1 月	2020 年 12 月	北京市朝阳区特种设备检测所
KZ201810005010	产业价值网络结构复杂特性及演化机理研究	关 峻	北京工业大学	基础研究	专著、论文、报告	79.68	2018 年 1 月	2020 年 12 月	北京交通大学
KZ201810009011	工业物联网资源访问关键技术研究与实践	马 礼	北方工业大学	应用基础研究	专利、论文	80	2018 年 1 月	2020 年 12 月	
KZ201810011012	多源干扰下城市污水处理过程关键参数的抗干扰优化控制研究	魏 伟	北京工商大学	应用基础研究	论文、专利	80	2018 年 1 月	2020 年 12 月	
KZ201810011013	高性能 FeN 薄膜材料的关键相变控制及磁性能调控	李宝河	北京工商大学	应用基础研究	论文、专利	80	2018 年 1 月	2020 年 12 月	
KZ201810011014	动态多维人体仿生消化体系的构建及其在功能食品开发中的应用	王 静	北京工商大学	应用基础研究	论文、专利	80	2018 年 1 月	2020 年 12 月	

续表 2

项目编号	项目名称	负责人	承担单位	研究类别	成果形式	批准经费（万元）	启动时间	完成时间	合作单位
KZ201810011015	基于功能基因组学对红曲菌中 Monacolin K 基因簇的调控机制研究	张 婵	北京工商大学	应用基础研究	论文、专利	80	2018 年 1 月	2020 年 12 月	
KZ201810011016	侧孢短芽孢杆菌抗菌肽生物抗性研究	贾英民	北京工商大学	应用基础研究	论文、专利	80	2018 年 1 月	2020 年 12 月	
KZ201810011017	生物降解聚酯异向双螺杆挤出建模与调控热降解行为研究	黄志刚	北京工商大学	应用基础研究	论文、专利	80	2018 年 1 月	2020 年 12 月	
KZ201810016018	流延法制备 EVA 纳米封装膜过程中的流动传热研究	张 艳	北京建筑大学	应用基础研究	论文、专利	80	2018 年 1 月	2020 年 12 月	北京科技大学
KZ201810016019	智慧城市中的时空数据深度学习研究	郭茂祖	北京建筑大学	应用基础研究	论文、专利	80	2018 年 1 月	2020 年 12 月	无
KZ201810016020	温度和应力耦合作用下的冻土弹塑性本构关系研究	齐吉琳	北京建筑大学	应用基础研究	论文、专利	80	2018 年 1 月	2020 年 12 月	无
KZ201810016021	盾构接收中半无限土体的变形规律及盾构掘进参数研究	刘 军	北京建筑大学	应用基础研究	论文、专利	80	2018 年 1 月	2020 年 12 月	北京市市政工程研究院、北京建工土木工程有限公司

续表 3

项目编号	项目名称	负责人	承担单位	研究类别	成果形式	批准经费（万元）	启动时间	完成时间	合作单位
KZ201810017022	水下高压干式 GMAW 焊接电弧收缩机理及调控方法	黄继强	北京石油化工学院	应用基础研究	论文、专利	78.7	2018 年 1 月	2020 年 12 月	无
KZ201810017023	太阳能跨季节土壤蓄热 POD 快速预测技术及系统优化研究	孙东亮	北京石油化工学院	应用基础研究	论文、专利	80	2018 年 1 月	2020 年 12 月	无
KZ201810017024	基于非常规定量依据实现 COD、BOD 和毒性一体化在线检测的机理与特性研究	韩严和	北京石油化工学院	应用基础研究	论文、专利	80	2018 年 1 月	2020 年 12 月	Griffith
KZ201810029025	京郊不同尺度生态绿地格局及其对调洪净污功能的影响研究	刘 云	北京农学院	应用基础研究	论文、专利	80	2018 年 1 月	2020 年 12 月	北京市气象局
KZ201810020026	片突菱纹叶蝉传播枣疯病植原体特性及机制研究	王进忠	北京农学院	应用基础研究	论文、专利、研究报告	80	2018 年 1 月	2020 年 12 月	中国林业科学院森林生态环境与保护研究所
KZ201810020027	生长素响应因子 ARF 调控叶用莴苣高温抽薹的作用机制	郝敬虹	北京农学院	应用基础研究	论文、专利、研究报告	80	2018 年 1 月	2020 年 12 月	中国农业大学
KZ201810020028	光质调控金鱼草单萜合成的信号机制	冷平生	北京农学院	应用基础研究	论文	60	2018 年 1 月	2020 年 12 月	无

续表 4

项目编号	项目名称	负责人	承担单位	研究类别	成果形式	批准经费（万元）	启动时间	完成时间	合作单位
KZ201810020029	MiRNA 调控百合仔球发生童期缩短相变的分子机制研究	张克中	北京农学院	应用基础研究	论文	78	2018 年 1 月	2020 年 12 月	无
KZ201810025030	NT-3- 生物材料支架激活成年慢性脊髓损伤后的内源性神经发生的研究	杨朝阳	首都医科大学	基础研究	论文、专利	80	2018 年 1 月	2020 年 12 月	无
KZ201810025031	基于肺部多模态图像辅助诊断肺癌的方法及智能化系统研究	郭秀花	首都医科大学	应用基础研究	论文、专利	79.2	2018 年 1 月	2020 年 12 月	清华大学
KZ201810025032	lncRNA-TC 作为竞争性内源 RNA 调控 CUL4B 参与苯血液毒性的机制	高 艾	首都医科大学	应用基础研究	论文	80	2018 年 1 月	2020 年 12 月	无
KZ201810025033	SphK2 介导内质网应激启动慢性结肠炎癌转化研究	曲显俊	首都医科大学	基础研究	论文	80	2018 年 1 月	2020 年 12 月	中国医学科学院药物研究所
KZ201810025034	翻译起始因子 EIF3M 在神经母细胞瘤中参与 DNA 损伤修复的新功能及其机制	郭永丽	首都医科大学	基础研究	论文、专利	80	2018 年 1 月	2020 年 12 月	中国医学科学院肿瘤医院
KZ201810025035	寨卡病毒感染损害附睾的分子机制及 IFN-λ 的保护作用	安 静	首都医科大学	基础研究	论文	80	2018 年 1 月	2020 年 12 月	无

续表 5

项目编号	项目名称	负责人	承担单位	研究类别	成果形式	批准经费（万元）	启动时间	完成时间	合作单位
KZ201810025036	在用心脏生物瓣膜毁损机制研究	张海波	首都医科大学	应用基础研究	论文	80	2018 年 1 月	2020 年 12 月	北京航空航天大学
KZ201810025037	Notch 信号通路在肝硬化门脉高压形成过程中参与肝脏血管重建的作用机制	丁惠国	首都医科大学	应用基础研究	论文	70	2018 年 1 月	2020 年 12 月	北京市肝病研究所
KZ201810025038	GLP-1 受体激动剂改善肥胖小鼠脂肪组织 FGF21 功能及神经酰胺代谢的机制研究	王 广	首都医科大学	基础研究	论文	80	2018 年 1 月	2020 年 12 月	无
KZ201810025039	AT1 受体自身抗体通过抑制 BK 通道致小动脉硬化的作用研究	刘慧荣	首都医科大学	基础研究	论文	80	2018 年 1 月	2020 年 12 月	无
KZ201810025040	基于耳蜗传入神经突触损伤与修复的耳鸣发生分子机制研究及转基因干预	柳 柯	首都医科大学	基础研究	论文	80	2018 年 1 月	2020 年 12 月	无
KZ201810025041	靶向调控中性粒细胞表型治疗缺血性脑卒中的新方法研究	赵海苹	首都医科大学	应用基础研究	论文、专利	80	2018 年 1 月	2020 年 12 月	中国科学院微电子研究所
KZ201810028042	量子相干性及其相关研究	费少明	首都师范大学	应用基础研究	论文	78	2018 年 1 月	2020 年 12 月	中国科学院数学与系统科学研究院

续表 6

项目编号	项目名称	负责人	承担单位	研究类别	成果形式	批准经费（万元）	启动时间	完成时间	合作单位
KZ201810028043	激光辅助的光晶格中冷原子及原子腔耦合体系中的量子多体问题研究	纪安春	首都师范大学	基础研究	论文	70	2018 年 1 月	2020 年 12 月	无
KZ201810028044	超临界 CO_2 调控有序介孔材料结构及应用的研究	李 伟	首都师范大学	应用基础研究	论文、专利	80	2018 年 1 月	2020 年 12 月	中国科学院化学所
KZ201810028045	热休克蛋白干扰在提升稀土基多功能纳米材料光热肿瘤治疗效果的应用研究	周 晶	首都师范大学	应用基础研究	论文、专利	80	2018 年 1 月	2020 年 12 月	首都儿科研究所
KZ201810028046	头喙亚目昆虫的谱系演化历史	姚云志	首都师范大学	基础研究	论文	80	2018 年 1 月	2020 年 12 月	无
KZ201810028047	水库消落带温室气体甲烷产生和消减的微生物作用机制研究	王晓燕	首都师范大学	应用基础研究	论文	80	2018 年 1 月	2020 年 12 月	北京大学
KZ201811417048	基于运动意图识别的动力型智能假肢膝关节基础研究	程 光	北京联合大学	应用基础研究	论文、专利	80	2018 年 1 月	2020 年 12 月	国家康复辅具研究中心
KZ201811417049	紫红曲中新型微量强降脂成分的发现与功能评价	尚小雅	北京联合大学	应用基础研究	论文、专利	80	2018 年 1 月	2020 年 12 月	中国医学科学院药物研究所
KZ201811417050	北京服务业开放与服务业生产率的关联性研究	任 靓	北京联合大学	应用基础研究	专著、论文	80	2018 年 1 月	2020 年 12 月	对外经济贸易大学

北京市教育委员会 2018 年度社科计划重点项目立项一览表

项目编号	项目名称	负责人	承担单位	研究类别	成果形式	批准经费（万元）	启动时间	完成时间	合作单位
SZ201810005001	行动障碍者无障碍服装设计研究	王文娟	北京工业大学	应用研究	研究报告、其他	20	2018 年 1 月	2020 年 12 月	李楠社会工作事务所
SZ201810005002	中国公众价值观变动及趋势——基于后物质主义理论的研究	胡建国	北京工业大学	综合研究	研究报告	20	2018 年 1 月	2020 年 6 月	中国社会科学院社会学所
SZ201810005003	基于国家治理视角的习近平全面依法治国思想研究	陈洪玲	北京工业大学	基础研究	研究报告	20	2018 年 1 月	2020 年 12 月	无
SZ201810005004	大数据驱动的可制造性知识挖掘与管理方法研究	徐 硕	北京工业大学	综合研究	论文集	20	2018 年 1 月	2020 年 12 月	无
SZ201810005005	移动互联网背景下高校创业人才培养研究	朴 玉	北京工业大学	综合研究	研究报告	20	2018 年 1 月	2019 年 12 月	无
SZ201810011006	北京老年人群养老模式偏好的成因与对策研究	蒯鹏州	北京工商大学	应用研究	研究报告	20	2018 年 1 月	2020 年 12 月	无
SZ201810012007	高校服饰时尚设计产业发展研究	王 琪	北京服装学院	综合研究	研究报告	15	2018 年 1 月	2019 年 12 月	容城时尚产业园等
SZ201810015008	传统出版与现代出版融合发展的路径与对策研究	王关义	北京印刷学院	应用研究	专著	20	2018 年 1 月	2020 年 12 月	无

续表 1

项目编号	项目名称	负责人	承担单位	研究类别	成果形式	批准经费（万元）	启动时间	完成时间	合作单位
SZ201810016009	基于生态保护红线划定的京津冀保护地体系建构研究	张振威	北京建筑大学	综合研究	研究报告、论文	20	2018 年 1 月	2020 年 12 月	清华大学、中国人民大学、宾州州立大学、北京林业大学
SZ201810020010	北京山区沟域经济规划中的景观美学作用机制	贾海洋	北京农学院	综合研究	专著	19	2018 年 1 月	2020 年 12 月	北京市农科院
SZ201810025011	基于医保支付方式的北京市分级诊疗医联体模式研究	高广颖	首都医科大学	应用研究	研究报告	20	2018 年 1 月	2020 年 12 月	北京市卫计委、北京友谊医院、北京潞河医院
SZ201810028012	司马相如赋旧注疏证	踪训国	首都师范大学	基础研究	专著	20	2018 年 1 月	2020 年 12 月	呼伦贝尔学院
SZ201810028013	国家特殊管理股的法律规制——以北京试点企业为研究样本	吴高臣	首都师范大学	应用研究	专著	20	2018 年 1 月	2020 年 12 月	无
SZ201810028014	北京市中小学校园欺凌行为评估、预警与精准干预的示范性研究	肖 晶	首都师范大学	应用研究	论文集	20	2018 年 1 月	2020 年 12 月	中国科学院心理研究所
SZ201810028015	20 世纪中国作曲家田丰创作研究	邵晓勇	首都师范大学	基础研究	研究报告	20	2018 年 1 月	2020 年 12 月	俄罗斯格涅辛音乐学院

续表 2

项目编号	项目名称	负责人	承担单位	研究类别	成果形式	批准经费（万元）	启动时间	完成时间	合作单位
SZ201810028016	唐代实用性书迹书写者及书法研究——以敦煌文书所见唐代实用书迹为中心	周侃	首都师范大学	基础研究	专著	20	2018 年 1 月	2020 年 12 月	国家博物馆、国家图书馆、中国美术馆
SZ201810028017	儿童早期数字心理表征的策略运用与促进研究	许晓晖	首都师范大学	综合研究	论文集	20	2018 年 1 月	2020 年 12 月	北京师范大学
SZ201810028018	国际化视野下北京市中小学 STEM 教育的实践模式与运行机制研究	徐月	首都师范大学	基础研究	研究报告	20	2018 年 1 月	2020 年 12 月	首都师范大学附属中学等
SZ201810031019	非首都功能疏解下中关村科技园跨区环链模块化创新布局与演化研究	郭斌	北京第二外国语学院	应用研究	研究报告	20	2018 年 1 月	2020 年 12 月	北京公共交通控股（集团）有限公司
SZ201810031020	更简句法框架下英汉反身代词约束特性的对比研究	周长银	北京第二外国语学院	基础研究	专著	15	2018 年 1 月	2020 年 12 月	无
SZ201810037021	北京市国有企业混合所有制改革效果及提升路径研究——基于国发〔2015〕54 号文件的准自然实验	张军	北京物资学院	综合研究	研究报告	20	2018 年 1 月	2020 年 12 月	华北电力大学

续表 3

项目编号	项目名称	负责人	承担单位	研究类别	成果形式	批准经费（万元）	启动时间	完成时间	合作单位
SZ201810038022	京津冀协同发展战略下北京市建设用地减量发展的实施路径与机制研究	李强	首都经济贸易大学	应用研究	研究报告	20	2018 年 1 月	2020 年 12 月	北京市规划与国土资源管理委员会政策研究室
SZ201810038023	北京市人口老龄化对经济发展的影响研究	徐雪	首都经济贸易大学	应用研究	研究报告	20	2018 年 1 月	2020 年 12 月	无
SZ201810050024	中国影视衍生产业发展态势研究——基于影视衍生产品开发的视角	尼跃红	北京电影学院	综合研究	研究报告	20	2018 年 1 月	2020 年 7 月	无
SZ201810050025	京津冀电影产业生态系统建构研究	王煊	北京电影学院	应用研究	专著	20	2018 年 1 月	2019 年 12 月	河北大学、天津师范大学
SZ201810051026	中国民族民间舞音乐舞蹈地图	李卿	北京舞蹈学院	基础研究	研究报告	20	2018 年 1 月	2020 年 12 月	无
SZ201811232027	民营企业海外并购的融资模式、融资风险与企业信用：以北京为例	岳宝宏	北京信息科技大学	应用研究	研究报告	20	2018 年 1 月	2020 年 12 月	中央财经大学
SZ201811232028	基于股权投资科技型企业估值研究	谭祖卫	北京信息科技大学	综合研究	专著	20	2018 年 1 月	2020 年 12 月	无

续表 4

项目编号	项目名称	负责人	承担单位	研究类别	成果形式	批准经费（万元）	启动时间	完成时间	合作单位
SZ201811417029	北京农村集体土地腾退的利益冲突及其权利配置研究	郭娅丽	北京联合大学	综合研究	研究报告	15	2018 年 1 月	2020 年 12 月	北京市朝阳区人民政府农委
SZ201811626030	全面二孩背景下北京市学前教育资源供给体系研究	叶向红	北京青年政治学院	应用研究	研究报告、论文	20	2018 年 1 月	2019 年 12 月	无
SZ201811626031	家训与中国古代儿童的道德生活	王 颖	北京青年政治学院	综合研究	专著、论文	20	2018 年 1 月	2020 年 12 月	北京市东城区助人社会工作事务所
SZ201811626032	习近平总书记关于青年成长成才重要论述研究	高 诚	北京青年政治学院	综合研究	研究报告	20	2018 年 1 月	2019 年 12 月	北京市社科联、北京市团校、北京青少年教育与发展研究基地
SZ201851160033	基于学习分析的在线协作学习诊断与干预研究	李 梅	北京开放大学	综合研究	研究报告	20	2018 年 1 月	2020 年 12 月	陕西师范大学

北　京　市　教　育　委　员　会
北京市哲学社会科学规划办公室

关于北京市哲学社会科学研究基地建设验收结果及启动新一期建设的通知

京教研〔2018〕7号

有关高等学校：

为全面检查掌握研究基地三年周期建设的情况，根据《北京市哲学社会科学研究基地管理办法》《北京市哲学社会科学研究基地管理细则》的规定，市教委和市社科规划办于2018年4月组织专家组对17个研究基地（其中4个研究基地免检）进行了检查验收，5个研究基地评估为优秀，6个研究基地评估为合格，1个研究基地评估为基本合格，1个研究基地评估为不合格。现将合格以上研究基地验收结果予以公布（见附件）。

请合格等级以上的研究基地召开学术委员会或专家委员会会议，认真对照专家组验收反馈意见，聚焦和凝练主攻方向，规划设计下一个建设周期的重点目标任务，填写好下一期的《建设任务书》。《建设任务书》可从北京社科规划网（www.bjpopss.gov.cn）基地资料栏下载，于9月28日前连同《学术委员会会议纪要》一并送交市社科规划办研究基地工作处（任务书一式4份，均为原件，同时报送电子版，电子版请发送到指定的电子信箱）。

希望各研究基地以建设首都新型高端智库为目标，紧紧围绕首都改革发展的重大问题，加强前瞻性、实证性研究，多出重大标志性成果，扩大研究基地的影响力，更好地服务于首都各项事业发展。

附件：北京市哲学社会科学研究基地建设验收结果

2018 年 6 月 1 日

附件

北京市哲学社会科学研究基地建设验收结果

免检研究基地名单

北京交通发展研究基地（依托高校：北京交通大学）

首都卫生管理与政策研究基地（依托高校：首都医科大学）

首都流通业研究基地（依托高校：北京工商大学）

法治政府研究基地（依托高校：中国政法大学）

优秀研究基地名单

首都互联网经济发展研究基地（依托高校：中央财经大学）

北京物流信息化研究基地（依托高校：北京交通大学）

北京社会建设研究基地（依托高校：中国人民大学）

北京企业低碳运营战略研究基地（依托高校：北京科技大学）

首都高等教育发展研究基地（依托高校：北京航空航天大学）

合格研究基地名单

首都工程教育发展研究基地（依托高校：北京工业大学）

首都国际文化研究基地（依托高校：北京语言大学）

北京社会管理研究基地（依托高校：北京工业大学）

民族舞蹈文化研究基地（依托高校：北京舞蹈学院）

北京基础教育研究基地（依托高校：首都师范大学）

北京文化安全研究基地（依托高校：北京印刷学院）

北京市教育委员会

关于开展北京高校高精尖学科申报工作的通知

京教函〔2018〕385号

各高等学校：

为贯彻《国务院关于印发统筹推进世界一流大学和一流学科建设总体方案的通知》（国发〔2015〕64号）精神，落实《中共北京市委 北京市人民政府〈关于统筹推进北京高等教育改革发展的若干意见〉的通知》（京发〔2018〕12号）要求，在北京高校开展“高精尖”学科建设，推动高校学科整体水平提升，增强学科服务国家战略和区域经济社会发展的能力，加快北京高校一流大学一流学科建设。现将有关事项通知如下：

一、建设目标

面向北京高校遴选一批“高精尖”学科进行重点建设，力争经过两至三个周期建设，推动北京高校调整和优化学科布局结构，促进学科间进一步融合发展，形成一批国际或国内一流的优势特色学科以及新兴前沿交叉学科，更好地服务于北京“四个中心”城市战略定位和世界一流和谐宜居之都建设。

二、工作原则

（一）坚持一流目标。充分结合北京高等教育实际，整合优质资源，汇聚各方力量，鼓励和支持高校按照首善标准、一流目标，建设一流大学和一流学科。

（二）坚持优化结构。对接北京“四个中心”战略定位及国家和北京经济社会发展需求，支持高校合理定位、办出特色、差异化发展；鼓励高校创新学科组织模式，优化调整学科专业结构，为经济社会发展提供人才与科技支撑。

（三）坚持绩效导向。完善激励机制，强化过程管理，突出建设实效，探索符合教育规律、体现中国特色的大学和学科评价体系，引导高校加强创新能力建设，增强服务经济社会发展的水平。

（四）坚持改革创新。立足高校实际，构建充满活力、富有效率的体制机制，以创新驱动发展，以改革增强动力，努力实现治理体系和治理能力的现代化。

三、建设内容

对申报的高精尖学科，高校应结合自身实际，有针对性地在以下几方面进行重点建设，提高学科整体实力：

（一）合理定位，进一步凝练学科方向。高等学校要根据学校整体学科布局和自身学科特色，以服务国家、区域、行业需求及学生全面成长需要作为办学根本出发点，构建区别于其他高校的办学优势。

（二）创新机制，造就高水平学科队伍。坚持培养与引进相结合，汇聚一批活跃在国际学术前沿、满足国家重大战略需求的一流科学家、学科领军人物，打造高水平创新团队。遵循教师成长发展规律，以中青年教师和创新团队为重点，优化中青年教师成长发展、脱颖而出的制度环境，培育跨学科、跨领域的创新团队，增强人才队伍可持续发展能力。

（三）立德树人，提升人才培养质量。突出人才培养的核心地位，着力培养具有历史使命感和社会责任心的创新型人才。大力推进个性化培养，推动科教融合、产学结合、国内外联合培养模式改革，全面提升学生的综合素质、科学精神和创造能力。完善质量保障体系，建立导向正确、科学有效、简明清晰的评价体系。

（四）前沿引领，提升科学研究水平。以国家重大需求为导向，推进科研组织模式创新，健全科研机制，开展协同创新，优化资源配置，提高基础研究水平，增强应用研究能力，争做原始创新策源地和技术创新排头兵。探索建立科学的评价体系，营造浓厚的学术氛围和宽松的创新环境，保护创新、宽容失败，大力激发创新活力。

（五）需求导向，瞄准经济社会发展领域。坚持需求导向和问题导向，服务国家和北京创新驱动发展以及京津冀协同发展的重大需求，深化产教融合，将高精尖学科建设与推动经济社会发展紧密结合，着力提高高校对产业转型升级的贡献率。强化科技与经济、创新项目与现实生产力、创新成果与产业对接，推动重大科学创新、关键技术突破转变为先进生产力，增强高校创新资源对经济社会发展的驱动力。

（六）国际合作，提高国际化办学水平。加强与世界一流大学和学术机构的实质性合作，开展高水平人才联合培养和科学联合攻关。积极参与和服务“一带一路”建设，加强国际协同创新，积极参与或牵头组织国际和区域性重大科学计划和科学工程，参加国际标准和规则的制定，提升北京高等教育的国际竞争力。

四、申报条件

（一）国家“双一流”整体建设高校，要在构建学科平台基础上，瞄准学科发展的国际前沿，加强学科间的交叉、渗透、融合，不断开辟新方向，创造新理论，重点打造前沿学科、新兴学科及交叉学科领域。

其它央属高校要结合学校学科发展规划及服务国家和北京经济社会发展需要，重点建设优势特色学科和新兴交叉学科。

市属高校要结合学校的整体办学定位和发展方向，以体现学校特色、建设成效良好，并且已纳入学校学科建设规划的优势学科为主进行重点建设，适当探索新兴交叉学科。

（二）申报学科能紧密对接国家和北京经济社会发展需求，全面融入北京“四个中心”城市战略定位，建设方案思路清晰，建设目标明确，建设措施科学可行，预期建设成效显著。

申报学科拥有较为雄厚的学科队伍、较为完备的办学条件和较高的人才培养质量。学科管理体制机制健全，有调动学科队伍积极参与的政策和措施。在同类学科领域中特色鲜明、优势明显，具有一定的创新性和先进性。

五、申报安排

（一）央属高校和市属高校各建设 50 个左右，采取限额申报。国家“双一流”整体建设高校每校可申报 2 ～ 3 个；其它央属高校每校可申报 1 ～ 2 个；市属高校除已与央属高校结对共建的学科外，原则上每校可申报 1 ～ 2 个。

（二）各高校依据高精尖学科申报条件和建设内容的要求，结合本校实际，统筹申报。申报学科需撰写《北京高校高精尖学科建设项目规划书》（见附件 1），与央属高校结对共建的学科由市属高校撰写《北京高校高精尖学科建设项目规划书》。

（三）各高校请于 8 月 31 日前，将《北京高校高精尖学科建设项目规划书》及《北京高校高精尖学科申报汇总表》（见附件 2）的纸质版一式 10 份和电子版报送市教委科研处（本通知可登陆网址 http://jw.beijing.gov.cn/kyc/，在通知公告栏中下载）。

六、论证与公示

市教委将会同市级相关部门组织专家对各校申报的学科建设规划进行论证，遴选结果将在上述网址进行公示，公示时间为 5 个工作日。

七、组织实施

（一）市教委科研处牵头负责高精尖学科建设项目的组织实施工作。

（二）各申报高校要建立由校领导牵头，相关部门与学科所在院系共同参与的协同工作机制。

八、绩效管理

市财政对高精尖学科建设给予支持，由市教委会同市财政局等部门对高精尖学科建设项目实行过程监督，建立项目年度检查制度和验收评估制度。根据检查评估情况，对实施不力、进展缓慢、缺乏实效的建设项目，适当减少支持力度或不再支持。

九、工作要求

（一）各高校要高度重视高精尖学科建设工作，结合办学定位，加强统筹，科学规划，突出重点，强化特色，不断深化高精尖学科建设内涵，带动高校学科建设创新发展、引领发展。

（二）项目实施过程中，高校要加强组织管理，切实履行职责，特别要注重资金管理和绩效管理，保证高精尖学科建设项目的实施取得实效。

附件：1. 北京高校高精尖学科建设项目规划书（模板，略）

2. 北京高校高精尖学科申报汇总表（略）

2018 年 7 月 25 日

北京市教育委员会

关于下达 2019 年度科技计划以及社科计划资助项目的通知

京教函〔2018〕746 号

有关市属高等学校：

根据市教委、市财政局《北京市属高等学校提高科技创新能力建设项目管理办法（试行）》（京教研〔2013〕8 号）的文件规定，经过项目申请、学校初选推荐、专家评审等项目立项工作程序，产生了 2019 年度北京市教育委员会科技计划（以下简称“科技计划”）和北京市教育委员会社科计划（以下简称“社科计划”）资助项目 480 项。科技计划资助项目 307 项，其中科技重点项目（市自然基金—市教委联合资助）50 项，科技一般项目 257 项；社科计划资助项目 173 项，其中社科重点项目 31 项，社科一般项目 142 项。现予公布

（项目名单见附件）。各项目的经费额度以财政最终下达的经费额度为准。

请各有关高校加强对本计划项目的管理，提供必要的条件支持并督促项目组开展研究工作，确保科研计划的顺利实施。项目的研究成果均须标注“北京市教委科研计划资助和项目编号”，未标注的成果，不予认定。

本通知可从市教委科研处网站（http://jw.beijing.gov.cn/kyc/）下载。

附件：北京市教育委员会2019年度科技计划、社科计划批准立项项目

2018年12月18日

附件

北京市教育委员会 2019 年度科技计划、社科计划批准立项项目

北京市教育委员会 2019 年度批准立项项目分布情况表

序号	学校名称	项目数合计（项）	科技计划项目		社科计划项目	
			重点项目	一般项目	重点项目	一般项目
			项目数（项）	项目数（项）	项目数（项）	项目数（项）
1	北京工业大学	58	9	35	2	12
2	北方工业大学	26	2	14	1	9
3	北京工商大学	27	3	12	1	11
4	北京服装学院	18	1	12	1	4
5	北京印刷学院	16	1	11	0	4
6	北京建筑大学	22	2	18	1	1
7	北京石油化工学院	16	2	11	0	3
8	北京农学院	26	4	17	1	4
9	首都医科大学	49	13	30	1	5

续表 1

序号	学校名称	项目数合计（项）	科技计划项目		社科计划项目	
			重点项目	一般项目	重点项目	一般项目
			项目数（项）	项目数（项）	项目数（项）	项目数（项）
10	首都师范大学	52	5	21	8	18
11	首都体育学院	5	0	3	0	2
12	北京第二外国语学院	6	0	1	2	3
13	北京物资学院	12	0	3	2	7
14	首都经济贸易大学	18	0	2	3	13
15	中国戏曲学院	4	0	1	1	2
16	中国音乐学院	5	0	1	1	3
17	北京舞蹈学院	6	0	1	0	5
18	北京电影学院	7	0	1	1	5
19	北京联合大学	26	2	15	1	8
20	北京信息科技大学	36	4	24	2	6
21	北京财贸职业学院	2	0	0	0	2

续表 2

序号	学校名称	项目数合计（项）	科技计划项目		社科计划项目	
			重点项目	一般项目	重点项目	一般项目
			项目数（项）	项目数（项）	项目数（项）	项目数（项）
22	北京青年政治学院	4	0	0	0	4
23	北京工业职业技术学院	7	1	4	0	2
24	北京电子科技职业学院	9	0	5	1	3
25	北京农业职业学院	7	0	6	0	1
26	北京城市学院	3	0	3	0	0
27	北京开放大学	3	1	1	0	1
28	北京教育学院	3	0	0	1	2
29	北京信息职业技术学院	2	0	2	0	0
30	北京劳动保障职业学院	2	0	1	0	1
31	北京警察学院	3	0	2	0	1
合计		480	50	257	31	142

北京市教育委员会2019年度科技计划重点项目立项一览表

项目编号	项目名称	负责人	承担单位	研究类别	成果形式	批准经费（万元）	启动时间	完成时间	合作单位
KZ201910005001	两性离子/多孔粒子复合纳滤膜的结构调控与性能研究	安全福	北京工业大学	应用基础研究	论文、专利	80	2019年1月	2021年12月	北京碧水源科技股份有限公司
KZ201910005002	全固态锂离子电池复合正极放电等离子体烧结研究	郭现伟	北京工业大学	应用基础研究	论文、专利	78	2019年1月	2021年12月	中国科学院物理研究所
KZ201910005003	富锂Fe-Mn基正极材料多尺度结构设计及电化学性能研究	赵煜娟	北京工业大学	应用基础研究	论文、专利	80	2019年1月	2021年12月	北京科技大学
KZ201910005004	基于超快激光时空整形的信息材料多阶存储基础研究	刘富荣	北京工业大学	应用基础研究	论文、专利	80	2019年1月	2021年12月	华北电力大学
KZ201910005005	服务机器人深度融合智能舵机研究	石照耀	北京工业大学	应用基础研究	论文、专利	80	2019年1月	2021年12月	无
KZ201910005006	时域空域结合的超短脉冲光纤激光相干合成理论及关键技术研究	李平雪	北京工业大学	基础研究	论文、专利	80	2019年1月	2021年12月	无
KZ201910005007	网络直播视频中不良内容识别与深度理解技术	张　菁	北京工业大学	应用基础研究	论文、专利	80	2019年1月	2021年12月	中国科学院信息工程研究所

续表 1

项目编号	项目名称	负责人	承担单位	研究类别	成果形式	批准经费（万元）	启动时间	完成时间	合作单位
KZ201910005008	视觉感知与认知协同进化模型的研究及应用	段立娟	北京工业大学	应用基础研究	论文、专利	80	2019 年 1 月	2021 年 12 月	中国科学院自动化研究所
KZ201910005009	基于微流控网络和微电极复合的颅内微器件研发及其脑卒中应用	陈 涛	北京工业大学	应用基础研究	论文、专利	80	2019 年 1 月	2021 年 12 月	中国人民解放军陆军总医院
KZ201910009010	连续梯度 M5Y-NiCrAlY 复合涂层性能与高温失效行为	张淑婷	北方工业大学	应用基础研究	论文、专利	78	2019 年 1 月	2021 年 12 月	北京矿冶科技集团有限公司
KZ201910009011	超高强钢辊弯成形工艺控形控性关键技术研究	韩 飞	北方工业大学	应用基础研究	论文、专利	80	2019 年 1 月	2021 年 12 月	无
KZ201910011012	同源金属离子驱动 MOFs/PEG 层层组装膜微结构设计构筑与脱硫性能研究	展 侠	北京工商大学	应用基础研究	论文、专利	80	2019 年 1 月	2021 年 12 月	无
KZ201910011013	基于环核苷酸信号通路的拮抗酵母和酿酒酵母的互作机理解析	王友升	北京工商大学	应用基础研究	论文、专利	80	2019 年 1 月	2021 年 12 月	无
KZ201910011014	酿酒酵母中高级醇合成关键酶系的鉴定及其途径特异性表达调控研究	尹 胜	北京工商大学	应用基础研究	论文、专利	80	2019 年 1 月	2021 年 12 月	北京林业大学

续表 2

项目编号	项目名称	负责人	承担单位	研究类别	成果形式	批准经费（万元）	启动时间	完成时间	合作单位
KZ201910012015	仿生结构色纤维的复合湿法纺丝制备及机理研究	李 昕	北京服装学院	应用基础研究	论文、专利	80	2019 年 1 月	2021 年 12 月	无
KZ201910015016	阻燃导电型膨胀微胶囊的可控制备及印刷应用关键技术	孙志成	北京印刷学院	应用基础研究	论文、专利	80	2019 年 1 月	2021 年 12 月	无
KZ201910016017	活化改性橡胶粉与水泥复合冷再生废旧半刚性基层材料利用关键技术	季 节	北京建筑大学	应用基础研究	论文、专利	80	2019 年 1 月	2021 年 12 月	北京奥科瑞检测技术开发有限公司，北京国道通公路设计研究院股份有限公司，北京市首都公路发展集团有限公司
KZ201910016018	装配式钢结构新型连接技术及其高性能体系研发	张艳霞	北京建筑大学	应用基础研究	论文、专利	80	2019 年 1 月	2021 年 12 月	中国航空规划设计研究总院有限公司
KZ201910017019	用 GPU 加速求解三维空间的薛定谔方程	刘庆军	北京石油化工学院	基础研究	论文、专利	46	2019 年 1 月	2021 年 12 月	中国科学院过程工程研究所，中国科学院计算机网络信息中心
KZ201910017020	天然气内爆炸的多重约束协同效应机制及灾害定量评估研究	庞 磊	北京石油化工学院	应用基础研究	论文、专利	80	2019 年 1 月	2021 年 12 月	北京理工大学

续表 3

项目编号	项目名称	负责人	承担单位	研究类别	成果形式	批准经费（万元）	启动时间	完成时间	合作单位
KZ201910020021	PCV2 感染的猪肠上皮细胞调控 T 细胞分化的分子机制	李焕荣	北京农学院	应用基础研究	论文、专利	80	2019 年 1 月	2021 年 12 月	中国检验检疫科学研究院
KZ201910020022	豆科芳香植物根系分泌物调节苹果根际土壤 C、N 利用的机制	姚允聪	北京农学院	应用基础研究	论文、专利	80	2019 年 1 月	2021 年 12 月	无
KZ201910020023	热处理导致的氨基酸低效化大豆蛋白分子结构特征及其形成机制研究	吕　莹	北京农学院	应用基础研究	论文、专利	80	2019 年 1 月	2021 年 12 月	中国农业大学
KZ201910020024	土壤中菊酯类农药降解菌的筛选及降解酶基因的克隆与表达	段碧华	北京农学院	应用基础研究	论文、专利	80	2019 年 1 月	2021 年 12 月	无
KZ201910025025	通过调控突触功能修复 AD 动物模型受损大脑功能环路的探索性研究	张　晨	首都医科大学	基础研究	论文、专利	80	2019 年 1 月	2021 年 12 月	无
KZ201910025026	新型 Mu 型阿片受体和大麻素 1 型受体外周激动剂对神经病理痛的协同镇痛作用和机制研究	杨　菲	首都医科大学	基础研究	论文、专利	75	2019 年 1 月	2021 年 12 月	北京大学

续表 4

项目编号	项目名称	负责人	承担单位	研究类别	成果形式	批准经费（万元）	启动时间	完成时间	合作单位
KZ201910025027	DKK3 诱导血管壁干细胞分化影响主动脉瘤形成的机制研究	于宝琪	首都医科大学	基础研究	论文、专利	80	2019 年 1 月	2021 年 12 月	无
KZ201910025028	骨水泥椎体成形术预防骨质疏松患者斜外侧椎间融合术后椎间融合器沉降的生物力学研究	吴 浩	首都医科大学	应用基础研究	论文、专利	80	2019 年 1 月	2021 年 12 月	无
KZ201910025029	RET 基因 C618R/G691S 突变在遗传性甲状腺髓样癌中致病机制研究	陈晓红	首都医科大学	应用基础研究	论文、专利	80	2019 年 1 月	2021 年 12 月	无
KZ201910025030	抗原特异性 CD4+CD25+ 调节性 T 细胞注射治疗 EAE 的疗效及其作用机制	刘广志	首都医科大学	应用基础研究	论文、专利	80	2019 年 1 月	2021 年 12 月	北京市心肺血管疾病研究所
KZ201910025031	B 细胞源外泌体在肺孢子菌肺炎免疫中的作用	童朝晖	首都医科大学	应用基础研究	论文、专利	80	2019 年 1 月	2021 年 12 月	无
KZ201910025032	自噬介导血管钙粘蛋白解离对脓毒症大鼠肾脏微循环通透性的作用机制	段美丽	首都医科大学	应用基础研究	论文、专利	51	2019 年 1 月	2021 年 12 月	无

续表 5

项目编号	项目名称	负责人	承担单位	研究类别	成果形式	批准经费（万元）	启动时间	完成时间	合作单位
KZ201910025033	MIR4435-2HG 通过 USF1-TMSB10 通路促进喉癌侵袭和转移的机制研究	刘红刚	首都医科大学	基础研究	论文、专利	76	2019 年 1 月	2021 年 12 月	无
KZ201910025034	miRNA-211 靶向调控 p38 MAPK 通路参与喉咽癌诱导化疗敏感性的机制研究	房居高	首都医科大学	应用基础研究	论文、专利	80	2019 年 1 月	2021 年 12 月	无
KZ201910025035	补肾益髓胶囊通过调控内质网 - 线粒体功能单元治疗 EAE 作用机制研究	樊永平	首都医科大学	基础研究	论文、专利	80	2019 年 1 月	2021 年 12 月	无
KZ201910025036	长链非编码 RNAH19 作为竞争性内源 RNA 促进颞叶癫痫海马星形胶质细胞增生	孟凡刚	首都医科大学	基础研究	论文、专利	80	2019 年 1 月	2021 年 12 月	Boston University
KZ201910025037	基于北京市总膳食研究的四溴双酚 A/S 类阻燃剂的人群暴露评估与甲状腺干扰效应研究	施致雄	首都医科大学	基础研究	论文、专利	80	2019 年 1 月	2021 年 12 月	北京市疾病预防控制中心
KZ201910028038	光稳定、高效稀土配合物转光膜的制备及其在太阳能电池中的应用	李　夏	首都师范大学	应用基础研究	论文、专利	80	2019 年 1 月	2021 年 12 月	北京大学

续表 6

项目编号	项目名称	负责人	承担单位	研究类别	成果形式	批准经费（万元）	启动时间	完成时间	合作单位
KZ201910028039	写人作文的篇章语义评测关键技术研究	刘杰	首都师范大学	应用基础研究	论文、专利	80	2019年1月	2021年12月	北京词网科技有限公司，北京理工大学
KZ201910028040	全新内源因子Yun调控肠道干细胞增殖和肠道组织稳态的分子机制	李周华	首都师范大学	基础研究	论文、专利	80	2019年1月	2021年12月	无
KZ201910028041	小麦雄性育性基因克隆及其调控机制研究	马力耕	首都师范大学	应用基础研究	论文、专利	80	2019年1月	2021年12月	中国科学院遗传与发育生物学研究所
KZ201910028042	再生水补给湿地香蒲根际脱氮菌群时空变异研究	郭逍宇	首都师范大学	应用基础研究	论文、专利	80	2019年1月	2021年12月	无
KZ201910853043	可见光响应硅藻土@（$C+TiO_2$）纳米复合光催化剂的构建、结构和应用基础研究	王佼	北京工业职业技术学院	应用基础研究	论文、专利	80	2019年1月	2021年12月	中国地质大学（北京）
KZ201911232044	变构型飞行器柔性蒙皮多芯光纤传感理论与方法研究	祝连庆	北京信息科技大学	应用基础研究	论文、专利	80	2019年1月	2021年12月	无
KZ201911232045	基于无源性和虚拟惯性的直流微电网稳定性及控制研究	王久和	北京信息科技大学	应用基础研究	论文、专利	80	2019年1月	2021年12月	北京交通大学

续表 7

项目编号	项目名称	负责人	承担单位	研究类别	成果形式	批准经费（万元）	启动时间	完成时间	合作单位
KZ201911232046	软件定义移动边缘网络中的无线资源智能化管理	李学华	北京信息科技大学	基础研究	论文、专利	79	2019 年 1 月	2021 年 12 月	北京佰才邦技术有限公司，北京邮电大学
KZ201911232047	宽带大开角双曲面复合材料换能器的研究	王丽坤	北京信息科技大学	应用基础研究	论文、专利	80	2019 年 1 月	2021 年 12 月	中国科学院声学研究所
KZ201911417048	动态环境中人体动作识别理论与关键技术研究	何 宁	北京联合大学	应用基础研究	论文、专利	80	2019 年 1 月	2021 年 12 月	中国科学院大学
KZ201911417049	基于光亲和标记探针——毕赤酵母体系解析小檗碱抑制桃褐腐病菌的作用靶标	葛喜珍	北京联合大学	基础研究	论文、专利	80	2019 年 1 月	2021 年 12 月	北京化工大学
KZ201951160050	面向视频大数据的人体行为理解关键技术研究	袁家政	北京开放大学	应用基础研究	论文、专利	80	2019 年 1 月	2021 年 12 月	Qualcomm, 中国科学院自动化研究所

北京市教育委员会2019年度社科计划重点项目立项一览表

项目编号	项目名称	负责人	承担单位	研究类别	成果形式	批准经费（万元）	启动时间	完成时间	合作单位
SZ201910005001	人工智能技术在文创产品设计中的知识挖掘与应用方法研究	刘键	北京工业大学	综合研究	论文	20	2019年1月	2021年12月	清华大学
SZ201910005002	年龄和互动模式对离异家庭中个体心理状况的影响研究	熊明瑞	北京工业大学	综合研究	论文	15	2019年1月	2021年12月	中国科学院心理研究所
SZ201910009003	北京市高校科技成果转化法律保障机制研究	王素娟	北方工业大学	综合研究	研究报告、法律建议书	20	2019年1月	2021年12月	北京知识产权运营管理有限责任公司
SZ201910011004	北京市疏解腾退空间的合理利用研究	郭馨梅	北京工商大学	应用研究	研究报告	20	2019年1月	2021年12月	
SZ201910012005	时尚消费的符号价值与服装品牌营销模式构建研究	白玉苓	北京服装学院	应用研究	研究报告	15	2019年1月	2021年12月	
SZ201910016006	医学社会学视野下的近现代医院建筑演进研究——以北京地区为例	郝晓赛	北京建筑大学	基础研究	专著、论文	20	2019年1月	2021年12月	中国医学科学院北京协和医院，北京大学人民医院
SZ201910020007	京西古村落艺术价值的挖掘及开发途径研究	赵晖	北京农学院	基础研究	专著	20	2019年1月	2021年12月	山东师范大学美术学院

续表 1

项目编号	项目名称	负责人	承担单位	研究类别	成果形式	批准经费（万元）	启动时间	完成时间	合作单位
SZ201910025008	基于协同管理理论的首都农村基层慢性病管理模式研究——怀柔区为例	杨佳	首都医科大学	综合研究	研究报告	20	2019 年 1 月	2021 年 12 月	北京市怀柔区卫生与计划生育委员会
SZ201910028009	全球视域下在线信息素养教育的比较研究	王莲	首都师范大学	综合研究	论文	20	2019 年 1 月	2021 年 12 月	
SZ201910028010	新文化运动时期马克思主义在中国的译介传播	方红	首都师范大学	基础研究	专著	20	2019 年 1 月	2021 年 12 月	
SZ201910028011	习近平政治生态建设思想研究	李东明	首都师范大学	基础研究	研究报告	20	2019 年 1 月	2020 年 12 月	中国矿业大学，兰州交通大学
SZ201910028012	京津冀地区流动儿童家庭外迁的整合模式研究	冯跃	首都师范大学	综合研究	研究报告	20	2019 年 1 月	2021 年 6 月	河北大学政法学院社会学系，新公民计划
SZ201910028013	改革开放 40 年北京市中小学课程建设与教学改进研究	陈文新	首都师范大学	综合研究	专著	20	2019 年 1 月	2022 年 1 月	北京师范大学，人民教育出版社，北京景山学校，北京中关村第一小学

续表 2

项目编号	项目名称	负责人	承担单位	研究类别	成果形式	批准经费（万元）	启动时间	完成时间	合作单位
SZ201910028014	跨文化传播视野下儿童图画书的文化教育功能研究	刘晓晔	首都师范大学	基础研究	论文	20	2019 年 1 月	2021 年 12 月	北京语言大学，北京教育学院朝阳分院，北京教育学院初等教育学院
SZ201910028015	教科书话语分析的理论建构与方法应用	王攀峰	首都师范大学	基础研究	论文	20	2019 年 1 月	2021 年 12 月	人民教育出版社，北京师范大学教育学院
SZ201910028016	数字化时代教科书发展研究	张增田	首都师范大学	综合研究	论文	20	2019 年 1 月	2022 年 1 月	北京工商大学，人民教育出版社
SZ201910031017	“健康中国”战略下服务业顾客——员工互动对员工健康的影响研究	雷铭	北京第二外国语学院	应用研究	研究报告	18	2019 年 1 月	2021 年 12 月	
SZ201910031018	文化自信背景下国家安全与北京汉语国际教育课程融合研究	朱麟	北京第二外国语学院	综合研究	专著	20	2019 年 1 月	2021 年 6 月	
SZ201910037019	京津冀城市群物流业服务创新能力提升研究	刘艳	北京物资学院	应用研究	专著	20	2019 年 1 月	2021 年 12 月	北京工商大学，中国物流与采购联合会

续表 3

项目编号	项目名称	负责人	承担单位	研究类别	成果形式	批准经费（万元）	启动时间	完成时间	合作单位
SZ201910037020	北京城市休闲水平的统计测评研究	黄羽翼	北京物资学院	应用研究	专著	20	2019 年 1 月	2021 年 1 月	
SZ201910038021	基于时空可达性的需求响应型定制公交网络规划研究	尚华艳	首都经济贸易大学	应用研究	研究报告、论文	20	2019 年 1 月	2021 年 12 月	
SZ201910038022	基于“共识－行动”协作框架的京津冀养老服务协作治理网络实证研究	潘娜	首都经济贸易大学	应用研究	研究报告、论文	20	2019 年 1 月	2021 年 10 月	天津科技大学，华北理工大学
SZ201910038023	全国文化中心视域下北京民间阅读组织研究	司新丽	首都经济贸易大学	综合研究	研究报告、论文	20	2019 年 1 月	2021 年 12 月	
SZ201910046024	当代中国声乐学派的构建及流播研究	杨曙光	中国音乐学院	综合研究	专著	20	2019 年 1 月	2021 年 12 月	
SZ201910049025	北京地区戏曲剧种多声部形式研究	李楠	中国戏曲学院	综合研究	专著	20	2019 年 3 月	2021 年 12 月	
SZ201910050026	“文化北京”与博物馆影像公共教育	李彬	北京电影学院	应用研究	研究报告、论文	20	2019 年 1 月	2020 年 6 月	

续表 4

项目编号	项目名称	负责人	承担单位	研究类别	成果形式	批准经费（万元）	启动时间	完成时间	合作单位
SZ201910858027	中国传统泥塑艺术的数字化再现与应用研究	刘正宏	北京电子科技职业学院	应用研究	论文、产品外观专利、数字化教学资源库、交互设计数字产品 APP	20	2019年1月	2021年12月	陕西凤翔县锦伟民俗文化传承有限公司，北京汉唐双起翔文化传播有限公司，山东高密聂家庄泥塑传习所
SZ201911232028	北京种业企业并购整合风险管理研究	侯军岐	北京信息科技大学	应用研究	专著、论文	15	2019年1月	2021年12月	扬州大学，西北农林科技大学
SZ201911232029	北京 KIBS 创新生态系统演化路径与创新绩效评价研究——基于可持续发展的视角	王莹	北京信息科技大学	应用研究	研究报告、论文	20	2019年1月	2021年12月	
SZ201911417030	京津冀一体化背景下京绣传承谱系研究	滕雪梅	北京联合大学	基础研究	专著	15	2019年2月	2021年12月	北京市非物质文化遗产保护中心，河北省非物质文化遗产保护中心
SZ201950061031	基于幼儿学习品质视角的亲职者胜任能力研究	李静	北京教育学院	应用研究	研究报告	18.8	2019年1月	2012年8月	首都师范大学，新中街东棉联盟园，顺义区学前科

招生·考试

北京市教育委员会文件选编

（2018）

北京市教育委员会

关于做好我市2018年高等职业教育自主招生工作的通知

京教计〔2018〕2号

各有关市属高等学校：

为贯彻落实《北京市深化考试招生制度改革的实施方案》（京教计〔2016〕15号）要求，继续健全“文化素质＋职业技能”考试招生方式，进一步完善高职院校分类考试模式，促进我市高等职业教育健康持续发展，2018年继续开展高等职业教育自主招生工作（以下简称“高职自主招生”）。现将分学校分专业高职自主招生计划下达给你们，并就做好招生工作通知如下：

一、院校及招生计划

2018年参加高职自主招生的院校有29所，招生计划总计13343人，其中计划招收农村户籍学生6501人（分学校、分专业招生计划见附件）。

二、有关工作要求

（一）按照教育部和北京市相关高校招生规定，依法办学，诚信办学，进一步规范招生行为，严格执行教育部“30个不得”招生工作禁令。要高度重视此项工作，按照“严格程序、加强管理、接受监督”的原则，认真做好报名、考核、录取、公示等各个环节的工作。

（二）深入探索和健全“文化素质＋职业技能”考试招生方式，注重对学生职业技能的考查。按照“条件明确化、程序规范化、招生办法公开化、录取结果公示化”的要求，根据各学校条件制定详细可行的自主选拔录取方案，报主管部门审核通过后向社会公布，在整个录取工作中严格认真执行，对有违规招生的学校，将按照相关规定严肃处理，依法追究当事人及相关人员责任，并取消学校高职自主招生工作试点资格。

（三）严格计划执行管理，维护计划的严肃性。任何单位和个人，未经教育行政部门批准，不得擅自调整计划；对于未经批准擅自超计划招生的学校，将被核减下年度招生计划。

（四）高职自主招生计划纳入各校2018年总计划数内，已录取的考生不再参加当年普通高等学校招生全国统一考试和录取。

附件：2018年高职自主招生院校与招生计划表（略）

2018年3月7日

北京市教育委员会

关于做好2018年北京市宏志生招生工作的通知

京教基二〔2018〕4号

各区教委：

根据市教委、市财政局、市民政局《关于印发北京市普通高中宏志奖学金和宏志班补助管理办法的通知》（京教财〔2016〕7号），结合目前本市城乡低保标准的调整意见，现将做好2018年北京宏志中学、北京市广渠门中学“宏志生”招生工作有关事项通知如下：

一、报名条件

具有本市常住户口，家庭月人均收入低于城乡低保标准（城市和农村 1000 元），且品学兼优、身体健康的优秀应届初中毕业生。

二、宏志生的待遇

凡被正式录取的新生，在校期间享受“四免一补”，即免交学杂费、书本费、校服费、住宿费，并享受一定数额的伙食补贴。

三、北京宏志中学报名办法

（一）各学校按报名条件推荐学生报考，被推荐的学生须填写《2018 年北京宏志中学宏志生报名登记表》（见附表），推荐学校需填写推荐意见并在照片处加盖校章；各区教委统一进行审核并签署意见。

（二）5 月 5 日至 6 日 8：30 至 16：00，被推荐的学生持相关材料到北京宏志中学进行资格认定（考虑个别远郊区学生进城较远，北京宏志中学将到校进行资格认定，时间以学校与相关区约定为准）。

北京宏志中学校址：东城区安定门外和平里中街 43 号；

（三）报名时需持的相关证明材料：《2018 年北京宏志中学宏志生报名登记表》；由村委会或住家居委会出具的家庭经济困难证明；学生家庭的户口本、学生本人的学生证、各种荣誉证书原件及其复印件，一寸免冠照片 1 张；毕业生体检表。

四、北京市广渠门中学宏志班报名办法

凡符合贫困条件的学生持相关证明、一寸免冠照片 1 张、毕业生体检表等材料自主报名，参加北京市广渠门中学自行组织的“宏志生”资格审核及面试（面试时间：4 月 29 日 8：00—16：00），由北京市广渠门中学发给符合报考条件的初中毕业生《报考资格证》，学生凭《报考资格证》填报志愿，并参加全市统一升学考试。

北京市广渠门中学校址：东城区白桥大街甲 1 号。

五、有关事项

（一）各有关区教委要将此政策宣传到每所学校和每位应届学生，积极支持符合条件的学生报名，并为他们办理相关审核手续。

（二）符合报考条件者均需参加中考，并按照招生计划及成绩择优录取。

附件：2018年北京宏志中学宏志生报名登记表（略）

2018年3月21日

北京市教育委员会

下达2018年市属普通高校优秀高职毕业生升本科招生计划的通知

京教计〔2018〕5号

有关市属高等学校：

为贯彻落实《国务院关于深化考试招生制度改革的实施意见（国发〔2014〕35号）精神，根据《教育部关于做好2018年普通高校招生工作的通知》（教学〔2018〕2号）要求，推进我市高等教育考试招生改革，拓宽高等职业教育优秀毕业生进入本科阶段继续深造的渠道，构建高等教育人才培养的“立交桥”，2018年我市继续开展市属普通高等学校高职毕业生升本科招生工作。现就相关要求和招生计划通知如下：

一、各校要不断完善推荐选拔程序，在推荐、考试和录取过程中坚持公开、公平、公正的原则，按照高校招生“阳光工程”的要求，做好我市高职优秀毕业生升本科的相关工作。

二、各校要严格执行高等职业教育升本科招生计划，未经批准，任何单位和个人不得擅自变更招生计划。未经我委核准计划录取的学生，一律不予新生学籍电子注册。

三、各校不得在其他类型招生过程中以高职升本科为名义进行虚假宣传、不实承诺、招揽生源。同时严格执行学生学费标准,不得借“专升本”名义进行高收费、乱收费的课外辅导等违规行为。

四、按照《北京市教育委员会转发教育部办公厅关于进一步做好高校学生参军入伍工作文件的通知》(京教学〔2015〕3号)的要求,未获得免试专升本资格的退役大学生参加普通专升本报名考试,实行计划单列,录取比例不低于50%。

附件:1. 2018年市属高校优秀高职毕业生升本科招生计划表

2. 2018年退役士兵升本科招生计划表

2018年4月20日

附件1

2018年市属高校优秀高职毕业生升本科招生计划表

单位:人

学校专业代码	学校和专业名称	本校推荐人数	外校推荐人数	招生计划		
				合计	其中:接收本校	其中:接收外校
	合计	514	3654	2122	268	1854
10009	北方工业大学	0	427	217	0	217
01	电子信息工程		4	2		2
02	法学		23	12		12
03	工程管理		17	9		9
04	工商管理		50	25		25
04/05	工商管理/会计学		112	56		56

续表 1

学校专业代码	学校和专业名称	本校推荐人数	外校推荐人数	招生计划		
				合计	其中：接收本校	其中：接收外校
05	会计学		47	24		24
06	汉语言文学		4	2		2
07	机械设计制造及其自动化		51	26		26
07/04	机械设计制造及其自动化 / 工商管理		12	6		6
08	计算机科学与技术		38	19		19
09	日语		1	1		1
10	通信工程		15	8		8
11	英语		20	10		10
12	自动化		33	17		17
10016	**北京建筑大学**	**0**	**279**	**143**	**0**	**143**
01	测绘工程		13	7		7
02	车辆工程（城市轨道交通车辆）		33	17		17
03	车辆工程（汽车工程）		8	4		4
04	给排水科学与工程		6	3		3
05	工程管理		39	20		20
06	工程造价		57	29		29
07	工商管理		19	10		10
08	环境工程		10	5		5
09	机械电子工程		18	9		9

续表 2

学校专业代码	学校和专业名称	本校推荐人数	外校推荐人数	招生计划		
				合计	其中：接收本校	其中：接收外校
10	计算机科学与技术		5	3		3
11	建筑电气与智能化		2	1		1
12	建筑环境与能源应用工程		3	2		2
13	社会工作		2	1		1
14	土木工程		64	32		32
10017	**北京石油化工学院**	**0**	**380**	**193**	**0**	**193**
01	电气工程及其自动化		9	5		5
02	公共事业管理		135	68		68
03	国际经济与贸易		10	5		5
04	会计学		41	21		21
05	会展经济与管理		10	5		5
06	机械工程		56	28		28
07	计算机科学与技术		68	34		34
08	旅游管理		10	5		5
09	市场营销		11	6		6
10	物流管理		7	4		4
11	信息管理与信息系统		23	12		12
10020	**北京农学院**	**59**	**163**	**117**	**32**	**85**
01	动物医学	12	28	20	6	14
02	园林	9	14	12	5	7

续表 3

学校专业代码	学校和专业名称	本校推荐人数	外校推荐人数	招生计划		
				合计	其中：接收本校	其中：接收外校
03	园艺	2	18	10	1	9
04	工商管理	7	13	11	4	7
05	农村区域发展（规划）	5		3	3	
06	会展经济与管理（策划与设计）	15	14	15	8	7
07	旅游管理（生态旅游）	2	4	3	1	2
08	国际经济与贸易	7	5	7	4	3
09	计算机科学与技术		10	5		5
10	环境设计		3	2		2
11	农林经济管理		3	2		2
12	生物技术		4	2		2
13	食品质量与安全		15	8		8
14	市场营销		2	1		1
15	植物保护		4	2		2
16	种子科学与工程		2	1		1
17	法学		3	2		2
18	会计学		21	11		11
10025	**首都医科大学**	**80**	**0**	**41**	**41**	**0**
01	临床医学（郊区定向）	16		8	8	
02	医学检验技术	5		3	3	
03	护理学	59		30	30	

续表 4

学校专业代码	学校和专业名称	本校推荐人数	外校推荐人数	招生计划		
				合计	其中：接收本校	其中：接收外校
10028	**首都师范大学**	**43**	**0**	**22**	**22**	**0**
01	学前教育（师范）	43		22	22	
10038	**首都经济贸易大学**	**16**	**24**	**21**	**8**	**13**
01	财务管理	4	0	2	2	0
02	国际经济与贸易	4	6	5	2	3
03	计算机科学与技术	4	0	2	2	0
04	旅游管理	4	5	5	2	3
01/05	财务管理 / 工商管理		13	7		7
10049	**中国戏曲学院**	**0**	**5**	**4**	**0**	**4**
01	表演（京剧表演）		2	1		1
02	表演（京剧器乐）		1	1		1
03	表演（多剧种表演）		1	1		1
04	表演（多剧种器乐）		1	1		1
10050	**北京电影学院**	**4**	**0**	**2**	**2**	**0**
01	表演	4		2	2	
11232	**北京信息科技大学**	**0**	**42**	**22**	**0**	**22**
01	车辆工程		4	2		2
02	工商管理		25	13		13
03	信息管理与信息系统		5	3		3
04/05	工商管理 / 市场营销		6	3		3

续表 5

学校专业代码	学校和专业名称	本校推荐人数	外校推荐人数	招生计划		
				合计	其中：接收本校	其中：接收外校
06	行政管理		2	1		1
11417	**北京联合大学**	**124**	**2158**	**1154**	**66**	**1088**
01	表演		12	6		6
02	档案学		21	11		11
03	电气工程及其自动化		38	19		19
04	电子商务	5	70	38	3	35
05	电子信息工程	7	106	57	4	53
06	法学		111	56		56
07	服装与服饰设计		14	7		7
08	工商管理		179	90		90
09	工业工程		2	1		1
10	广告学		13	7		7
11	国际经济与贸易	8	12	10	4	6
12	环境设计		55	28		28
13	会计学	22	213	118	11	107
14	机械工程		223	112		112
15	计算机科学与技术	20	169	95	10	85
16	计算机科学与技术（听力残疾生）	5		3	3	
17	金融学	3	127	66	2	64

续表 6

学校专业代码	学校和专业名称	本校推荐人数	外校推荐人数	招生计划		
				合计	其中：接收本校	其中：接收外校
18	酒店管理	20	11	16	10	6
19	旅游管理	2	57	30	1	29
20	人力资源管理		40	20		20
21	日语	3		2	2	
22	生物技术		35	18		18
23	市场营销	6	100	53	3	50
24	视觉传达设计	5	47	27	3	24
25	视觉传达设计（听力残疾生）	3		2	2	
26	数字媒体艺术	10	83	47	5	42
27	新闻学		47	24		24
28	信息管理与信息系统		108	54		54
29	学前教育		106	53		53
30	音乐学		59	30		30
31	英语	5	86	46	3	43
32	英语		1	1		1
33	生物技术		6	3		3
34	工商管理		7	4		4
11418	**北京城市学院**	**188**	**153**	**174**	**97**	**77**
01	电子信息工程	3		2	2	0

续表 7

学校专业代码	学校和专业名称	本校推荐人数	外校推荐人数	招生计划		
				合计	其中：接收本校	其中：接收外校
02	工商管理	22		11	11	0
03	工业设计	16		8	8	0
04	工艺美术	4		2	2	0
05	国际经济与贸易	2		1	1	0
06	护理学	41	76	59	21	38
07	环境设计	5		3	3	
08	会计学	12		6	6	
09	计算机科学与技术	10		5	5	
10	交通工程	19		10	10	
11	金融学	15		8	8	
12	土木工程	7		4	4	
13	学前教育	20		10	10	
14	中药学	12	28	20	6	14
15	康复治疗学		26	13		13
16	药学		23	12		12
14019	**北京警察学院**	**0**	**23**	**12**	**0**	**12**
01	交通管理工程		23	12		12

附件 2

2018 年退役士兵升本科招生计划表

单位：人

学校代码	学校名称	推荐人数	招生计划
合计		60	30
10009	北方工业大学	3	30
10015	北京印刷学院	1	
10016	北京建筑大学	5	30
10017	北京石油化工学院	5	
10020	北京农学院	4	
10025	首都医科大学	1	
11232	北京信息科技大学	3	
11417	北京联合大学	38	

北京市教育委员会

关于公示 2018 年具有招生资格的高级中等学校名单的通知

京教计〔2018〕6 号

各区教委：

为保障人民群众接受教育的合法权益，完善社会监督机制，维护高级中等学校考试招生工作的正常秩序，确保招生录取工作依法“公开、公平、公正”进行，坚决杜绝违规招生行为，现将我市 2018 年具有招生资格的高级中等学校向社会公示。未经公示的高级中等学校，不得擅自开展招生活动。

附件：1. 2018 年具有招生资格的普通高中学校名单
2. 2018 年具有招生资格的普通中专学校名单
3. 2018 年具有招生资格的职业高中学校名单
4. 2018 年具有招生资格的技工学校名单
5. 2018 年具有举办五年制高职资格的高职学院名单

2018 年 4 月 27 日

附件

2018 年具有招生资格的普通高中学校名单

东城区

北京市第二中学
北京市第五中学
北京市第十一中学
北京市第五十中学
北京市第五十五中学
北京市第一零九中学
北京市第一六六中学
北京市第一七一中学
北京市广渠门中学
北京汇文中学
北京市东直门中学
北京景山学校
北京市第一中学
北京市第二十一中学
北京市第二十二中学
北京市第二十四中学
北京市第二十五中学
北京市第二十七中学
北京市第五十中学分校
北京市第五十四中学
北京市第六十五中学
北京市第九十六中学
北京汇文实验中学（北京市第一二五中学）
北京市第一四二中学

北京宏志中学
北京市第一六五中学
中央工艺美术学院附属中学
北京市龙潭中学
北京市崇文门中学
北京市翔宇中学
北京市阳光情学校

西城区

北京市第四中学
北京市第八中学
北京市第十三中学
北京市第十四中学
北京市第十五中学
北京市第三十五中学
北京市第六十六中学
北京市第一六一中学
北京市铁路第二中学
北京市育才学校
北京市回民学校
北京市西城外国语学校
北京师范大学附属中学
北京师范大学第二附属中学
北京师范大学附属实验中学
北京市第三中学
北京市第七中学
北京市第三十一中学
北京市第三十九中学
北京市第四十三中学
北京市第四十四中学
北京市第五十六中学
北京市第一五六中学
北京市第一五九中学
外交学院月坛中学
北京市徐悲鸿中学
北京市鲁迅中学
北京教育学院附属中学
北京市宣武外国语实验学校
北京师范大学实验华夏女子中学
北京师范大学亚太实验学校
北京启喑实验学校

朝阳区

北京市第十七中学
北京市第八十中学
对外经济贸易大学附属中学
（北京市第九十四中学）
北京市日坛中学
北京市陈经纶中学
北京市三里屯一中
北京化工大学附属中学
北京市和平街第一中学
北京第二外国语学院附属中学
北京工业大学附属中学
北京中医学院附属中学
清华大学附属中学朝阳学校
中国科学院附属实验学校分校
北京市垂杨柳中学
中央美术学院附属实验学校
北京市团结湖第三中学
北京市东方德才学校
北京市朝阳外国语学校

北京世青国际学校
北京市私立新亚中学
北京拔萃双语学校
北京爱迪学校
北京市朝阳区爱迪外国语学校
黄冈中学北京朝阳学校（原北京市华侨城黄冈中学）
北京市力迈中美学校（原北京市力迈外国语学校）
北京市朝阳区人大附中朝阳分校
中国人民大学附属中学朝阳学校
华中师范大学第一附属中学朝阳学校
东北师范大学附属中学朝阳学校
北京八十学校
北京市朝阳区清华附中国际学校
北京中学

海淀区

中国人民大学附属中学
中国人民大学附属中学翠微学校
中国人民大学附属中学第二分校
人大附中西山学校
北京航空航天大学实验学校
北京市第一〇一中学
北京市十一学校
北京交通大学附属中学
北京交通大学附属中学东校区
北京市八一学校
北京市八一学校附属玉泉中学
北京市中关村中学
北京市中关村中学知春分校
北京市第二十中学
首都师范大学附属中学
首都师范大学第二附属中学
首都师范大学附属育新学校
清华大学附属中学
清华大学附属中学永丰学校
北京理工大学附属中学
北京大学附属中学
北京医学院附属中学
北京市育英学校
北京市第十九中学
北京市海淀区教师进修学校附属实验学校
北京市第五十七中学
北京市育英中学
北京实验学校（海淀）
中国农业大学附属中学
北京科技大学附属中学
北京石油学院附属中学
北京师范大学第三附属中学
北京市玉渊潭中学
中国矿业大学（北京）附属中学
中国地质大学附属中学
北大附中香山学校
北京外国语大学附属中学
北京市海淀实验中学
中央民族大学附属中学
中国人民大学附属中学分校

清华大学附属实验学校
北京理工大学附属中学分校
北京市师达中学
北京市二十一世纪国际学校
北京市清华育才实验学校
北京市北外附属外国语学校
北京市清华志清中学
北京市建华实验学校
北京市海淀区尚丽外国语学校
北京市中关村外国语学校
北京市海淀外国语实验学校
北京市一零一实验学校
人大附中北大附小联合实验学校
北京市海淀国际学校
北京海淀凯文学校

丰台区

北京市第十二中学
北京市第十中学
北京市第十八中学
北京市丰台区丰台第二中学
北京市首都师范大学附属丽泽中学
北京师范大学第四附属中学
北京市丰台区东铁匠营第一中学
首都经济贸易大学附属中学
中国教育科学研究院丰台实验学校
北京市大成学校
首都师范大学附属云岗中学
北京市航天中学
北京市丰台区长辛店第一中学
中国人民大学附属中学丰台学校
北京市第八中学怡海分校
北京市中桥外国语学校
北大附属实验学校
北京十二中高中分校
北京市丰华中学
北京市明德中学

石景山区

北京市京源学校
北京市古城中学
北京大学附属中学石景山学校
首都师范大学附属苹果园中学
北京市第九中学
首钢集团有限公司矿业公司职工子弟学校
北京景山学校远洋分校
北京师范大学附属中学京西分校
北京市礼文中学

门头沟区

北京市大峪中学
北京市第八中学永定实验学校(原育园中学)
首都师范大学附属中学永定分校
北京市第八中学京西校区

房山区

北京师范大学良乡附属中学
北京市房山区实验中学
北京市房山区房山中学

北京市房山区良乡中学
北京市房山区周口店中学
北京市房山区交道中学
北京市房山区坨里中学
首都师范大学附属房山中学
北京四中房山分校
北京市博文学校

燕山

北京师范大学燕化附属中学

昌平区

北京市昌平区第一中学
北京市昌平区第二中学
北京市昌平区第三中学
北京市昌平区实验学校
北京市昌平区前锋学校
北京市昌平区沙河中学
北京市第十五中学南口学校
首都师范大学附属回龙观育新学校
首都师范大学附属中学昌平学校
北京师范大学第二附属中学未来科技城学校
中央民族大学附属中学昌平学校
北京市私立汇佳学校
北京王府学校
北京王府外国语学校
北京昌平新东方外国语学校
北京昌平临川育人学校
北京昌平凯博外国语学校
北京市昌平区佳莲学校

大兴区

北京市大兴区第一中学
北京市大兴区兴华中学
北京师范大学大兴附属中学
首都师范大学大兴附属中学
北京市大兴区第三中学
北京建筑大学附属中学（原北京市大兴区第五中学）
北京市第八中学大兴分校
北京市大兴区旧宫中学
北京市大兴区魏善庄中学
北京市大兴区采育中学
北京市大兴区榆垡中学
北京市私立君谊中学
北京市第二中学亦庄学校
北京亦庄实验中学
北京市中芯学校

通州区

北京市通州区潞河中学
北京市通州区运河中学
北京市通州区永乐店中学
北京市通州区张家湾中学
北京潞河国际教育学园
北京中加学校
中国人民大学附属中学（通州校区）
首都师范大学附属中学（通州校区）
北京理工大学附属中学（通州校区）

北京市第二中学（通州校区）

北京市第五中学通州校区

顺义区

北京市顺义牛栏山第一中学

北京市顺义区第一中学

北京市顺义区杨镇第一中学

北京市顺义区第二中学

北京市顺义区第九中学

北京市第四中学顺义分校

北京市牛栏山一中实验学校

北京市新英才学校

北京市顺义区君诚学校

北京市新府学外国语学校

北京市顺义区青苗学校

怀柔区

北京市怀柔区第一中学

北京市第一〇一中学怀柔分校

北京市怀柔区第二中学

首都师范大学附属红螺寺中学

平谷区

北京市平谷中学

北京市平谷区第五中学

北京师范大学附属中学平谷第一分校

北京实验学校

北京市平谷区育才中学

延庆区

北京市延庆区第一中学

北京市延庆区第二中学

北京市延庆区第三中学

北京市延庆区第五中学

密云区

首都师范大学附属密云中学

北京市密云区第二中学

北京师范大学密云实验中学

北京市密云区新农村中学

附件 2

2018 年具有招生资格的普通中专学校名单

一、北京市学校

北京水利水电学校

北京交通运输职业学院中专部

北京市自动化工程学校

北京市经济管理学校

北京市园林学校

北京金隅科技学校

北京市对外贸易学校

北京市商业学校

北京商贸学校

北京市供销学校

北京市振华旅游学校（丰台区管理）

北京铁路电气化学校

首都医科大学附属卫生学校
北京市海淀区卫生学校
北京市昌平卫生学校
北京体育职业学院中专部
北京市什刹海体育运动学校
北京市第三体育运动学校
首都体育学院附属竞技体育学校
北京市国际艺术学校
中国戏曲学院附属中等戏曲学校
北京舞蹈学院附属中等舞蹈学校
中国音乐学院附属中等音乐专科学校
北京戏曲艺术职业学院中专部
北京市爱莲舞蹈学校

二、中央部委在京学校

中央音乐学院附属中等音乐学校
中央美术学院附属中等美术学校
北京体育大学附属竞技体育学校

附件3

2018年具有招生资格的职业高中学校名单

东城区

北京市第一七九中学
北京现代职业教育学校
北京国际职业教育学校
北京市国际美术学校
北京市东城区古城职业高中
北京市东城区特殊教育学校
北京市东城区中央音乐学院鼎石实验学校
北京市育人中等职业学校

西城区

北京市实美职业学校
北京市外事学校
北京市财会学校
北京市实验职业学校
北京启喑实验学校

朝阳区

北京市求实职业学校
北京市劲松职业高中
北京市电气工程学校
北京市朝阳区职业技术学校

海淀区

北京市信息管理学校
北京市盲人学校
北京市海淀寄读学校
北京市健翔学校

丰台区

北京市丰台区职业教育中心学校
北京新桥外国语高中学校

北京市八一艺术学校
北京市文化艺术职业学校

石景山区

北京市黄庄职业高中
北京市古城旅游职业学校

门头沟区

北京市门头沟区中等职业学校

房山区

北京市房山区第二职业高中
北京市房山区房山职业学校

燕山

北京市燕山职业学校

昌平区

北京市昌平职业学校
北京少林武术学校

大兴区

北京市大兴区第一职业学校
北京市大兴区第二职业学校
北京现代艺术学校

通州区

北京新城职业学校
北京市现代音乐学校

顺义区

北京市顺义区新大方职业学校
北京市音乐舞蹈学校

怀柔区

北京市怀柔区职业学校
北京百汇演艺学校

平谷区

北京市平谷区职业学校

延庆区

北京市延庆区第一职业学校

密云区

北京市密云区职业学校

附件 4

2018 年具有招生资格的技工学校名单

北京市工贸技师学院
北京市仪器仪表高级技工学校
北京电子信息技师学院
北京汽车技师学院
北京市工业技师学院
北京市新媒体技师学院
北京轻工技师学院
北京科技高级技术学校
首钢技师学院
北京市应用高级技工学校
北京市工艺美术高级技工学校
北京市经贸高级技术学校
北京市公共交通高级技工学校
北京地铁技术学校

北京市市政管理高级技术学校
北京市实验技工学校
北京二七机车厂技工学校
北京飞机维修工程有限公司航空技工学校
北京市顺义区人力资源和社会保障局高级技工学校

附件 5

2018 年具有举办五年制高职资格的高职学院名单

北京电子科技职业学院
北京信息职业技术学院
北京工业职业技术学院
北京农业职业学院
北京政法职业学院
北京京北职业技术学院
北京体育职业学院
北京交通运输职业学院
北京劳动保障学院
北京卫生职业学院
北京财贸职业学院
北京第二外国语学院
北京城市学院

北京市教育委员会

关于做好中央民族大学附属中学 2018 年跨区域招生工作的通知

京教计〔2018〕7 号

内蒙古、辽宁、吉林、湖北、湖南、广西、海南、重庆、四川、贵州、云南、西藏、甘肃、青海、宁夏、新疆等省、自治区、直辖市教育厅（教委），民（宗）委（厅）、中央民族大学：

2018年，国家民委所属中央民族大学附属中学计划面向内蒙古等16个省（区、市）招收500名少数民族高中生。现将招生计划下达给你们，并就有关招生工作提出如下要求：

一、民大附中招生范围：西藏自治区全区；内蒙古、广西、宁夏、新疆4个自治区所辖县（旗）及县级市；四川、云南、甘肃、青海、贵州5省自治州所辖县及县级市和民族自治县；吉林、湖北、湖南3省自治州所辖县及县级市；海南省、重庆市所辖民族自治县；辽宁、吉林2省所辖边境民族自治县。其中，西藏、新疆南疆四地州和四省藏区以及甘肃临夏州、四川凉山州和云南怒江州为重点招生地区，其招生规模不低于125人。具体分省（区、市）招生计划见附件，各省（区、市）教育行政、民族工作部门与民大附中共同协商确定省（区、市）内计划分配。

二、民大附中招生对象：初中三年户籍、学籍均在招生范围并实际就读的少数民族应届初中毕业生，特别是建档立卡贫困家庭学生。各有关省（区、市）教育行政、民族工作部门要严格审核学生报名资格。

三、民大附中中考招生工作纳入各地普通高中统一报名、考试、招生管理，与当地示范性高中招生同批次录取，民大附中不再组织任何形式的单独考试、单独录取。录取过程中，严格按照分省（区、市）招生计划、结合考生报名情况，依据当地考试招生办法择优录取，不得超计划招生，不得在省际之间交叉调剂录取。除正常统一录取学生外，不得招收插班、择校、共建、借读、艺术体育特长等类型学生。不得以任何名义向学生、家长收取与招生挂钩的费用。

四、招生录取工作要接受生源省（区、市）中考招生办公室和社会监督，拟录取名单（考生姓名、民族、户籍所在县区、学籍所在中学、中考成绩等信息）在生源省（区、市）中考招生网站、民大附中网站和北京市中考招生网站公示，公示时间不少于10个工作日。民大附中要于2018年10月底前将当年招生计划执行情况报北京市教育委员会备案。

五、严格执行教育部《中小学生学籍管理办法》和《北京市中小学校学生学籍管理办法》，民大附中要以各有关省（区、市）经公示无异议的招生录取名册为依据，于 2018 年 9 月底前将录取名单报北京教育考试院中考招生办公室备案。北京市教育委员会以备案信息为依据，通过全国中小学生学籍信息管理系统为录取学生转接学籍并统一管理，确保“人人有籍，籍随人走”。在办理学籍过程中，生源地教育行政部门要积极配合，教育部给予必要的协调指导。

六、民大附中跨区域招收的少数民族学生按规定完成高中阶段学业后，参加高考统考招生的学生，毕业当年可在北京市参加高考，其高考报名、考试等相关工作由北京市考试招生部门具体组织实施。参加高校自主招生、综合评价招生、高水平艺术团、高水平运动队、艺术和体育类专业、运动训练和民族传统体育、高职分类招考等特殊类型考试招生的学生须返回原籍参加高考。本人自愿返回原籍参加高考的，生源地教育行政部门要安排落实好学籍转接、学分认定、报名、考试和录取等事宜，北京市考试招生部门和民大附中配合做好相关工作。

七、民大附中跨区域招收的少数民族应届高中毕业生，在取得北京市高中学籍并在北京市参加高考统考招生的，高考招生计划由教育部在“贫困地区民族专项”计划中单列安排并下达。北京市教育行政部门根据单列招生计划组织实施单独录取，未录取的学生返回原籍。

八、有关省（区、市）教育行政、民族工作部门要严格遵守教育部和当地普通高中招生录取规定，根据《中央民族大学附属中学 2018 年招生简章》，严格考试和招生录取工作纪律，强化对招生录取工作人员的监管和约束。严禁招生录取工作中的弄虚作假、徇私舞弊等违法违规行为。

附件：中央民族大学附属中学跨区域 2018 年招生计划

2018 年 5 月 14 日

附件

中央民族大学附属中学跨区域 2018 年招生计划

招生地区	2018 年各省区市计划细目				
	合计	其中：地州	其中：三区	其中：三州	其中：边境
内蒙古	59	59			
广 西	59	59			
宁 夏	16	16			
海 南	15	15			
重 庆	22	22			
四 川	58	4	34	20	
贵 州	56	56			
辽 宁	6				6
吉 林	21	19			2
湖 北	26	26			
湖 南	26	26			
西 藏	15		15		
云 南	56	40	8	8	
甘 肃	22	8	7	7	
青 海	28	10	18		
新 疆	15	7	8		
合 计	500	367	125		8

北京市教育委员会

关于公布2018年成人中等职业学历教育招生专业的通知

京教职成〔2018〕13号

各区教委，有关中等职业学校：

为贯彻落实《北京职业教育改革发展行动计划（2018—2020年）》及《北京市教育委员会关于发挥职成院校办学优势广泛开展职业技术技能培训的通知》，进一步拓展中等职业学校的办学功能，加大职业技能培训的力度，加快职业技能型人才培养，提高劳动者素质，促进就业与再就业，2018年本市中等职业学校成人中专班和独立设置的成人中等专业学校将继续对社会招生。现将招生专业予以公布（见附件），并提出如下要求，请认真贯彻落实。

各学校要按照教育部《关于制定中等职业学校教学计划的原则意见》（教职成〔2009〕2号）、《关于中等职业学校德育课课程设置与教学安排的意见》（教职成〔2008〕6号）、《关于印发中等职业学校德育课课程教学大纲的通知》（教职成〔2008〕7号）、《关于印发新修订的中等职业学校语文等七门公共基础课程教学大纲的通知》（教职成〔2009〕3号）、《关于印发中等职业学校公共艺术课程教学大纲的通知》（教职成厅〔2013〕2号）等文件精神开展教育教学。此外，各学校要根据成人学习特点制定专业教学计划、教学大纲，建立和完善本校成人学历教育教学管理制度，深化教育教学改革，积极推行学分制等弹性学习制度，探索建立"学分银行"制度和学习成果认证制度，鼓励学生终身学习，为成人学生半工半读、工学交替、分阶段完成学业创造条件。

附件：2018年北京市成人中等职业学历教育招生专业

2018年6月11日

附件

2018年北京市成人中等职业学历教育招生专业

一、普通中专

北京水利水电学校

水利水电工程施工
给排水工程施工与运行
生态环境保护
机电技术应用
建筑工程施工
工程造价
工程测量

北京市经济管理学校

产品质量监督检验（食品安全与质量检验）
财经商贸类（会计、金融事务、税务事务）
计算机网络技术
计算机平面设计
电子商务
计算机与数码产品维修
数字媒体技术应用
影像与影视技术
机器人技术与应用
商务助理

北京市商业学校

会计
金融事务（银行金融）
商务助理（商务管理）（国际班）
旅游服务与管理
互联网金融
高星级酒店服务与管理（国际酒店）（国际班）
航空物流服务与管理
市场营销（汽车服务与管理）
汽车运用与维修
城市轨道交通运营管理
互联网信息技术服务
电子商务
美术设计与制作（网络美工）

珠宝玉石加工与营销
眼视光与配镜
移动商务
学前教育（保育员）
老年人服务与管理

北京商贸学校
会计（税务代理）
金融事务（投资理财）
学前教育（保育员）
电子商务
物流服务与管理（航空物流）
食品生物工艺（食品营养与安全）

北京市昌平卫生学校
药剂
康复技术
医学检验技术
中药

北京市对外贸易学校
国际商务
会展服务与管理
电子商务
商务英语
民航运输
学前教育（保育员）
会计
物流服务与管理

北京市园林学校
园林技术
景区服务与管理
宠物养护与经营
导游服务
古建筑修缮与仿建
园林绿化
花艺设计与制作
文物保护技术

北京金隅科技学校
建筑工程施工
数控技术应用
楼宇智能化设备安装与运行
城市轨道交通信号
工程造价
计算机动漫与游戏制作
计算机与数码产品维修
无人机操控与维护技术
航空服务（空港地面服务）
建筑与工程材料
电气运行与控制
机电设备安装与维修
建材装备运行与维护

北京交通运输职业学院（中专部）
汽车运用与维修

二、职业高中

北京市东城区古城职业高中
汽车运用与维修
物业管理

北京市信息管理学校
铁道运输管理
航空服务

中餐烹饪与营养膳食
西餐烹饪
动漫游戏
影像与影视技术
美术设计与制作
机器人技术与应用
计算机与数码产品维修
计算机应用（大数据技术应用方向）
计算机网络技术（网络信息安全）
计算机网络技术
物联网技术应用
网站建设与管理
会计
金融事务
电子商务
商务英语

北京市健翔学校

计算机应用
工艺美术
民族传统工艺

北京市电气工程学校

数字广播电视技术
软件与信息服务
电子与信息技术
制冷和空调设备运行与维修
供热通风与空调施工运行
楼宇智能化设备安装与运行
电气运行与控制
城市轨道交通车辆运用与检修
城市轨道交通运营管理
园林技术
园林绿化
观光农业经营
园林绿化（中草药种植与应用）
新能源技术服务
网络信息安全

北京市劲松职业高中

高星级饭店运营与管理
影像与影视技术
乐器修造
电子商务
老年人服务与管理
中餐烹饪与营养膳食
西餐烹饪
美发与形象设计
家政服务与管理
商务英语
数字影像技术

北京市求实职业学校

文秘
商务助理
金融事务
会计
连锁经营与管理
计算机网络技术
数字媒体技术应用

动漫游戏
航空服务
民航运输
学前教育（保育员）
网络与信息安全
电子竞技运动与管理

北京市朝阳区职业技术学校
电气运行与控制
建筑装饰

北京新城职业学校
学前教育（保育员）
数字媒体技术应用
汽车运用与维修
电子技术应用
电子商务
计算机应用
数控技术应用
旅游服务与管理
中餐烹饪与营养膳食
西餐烹饪

北京市大兴区第一职业学校
计算机网络技术
航空服务（空港地勤）
汽车运用与维修
动漫游戏
学前教育（保育员）
机电技术应用
计算机应用
电子商务
计算机与数码产品维修

北京市黄庄职业高中
学前教育（保育员）
计算机网络技术（信息安全）
计算机网络技术（物联网应用技术）
美发与形象设计
服装设计与工艺
义齿设计与制作（口腔修复工艺）
会计
金融事务
计算机动漫与游戏制作
影像与影视技术（影视拟音制作）
钟表维修
电子商务
计算机应用

北京市古城旅游职业学校
中餐烹饪与营养膳食
旅游服务与管理
高星级饭店运营与管理
旅游服务与管理（冰雪服务与运营）

北京市怀柔区职业学校
学前教育（保育员）
汽车运用与维修
机械加工技术（数控加工）
会展服务与管理
航空服务（空港服务）
旅游服务与管理

计算机动漫与游戏制作
计算机网络技术

北京市昌平职业学校

园林技术（生态装饰）
园林绿化（花卉装饰、栽培养护、观光农业信息传播）
食品生物工艺（食品营养与检测）
宠物养护与经营（宠物美容、宠物行为训练、宠物医师助理）
汽车运用与维修（汽车机电维修、汽车维修业务接待、汽车保险、电动汽车销售、电动汽车检测与维修）
学前教育（保育员）
中餐烹饪与营养膳食（中式烹调、中式面点、营养配餐）
西餐烹饪（西餐烹调、西式面点制作、西点烘焙）
金融事务（银行、证券、投资理财、中小企业创业与经营）
旅游服务与管理（旅行社导游、旅行社计调、5A级景区讲解服务、智慧旅游）
休闲体育服务与管理（冰雪运动、现代马术）
美容美体（美容、化妆、形象设计）
城市轨道交通车辆运用与检修（城市轨道交通车辆驾驶、城市轨道交通车辆检修）
飞行技术与航务管理（飞行技术、航务管理）
通用航空器维修（航空器机械维修、航空器电子维修）
计算机平面设计（桌面排版技术、图文信息处理、平面广告设计与制作、工程效果设计、数码照片艺术处理）
计算机网络技术（综合布线设计与施工、网络设备安装与调试、网络管理与维护、网络产品营销、网络与信息安全、数据恢复、物联网技术）
计算机动漫与游戏制作（动画片制作、电脑游戏制作与运营）
数字影像技术（摄影与摄像、视频宣传片制作、影视后期特效制作、三维动画制作）
电子商务（网店美工与设计、网店运营与管理、网络营销、网站建设与管理）

无人机应用技术（多旋翼无人机飞行与控制、无人机的安装调试、无人机维护）
大数据技术应用（大数据采集、大数据分析、数据可视化、大数据产品营销）
航空服务（民航安全检查、航空乘务、空港地面服务）
城市轨道交通运营管理（城市轨道交通客运服务、车站管理、高铁乘务员）

北京市房山区房山职业学校
旅游服务与管理
电子商务（物流方向）
学前教育（保育员）
会计
计算机应用
社会文化艺术
中餐烹饪与营养膳食

北京市房山区第二职业高中
建筑工程施工
计算机应用
汽车制造与检修（汽车钣金与涂装）
家政服务与管理

北京市密云区职业学校
计算机网络技术
汽车运用与维修
数控技术应用
学前教育（保育员）
客户信息服务

北京市延庆区第一职业学校
中餐烹饪与营养膳食
西餐烹饪
计算机应用
学前教育（保育员）
高星级饭店运营与管理
旅游服务与管理
建筑工程施工
电气技术应用
汽车运用与维修
汽车车身修复
汽车美容与装潢
汽车整车与配件营销
美容美体
美发与形象设计
园林技术
园林绿化
影像与影视技术
计算机网络技术

北京市丰台区职业教育中心学校
影视化妆
物联网技术应用
老年人服务与管理
中餐烹饪与营养膳食
西餐烹饪
旅游服务与管理
高星级饭店运营与管理
影像与影视技术

动漫游戏
服装设计与工艺
珠宝玉石加工与营销
汽车运用与维修
电子与信息技术（物联网设备的安装与应用）
计算机网络技术
学前教育（保育员）
会计
电子商务
公关礼仪
航空服务
数字影像技术
园林技术
医学生物技术
通信技术（移动互联应用技术）
互联网安全防御
新能源电子技术
非遗产品设计与应用

三、独立设置的成人中专

北京市广播电视中等专业学校
机械加工技术
机电技术应用
汽车制造与检修
计算机应用
会计
建筑工程施工
物业管理
商务英语
工商行政管理事务
舞蹈表演

北京市经济贸易学校
机电技术应用
服装制作与生产管理
计算机应用
计算机网络技术
电子技术应用
会计
商品经营
市场营销
电子商务
商务英语
物流服务与管理
高星级饭店运营与管理
美术设计与制作
工商行政管理事务
物业管理

中国煤矿文工团艺术学校
音乐（器乐）
音乐（声乐）
舞蹈表演
戏剧表演（影视表演）
美术设计与制作

北京市农业广播电视学校
果蔬花卉生产技术(果树栽培)
果蔬花卉生产技术(蔬菜栽培)
果蔬花卉生产技术(花卉栽培)
现代农艺技术
园林技术（园林规划设计与

施工）
农村经济综合管理（农村经济管理）
农村经济综合管理（乡镇企业经营与管理）
农村经济综合管理（村级经济管理）
农村经济综合管理（农民专业合作社）
农村经济综合管理（家庭农场）
农村经济综合管理（农村基层党建）
循环农业生产与管理（农村新能源利用技术）
建筑工程施工
社会文化艺术
畜牧兽医
物业管理
计算机应用
会计
农产品营销与储运（农产品销售）
法律事务
家政服务与管理
物流服务与管理
旅游服务与管理
人口与计划生育管理
给排水工程施工与运行（给水排水运行与维护）
休闲体育服务与管理（休闲体育）
农业机械使用与维护（智能农业装备）
农业机械使用与维护（现代农业设施）

北京市九华旅游职业学校

高星级饭店运营与管理
会展服务与管理

北京市海淀区职业学校

计算机应用

北京百年农工子弟职业学校

电气技术应用
楼宇智能化设备安装与运行
制冷和空调设备运行与维修
物业管理

北京市教育委员会

关于北京市民办高等学校及其他民办非学历高等教育机构2018年秋季招生政策的通告

京教民〔2018〕5号

为规范民办高校招生工作，维护受教育者合法权益，促进北京民办高校健康发展，根据《民办教育促进法》及其《实施条例》《广告法》和《北京市实施〈中华人民共和国民办教育促进法〉办法》，现将北京市民办普通高校及市教委审批的民办非学历高等教育机构2018年秋季招生政策通告如下。

一、民办普通高校是经教育部或北京市政府批准、具有颁发普通高等教育本科或专科学历证书资格，并已颁发《民办学校办学许可证》的民办高校（含独立学院，下同）。北京市民办普通高校本（专）科教育的招生，严格执行教育部和北京市关于普通高等院校招生管理规定，一律纳入全国普通高等学校统一考试招生录取体系。民办普通高校在国家招生计划之外自行招收非学历教育学生，在办理入学手续前必须向学生或家长公示获得证书的性质、收费项目、标准和退费办法（学校制定的收退费办法不得与教育行政部门和物价管理部门的规定相抵触），并与学生签署相关协议。

二、民办非学历高等教育机构以开展高等教育自学考试助学等文化教育培训、职业培训为教学内容。民办非学历高等教育机构招收参加自学考试助学的学生，只有学完国家高等教育自学考试规定的全部课程，参加北京市自学考试统一考试，考试合格，方可取得加盖主考院校及自考委员会印章的国家承认的学历文凭。民办非学历高等教育机构不具备颁发国家承认的学历文凭的资格。

三、根据2017年度北京民办高等学校及其他民办高等教育机构办学状况年度检查结果及相关学校整改情况，2018年北京市具有招生资格的民办非学历高等教育机构共有46所（学校名单附后）。

四、民办高校开展办学活动所使用的名称必须与《民办学校办学许可证》上核准的名称一致，不能以二级学院或其他内部机构的名义对外开展招生宣传活动。

五、民办高校招生简章应载明学校名称、办学性质、办学地点、招生专业、录取标准、取证方式、证书名称、证书性质、收费标准及退费办法等，内容必须真实、准确、规范、合法，不得有法律、法规、规章禁止的内容。招生简章和广告需报市教委备案，学校以各种形式（含报刊、广播、电视、网络等）向社会发布的招生简章或广告的内容应与报市教委备案的内容一致。

六、北京市民办高校的录取通知书分为两类：一类是民办普通高校按全国普通高校招生规定，考生参加当年高考，达到录取分数线后，由省级招生部门办理录取手续，由学校寄发的普通本科、高职（专科）学历教育录取通知书；另一类是由民办普通高校和民办非学历高等教育机构自行组织，招收非学历教育学生，由学校寄发的非学历教育学习通知书。

北京生源在接到普通本科、高职（专科）学历教育录取通知书后，可登陆北京教育考试院网站查询录取结果。外地生源可详询所在地区高招办。

七、凡未经省级招生部门办理录取手续的考生，均不能注册普通高校学生学籍。

附件：2018年北京市具有招生资格的民办非学历高等教育机构名单

2018年6月20日

附件

2018年北京市具有招生资格的民办非学历高等教育机构名单

一、全日制民办非学历高等教育机构（18所）

北京现代音乐研修学院
北京航空旅游专修学院
北京演艺专修学院
北京应用技术专修学院
北京工商管理专修学院
北京文理研修学院
北京国际标准舞研修学院
北京财经专修学院
北京北大资源研修学院
北京东方文化艺术研修学院
北京涉外经济专修学院
北京明园研修学院
北京影视研修学院
北京经贸研修学院
北京华嘉专修学院
北京新亚研修学院
北京华夏管理研修学院
北京瀚林职业研修学院

二、非全日制民办非学历高等教育机构（28所）

北京金融研修学院
北京国际青年研修学院
北京彼得·德鲁克管理研修学院
北京机械工程师进修学院

北京东方老年研修学院
中关村创新研修学院
北京经济研修学院
北京翻译研修学院
北京民生财富研修学院
北京礼仪专修学院
北京计算机专修学院
北京京海研修学院
中国教育国际交流研修学院
北京逻辑语言研修学院
北京管理软件进修学院
北京华大研修学院
北京美容研修学院
北京韩红艺术研修学院
中国现代教育研修中心
北京盛唐研修学院
北京当代艺术研修学院
北京军地专修学院
北京摄影函授学院
北京经济技术研修学院
北京长城研修学院
北京国际汉语研修学院
北京商务研修学院
北京高等珠宝研修学院

北 京 市 教 育 委 员 会
北京市发展和改革委员会

关于下达 2018 年北京市普通中等专业学校招生规模的通知

京教计〔2018〕14 号

各有关委办局（总公司），各普通中等专业学校、有关高等职业学校：

根据《北京市关于加快发展现代职业教育的实施意见》（京政发〔2015〕57 号）和《关于做好 2018 年高级中等学校考试招生工作的意见》（京教计〔2018〕1 号）精神，适应北京经济社会发展和产业转型升级对职业技术人才的需求，现将 2018 年本市普通中等专业学校、五年制高等职业教育试点和高端技术技能人才贯通培养试验招生规模下达给你们，请遵照执行。

一、各普通中等专业学校、五年制高职试点学校和高端技术技能人才贯通培养试验学校要牢固树立服务首都的意识，围绕首都经济建设与社会发展对职业技术人才的需要和市民对职业教育多样化的需求，通过认真落实招生计划，进一步明确办学定位，突出职业教育特色。

二、各校要进一步整合融通各级各类优质教育资源，探索优质高效育人的教育发展新模式。对接首都经济社会发展和产业转型升级需要，改革专业设置，调整教学计划，全面加强校企合作，提升职业学校办学水平和教育质量，增强职业教育对首都经济社会发展的贡献力和影响力。同时，要统筹好招生、培养和就业工作，提高人才培养的适应性。

三、进一步规范学校办学行为和招生工作。各校要按照教育部和我市相关文件精神，严格按照招生计划在规定范围内开展招生工作。在招生录取过程中，要严格执行招生工作纪律，自觉维护招生工作秩序，未经批准，任何学校不得擅自到京外招生。

四、艺体类中等专业学校、北京体育职业学院从外省（市、自治区）招收的学生，须经当地教育行政部门或考试招生部门批准，报北京教育考试院核准备案后，由北京教育考试院统一将录取名单报市公安局人口管理处，学校自行办理北京市城镇集体户口手续。

五、艺体类中等专业学校的学生在校期间户口不得随意转出；应届毕业生在京报考高等学校，艺术类考生只准报考全国统一招生艺术类专业，体育类考生只准报考体育类单独招生。未被高等学校录取或未能择优录用的毕业生，其户口当年必须转回生源所在地。

北京体育职业学院招收的外地生源，在完成三年中专学段教育后，运动成绩达到入队水平，通过校内升学考试后，可升入两年制高职学段学习。未符合升学条件者颁发中等专业学校毕业证书，其户口当年必须转回生源所在地。

附件：1. 2018 年北京市普通中等专业学校在京招生规模

2. 2018 年北京市高端技术技能人才贯通培养试验招生规模

3. 2018 年北京市五年制高等职业教育试点招生规模

4. 2018 年北京市普通中等专业学校京外招生规模

2018 年 7 月 13 日

附件 1

2018 年北京市普通中等专业学校在京招生规模

招生学校与专业	学制	人数	衔接高校
合 计		5978	
北京水利水电学校		400	
给排水工程施工与运行	3+2	30	北京劳动保障职业学院
给排水工程施工与运行	3+2	30	北京农业职业学院
给排水工程施工与运行	四	25	
工程测量	3+2	25	北京工业职业技术学院
工程测量	四	10	
工程造价	3+2	40	北京交通职业技术学院
工程造价	三	10	
机电技术应用	3+2	40	北京劳动保障职业学院
机电技术应用	四	40	
建筑工程施工	3+2	25	北京农业职业学院
建筑工程施工	3+2	25	北京工业职业技术学院
建筑工程施工	四	10	
生态环境保护	三	10	
水利水电工程施工	3+2	40	北京农业职业学院
水利水电工程施工	四	40	
北京市自动化工程学校		300	
城市轨道交通信号	3+2	85	北京交通运输职业学院
城市轨道交通运营管理	3+2	85	北京交通运输职业学院
计算机网络技术	3+2	30	北京信息职业技术学院
模具制造技术	3+2	10	北京工业职业技术学院

续表 1

招生学校与专业	学制	人数	衔接高校
数控技术应用	3+2	10	北京工业职业技术学院
数字影像技术	3+2	30	北京信息职业技术学院
无人机操控与维护技术	3+2	20	北京工业职业技术学院
物联网技术应用	3+2	30	北京信息职业技术学院
北京市经济管理学校		450	
产品质量监督检验（食品质量监督与检验）	3+2	60	北京农业职业学院
产品质量监督检验（食品质量监督与检验）	3+2	50	北京城市学院
电子商务	3+2	30	北京经济管理职业学院
电子商务（跨境电子商务）	三	5	
电子商务（移动商务）	四	5	
会计	3+2	80	北京经济管理职业学院
会计（金融事务方向）	3+2	30	北京经济管理职业学院
机器人技术与应用	三	10	
计算机平面设计	3+2	50	北京信息职业技术学院
计算机网络技术	3+2	30	北京信息职业技术学院
计算机网络技术（网络信息安全）	3+2	30	北京信息职业技术学院
计算机网络技术（物联网技术应用）	四	5	
计算机网络技术（云计算技术应用）	三	5	
计算机与数码产品维修	3+2	15	北京信息职业技术学院
数字媒体技术应用（虚拟现实技术）	3+2	20	北京信息职业技术学院
影像与影视技术	3+2	25	北京信息职业技术学院

续表 2

招生学校与专业	学制	人数	衔接高校
北京市园林学校		**200**	
宠物养护与经营	3+2	25	北京农业职业学院
宠物养护与经营（宠物养殖、宠物疾病防疫）	三	10	
古建筑修缮与仿建	三	15	
花艺设计与制作	三	20	
景区服务与管理（景区导游、休闲旅游服务、工农业旅游服务）	3+2	15	北京财贸职业学院
景区服务与管理（景区导游、休闲旅游服务、工农业旅游服务）	三	10	
文物保护技术	三	15	
园林技术（园林规划设计与施工、园林工程招投标与预决算、园林建筑工程、园林工程监理）	3+2	50	北京农业职业学院
园林技术（园林规划设计与施工、园林工程招投标与预决算、园林建筑工程、园林工程监理）	四	10	
园林绿化（园林植物造景设计、苗木草坪生产与经营、园林植物栽培养护）	3+2	20	北京信息职业技术学院
园林绿化（园林植物造景设计、苗木草坪生产与经营、园林植物栽培养护）	四	10	
北京金隅科技学校		**300**	
城市轨道交通信号	3+2	45	北京信息职业技术学院
工程造价	3+2	40	北京工业职业技术学院

续表 3

招生学校与专业	学制	人数	衔接高校
航空服务（空港地面服务方向）	四	40	
机电设备安装与维修	3+2	40	北京交通运输职业学院
计算机与数码产品维修	3+2	30	北京信息职业技术学院
楼宇智能化设备安装与运行	3+2	35	北京政法职业学院
数控技术应用	3+2	30	北京工业职业技术学院
无人机操控与维护技术	四	40	
北京市海淀区卫生学校		360	
护理	3+2	120	北京北大方正软件技术学院
护理	3+3	100	北京卫生职业学院
护理	四	80	
护理（涉外）	四	30	
助产	四	30	
北京市昌平卫生学校		400	
护理	3+2	30	北京社会管理职业学院
护理	3+2	99	北京城市学院
护理	3+3	83	北京卫生职业学院
康复技术	3+3	40	北京卫生职业学院
药剂	3+2	43	北京卫生职业学院
药剂	三	30	
医学检验技术	三	35	
中药	3+2	40	北京城市学院
北京市对外贸易学校		650	
城市轨道交通运营管理	四	130	
电子商务	3+2	20	北京信息职业技术学院
电子商务（商务网站维护方向）	3+2	20	北京信息职业技术学院

续表 4

招生学校与专业	学制	人数	衔接高校
国际商务（外贸报关报检方向）	3+2	40	北京劳动保障职业学院
国际商务（外贸单证方向）	3+2	40	北京劳动保障职业学院
航空服务	四	80	
会计（金融业会计方向）	3+2	25	北京劳动保障职业学院
会计（企业会计方向）	3+2	25	北京劳动保障职业学院
会展服务与管理（会展营销与策划方向）	3+2	20	北京城市学院
会展服务与管理（会展设计方向）	3+2	20	北京城市学院
民航运输	四	30	
商务英语	3+2	30	北京电子科技职业学院
商务英语	四	20	
网络信息安全	3+2	25	北京信息职业技术学院
学前教育	3+2	100	北京城市学院
智能终端电子产品维护与维修	3+2	25	北京信息职业技术学院
北京市商业学校		700	
城市轨道交通运营管理	3+2	50	北京交通运输职业学院
城市轨道交通运营管理	四	30	
电子商务	3+2	50	北京信息职业技术学院
高星级酒店服务与管理（国际酒店方向）	四	35	
航空物流服务与管理	3+2	50	北京交通运输职业学院
互联网 IT 服务	3+2	50	北京信息职业技术学院
互联网金融	四	30	
会计	3+2	40	北京财贸职业学院
金融事务	3+2	50	北京青年政治学院

续表 5

招生学校与专业	学制	人数	衔接高校
汽车服务与管理	3+2	40	北京交通职业技术学院
汽车运用与维修（新能源技术方向）	3+2	40	北京交通运输职业学院
商务助理	3+2	40	北京劳动保障职业学院
学前教育	3+2	60	北京城市学院
学前教育（保育员方向）	四	30	
眼视光与配镜	3+2	40	北京社会管理职业学院
移动商务	四	25	
珠宝玉石加工与营销	3+2	40	北京财贸职业学院
北京商贸学校		550	
产品质量监督检验（食品质量监督检验方向）	3+2	60	北京城市学院
电子商务	3+2	40	北京信息职业技术学院
动漫游戏	3+2	70	北京信息职业技术学院
航空服务（空港地面服务方向）	3+2	50	北京财贸职业学院
会计	3+2	55	北京财贸职业学院
会计	3+2	45	北京信息职业技术学院
会计（税务代理方向）	三	25	
金融事务（证券方向）	3+2	50	北京财贸职业学院
人力资源管理事务	三	25	
数字媒体技术应用（虚拟现实）	三	25	
铁道运输管理	3+2	40	北京信息职业技术学院
物流服务与管理（航空物流方向）	三	25	
学前教育（保育员方向）	四	40	
北京市供销学校		450	

续表 6

招生学校与专业	学制	人数	衔接高校
大数据技术应用（数据中心运维）	三	30	
电子商务	三	40	
会计	3+2	30	北京财贸职业学院
计算机网络技术	3+2	45	北京信息职业技术学院
交通运输类（城市轨道交通运营管理、铁道运输管理）	三	70	
交通运输类（航空服务）	三	70	
体育与健身类（电子竞技运动与管理）	三	30	
学前教育（保育员方向）	三	75	
演艺设备安装与调试（舞台灯光系统、音响调音系统安装与调试）	三	30	
影像与影视技术（摄影摄像及后期制作）	三	30	
中国戏曲学院附属中等戏曲学校		50	**京籍班**
民族器乐	三	5	
戏曲表演	三	5	
京剧器乐	三	5	
舞台美术	三	35	
中国音乐学院附属中等音乐专科学校		50	**京籍班**
管弦乐器演奏	三	10	
键盘乐器演奏	三	10	
声乐	三	10	
音乐理论基础	三	10	
中国乐器演奏	三	10	

续表 7

招生学校与专业	学制	人数	衔接高校
北京舞蹈学院附属中等舞蹈学校		8	
舞蹈表演—芭蕾舞表演	七	1	
舞蹈表演—中国舞表演	六	2	
舞蹈表演—歌舞表演	六	1	
歌舞表演（音乐舞蹈综合方向）	六	3	
舞蹈表演—国标舞表演	六	1	
北京戏曲艺术职业学院中专部		15	
戏曲表演（京剧表演）	六	3	
戏曲表演（京剧音乐）	六	2	
舞蹈表演（中国舞表演）	六	2	
音乐（器乐演奏）	六	2	
音乐（声乐演唱、器乐演奏）	三	6	
北京市振华旅游学校		80	
航空服务	三	40	
旅游服务与管理	三	40	
北京市什刹海体育运动学校		37	
运动训练	三	37	
首都体育学院附属竞技体育学校		108	
运动训练	三	108	
北京市第三体育运动学校		80	
运动训练	三	80	
北京市国际艺术学校		10	
美术绘画	四	5	
戏剧表演	三	5	
北京铁路电气化学校		500	

续表 8

招生学校与专业	学制	人数	衔接高校
城市轨道交通车辆运用与检修	3+2	40	北京交通运输职业学院
城市轨道交通供电	3+2	85	北京工业职业技术学院
城市轨道交通信号	3+2	50	北京工业职业技术学院
城市轨道交通信号	3+2	40	北京信息职业技术学院
城市轨道交通运营与管理	3+2	115	北京劳动保障职业学院
电气运行与控制	3+2	40	北京电子科技职业学院
电气运行与控制	3+2	40	北京农业职业学院
机电技术应用	3+2	40	北京工业职业技术学院
机电技术应用	3+2	50	北京劳动保障职业学院
首都医科大学附属卫生学校		200	
护理	3+3	200	首都医科大学附属卫生学校
北京市爱莲舞蹈学校		20	
舞蹈表演	三	20	
中央美术学院附属中等美术学校		60	**京籍班**
美术绘画	四	60	

附件 2

2018 年北京市高端技术技能人才贯通培养试验招生规模

招生学校与专业	学制	人数
合 计		5330
北京市商业学校		300
科学教育	3+2+2	30

续表 1

招生学校与专业	学制	人数
小学教育	3+2+2	90
学前教育	3+2+2	60
艺术教育	3+2+2	30
音乐学（师范）	3+2+2	60
云财务会计（与新道科技股份有限公司合作培养）	3+2+2	30
北京铁路电气化学校		240
高端贯通（轨道交通车辆运用、轨道交通供电、轨道交通设备与控制）	3+2+2	240
首都医科大学附属卫生学校		70
护理	3+3+2	70
北京国际职业教育学校		50
文物保护与修复（与故宫博物院合作培养）	3+2+2	50
北京市丰台区职业教育中心学校		30
烹饪（与全聚德集团合作培养）	3+2+2	30
北京市昌平职业学校		130
大数据技术与应用（与联想集团合作培养）	3+2+2	30
学前教育	3+2+2	100
北京信息职业技术学院		450
高端贯通（软件技术 、信息安全与管理、大数据技术与应用）	5+2	450
北京电子科技职业学院		1400
高端贯通（电子与信息、机械与数控、自控与电气、汽车与交通、经济与管理、食品与生物、艺术与设计）	5+2	1400
北京农业职业学院		200
高端贯通（农林牧渔、食品药品与粮食、旅游与休闲农业）	5+2	200
北京工业职业技术学院		600

续表 2

招生学校与专业	学制	人数
高端贯通（机电工程类、电气与信息类、建筑与测绘类、经管与文法类）	5+2	600
北京政法职业学院		**300**
高端贯通（法律文秘、法律事务、司法助理、国内安全保卫、司法信息安全）	5+2	300
北京财贸职业学院		**600**
高端贯通（财经类、商贸类、旅游类、建筑工程管理类、文化创意类）	5+2	480
学前教育	5+2	120
北京第二外国语学院		**300**
爱沙尼亚语	5+2	25
波兰语	5+2	25
拉脱维亚语	5+2	25
罗马尼亚语	5+2	25
英语（小学英语教育）	5+2	100
英语（中学英语教育）	5+2	100
北京城市学院		**300**
小学教育	5+2	150
学前教育	5+2	150
北京劳动保障职业学院		**360**
高端贯通（智慧养老与健康管理、智慧城市设施安全管理、智能楼宇信息技术、人力资源管理、社会保障）	5+2	360

附件 3

2018 年北京市五年制高等职业教育试点招生规模

招生学校与专业	人数
合计	1520
北京京北职业技术学院	120
护理	40
建筑工程技术	40
学前教育	40
北京体育职业学院	100
运动训练	100
北京交通运输职业学院	600
城市轨道交通车辆技术	8
城市轨道交通车辆技术	22
城市轨道交通供配电技术	30
城市轨道交通机电技术	30
城市轨道交通通信信号技术	30
城市轨道交通运营管理	40
道路桥梁工程技术（市政路桥定向）	40
道路运输与路政管理（路政监察）	30
航空物流（航空货运代理）	25
航空物流（跨境电商）	25
民航运输（空港服务）	30
民航运输（空中乘务）	30
汽车车身维修技术（评估与定损）	30
汽车检测与维修技术（汽车机电一体化）	60

续表

招生学校与专业	人数
汽车营销与服务（戴姆勒奔驰铸星教育项目）	30
汽车营销与服务（汽车网络服务）	30
汽车运用与维修技术（汽车服务与管理）	30
新能源汽车技术（高端新能源智能汽车）	30
智能交通技术运用（交通大数据应用）	25
智能交通技术运用（交通运行监测）	25
北京卫生职业学院	**700**
护理	210
康复治疗技术	35
口腔医学技术	35
卫生信息管理	35
药学	70
医学检验技术	70
医学影像技术	70
中药学	70
中医康复技术	70
助产	35

附件 4

2018 年北京市普通中等专业学校京外招生规模

招生学校与专业	学制	人数	招生地区
合　计		1197	
北京交通运输职业学院中专部		15	

续表 1

招生学校与专业	学制	人数	招生地区
汽车车身修复	四	15	云南省
北京市商业学校		**250**	
电子商务	三	152	云南省
旅游服务与管理	三	38	云南省
电子商务	三	30	河北省
汽车运用与维修	三	30	河北省
中国戏曲学院附属中等戏曲学校		**120**	**全国招生**
戏曲表演	五	15	
戏曲表演（雷剧）	六	30	
戏曲音乐（京乐）	五—六	25	
戏曲音乐（民乐）	六	20	
戏曲舞台美术	三	30	
北京舞蹈学院附属中等舞蹈学校		**142**	**全国招生**
舞蹈表演—芭蕾舞表演	七	29	
舞蹈表演—中国舞表演	六	34	
舞蹈表演—歌舞表演	六	29	
舞蹈表演—国标舞表演	六	29	
歌舞表演（音乐舞蹈综合方向）	六	21	
中国音乐学院附属中等音乐专科学校		**160**	**全国招生**
中国乐器演奏	六	42	
声乐	三	32	
音乐理论基础	六	22	
键盘乐器演奏	六	22	
管弦乐器演奏	六	42	
北京戏曲艺术职业学院中专部		**150**	**全国招生**

续表 2

招生学校与专业	学制	人数	招生地区
戏曲表演（京剧表演）	六	45	
戏曲表演（京剧音乐）	六	12	
戏曲表演（花灯戏表演）	六	26	
戏曲表演（花灯戏音乐）	六	4	
曲艺表演（鼓曲）	六	4	
曲艺表演（诵说）	六	4	
舞蹈表演（中国舞表演）	六	29	
音乐（器乐演奏）	六	15	
音乐（声乐演唱、器乐演奏）	三	11	
北京市什刹海体育运动学校		36	全国招生
运动训练	三	36	
首都体育学院附属竞技体育学校		50	全国招生
运动训练	三	50	
北京市国际艺术学校		140	全国招生
杂技与魔术表演	六	30	
舞蹈表演	六	28	
美术绘画	四	28	
戏剧表演	三	18	
歌舞表演	六	13	
运动训练（武术）	六	23	
北京市爱莲舞蹈学校		30	全国招生
舞蹈表演	六	30	
北京体育职业学院		104	全国招生
运动训练	五	104	

北京市教育委员会

关于下达 2018 年市属高校研究生分学校招生计划的通知

京教计〔2018〕15 号

有关市属高等学校：

根据《教育部关于下达 2018 年全国研究生招生计划的通知》（教发〔2018〕6 号）精神，2018 年市属高校研究生招生计划 15712 人，其中博士生招生计划 1137 人，硕士生招生计划 14575 人。现将 2018 年北京市属高校研究生分学校招生计划下达给你们，请遵照执行，并就有关事项通知如下：

一、认真学习贯彻党的十九大精神和习近平新时代中国特色社会主义思想，研究生招生计划管理工作要围绕落实创新发展理念和国家创新驱动发展战略纲要，坚持以服务需求、提高质量为主线，立足内涵发展，着力优化结构，为推进世界一流大学和一流学科建设服务，为建设创新型国家和人力资本强国、全面建成小康社会服务。

二、进一步改进和完善招生计划管理，建立健全动态调整机制。未来五年将以 2017 年招生规模为基数，各学校年度增量根据办学容量、培养质量和承担任务情况等因素动态调整。在安排各学校招生计划时综合考虑科研经费、高水平师资力量、教学科研平台和成果、硬件条件，以及考生报考、毕业生就业等因素。支持学校特色优势学科发展、高精尖创新中心建设、重大科研项目建设，以高水平科学研究支撑高质量研究生教育。要不断优化学位类型招生结构，继续提高专业学位研究生招生比例，加大应用型、复合型高层次人才培养力度，提升人才培养适应性。

三、各校要按照教育部和我委有关要求，做好研究生招生计划编制工作。建立招生计划联动机制，统筹考虑研究生、普通高等教育和成人高等教育协调发展。进一步改善办学条件，特别是加强研究生导师队伍建设，不断改善研究生培养所需的学习、科研、生活等条件，提高研究生教育质量。

四、认真落实各类专项招生计划。实施各类专项招生计划是研究生教育落实国家各类重大战略任务的必要手段和有效方式，有关高校要认真落实所承担的各类专项招生计划。认真按照《北京市教育委员会关于开展市属高校联合培养博士研究生的通知》（京教研〔2018〕3号）要求，加强博士研究生联合培养，提升相关高校博士研究生培养能力和水平。各类专项招生均包含在各校招生总规模以内。

五、加强招生计划安排事中事后监管。从2018年起，各校在录取结束后应将当年招生计划分配原则和办法，以及实际执行结果等有关情况以报告形式报我委，报告中还应包括次年招生计划申报事由，专项招生计划落实情况，优化学科结构举措和效果，招生计划管理改革举措等方面的内容。

六、各校在招生录取过程中，要认真遵守国家有关研究生招生的政策和规定，坚决维护招生计划的严肃性。未经批准，任何单位和个人不得擅自变更招生计划。

附件：1. 2018年研究生招生计划汇总表

2. 2018年硕士研究生分专业招生计划汇总表（略）

2018年7月16日

附件 1

2018 年研究生招生计划汇总表

单位代码	单位名称	博士生							硕士生						
		合计	全日制			非全日制			合计	全日制			非全日制		
			计	学术学位	专业学位	计	学术学位	专业学位		计	学术学位	专业学位	计	学术学位	专业学位
	高校合计	1137	1134	873	261	3		3	14575	13094	5311	7783	1481		1481
10005	北京工业大学	320	320	320					2681	2233	1071	1162	448		448
10009	北方工业大学	8	8	8					819	739	351	388	80		80
10011	北京工商大学	15	15	15					1081	1015	410	605	66		66
10012	北京服装学院	10	10	10					390	390	171	219			
10015	北京印刷学院								360	360	120	240			
10016	北京建筑大学	14	14	14					760	600	207	393	160		160
10017	北京石油化工学院								160	160		160			
10020	北京农学院								516	424	98	326	92		92

续表

单位代码	单位名称	博士生							硕士生						
		合计	全日制			非全日制			合计	全日制			非全日制		
			计	学术学位	专业学位	计	学术学位	专业学位		计	学术学位	专业学位	计	学术学位	专业学位
10025	首都医科大学	414	414	160	254				1260	1260	310	950			
10028	首都师范大学	202	199	192	7	3		3	2345	2148	1100	1048	197		197
10029	首都体育学院	10	10	10					295	255	107	148	40		40
10031	北京第二外国语学院								561	506	234	272	55		55
10037	北京物资学院								332	292	112	180	40		40
10038	首都经济贸易大学	91	91	91					1310	1219	502	717	91		91
10046	中国音乐学院	23	23	23					206	183	80	103	23		23
10049	中国戏曲学院								130	120	40	80	10		10
10050	北京电影学院	30	30	30					280	210	75	135	70		70
10051	北京舞蹈学院								68	60	20	40	8		8
11232	北京信息科技大学								560	529	203	326	31		31
11417	北京联合大学								200	200	100	100			
11418	北京城市学院								261	191		191	70		70

北京市教育委员会

关于下达2018年北京市普通高中和职业高中招生规模的通知

京教计〔2018〕16号

各区教委：

根据《北京市“十三五”时期教育改革和发展规划（2016—2020年）》和《关于做好2018年高级中等学校考试招生工作的意见》（京教计〔2018〕1号）精神，确定2018年北京市普通高中招生规模为45547人，职业高中招生规模为4554人。现将2018年北京市分区普通高中和职业高中招生规模下达给你们，并就有关招生工作提出如下要求：

一、积极贯彻落实北京市“十三五”时期教育改革和发展规划确定的目标和任务，充分发挥教育事业计划在高中阶段教育发展中的引导作用，通过认真编制和落实招生计划，统筹区域教育资源，推动高质量多样化高中阶段教育发展。

二、继续加强普通高中教育资源的统筹规划和布局调整，不断扩大优质教育资源覆盖面，满足人民群众日益增长的对优质教育资源的需求。积极引导职业高中调整优化专业结构，提高人才培养质量，适应首都经济社会发展和产业转型升级需求。

三、进一步加强计划管理工作，严格执行招生计划，维护计划工作的严肃性。未经我委批准，任何单位不得擅自增减招生计划和变更招生方式，严格依照北京教育考试院中招办备案后的新生名册为新生建立学籍。

四、各区教育部门和普通高中学校要认真做好名额分配、市级统筹和校额到校等招生工作，确保此项工作公平、公正、公开进行，从而促进义务教育均衡发展、城乡教育协调发展。

附件 :2018 年北京市分区普通高中和职业高中招生规模

2018 年 7 月 16 日

附件

2018 年北京市分区普通高中和职业高中招生规模

区	普通高中招生规模	职业高中招生规模
合计	**45547**	**4554**
东城	5030	135
西城	5746	200
朝阳	3484	720
丰台	2203	229
石景山	954	110
海淀	11598	800
门头沟	698	110
燕山	200	50
房山	2157	250
通州	1754	300
顺义	2900	60
昌平	1930	500

续表

区	普通高中招生规模	职业高中招生规模
大兴	2115	300
怀柔	1022	120
平谷	1366	150
密云	1560	300
延庆	830	220

北 京 市 教 育 委 员 会
北京市发展和改革委员会

关于下达2018年市属高等学校普通高等教育招生计划的通知

京教计〔2018〕19号

各市属高等学校：

根据教育部《关于下达2018年全国分省分部门普通高等教育招生计划的通知》（教发〔2018〕4号）的精神，现将2018年市属普通高等学校普通高等教育分校分专业招生计划下达给你们，并就有关事项通知如下：

一、按照“十三五”时期教育改革和发展规划确定的目标，落实疏解部分教育功能相关任务，统筹兼顾首都经济社会发展对高层次人才需要和人民群众接受高等教育的需求，2018年安排市属高校普通高等教育招生计划总规模为 75678 人，其中本科招生计划 47237 人，高职（专科）招生计划 28441 人。

二、各高校要认真贯彻落实党的十九大精神，进一步深化高等教育综合改革，把结构调整放到更加突出的位置，着力提高质量，推动高校提高教学水平和创新能力，优化学科专业布局和人才培养机制。充分发挥事业计划在学校发展中的龙头作用和引导作用，通过认真编制和落实招生计划，稳定高等教育规模，促进高等教育入学机会公平，推动高等教育内涵式发展。

三、各高校要严格执行教育部“30 个不得”招生工作禁令，依法办学，诚信办学，进一步规范招生行为。不得借联合办学的名义，设立分校或校外办学点，严禁中等学校挂靠高等学校举办高等教育、专科层次院校挂靠本科院校举办本科层次教育；严禁与“中介机构”或个人签署招生协议；严禁任何形式的不实招生宣传，学校法定代表人应对学校招生章程及有关宣传材料的真实性负责，继续执行录取通知书签发人制度；严禁擅自组织生源、未经省级招办核准按拟录取名单擅自寄发录取通知书。我委将对招生计划制定和执行过程进行全程监督，对违规安排和执行计划的高校，按照有关规定严肃问责学校和相关责任人。

四、严格计划执行管理，维护计划的严肃性。任何单位和个人，未经教育行政部门批准，不得擅自调整计划；对于未经批准擅自超计划招生的学校，将被核减下年度招生计划，并停止在违规招生省份投放计划；严格实行高校招生资格、招生计划与新生学籍电子注册和学历证书电子注册相挂钩的政策，未经核准计划或未经省级招办办理录取手续的学生，一律不予新生学籍电子注册。

附件：1. 2018 年市属高等学校普通高等教育招生计划（总计划，略）

2. 2018 年市属高等学校普通高等教育招生计划（分省分层次，略）

3. 2018 年市属高等学校普通高等教育招生计划（分省分专业，略）

4. 2018 年市属高等学校普通高等教育招生计划(国家专项、地方专项、定向计划，略）

5. 2018 年市属高等学校普通高等教育招生计划（分计划类别，略）

2018 年 8 月 29 日

北京市教育委员会

关于听力及言语障碍考生参加 2019 年中考英语听说计算机考试有关事项的通知

京教基二〔2018〕21 号

各区教委：

根据《北京市教育委员会关于本市中招与初中教学改进工作的通知》（京教计〔2015〕35 号）精神，从 2018 年起中考英语科目分值调整为 100 分，其中 60 分为卷面考试成绩，40 分为听力、口语考试。听力口语考试与统考笔试分离，采取计算机考试方式（以下简称“英语听说机考”）。为了维护残疾学生的合法权益，保障残疾学生享有同等接受高中阶段教育的机会，为残疾考生提供合理便利，现就 2019 年听力及言语障碍考生参加中考英语听说机考有关办法通知如下：

一、凡持有第二代《中华人民共和国残疾人证》（以下简称“残疾人证”）的听力、言语残疾考生或听力言语多重残疾的考生参加中考时，可不参加英语听说机考，听说部分按满分计入英语成绩。

二、因各种原因存在言语障碍且无残疾人证的考生，持各区残联指定的言语残疾鉴定医院开具的言语障碍证明，报区考试部门审核批准后可参加英语听说机考中“听后选择”和“听后记录”题型的考试，并按实际作答给分，除此以外涉及口语部分成绩计 0 分。

三、听力及言语障碍考生应在当次英语听说机考前 30 天向区考试部门提出免试或参加听力部分考试的申请。具体办法按北京教育考试院规定执行。

四、各类学校均应按规定录取符合录取条件的听力及言语残疾学生，职业类学校对听力或言语有特殊要求的专业录取时按照规定的体检标准执行。

五、各区要高度重视残疾等特殊学生参加英语听说机考有关工作，做好政策宣传。要积极与各区残联部门沟通，密切配合，为考生做好服务，确保考试招生公平公正。

2018 年 11 月 2 日

北京市教育委员会

关于下达 2018 年北京市属高等学校成人高等教育招生计划的通知

京教计〔2018〕28 号

有关市属高等学校：

根据《教育部办公厅关于做好 2018 年全国成人高校考试招生工作的通知》（教学厅〔2018〕8 号），结合首都经济建设和社会发展对人才的需求，综合考虑学校办学条件、报名人数等因素，确定 2018

年市属高等学校成人高等学历教育招生计划总数为 22255 人，其中本科招生计划 12617 人，高职（专科）招生计划 9638 人。现将招生计划下达给你们，并就计划执行过程中的有关事项通知如下，请一并遵照执行。

一、各高校要认真学习贯彻党的十九大精神和习近平新时代中国特色社会主义思想，深入落实《国务院关于深化考试招生制度改革的实施意见》，严格执行教育部和本市相关文件精神，加强对本地区、本行业成人高等教育需求分析预测，充分体现成人高等教育为在职从业人员服务、以业余学习为主的特点，严格执行脱产、业余、函授等学习形式的有关规定。贯彻落实“疏解北京非首都核心功能”战略方针，按照“不再扩大普通高等学校成人教育、网络教育、自考助学的面授教育规模”的要求，严格控制招生规模，优化招生专业结构，提高办学质量和水平。积极发展各种形式的非学历教育，特别是大学后继续教育和高层次岗位培训，为首都学习型城市建设和构建终身教育体系做出积极贡献。

二、独立设置成人高校要根据首都经济建设和社会发展的实际需要和本校办学条件，加快调整成人高等教育学科、专业结构，不断提高成人学历教育的培养质量。同时，积极探索社会培训等各种形式的非学历继续教育，不断拓展为社会教育服务的渠道。

三、普通高校举办成人高等学历教育，应与学校举办的研究生、普通本专科等教育事业发展相协调，统筹安排、综合利用学校各项办学条件，确保必要的办学条件，特别是专任教师的数量和质量。普通高校不得安排脱产形式招生计划。

四、各高校要依法办学，要切实加强管理，加大投入，改善条件，提高办学质量。我委将加大对高校办学条件的监测和审核力度，对基本办学条件达不到规定要求的学校，将在高等教育计划安排等方面给予适当限制，并通过媒体向社会公布。各高校要加强对招生工作人员规范管理，严格执行招生政策、严格执行招生计划、严格遵守招生纪律，参照执行普通高校招生“30 个不得”工作禁令。我委将加强事前事中事后监管，对报名、考试、录取全过程监督，重点查处成人高校虚假宣传、违规承诺、通过减少培养环节降低培养成本进行生源竞争等行为。要严禁任何形式的“超前班”；严禁以“联合办学”等名义将招生计划投放到低层次学校和非高等学历教育机构。对在成人高等教育和继续教育中违规招生和违规办学的单位，将按照暂停招生或限制招生进行处理并予以公布。

五、各高校在招生录取过程中，要严格执行招生计划，维护招生计划管理的严肃性。未经批准，任何单位和个人不得擅自变更下达的招生计划。

附件：1. 2018年市属高等学校分学校成人高等教育招生来源计划总表
2. 2018年市属高等学校分学校成人高等教育招生来源计划（专升本）总表（略）
3. 2018年市属高等学校分学校成人高等教育招生来源计划（高起本）总表（略）
4. 2018年市属高等学校分学校成人高等教育招生来源计划（高起专）总表（略）
5. 2018年市属高等学校分学校分专业成人高等教育招生来源计划表（略）

2018年11月16日

附件 1

2018 年市属高等学校分学校成人高等教育招生来源计划总表

院校名称	合计	北京	天津	辽宁	吉林	江苏	安徽	福建	江西	山东	河南	广东	海南	云南	西藏	宁夏	新疆
合　计	22255	19276	3	62	2	29	1404	49	3	157	60	964	72	5	22	6	141
北京工业大学	655	557			2												96
北方工业大学	791	732		33													26
北京工商大学	249	249															
北京服装学院	473	473															
北京印刷学院	939	766	3	1		17			3	9		129		5		6	
北京建筑大学	186	186															
北京石油化工学院	535	535															
北京农学院	206	206															
首都医科大学	1160	1160															
首都师范大学	3551	3551															
首都体育学院	207	207															

续表 1

院校名称	合计	北京	天津	辽宁	吉林	江苏	安徽	福建	江西	山东	河南	广东	海南	云南	西藏	宁夏	新疆
北京第二外国语学院	172	172															
北京物资学院	592	592															
首都经济贸易大学	527	160				12						319	14		22		
中国音乐学院	360	360															
中国戏曲学院	128	128															
北京电影学院	365	365															
北京舞蹈学院	395	262		28			41	49					15				
北京信息职业技术学院	683	683															
北京电子科技职业学院	362	362															
北京信息科技大学	2430	281					1363			148	60	516	43				19
北京联合大学	2278	2278															
北京城市学院	105	105															
北京青年政治学院	9	9															
首钢工学院	534	534															
北京财贸职业学院	184	184															

续表2

院校名称	合计	北京	天津	辽宁	吉林	江苏	安徽	福建	江西	山东	河南	广东	海南	云南	西藏	宁夏	新疆
北京经济管理职业学院	39	39															
北京社会管理职业学院	25	25															
北京交通运输职业学院	63	63															
北京市海淀区职工大学	747	747															
北京市东城区职工业余大学	268	268															
北京市崇文区职工大学	288	288															
北京宣武红旗业余大学	117	117															
北京市石景山区业余大学	392	392															
北京市朝阳区职工大学	492	492															
北京医药集团职工大学	118	118															
北京市总工会职工大学	100	100															
北京教育学院	389	389															
北京市丰台区职工大学	133	133															
北京市西城经济科学大学	124	124															
首都联合职工大学	884	884															

学　生

北京市教育委员会文件选编
（2018）

北京市教育委员会

转发教育部关于做好2018届全国普通高校毕业生就业创业工作文件的通知

京教学〔2018〕1号

各普通高校、研究生培养单位：

2018年是全面贯彻党的十九大精神开局之年，是改革开放40周年，是决胜全面建成小康社会、实施“十三五”规划承上启下的关键一年，做好高校毕业生就业创业工作意义十分重大。为深入贯彻党的十九大精神和习近平新时代中国特色社会主义思想，落实党中央、国务院和市委市政府的决策部署，促进北京地区高校毕业生实现更高质量和更充分就业，现将《教育部关于做好2018届全国普通高校毕业生就业创业工作的通知》（教学〔2017〕11号）转发给你们，并结合北京实际提出如下意见，请一并遵照执行。

一、加强基层就业教育引导

各普通高校、研究生培养单位（以下简称“各高校”）要深入贯彻中央《关于进一步引导和鼓励高校毕业生到基层工作的意见》，唱响基层就业主旋律，以落实全国和北京市高校思想政治工作会议精神为契机，教育引导更多毕业生到基层建功立业、锻炼成长；积极动员鼓励符合条件的毕业生到新疆、西藏工作，切实做好北京市大学生村官（选调生）招录工作，展现新时代首都大学生的过硬政治素质和良好形象。要认真落实习近平总书记给南开大学新入伍大学生回信精神，引导和鼓励更多大学生参军入伍，确保北京大学生征兵工作继续保持全国领先。

二、积极服务国家和首都战略需要

各高校要围绕国家战略发展需要，主动服务“一带一路”建设、京津冀协同发展和雄安新区建设，积极对接首都“四个中心”建设需要，推荐输送优秀毕业生，为国家和首都经济社会发展贡献力量。要充分利用北京作为国际交往中心的优势条件，结合北京高校人才培养特色和学科优势，加强与国际组织的协调交流，为毕业生提供多种方式的咨询、指导、培训服务，鼓励支持毕业生到国际组织实习任职。

三、全力做好创新创业指导服务

各高校要切实加大对大学生创新创业的支持力度，促进以创业带动就业。要进一步健全大学生创业工作机制，完善创业服务体系，不断提升大学生创业指导和服务水平。要支持优秀创业团队参加重要创业大赛活动，宣传大学生创业优秀成果，积极营造良好的创新创业氛围。示范性创业中心要进一步强化组织领导、教育引导、孵化基地、师资队伍等建设，充分发挥示范引领作用。高校分园要强化与市级创业园联动互补，积极发挥学科领域及地理位置优势，做好辐射、服务周边其他高校大学生创业团队孵化工作。

四、规范就业手续办理

各高校要以首善的标准做好就业服务管理，深入推进“互联网+就业”新模式，提升就业信息精准推送服务质量水平，要认真落实《北京市教育委员会关于进一步加强定向生履约管理的通知》（京教学〔2017〕4号）要求，严格规范定向生履约。市教委将出台毕业生就业手续办理的规范性文件，各高校要充分承担起办学主体责任，落实就业政策制度，维护广大毕业生的合法权益。

2018年1月8日

教育部

关于做好 2018 届全国普通高等学校毕业生就业创业工作的通知

教学〔2017〕11 号

各省、自治区、直辖市教育厅（教委），有关省、自治区人力资源社会保障厅，部属各高等学校：

就业是最大的民生。高校毕业生就业事关广大学生及其家庭切身利益，事关社会主义现代化建设，事关社会和谐稳定。为深入贯彻落实党的十九大精神和习近平新时代中国特色社会主义思想，促进高校毕业生多渠道就业创业，努力实现更高质量和更充分就业，现就做好 2018 届高校毕业生就业创业工作通知如下：

一、鼓励毕业生服务国家发展战略

1. 引导毕业生到重点领域就业。各地各高校要围绕国家经济社会发展需要，主动对接国家发展战略需求，向重点地区、重大工程、重大项目、重要领域输送毕业生。结合“一带一路”建设、京津冀协同发展、长江经济带发展，大力开拓就业岗位。落实区域协调发展战略，引导毕业生到中西部地区、东北地区和艰苦边远地区就业。

2. 促进毕业生到新兴领域就业创业。各地各高校要结合建设科技强国、质量强国、航天强国、网络强国、交通强国、数字中国、智慧社会要求，引导毕业生到高技术产业、战略性新兴产业、先进制造业和现代服务业等领域就业创业。深入挖掘互联网、大数据、人工智能和实体经济深度融合创造的就业机会，在共享经济、现代供应链、人力资本服务等领域拓展就业新空间。

3. 鼓励毕业生到国际组织实习任职。各地各高校要加强政策支持力度，在经费资助、教学管理、就业服务等方面出台具体举措。高校要结合人才培养特色和学科优势，加快培养具有参与全球治理能力的高素质人才。加强与国际组织联系，拓宽合作交流渠道。及时收集发布国际组织招聘信息，把国际组织相关内容纳入就业指导教材和课程，通过开展讲座报告、项目推介、组建社团等多种方式，为毕业生到国际组织实习任职提供咨询、指导、培训等服务。

二、引导毕业生到基层就业

1. 拓宽毕业生基层就业渠道。各地各高校要深入贯彻中央《关于进一步引导和鼓励高校毕业生到基层工作的意见》，落实好基层就业学费补偿代偿等政策，实施高校毕业生基层成长计划。服务乡村振兴战略，引导毕业生到现代种业、农产品加工、农村电子商务等一二三产业就业创业。继续组织实施好“教师特岗计划”“大学生村官”“三支一扶”“西部计划”等中央基层就业项目。鼓励毕业生到城乡基层从事教育文化、健康养老、扶贫开发等工作，到社会组织就业。

2. 继续做好大学生征兵工作。各地各高校要深入学习贯彻习近平总书记给南开大学新入伍大学生回信精神，加强与兵役机关协调配合，落实学费资助、复学升学、就业创业等优惠政策，共同组织咨询周、宣传月等活动。加强高校大学生征兵机构建设，面向毕业生、在校生及新生等群体开展宣传动员，在高校放暑假前对体检、政考合格的学生发放“大学生预定兵通知书”。

3. 鼓励毕业生到中小微企业就业。各地各高校要充分发挥中小微企业吸纳毕业生就业的主渠道作用，广泛收集发布岗位信息，办好全国中小企业网上百日招聘等活动。省级教育部门要积极配合人力资源社会保障、税务、中小企业主管部门等，落实小微企业吸纳毕业生的社保补贴、培训补贴、降税减负等优惠政策。高校要关心毕业生在中小微企业的成长发展，支持毕业生在小微企业进行产品研发和技术创新。

三、促进以创业带动就业

1. 深化高校创新创业教育改革。各地各高校要把创新创业教育改革作为高等教育综合改革的重要突破口，在培养方案、课程体系、教学方法和管理制度等方面将改革持续向纵深推进，促进专业教育与创新创业教育有机融合，将创新创业教育贯穿人才培养全过程。强化创新创业实践，办好各级各类创新创业竞赛，着力培养学生的创新精神和创造能力。

2. 落实创新创业优惠政策。省级教育部门要配合有关部门进一步完善落实工商登记、税费减免、创业贷款等优惠政策，为毕业生创新创业开辟“绿色通道”。高校要细化完善教学和学籍管理制度，进一步落实创新创业学分积累与转换、弹性学制管理、保留学籍休学创业、支持创新创业学生复学后转入相关专业学习等政策。

3. 提升创新创业服务保障能力。各地各高校要加快发展众创空间，依托创业园、创业孵化基地等为毕业生创新创业提供场地支持。多渠道筹措资金，综合运用政府支持、学校自筹以及信贷、创投、社会公益、无偿许可专利等方式扶持大学生自主创业。建立健全国家、省级、高校大学生创业服务平台，聘请行业专家、创业校友等担任导师，通过举办讲座、论坛、沙龙等活动，为大学生创业提供信息咨询、管理运营、项目对接、知识产权保护等方面的指导服务。

四、提供全方位就业指导服务

1. 优化就业精准服务。各地各高校要广泛应用“互联网 + 就业”新模式，通过新职业网、智慧就业等平台，根据毕业生和用人单位需求，开展精准对接服务。推动搭建跨区域、跨行业、跨类别的招聘信息服务平台，鼓励举办分层次、分类别、分行业的中小型校园招聘活动，更多采用网上初选、线下面试的便捷校园招聘模式。做好在内地（祖国大陆）高校就读的港澳台毕业生就业服务工作。

2. 加大就业困难群体帮扶力度。各地各高校要重点帮扶建档立卡贫困家庭、少数民族、身体残疾等毕业生就业困难群体，配合有关部门落实好求职创业补贴等政策。要通过开展个性化辅导、组织专场招聘、优先推荐岗位、发放求职补助等方式，确保困难群体就业一个不能少、一个不能掉队。要与人力资源社会保障部门做好离校未就业毕业生的信息衔接和服务接续工作。

3. 规范就业工作管理。各地各高校要严格落实就业签约“四不准”要求，不准以任何方式强迫毕业生签订就业协议，不准将毕业证书、学位证书发放与签约挂钩，不准以户档托管为由劝说毕业生签订虚假协议，不准将顶岗实习、见习证明材料作为就业证明材料。建立健全毕业生参与的就业状况统计核查机制。严禁发布带有歧视性内容的招聘信息，严密防范“培训贷”、求职陷阱、传销等不法行为，切实维护毕业生权益，确保校园招聘活动公平、安全、有序。有条件的地区要积极推动建立入职定点体检和结果互认机制，尽力避免手续过于繁琐、重复体检。

4. 提高就业指导能力。各地各高校要加强就业指导教师的培养培训，在专业技术职务评聘中充分考虑就业指导教师的工作性质和工作业绩，推进就业指导教师队伍职业化、专业化、专家化。把学生职业发展与就业指导课程贯穿于整个人才培养体系，将课程与学科专业相融合，探索慕课等新型课程形式。要为大学生职业发展提供个性化咨询指导。

5. 充分发挥高校毕业生就业状况反馈作用。各地各高校要认真落实就业情况统计和监测责任制，确保就业数据真实准确。不断完善就业质量评价指标体系，按时向社会发布高校毕业生就业质量年度报告。鼓励开展毕业生就业创业与职业发展状况跟踪调查，推动形成就业与招生计划、人才培养、经费拨款、院校设置、专业调整的联动机制。

五、加强组织领导和宣传教育

1. 强化组织保障。各地各高校要认真落实就业“一把手”工程，建立就业工作目标责任制，切实做到就业创业工作“机构、人员、经费、场地”四到位。省级教育部门要加强与相关部门的协调配合，共同研究制定就业政策，开展就业服务。高校要完善就业部门牵头，学工、招生、教学、创业、武装等部门参与的工作机制，形成齐抓共管的工作格局。

2. 加强监督检查。各地各高校要开展就业创业政策和工作落实情况督促检查，建立就业创业情况通报、约谈、问责等工作制度，对工作创新成效显著的要总结经验、表扬推广；对不履责、不作为的要及时纠正并要求限期整改，对发生就业率作假等违规行为的要严肃查处并追究领导责任，确保政策和工作落实到位。

3. 深化思想教育和宣传引导。各地各高校要落实全国高校思想政治工作会议精神，把思想政治工作融入高校毕业生就业创业工作全过程，坚持立德树人，引导毕业生树立科学的就业观和成才观。加强正面宣传，广泛宣传基层就业创业毕业生典型事迹，宣传解读国家促进就业创业的政策措施，努力营造有利于就业创业的良好舆论氛围。

2017 年 12 月 1 日

北京市教育委员会

关于进一步规范北京市成人中专新生学籍注册工作的通知

京教职成〔2018〕7 号

各区教委，各有关职业院校：

为深入贯彻北京市委第十二次党代会精神，落实《北京城市总体规划（2016—2035 年）》，开展好教育系统疏解整治促提升专项整治行动，加快推动部分高校、中职学校和一般性培训机构调减规模和向外疏解，实现首都教育的布局优化和品质提升，助力中等职业学校转型升级和内涵发展，根据《北京市教育委员会关于印发 2018—2020 年教育系统疏解整治促提升专项行动计划的通知》（京教计〔2017〕34 号），自 2018 年秋季招生起，市教委决定进一步规范成人中专学籍注册有关事项，通知如下：

一、招生学校及对象

（一）招生学校

1. 具有成人中专招生资格的本市全日制中等职业学校（含普通中专、职业高中）；

2. 连续招生两年以上独立设置的成人中等专业学校。

（二）招生对象

1. 具有初中（及以上学历）的北京市民、北京市企业在职职工。

2. 不得招收以下人员：

（1）本市初、高中在校生；

（2）非本市学籍的外省市户籍初、高中应届毕业生；

（3）在外省市工作或待业的非本市户籍人员。

二、学籍注册要求

（一）招收北京市户籍的初中（及以上学历）毕业生开展成人中专教育

新生注册学籍时，需交验入学新生北京市户籍证明、初中（及以上学历）毕业证书复印件。

（二）招收非北京市户籍的具有北京学籍的初中（及以上学历）毕业生开展成人中专教育

新生注册学籍时，需交验入学新生户籍证明、北京学籍初中（及以上学历）毕业证书复印件。

（三）面向北京企事业单位在职职工开展成人中专教育

1. 委托培养

北京企事业单位委托中职学校对在职职工开展成人中专培养。企事业单位应与中职学校建有相对稳定的培养合作关系，并有正式协议。委托单位需在北京市行政区域内，协议需明确单位年度送培规模，培养目标，培养经费来源及标准，协议有效期等内容。

新生学籍注册时，需交验校企委托培养协议、职工与单位签订的有效劳动用工合同、入学新生的初中（及以上学历）毕业证书复印件。

2. 在职培训

北京企事业单位派出在职职工参加成人中专学习。企事业单位根据在职职工学历或者岗位技能水平提升的需要，派出本单位在职职工接受成人中专教育。

新生学籍注册时，需交验派出单位出具的派出学习证明、职工与单位签订的有效劳动用工合同、入学新生的初中（及以上学历）毕业证书复印件。

三、工作要求

（一）提高认识。各有关区教委和学校应认真贯彻落实“疏解整治促提升”的要求，高度重视、严格执行新的成人中专新生学籍注册政策，加强规范管理。

（二）加强管理。学校主管单位要加强对所属学校领导和管理。本市各职业院校要认真做好成人中专的招生、教学和学籍管理等各项工作，严格按照本《通知》要求，认真做好招生宣传工作，对出现违反招生政策和做虚假招生宣传等违规行为的学校，要严肃追究领导责任，停止学校招生。

（三）确保落实。学校在启动成人中专招生工作开始前，要及时向上级主办单位报告成人中专最新政策。学校所在区教委及行业（企业）对举办成人中专教育有明确疏解控规任务的，要及时以书面形式向市教委报告，确保相关工作步调的一致性和政策的贯彻落实。

2018 年 4 月 19 日

北京市教育委员会

关于公布2018年北京地区高校大学生优秀创业团队评选结果的通知

京教函〔2018〕402号

各普通高等学校：

为全面贯彻落实国家和北京市关于“大众创业、万众创新”的精神和要求，深入实施《北京高校高质量就业创业计划》，切实对高校大学生创业给予支持，树立大学生创业典型，营造良好创新创业氛围，按照《北京市教育委员会关于评选2018年北京地区高校大学生优秀创业团队的通知》（京教函〔2018〕164号）要求，今年4月至7月，北京市教育委员会组织开展了2018年北京地区高校大学生优秀创业团队评选工作，58所高校共推荐了797支团队参加此次评选。经专家复评，遴选出197支团队参加现场答辩。经现场复赛、现场决赛，最终评选出150支优秀创业团队，其中一等奖30支，二等奖51支，三等奖69支（附件1）。经公示环节无异议，现予公布。

按照评选文件要求，依据2018年高校获奖团队数量排序，评选出10所高校荣获“最佳组织奖”（附件2）。依据2018年高校推荐团队数量超过推荐平均数（13.7支）标准，评选出14所高校荣获“优秀组织奖”（附件3）。其中，已获评“最佳组织奖”的高校不再重复获评“优秀组织奖”。

2018年8月6日

附件 1

2018 年北京地区高校大学生优秀创业团队评选优秀创业团队获奖名单

序号	团队名称	所属院校	奖项
1	光子算数	北京交通大学	一等奖
2	利卓创新	北京理工大学	一等奖
3	Future Control	北京航空航天大学	一等奖
4	羽众（天津）生物科技有限责任公司	中国人民大学	一等奖
5	代客思智能科技	北京工业大学	一等奖
6	吸力奇迹（北京）科技有限公司	北京航空航天大学	一等奖
7	诺百爱团队	北京航空航天大学	一等奖
8	北京诺禾心康基因科技有限公司	中国人民大学	一等奖
9	华龛生物	清华大学	一等奖
10	北京金羽新能科技有限公司	北京大学	一等奖
11	爱上科学	中国地质大学	一等奖
12	CY 团队	北京化工大学	一等奖
13	RecBonus 推荐金	社科院研究生院	一等奖
14	悉之教育	清华大学	一等奖
15	疾风科技有限公司	北京航空航天大学	一等奖
16	Pinpoint	清华大学	一等奖
17	北京共元科技有限公司	北京交通大学	一等奖
18	AIFIS 新视科技	北京航空航天大学	一等奖
19	城市之眼	北京工业大学	一等奖
20	北京元亨易创科技服务有限公司	北京工业大学	一等奖
21	格物穷理	中国矿业大学（北京）	一等奖

续表 1

序号	团队名称	所属院校	奖项
22	北京棋弈智能科技有限责任公司	北京航空航天大学	一等奖
23	Colorist	北京电影学院	一等奖
24	奇趣猴	首都经济贸易大学	一等奖
25	Campus AEye	北京工业大学	一等奖
26	合约至尊宝——具备安全保障的电子合同管理平台	北京工业大学	一等奖
27	墨狄机器人	清华大学	一等奖
28	猿酷	北京邮电大学	一等奖
29	北京德格瑞生物资源科技有限公司	北京化工大学	一等奖
30	北京三子生物科技有限责任公司	北京中医药大学	一等奖
31	北京妙果仙草生物医药科技有限公司	北京中医药大学	二等奖
32	繁星	北京印刷学院	二等奖
33	智绘——人工智能水彩绘画辅助工具	中央财经大学	二等奖
34	积遇	北京邮电大学	二等奖
35	TOPRO	首都经济贸易大学	二等奖
36	山海影视传媒	清华大学	二等奖
37	信途商学院	中国人民大学	二等奖
38	Udayin	中国科学院大学	二等奖
39	艺伴	北京邮电大学	二等奖
40	天衣 AirClothes	北京工商大学	二等奖
41	岐黄小萌龙文化传媒有限公司	北京中医药大学	二等奖
42	乐 Fans 音乐基地	中国地质大学	二等奖
43	北京中飞雁科技有限公司	北京交通大学	二等奖
44	碳纤维复合材料设计制作	北京电子科技职业学院	二等奖
45	Homeint- 家因	北京科技大学	二等奖
46	iSmart 科技团队	北京科技大学	二等奖

续表 2

序号	团队名称	所属院校	奖项
47	三人行传媒工作室	北京电影学院	二等奖
48	北京咔乐影视文化传媒有限公司	北京电影学院	二等奖
49	“同城童梦”流动儿童家庭教育服务公益创业团队	首都师范大学	二等奖
50	协砼装建	北京建筑大学	二等奖
51	爱嘉医疗	首都医科大学	二等奖
52	播森团队	中央民族大学	二等奖
53	小视工作室团队	北京邮电大学	二等奖
54	袋鼠爸爸文化珠宝有限公司	中国地质大学	二等奖
55	北京禾木歌科技有限公司	华北电力大学	二等奖
56	漫科学	中国科学院大学	二等奖
57	会员精灵	北京邮电大学	二等奖
58	中矿安全卫士	中国矿业大学（北京）	二等奖
59	北京众智诚橙科技有限公司	清华大学	二等奖
60	Tennimate 智能网球机器人	北京理工大学	二等奖
61	百草园乡村教育发展与促进中心	北京师范大学	二等奖
62	至行科技	北京交通大学	二等奖
63	肯塞斯创新型软件设计公司	北京化工大学	二等奖
64	北京针道堂教育科技有限公司	北京中医药大学	二等奖
65	静电纺丝双面绣	北京化工大学	二等奖
66	果粹 Gookie	中国农业大学	二等奖
67	北京绿谷盛世汽车销售服务有限公司	北京城市学院	二等奖
68	custoglasses 眼镜定制	北京工业大学	二等奖
69	便携式共聚焦拉曼光谱仪	中央民族大学	二等奖
70	臻艺荟文化发展（北京）有限公司	北京服装学院	二等奖
71	竹马研学社	北京第二外国语学院	二等奖

续表 3

序号	团队名称	所属院校	奖项
72	摩西艺术	中国矿业大学	二等奖
73	大学生扶贫实践工作坊：青年红色筑梦之旅和电商助农创业战队	中央民族大学	二等奖
74	北京商创颐养科技服务有限责任公司	北京联合大学	二等奖
75	稚绘视觉艺术课程设计	中华女子学院	二等奖
76	象心肿瘤管理计划	首都医科大学	二等奖
77	北京梁芯科技有限公司	北京理工大学	二等奖
78	洪流科技	北京交通大学	二等奖
79	北京逸声网络科技有限公司	北京戏曲艺术职业学院	二等奖
80	华电瑞能工程咨询有限公司	华北电力大学	二等奖
81	GoFree 自由行	北京师范大学	二等奖
82	丝路经贸合作中心	北京外国语大学	三等奖
83	cafa 公益教育社	中央美术学院	三等奖
84	北京沃达新科技股份有限公司	北京石油化工学院	三等奖
85	Chica 姑娘	北京师范大学	三等奖
86	思源国际教育	首都经济贸易大学	三等奖
87	动臻格中医康复工作室	北京中医药大学	三等奖
88	国电智创联投（北京）科技服务有限公司	华北电力大学	三等奖
89	语格外文	北京外国语大学	三等奖
90	自适应捕虫灯	北京林业大学	三等奖
91	画痨	清华大学	三等奖
92	烨立互动（北京）文化科技有限公司创业团队	中国传媒大学	三等奖
93	iGeekBar	首都经济贸易大学	三等奖
94	编导自习室团队	北京电影学院	三等奖
95	北京赛卡尔科技有限公司	北方工业大学	三等奖

续表 4

序号	团队名称	所属院校	奖项
96	中医耳语	北京中医药大学	三等奖
97	岐云科技	北京中医药大学	三等奖
98	橙旭学院——青少年创客实验室	中央民族大学	三等奖
99	北京北宸体育俱乐部	中国地质大学	三等奖
100	中闰智农	北京师范大学	三等奖
101	京师铎艺——瓷韵 China	北京师范大学	三等奖
102	无人机空中航母	北京化工大学	三等奖
103	地球村——让世界说汉语	中央民族大学	三等奖
104	数刻	对外经济贸易大学	三等奖
105	一拍一拍一动漫	北京师范大学	三等奖
106	北京康倍宁医疗保健服务公司	北京中医药大学	三等奖
107	央珂玛美颜皂	北京工商大学	三等奖
108	追梦队	北京石油化工学院	三等奖
109	FE 家庭教育——小学生家庭亲子教育课程	首都师范大学	三等奖
110	wakeup 视光	中国矿业大学	三等奖
111	小飞侠	北京邮电大学	三等奖
112	“知了停车”车位管理共享平台	北京工业大学	三等奖
113	普利斯玛科技（北京）有限公司	中央民族大学	三等奖
114	山上春树	对外经济贸易大学	三等奖
115	DT 的房间教育工作室	北京师范大学	三等奖
116	面膜电台	首都师范大学	三等奖
117	SmartU 智能餐具	北京中医药大学	三等奖
118	北企鹅冰雪	北京体育大学	三等奖
119	明日骄典科技文化有限公司	北京师范大学	三等奖
120	林林	北京城市学院	三等奖

续表 5

序号	团队名称	所属院校	奖项
121	一乙〇文化传媒有限公司	首都医科大学	三等奖
122	星芒“互联网 +”公益快闪营	中央民族大学	三等奖
123	华夏霏凡（北京）图文科技有限公司	北京建筑大学	三等奖
124	Miless 异地恋情感升温器	北京外国语大学	三等奖
125	北京莱恩股份有限公司	北京石油化工学院	三等奖
126	北京儒影随行文化传媒有限公司	北京电影学院	三等奖
127	Hot Can	北京化工大学	三等奖
128	音为你团队	北京第二外国语学院	三等奖
129	丝路使者	对外经济贸易大学	三等奖
130	Easypick 易起摘科技股份有限公司	北京林业大学	三等奖
131	至行广益	北京交通大学	三等奖
132	剧爱剧本工作坊	中央戏剧学院	三等奖
133	北京阿尔法卫士科技有限公司	北京化工大学	三等奖
134	岸芷汀兰	北京联合大学	三等奖
135	肌动力科技有限公司	北京航空航天大学	三等奖
136	Floral World 花花世界	中国政法大学	三等奖
137	斌心全龄运动健康服务站	北京体育大学	三等奖
138	二手书局	中央财经大学	三等奖
139	北京古貌古心文化创意有限责任公司	中国地质大学	三等奖
140	风向	北京经济管理职业学院	三等奖
141	佼酵者环保酵素	北京林业大学	三等奖
142	基于足球机器人中小学教育	北京信息科技大学	三等奖
143	易启海外创意传媒	北京工业大学	三等奖
144	“厨师来吧”——专业厨师上门烹饪服务平台	北京工业职业技术学院	三等奖
145	研行实习	对外经济贸易大学	三等奖

续表 6

序号	团队名称	所属院校	奖项
146	知母——老人的人工智能家庭医生	北京中医药大学	三等奖
147	青橘互联网中医公益创业团队	中央民族大学	三等奖
148	高校鼓手文化传播有限公司	中国地质大学	三等奖
149	3+2 设计服务工作室	北京经贸职业学院	三等奖
150	民汉双语	中央民族大学	三等奖

附件 2

2018 年北京地区高校大学生优秀创业团队评选“最佳组织奖”获奖高校名单（10 所）

北京中医药大学
中央民族大学
北京工业大学
北京师范大学
北京航空航天大学
北京化工大学
清华大学
北京交通大学
北京邮电大学
中国地质大学（北京）

附件 3

2018 年北京地区高校大学生优秀创业团队评选“优秀组织奖”获奖高校名单（14 所）

北京联合大学
北京城市学院
北京石油化工学院
北京服装学院
对外经济贸易大学
中国石油大学（北京）

首都经济贸易大学 中国矿业大学（北京）
北京体育大学 北京建筑大学
北京工商大学 北京第二外国语学院
中国科学院大学 北京工商大学嘉华学院

北京市教育委员会

关于继续深化北京高校大学生创业园孵化体系建设工作的通知

京教学〔2018〕4号

各普通高等学校：

为贯彻落实党中央、国务院和市委市政府关于做好高校毕业生就业创业工作的部署和要求，深入实施《北京高校高质量就业创业计划》，充分发挥高校学科领域及地理位置优势，进一步扩大北京地区高校市级大学生创业园辐射能力，为大学生提供高质量、全方位创业指导与孵化服务，2017年，市教委遴选出8所高校大学生创业园纳入“一街三园多点”北京高校大学生创业园孵化体系。按照工作计划，2018年继续开展深化北京高校大学生创业园孵化体系建设工作，现将有关事宜通知如下：

一、指导思想

深入贯彻落实国家和市委市政府关于做好高校大学生就业创业工作的部署，本着“优势突出、市校互补、合理布局、资源共享”的原则，分步骤、分层次、分批次，几年内遴选出一批特色鲜明、功能完善、承载力强的校级大学生创业园或孵化基地，将其纳入市级创业园体系，在市教委统一引导和支持下，进一步发挥高校学科领域及地理位置优势，有序推进北京地区高校大学生创业园高校分园建设，拓展市级创业园孵化体系纵深发展，为北京地区高校大学生提供便捷高效、内涵丰富、全方位创业指导与孵化服务，促进大学生实现高质量就业创业。

二、申请基本条件

1. 体制机制完善。创业园目标、定位、发展方向明确，特色鲜明；具备科学规范的创业团队进入退出、考核评价、安全卫生等园区管理制度；拥有较强业务水平的专职管理服务团队，统一综合管理和配套服务。

2. 基本条件完备。具有不少于 500 平米的可自主支配的专门用于大学生创业孵化场地；配套基础设施较完备，环境良好；具备维持创业园正常运转的经费。

3. 服务功能健全。园区建立专业的创业服务机制，能为大学生创业提供较完善的政策咨询、资金扶持、导师指导、法律咨询、人力资源等创业孵化服务。

4. 具备辐射能力。能发挥学科领域内示范引领效应及地域优势，在保障本校大学生创业基本需求的基础上，愿意共享部分园区场地，接纳符合园区定位及发展要求的有入驻需求的其他北京地区高校大学生创业团队入驻孵化，辐射、服务其他高校大学生创新创业。

5. 工作实效显著。成为大学生创新创业实践教育，高校创新型人才培养的重要平台；大学生创新创意交流、创新创业大赛、创业培训等活动丰富；积极发掘和扶持优秀大学生创业团队，日常在孵化基地办公的学生创业团队数量应不少于 20 支；创业团队成员创业能力明显提升，在孵团队满意度较高。

三、工作程序

（一）申请

1. 申报材料：申报高校要如实填写申请表（附件 1）及名册（附件 2），结合申请基本条件，撰写申报材料（4000 字以内），并准备支撑材料备查。

2. 材料报送：申请表、名册及申报材料（均一式八份，加盖学校公章），支撑材料（一份，可参考附件 3），纸质材料报送至市教委学生处（西城区前门西大街 109 号），同时发送申请表、名册及申报材料电子版至电子邮箱（支撑材料电子版可不发）。

3. 申请截止日期：2018 年 9 月 25 日下班前。

（二）遴选

1. 遴选机制。市教委成立由主管委领导及相关处室参加的工作领导小组，聘请高校及社会有关专家组成评审组，坚持“公平、公正、公开”的原则开展遴选工作。工作领导小组办公室设在市教委学生处，负责遴选工作的具体事宜。

2. 遴选办法。采取审阅高校申报材料、专家集中评议推选和工作领导小组决议相结合的方式进行遴选，并确定初选结果。

（三）结果确定

初选结果经工作领导小组审议后，在北京地区高校范围内进行公示，公示后确定为“北京高校大学生创业园高校分园”，纳入“一街三园多点”市级大学生创业园孵化体系，共享市级园创业孵化资源，并按照市财政经费相关要求给予一定的支持。

四、有关要求

1. 纳入北京地区高校大学生创业园孵化体系的高校分园将由市教委统一引导，分园具体运营维护。分园在自身特色建设基础上，应完善与市级创业园的联动，做好辐射、服务周边其他高校大学生创业团队孵化工作。市教委将定期组织对分园进行考核，对考核不合格的分园将停止享受扶持政策。

2.“一街三园多点”北京高校大学生创业园孵化体系建设工作是市教委支持大学生创业的重要举措。市教委将根据“一街三园多点”布局及北京高校大学生创业实际需求，有步骤、分批次推进高校分园建设工作。各高校要高度重视，积极申报，遵循实事求是、公开透明的原则，严禁弄虚作假。

附件：1. 北京高校大学生创业园孵化体系建设高校分园申请表（略）

2. 2017 年 9 月至今学校大学生创业园或创业孵化基地创业

团队孵化名册（略）

3. 北京高校大学生创业园孵化体系建设高校分园申请支撑材料清单（略）

2018 年 9 月 12 日

北京市教育委员会

关于公布 2018 年北京地区高校大学生创业园高校分园名单的通知

京教函〔2018〕600 号

各普通高等学校：

为全面贯彻落实国家和北京市关于“大众创业、万众创新”的精神和要求，深入实施《北京高校高质量就业创业计划》，充分发挥高校学科领域及地理位置优势，进一步扩大北京地区高校大学生创业园辐射能力，为大学生提供高质量、全方位创业指导与孵化服务，市教委开展了继续深化北京高校大学生创业园孵化体系建设工作。

按照《北京市教育委员会关于继续深化北京高校大学生创业园孵化体系建设工作的通知》（京教学〔2018〕4 号）要求，10 月，市教委组织开展了北京地区高校大学生创业园高校分园遴选工作，22 所高校创业园申报参加遴选。本着“公平、公正、公开”的原则，通过集中审阅材料、专家评议、工作领导小组审议等环节，最终遴选出 8 所高校创业园纳入“一街三园多点”北京地区高校大学生创业园孵化体系，确定为“北京地区高校大学生创业园高校分园”。经公示环节无异议，现予公布。

各高校分园要充分发挥学科领域内示范引领效应及地理位置优势，强化与市级创业园联动互补，做好辐射、服务周边其他高校大学生创业团队孵化工作，整体提升北京地区高校大学生创业指导与服务水平，促进大学生实现高质量就业创业。

附件：2018 年北京地区高校大学生创业园高校分园名单

2018 年 11 月 2 日

附件

2018 年北京地区高校大学生创业园高校分园名单

（按学校代码排序）

北京大学全球大学生创新创业中心

北京科技大学创业园（贝壳创空间）

北京服装学院 BIFT WORKS 创新创业中心

中国农业大学大学生创业园

中央财经大学大学生创业园

中央民族大学创新创业中心（56 创）

北京信息职业技术学院（北信职业智慧众创空间）

北京联合大学大学生创业孵化基地

北 京 市 教 育 委 员 会
北京市人民政府征兵办公室

关于做好 2019 年专科学生退役后专升本工作的通知

京教学〔2018〕5 号

各有关高校、区人民政府征兵办公室：

为做好 2019 年普通高校全日制专科（高职）学生（以下简称“专科学生”）退役后专升本工作，按照北京市教育委员会、北京市人民政府征兵办公室《关于进一步明确专科学生退役后专升本工作的通知》（京教学〔2015〕7 号，以下简称“通知”）要求，现就有关事项通知如下：

一、符合免试专升本的条件及手续办理

（一）符合以下条件的，可以申请免试专升本

1. 2013 年（含）后专科应届毕业生从本市应征入伍，2018 年、2019 年退出现役或 2013 年（含）后在校生从本市应征入伍，且退役后复学并按照学校有关规定完成专科（高职）学业，2019 年取得毕业证书或入伍期间取得毕业证书的。其中，2019 年退出现役的，既可选择参加 2019 年免试专升本，也可选择退役后免试专升本，但只可享受一次政策。上述人员在服役期间综合表现良好，服役期满并被评为“优秀义务兵（士官）”一次（含）以上的（进藏兵不受限制）。

2. 在校生 2013 年（不含）前从本市应征入伍，且退役复学并按照学校有关规定完成专科（高职）学业，2019 年取得毕业证书的，

须满足服役期满荣立三等功（含）或被评为“优秀义务兵（士官）”两次（含）以上的（进藏兵不受限制）。

（二）免试专升本手续的办理

1. 符合退役后免试专升本条件的专科学生，北京生源京外高校学生必须在退出现役两个月内，向入伍所在区征兵办公室提出免试专升本申请；北京高校学生必须在退出现役两个月内，向原就读学校提出免试专升本申请，原就读学校撤销的，向托管院校或市教育主管部门提出免试专升本申请，（2019 年退出现役的，须在 2019 年 3 月 1 前向所属机构提出免试专升本申请）相关部门按有关规定收集材料并进行审核。

2. 2019 年 4 月 1 日前，高校将相关材料报市教委，区征兵办公室将相关材料报市征兵办公室，由市征兵办统一汇总至市教委。

3. 2019 年 6 月，经市教委核准后，根据专科（高职）升本科的有关规定，由北京市教育考试院，协调安排本科学校，为学生办理免试专升本录取手续。

（三）免试专升本的相关材料

1. 学生本人“专升本”书面申请。

2. 学生本人所获奖励证明材料：优秀义务兵（士官）及以上奖励登记表复印件、优秀义务兵（士官）证书或立功证书原件及复印件。

3. 学生本人退出现役登记证原件及复印件（2019 年退出现役的需提供团以上政治部门同意免试专升本的证明）。

4. 学校行校文向市教委报送专升本请示（盖学校章）及《退役大学生士兵免试专升本名册》（见附件 1）。

5. 区征兵办向市征兵办报送专升本请示（盖章）及《退役大学生士兵免试专升本名册》（见附件 1）。

6. 学校及区征兵办认为有必要提供的材料。

二、符合考试专升本的条件及手续办理

（一）符合下列条件的可直接报名参加专升本考试

1. 2013 年（含）后专科应届毕业生从本市应征入伍，2018 年、2019 年服役期满退出现役的。其中 2019 年退出现役的，既可选择参加2019年专升本考试，也可选择退役后专升本考试，但只可享受一次政策。

2. 在校生从北京市入伍，退役后复学完成学业且于2019年取得毕业证书或2013年（含）后入伍，在部队期间取得毕业证书的。

（二）考试专升本手续的办理

1. 北京生源京外高校学生必须在退出现役两个月内，向入伍所在区征兵办公室提出专升本考试申请并报名；北京高校学生必须在退出现役两个月内，向原就读学校提出专升本考试申请并报名，原就读学校撤销的，向托管院校或市教育主管部门提出申请（2019年退出现役的，须在2018年12月15前向所属机构提出考试专升本申请），相关部门按有关规定收集材料并进行审核。

2. 2019年1月10日前，高校将相关材料报市教委，区征兵办公室将相关材料报市征兵办公室，由市征兵办统一汇总至市教委。

3. 2019年2月底前，经市教委核准后，由北京市教育考试院为学生办理专升本考试手续。

4. 退役大学生士兵专升本考试计划单列，根据考试成绩，单独划线，按照不低于50%比例进行录取。

（三）考试专升本的相关材料

1. 学生本人参加“专升本”考试书面申请。

2. 学生本人退出现役登记证原件及复印件（2019年退出现役的需提供团以上政治部门同意考试专升本的证明）。

3. 学校行校文向市教委报送专升本请示（盖学校章）及《退役大学生士兵考试专升本人员名册》（见附件2）。

4. 区征兵办向市征兵办报送专升本请示（盖章）及《退役大学生士兵考试专升本人员名册》（见附件2）。

5. 学校及区征兵办认为有必要提供的材料。

三、材料报送的时间及地点

（一）专升本申请人须登录首都征兵网“专升本报名系统”进行报名并下载打印相关表格，与其他材料一并提交所在学校或入伍所在区征兵办审核，网上电子数据内容必须与报送纸质材料数据相一致。

（二）各高校在规定期限内，前往北京高校毕业生就业指导中心学籍就业工作服务部报送有关材料。

1. 时间：2018 年 12 月 15 日至 2019 年 1 月 10 日，2019 年 3 月 1 日至 2019 年 4 月 1 日，每周四上午 9：00 至 11：00，下午 1：30 至 4：30。

2. 地点：北京市海淀区西三环北路甲 2 号北京理工大学国防科技园 1 号楼 316 室。

（三）各区人民政府征兵办公室在规定期限内，前往北京市人民政府征兵办公室报送材料。

附件：1. 退役大学生士兵免试专升本人员名册（略）

2. 退役大学生士兵考试专升本人员名册（略）

2018 年 11 月 19 日

北京市教育委员会

关于启用新版《高等学校毕业生登记表》的通知

京教学〔2018〕6 号

各普通高校、研究生培养单位：

按照《教育部办公厅关于做好〈高等学校毕业生登记表〉修订工作的通知》（教学厅〔2018〕11 号）要求，自 2019 年 1 月 1 日起，不再使用教育部统一制定的《高等学校毕业生登记表》（以下简称《登记表》），由各省级高校毕业生就业工作部门指导各高校修订《登记表》。

我委在广泛征求高校意见基础上，对《登记表》进行了修订，现就下一步有关工作通知如下：

一、各高校可使用我委统一印制的《登记表》，并按照需求到北京高校毕业生就业指导中心领取。

二、各高校也可以在我委新版《登记表》基础上，结合本校实际情况自行设计印刷《登记表》，但自行设计印制的高校不得标注“北京市教育委员会印制”字样。

三、新版《登记表》从2019届毕业生开始启用，旧版不再继续使用。

附件：1. 北京地区普通高等教育本专科毕业生登记表（略）

2. 北京地区普通高等教育毕业研究生登记表（略）

2018年11月19日

北京市教育委员会

关于进一步简化毕业生就业手续办理流程的通知

京教学〔2018〕7号

各普通高校、研究生培养单位：

按照国务院“简政放权、放管结合、优化服务”改革要求，我委于2018年出台《关于规范普通高校毕业生就业手续办理工作的通知》（京教学〔2018〕3号），根据北京市人民政府办公厅《关于印发北京市推进政务服务“一网通办”工作实施方案的通知》（京政办发

〔2018〕26 号）要求，我委拟进一步简化毕业生就业手续办理流程。现将有关要求通知如下：

一、今后，学校在为毕业生办理就业手续时（定向生除外），市教委不再收取各类材料，改由学校审核并保存，且保管期限不低于 3 年。就业手续办理政策和工作要求按照《关于规范普通高校毕业生就业手续办理工作的通知》（京教学〔2018〕3 号）执行。

二、毕业生申请办理《就业报到证》时，由学校审核有关书面材料并同意后，通过“北京高校毕业生就业及资源管理系统”（以下简称“就业平台”）提交申请，市教委在 3 个工作日内完成审核并打印《就业报到证》。学校在 5 个工作日后，凭“北京地区高校《就业报到证》打印申请单”（登陆“就业平台”打印并加盖就业部门公章）到北京市政务服务中心领取《就业报到证》。办理改派、变更手续的，须将原《就业报到证》（上下两联）退回。

三、各高校要高度重视此项工作，并在校内广泛宣传，确保政策落实到位；要结合本校实际情况制定具体操作细则，进一步简化毕业生就业手续办理流程；要配齐工作队伍，提供专门的场地和资金支持，安排专人做好毕业生就业手续办理和各类材料的保管工作，服务好广大毕业生。

我委将进一步加大行政检查力度，对各高校的政策执行、办理流程、材料审核及保管等情况进行检查，确保各高校执行政策一致，维护毕业生权益。

本通知自 2019 年 1 月 1 日起施行。

2018 年 12 月 26 日

师资建设

北京市教育委员会

关于成立北京市“紫禁杯”优秀班主任工作室的通知

京教基一〔2018〕1号

各区教委：

为贯彻党的十九大精神，落实立德树人根本任务，落实教育部《中小学德育工作指南》要求，充分发挥“紫禁杯”优秀班主任的示范引领作用，提升北京市中小学班主任队伍的专业能力和育人水平，北京市教委、北京教育科学研究院、北京银行联合成立北京市“紫禁杯”优秀班主任工作室，并在各区设立工作站。现将有关事项通知如下：

一、目的意义

北京市“紫禁杯”优秀班主任评选活动已开展了30年，一万两千人次的优秀班主任受到表彰，树立了一批充满仁爱之心、教育智慧、人格魅力的班主任典型。北京市“紫禁杯”优秀班主任工作室的成立，有利于进一步研究优秀班主任的成长规律，发挥他们的示范、引领和辐射作用，带动更多班主任成为“四有好教师”和“四个引路人”；有利于进一步推广优秀班主任的先进经验，构建系统的班主任培养体系，提升全市中小学班主任队伍的育人能力和水平；有利于全面落实立德树人根本任务，推动社会主义核心价值观教育落细落小落实，培养德智体美全面发展的社会主义建设者和接班人。

二、工作内容

北京市“紫禁杯”优秀班主任工作室设在北京教育科学研究院班

主任研究中心，由班主任研究中心依据《北京市“紫禁杯”优秀班主任工作室章程》开展日常事务管理和各项工作。工作室学员原则上由上一年度评选出的北京市“紫禁杯”优秀班主任特等奖获得者组成（没有特等奖获得者的区，择优推荐1名一等奖获得者参加）。工作室组织学员开展研修、宣讲及交流展示等活动，每期1年。

工作室在每区设立一个工作站，由各区教委统筹相关部门负责管理。工作站学员原则上从上一年度评选出的北京市“紫禁杯”优秀班主任中选出，具体名额由各区自定，每期1年。在北京市“紫禁杯”优秀班主任工作室的指导下，工作站组织学员开展研修、宣讲及交流展示等活动，发挥优秀班主任的引领辐射作用。各工作站根据《北京市“紫禁杯”优秀班主任工作室章程》制定工作站章程或工作方案。

三、工作要求

（一）高度重视

成立北京市“紫禁杯”优秀班主任工作室并在各区设立工作站是贯彻落实党的十九大精神，落实立德树人根本任务，加强北京市班主任队伍建设的一项重要举措，各区教委要高度重视此项工作，以推动工作站发展为抓手，大力推进班主任队伍建设。

（二）注重研究

各区教委要依托工作站，大力开展相关课题研究，积极探索优秀班主任成长规律。因地制宜开展内容丰富、形式多样的研修、交流研讨、特色展示等活动，提升班主任队伍整体育人能力和水平。

（三）加强宣传

各区教委要认真梳理班主任队伍建设工作，每年对“紫禁杯”优秀班主任评选工作进行认真总结，加大对优秀班主任的宣传表彰力度，树立典型，推广经验，扩大优秀班主任的影响力和带动力。

（四）强化保障

各区教委要结合实际，在人、财、物等方面为工作站开展活动提供必要保障，要将工作站活动经费纳入年度经费预算，为工作站顺利运行提供经费支持。要对在市工作室和区工作站的学员，给予更多的关心和支持，并在评优评先、职称评定等方面予以优先考虑。

2018 年 1 月 3 日

北京市教育委员会
北 京 市 财 政 局

关于印发《北京市中学教师开放型在线辅导计划（2018—2020 年）（试行）》的通知

京教人〔2018〕1 号

各区教委、财政局，北京师范大学：

现将《北京市中学教师开放型在线辅导计划（2018—2020 年）（试行）》印发给你们，请结合实际，认真贯彻执行。

2018 年 1 月 16 日

北京市中学教师开放型在线辅导计划（2018—2020 年）（试行）

为认真学习贯彻党的十九大精神，以习近平新时代中国特色社会主义思想为指导，落实《国务院关于积极推进“互联网 +”行动的指导意见》《教育部关于印发〈教育信息化“十三五”规划〉的通知》

等文件要求，进一步深化教育领域综合改革，促进我市基础教育基本公共服务转方式、补短板，提高服务质量，助力本市学科教学改革和考试招生制度改革，特制定《北京市中学教师开放型在线辅导计划（2018—2020年）（试行）》（以下简称《计划》）。

一、总体目标

通过搭建中学教师开放型在线辅导管理服务平台，鼓励中学教师发挥自身教育特长和优势，自主开放教学资源，提供多种形式的在线辅导服务，供全市中学学生根据自己的需求，提前预约、自主选择适合的教师开展在线学习，及时解决学习过程中的困难和问题，帮助学生补短板、发展兴趣和特长。以“互联网+”和大数据深化创新教育基本公共服务方式，实现教师服务属性精细化的萃取和在线流转，为中学学生提供精准化、个性化、多样化的在线教育服务供给，从而促进优质教育资源供给侧结构性改革和个性化教育服务模式的创新，保护、发现并发展学生的个性和特长，探索并培养学生在未来教育的开放式学习环境中学习方式的转变和养成，增强全市学生及其家长的实际获得感。

二、组织实施

市教委成立中学教师开放型在线辅导计划协调小组（以下简称市级协调小组），负责宏观决策与整体规划；下设协调小组办公室（设在北京师范大学未来教育高精尖创新中心），负责在线辅导计划项目方案、实施细则与标准规范的制定，参与在线辅导计划教师的准入审核、辅导监管、工作量认定（教师在线辅导时长与绩效的认定），在线辅导计划云平台的运营，在线辅导计划执行情况大数据分析与信息发布以及各参与方的组织协调等工作。

各区教委成立区级协调小组及其办公室（办公室设在教师研修机构），负责本区中学教师参加在线辅导计划的整体安排和过程监管，制定鼓励教师开展在线辅导的保障措施，积极组织和指导本区中学和教师研修机构教师参与在线辅导，做好参与教师优势教育服务属性的确定和信息审核、辅导监控和质量抽检。积极组织本区中学生参与在线学习。

各中学和教师研修机构成立校级协调小组，负责本校（机构）教师参加在线辅导和中学生参加在线学习的组织管理工作。校长作为第一责任人，与校级协调小组一同鼓励和指导本校在岗的区级及以上骨干教师（包括区级骨干教师、区级学科教学带头人、市级骨干教师、市级学科教学带头人、特级教师、正高级教师）及其他有意愿的在岗普通教师积极参与，并为教师在线辅导提供充分的条件保障。充分做好对本校家长和学生的宣传动员及培训指导工作，积极组织本校中学生参加在线学习。

三、在线辅导平台建设

委托北京师范大学未来教育高精尖创新中心成立开放型教师在线辅导计划运营主体，由市级协调小组办公室负责统筹协调。建设教师在线辅导云平台（以下简称：云平台），提供体验便捷、界面友好的网页和 APP 服务。实现在线辅导计划教师的申报、审核，在线辅导管理和实施，以及在线辅导分类别、分层次的数据统计、分析、监控等功能。

四、在线教师数据库建设

（一）在线教师的招募

中学教师开放型在线辅导面向全市中学和教师研修机构的区级及以上骨干教师（鼓励在岗普通教师积极参与）招募在线辅导教师，根据实施情况适时扩展到有资质的教育机构，面向所有合格的学科教师。

根据实施步骤，2018 年上半年在通州区、延庆区、怀柔区、密云区、平谷区、房山区的初中学生中试行，此后根据试行情况逐步扩大实施范围。招募的在线辅导教师按照校历规定的每个学期内（不含寒暑假）通过提前设定可预约的时间段和学生数（不超过 10 人），在被学生预约后提供在线辅导（若在线时间预约未满，教师也可直接在线接收非预约的学生辅导需求）。每周累计在线时长不少于 2 小时不多于 10 小时（可提供的辅导预约时间段：周一到周五 18：00—22：00，双休日及法定节假日 8：00—22：00）为学生提供在线辅导。今后根据试行情况扩大到其他年级和其他区，并尝试运用于教师的在线学习研修领域。

在线教师申报信息包括：基本信息和辅导专长两个部分。基本信息主要包括：教师姓名、性别、学科、职称、骨干教师类别、所在区和单位名称、任教学段、手机号、电子邮箱等；辅导专长包括：最擅长的学科知识点、知识领域、研究领域等内容（鼓励教师在线上传、展示代表自己辅导专长的微课、研究课、研修活动等视频资料）。教师基本信息与北京市教师管理信息系统和北京市中小学教师继续教育信息管理系统实现数据共享。

（二）在线教师的管理

各中学负责本校教师申报信息的审核，并对教师在线辅导情况进行监督。学校审核通过后经由区、市审核，完成三级审核后申报教师被纳入在线教师库，并进入在线辅导云平台开始提供服务（审核通过后修改个人信息需重新进入审核流程）。

各区级协调小组和办公室负责本区在线教师的管理、指导和督促各中学和研修机构做好在线教师的申报、审核、培训、过程跟踪和监督。在市级协调小组办公室的协助下组织成立在线辅导专家指导团，在学校申报的基础上审核教师辅导专长，针对学生学习特点和实际需求并结合学科教学改革和中考改革方案，做好本区在线辅导的方案设计、工作培训和指导服务，指导、督促所在区各中学做好面向本校学生家长的宣传工作、面向学生的技术培训工作和学生网络应用习惯的引导工作，并定期进行在线辅导抽检。

市级协调小组办公室通过后台数据挖掘，对进入在线教师库的教师进行统一管理，为每一位在线教师开通网络空间，提供服务支持，定期对在线时长和辅导绩效进行认定，计入在线教师库。成立“在线教师专家委员会”，定期进行指导、培训和在线辅导抽检。

五、在线辅导实施

（一）教师参与在线辅导的方式

在线教师实行实名统一认证，每人一个账号（绑定姓名和手机号），实名登录后可自主发布、更新在线信息，系统可通过云平台或手机APP适时向选学学生推送信息。

教师在线辅导主要采用图片、文字、语音和小视频等形式进行。

主要有以下四种形式：

一对一实时在线辅导。根据前期学生在系统的学习数据，由系统根据学生所在学段、学科、学习背景等情况推送相关专长的辅导教师，学生也可以自主筛选、选择教师。学生根据教师可预约时间段提前预约并在预约的时间段上线进行一对一辅导，也可以拍照上传自己的问题请当前非预约、空闲的在线教师提供一对一在线辅导。

问题广场。学生可以开放提问，用文字、图片或者小视频等方式描述问题，将问题上传到云平台，通过系统推送或教师自主认领的方式进行解答。

一对多实时在线辅导。教师可以通过提前设定在线辅导专题、可预约的时间段和学生数（不超过 10 人）同时面向多名学生开展实时在线教学和辅导，授课后录制的课程可供学生回放学习。

微课学习。在线教师可以将代表自己教学特长的微课上传到云平台，学生可以自由浏览、学习教师的微课，教师可以跟踪学生的学习进度，并指导学生开展基于微课的讨论、提问、微测等活动。

选学学生凭本人学籍号实名登录云平台，每次辅导后要根据自己实际在线学习的情况（学习时长和学习的实际获得等）在云平台上按要求支付在线教师积分。

（二）在线辅导记录与评价

云平台记录在线教师辅导数据，建立在线辅导时长和绩效相结合的评价体系，为每位在线教师建立在线辅导档案。市级协调小组办公室制定工作量考核标准，根据云平台每学期汇总的数据，对在线辅导进行教师工作量考核评价，按照在线时长和在线辅导工作量计入在线教师数据库。

一对一实时在线辅导工作量分成在线实际辅导时间（由系统按照实际辅导时间，每小时支付 6 个积分计算；不足 1 小时，可按每 10 分钟付 1 个积分计算）和在线辅导绩效（每次辅导结束后被辅导学生根据解决的问题情况和满意度等因素综合评价并付给在线教师 6—12 个积分；然后由系统根据当前辅导时长自动折算出相应在线辅导绩效积分）两部分，每位教师一小时辅导工作量在 12—18 个积分之间。

一对多实时在线辅导工作量分为在线实际辅导时间（由系统按照实际辅导时间，每小时支付 6 个积分计算；不足 1 小时，可按每 10 分钟付 1 个积分计算）、在线辅导绩效（每次辅导结束后每个被辅导学生根据辅导情况付给在线教师 6—12 个积分，然后由系统计算出本次被辅导学生支付的平均积分作为教师本次辅导绩效积分）和在线辅导人数系数（教师单次实际辅导 2—10 人，2 人时系数为 1.2，每多 1 人系数增加 0.1；核算时由前两部分绩效的和乘以在线辅导人数系数）。

问题广场辅导工作量根据学生是否采纳及采纳支付的积分来计算。学生用文字、图片或者小视频等方式描述问题开放提问，在线教师选择辅导后，学生采纳并根据问题难易及解答的满意度支付 2—4 个积分，被采纳答案的教师获得相应积分，没有被采纳的答案则无积分。

微课学习辅导工作量则根据学生实际参与率和学生对微课质量评价两个维度进行相应绩效计算。其中微课需经市级审核并认证，每个被认证的微课根据学生的实际参与率教师会获得 20—40 个积分，根据学生对微课的质量评价教师会再获得 6—10 个积分。

一对一实时在线辅导结束后，在线教师要对被辅导学生进行评价（根据学生的综合表现进行评价，满分为 10 分）。系统自动记录每个学生每个月在线学习时长、所支付的学分、对教师的评价、教师给予的评价以及负面网络行为等信息，并计入学生数据库。对故意恶评等负面在线行为的学生，由市级协调小组办公室逐级反馈到学校，由学校对学生进行干预和指导。

六、实施保障

（一）经费保障

1. 资金来源

《计划》实施所需经费分为项目实施经费和组织管理经费两部分，由市级资金保障。

2. 支出方向

项目实施经费主要用于在线教师的辅导费。按照每个积分 10 元计算辅导费，再乘以相应的系数计算出总辅导费；系数按照正高级教师和特级教师 1.4，市级学科带头人和骨干教师 1.2，普通教师 1 的标准执行。

组织管理经费包括北京市中学教师开放型在线辅导云平台建设与管理、市区两级协调小组办公室统筹协调与管理所需经费、面向各区辅导教师和学生的培训等经费。经费不得用于人员经费和基本建设，涉及信息化建设的内容，要按规定进行技术方案审核。

3. 申报、拨付程序

项目实施经费纳入市级财政预算，根据学校隶属关系通过市教委部门预算或市对区教育转移支付预算安排，按照据实结算的方式在下一个学期结算。组织管理经费纳入市教委部门预算，按照项目管理办法进行预算管理。

（二）管理机制保障

1. 分层管理机制

市教委要指导市级协调小组办公室建设好北京市中学教师开放型在线辅导云平台，利用信息化手段确保精准施策。各区教委和中学要高度重视《计划》的落实，结合实际分层次制定各自的实施方案，安排专人负责方案推进，积极组织相关教师参加开放型在线辅导。各中学组织学生积极上网获取教师开放型在线辅导服务。

2. 建立激励机制

依据在线教师获取积分的数量和在线辅导的效果等指标综合评选北京市在线辅导的星级教师，并在云平台上予以公布；依据学生在线学习的时长、在线学习的效果和教师的评价等指标综合评选北京市在线学习的星级学员，并予以表彰；依据每所中学学生在线学习平均时长、教师评价和区级及以上骨干教师参与在线辅导人员所占比例、平均时长、获得平均积分等指标综合评选出北京市中学教师开放型在线辅导优秀学校组织奖；依据每个区中学区级及以上骨干教师参与在线辅导人员所占比例、平均时长、获得平均积分、学生在线学习平均时长、教师评价等指标综合评选出北京市中学教师开放型在线辅导优秀区组织奖。鼓励各区和学校探索建立激励机制，充分调动教师和学生积极参与在线辅导与学习。

中学和教师研修机构在岗区级及以上骨干教师参与项目情况，将作为区级及以上骨干教师任期内履职的重要参考，也将作为下一次区级及以上骨干教师评选的参考条件之一。

各区教委、各中学组织教师积极参与在线辅导，将其作为落实学科教学改革和考试招生制度改革的重要任务之一。在线辅导纳入对各区推进义务教育优质均衡发展、全面实现教育现代化的督导评价与绩效考核范围。

3. 建立监督机制

市级协调小组办公室建立监督检查专家组，对中学教师在线辅导的各环节工作进行全程监督。对在线辅导的实施管理和监督检查形式主要采取网络核查的方式。对于在实施管理和监督检查中出现严重问题的教师，将取消其在线辅导资格。

北京市教育委员会

关于转发《学校体育美育兼职教师管理办法》的通知

京教体艺〔2018〕2号

各区教委、燕山教委：

现将教育部制定的《学校体育美育兼职教师管理办法》（教体艺〔2017〕7号）转发给你们，请结合实际贯彻落实。

2018年1月17日

学校体育美育兼职教师管理办法

第一章　总则

第一条　为贯彻落实《国务院关于加强教师队伍建设的意见》《国务院办公厅关于强化学校体育促进学生身心健康全面发展的意见》《国务院办公厅关于全面加强和改进学校美育工作的意见》精神，提高体育美育师资队伍整体素质，推进学校体育美育改革发展，根据相关法律法规，制定本办法。

第二条　选聘体育美育兼职教师是当前和今后一个时期加强学校体育美育师资队伍建设的一个必要举措，是破解现阶段学校体育美育教师紧缺问题的重要途径，是整合各方资源充实体育美育教学力量的有效手段，是促进学生身心健康发展、提高学生审美与人文素养的迫切要求。

第三条　本办法所称体育兼职教师是指被选聘兼职担任学校体育课、课外体育活动、课余体育训练与竞赛、特定运动技能与项目的教学训练等工作的人员；美育兼职教师是指被选聘兼职担任学校美育课程教学、课外美育活动指导、学生艺术社团训练、学生艺术教育实践工作坊教学与建设等工作的人员。

第四条　本办法适用于普通中小学校和中等职业学校。

第二章　选聘条件

第五条　体育兼职教师的选聘对象应是其他学校专业体育教师，校外教育机构、体育运动团体与体育系统的有关体育工作者；美育兼职教师的选聘对象应是其他学校专业艺术教师，校外教育机构、宣传文化系统与社会文化团体的艺术工作者，民间艺人或能工巧匠等，以及符合资质的政府购买服务的承接主体。

第六条 鼓励体育美育专职教师在教育行政部门的统筹下，以“走教”方式到农村及其他师资紧缺的学校担任兼职教师；鼓励普通高校体育艺术专业教师担任中小学兼职教师；鼓励学校选聘承担中华优秀传统文化体育艺术传承项目教学与指导的兼职教师。

第七条 体育美育兼职教师应具备以下基本条件：

（一）具有良好的思想政治素质和道德品质，遵纪守法，遵守职业道德规范，身心健康，举止文明。

（二）热爱教育事业，为人师表，关爱学生，遵循教育规律和学生成长规律，促进学生健康发展。

（三）具有较高的体育艺术专业技能水平，一般应具有中级以上专业技术职称，或在相关体育、艺术领域中具有一定影响力的人士，或在中华优秀传统文化传承发展方面有一定造诣的民间艺人、能工巧匠。

（四）兼职教师原则上不超过 65 岁，身体健康且条件优秀者可适当放宽年龄限制。

第三章 聘任程序

第八条 聘任体育美育兼职教师要因地制宜，可采用面向社会公开招聘、政府购买服务等多种渠道进行。

第九条 聘任体育美育兼职教师应按照公开、公平、择优的原则，严格考察、遴选和聘用程序。

第十条 聘用的基本程序：

（一）学校根据需要上报兼职教师岗位和任职条件。

（二）县（区）级教育行政部门面向社会公开发布招聘信息。

（三）县（区）级教育行政部门会同有关部门对应聘人员或者政府购买服务的承接主体进行资格审查。

（四）县（区）级教育行政部门确定岗位人选或者政府购买服务的承接主体，并予以公示。

（五）县（区）级教育行政部门指导学校与拟聘用人员签订聘用合同。

第十一条 在职人员在应聘兼职教师前，须事先征得所在单位同意。

第十二条 体育美育兼职教师上岗任教前，学校应对其进行教育理论、学科课程与教学法、教育法律法规及学校规章制度等内容的岗前培训。

第四章 组织管理

第十三条 学校要加强对体育美育兼职教师的管理，将兼职教师纳入学校教师队伍管理之中，制订体育美育兼职教师管理办法和评价标准，明确权利义务，规范从教行为，细化业绩考核。

第十四条 学校应当为体育美育兼职教师创造良好的工作环境，建立专任教师与兼职体育美育教师结对帮扶机制，支持兼职教师与专任教师联合开展教育教学活动。专职教师在其他学校兼职的工作量不应超过本校的工作量。

第十五条 体育美育兼职教师要遵守职业道德规范，认真履行教书育人职责，杜绝借教学与活动之名推销体育、艺术器材设备、有偿补课等行为。各地要结合实际建立健全体育美育兼职教师行为规范。

第十六条 体育美育兼职教师有下列情形之一的，按照精神奖励与物质奖励相结合的原则，给予奖励表彰：

（一）坚持在农村及偏远学校任教的。

（二）在体育美育课堂教学和课外活动中深受学生喜爱，并取得成绩的。

（三）在传承中华优秀传统文化体育与艺术方面作出贡献的。

（四）有其他突出业绩的。

第五章 保障措施

第十七条 地方各级教育行政部门要坚持以专任教师为主，兼职教师为补充的原则，统筹加强体育美育教师队伍建设，将体育美育兼职教师纳入教师队伍建设总体规划，将学校聘请兼职教师工作纳入人事管理监督检查范围，建立学校体育美育兼职教师资源库，统筹区域内体育美育兼职教师的调配与管理。

第十八条 各地应通过多种渠道筹措资金支持选聘体育美育兼职教师工作，并合理支付相应报酬。

第十九条 各级教育行政部门和教研部门要加强对体育美育兼职教师的培训，设立体育美育兼职教师培训项目，提升其教育教学能力和专业技能水平。

第六章 附则

第二十条 各地教育行政部门应会同相关部门，研究制订本地区学校体育美育兼职教师管理办法的实施细则。

第二十一条 本办法自公布之日起施行。

北京市教育委员会

关于公布 2017 年北京市幼儿园、中小学、中等职业学校学科教学带头人和骨干教师名单的通知

京教人〔2018〕4 号

各区教委，市教委有关直属单位：

根据北京市教育委员会《关于做好 2017 年北京市幼儿园、中小

学、中等职业学校学科教学带头人和骨干教师评选工作的通知》（京教函〔2017〕497号）文件精神，按照《北京市幼儿园、中小学、中等职业学校学科教学带头人、骨干教师选拔和管理暂行办法》（京教人〔2003〕15号），经北京市幼儿园、中小学、中等职业学校学科教学带头人和骨干教师评选委员会及北京市教育委员会审定，拟批准何桂香等399人为北京市幼儿园、中小学、中等职业学校学科教学带头人，汪京莉等2194人为北京市幼儿园、中小学、中等职业学校骨干教师，批准时间为2018年2月7日。

北京市教育委员会对市级学科教学带头人和骨干教师实行动态管理，每三年评定一次。本次评选的市级学科教学带头人、骨干教师的任期为2018年3月1日至2021年3月1日。

各区教育委员会和有关直属单位要加强对学科教学带头人和骨干教师的管理，按照我市教师队伍建设相关文件要求，积极创造条件不断提高其师德水平和教师专业素质能力，深化教师管理综合改革，充分发挥市级学科教学带头人和骨干教师的示范引领及辐射作用，有计划地组织他们到农村中小学（幼儿园）及城区一般中小学（幼儿园）开展支教活动，不断提高我市基础教育师资队伍的整体水平，造就党和人民满意的高素质专业化创新型教师队伍，全面落实立德树人根本任务。

附件：1. 2017年北京市幼儿园、中小学、中等职业学校学科教学带头人名单

2. 2017年北京市幼儿园、中小学、中等职业学校骨干教师名单（略）

2018年2月9日

附件 1

2017 年北京市幼儿园、中小学、中等职业学校学科教学带头人名单

序号	姓名	性别	工作单位	学科	所在区
1	何桂香	女	北京教育科学研究院	学前教育	直属
2	刘胤	女	北京市延庆区第三幼儿园	学前教育	延庆
3	石利颖	女	北京市第五幼儿园	学前教育	东城
4	王艳云	女	北京教育学院朝阳分院	学前教育	朝阳
5	左晓静	女	北京市西城区教育研修学院	学前教育	西城
6	顾春晖	女	北京市西城区教育研修学院	学前教育	西城
7	安平	女	北京市朝阳区教育研究中心	学前教育	朝阳
8	杨秀英	女	北京市门头沟区教师进修学校	学前教育	门头沟
9	张爱军	女	北京市朝阳区三里屯幼儿园	学前教育	朝阳
10	陈晶	女	北京市第五幼儿园	学前教育	东城
11	朱金岭	女	北京市六一幼儿院	学前教育	海淀
12	宗文革	女	北京教育学院丰台分院	学前教育	丰台
13	李莉	女	北京市昌平区教师进修学校	学前教育	昌平
14	任晓燕	女	北京市东城区光明幼儿园	学前教育	东城
15	张雅静	女	北京市朝阳区翠成幼儿园	学前教育	朝阳
16	蔡涛	女	北京市第一幼儿园	学前教育	东城
17	李峰	女	北京市海淀区教师进修学校	学前教育	海淀
18	徐淑松	女	北京市通州区花石匠幼儿园	学前教育	通州
19	刘明霞	女	北京市昌平区机关幼儿园	学前教育	昌平
20	田爱芳	女	北京市怀柔区第二幼儿园	学前教育	怀柔

续表 1

序号	姓名	性别	工作单位	学科	所在区
21	赵春红	女	北京市密云区第九幼儿园	学前教育	密云
22	刘学红	女	北京市顺义区西辛小学	小学语文	顺义
23	张龙	男	北京市朝阳区芳草地国际学校	小学语文	朝阳
24	马蔷	女	北京教育学院宣武分院	小学语文	西城
25	杨雪莲	女	北京市顺义区教育研究和教师研修中心	小学语文	顺义
26	耿春龙	男	北京市海淀区中关村第三小学	小学语文	海淀
27	王淑阳	女	北京市昌平区昌盛园小学	小学语文	昌平
28	刘桂霞	女	北京市通州区中山街小学	小学语文	通州
29	张艳清	女	北京市大兴区第二小学	小学语文	大兴
30	柏春庆	女	北京市海淀区教师进修学校	小学语文	海淀
31	苏静林	男	北京市顺义区教育研究和教师研修中心	小学语文	顺义
32	申静	女	北京市昌平区二毛学校	小学语文	昌平
33	王琦	女	北京市京源学校	小学语文	石景山
34	陈丽	女	北京市昌平区教师进修学校	小学语文	昌平
35	王雪莲	女	北京市大兴区教师进修学校	小学语文	大兴
36	刘军	女	北京市朝阳区芳草地国际学校	小学语文	朝阳
37	张立	女	北京市海淀区教师进修学校	小学语文	海淀
38	刘玉娟	女	北京教育学院丰台分院	小学语文	丰台
39	王晓英	女	北京市海淀区实验小学	小学语文	海淀
40	刘冬辉	女	北京市房山区教师进修学校	小学语文	房山
41	张立娟	女	北京市通州区教师研修中心	小学语文	通州
42	高春杰	女	北京市昌平区教师进修学校	小学语文	昌平
43	周生利	男	北京市房山区良乡第三小学	小学语文	房山

续表 2

序号	姓名	性别	工作单位	学科	所在区
44	毕然	女	北京第一实验小学	小学语文	西城
45	逄静	女	北京第一师范学校附属小学	小学语文	东城
46	马丽	女	北京市密云区第二小学	小学语文	密云
47	闫勇	男	北京教育科学研究院	小学语文	直属
48	卢海燕	女	北京市昌平区城关小学	小学语文	昌平
49	杨伟宁	女	北京市西城区教育研修学院	小学语文	西城
50	刘朝生	男	北京市怀柔区教科研中心	小学语文	怀柔
51	王秀鲜	女	北京市东城区史家胡同小学	小学语文	东城
52	马妍	女	北京市朝阳区教育研究中心	小学语文	朝阳
53	吴琳	女	北京市东城区教师研修中心	小学语文	东城
54	李新会	男	北京市平谷区教育研修中心	小学语文	平谷
55	闫立华	女	北京市延庆区康庄中心小学	小学语文	延庆
56	马洪波	男	北京教育学院丰台分院	小学语文	丰台
57	宋浩志	男	北京市东城区教师研修中心	小学语文	东城
58	丁雁玲	女	北京市东城区教师研修中心	小学数学	东城
59	贾福录	男	北京教育科学研究院	小学数学	直属
60	刘延革	女	北京教育科学研究院	小学数学	直属
61	周卫红	女	北京市昌平区教师进修学校	小学数学	昌平
62	于萍	女	北京小学	小学数学	西城
63	薛铮	女	北京市西城区黄城根小学	小学数学	西城
64	周冬梅	女	清华大学附属小学商务中心区实验小学	小学数学	朝阳
65	陈俊荣	女	北京市海淀区中关村第三小学	小学数学	海淀
66	王丽星	男	清华大学附属小学	小学数学	海淀
67	闫云梅	女	北京教育学院石景山分院	小学数学	石景山

续表 3

序号	姓名	性别	工作单位	学科	所在区
68	王丽娜	女	北京市昌平区城关小学	小学数学	昌平
69	刘东旭	女	北京市通州区教师研修中心	小学数学	通州
70	高雪艳	女	北京市东城区史家胡同小学	小学数学	东城
71	吕志新	男	北京教育学院丰台分院	小学数学	丰台
72	孙雪娜	女	北京小学长阳分校	小学数学	房山
73	李义杰	女	北京教育学院丰台分院	小学数学	丰台
74	郑琴	女	北京市光明小学	小学数学	东城
75	文静	女	北京市西城区教育研修学院	小学数学	西城
76	邓春香	女	北京市门头沟区大峪第二小学	小学数学	门头沟
77	李文会	女	北京市朝阳区教育研究中心	小学数学	朝阳
78	孙佳威	女	北京市朝阳区教育研究中心	小学数学	朝阳
79	胡立利	女	北京市顺义区西辛小学	小学数学	顺义
80	王雪峰	女	北京大学附属小学	小学数学	海淀
81	孙建	男	北京教育学院丰台分院	小学数学	丰台
82	郝合军	女	北京市密云区第一小学	小学数学	密云
83	石雷	男	北京市朝阳区星河实验小学	小学数学	朝阳
84	邵钦	女	北京石油学院附属小学	小学数学	海淀
85	卫素霞	女	北京市延庆区第四小学	小学数学	延庆
86	吴建成	男	北京市东城区府学胡同小学	小学数学	东城
87	林蕊馨	女	北京教育科学研究院通州区第一实验小学	小学数学	通州
88	张京娴	女	北京市大兴区第五小学	小学数学	大兴
89	陈春芳	女	北京市顺义区石园小学	小学数学	顺义
90	王燕	女	北京市朝阳区实验小学密云学校	小学数学	密云

续表 4

序号	姓名	性别	工作单位	学科	所在区
91	李志勇	男	北京市门头沟区教师进修学校	小学数学	门头沟
92	郭志滨	女	北京市东城区史家胡同小学	小学品德与社会	东城
93	杜文丽	女	北京市朝阳区白家庄小学	小学品德与社会	朝阳
94	曹增坤	女	北京市通州区教师研修中心	小学品德与社会	通州
95	艾艳敏	女	北京市门头沟区教师进修学校	品德与生活品德与社会	门头沟
96	王颖	女	北京市朝阳区教育研究中心	小学品德与社会	朝阳
97	周晓超	男	北京第二实验小学	小学品德与社会	西城
98	张玉兰	女	北京市海淀区教师进修学校	小学品德与社会	海淀
99	张崧	女	首都师范大学附属育新学校	小学思想品德	直属
100	王建平	女	北京教育科学研究院	小学英语	直属
101	王晓东	男	北京教育科学研究院	小学英语	直属
102	江萍	女	北京市东城区教师研修中心	小学英语	东城
103	王丽颖	女	北京市朝阳区芳草地国际学校	小学英语	朝阳
104	王芳	女	北京市西城区教育研修学院	小学英语	西城
105	闫赤兵	女	北京市海淀区教师进修学校	小学英语	海淀
106	李静	女	北京市海淀区教师进修学校	小学英语	海淀
107	闫景荣	女	北京市通州区教师研修中心	小学英语	通州
108	贾秋林	女	北京市顺义区教育研究和教师研修中心	小学英语	顺义
109	白晓芳	女	北京市房山区张坊镇张坊中心小学	小学英语	房山
110	张群智	女	北京教育学院朝阳分院	小学教育学	朝阳
111	王思锦	女	北京市海淀区教师进修学校	小学科学	海淀
112	江卫园	女	北京市通州区永顺镇中心小学	小学科学	通州

续表 5

序号	姓名	性别	工作单位	学科	所在区
113	朱慧	女	北京教育学院宣武分院	小学信息技术	西城
114	庄重	男	北京市新教育实验学校	小学综合实践	朝阳
115	郭建华	男	北京市密云区冯家峪镇中心小学	小学科学	密云
116	孔晓燕	女	北京市丰台区丰台第一小学	小学科学	丰台
117	李文宾	男	北京市门头沟区大峪第二小学	小学信息技术	门头沟
118	韩雪红	女	北京工业大学附属中学英才分校	劳动技术	朝阳
119	芮莉	女	北京师范大学奥林匹克花园实验小学	科学	朝阳
120	金娜	女	北京教育学院宣武分院	小学科学	西城
121	高晓颖	女	北京市顺义区教育研究和教师研修中心	小学科学	顺义
122	富殿山	男	北京市昌平区教师进修学校	小学科学	昌平
123	李永恒	男	北京市朝阳区芳草地国际学校	信息技术	朝阳
124	杨素红	女	北京市平谷区教育研修中心	小学信息技术	平谷
125	张云霞	女	北京市平谷区教育研修中心	小学综合实践活动	平谷
126	郭京平	女	北京明远教育书院实验小学	科学	朝阳
127	闫德胜	男	北京市通州区教师研修中心	小学教科研	通州
128	昝荣亮	男	北京市怀柔区教科研中心	小学综合实践活动	怀柔
129	陈颖文	女	北京中学	科技	朝阳
130	刘志江	男	北京景山学校	中学语文	东城
131	王健	男	北京市顺义牛栏山第一中学	中学语文	顺义
132	计静晨	女	北京市东城区教师研修中心	中学语文	东城
133	夏宇	男	北京教育科学研究院	中学语文	直属

续表 6

序号	姓名	性别	工作单位	学科	所在区
134	纪秋香	女	北京教育学院石景山分院	中学语文	石景山
135	徐南南	女	北京市通州区教师研修中心	中学语文	通州
136	陈瑞雪	女	北京市延庆区教育科学研究中心	中学语文	延庆
137	王春晶	女	北京市顺义牛栏山第一中学	中学语文	顺义
138	高美玲	女	北京市通州区马驹桥学校	中学语文	通州
139	朱艳春	女	北京市通州区教师研修中心	中学语文	通州
140	李学栋	男	北京市大兴区教师进修学校	中学语文	大兴
141	王芳耀	男	北京师范大学附属实验中学	中学语文	西城
142	高建春	女	北京市延庆区第一中学	中学语文	延庆
143	王学东	女	北京市第八十中学	中学语文	朝阳
144	李良益	男	北京市陈经纶中学	中学语文	朝阳
145	倪莉	女	北京师范大学第三附属中学	中学语文	海淀
146	吕静	女	北京市第十五中学	中学语文	西城
147	亓东军	女	北京教育学院丰台分院	中学语文	丰台
148	杜志兵	男	北京市西城区教育研修学院	中学语文	西城
149	石素芝	女	中国人民大学附属中学第二分校	中学语文	海淀
150	李晨松	女	北京市通州区潞河中学	中学语文	通州
151	王艳	女	中国人民大学附属中学	中学语文	海淀
152	董雪娇	女	首都师范大学附属育新学校	中学语文	直属
153	谢守成	男	北京教育学院丰台分院	中学语文	丰台
154	刘靖	女	北京市昌平区第一中学	中学语文	昌平
155	南海涛	女	北京教育学院石景山分院	中学语文	石景山
156	樊丽慧	女	北京市第十九中学	中学语文	海淀

续表 7

序号	姓名	性别	工作单位	学科	所在区
157	郑学英	女	北京市昌平区教师进修学校	中学语文	昌平
158	陈立今	男	北京师范大学第二附属中学	中学语文	西城
159	姚守梅	女	北京市海淀区教师进修学校	中学语文	海淀
160	马耀国	男	北京市通州区教师研修中心	中学语文	通州
161	张滨滨	女	北京中学	中学语文	朝阳
162	刘淑阁	女	北京市密云区第五中学	中学语文	密云
163	邱道学	男	清华大学附属中学	中学语文	海淀
164	陈玉福	男	北京市通州区运河中学	中学语文	通州
165	谢政满	男	北京教育学院丰台分院	中学语文	丰台
166	罗丹	女	北京市昌平实验中学	中学语文	昌平
167	任全林	男	北京市房山区教师进修学校	中学语文	房山
168	李进辉	男	北京市第二中学亦庄学校	中学语文	大兴
169	闻岩	男	北京市西城区教育研修学院	中学数学	西城
170	李文	男	北京教育学院石景山分院	中学数学	石景山
171	李大永	男	北京市海淀区教师进修学校	中学数学	海淀
172	丁明怡	女	北京教育科学研究院	中学数学	直属
173	叶欣	女	北京工业大学附属中学	中学数学	朝阳
174	罗琳	女	北京教育学院附属丰台实验学校	中学数学	丰台
175	关健	女	北京理工大学附属中学	中学数学	海淀
176	胡芳	女	北京市第五中学	中学数学	东城
177	高雪松	女	北京师范大学第二附属中学	中学数学	西城
178	郭谊	男	北京市平谷中学	中学数学	平谷
179	张全合	男	北京市昌平区第一中学	中学数学	昌平
180	李红	女	北京市第二十二中学	中学数学	东城

续表 8

序号	姓名	性别	工作单位	学科	所在区
181	魏海楠	男	北京市通州区潞河中学	中学数学	通州
182	栾瑞红	女	北京市大兴区德茂中学	中学数学	大兴
183	姚晖	男	首都师范大学附属中学	中学数学	直属
184	崔永学	男	北京市密云区教师研修学院	中学数学	密云
185	张晓东	男	北京市海淀区教师进修学校	中学数学	海淀
186	刘忠新	女	北京市海淀区教师进修学校	中学数学	海淀
187	王坤	男	北京市第八十中学	中学数学	朝阳
188	高丽娟	女	北京市昌平区教师进修学校	中学数学	昌平
189	陈俊	男	北京市东城区教师研修中心	中学数学	东城
190	周苏敏	女	北京市延庆区十一学校	中学数学	延庆
191	张东	男	北京教育学院朝阳分院	中学数学	朝阳
192	赵月灵	女	北京市通州区潞河中学	中学数学	通州
193	李梁	男	北京市西城区教育研修学院	中学数学	西城
194	张辉	女	北京市陈经纶中学	中学数学	朝阳
195	孙芳	女	中国人民大学附属中学	中学数学	海淀
196	李艳茹	女	北京市怀柔区第一中学	中学数学	怀柔
197	鲍敬谊	女	北京大学附属中学	中学数学	海淀
198	孟庆贵	女	北京市通州区教师研修中心	中学数学	通州
199	谢慧	女	北京市朝阳区教育研究中心	中学数学	朝阳
200	潘荣杰	男	北京市第八十中学	中学数学	朝阳
201	安国敏	女	北京市房山区良乡第二中学	中学数学	房山
202	王斌	女	北京市育英学校	中学数学	海淀
203	张玉峰	男	北京教育科学研究院	中学物理	直属
204	郝臣	男	北京市第五中学	中学物理	东城

续表 9

序号	姓名	性别	工作单位	学科	所在区
205	马朝华	女	北京市海淀区教师进修学校	中学物理	海淀
206	周端焱	男	北京中学	中学物理	朝阳
207	杨清源	男	北京市八一学校	中学物理	海淀
208	张宇	男	北京市育英中学	中学物理	海淀
209	李德胜	男	北京市第四中学	中学物理	西城
210	夏维宏	男	北京汇文中学	中学物理	东城
211	尹德利	男	北京市东方德才学校	中学物理	朝阳
212	张羽燕	女	首都师范大学附属实验学校	中学物理	朝阳
213	李树新	男	北京市燕山东风中学	中学物理	燕山
214	骆玉香	女	北京市第八十中学	中学物理	朝阳
215	王朝祥	男	北京市第八十中学	中学物理	朝阳
216	陈磊	男	北京教育学院丰台分院	中学物理	丰台
217	崔杨	女	北京市第四中学顺义分校（北京市顺义区第十中学）	中学物理	顺义
218	付鹂娟	女	北京市第一〇一中学	中学物理	海淀
219	王美芹	女	首都师范大学附属密云中学	中学物理	密云
220	李兆锋	男	对外经济贸易大学附属中学（北京市第九十四中学）	中学物理	朝阳
221	曾拥军	男	北京教育学院丰台分院	中学物理	丰台
222	咸世强	男	北京教育学院宣武分院	中学物理	西城
223	徐国萍	女	北京市昌平区教师进修学校	中学物理	昌平
224	林红焰	女	北京景山学校	中学化学	东城
225	张旌	女	北京市西城区教育研修学院	中学化学	西城
226	胡晓萍	女	北京市第八中学	中学化学	西城
227	陈瑞雪	女	北京市朝阳区教育研究中心	中学化学	朝阳

续表 10

序号	姓名	性别	工作单位	学科	所在区
228	孙静	女	北京市日坛中学	中学化学	朝阳
229	商晓绪	女	北京市朝阳区教育研究中心	中学化学	朝阳
230	支瑶	女	北京市海淀区教师进修学校	中学化学	海淀
231	陈颖	女	北京市海淀区教师进修学校	中学化学	海淀
232	孙京	男	北京市十一学校	中学化学	海淀
233	张景富	男	北京市第二十中学	中学化学	海淀
234	秦林	女	北京教育学院丰台分院	中学化学	丰台
235	徐敏	女	北京教育学院丰台分院	中学化学	丰台
236	郭春红	女	北京市第十二中学	中学化学	丰台
237	莘赞梅	女	北京教育学院石景山分院	中学化学	石景山
238	周庆华	男	北京市大兴区第一中学	中学化学	大兴
239	刘翠茹	女	北京市大兴区第一中学	中学化学	大兴
240	杨东清	女	北京市通州区潞河中学	中学化学	通州
241	王福成	男	北京市顺义区第一中学	中学化学	顺义
242	李伏刚	男	北京教育科学研究院	中学化学	直属
243	乐进军	男	北京教育科学研究院	中学化学	直属
244	韩宏杰	女	北京市第八十中学	中学生物	朝阳
245	秦悦	女	北京市第一六六中学	中学生物	东城
246	李云会	女	北京市团结湖第三中学	中学生物	朝阳
247	赵京秋	女	北京市西城区教育研修学院	中学生物	西城
248	邢凤玉	女	北京市十一学校	中学生物	海淀
249	李秀军	女	北京市密云区教师研修学院	中学生物	密云
250	高俊英	女	北京市中关村中学	中学生物	海淀
251	潘勇	男	北京市和平街第一中学	中学生物	朝阳

续表 11

序号	姓名	性别	工作单位	学科	所在区
252	陈淑香	女	北京市通州区教师研修中心	中学生物	通州
253	郭秋荣	女	北京市昌平区教师进修学校	中学生物	昌平
254	白建秀	女	北京市朝阳区教育研究中心	中学生物	朝阳
255	李晓伶	女	北京市顺义区教育研究和教师研修中心	中学生物	顺义
256	杜玉芬	女	北京教育学院宣武分院	中学生物	西城
257	徐雁	女	北京市第四中学	中学历史	西城
258	王耘	女	北京教育科学研究院	中学历史	直属
259	郭大维	男	北京市朝阳区教育研究中心	中学历史	朝阳
260	王辉	男	首都师范大学附属苹果园中学	中学历史	石景山
261	张逸红	女	北京市西城区教育研修学院	中学历史	西城
262	赵艳兵	男	北京市顺义区教育研究和教师研修中心	中学历史	顺义
263	刘赋斌	男	北京市顺义牛栏山第一中学	中学历史	顺义
264	柳春梅	女	北京市日坛中学	中学历史	朝阳
265	陈红	女	北京教育科学研究院	中学地理	直属
266	吉小梅	女	北京市海淀区教师进修学校	中学地理	海淀
267	李文胜	女	北京市朝阳区教育研究中心	中学地理	朝阳
268	宋波	女	北京市朝阳区教育研究中心	中学地理	朝阳
269	邬雪梅	女	北京市西城区教育研修学院	中学地理	西城
270	王红梅	女	北京师范大学第四附属中学	中学地理	丰台
271	沈莉	女	北京航空航天大学实验学校	中学地理	海淀
272	宗连杰	男	北京市通州区第三中学	中学地理	通州
273	马文华	女	北京市十一学校	中学地理	海淀
274	刘红艳	女	北京市房山区坨里中学	中学地理	房山

续表 12

序号	姓名	性别	工作单位	学科	所在区
275	张述林	男	北京市第一七一中学	中学地理	东城
276	齐宝卫	男	北京市陈经纶中学	中学政治	朝阳
277	任兴来	男	北京市海淀区教师进修学校	中学政治	海淀
278	张璇	女	北京教育学院丰台分院	中学政治	丰台
279	李同	女	北京市大成学校	中学政治	丰台
280	王丽娟	女	北京市育英学校密云分校	中学政治	密云
281	毕玉让	女	北京市通州区运河中学	中学政治	通州
282	赵爱军	女	清华大学附属中学上地学校	中学政治	海淀
283	王文彦	女	北京市第五中学分校	中学政治	东城
284	王精华	女	北京市平谷区第五中学	中学政治	平谷
285	曹正宝	男	北京师范大学大兴附属中学	中学政治	大兴
286	赵敏	女	北京师范大学附属中学	中学政治	西城
287	刘玉泉	男	北京市延庆区第一中学	中学政治	延庆
288	刘海云	女	北京市工业技师学院	中学政治	技校
289	陈新忠	男	北京教育科学研究院	中学英语	直属
290	关媛	女	北京市东城区教师研修中心	中学英语	东城
291	周亚	女	北京师范大学附属中学	中学英语	西城
292	孙铁玲	女	北京市海淀区教师进修学校	中学英语	海淀
293	李军华	女	首都师范大学附属中学	中学英语	直属
294	赵钰莲	女	北京市海淀区教师进修学校	中学英语	海淀
295	钟淑梅	女	北京教育学院石景山分院	中学英语	石景山
296	师海红	女	北京教育学院朝阳分院	中学英语	朝阳
297	赵文娟	女	北京市朝阳区教育研究中心	中学英语	朝阳
298	陈芳	女	北京教育学院石景山分院	中学英语	石景山

续表 13

序号	姓名	性别	工作单位	学科	所在区
299	王玉萍	女	中国地质大学附属中学	中学英语	海淀
300	鲍继红	女	北京市大兴区第一中学	中学英语	大兴
301	聂成军	男	北京市海淀区教师进修学校	中学英语	海淀
302	付绘	女	北京教育学院丰台分院	中学英语	丰台
303	马德利	女	北京市房山第四中学	中学英语	房山
304	车向军	女	北京教育学院丰台分院	中学英语	丰台
305	韩帅	女	北京市第八中学	中学英语	西城
306	景鹏	男	北京教育学院宣武分院	中学英语	西城
307	齐俊梅	女	北京市第十七中学	中学英语	朝阳
308	宋红靖	女	北京市第十八中学	中学英语	丰台
309	韩媛媛	女	北京市顺义区杨镇第一中学	中学英语	顺义
310	王冬梅	女	北京教育学院丰台分院	中学英语	丰台
311	王艳荣	女	北京市通州区教师研修中心	中学英语	通州
312	李跃	女	北京市密云区新农村中学	中学英语	密云
313	马晓波	女	北京市顺义牛栏山第一中学	中学英语	顺义
314	张保恒	男	北京市怀柔区教科研中心	中学英语	怀柔
315	任孝勇	男	北京市通州区潞河中学	中学英语	通州
316	张秀红	女	北京市朝阳区教育研究中心	中学英语	朝阳
317	张艳红	女	北京市朝阳区教育研究中心	中学英语	朝阳
318	梁卫红	女	北京工业大学附属中学	中学英语	朝阳
319	杜秀平	女	北京市平谷区第五中学	中学英语	平谷
320	马建玲	女	北京市昌平区前锋学校	中学英语	昌平
321	丁艳茹	女	北京小学丰台万年花城分校	小学音乐	丰台
322	杨俐嘉	女	北京教育学院丰台分院	小学音乐	丰台

续表 14

序号	姓名	性别	工作单位	学科	所在区
323	王众敬	女	北京市顺义区教育研究和教师研修中心	小学音乐	顺义
324	程郁华	女	北京教育科学研究院	小学音乐	直属
325	王帅	男	北京市陈经纶中学	中学音乐	朝阳
326	田雨	女	北京市海淀区七一小学	小学音乐	海淀
327	刘稳	女	北京市西城区教育研修学院	中学音乐	西城
328	冯树远	男	中国人民大学附属中学	中学音乐	海淀
329	王静	女	北京教育科学研究院通州区第一实验小学	小学音乐	通州
330	郭宝	男	北京市怀柔区教科研中心	小学音乐	怀柔
331	祝真伟	男	北京戏曲艺术职业学院	职教（音乐声乐表演）	中专
332	车朝晖	女	北京市朝阳区教育研究中心	小学美术	朝阳
333	王爱平	女	北京小学大兴分校	小学美术	大兴
334	田冬梅	女	北京市西城区青少年美术馆	校外教育(美术)	西城
335	唐颖	女	北京市西城区教育研修学院	小学美术	西城
336	陶艳梅	女	清华大学附属中学朝阳学校	中学美术	朝阳
337	张跃东	男	北京市东城区教师研修中心	小学美术	东城
338	高英	女	北京教育学院丰台分院	中学美术	丰台
339	刘鹏	男	北京市大兴区教师进修学校	中学美术	大兴
340	林秋伶	女	北京市海淀区中关村第一小学	小学美术	海淀
341	左春燕	女	北京教育科学研究院通州区第一实验小学	小学美术	通州
342	王世宏	男	北京市第九中学	中学美术	石景山
343	耿鑫	男	北京教育科学研究院	小学美术	直属
344	魏立柱	男	北京市第一〇一中学	中学美术	海淀

续表 15

序号	姓名	性别	工作单位	学科	所在区
345	樊伟	女	北京教育科学研究院	小学体育	直属
346	孙卫华	男	北京市朝阳区教育研究中心	中学体育	朝阳
347	赵卫新	男	清华大学附属小学商务中心区实验小学	小学体育	朝阳
348	徐惠	女	北京市通州区潞河中学	中学体育	通州
349	海汶	男	北京市东城区教师研修中心	中学体育	东城
350	何福奎	男	北京市房山区教师进修学校	中学体育	房山
351	王金良	男	北京市海淀区中关村第二小学	中学体育	海淀
352	尤军	男	北京市房山区教师进修学校	小学体育	房山
353	刘晶	女	北京市昌平区第一中学	中学体育	昌平
354	李兵	男	北京市海淀区中关村第三小学	中学体育	海淀
355	刘红梅	女	北京市海淀区教师进修学校	中学体育	海淀
356	霍中阳	男	北京市密云区第二小学	小学体育	密云
357	郭书华	女	北京市延庆区教育科学研究中心	小学体育	延庆
358	肖兰敏	女	北京师范大学第二附属中学西城实验学校	中学体育	西城
359	李鹏航	男	北京工业大学实验学校	中学体育	朝阳
360	申军红	女	北京市海淀区教师进修学校	中学教育学	海淀
361	严星林	男	北京市海淀区教育科学研究院	教育科研	海淀
362	杨健	女	北京市西城区教育研修学院	中学信息技术	西城
363	袁中果	男	中国人民大学附属中学	信息技术	海淀
364	马丽英	女	北京市朝阳区教育研究中心	综合实践	朝阳
365	巴军	女	北京市八一学校	信息技术	海淀
366	程忠智	男	北京教育学院丰台分院	中学心理	丰台

续表 16

序号	姓名	性别	工作单位	学科	所在区
367	陈岩	女	北京市海淀区中小学干部研修中心	教育科研	海淀
368	梁烜	女	北京教育科学研究院	中学综合实践	直属
369	王永庆	男	北京市大兴区教师进修学校	教育科研	大兴
370	王笑梅	女	北京市海淀区教育科学研究院	教育科研	海淀
371	郑立新	男	北京教育科学研究院	中学信息技术	直属
372	陈雪梅	女	北京市海淀区教师进修学校	劳动技术	海淀
373	吕争	男	北京市大兴区教师进修学校	中学信息技术	大兴
374	张景芳	女	北京教育学院石景山分院	中学心理	石景山
375	张戈	男	北京西藏中学	通用技术	直属
376	张慧萍	女	北京市门头沟区教师进修学校	中学心理	门头沟
377	姜勇清	女	北京市实美职业学校	职教（美容美发与形象设计）	西城
378	王彩娥	女	北京市商业学校	物流服务与管理	中专
379	左振龙	男	北京市供销学校	会计	中专
380	王跃辉	男	北京市劲松职业高中	西餐烹饪	朝阳
381	刘海霞	女	北京教育科学研究院	职业教育	直属
382	侯德成	男	北京市商业学校	西餐烹饪	中专
383	赵晶璇	男	中国戏曲学院附属中等戏曲学校	戏曲表演	中专
384	向军	男	北京市劲松职业高中	中餐烹饪	朝阳
385	王红民	女	北京市盲人学校	中医	直属
386	于红立	女	北京市园林学校	园林技术	中专
387	闫毅平	男	北京市工贸技师学院	电气自动化设备安装与维修	技校

续表 17

序号	姓名	性别	工作单位	学科	所在区
388	梁洁婷	女	北京铁路电气化学校	电气运行与控制专业	中专
389	柳素霞	女	北京水利水电学校	给水排水	中专
390	吴民	男	北京市信息管理学校	计算机	海淀
391	王建立	男	北京铁路电气化学校	轨道交通	中专
392	古燕莹	女	北京教育科学研究院	职业教育	直属
393	杨卫东	男	首钢技师学院	压力加工	技校
394	张萌	男	北京市工业技师学院	汽车维修	技校
395	张瑶	女	北京市丰台区职业教育中心学校	职业教育	丰台
396	王宁	女	北京市大兴区教师进修学校	职教计算机	大兴
397	李黎华	女	北京市昌平职业学校	汽车维修（职高）	昌平
398	冀萍	女	北京市经济管理学校	计算机网络	中专
399	李莉	女	北京轻工技师学院	电工电子	技校

北 京 市 教 育 委 员 会
北京市人力资源和社会保障局

关于印发《北京市公开招聘城区中小学历史、地理、政治、生物等紧缺学科教师计划（2018—2020年）》的通知

京教人〔2018〕8号

各区教委、人力社保局：

现将《北京市公开招聘城区中小学历史、地理、政治、生物等紧缺学科教师计划（2018—2020年）》印发给你们，请做好相关工作。

2018年3月5日

北京市公开招聘城区中小学历史、地理、政治、生物等紧缺学科教师计划（2018—2020年）

为落实《北京市拓展中小学教师来源行动计划（2018—2022年）》提出的“实施城区中小学校公开招聘紧缺学科教师计划”的要求，切

实解决基础教育综合改革而带来的结构性缺员问题，满足中小学教育发展的需要，特制定本计划。

一、实施范围

东城、西城、朝阳、海淀、丰台、石景山六个城区及十个远郊区的城区中小学校。

二、招聘范围

面向北京地区全日制普通高等学校、京外地区一流大学建设高校和一流学科建设高校、全国24所省属师范院校的应届硕士研究生及以上学历毕业生。

三、招聘学科

历史、地理、政治、生物、音乐、体育、美术等紧缺学科教师。

四、招聘数额

2018年至2020年共招聘1000名左右教师。

五、有关要求

市教委、市人力社保局实行统筹管理，各区教委、区人力社保局负责公开招聘的具体工作。

（一）3月初，各区教委申报学科及人员需求情况、岗位招聘情况；

（二）3月中下旬—5月，各区教委开展公开招聘工作；

（三）5月底，完成公开招聘工作，各区教委将公开招聘结果报市教委备案。

六、相关政策

公开招聘的非北京生源毕业生所需进京指标优先保障，按照现行引进渠道办理；受聘毕业生的服务期限由相关区教委根据实际情况确定。

北京市教育委员会

关于做好2018年春季北京地区高等学校教师资格认定工作的通知

京教函〔2018〕124号

各高等学校：

2018年春季高校教师资格认定工作即将开始。为了保证此项工作的顺利进行，现将有关事项通知如下：

一、认定范围

北京地区高等学校中专门从事教学工作、拟受聘于高校教师职务的在编在岗教师。

二、时间安排

5月7日至13日，申请人登录www.jszg.edu.cn（中国教师资格网）进行网上申报；

5月14日至21日期间，各高校对本校申请人员进行7天公示；

5月22日至23日，非授权委托认定高校报送申请人员材料；

5月24日前，授权委托认定高校完成对申请人员的公示、体检、认定材料审核、教育教学能力测试、专家审查委员会表决等相关工作；

5月24日至25日，授权委托认定高校报送申请人员材料；

6月1日起，非授权委托认定高校须参加教育教学能力测试人员下载打印准考证（网址为http://www.bjtcc.org.cn）；

6月9日至10日，非授权委托认定高校申请人员参加教育教学能力测试（以准考证上测试时间为准）；

6月13日，非授权委托认定高校参加教育教学能力测试人员查询成绩（网址为 http://www.bjtcc.org.cn）；

6月19日起，发放教师资格证书。

三、报送材料要求

（一）授权委托认定高校

1.《教师资格认定申请表》（含《思想品德鉴定表》）原件一式2份；

2.《北京市申请认定高等学校教师资格人员情况汇总表》1份（见附件1），按姓名拼音升序排序；

3.《申请认定高等学校教师资格人员公示名单》1份（见附件2）；

4.《申请认定高等学校教师资格人员公示结果》1份（见附件3）。

5. 标准一寸证件照1张（制作证书时携带）。

（二）非授权委托认定高校

1.《教师资格认定申请表》（含《思想品德鉴定表》）原件一式2份；

2. 修学高等教育学、高等教育心理学证明原件及复印件；

3. 学历证明复印件；

4.《北京市教师资格认定体格检查表》原件及原件的封面、个人信息页、结论页复印件；

5.《普通话水平测试等级证书》原件及复印件；

6. 身份证明复印件；

7. 标准一寸证件照1张，背面注明申请人姓名，本单位所有照片统一放入一个信封；

8.《北京市申请认定高等学校教师资格人员情况汇总表》1份（见附件1），按姓名拼音升序排序；

9. 公办校提供申请人《北京市事业单位聘用合同书》原件及复印件，如聘用合同中未体现岗位名称，还需提供《岗位任务书》的原件及复印件；

民办高校和独立学院提供申请人劳动合同书原件及复印件；

10.《申请认定高等学校教师资格人员公示名单》1份（见附件2）；

11.《申请认定高等学校教师资格人员公示结果》1份（见附件3）；

补发、换发证书的相关要求详见北京市教师资格网（网址：http://www.bjtcc.org.cn），相关材料于春季报送申请认定材料时一并报送。

四、工作要求

（一）教师资格认定作为教育行政许可事项，程序合法性、办结时效性强，各高校要高度重视，加强组织领导，要确定专人负责，严格按照全市统一部署精心组织，周密安排，积极做好相关政策的宣传和解释工作，对申请人员进行必要的教育教学能力测试指导，保证质量，确保认定工作的顺利开展。

（二）各授权委托高校要严格按照教师资格认定工作程序，制定本年度的教师资格认定工作方案，做好本校申请人员的申请与受理、面试与试讲、审核与认定等相关工作。各类表格填报内容真实，信息完整。

（三）各非授权委托高校要做好信息发布、人员组织管理、申请资格审查、材料收集及初审等各项工作，掌握各时间节点，及时通知本校需要参加教育教学能力测试人员按时参加测试并做好后期测试结果的反馈。

（四）各高校应安排专人作为网络系统管理员负责核实和确认本校申请人员的网报信息。按要求规范操作，核实和确认本校申请人员网报信息的真实性以及与报送的《教师资格认定申请表》内容的一致性。妥善保管登录账户和密码，确保申请人信息安全。

《教师资格认定申请表》中“现从事职业”一栏，高校教师应填写“在职教学人员”；高校专职辅导员应填写“其他专业技术和管理人员”，申报学科只能是“思想政治教育”或“马克思主义哲学与思想政治教育”；没有专业技术职务的人员对应项选“无”；简历应填写到至今项，至今项职务应如实填写“教师”或“辅导员”。

（五）各高校要做好申请人申请认定资料整理归档工作，及时将

《教师资格认定申请表》归入个人人事档案。

（六）各高校在开展教师资格认定工作中，须严肃纪律、依法实施，严禁弄虚作假。特别是对申请人是否具备申请资格进行严格自查。对违反规定，损害申请人利益、甚至影响教师资格制度依法实施，并造成严重后果的，将按照相关法律、法规追究有关人员的责任。对授权委托高校弄虚作假，违反政策规定的，将按照《教师资格条例》和《〈教师资格条例〉实施办法》取消其授权委托资格。

（七）教师资格认定的相关政策请查询北京市教师资格网（http://www.bjtcc.org.cn）。

五、联系方式

北京市教师资格认定事务中心

附件：1. 北京市申请认定高等学校教师资格人员情况汇总表（略）

2. 申请认定高等学校教师资格人员公示名单（样表，略）

3. 申请认定高等学校教师资格人员公示结果（公示无异议模板，略）

2018年3月26日

北京市教育委员会

关于印发《2018年北京市幼儿园园长教师培训工作实施方案》的通知

京教人〔2018〕15号

各区教委、各有关单位：

现将《2018年北京市幼儿园园长、教师培训工作实施方案》印发给你们，请认真贯彻执行。

2018年5月4日

2018年北京市幼儿园园长、教师培训工作实施方案

为深入贯彻党的十九大精神，认真落实《中共中央、国务院关于全面深化新时代教师队伍建设改革的意见》（中发〔2018〕4号）《北京市人民政府办公厅关于印发〈北京市第三期学前教育行动计划〉的通知》（京政办发〔2018〕2号）《北京市人民政府办公厅关于印发〈北京市2018年办好重要民生实事项目分工方案〉的通知》（京政办发〔2018〕1号）《北京市“十三五”时期幼儿园干部教师培训工作实施意见》（京教人〔2017〕21号）等文件精神和要求，结合北京市

幼儿园干部教师队伍实际，整合资源，统筹协调，科学设计全市幼儿园园长、教师培训工作，现制定本实施方案：

一、总体目标

依据北京市2018年重要民生实事项目提出的“对全市幼儿园园长和教师进行全覆盖培训，提升幼儿园管理水平、保教能力和师德师风修养”工作任务，按照幼儿园干部教师专业发展的规律和需求，坚持问题导向，坚持需求导向，强化市级统筹，在幼儿园原有分类、分层和分岗培训体系的基础上，充分整合相关高校、研究机构、培训机构和优质幼儿园的研究和培训资源，聚焦幼儿园干部教师的管理能力、教育教学能力和师德师风修养等重点，科学设计培训课程，创新培训方式，提高培训的针对性和实效性，提升幼儿园干部教师管理、保教和师德水平，促进我市学前教育的健康发展。

二、实施范围与对象

（一）实施范围

北京市各级各类幼儿园，包括教育部门办园、其他部门办园、地方企业办园、事业单位办园、部队办园、集体办园和民办园等。

（二）培训对象

在职在岗的幼儿园园长、专任教师和保育员等人员。参加培训的园长、专任教师和保育员等人员在2018年10月底前，根据园所类型、岗位要求和专业发展要求，完成规定课时的学习任务，获得规定学分。

三、培训内容与课程

根据《北京市人民政府办公厅关于印发〈北京市2018年办好重要民生实事项目分工方案〉的通知》的要求，参照教育部《幼儿园园长专业标准》和《幼儿园教师专业标准（试行）》，北京市幼儿园园长、专任教师和保育员等人员培训内容包括师德、教育教学、教育管理等内容，特别加强教育法律法规、家园共育、风险防控和突发事件应对等方面的培训。培训课程包括面授课程和网络课程，其中网络课程由通识课程和专题课程构成。

四、学时与考核

（一）学时

幼儿园园长、专任教师和保育员培训学时共计30学时，其中面授8学时、网络学习22学时（通识课程10学时、专题课程12学时）。完成培训的人员获得1.5学分，计入“十三五”幼儿园干部教师培训公共必修课学时和学分。

工勤等其他人员培训学时15学时，其中面授5学时，其余结合工作岗位选择相应网络课程。

（二）考核要求

1. 每名学员完成一篇不少于500字的反思，重点围绕培训内容运用于本岗位工作的思考；或提交一份观察记录；或教育随笔。

2. 每名学员要完成在线考试答题。

园长的考核由区教委负责，专任教师、保育员等人员的考核由幼儿园负责。

五、培训方式

培训采用面授和网络相结合的混合式培训方式。师德、教育法律法规、教育管理与安全等培训内容采取面授的培训方式，由市、区两级教委负责。幼儿园园长和市级骨干教师、学科教学带头人、特级教师的面授培训由市教委负责组织，须于6月底完成；其他人员的面授培训由各区教委负责组织，须于8月底前完成，各区教委依据培训内容聘请相关领域的专家授课。教育教学等培训内容采取网络培训方式，培训组班方式由各区教委确定，网络培训由各区教委负责。

六、辅导教师、管理员的职责

（一）辅导教师的职责

区级辅导教师由各区推荐，经过市级培训合格后承担培训辅导任务。

1. 市级辅导教师职责

市级辅导教师负责培训区级辅导教师，并辅助区级辅导教师完成教师培训。

2. 区级辅导教师职责

（1）负责培训的组织与辅导，督促学员完成学习任务及作业，并向区管理员汇报学情；

（2）负责学员作业评定；

（3）定期以简报形式通报本班学员的学习进度；

（4）组织参与专家答疑、学情通报会活动，根据专家引领与学情通告情况，有针对性的指导学员学习；

（5）撰写并提交培训总结。

（二）管理员职责

1. 市级管理员

（1）组建并管理市级研修指导团队（辅导教师等）；组织区级辅导教师、管理员等培训；

（2）组织学情通报会，及时了解项目开展情况，负责解答区级管理员的问题。

2. 区级管理员

（1）根据本区实际与本项目培训要求，制定本区实施方案；

（2）建立健全本区项目管理制度，包括组织管理、考核评价与激励机制等；

（3）根据项目要求，遴选辅导教师，组建并管理本区辅导教师团队；

（4）保障本区培训条件，合理安排人员、场地、设施、设备及时间；

（5）定期召开学情通报会，及时了解培训情况，解答各班级和各幼儿园的相关问题。参与市级学情通报会，定期以简报形式汇报培训开展情况；

（6）总结区培训经验，做好培训工作总结等。

3. 园级管理员

（1）了解本幼儿园培训情况，督促本园参训人员认真完成学习任务；

（2）收集幼儿园参训人员在学习过程中的主要问题，负责向本区管理员咨询并及时反馈；

（3）总结本园在培训开展中的经验，完成培训工作总结。

七、工作保障

（一）组织领导

为保障全员培训工作的顺利实施，成立相应工作组：

1. 成立以市教委主任为组长的培训工作领导小组，负责培训的顶层设计、经费保障和组织领导，领导小组成员由市教委办公室、法规处、发展规划处、人事处、财务处、学前处、审计处、首都师范大学学前教育学院、北京教育网络和信息中心等部门组成，领导小组办公室设在人事处。

2. 成立执行办公室，执行办公室设在首都师范大学学前教育学院，负责组织培训课程开发，负责统筹培训的实施工作，制定培训流程，编制培训手册，负责指导区级教师培训机构的培训、考核和咨询等工作。

3. 成立专家组，专家组由各领域专家、培训机构负责人和幼儿园园长及教师组成，负责课程内容设计、指导和咨询等工作。

4. 成立课程开发与审核组，负责培训课程的开发、课程的审核等工作。

5. 成立网络信息安全与技术保障组，负责网络学习平台的信息安全、网络运行监控与维护以及网络技术保障等工作。

各区教委要成立以区教委主任为组长，组织（干部）、学前、人事、民教等科室参与的培训工作领导小组，明确工作职责，细化任务分工。各区教委及教师培训机构负责本区培训的组织与管理，制定管理办法，落实相关政策，并配合执行办公室（首都师范大学学前教育学院）开展培训实施、考核等相关工作。各区教委要认真组织本区民办幼儿园积极参加全员培训，并将此作为考核评估与年检的重要依据。

幼儿园园长是培训实施、考核等工作的第一责任人，要建立健全制度与机制，整合资源，为培训工作奠定基础。

（二）经费保障

市教委安排经费，保障学习平台建设、培训实施、课程开发等工作，并委托首都师范大学为培训项目执行单位。首都师范大学要认真做好经费预算，并严格按照审核批准的经费项目依法依规使用。各区教委也要安排相应经费，保障培训工作顺利实施。

八、信息采集

为做好培训工作，市教委将对全市幼儿园园长、专任教师和保育员等人员规模情况进行统计，同时借此机会将全市幼儿园的基本情况进行摸底，包括各类幼儿园数量、园长、专任教师、保育员等基本信息。采取的方式为：一是统计数据报送，二是运用北京市教师管理信息系统逐人进行信息采集工作。

北京市教师管理信息系统信息采集工作计划于4月20日前完成。

各区教委、各级各类幼儿园要高度重视，以高度负责的态度开展数据统计和信息采集工作，统计数据要与信息采集的数量相吻合，上报的数据必须真实可靠。按照“谁填报、谁负责，谁审核、谁负责”的原则，建立信息填报审核责任制。若出现瞒报、漏报、错报等问题追究相关人员的责任。

九、工作进度安排

（一）2018年2月，开展培训调研，研究起草《2018年北京市幼儿园园长、教师培训工作实施方案》；

（二）2018年3月—4月，研制开发培训课程，构建网络学习平台，部署区级信息采集工作；

（三）2018年4月，出台《2018年北京市幼儿园园长、教师培训工作实施方案》；

（四）2018年5月上旬全面部署2018年北京市幼儿园园长、教师培训工作；

（五）2018年5月—6月，培训平台试运行，完成测试，选择部分区进行试点培训；

（六）2018年6月—8月，市、区级面授培训，完成区级辅导教师培训，同时开展网络培训；

（七）2018年8月—10月，网络培训并完成；

（八）2018年11月，培训工作总结。

附件：2018年北京市幼儿园园长、教师培训工作领导小组、执行办公室、专家组、课程开发与审核组以及网络信息安全与技术保障组人员名单（略）

2018年5月10日

北京市教育委员会

关于公布北京市职业院校教师素质提升计划新增教师培训基地名单的通知

京教函〔2018〕250号

各有关单位：

根据《中共中央 国务院关于全面深化新时代教师队伍建设改革的意见》（中发〔2018〕4号）《教育部 财政部关于实施职业院校教师素质提高计划（2017—2020年）的意见》（教师〔2016〕10号）和北京市教育委员会《关于印发〈北京市职业院校教师素质提升计划（2017—2020年）〉的通知》（京教人〔2017〕40号）文件精神，在学校申报和专家组评议的基础上，经北京市职业院校教师素质提升计划领导小组审定，决定北京青年政治学院等六所院校作为北京市职业院校教师素质提升计划教师培训基地，承担相关新增培训项目。基地名单和培训内容如下：

一、北京青年政治学院

高职教师师德培训

二、北京财贸职业学院

贯通项目语文、高职思政课教师培训

三、北京交通运输职业学院

中职数学教师培训

四、北京市商业学校

中职教师师德培训

五、北京电子科技职业学院

贯通项目数学、贯通项目英语教师培训

六、北京工业职业技术学院

高职辅导员培训

请各有关职业院校要按照市教委文件精神和各项目管理办法的要求精心组织，在经费使用和项目进展等方面加强管理和监督考核，保证北京市职业院校教师素质提升计划各项目的顺利实施。

2018 年 5 月 21 日

北京市教育委员会

关于对优秀乡村教师给予奖励的通知

京教函〔2018〕403 号

各区教委：

为落实国务院《乡村教师支持计划（2015—2020 年）》《北京市乡村教师支持计划（2015—2020 年）实施办法》《北京市支持乡村学校发展若干意见》等文件提出的“鼓励和引导社会力量建立专项基金，对长期在乡村学校任教的优秀教师给予物质奖励”政策要求。经商北京银行，决定建立北京市乡村教师专项基金，对优秀乡村教师给予奖励。现就有关工作通知如下。

一、奖励对象和数量

每年从在乡村学校任教满 30 年的乡村教师中奖励 100 名人选，从在乡村学校任教满 20 年的乡村教师中奖励 200 名人选。

二、奖励条件

拥护中国共产党的领导，热爱祖国，热爱人民，遵守教育法律法规，全面贯彻党和国家的教育方针政策，忠诚于党和人民教育事业，自觉践行社会主义核心价值观，具有良好的思想政治素质，无任何违法违纪行为，并具备下列条件：

1. 基本条件。在乡村学校从教满 30 年和 20 年目前仍在乡村任教的专任教师，优先报送从教时间长，同时承担班主任时间长的专任教师。

2. 全面落实立德树人任务。模范遵守《中小学教师职业道德规范》，牢固树立爱与责任的意识，师德高尚；能高质量完成教育教学工作任务，治学严谨、业务精湛，在教育教学改革、促进学生全面发展、培养人才等方面成绩突出。

3. 热爱乡村教育事业。淡泊名利、坚守乡土，个人事迹能够彰显当代乡村教师献身教育、无私奉献、开拓进取的精神风采。

4. 享有良好的社会声誉。深受学生喜爱，社会和家长的认可度高，在当地具有一定的引领示范作用。

三、报送程序

乡村学校组织报送；相关区教委对各乡村学校报送人员进行综合排序，按照所分配指标提出报送人选，经公示无异议后报市教委；市教委拟定初步核查相关区报送人选后，经市教委主任办公会审议确定最终报送人选。

2018 年报送奖励人员须填写《2018 年优秀乡村教师奖励人选登记表》一式两份，于 8 月 20 日前交到北京市教育系统人才服务中心，海淀区西三环北路甲 2 号院，理工科技园 1 号楼 3 层 308 房间。

四、奖励办法和经费来源

给予受奖励人员奖金，由北京银行提供保障。

五、工作要求

（一）严格条件，公平公正。各相关区和各学校要加强对报送工作的组织领导，在坚持基本条件的基础上，要综合考虑思想政治和师德表现、教育教学能力和水平、工作实绩和贡献大小，坚持公开、公平、公正原则，确保报送人选的质量。

（二）严肃纪律、违规必究。对未严格按照报送条件和规定程序报送的单位和个人，经查实后撤销其报送资格。按照谁报送、谁负责原则，对报送工作中存在的严重失职渎职或弄虚作假、借机谋取私利、收受贿赂等违法违纪行为，将按照有关规定予以严肃处理。

附件：1. 北京市优秀乡村教师奖励名额分配表

2. 北京市优秀乡村教师奖励人选登记表（略）

3. 北京市优秀乡村教师申报人选一览表（略）

2018 年 8 月 1 日

附件 1

北京市优秀乡村教师奖励名额分配表

区	名额	
	从教 30 年乡村教师	从教 20 年乡村教师
	优秀指标	优秀指标
门头沟区	18	10
房山区	17	34
通州区	4	16
顺义区	5	10
昌平区	9	23
大兴区	11	27
平谷区	12	23
怀柔区	7	17
密云区	7	19

续表

区	名额	
	从教 30 年乡村教师 优秀指标	从教 20 年乡村教师 优秀指标
延庆区	8	14
海淀区	1	6
朝阳区	1	1
合计	100	200

北京市教育委员会

关于公布入选第六批北京市中小学名师发展工程培养对象人选的通知

京教函〔2018〕408 号

各区教委、燕山教委，各有关单位：

根据市委教工委市教委《关于实施北京市中小学名师名校长发展工程的意见》（京教工〔2012〕48 号）要求，经区教委推荐，市教委组织专家进行综合评议，2018 年北京市教育委员会第 17 次主任办公会研究通过，确定了第六批北京市中小学名师发展工程培养对象人选（以下简称：培养对象），现予以公布。

各区教委要充分认识名师发展工程的重大意义，定期了解、督促培养对象的学习情况。培养对象所在学校要创造条件，支持其参加工程的所有活动，适当核减其在校的工作量。培养对象要投入充分的时间和精力，圆满完成培养任务。具体培养时间、培养地点和培养方案另行通知。

附件：第六批北京市中小学名师发展工程培养对象人选名单

2018 年 8 月 1 日

附件

第六批北京市中小学名师发展工程培养对象人选名单

序号	姓名	单位	学科	区属
1	马丽英	北京市朝阳区教育研究中心	综合实践	朝阳区
2	庄重	北京市新教育实验学校	综合实践	朝阳区
3	朱军	北京市中关村中学	中学政治	海淀区
4	李煜晖	北京师范大学第二附属中学	中学语文	西城区
5	李颖	北京市首都师范大学附属丽泽中学	中学语文	丰台区
6	刘智清	北京市第二中学	中学语文	东城区
7	杨彩云	北京市延庆区教育科学研究中心	中学语文	延庆区
8	初吉祥	北京市顺义牛栏山第一中学	中学语文	顺义区
9	苏颖	首都师范大学附属红螺寺中学	中学语文	怀柔区
10	高美玲	北京市通州区马驹桥学校	中学语文	通州区
11	杨海燕	北京市大峪中学西校区	中学英语	门头沟区
12	李春芳	北京市朝阳区教育研究中心	中学英语	朝阳区
13	吕寅梅	北京市第八十中学	中学英语	朝阳区
14	周亚	北京师范大学附属中学	中学英语	西城区

续表 1

序号	姓名	单位	学科	区属
15	韩冰	北京市延庆区第三中学	中学英语	延庆区
16	满文平	北京市平谷区黄松峪中学	中学英语	平谷区
17	夏维宏	北京汇文中学	中学物理	东城区
18	付鹏娟	北京第一〇一中学	中学物理	海淀区
19	王朝祥	北京市第八十中学	中学物理	朝阳区
20	李俊鹏	北京市育英学校	中学物理	海淀区
21	朱琴	北京市昌平区第二中学	中学物理	昌平区
22	张东	北京教育学院朝阳分院	中学数学	朝阳区
23	王坤	北京市第八十中学	中学数学	朝阳区
24	崔永学	密云区教师研修学院	中学数学	密云区
25	刘青岩	北京教育学院丰台分院	中学数学	丰台区
26	魏海楠	北京市通州区潞河中学	中学数学	通州区
27	魏烁	北京市第十七中学	中学数学	朝阳区
28	孙芳	中国人民大学附属中学	中学数学	海淀区
29	杨凤文	北京市第四中学	中学数学	西城区
30	赵艳兵	顺义区教育研究和教师研修中心	中学历史	顺义区
31	张逸红	北京市西城教育研修学院	中学历史	西城区
32	秦林	北京教育学院丰台分院	中学化学	丰台区
33	林红焰	北京景山学校	中学化学	东城区
34	何文杰	首都师范大学附属中学	中学化学	直属单位
35	黄振新	北师大良乡附中	中学地理	房山区
36	宗连杰	人大附中通州校区（通州区第三中学）	中学地理	通州区
37	袁中果	中国人民大学附属中学	信息技术	海淀区
38	于海林	房山区窦店镇窦店中心小学	信息技术	房山区

续表 2

序号	姓名	单位	学科	区属
39	李保松	北京市第十九中学	心理	海淀区
40	张慧萍	门头区沟教师进修学校	心理	门头沟区
41	毕然	北京第一实验小学	小学语文	西城区
42	黄颖	北京市东城区和平里第四小学	小学语文	东城区
43	王雪莲	大兴区教师进修学校	小学语文	大兴区
44	李之彤	北京市东城区府学胡同小学	小学语文	东城区
45	马俊生	北京印刷学院附属小学	小学语文	大兴区
46	马洪志	北京市通州区教师研修中心	小学语文	通州区
47	侯杰颖	北京石油学院附属小学	小学语文	海淀区
48	康维	北京市顺义区李桥中心小学校	小学语文	顺义区
49	焦倩	北京大学附属小学石景山学校	小学语文	石景山区
50	刁荣春	北京市太师屯镇中心小学	小学语文	密云区
51	王芳	北京市西城教育研修学院	小学英语	西城区
52	左小玉	北京市海淀区教师进修学校	小学英语	海淀区
53	陈正红	北京市房山区燕山星城小学	小学英语	燕山
54	代燕萍	北京小学丰台万年花城分校	小学数学	丰台区
55	吴桂菊	北京小学长阳分校	小学数学	房山区
56	薛铮	北京西城区黄城根小学	小学数学	西城区
57	于今育	北京教育学院石景山分院	小学数学	石景山区
58	陈千举	北京市海淀区中关村第一小学	小学数学	海淀区
59	段晓炜	北京市大兴区第五小学	小学数学	大兴区
60	邓春香	门头沟区大峪二小	小学数学	门头沟区
61	王雪峰	北京大学附属小学	小学数学	海淀区
62	付春红	北京明远教育书院实验小学	小学数学	朝阳区

续表 3

序号	姓名	单位	学科	区属
63	崔静	北京市昌平区昌盛园小学	小学数学	昌平区
64	赵卫新	清华大学附属小学商务中心区实验小学	体育	朝阳区
65	刘晶	北京市昌平区第一中学	体育	昌平区
66	郭志滨	北京市东城区史家胡同小学	品德与社会	东城区
67	甄奕	北京第二实验小学	科学	西城区
68	苗莹莹	北京市通州区宋庄镇中心小学	科学	通州区
69	张崧	首都师范大学附属育新学校	道德与法治	直属单位
70	赵云峰	北京市第十二中学	中学政治	丰台区
71	王 燕	北京市朝阳区实验小学密云学校	小学数学	密云区

北京市教育委员会

转发《教育部关于授予陈琳同志“全国优秀教师”荣誉称号的决定》的通知

京教人〔2018〕25 号

各区教委，各市属高校，各直属单位：

现将《教育部关于授予陈琳同志“全国优秀教师”荣誉称号的决定》（教师〔2018〕8 号）转发给你们，请认真学习贯彻。

2018 年 8 月 1 日

教育部

关于授予陈琳同志“全国优秀教师”荣誉称号的决定

教师〔2018〕8号

陈琳，男，汉族，1922年出生，中共党员，北京外国语大学教授，我国著名外语教育专家。兼任国家语委咨询委员会会员、国家语委外语中文译写规范专家委员会主任委员等职。曾获全国科教兴国贡献奖、全国老有所为贡献奖等。

陈琳同志爱党敬党，始终坚持听党的话，跟党走，把为人民服务放在首位。他以浓厚的家国情怀和强烈的社会责任感，为外语教育事业奋斗70载，为推动中国外语教育发展做出了卓越贡献。他致力于外语教材普及，为我国外语教材树标立本，先后参与编写了新中国第一部全国大学英语专业通用英语教材，主持英、俄、德、法、西、阿拉伯六语种“一条龙”式教材编撰工作及《英语课程标准》研制等，奠定了中国英语教材的基础。改革开放之初，他担任中央电视台《广播电视英语课程》节目主讲人，在全国掀起了一个英语学习的高潮，开启了大众英语教学新时代。他教书育人、为人师表，离休后仍坚持在教学一线，把从事教师职业作为一种人生向往，人生目标是做一名“百岁教书匠”。他虽年岁已高，仍笔耕不辍，潜精研思，连续在报刊撰文阐述外语教育改革思想。2012年他腰疾复发，在医院手术时曾立下遗嘱，要求将角膜等取下交医院备用，将遗体供医院教学之用。“我70年教学生涯，上课时和讲座中，从来都是站立的。我愿意我的遗骨永远站立着，继续为我国的教育事业服务！”他用行动和真心诠释了一位老共产党员对祖国和教育事业的热爱和奉献精神。

陈琳同志是立德树人、敬业奉献的教师楷模，他长达70年孜孜不倦对我国外语教育事业的热爱和对外语教育改革的重要贡献，是生动践行“四有”好老师和“四个相统一”要求的杰出榜样。为大力表彰和学习宣传陈琳同志的先进事迹，我部决定授予陈琳同志“全国优秀教师”荣誉称号。

全国广大教师要以陈琳同志为榜样，学习他爱党敬党、服务人民的高尚品质，学习他教书育人、为人师表的师德风范，学习他大公无私、敬业奉献的高尚情操，学习他笔耕不辍、老有作为的进取精神。要自觉将学习陈琳同志与学习习近平新时代中国特色社会主义思想和党的十九大精神、习近平总书记5月2日在北京大学师生座谈会上的重要讲话相结合，努力争做“四有”好教师，为实现中华民族伟大复兴的中国梦作出新的更大贡献。

2018年7月20日

北京市教育委员会

关于遴选2018年北京市名校长领航工程首个校长工作室学员的通知

京教人〔2018〕27号

各区教委：

为贯彻落实《中共中央 国务院关于全面深化新时代教师队伍建设改革的意见》（中发〔2018〕4号）《教育部等五部门印发〈关于教师教育振兴行动计划（2018—2022年）〉的通知》（教师〔2018〕2号）

等文件精神和要求，实施北京市中小学名师名校长领航工程，培养造就一批具有较大社会影响力、能够在基础教育领域发挥示范引领作用的领军人才，市教委决定先行成立李希贵校长工作室。现就遴选学员有关事项通知如下：

一、培养目标

2018 年遴选 30 名中学副校长或中层干部，通过组织开展深度学习、导师指导、示范提升等形式，进行为期 3 年的在职连续培养，帮助参训学员进一步凝练教育思想、提升实践创新能力，为着力培养造就一批具有较大社会影响力和知名度、能够引领基础教育改革发展的教育家型卓越校长奠定基础。

二、遴选学员条件

（一）全面贯彻党的教育方针，热爱教育事业，以立德树人为己任，思想政治素质过硬，师德高尚，具有坚定的教育理想、奉献精神和开拓创新精神。

（二）具有比较扎实的教育教学理论功底、丰富的教育管理经验，具有较大的发展潜力，任职期间，所分管领域工作成效显著。

（三）具有强烈的自我发展需求和较强的教育研究能力，积极开展和引领学校的教改实验和课题研究，能够深度参与课题研究，善于把研究成果转化为学校办学实践探索。

（四）担任副校长或中层干部，原则上任职累计 5 年以上（副校长可累计中层干部任职时间），原则上年龄不超过 45 周岁。特别优秀者，年龄可适当放宽。

（五）身心健康，能够坚持正常的工作和学习。

三、培养方式

按照“整体规划、个性指导、训用结合、连续培养、协同创新”的思路，为参训学员建立集中培养基地、搭建思想和实践示范推广平台，通过基地引领研修、导师个性化指导、参训学员示范提升等方式，对参训学员进行有针对性的培养。

（一）深度学习

培养基地组织参训学员采取研读名著、同伴互助、境内外实地研修考察等形式，引导参训学员自主学习，针对有关教育问题进行深入的理论探究和实践探索。

（二）导师指导

导师组织参训学员采取课题研究、项目合作、跟岗学习、发表成果、反思实践等形式，对参训学员进行个性化培养，帮助参训学员凝练教育思想。

（三）示范提升

在市区教育行政部门的支持、培养基地的指导下，参训学员通过巡回讲学、学员论坛、成果展示等形式，宣传推广自己的教育思想，引领其他学校校长开展理论和实践研修，提升办学理念能力，在示范引领过程中进一步检验、丰富、提升教育思想。

四、遴选名额及推荐名额

李希贵校长工作室培养对象为30名左右。各区推荐指标分配见附件1。

五、遴选方式

遴选方式采取区教委组织推荐、李希贵校长综合考查确定最后人选。具体做法如下：

（一）学员所在单位推荐，并填写《李希贵校长工作室推荐参训学员申报表》（见附件2）。

（二）区教委确定推荐人选后报市教委人事处。

（三）李希贵校长综合考查，确定最终培养人选。

六、工作要求

（一）各区要严格按照要求推荐学员人选，并于2018年8月24日前，通过电子邮件将《学员申报表》报市教委人事处。同时，将经区教委主要领导签署意见并加盖公章的《学员申报表》报市教委人事处。

（二）联系人与联系方式（略）

2018年8月9日

附件 1

李希贵校长工作室参训学员推荐指标

区	推荐指标数
东城区	5
西城区	5
朝阳区	7
丰台区	3
石景山区	1
海淀区	7
房山区	3
燕山地区	1
通州区	5
顺义区	2
昌平区	3
大兴区	3
门头沟区	1
怀柔区	1
平谷区	1
密云区	1
延庆区	1
合计	50

北京市教育委员会

关于做好2018年秋季北京地区高等学校教师资格认定工作的通知

京教函〔2018〕509号

各高等学校：

2018年秋季高校教师资格认定工作即将开始。为了保证此项工作的顺利进行，现将有关事项通知如下：

一、认定范围

北京地区高等学校中专门从事教学工作、拟受聘于高校教师职务的在编在岗教师。

二、时间安排

10月9日至15日，申请人登录www.jszg.edu.cn（中国教师资格网）进行网上申报；

10月16日至24日期间，各高校对本校申请人员进行7天公示；

10月25日至26日，非授权委托认定高校报送申请人员材料；

10月28日前，授权委托认定高校完成对申请人员的公示、体检、认定材料审核、教育教学能力测试、专家审查委员会表决等相关工作；

10月29日至30日，授权委托认定高校报送申请人员材料；

11月9日起，非授权委托认定高校须参加教育教学能力测试人员登录北京市教师资格网（http://www.bjtcc.org.cn）下载打印准考证；

11月17日至18日，非授权委托认定高校申请人员参加教育教学能力测试（以准考证上测试时间为准）；

11 月 21 日，非授权委托认定高校参加教育教学能力测试人员登录北京市教师资格网（http://www.bjtcc.org.cn）查询成绩；

12 月 3 日起，发放教师资格证书。

三、报送材料要求

（一）授权委托认定高校

1.《教师资格认定申请表》（含《思想品德鉴定表》）原件一式 2 份；

2.《北京市申请认定高等学校教师资格人员情况汇总表》1 份（见附件 1），按姓名拼音升序排序；

3.《申请认定高等学校教师资格人员公示名单》1 份（见附件 2）；

4.《申请认定高等学校教师资格人员公示结果》1 份（见附件 3）；

5. 标准一寸证件照 1 张（制作证书时携带）。

（二）非授权委托认定高校

1.《教师资格认定申请表》（含《思想品德鉴定表》）原件一式 2 份；

2. 修学高等教育学、高等教育心理学证明原件及复印件；

3. 学历证明复印件；

4.《北京市教师资格认定体格检查表》原件及原件的封面、个人信息页、结论页复印件；

5.《普通话水平测试等级证书》原件及复印件；

6. 身份证明复印件；

7. 标准一寸证件照 1 张，背面注明申请人姓名，本单位所有照片统一放入 1 个信封；

8.《北京市申请认定高等学校教师资格人员情况汇总表》1 份（见附件 1），按姓名拼音升序排序；

9. 公办校提供申请人《北京市事业单位聘用合同书》原件及复印件，如聘用合同中未体现教师岗位名称，还需提供其他相关有效力的证明材料的原件及复印件；

民办高校和独立学院提供申请人劳动合同书原件及复印件；

10.《申请认定高等学校教师资格人员公示名单》1 份（见附件 2）；

11.《申请认定高等学校教师资格人员公示结果》1 份（见附件 3）；

补发、换发证书的相关要求详见北京市教师资格网（http://www.

bjtcc.org.cn），相关材料于秋季报送申请认定材料时一并报送。

四、工作要求

（一）教师资格认定作为教育行政许可事项，程序合法性、办结时效性强，各高校要高度重视，加强组织领导，要确定专人负责，严格按照全市统一部署精心组织，周密安排，积极做好相关政策的宣传和解释工作，对申请人员进行必要的教育教学能力测试指导，保证质量，确保认定工作的顺利开展。

（二）各授权委托高校要严格按照教师资格认定工作程序，制定本年度的教师资格认定工作方案，做好本校申请人员的申请与受理、面试与试讲、审核与认定等相关工作。各类表格填报内容真实，信息完整。

（三）各非授权委托高校要做好信息发布、人员组织管理、申请资格审查、材料收集及初审等各项工作，掌握各时间节点，组织好本校需要参加教育教学能力测试人员做好测试准备、按时参加测试，并做好后期测试结果的反馈。

（四）各高校应安排专人作为网络系统管理员负责核实和确认本校申请人员的网报信息。按要求规范操作，核实和确认本校申请人员网报信息的真实性以及与报送的《教师资格认定申请表》内容的一致性。妥善保管登录账户和密码，确保申请人信息安全。

《教师资格认定申请表》中“现从事职业”一栏，高校教师应填写“在职教学人员”；高校专职辅导员应填写“其他专业技术和管理人员”，申报学科只能是“思想政治教育”或“马克思主义哲学与思想政治教育”；没有专业技术职务的人员对应项选“无”；简历应填写到至今项，至今项职务应如实填写“教师”或“辅导员”。

（五）各高校要做好申请人申请认定资料整理归档工作，及时将《教师资格认定申请表》归入个人人事档案。

（六）各高校在开展教师资格认定工作中，须严肃纪律、依法实施，严禁弄虚作假。特别是对申请人是否具备申请资格进行严格自查。对违反规定，损害申请人利益、甚至影响教师资格制度依法实施，并造成严重后果的，将按照相关法律、法规追究有关人员的责任。对授权委托高校弄虚作假,违反政策规定的,将按照《教师资格条例》和《〈教师资格条例〉实施办法》取消其授权委托资格。

（七）教师资格认定的相关政策请查询北京市教师资格网（http://www.bjtcc.org.cn）。

五、联系方式

北京市教师资格认定事务中心

附件：1. 北京市申请认定高等学校教师资格人员情况汇总表（略）

2. 申请认定高等学校教师资格人员公示名单（样表，略）

3. 申请认定高等学校教师资格人员公示结果（公示无异议模板，略）

2018年9月18日

北京市教育委员会

关于公布第十四届北京市高等学校教学名师奖暨第二届北京市高等学校青年教学名师奖获奖名单的通知

京教函〔2018〕601号

各普通高等学校：

根据《北京市教育委员会关于开展第十四届北京市高等学校教学名师奖暨第二届北京市高等学校青年教学名师奖评选工作的通知》（京

教函〔2018〕273 号），经学校推荐、现场教学观摩课评价、评审专家组评议、评审委员会投票、市教委审核并公示，决定授予北京大学付志明等 78 名教师第十四届北京市高等学校教学名师奖、中国人民大学张成思等 78 名教师第二届北京市高等学校青年教学名师奖，并将获奖名单予以公布。

各高校要进一步加强师资队伍建设，不断完善体现教学岗位特点的激励约束机制，积极发挥教学名师奖及青年教学名师奖获得者的示范引领作用，调动和增强各级各类教师参与教学、投身育人的积极性和主动性，不断提升教师个人及团队人才培养能力。

附件：1. 第十四届北京市高等学校教学名师奖获奖名单

2. 第二届北京市高等学校青年教学名师奖获奖名单

2018 年 11 月 2 日

附件 1

第十四届北京市高等学校教学名师奖获奖名单

北京大学　付志明　段丽萍

中国人民大学　王晋斌

清华大学　扈志明　阎绍泽　吴建平

北京交通大学　何世伟　王志海

北京航空航天大学　彭付芝

北京理工大学　刘芳　刘兆龙　陶然

北京科技大学　付冬梅　张英华

北京化工大学　高敬阳

北京邮电大学　门爱东　戴志涛

中国农业大学　徐杨　施正香

北京林业大学　戴秀丽　张建军

北京协和医学院　梁涛

北京中医药大学　刘雁峰　石晋丽

北京师范大学　张萍　张淑梅　邢国文　李筝南

北京语言大学　张浩

中国传媒大学　郑月

对外经济贸易大学　郭红玉

外交学院　吴庆军

中国人民公安大学　石斌
国际关系学院　李文良
北京体育大学　任弘　黄俊亚
中央音乐学院　周望
中央戏剧学院　姜涛
中央民族大学　杨宗丽　曹立波
中国政法大学　田力男
华北电力大学　陈雷
中华女子学院　司茹
中国矿业大学（北京）　郑晓雯
中国石油大学（北京）　郭绍辉
中国地质大学（北京）　赵长春　丁文龙
中国劳动关系学院　燕晓飞
中国科学院大学　赵亚溥　陈熙霖
北京工业大学　杨红卫　陈喆
北方工业大学　吴正旺
北京服装学院　詹凯
北京印刷学院　李艳
北京农学院　马晓燕
首都医科大学　王振常
首都师范大学　朱虹　田培培
首都体育学院　谭朕斌
北京第二外国语学院　张喜华
北京物资学院　张旭凤
中国音乐学院　王士魁
北京电影学院　雷载兴
北京舞蹈学院　张军
北京信息科技大学　马洁
北京联合大学　贾少英
北京警察学院　迟松剑
北京工业职业技术学院　方园
北京电子科技职业学院　王巍
北京青年政治学院　江洁
北京农业职业学院　周珍辉
北京政法职业学院　徐红霞
北京财贸职业学院　王莉莉
北京劳动保障职业学院　季琼
北京交通运输职业学院　悦中原
国家开放大学　韩艳辉
北京开放大学　李哲

附件2

第二届北京市高等学校青年教学名师奖获奖名单

北京大学　归泳涛　吴飞　许雅君　周庆安
中国人民大学　张成思　臧峰宇
清华大学　谷源涛　冯鹏
北京交通大学　于永光　郭盛
北京航空航天大学　刘荣科　马艳红　于靖军　万志强

北京理工大学　徐厚宝
北京科技大学　魏钧　赵鲁涛
北京化工大学　陈畅
北京邮电大学　郑春萍　李鹤
中国农业大学　何志巍
北京林业大学　李华晶
北京师范大学　梁颖
北京语言大学　孙佳音
中国传媒大学　孙振虎
中央财经大学　姜爱华
对外经济贸易大学　陈德球
外交学院　李红勃
中国人民公安大学　刘颖
北京体育大学　于亮
中央美术学院　白晓刚
中央戏剧学院　曹艳
中央民族大学　蒋爱花
中国政法大学　霍政欣
华北电力大学　李红
中国石油大学（北京）　孟祥海　岳大力
中国地质大学（北京）　陈家玮
中国社会科学院大学　孙远
北京工业大学　沈震　赖英旭
北方工业大学　李沍岸
北京工商大学　王擎
北京服装学院　姜延
北京印刷学院　刘玲
北京建筑大学　周霞
北京农学院　曹庆芹
首都医科大学　王玉记
首都师范大学　王洪波　叶能胜
首都经济贸易大学　张杰　刘强
中国戏曲学院　李艳艳
北京电影学院　谭慧
北京联合大学　陈道志
北京城市学院　刘雪梅
北京工业大学耿丹学院　张黎
北京工商大学嘉华学院　杜聪慧
中国青年政治学院　王冬梅
北京工业职业技术学院　张莉
北京信息职业技术学院　李瑶
北京电子科技职业学院　黄敦华
北京京北职业技术学院　李建军
首钢工学院　李浩
北京农业职业学院　李玉舒
北京财贸职业学院　张慧
北京经济管理职业学院　王月会
北京劳动保障职业学院　肖红梅
北京北大方正软件职业技术学院　朱松
北京汇佳职业学院　李田
北京卫生职业学院　王燕燕
国家开放大学　唐已婷
北京宣武红旗业余大学　李克红
北京市石景山区业余大学　李毅
北京市朝阳区职工大学　姚欣
北京医药集团职工大学　关昕璐
北京开放大学　孟宪宇
北京网络职业学院　黄荣

北京市教育委员会

关于公布2019年度北京市属高校高水平教师队伍建设支持计划资助名单的通知

京教函〔2018〕743号

各有关单位：

根据市委教工委、市教委《关于印发〈“十三五”时期北京市属高校高水平教师队伍建设支持计划〉的通知》(京教工〔2017〕18号)，在单位推荐和专家评议的基础上，经北京教育系统人才工作领导小组审定，确定了中国戏曲学院陈涌泉等10人入选高层次人才引进与支持计划，中国音乐学院Giovanni Angeleri等36人入选特聘教授支持计划，中国戏曲学院于建刚等39人入选长城学者培养计划，中国戏曲学院李华裔等100人入选青年拔尖人才培育计划，北方工业大学王彦平等12人入选高水平创新团队建设计划。现将名单予以公布。

各有关单位要按照市教委文件精神和各项目管理办法的要求精心组织，在经费使用和项目进展等方面加强管理和监督考核，积极创造条件保证各项目的顺利实施，全力促进教师职业发展，全面提高市属高校的教学质量。

附件：1. 2019年度北京市属高校高水平教师队伍建设支持计划高层次人才引进和支持计划项目资助名单

2. 2019年度北京市属高校高水平教师队伍建设支持计划特

聘教授支持计划项目资助名单

3. 2019 年度北京市属高校高水平教师队伍建设支持计划长城学者培养计划项目资助名单

4. 2019 年度北京市属高校高水平教师队伍建设支持计划青年拔尖人才培育计划项目资助名单

5. 2019 年度北京市属高校高水平教师队伍建设支持计划高水平创新团队建设计划项目资助名单

2018 年 12 月 29 日

附件 1

2019 年度北京市属高校高水平教师队伍建设支持计划高层次人才引进项目资助名单

序号	学校名称	姓 名	项目编号
1	中国戏曲学院	陈涌泉	CIT&TCD20190101
2	中国音乐学院	Alexander Suleiman	CIT&TCD20190102
3	北方工业大学	李万林	CIT&TCD20190103
4	北京工业大学	姜绍飞	CIT&TCD20190104
5	北京建筑大学	蒋捷	CIT&TCD20190105
6	北京第二外国语学院	张颖	CIT&TCD20190106
7	北京第二外国语学院	高晶一	CIT&TCD20190107
8	首都师范大学	陈文革	CIT&TCD20190108
9	首都经济贸易大学	王学钦	CIT&TCD20190109
10	首都经济贸易大学	余东华	CIT&TCD20190110

附件 2

2019 年度北京市属高校高水平教师队伍建设支持计划特聘教授支持计划项目资助名单

序号	学校名称	姓 名	项目编号
1	中国音乐学院	Giovanni Angeleri	IDHT20190201
2	中国音乐学院	朱丹	IDHT20190202
3	北方工业大学	丁治明	IDHT20190203
4	北方工业大学	徐明伟	IDHT20190204
5	北京工业大学	朱永法	IDHT20190205
6	北京工业大学	朱赤	IDHT20190206
7	北京工业大学	冷劲松	IDHT20190207
8	北京工业大学	黄庆明	IDHT20190208
9	北京石油化工学院	李治平	IDHT20190209
10	北京电影学院	凯文·盖格 Kevin Geiger	IDHT20190210
11	北京印刷学院	郭顺生	IDHT20190211
12	北京农学院	任发政	IDHT20190212
13	北京农学院	刘璨	IDHT20190213
14	北京农学院	罗云波	IDHT20190214
15	北京物资学院	TALPIN Jean－Pierre	IDHT20190215
16	北京物资学院	谭春桥	IDHT20190216
17	北京服装学院	张继雷	IDHT20190217
18	北京信息科技大学	胡师彦	IDHT20190218
19	北京第二外国语学院	余泽民	IDHT20190219
20	北京第二外国语学院	林精华	IDHT20190220
21	北京联合大学	刘应书	IDHT20190221

续表

序号	学校名称	姓 名	项目编号
22	北京联合大学	鲁云	IDHT20190222
23	北京舞蹈学院	王云幼	IDHT20190223
24	首都师范大学	方维规	IDHT20190224
25	首都师范大学	孙周兴	IDHT20190225
26	首都师范大学	李宇明	IDHT20190226
27	首都师范大学	蒋毅	IDHT20190227
28	首都医科大学	胡小玉	IDHT20190228
29	首都经济贸易大学	Oliver Linton	IDHT20190229
30	首都经济贸易大学	王化成	IDHT20190230
31	首都经济贸易大学	孙六全	IDHT20190231
32	首都经济贸易大学	李应芳	IDHT20190232
33	首都经济贸易大学	李启寨	IDHT20190233
34	首都经济贸易大学	吴 涛	IDHT20190234
35	首都经济贸易大学	张俊森	IDHT20190235
36	首都经济贸易大学	黄贤金	IDHT20190236

附件 3

2019 年度北京市属高校高水平教师队伍建设支持计划长城学者培养计划项目资助名单

序号	学校名称	姓 名	项目编号
1	中国戏曲学院	于建刚	CIT&TCD20190301
2	中国戏曲学院	舒桐	CIT&TCD20190302
3	中国音乐学院	王中山	CIT&TCD20190303
4	北方工业大学	王力	CIT&TCD20190304

续表 1

序号	学校名称	姓 名	项目编号
5	北方工业大学	宋威	CIT&TCD20190305
6	北方工业大学	韩飞	CIT&TCD20190306
7	北京工业大学	李洪义	CIT&TCD20190307
8	北京工业大学	杨震	CIT&TCD20190308
9	北京工业大学	高国华	CIT&TCD20190309
10	北京工业大学	崔有为	CIT&TCD20190310
11	北京工业大学	阎新龙	CIT&TCD20190311
12	北京工商大学	何玉润	CIT&TCD20190312
13	北京开放大学	袁家政	CIT&TCD20190313
14	北京石油化工学院	朱玲	CIT&TCD20190314
15	北京石油化工学院	梁永日	CIT&TCD20190315
16	北京电影学院	王海洲	CIT&TCD20190316
17	北京电影学院	扈强	CIT&TCD20190317
18	北京印刷学院	施继龙	CIT&TCD20190318
19	北京财贸职业学院	武飞	CIT&TCD20190319
20	北京物资学院	刘 艳	CIT&TCD20190320
21	北京服装学院	李瑞君	CIT&TCD20190321
22	北京建筑大学	穆钧	CIT&TCD20190322
23	北京信息科技大学	周哲海	CIT&TCD20190323
24	北京教育科学研究院	张丹	CIT&TCD20190324
25	北京第二外国语学院	程维	CIT&TCD20190325
26	北京联合大学	杭孝平	CIT&TCD20190326
27	北京舞蹈学院	金浩	CIT&TCD20190327
28	首都师范大学	王艳慧	CIT&TCD20190328
29	首都师范大学	孙士聪	CIT&TCD20190329
30	首都师范大学	林雨青	CIT&TCD20190330
31	首都师范大学	施慧	CIT&TCD20190331
32	首都医科大学	曲爱娟	CIT&TCD20190332

续表 2

序号	学校名称	姓 名	项目编号
33	首都医科大学	李兵辉	CIT&TCD20190333
34	首都医科大学	张晨	CIT&TCD20190334
35	首都体育学院	李厚林	CIT&TCD20190335
36	首都体育学院	潘迎旭	CIT&TCD20190336
37	首都经济贸易大学	叶堂林	CIT&TCD20190337
38	首都经济贸易大学	陈炜	CIT&TCD20190338
39	首都经济贸易大学	高杰英	CIT&TCD20190339

附件 4

2019 年度北京市属高校高水平教师队伍建设支持计划青年拔尖人才培育计划项目资助名单

序号	学校名称	申报人姓名	项目编号
1	中国戏曲学院	李华裔	CIT&TCD201904001
2	中国戏曲学院	李鑫艺	CIT&TCD201904002
3	中国戏曲学院	郑唯	CIT&TCD201904003
4	中国音乐学院	杨毅鹭	CIT&TCD201904004
5	中国音乐学院	张倩渊	CIT&TCD201904005
6	中国音乐学院	傅琬茹	CIT&TCD201904006
7	中国音乐学院	黎雨荷	CIT&TCD201904007
8	北方工业大学	孔新雷	CIT&TCD201904008
9	北方工业大学	李琛	CIT&TCD201904009
10	北方工业大学	李道勇	CIT&TCD201904010
11	北方工业大学	张晓光	CIT&TCD201904011
12	北方工业大学	谢亮	CIT&TCD201904012
13	北方工业大学	谭堃元	CIT&TCD201904013

续表 1

序号	学校名称	申报人姓名	项目编号
14	北京工业大学	王乃鑫	CIT&TCD201904014
15	北京工业大学	王军	CIT&TCD201904015
16	北京工业大学	王菲菲	CIT&TCD201904016
17	北京工业大学	公备	CIT&TCD201904017
18	北京工业大学	白玉磊	CIT&TCD201904018
19	北京工业大学	刘雨溪	CIT&TCD201904019
20	北京工业大学	齐书宇	CIT&TCD201904020
21	北京工业大学	杜江	CIT&TCD201904021
22	北京工业大学	陈锋	CIT&TCD201904022
23	北京工业大学	周雨阳	CIT&TCD201904023
24	北京工业大学	钱霙婧	CIT&TCD201904024
25	北京工业大学	高斌	CIT&TCD201904025
26	北京工业大学	韩昌报	CIT&TCD201904026
27	北京工业大学	焦峪波	CIT&TCD201904027
28	北京工业职业技术学院	高晓峰	CIT&TCD201904028
29	北京工商大学	马铁铮	CIT&TCD201904029
30	北京工商大学	王迎龙	CIT&TCD201904030
31	北京工商大学	王晓珂	CIT&TCD201904031
32	北京工商大学	史纯珍	CIT&TCD201904032
33	北京工商大学	白冬生	CIT&TCD201904033
34	北京工商大学	刘剑	CIT&TCD201904034
35	北京工商大学	李慧聪	CIT&TCD201904035
36	北京工商大学	吴晓群	CIT&TCD201904036
37	北京工商大学	张珣	CIT&TCD201904037
38	北京工商大学	张慧娟	CIT&TCD201904038
39	北京工商大学	郦金龙	CIT&TCD201904039
40	北京工商大学	温赛	CIT&TCD201904040
41	北京工商大学	蒯鹏州	CIT&TCD201904041

续表 2

序号	学校名称	申报人姓名	项目编号
42	北京工商大学	樊保民	CIT&TCD201904042
43	北京工商大学	樊鹏英	CIT&TCD201904043
44	北京石油化工学院	王浩	CIT&TCD201904044
45	北京石油化工学院	吕鹏飞	CIT&TCD201904045
46	北京石油化工学院	杨丹	CIT&TCD201904046
47	北京电子科技职业学院	陈亮	CIT&TCD201904047
48	北京电影学院	王垚	CIT&TCD201904048
49	北京电影学院	孙俨斌	CIT&TCD201904049
50	北京印刷学院	石佳子	CIT&TCD201904050
51	北京印刷学院	陶海鹰	CIT&TCD201904051
52	北京农学院	王真	CIT&TCD201904052
53	北京农学院	卢敏	CIT&TCD201904053
54	北京农学院	田佶	CIT&TCD201904054
55	北京农学院	李永强	CIT&TCD201904055
56	北京服装学院	马慧玲	CIT&TCD201904056
57	北京服装学院	王淼	CIT&TCD201904057
58	北京服装学院	吴晶	CIT&TCD201904058
59	北京服装学院	张茜	CIT&TCD201904059
60	北京建筑大学	邓扬	CIT&TCD201904060
61	北京建筑大学	周小平	CIT&TCD201904061
62	北京建筑大学	姚德臣	CIT&TCD201904062
63	北京第二外国语学院	马双	CIT&TCD201904063
64	北京第二外国语学院	刘林艳	CIT&TCD201904064
65	北京第二外国语学院	李星儒	CIT&TCD201904065
66	北京第二外国语学院	侯宇翔	CIT&TCD201904066
67	北京第二外国语学院	郭斌	CIT&TCD201904067
68	北京第二外国语学院	雷铭	CIT&TCD201904068

续表 3

序号	学校名称	申报人姓名	项目编号
69	北京联合大学	王芊	CIT&TCD201904069
70	北京联合大学	王娟	CIT&TCD201904070
71	北京联合大学	吴惠凡	CIT&TCD201904071
72	北京联合大学	汪梦翔	CIT&TCD201904072
73	北京联合大学	张艳	CIT&TCD201904073
74	北京联合大学	周华	CIT&TCD201904074
75	北京联合大学	谌丽	CIT&TCD201904075
76	北京舞蹈学院	武帅	CIT&TCD201904076
77	首都师范大学	牛畅	CIT&TCD201904077
78	首都师范大学	田天	CIT&TCD201904078
79	首都师范大学	白敬徵	CIT&TCD201904079
80	首都师范大学	任宝藏	CIT&TCD201904080
81	首都师范大学	李圣传	CIT&TCD201904081
82	首都师范大学	周晶	CIT&TCD201904082
83	首都师范大学	周楠	CIT&TCD201904083
84	首都师范大学	周蔚	CIT&TCD201904084
85	首都师范大学	胡玉林	CIT&TCD201904085
86	首都师范大学	袁程	CIT&TCD201904086
87	首都师范大学	郭帅	CIT&TCD201904087
88	首都师范大学	韩文乾	CIT&TCD201904088
89	首都师范大学	廖先冀	CIT&TCD201904089
90	首都医科大学	于宝琪	CIT&TCD201904090
91	首都医科大学	王雷明	CIT&TCD201904091
92	首都医科大学	李纤	CIT&TCD201904092
93	首都医科大学	李鸿雁	CIT&TCD201904093
94	首都医科大学	陈筱清	CIT&TCD201904094
95	首都医科大学	洪韬	CIT&TCD201904095

续表 4

序号	学校名称	申报人姓名	项目编号
96	首都经济贸易大学	尹少成	CIT&TCD201904096
97	首都经济贸易大学	孙茂华	CIT&TCD201904097
98	首都经济贸易大学	张馨艺	CIT&TCD201904098
99	首都经济贸易大学	高中华	CIT&TCD201904099
100	首都经济贸易大学	盛亦男	CIT&TCD201904100

附件 5

2019 年度北京市属高校高水平教师队伍建设支持计划高水平创新团队建设计划项目资助名单

序号	学校名称	姓 名	项目编号
1	北方工业大学	王彦平	IDHT20190501
2	北京工业大学	李建荣	IDHT20190502
3	北京工业大学	隋曼龄	IDHT20190503
4	北京工业大学	韩强	IDHT20190504
5	北京开放大学	褚宏启	IDHT20190505
6	北京建筑大学	郭茂祖	IDHT20190506
7	北京信息科技大学	张健	IDHT20190507
8	北京舞蹈学院	徐颃	IDHT20190508
9	首都师范大学	马自力	IDHT20190509
10	首都医科大学	王玺	IDHT20190510
11	首都体育学院	王子朴	IDHT20190511
12	首都经济贸易大学	尹志超	IDHT20190512

教育信息化

北京市教育委员会文件选编

（2018）

北京市教育委员会

关于应用在线开放课程推进高校美育健康教育国防教育工作的通知

京教体艺〔2018〕6号

各高等学校：

2017年教育部开展了国家精品在线开放课程认定工作，遴选了一批包括高校美育、健康教育、国防教育等精品课程。为破解高校美育、健康教育和国防教育课程开设不齐、质量不高的难题，有效提高学生综合素质，现就应用在线开放课程推进高校美育、健康教育和国防教育工作通知如下。

一、重点应用课程

（一）美育类：《艺术与审美》《非遗之首—昆曲经典艺术欣赏》等美育通识精品课程。

（二）卫生与健康教育类：《艾滋病、性与健康》。

（三）国防教育类：《普通高等学校军事课教学大纲》规定内容。

二、重点应用学校

（一）学校公共艺术选修课开设条件有限，未能开全公共艺术选修课或不具备开设课程师资条件的学校；

（二）艾滋病防控专业师资及教材短缺、未能落实国家规定课时要求，或预防教育效果不明显的高校；

（三）无法开齐开全军事理论课程，未能落实国家《普通高等学校军事课教学大纲》规定的大学生在校期间要修满36学时军事理论课的高校。

三、工作要求

（一）采取有效措施。各相关高校要积极落实教育部在线开放课程建设与应用推进会要求，充分发挥课程教学主渠道作用，根据自身情况因校制宜加强国家精品在线开放课程的应用共享，积极采用基于互联网技术的线上线下混合式共享课程新模式和学分管理制度，运用网络化混合式共享课程推进高校美育、卫生与健康教育、国防教育工作，不断提高教育教学质量，实现高等教育内涵式发展。

（二）认真组织实施。各高校要积极与教育部认定的国家精品在线开放课程平台单位对接，认真将上述课程纳入教学计划，落实规定的课时及学分要求，形成以课程教学为主、社团活动为辅的教学体系。

（三）加强情况反馈。各相关高校要将课程开设情况于 2018 年 8 月 31 日前以电子邮件方式报送市教委。市教委将加强学校美育、卫生与健康教育、国防教育教学水平评估，强化课程开设和实施效果评价，指导和督促高校切实加强学校课程改革。

2018 年 4 月 11 日

北京市教育委员会

关于转发教育部《网络学习空间建设与应用指南》的通知

京教研〔2018〕4 号

各区教委，各市属高校：

现将《教育部关于发布〈网络学习空间建设与应用指南〉的通知》

（教技〔2018〕4号）转发给你们，请结合本区、本单位工作实际，认真学习研究，参照执行。各区、各单位要及时总结借鉴先进经验，切实推动网络学习空间的普及应用。

附件：教育部关于发布《网络学习空间建设与应用指南》的通知

2018年5月18日

附件

教育部

关于发布《网络学习空间建设与应用指南》的通知

教技〔2018〕4号

各省、自治区、直辖市教育厅（教委），各计划单列市教育局，新疆生产建设兵团教育局，部属各高等学校：

为深入贯彻落实党的十九大精神，积极推进“互联网+”行动，更加规范有序地推动“网络学习空间人人通”发展，切实加快教育信息化进程，以教育信息化支撑和引领教育现代化，服务教育强国建设，特制订《网络学习空间建设与应用指南》。现予发布，请参照执行。

2018年4月16日

附件

《网络学习空间建设与应用指南》

前言

“网络学习空间人人通”是“三通两平台”的重要组成部分，是构建网络化、数字化、个性化、终身化的教育体系与推动教育教学模式创新的有效途径。为贯彻《国家教育事业发展“十三五”规划》《新一代人工智能发展规划》精神，落实《教育信息化“十三五”规划》中提出“基本建成人人可享有优质教育资源的信息化学习环境”“创新‘网络学习空间人人通’的建设与应用模式，拓展信息时代教学、管理与服务方式”的要求，推动网络学习空间的深入发展，规范网络学习空间的建设与应用，促进教学方式与学习方式变革，创新教育服务模式与管理体制机制，特制订本指南。本指南适用于基础教育、职业教育、高等教育等各级各类教育的网络学习空间建设与应用。

本指南分为六个部分：总则、网络学习空间的构成、个人与机构空间、公共应用服务、数据分析服务和空间安全保障。

第一部分：总则。规定了网络学习空间的内涵、建设与应用目标、原则和基本流程。

第二部分：网络学习空间的构成。规定了网络学习空间的功能框架，包括个人空间、机构空间和集成的公共应用服务和数据分析服务等。

第三部分：个人与机构空间。规定了教师、学生、家长和管理者等个人空间的功能要求，班级、学校和区域等机构空间的功能要求。

第四部分：公共应用服务。规定了资源共享服务、教学支持服务、学习交互服务和决策评估服务等公共应用服务的功能要求。

第五部分：数据分析服务。规定了数据分析服务的功能要求。

第六部分：空间安全保障。规定了空间建设与应用中的技术、信息、数据、内容安全等要求。

网络学习空间建设与应用指南

1. 总则

1.1 网络学习空间内涵

本文件所指网络学习空间（以下简称“空间”）是由教育主管部门或学校认定的，融资源、服务、数据为一体，支持共享、交互、创新的实名制网络学习场所。其内涵为：

（1）空间建设与应用的根本目标是引领教育服务模式创新，促进教育体制机制变革，推动教育信息化升级转型，适应教育现代化发展要求。

（2）空间建设与应用的基本任务是提供教育应用服务，引入行业、机构等社会资源，支持教育教学模式创新，促进教育公平，提高教育教学质量。

（3）空间建设与应用的重要内容是聚合学习过程和教育管理数据，开展学情分析和学习诊断，精准评估教学效果，提供个性化学习服务，支持精细化管理和科学决策，推动人工智能在教学、管理中的应用。

（4）空间的核心属性是共享、交互、共创，基本特征是个性化、开放性、联通性和适应性。

（5）空间的基本构成包括个人空间、机构空间、集成的公共应用服务和数据分析服务等。

（6）空间建设与应用的基础是无障碍获取空间服务的网络和终端接入条件。

1.2 空间建设与应用目标

重构学习环境。建立人人皆学、处处能学、时时可学的泛在学习环境，适应信息化条件下的教与学需求，推动正式学习与非正式学习融合，实现有效支持个性化、适应性学习的智能化学习支持环境。

优化资源供给。通过利用教育资源公共服务平台、企业与社会教育资源，共享智力资源等方式，汇聚适应区域教育发展需求的优质资源，缩短资源生成、进化周期，支持个性化资源推送，实现精准服务，创新资源供给模式。

变革教学模式。落实以学生为中心的教育观，改变传统教育教学流程，实现线上线下相结合，支持自主、合作、探究学习，促进教学方式从以教为主向以学为主转变，从单一、被动的学习方式向多样化、个性化的学习方式转变。

重塑评价方式。跟踪监测教与学全过程，由结果导向的单一评价扩展到综合性、过程性的多维度评价，实现基于数据的综合素质评价，从注重评价的筛选功能扩展到注重评价的诊断、激励与预测功能。

创新服务模式。从面向群体共性需求的规模化、无差别供给，转变为面向个体定制需求的精准化、智能化、个性化、适应性供给，创新教育服务供给渠道、手段和内容，形成多元教育服务并存的良性供给模式。

提升治理水平。落实立德树人根本任务，提升教育管理水平，促进教育管理业务重组、流程再造，建立智力资源共享、社会资源准入的监管评价机制，促进教育治理体系和治理能力现代化，探索体制机制改革，适应信息时代的教育发展需求。

1.3 空间建设与应用原则

需求导向，统筹规划。面向教育整体发展战略与需求，明确空间建设与应用的目标和任务，在统一标准和规范指导下进行统筹规划。做好与已有系统的整合，做好与教育资源公共服务平台、教育管理公共服务平台的对接，汇聚应用数据。

明确职责，协同合作。规划并改造组织管理体系，包括组织机构、政策规范、管理机制等，明确各级教育行政部门和相关主体在空间建设与应用中的职责，分工协作，确保空间建设与应用的可持续发展。

开放服务，创新应用。面向多样化教育需求，在遵循空间建设与应用共性规律的基础上，秉持开放服务理念，不断丰富教育服务类型，创新空间应用模式，关注空间建设与应用实效。

1.4 空间建设与应用流程

空间建设与应用流程包括规划与设计、建设与部署、应用与推广、管理与维护等环节。

1.4.1 规划与设计

规划与设计是在需求分析的基础上，确定空间的建设目标、总体架构和建设方式等。规划与设计要素包括：教育发展战略、现状分析与诊断、建设目标、组织机构、建设内容、实施策略与进度、经费预算和保障措施等。

1.4.2 建设与部署

建设与部署要区域、学校整体推进，可通过自主研发、委托研发、购买服务等形式进行，采用私有云、公有云等方式进行部署，保证网络、计算、存储等服务能力稳定可靠、可弹性扩展，在数据、身份认证和应用服务三个层面进行系统集成。

1.4.3 应用与推广

应用与推广要采取灵活手段和多种策略，推进信息技术与教育教学深度融合，促进教育服务模式和体制机制创新。空间应用与推广的内容主要包括：建设空间应用培训体系，组织空间普及应用活动，凝炼、推广空间应用典型案例等。

1.4.4 管理与维护

管理与维护要建立组织机构，制订规章制度，完善流程，提升管理与维护人员能力，加强公共服务管理、数据管理、用户管理及安全管理，保障空间的稳定运行。

2. 网络学习空间的构成

网络学习空间分为个人空间和机构空间，并集成了公共应用服务和数据分析服务。支持不同角色用户（教师、学生、家长、管理者等）在同一空间中的身份切换，实现“一人一空间”；支持不同角色用户的互联互通，实现信息沟通与数据交换；支持各类公共应用服务的汇聚与调用，实现服务贯通。空间功能框架如下图所示。

图 网络学习空间功能框架

个人空间是具有角色基本功能且可拓展的个性化工作与学习场所，是调用各类应用服务的个人应用枢纽，支持资源管理、教学管理、交流互动和信息查询等。

机构空间包括班级空间、学校空间、区域空间等，能够调用公共应用服务，支持成员管理、生成性资源管理、信息发布、活动组织与活动分析等。

公共应用服务包括资源共享服务、教学支持服务、学习交互服务和决策评估服务等。

数据分析服务提供各类数据分析工具，利用用户的基础数据、空间行为数据，对用户行为进行动态分析，为个性化资源推送、学习分析与诊断、精细化管理、科学决策等提供支持。

用户通过个人空间或机构空间，调用公共应用服务，支持教育教学活动。空间应用中形成的生成性资源，根据用户意愿，存放于个人空间或机构空间。

3. 个人与机构空间

3.1 个人空间基本功能

个人空间包括教师空间、学生空间、家长空间、管理者空间等，能够调用各类公共应用服务，应具备的基本功能包括：

3.1.1 个人管理

支持设置个人基本信息、访问权限、空间布局等，实现个人管理。

3.1.2 消息管理

支持留言、通知公告、关注空间动态信息等，实现消息管理。

3.1.3 资源管理

支持分类、评价和分享个人收藏、上传的资源等，实现资源管理。

3.1.4 应用管理

支持快捷访问、分类、评价和推荐个人收藏的各类教学、管理、学习交互类软件工具与平台等应用，实现应用管理。

3.1.5 社区管理

支持对个人创建、参与或订阅的社区进行分类、推荐等，实现交互社区管理。

3.2 教师角色功能

在具备个人空间基本功能的基础上，教师空间还应提供以下功能：

3.2.1 教学管理

a）支持在线备课、教学活动组织与实施、课程设计与开发等，实现课堂内外、线上线下相结合的教学。

b）支持在线作业发布、在线作业批改、在线组卷、在线测试等，实现分层、个性化智能测评与诊断。

c）支持课后答疑、网上指导等，实现个性化辅导。

3.2.2 学情分析

支持跟踪、监测学生学习全过程，开展学情分析、学习诊断等，实现精准教学、个性化资源与作业推送等。

3.2.3 网络研修

a）支持记录教学思考、教研心得等，实现教学反思。

b）支持创建、参与、关注教师研修工作坊、名师工作室等，实现教师专业发展。

3.3 学生角色功能

在具备个人空间基本功能的基础上，学生空间还应提供以下功能：

3.3.1 学习管理

a）支持参与在线学习活动，自行选择数字教育资源与智力资源进行学习等，实现知识建构与能力培养。

b）支持在线完成作业、获取答疑辅导等，实现问题解决与即时反馈。

c）支持自定学习目标、自主选择学习内容、自定学习步调、自我管理与监控等，实现自主学习。

3.3.2 学情反馈

支持查询学情分析和学习诊断报告，了解学习情况等，实现自我认知与反思。

3.3.3 成长记录

支持记录成长过程，获得成长分析报告等，实现自我改进与全面发展。

3.4 家长角色功能

在具备个人空间基本功能的基础上，家长空间还应提供以下功能：

3.4.1 学情查询

支持查询学生的班级公告、课程表、学习活动情况、作业完成情况、考试成绩、综合素质评价结果等，实时掌握学生情况，实现有针对性地监督与指导。

3.4.2 家校互动

支持家长与教师互动交流、参与学校事务管理等，实现家校协同教育。

3.5 管理者角色功能

管理者包括学校管理者和区域管理者，在具备个人空间基本功能的基础上，管理者空间还应提供以下功能：

3.5.1 办学情况查询

a）支持查询校园文化建设、教师培训、学生活动组织等情况，实现办学情况动态跟踪。

b）支持查询教师教学情况等，实现教学情况动态跟踪。

c）支持管理者根据不同业务职责，获得相应数据分析结果等，实现精准决策与科学管理。

3.5.2 空间应用查询

支持查询空间应用情况，如关注度、活跃度、影响力、公共应用服务使用频率等，实现空间应用动态跟踪。

3.6 机构空间基本功能

机构空间包括班级空间、学校空间和区域空间等，能够调用各类公共应用服务，支持成员管理、生成性资源管理、信息发布、活动组织与分析等。机构空间应具备以下基本功能：

3.6.1 成员管理

支持对机构空间成员（包括区域、学校和班级等）的添加、修改、删除等，实现成员管理。

3.6.2 生成性资源管理

支持对教学案例、网络课程等生成性资源进行汇聚、评价、筛选、分类与发布等，实现生成性资源管理。

3.6.3 信息发布

支持教育政策解读、各类培训、活动安排等信息发布，实现信息公开。

3.6.4 活动组织

支持文化建设、心理健康教育、素质拓展、研修活动等，实现活动的组织与管理。

3.6.5 活动分析

支持可视化呈现各级各类活动组织的频次、参与人数、活动结果等，实现活动情况动态跟踪。

4. 公共应用服务

空间要提供资源共享服务、教学支持服务、学习交互服务、决策评估服务等基本公共应用服务。各类应用服务应包含下述列出的支持服务功能，随着技术的发展与教育创新应用的需要，可不断扩充与升级建设。公共应用服务可由多方提供。

为了适应不同区域空间建设与应用的需要，本指南增加了可选项，用▲标识。标记为▲的条目可以根据区域实际情况选择性建设，未标记▲的条目是所有区域都应达到的基本要求。

4.1 资源共享服务

资源共享服务是指利用教育资源公共服务平台、企业与社会提供的教育资源，支持开展教与学活动，通过资源交易提高优质资源利用效率的服务。资源共享服务的基本要求包括：

a）提供各类检索功能，支持用户根据需要获取教育资源。

b）提供生成性资源的申请、评价、审核等功能，支持用户向教育资源公共服务平台推送资源。

c）提供根据用户个性化特征自动寻找、关联、生成与汇聚资源的功能，支持适应性资源获取。▲

d）提供资源交易场所，支持数字教育资源与智力资源的多元共享。▲

4.2 教学支持服务

教学支持服务是指集成各类教学应用，提供教学设计、知识管理、课程开发、协同教学、个性化学习等教学工具和环境，支持师生组织教学活动。教学支持服务的基本要求包括：

a）提供教学设计模板、课件制作工具等备课工具，支持教师在线备课。

b）提供内容展示、资源下发、互动、屏幕共享、终端分组等工具和学科教学工具，支持教师授课。

c）提供在线组卷、在线测试、智能评阅等测评工具，支持学习评价。

d）提供在线课程、微课等开发工具，支持师生创建课程资源。

e）提供在线思维导图、小组管理、协同写作、项目进展管理等协同工具，支持协作学习。

f）提供虚拟仿真实验、实训等环境，支持学生开展探究与虚拟实践活动。

g）提供直播、点播等教学环境，支持在线授课、远程辅导、协同教学等。

h）提供自动出题、自动批阅等工具，支持测评自动化。▲

i）提供学习障碍自动诊断与及时反馈等工具，支持个性化智能教学。▲

j）提供个性化问题解决等工具，支持个性化问题解答与指导。▲

4.3 学习交互服务

学习交互服务是指集成学习交互应用，支持师生、师师、生生及其他各类角色间的交互活动。学习交互服务的基本要求包括：

a）提供语音会议、视频会议等实时交互工具，支持用户组建交互环境，组织交流研讨、答疑辅导、合作探究等互动活动。

b）提供内嵌或无缝衔接已有的社会性交互工具，支持用户建立交互社区。

c）提供可视化分析工具等，支持交互过程分析，提升交互质量。

d）提供研修工作坊、名师工作室等教研环境，支持开展教研活动。

e）提供智能助理、智能伙伴等，支持开展精准教研。▲

4.4 决策评估服务

决策评估服务是通过采集用户行为、过程与结果数据，提供可视化分析结果，生成分析报告等，支持管理者进行教育决策、教学质量评估、学生综合素质评价等的服务。决策评估服务的基本要求包括：

a）采集教学过程、教学结果等反映教学行为的数据，为教师、管理者等提供可视化分析结果与分析报告，支持教学评价。

b）采集学习过程、学习结果、成长过程等反映学习行为与综合素质的数据，为教师、学生、家长等提供可视化分析结果与分析报告，支持学习诊断、学习预警、综合素质评价等。

c）采集资源应用、管理行为、家校互动等活动数据，为资源提供者、教育管理者等提供可视化分析结果与分析报告，支持资源个性化推送、精细化管理与科学决策等。

5. 数据分析服务

数据分析服务是指集成各类数据分析工具，利用从个人空间、机构空间和公共应用服务中采集的数据进行分析，为实现个性化学习、精准教学和科学决策等提供支持。数据分析服务的基本要求包括：

a）提供教学准备、教学过程、教学结果等教学分析工具，实现教学分析服务。

b）提供学习成绩、学习水平、知识结构、认知风格等学习分析工具，实现学习分析服务。

c）提供学生问题解决能力、语言能力、写作能力等数据分析工具，实现学生能力发展分析服务。

d）提供学生综合素质评价数据分析工具，实现学生综合素质评价服务。

e）提供用户空间应用行为、空间功能应用情况等数据分析工具，实现空间应用分析服务。

f）提供多类型数据分析工具，满足多样化数据分析需求。▲

6. 空间安全保障

空间建设与应用要落实《中华人民共和国网络安全法》等相关法律法规和文件要求，通过制定空间安全政策和利用网络安全技术设备等对空间系统进行安全防护。

a）明确空间安全职能部门，根据“谁主管谁负责、谁运维谁负责、谁使用谁负责”的原则，确定网络安全负责人，落实网络安全保护责任。完善安全管理制度和操作规程，提高空间管理人员的安全意识和防护水平。

b）落实防范计算机病毒和网络攻击、网络侵入等危害网络安全行为的技术措施。做好网络安全等级保护定级备案、测评整改工作，全面落实网络安全等级保护提出的管理和技术要求，提高防攻击、防篡改、防病毒能力。

c）落实监测记录网络运行状态、网络安全事件的技术措施。完善网络安全监测预警机制，定期开展安全检查，及时发现、处置安全威胁；定期对空间网络日志进行分析、研判，系统排查安全隐患，留存相关的网络日志不少于六个月。

d）采取数据分类、重要数据备份和加密等措施，规范空间数据的采集、传输、存储和开放共享，建立全生命周期的数据防护体系，保障空间用户个人信息安全，防止信息泄露、毁损、丢失。

e）健全网络安全应急管理机制。制定网络安全应急预案，明确各类网络安全事件的处置规范；发生网络安全事件第一时间采取有效措施将影响降到最低，并及时将实际情况报告上级教育主管部门。

f）落实空间内容安全管理主体责任，建立健全内容审核、应急处置等管理制度，依据“属地管理、职权一致”的原则，与用户签订安全协议（如学校与教师、学校与学生、学校与家长之间签订安全协议），明确双方权利义务。

g）学习网络安全法规，树立网络安全意识，尤其要引导学生遵守《全国青少年网络文明公约》，在教师、家长的监控与指导下负责任地使用空间。

北京市教育委员会

关于转发教育部《中小学数字校园建设规范（试运行）》的通知

京教研〔2018〕5号

各区教委、各市属高校：

现将《教育部关于发布〈中小学数字校园建设规范（试行）〉的通知》（教技〔2018〕5号）转发给你们，请结合各区、各单位工作实际，参照执行。

附件：教育部关于发布《中小学数字校园建设规范（试行）》的通知

2018年5月18日

附件

教育部

关于发布《中小学数字校园建设规范（试行）》的通知

教技〔2018〕5号

各省、自治区、直辖市教育厅（教委），各计划单列市教育局，新疆生产建设兵团教育局，部属各高等学校：

为深入贯彻落实党的十九大精神，积极推进“互联网+”行动，提升中小学校信息化建设与应用水平，推动信息技术与教育教学的深度融合，切实加快全国教育信息化进程，以教育信息化支撑和引领教育现代化，服务教育强国建设，特制定《中小学数字校园建设规范（试行）》。现予发布，请参照执行。

附件：中小学数字校园建设规范（试行）

2018年4月16日

附件

中小学数字校园建设规范（试行）

1 前言

根据党的十九大报告及《2006—2020年国家信息化发展战略》《国家信息化发展战略纲要》《“十三五”国家信息化规划》《国家中

长期教育改革和发展规划纲要（2010—2020年）》《教育信息化十年发展规划（2011—2020年）》《教育信息化“十三五”规划》等有关文件精神，特制定《中小学数字校园建设规范（试行）》。

本规范是推动中小学数字校园建设与应用的指导性文件，是建设的总目标、总原则，具有指引方向和基础规约作用。本规范适用于普通中小学（小学、初中和高中，包括中心小学、村小和教学点）的数字校园建设，其他基础教育学校（幼儿园、特殊教育学校等）可参照本规范执行。

本规范面向各级教育主管部门与各类中小学校，从应用角度提出建设要求，在建设中推进应用。为了适应不同地区、不同发展程度的数字校园建设的需要，本规范增加了可选项，用○标识。标记为○的条目可以根据各学校自身实际情况选择性建设，未标记○的条目是所有学校都应该达到的基本要求。

本规范按照“GB/T 1.1-2009标准化工作导则第1部分：标准的结构和编写”给出的规则起草。

2 总体要求

数字校园建设应坚持“深化应用，融合创新”的基本思想，采用云服务模式统一规划、分步实施，以促进区域教育的均衡发展和学校教育的质量提升。

2.1 建设目标

数字校园建设应达成如下目标：

1. 实现校园环境数字化。利用云计算、大数据、物联网、移动通讯、人工智能等信息技术，实现从基础设施（网络、终端、教室等）、资源（教材、图书、讲义等）到应用（学习、教学、管理、生活等）的数字化。

2. 实现信息系统互联互通。拓展现实校园的时空维度，实现应用系统互联互通；建设网络应用环境，实现校园宽带网络全接入、全覆盖；促进优质数字教育资源的建设、应用和共享，让每个班级都享受到优质数字教育资源；打造网络学习空间，促进师师、师生、生生、家校之间的互动。

3. 实现用户信息素养提升。提升学生的信息化学习能力；提升教师的信息化教学能力；提升管理人员的信息化管理能力；提升技术人员的信息化服务能力。

4. 实现学习方式和教育教学模式创新。促进信息技术与教育教学实践的深度融合，实现信息化教学的常态化与创新发展；支持学校服务与管理流程的优化与再造，提升校园管理效能与决策水平。

2.2 建设原则

数字校园建设应遵守如下基本原则：

1. 应用驱动,融合创新。从学校信息化教学与管理应用需求出发，整体规划，有计划地组织实施；推动信息技术在教育教学主流业务、主要环节的常态化应用，支持学校教学、管理与服务流程的优化与重构。

2. 重组整合，资源共享。利用前期教育信息化发展成果，整合现有软硬件资源，保护已有投资；依托国家数字教育资源公共服务体系；加强与区域内其他学校的合作，实现优势互补，资源共享，共同发展。

3. 适度超前，特色发展。在满足学校教育教学现实需求的基础上，对校园基础设施、应用系统等进行一定的前瞻性设计和实现；根据自身条件和发展目标，突出学校在教育信息化某些方面的应用创新，打造特色鲜明、绿色、安全的数字校园。

2.3 建设模式

数字校园建设应采用“云—网—端”架构模式：

1.“云”要按照国家数字教育资源公共服务体系标准规范，由教育行政部门通过组织建设、租用、购买服务等方式来建设和维护。

2.“网”要以固定宽带、移动宽带、有线电视网络等方式支持“端”“云”联通。

3.“端”是学校信息化基础设施，学校重点推进信息化应用，提升全校师生员工信息技术应用能力和信息素养。

2.4 建设内容

数字校园建设包括五方面内容：

1. 用户信息素养。学生、教师、管理人员与技术人员是数字校园服务的主要对象，提升用户信息素养是数字校园建设与应用的核心目标之一；数字校园建设过程中要重点培养学生的信息化学习能力、教师的信息化教学能力、管理人员的信息化管理能力与技术人员的信息化服务能力。

2. 信息化应用。学校的教学、管理、评价、生活服务等信息化应用是数字校园价值体现的根本；数字教育资源是开展信息化教学的基础；应用服务是实现教育教学活动信息化的重要保障；应用服务体系采用“云服务”建设模式，支持教育教学业务信息通畅、高速互访和有效整合。

3. 基础设施。信息化基础设施是数字校园建设的基础和外显形式，包括网络环境、数字终端、数字化教学空间、创新创造空间与文化生活空间，为校园信息化应用提供硬件和物理场所支持。

4. 网络安全。网络安全是数字校园建设的必要条件，需要从组织管理、网络应用与校园环境三方面加强安全保障措施，以维护数字校园的安全、平稳运行。

5. 保障机制。保障机制是数字校园建设重点内容顺利完成的制度性保证，也为数字校园建设的可持续发展提供必要支撑，包括组织架构、全员培训、制度建设、资金投入、多方协同等方面。

2.5 建设流程

数字校园建设包括五个阶段：

1. 规划设计。建立由教育专家、技术专家等组成的项目规划与设计组，保障项目的前瞻性与科学性；该阶段要完成整体需求分析与可行性报告，进行整体的数字校园设计。

2. 项目实施。根据数字校园设计方案进行具体实施；该阶段要编制详细实施方案，明确项目实施计划，进行项目结构分解，形成各类项目文档。

3. 用户培训。对数字校园的使用者进行系统的培训；该阶段要从技术操作和教育教学应用两个层面，开展多次专题培训活动。

4. 项目验收。成立专家组和专业第三方评测机构，对数字校园的功能、性能进行全面的验收；该阶段要提供详细验收资料，促使项目按照合同和有关标准进行验收。

5. 运营维护。根据项目合同提供运营维护服务；该阶段要制定切实可行的数字校园运营维护方案，配备数字校园运维服务经费，保证项目的定期升级与持续发展。

3 用户信息素养

本规范从学生信息素养、教师信息素养、管理人员信息素养与技术人员信息素养四个方面对数字校园相关主体的信息技术应用意识与能力的发展进行规定。

3.1 学生信息素养

学生信息素养的发展重点是全面提升学生信息化学习能力，促进学生核心素养发展。本规范从学习态度与思想意识、学习方式与技能两个方面对学生基本信息素养进行规定。

3.1.1 学习态度与思想意识

1. 具有正确的信息意识，对利用信息技术持积极态度。

2. 具有利用信息技术解决学习和生活中实际问题的意识。

3. 具有利用信息技术进行创新性学习和终身学习的意识。

4. 对信息技术发展具有敏锐的感受力，能发现并挖掘其在学习中的应用潜力。

5. 具有信息保健意识，能避免因不当使用信息技术导致对生理和心理产生不利影响。

6. 具有分辨有用与有害信息的意识，能安全、健康地使用各种信息。

7. 了解信息安全常识，积极维护信息安全。

3.1.2 学习方式与技能

1. 能利用网络获取、筛选、储存、处理、管理、应用和评价数字化学习资源。

2. 能利用学科信息技术工具发现和解决学习问题，提高学习效率。

3. 能利用媒体终端进行随时随地的学习、交流和分享。(○)

4. 能利用信息技术开展自主学习、合作学习与探究学习。

5. 能利用信息技术制定适合自己的学习计划并按需调整。

6. 能利用信息技术对信息资源及学习活动过程与结果进行综合评价。(○)

7. 能利用信息技术进行高效的知识管理、构建互惠的人际网络。(○)

3.2 教师信息素养

教师信息素养的发展重点是全面提升教师信息化教学能力，帮助教师应用信息技术优化课堂教学、转变教与学方式。本规范从工作态度与思想意识、教学方法与技能两个方面对教师基本信息素养进行规定。

3.2.1 工作态度与思想意识

1. 能认识到信息技术对于教育教学改革的重要意义和作用。

2. 具有利用信息技术优化教与学方式、开展教学改革研究的意识。

3. 具有利用信息技术进行自我反思与终身学习的意识。

4. 能鼓励学生应用信息技术探究世界、解决真实问题。

5. 能示范并讲授道德规范地使用信息技术，帮助学生树立信息道德与信息安全意识。

3.2.2 教学方法与技能

1. 能掌握获取、加工和管理数字化教学资源的常用工具与方法。

2. 能创设恰当的可促进教学目标达成的技术手段丰富的学习环境。

3. 能设计多样的信息技术支持的自主学习、测验评价等教学活动。

4. 能利用信息技术获取新的教学理念与方法，开展信息化教学设计。

5. 能利用信息技术收集学生学情数据，开展数据驱动的精准教学。(○)

6. 能利用网络参与校本和区域教研活动，实现学用结合。

7. 能利用信息技术与专家同行沟通交流，促进自身专业成长。

8. 能正确分析和解读教学过程与结果数据，调整信息化教学策略。（○）

9. 能灵活处置课堂教学中因技术故障引发的常见意外状况。

10. 能指导学生参加各类信息化比赛与活动，提升学生信息创造与应用能力。

3.3 管理人员信息素养

管理人员信息素养的发展重点是全面提升以校长为首的教务、行政管理干部的信息化管理能力，促进信息化领导力发展。本规范从工作态度与思想意识、教育领导与管理能力两个方面对管理人员基本信息素养进行规定。

3.3.1 工作态度与思想意识

1. 能认识到信息技术对教育发展的革命性影响，理解教育信息化方针政策。

2. 具有利用信息技术优化学校管理、提升办学水平和教育质量的意识。

3. 具有不断学习新知识和新技术以提高自身管理水平的意识。

4. 具有利用信息技术进行自我反思与终身学习的意识。

5. 具有信息道德与信息安全意识，帮助师生树立信息道德与信息安全意识。

3.3.2 教育领导与管理能力

1. 能组织编制学校信息化发展规划、信息化规章制度与应用办法。

2. 能组织教师参加信息技术应用能力培训，促进教师专业成长。

3. 能引导、规范广大教职工应用信息技术，优化管理流程，提升管理效率。

4. 能推动教师利用信息技术创新教学模式，提升教育教学质量。

5. 能利用信息技术营造优良育人氛围，防范不良信息对学生的负面影响。（○）

6. 能利用信息技术构建和谐的家校合作关系，开展有效的家校协同教育。

7. 能对学校信息化建设进行全方位评估与诊断，不断优化设计、持续改进。

8. 能组织构建学校数据网络体系，开展数据驱动的教育管理与决策。(○)

9. 能寻求社会多方力量与资源支持，持续推进学校信息化发展。(○)

3.4 技术人员信息素养

技术人员信息素养的发展重点是全面提升学校专（兼）职信息化工作者的信息化服务能力，促进信息技术专业素养发展。本规范从工作态度与思想意识、信息技术专业技能两个方面对技术人员基本信息素养进行规定。

3.4.1 工作态度与思想意识

1. 能认识到信息技术对于教育教学改革的重要意义和作用。

2. 具有尝试应用新信息技术并探索其应用潜力的意识。

3. 具有支持教师和管理人员应用信息技术的服务意识。

4. 具有利用信息技术进行自我反思与终身学习的意识。

5. 具有信息道德与信息安全意识，帮助师生树立信息道德与信息安全意识。

3.4.2 信息技术专业技能

1. 能合理选购信息技术产品与服务。

2. 能对学校信息化环境进行规划、设计、实现和改进。

3. 能对学校教育技术装备进行及时、有效的管理和维护。

4. 能对数字化教学资源进行收集、设计、开发和管理。

5. 能为教师和管理者的业务开展提供技术支持与服务。

6. 能利用信息技术与专家同行沟通交流，促进自身专业成长。

7. 能参与教师信息技术应用效果评估。

4 信息化应用

本规范从主要类型、总体要求与应用需求三个方面对数字校园的信息化应用进行规定。

4.1 主要类型

数字校园中的信息化应用体系主要包括四类，分别是教育教学、教育管理、教育评价与生活服务。

1. 教育教学：利用信息技术开展教师备课、授课、教研与学生学习等信息化教学活动及教学资源的建设与管理。

2. 教育管理：利用信息技术开展教务管理、行政管理、财务管理、人事管理、学生管理与设备资产管理。

3. 教育评价：利用信息技术开展学生发展性评价、教师发展性评价与学校发展性评价。

4. 生活服务：利用信息技术开展家校沟通、文化生活与社会开放服务。

4.2 总体要求

4.2.1 建设要求

信息化应用离不开相关应用服务的支持，数字校园应用服务建设要求如下：

1. 信息化应用服务的提供均采用“云服务”模式。

2. 学校根据自身特点和需求，合理采购应用服务。

3. 应用服务应提供标准接口，具有快速接入上级平台的能力。

4. 应用服务之间应实现基础数据共享，避免出现“信息孤岛”。

5. 应用服务应具有较强的扩展性、稳定性和易用性。

6. 应用服务应支持高峰时刻的大流量访问。

7. 管理应用服务的建设应符合《教育管理信息 教育管理基础代码》《教育管理信息 教育管理基础信息》《教育管理信息 教育行政管理信息》和《教育管理信息 普通中小学管理信息》等相关规定。

4.2.2 应用要求

1. 积极应用国家、地方（含省、市、县）统一建设的信息系统。

2. 通过多终端接入云服务平台，用户按需享受权限范围内的应用服务。

3. 推进信息化应用常态化，提升学校教学质量与管理效能。

4. 以网络学习空间为纽带，贯通教、学、管、评等学校核心业务。

（○）

5. 加强优质数字教育资源建设与共享，提高资源的流通率和使用率。

6. 开展网络学习空间和资源应用，探索形成新型教学、管理与服务模式。（○）

4.3 教育教学

教育教学主要包括网络备课、网络教学、网络教研、课堂教学与教学资源。

4.3.1 网络备课

1. 支持数字备课资源的便捷查询与选择应用。

2. 支持理科符号、公式与图表的编辑。

3. 支持电子教案的便捷创作、查询、审核、归类与统计。

4. 支持电子教案的协同编辑，可以开展远程协作备课。

4.3.2 网络教学

1. 支持多级课程大纲的创建与调整。

2. 支持课程资源的管理及其与课程大纲的关联。

3. 支持在线学习活动的设计与学习活动进程的监控。

4. 支持题库管理、试卷生成与在线测试。

5. 支持学习行为记录、分析、评价、预警与干预。（○）

6. 支持在线自主、合作、探究学习及移动学习。

7. 支持学习报表的动态生成与可视化呈现。

4.3.3 网络教研

1. 支持教师协同设计电子教案。

2. 支持教研课题的成果分享、进展跟踪与消息发布。

3. 支持教学课例资源的分享、交流与评价。

4. 支持多种形式教学研讨活动的组织与实施。

4.3.4 课堂教学

1. 支持考勤、点名、分组等常规课堂管理。

2. 支持多种教学活动的开展与多种方式的课堂交流互动。

3. 支持学生作业成果的展示与同屏比较。

4. 支持课堂视频录制与微课制作。（○）

5. 支持基于移动终端的一对一学习和小组合作学习。（○）

6. 支持随堂练习与测试及其结果的即时反馈。

4.3.5 教学资源

1. 通过多种渠道汇聚共享国家、省、市、区优质数字教育资源。

2. 鼓励师生、技术人员共建特色、个性化的校本资源库。

3. 建立校本资源共建共享机制，通过多种渠道与外部共享。

4. 重视教学过程中生成性资源（讨论、试题、笔记等）的积累与应用。

5. 支持微课、数字图书、教学素材等资源的高效管理与便捷应用。

6. 重组和改造数字教育资源以适应实际教学需要。

7. 遵循《基础教育教学资源元数据 信息模型》《基础教育教学资源元数据 XML 绑定》与《基础教育教学资源元数据 实践指南》等相关规定。

8. 遵守法律法规，尊重和保护资源版权。

4.4 教育管理

教育管理以应用国家教育管理信息系统为基础，主要包括教务管理、行政管理、财务管理、人事管理、学生管理与设备资产管理。教育管理信息化应用可根据各地实际情况进行调整。

4.4.1 教务管理

1. 支持学生、教师与班级信息的便捷录入、查询与修改。

2. 支持成绩采集、考试数据分析与评价报表生成。

3. 支持学校课程与区域共享课程的排课、选课与退课。

4. 支持学生评教、教师评学及管理人员对教学的检查与评估。

5. 支持考试设置、编排及考务相关资料的批量打印。

6. 支持教室的借用审批、状态查询与使用情况统计。

4.4.2 行政管理

1. 支持收发文件、公文审批等常规行政事务的管理。

2. 支持学校公告、规章制度等公共信息的发布与管理。

3. 支持单位车辆的申请、审批、计划与调度。

4. 支持会议信息发布、会议室安排与借用管理。

5. 支持单位用印的申请、审批、登记与统计。

6. 支持来访人员的出入登记与统计。

7. 支持校园统一信息门户管理。

8. 支持校园电子邮件管理与短信息提醒。(○)

9. 支持移动办公。(○)

4.4.3 财务管理

1. 支持日常凭证与账簿的编制、审核与调整。

2. 支持账务信息的审核管理与统计分析。

3. 支持教师工资的发放管理与统计分析。

4. 支持学生费用的收发管理与统计分析。

5. 支持课题经费的管理与统计分析。

4.4.4 人事管理

1. 支持教职工档案信息的管理与维护。

2. 支持教职工入职、调岗、离职、复职、退休与返聘的审核管理。

3. 支持教职工绩效考评。

4. 支持人事信息的统计分析与报表生成。

4.4.5 学生管理

1. 支持学生基础信息的管理与维护。

2. 支持家庭困难学生的申请、认定与管理。

3. 支持学生奖惩信息的管理。

4.4.6 设备资产管理

1. 支持学校仪器设备的管理与统计分析。

2. 支持学校用房与用地信息的管理与统计分析。

3. 支持学校无形资产(专利、著作权、商标权等)的管理与统计分析。

4.5 教育评价

教育评价的重点放在学生发展性评价、教师发展性评价与学校发展性评价。

4.5.1 学生发展性评价

1. 支持评价指标的个性化选择、组合与权重设置。
2. 支持学生学习成果的全面记录与综合评价。
3. 支持基于档案袋数据的学生成长报告的自动生成。
4. 支持学生学业短板诊断及学业优势识别。（○）
5. 支持基于多维数据的学生画像及成长预警。（○）

4.5.2 教师发展性评价

1. 支持评价指标的个性化选择、组合与权重设置。
2. 支持教师教学教研成果的全面记录与综合评价。
3. 支持基于档案袋数据的教师专业发展报告的自动生成。
4. 支持教师教学质量的精准评价及问题诊断。（○）
5. 支持基于多维数据的教师画像及专业发展预警。（○）

4.5.3 学校发展性评价

1. 支持学校基础数据交换共享及多种形式的报表统计与生成。
2. 支持课程实施和教学质量的分析评估。
3. 支持校情的动态监控、综合分析与可视化呈现。
4. 支持数据驱动的学校发展评估与科学决策。（O）

4.6 生活服务

生活服务主要包括家校互通、文化生活与社会开放。

4.6.1 家校互通

1. 支持学生在校情况查询。
2. 支持学校与家庭的互动交流。
3. 支持家长进行家庭教育。

4.6.2 文化生活

1. 支持校园数字广播。
2. 支持校园电视的直播和点播。
3. 支持网上心理健康咨询。（○）
4. 支持虚拟校园游览。（○）
5. 支持校园移动支付。（○）

4.6.3 社会开放

1. 支持家庭教育问题咨询。

2. 支持课后自主复习与在线辅导。(○)

3. 支持优质教学资源的对外开放。(○)

5 基础设施

本规范从主要类型、总体要求与装备要求三个方面对数字校园的基础设施建设进行规定。

5.1 主要类型

数字校园的基础设施主要包括五类，分别是网络环境、数字终端、数字化教学空间、创新创造空间与文化生活空间。

1. 网络环境：提供安全稳定的网络接入服务，支持师生与管理者方便获取网络信息。

2. 数字终端：提供实现信息化应用的数字计算设备，支持师生与管理者开展数字化教学与管理活动。

3. 数字化教学空间：提供开展信息化教与学活动的物理场所，支持多种信息化教学模式的实施。

4. 创新创造空间：提供开展学科实验与创新能力训练的物理场所，支持学生创新能力培养。

5. 文化生活空间：提供校园文化与生活服务的物理场所，支持学生与教职工利用信息技术享受便捷的校园文化生活。

5.2 总体要求

5.2.1 建设要求

1. 发挥现有设施资源的优势，逐步完善数字校园基础设施环境。

2. 设计多功能型教室与实验室，倡导一室多用，提高空间利用率。

3. 利用好上级部门建设的统一数据中心，原则上不单独建设校级数据中心。

4. 强化学校数字终端的配备与应用，推进学习方式与教学方式的转变。

5. 鼓励有条件的学校在信息化基础环境建设方面进行创新性探索。

6. 教室、实验室等空间的配置数量应以满足教学需要为基本要求。

7. 教室、实验室等空间的施工、布线应符合国家和行业相关标准。

8. 教室、实验室等空间应配备专（兼）职人员负责管理和维护。

5.2.2 应用要求

1. 推进基础设施的常态化应用，提升学校信息化环境的教育价值。

2. 加强基础设施在教育教学中的创新探索，形成可推广的应用模式与案例。

3. 鼓励师生及时反馈设施设备使用中的问题，提出新需求与优化建议。

5.3 网络环境

1. 有线网络覆盖到学校的每个教学、活动和办公场所。

2. 无线网络能支持移动学习、移动教学、移动办公等应用。（○）

3. 网络带宽满足教育教学需要，支持高峰期的群体并发访问。

4. 支持互联网、校园广播网、校园电视网、校园安防网等多网融合。

5. 采用光纤接入技术，实现光纤到学校。（○）

6. 支持设备设施运行状况、车辆进出等信息的感知和传输。（○）

7. 配备良好的网络安全系统，有效隔离不良信息。

8. 校园网络的设计应符合《信息技术系统间远程通信和信息交换 局域网和城域网特定要求》《信息安全技术 网络交换机安全技术要求》《通信管道与通信通道设计规范》《综合布线工程设计规范》《信息技术 安全技术 信息安全管理体系要求》和《信息技术 安全技术 信息安全管理实用规则》等相关规定。

5.4 数字终端

1. 学校公共空间配置合适的公用终端，如大屏幕电视、触控一体计算机等。

2. 每个班级配备适量公用计算机，并有机融合到教室环境中。

3. 每个办公场所配备适量计算机，满足正常管理工作需要。

4. 每位专任教师配备办公用计算机。

5. 每位专任教师配备可用于教育教学的移动智能终端。（○）

6. 教师终端设备配置应满足正常教学和办公的需要。

7. 具有良好的售后服务体系，鼓励选用国产设备与软件。

8. 为学生自带设备提供网络接入、充电、储存、专用课桌等使用配套服务。

9. 终端设备可以通过校园有线网 / 无线网安全接入互联网。

5.5 数字化教学空间

1. 每个班级教室配备多媒体教学设备，满足课堂多媒体教学需要。

2. 配备智能型多媒体中央控制系统，实现教室内主要电子设备的集中控制。(○)

3. 支持物理环境的智能感知，通过显示设备动态呈现环境信息和班级信息。(○)

4. 基础设施的设计体现人性化，符合人体工程学和环境心理学的基本要求。

5. 提供适量的一对一数字化教学空间，支持多种教学活动的开展。(○)

6. 支持多终端接入互联网，师生可以从互联网上便捷获取教学资源。

7. 提供教师备课空间，配齐备课常用电子设备和课件制作软件。

8. 提供数字阅读空间，师生可以访问学校数字图书馆和教学资源库。

9. 提供课堂录播空间，其建设可参考《教学录播系统设计规范》。

5.6 创新创造空间

1. 小学提供科学课实验教学空间，支持科学探究实验的开展。

2. 中学提供理化生实验教学空间，支持理化生课程教学中探究实验的开展。

3. 配备探究实验管理软件，支持学生实验数据的存储、显示与分析。(○)

4. 提供适量的创新训练空间，配备训练工具和设备，支持学生在创造中学习。(○)

5. 开设适量的创新训练课程，供全校学生自主选修。(○)

6. 配备专业的指导教师团队，为学生的创新创造提供及时辅导。(○)

7. 建设线上创新社区，支持学生创意作品的展示分享与互动交流。（○）

5.7 文化生活空间

1. 提供休息空间，配备多媒体设备，为师生提供适量的休闲娱乐服务。

2. 提供学生作品展示与校园宣传空间，支持优秀作品与校园信息的多媒体展示。

3. 提供课外自主学习空间，配备适量数字终端和充电设备。（○）

4. 配备校园气象站，实时监测多种气象参数，支持学生科学探究和环境监控。（○）

6 网络安全

本规范从组织管理、网络应用与校园环境三个方面对数字校园网络空间安全的建设进行规定。

6.1 组织管理

1. 建立校长为第一责任人的网络安全工作体系，落实网络安全责任制。

2. 有专职机构或专人负责网络安全工作，及时汇报并解决安全事件和问题。

3. 建立网络安全制度及管理体系，定期开展网络安全测评工作。

4. 接入校园网络的各部门、处室、教室和用户须使用统一分配的IP 地址。

5. 校园网络实行实名上网制，并对入网终端进行监控与跟踪管理。

6. 严禁超越权限使用系统资源、泄露和转让合法权限及从事与本职业务无关的操作。

7. 严禁在校园网络上传播淫秽色情等违法或不健康信息。

8. 制定网络安全应急预案，明确应急处置流程和权限，提高网络安全应急处置能力。

9. 校园网络保密管理工作按照《中华人民共和国保守国家秘密法》

及相关规定执行。

6.2 网络应用

1. 校园网络应达到网络安全等级保护第一级或以上要求。

2. 信息系统（网站）应不低于《教育行业信息系统安全等级保护定级工作指南（试行）》文件规定的安全保护等级。

3. 根据实际需要配备网络安全设备和网络安全系统，网络设备日志保存时间应不少于六个月。

4. 配备统一上网管理系统，提供不健康信息过滤与网络监控功能。

5. 所有公用计算机安装杀毒软件和还原系统。

6.3 校园环境

1. 配备数字校园智能安防系统，实现校园安全的统一管理和控制。

2. 主要出入口、人员聚集场所、保密室等地方安装视频图像采集装置。

3. 安防系统与区域行政部门数据同步，与当地公安部门安防系统互联互通。

4. 安全防护范围涵盖校园的所有物理空间和网络空间。

5. 校园周边设置电子围栏等防范非法入侵校园设施设备。（○）

6. 安防系统的设计应符合《视频安防监控系统技术要求》《安全防范视频监控联网系统信息传输、交换、控制技术要求》和《安全防范工程技术规范》等相关规定。

7 保障机制

本规范从组织架构、全员培训、制度建设、资金投入与多方协同五个方面对数字校园建设的保障机制进行规定。

7.1 组织架构

1. 成立以校长为组长的数字校园建设领导小组和工作小组，加强对数字校园建设工作的领导。

2. 设立学校首席信息官职务，建设一支专兼结合、结构合理、素质优良的数字校园建设与应用的教师队伍。

3. 地方教育信息化相关机构参与数字校园建设的组织、实施和指导工作，保障数字校园建设工作有序进行。

7.2 全员培训

1. 凡符合条件的在任教师全部参加中小学教师信息技术应用能力培训，并达到合格要求。管理人员、技术人员也要达到相应培训的合格要求。

2. 积极推荐教师参加相关部门组织的信息技术培训和教研活动，培训成绩达标后计入继续教育学分。

3. 主动开展校内数字校园建设与应用培训，提高教职员工的信息技术应用能力和信息素养。

7.3 制度建设

1. 建立完备的数字校园管理规章，包括校园网络管理、教学空间管理、校园电视与广播管理、教师培训管理、经费管理、信息安全管理等。

2. 制定鼓励教师进行信息化教学的激励政策，使信息技术应用常态化。

3. 建立学校数字教育资源共建共享的机制和制度，鼓励教师、学生、管理人员携手共建优质的、个性化的校本资源库。

4. 建立数字校园绩效评估机制，对校园基础设施、应用服务、师生能力等发展水平进行科学评价，诊断现存问题并提出发展意见。

5. 根据国家、省、市、区教育信息化发展规划，结合本校实际，制订数字校园建设与发展规划及年度工作计划。

7.4 资金投入

1. 数字校园建设与运维的经费列入教育事业专项资金，形成制度化的可持续的经费投入机制。

2. 硬件、软件（含资源）和运维（含培训）的经费投入要比例合理，不能只关注硬件投入，要加大应用和培训方面的经费投入。

3. 学校日常经费预算中应包括每年必要的数字校园运维经费。

7.5 多方协同

1. 建立校政企三方协同机制，理顺学校与地方教育行政部门、信息化企业在建设数字校园过程中的合作关系与运作机制。

2. 与高校、科研院所等研究机构建立实质性的合作关系，围绕数字校园建设与应用有目的地开展协同研究。

3. 发挥家长、公益组织等社会力量的作用，深入推进数字校园建设与发展。

8 附录

8.1 术语定义

下列术语和定义适用于本规范。

1. 数字校园

数字校园是以信息技术为基础，通过对校园的基础设施、教学资源和教育活动进行数字化改造而构建的信息化环境。数字校园具有资源丰富、多种应用系统集成、相关业务高度整合等特征，其宗旨是通过信息技术与教育教学实践的深度融合，优化教学、教研、管理和服务等过程，提高教育教学质量和管理水平，促进师生全面发展。

2. 信息素养

信息素养是指个体恰当利用信息技术来获得、管理、表达、整合和评价信息以及建构新知识、分析和解决问题、开展社会交往的态度和能力。

3. 数据素养

数据素养是指合理获取、理解、运用、评价和管理科学数据的能力。

4. 基础设施

基础设施是指为学校教育教学活动提供公共服务的物质工程设施，包括网络、硬件设备、物理空间等。

5. 数据中心

数据中心是数据汇集而形成的集成信息技术应用环境，是各种业务的提供中心，是数据处理、数据存储和数据交换的中心。

6. 光纤接入技术

光纤接入技术是指局端与用户之间完全以光纤作为传输媒体的接

入方式，可以满足高速宽带业务及双向宽带业务的客观需要。

7. 数字终端

数字终端是能接入有线或无线网络的各种数字计算设备，是用户直接操作的、实现信息化应用的必备工具，主要包括计算机和各种新媒体技术设备（含智能手机、平板电脑等）。

8. 数字教育资源

数字教育资源是指以图片、音视频文件、文档为主的素材类教育资源，和以工具、软件为主的应用类教育资源。

9. 多媒体教室

多媒体教室是在传统教室中通过增配计算机、投影机（或电子白板、交互式一体机）、数字视频展示台、实物投影展台、中央控制系统、拾音扩音设备等各类多媒体设备而形成的信息化教学环境。

10. 网络学习空间

网络学习空间是由教育主管部门或学校认定的，融资源、服务、数据为一体，支持共享、交互、创新的实名制网络学习场所。

11. 应用服务

应用服务是基于软件应用系统提供的信息化服务。

12. 云服务

云服务是基于云计算技术提供的互联网服务，包括 IaaS（基础设施服务）、PaaS（平台服务）和 SaaS（软件服务）。

13. 大数据

大数据指以容量大、类型多、存取速度快、应用价值高为主要特征的数据集合。

8.2 规范性引用文件

下列文件对于本规范的应用是必不可少的。凡是注日期的引用文件，仅注日期的版本适用于本文件。凡是不注日期的引用文件，其最新版本（包括所有的修改单）适用于本规范。

DB34/T 2318-2015 教学录播系统设计规范

GA/T 367-2001 视频安防监控系统技术要求

GB 50311-2007 综合布线工程设计规范

GB 50348–2004 安全防范工程技术规范

GB 50373–2006 通信管道与通信通道设计规范

GB/T 15269–2003 信息技术系统间远程通信和信息交换局域网和城域网特定要求

GB/T 22080–2008 信息技术 安全技术 信息安全管理体系要求

GB/T 22081–2008 信息技术 安全技术 信息安全管理实用规则

GB/T 28181–2011 安全防范视频监控联网系统信息传输、交换、控制技术要求

GB–T–21050–2007 信息安全技术 网络交换机安全技术要求

JY/T 0607–2017 基础教育教学资源元数据 信息模型

JY/T 0609–2017 基础教育教学资源元数据 XML 绑定

JY/T 0610–2017 基础教育教学资源元数据 实践指南

JY/T 1001–2012 教育管理信息 教育管理基础代码

JY/T 1002–2012 教育管理信息 教育管理基础信息

JY/T 1003–2012 教育管理信息 教育行政管理信息

JY/T 1003–2012 教育管理信息 普通中小学管理信息

北京市教育委员会

关于调整北京市教育信息化专家委员会委员及职责的通知

京教研〔2018〕8 号

各区教委，各市属高校，各直属单位：

为适应新形势新要求，切实做好新时期北京教育系统信息化工作，

充分发挥信息化相关领域专家的专业支撑作用，进一步提升北京教育信息化工作的科学性、专业性和规范性，经研究，决定对北京市教育信息化专家委员会委员及职责进行调整。现将有关事项通知如下：

一、专家委员会组成

北京市教育信息化专家委员会（以下简称“专家委”）主要由政府相关部门、各级各类学校在信息化管理、信息技术、教育教学、网络安全等方面具有深入研究和实践经验的专家组成（详见附件），专家委委员能够独立承担和完成专题研究任务，在教育信息化领域有一定知名度和影响力，并具备高级职称。专家委员会设主任委员 1 名，副主任委员 2 名，委员 12 名。

二、专家委员会职责

（一）参与市教育信息化发展规划及重大事项的决策论证。

（二）跟踪国内外教育信息化发展趋势，对教育信息化重大问题进行前瞻性、全局性、战略性的研究，提出解决对策或政策建议。

（三）面向教育信息化具体实践，开展多种形式的调研指导、学术研讨等。

（四）参与年度教育信息化项目的技术方案论证、评审等相关工作。

（五）指导、检查、评估各区教委及各类学校信息化建设工作。

（六）开展市教委有关教育信息化的课题研究工作。

（七）承担市教委教育信息化工作领导小组委托的其他任务。

三、工作机制

北京市教育信息化专家委员会是在北京市教育信息化工作领导小组领导下，对教育信息化工作进行研究、咨询、指导的专家组织，是市教育信息化工作领导小组的决策咨询机构。

北京市教育信息化专家委员会秘书处设在市教委教育信息化处，负责专家委的日常工作。

附件：北京市教育信息化专家委员会组成人员名单

2018 年 6 月 8 日

附件

北京市教育信息化专家委员会成员名单

姓名	单位	职务 / 职称	专长	备注
黄如	北京大学	院士	信息技术科学	主任委员
王珠珠	中央电教馆	馆长	基础教育信息化	副主任委员员
黄荣怀	北京师范大学	教授	教育信息化	副主任委员
方中雄	北京教育科学研究院	院长	基础教育教学及信息化	委员
孔震英	北京方庄第二幼儿园	园长	学前教育信息化	委员
朱汝光	北京教育考试院信息处	处长	教育信息化	委员
武装	北京教育网络和信息中心	主任	教育信息化	委员
岳丛远	中国戏曲学院信息中心	主任	高校信息化	委员
种连荣	北京大学医学部信息办	主任	高校信息化	委员
侯欣逸	北京市信息化专家咨询委员会	委员	电子政务、智慧城市、信息化	委员
贾卓生	北京交通大学信息中心	主任	高校信息化	委员
倪东	北京市信息化专家咨询委员会	委员	电子政务、区教委信息化建设	委员

续表

姓名	单位	职务 / 职称	专长	备注
龚汉明	北京信息科技大学信息办	主任	高校信息化	委员
曾德华	教育部教育管理信息中心	副主任	教育管理信息化	委员
管杰	北京市第十八中学	校长	基础教育教学	委员

北京市教育委员会

关于调整北京市教育信息化工作领导小组及办公室组成人员的通知

京教研〔2018〕9 号

各区教委，各市属高校，各直属单位：

为适应新形势新要求，全面推进北京教育信息化发展，充分发挥信息技术对教育综合改革的支撑作用，大力发展“互联网 + 教育”，提升北京市教育服务水平和治理能力，经研究，现将北京市教育信息化工作领导小组成员和机构职责调整如下：

一、北京市教育信息化工作领导小组成员

组　长：刘宇辉　市教委主任

副组长：叶茂林　市教委副主任

　　　　李奕　　市教委副主任

　　　　黄侃　　市教委副主任

冯洪荣　市教委副巡视员

葛巨众　市教委副巡视员

冯义国　市政府教育督导室副主任

成员：市委教工委办公室、市教委办公室、督导室综合处、发展规划处、人事处、财务处、学前处、基础教育一处、基础教育二处、职业教育与成人教育处、高等教育处、学生处、教育信息化处、督导室督学管理与信息化处、北京教育网络和信息中心主要负责同志（各成员单位分别明确一名副处长分管信息化工作，负责信息化业务的日常协调工作，并将人员名单报送信息办备案）。以上各成员单位如遇人事调整，由其继任者自动补进。

北京市教育信息化工作领导小组下设办公室（以下简称“信息办”），设在市教委教育信息化处，作为领导小组办事机构，负责教育信息化日常工作，办公室主任由教育信息化处处长兼任。

三、领导小组职责

贯彻执行国家、北京市委市政府关于信息化工作的部署，统筹协调全市教育系统信息化建设与管理工作，推进集约化发展。审议全市教育信息化发展规划、规章制度、规范标准、年度计划、重大问题、重大建设项目等。

四、领导小组办公室职责

（一）组织实施教育部、北京市委市政府对信息化工作提出的各项要求、任务和市教育信息化工作领导小组做出的决策和部署。

（二）组织编制北京教育信息化发展规划、规章制度、规范标准、年度计划及重点任务等，报领导小组审定。

（三）统筹协调、组织推进北京教育信息化工作创新发展，指导各区教委、直属单位及各类学校信息化工作。

（四）按照政府投资信息化全流程管理有关规定，负责市级教育信息化项目统筹和项目管理，组织本级预算单位和市属高校信息化规划备案、项目申报、项目建设和验收报备等工作。

（五）负责每年北京教育信息化发展情况统计及总结工作。

（六）负责北京市教育信息化工作领导小组日常事务，完成领导小组交办的其他工作。

五、各成员单位职责

各成员单位要认真贯彻领导小组关于教育信息化工作的决策，认真履行与信息化相关的职责；统筹推进与本处室业务相关的信息化工作，在涉及改革与发展事项和制订工作计划时，把教育信息化内容列入其中，发挥信息化支撑和服务业务发展的作用，并向领导小组提出建议。各成员单位要密切配合，团结协作，共同推进教育信息化工作。

六、工作机制

（一）组织年度例行会议。于每年年初研究年度工作思路、信息化建设规划及重大任务，定期研究教育系统信息化项目申报工作。

（二）召开专题研讨会议。及时对教育信息化发展规划、重大任务、重要事项等进行研究。

2018 年 6 月 8 日

财　务

北京市教育委员会文件选编

（2018）

北京市教育委员会
北 京 市 财 政 局

关于印发2019年度教育部门预算重点投入方向与项目指南的通知

京教计〔2018〕17号

各区教委、财政局，市属高等学校、中等职业学校，市教委直属单位：

为充分发挥公共财政对教育事业发展的保障、支撑、引导和激励作用，结合“十三五”时期北京市教育改革发展规划和三年滚动预算计划，特编制《2019年度北京市教育部门预算重点投入方向与项目指南》。现印发给你们，请遵照执行。

2018年8月2日

2019年度北京市教育部门预算重点投入方向与项目指南

为充分发挥公共财政对教育事业发展的保障、支撑、引导和激励作用，结合“十三五”时期北京市教育改革发展规划和三年滚动预算计划，特编制2019年度教育部门预算重点投入方向与项目指南。

一、指导思想

全面深入学习贯彻党的十九大精神，以习近平新时代中国特色社会主义思想为指引，坚持把教育事业放在优先位置，坚持稳中求进工作总基调，坚持新发展理念，按照高质量发展的要求，以深化教育投入体制机制改革为动力，以调整优化经费支出结构为主线，着力提高教育质量、促进教育公平、优化教育结构、补齐教育短板，为加快首都教育现代化，办好人民满意的教育提供强有力的财力支持。

二、基本原则

——坚持规划引领，统筹安排。围绕落实新版北京城市总体规划，积极发挥首都教育在城市战略定位中的作用，强化规划先行，做好顶层设计，合理布局。年度部门预算项目要与教育发展规划的年度实施紧密结合，根据教育发展实际，分步推进规划落实，统筹安排资金，合理编制三年滚动预算，提高预算管理的规划性、科学性。

——坚持保障重点，兜住底线。教育经费优先保障市委、市政府确定的重点工作和实事工程项目，支持深化教育改革，集中财力解决主要问题。加强市级统筹，坚持在发展中补齐教育短板，推进教育公平，向教育发展重大项目、最急需领域和最薄弱环节倾斜，更好地解决教育不平衡不充分问题。

——坚持内涵发展，提高质量。注重教育内涵发展，落实立德树人根本任务，大力加强教师队伍建设，全面提高人才培养能力，进一步提升教育质量。在保障各级各类学校落实国家和本市建设标准的基础上，不断优化教育经费投入结构，更加突出软性投入。

——坚持绩效导向，提升效益。将绩效理念融入预算管理全过程，建立健全“预算编制有目标、预算执行有监控、预算完成有评价、评价结果有应用”的预算绩效管理机制。全面推进预算绩效管理，开展部门整体支出绩效评价和预算项目事前绩效评估、过程绩效跟踪和事后绩效评价，不断提高教育经费的使用效益。

三、2019 年度预算重点投入方向与项目

党的十八大以来，首都教育按照公平、优质、创新、开放的总体思路，坚持问题导向，多措并举，人民群众的满意度和获得感进一步提升。进入新时代，首都教育还面临着教育资源总量和布局结构不适应城市发展需求，人民群众个性化、多样化教育需求尚未得到有效满足，教师队伍规模、结构与素质还不适应发展需要，教育服务首都城市战略定位、推动京津冀协同发展的意识和能力有待进一步增强等问题，这既是首都教育发展不平衡不充分的表现，也是教育经费投入的主攻方向。2019 年度教育部门预算投入重点是全面深入实施素质教育等 11 个方面，其中重中之重是增加学前教育资源供给、扩大优质基础教育资源与优化布局、统筹推进北京高等教育改革发展、加强教师队伍建设、深化考试招生制度改革、提升北京城市副中心和雄安新区教育品质等。

（一）全面深入实施素质教育

1. 深入推进社会主义核心价值观教育。构建以社会主义核心价值观为引领的大中小幼一体化德育体系。加强中小学社会大课堂建设，深入开展“四个一”活动。加强中小学德育课程建设，推进课程育人。实施养成教育三年行动计划，推动养成教育特色校建设。加强生态文明教育，引导学生养成良好的生态文明意识。深入开展家庭教育，推动家庭、学校、社会合力育人。加强中华优秀传统文化教育，弘扬中华传统美德。

2. 完善实践育人体系。深入开展初中开放性科学实践活动和初中综合社会实践活动，实施基础教育阶段创新人才培养项目。实施初中学农学工和游学项目，推进中小学劳动教育。深入开展“北京市民语言文化大讲堂”、国学朗诵活动、“中小学生语言能力提升”工作。

3. 全面提升学生综合素养。提升体育课堂教学质量，强化课外体育锻炼，健全竞赛活动体系。完善学校体育场地设施，加快发展校园足球，大力推广冰雪运动，深入开展奥林匹克教育。完善学校美育课程体系，拓展体育美育科技实践活动平台，营造高雅向上的校园文化。深入推进高校、社会力量支持小学体育美育发展，推进戏曲进校园，扩大民族艺术高雅艺术进校园活动受益面，引导优质资源支持农村地区学校体育美育改革发展。落实健康北京建设要求，提升健康教育的实效性。增强科技教育的科普性和创新性，加强国防教育科学化、规范化建设。优化校外教育的供给资源，在义务教育阶段学校全面落实课后服务要求。

4. 加强和改进大学生思想政治教育。全面落实全国和北京高校思想政治工作会议精神。高标准建设市级重点马克思主义学院和一流马克思主义学科，资助出版“北京高校马克思主义理论与思想政治工作研究文库”。加强思政教师队伍建设，开展北京高校特级教授、特级教师评聘，支持北京高校一线思政课教师补贴发放，鼓励北京高校思政课教师参与各类思政课教育教学创新。支持北京高校中国特色社会主义理论研究协同创新中心和北京高校思想政治理论课教育教学改革示范点建设，实施高校教师中国特色社会主义理论培训计划、哲学社会科学教学科研骨干研修计划和青年教师助力工程。实施社会主义核心价值观校园传播计划和新生引航工程。构建大学生服务保障体系，提升教育服务质量。实施高校辅导员专业素养提升计划，发放一线辅导员补贴，评选建设一批辅导员工作室。推动高校思想政治工作改革创新，实施“难点攻关”计划、新媒体建设工程，开发校园思想文化阵地管理系统，开展专项课题研究，资助出版高水平研究成果。

（二）扩大基础教育优质资源供给

1. 增加学前教育资源供给。深入实施第三期学前教育行动计划。继续稳定并扩大教育部门办园，鼓励、支持部门办园，大力支持普惠性民办园发展，构建以公办幼儿园和普惠性民办幼儿园为主体、公办民办并举的多种形式的学前教育公共服务体系。推进幼儿园新建改扩建、社区学前教育服务中心建设、社区办园点等项目落地。实行公办、普惠性民办幼儿园办园条件标准、保教费收费标准、财政补助标准的统一。丰富办园形式，提供多样化的学前教育服务。注重幼儿园教育质量管理，提升幼儿园保教质量。加强学前特殊教育基地建设。

2. 推动义务教育资源优质均衡发展。坚持免试就近原则，巩固提升义务教育入学成果。推进义务教育学校管理标准建设，支持义务教育学校管理建设。实施第二阶段扩大优质教育资源改革，支持中心城区帮扶远郊区提升一批学校办学水平，紧密结合建设“三城一区”、实施第三阶段城南行动计划等，在近郊区、重点项目和人才引进密集地区统筹新建 10 所左右优质学校。深入推进高校、教科研部门支持中小学发展，进一步加大民办教育机构参与中小学学科教学改革力度，推进外籍教师参与中小学英语教学改革，支持区域集团化办学、学区制改革和九年一贯制办学，培育一批新的优质学校。积极推进城乡义务教育一体化发展，实施农村教育质量提升专项计划。支持优质特色民办中小学发展，提升已审批随迁子女自办学校办学质量。进一步强化校外培训机构治理。

3. 增加优质多样的高中资源供给。通过扩大招生、课程设置和经费使用自主权等方式支持 20 所左右优质高中进一步发展。支持 30 所左右完全中学打通初高中学段限制，快速提升教育质量。支持 30 所左右在人文、科技、艺术、体育等领域学科优势明显、办学特色鲜明的学校建设精品特色高中。支持 10 所左右民办高中差异化、特色化发展，为学生提供更多选择。

4. 深化基础教育课程改革。实施新修订的普通高中课程方案和课程标准，建立课程实施监测制度，健全课程建设和管理反馈改进机制，建立课程改革专项经费加强教材管理，完善地方课程教材编写、审查、实验、修订、退出机制，做好国家统编教材培训工作。深化教学改革，实施市级教科研自主课题支持专项，鼓励基层学校教师自主申报课题。召开基础教育学科大会，宣传推广名师教育思想。建设全市高中教学资源库。加强民办中小学课程教材管理。

5. 落实中高考改革任务。加强教育教学资源统筹，稳妥落实国家课程方案。积极推广走班制，深入开展走班制教学研究。加强考试改革与课程教学等问题研究，持续开展 1+3 培养试验。完善市级综合素质评价平台建设，开放相应服务。加强中学生学业规划指导。保障学校教学、实验等资源配置，加强教师和教学管理队伍落实高考改革相关培训。完善考试招生技术设备配备，做好命题中心和标准化考点建设。

6. 保障特殊群体受教育权益。落实义务教育政府各项保障责任，开展来京务工人员随迁子女教育支持。加大留守儿童、困境儿童教育保障资源、能力建设，推进专门教育改革发展。在通州区建设北京特殊教育中心，带动提升全市特殊教育水平。改善承办“内地民族班”学校和民族中小学办学条件。

（三）完善现代职业教育格局

1. 提高人才培养质量。实施匠心育人工程，提升学生综合素养。建设“职业院校学生职业素养护照”学生综合评价系统。设立职业院校专业建设指导委员会，改进人才培养模式，推进“小班化”、“模块化”教学改革试验。在10所职业院校建设创新创业教育实践基地，搭建双创教育平台。鼓励行业企业参与职业教育，支持行业企业办学；鼓励在企业共建共享实践基地，支持开展校企招生、联合培养的现代学徒制订单班试点。鼓励职业院校探索开发与国际先进标准相对接、体现北京特色的职业教育课程体系，引进一批国际知名的职业资格证书。支持职业院校开展技术技能比赛。

2. 畅通人才培养渠道。进一步扩大“中职—高职”贯通培养（3+2）规模，扩大“高职—应用型本科”贯通培养（3+2）、“中职—高职—本科”贯通培养（3+2+2）规模。鼓励技工院校与高职院校合作培养学生，建立技能类职业资格和职业院校学历双向贯通培养通道。探索“3+4”模式的职业院校与应用型本科联合培养试点，推动相关院校或本科专业转型试点。支持职业院校与行业企业共建100个左右工程师学院及技术技能大师工作室。重点建设15个左右职教集团和若干世界技能大赛集训基地。

3. 加强基础能力建设。实施布局优化工程，支持城市核心区职业教育转型发展，建设服务中小学生和广大市民的综合实践基地、职业体验中心。开展高水平院校和高水平专业建设，重点建设10所左右特色鲜明、世界一流的职业院校。开展教育教学改革立项，围绕首都发展需求，高水平建设100个左右国内领先、世界一流的骨干专业。

4. 完善职业培训体系。鼓励职业院校围绕社会需求开展各类就业创业培训。支持职业院校面向行业企业通过联合开发或购买课程、职业培训包等方式拓展优质教育资源。完成职业技术技能培训100万人次以上。加大养老、护理等培训力度。

（四）提高高校创新服务能力

1. 提升高校人才培养质量。实施北京高校人才培养能力提升计划，强化人才培养中心地位。引导高校根据北京经济社会发展需求，优化人才培养结构和专业布局，促进高等教育内涵、特色、差异化发展。研究探索市属高校专业托管建设，布局建设若干一流专业和一流专业群。开展北京市高等学校特级教学名师、教学名师、精品课程主讲教师评选和激励,强化教育教学主业。支持建设一批优质在线课程、智慧教室，继续推进专业图书馆、共享实习实训基地、创新创业人才培养基地建设。深入实施高水平人才交叉培养计划，推动高校协同育人及国际交流合作。系统实施北京高校研究生培养项目，继续推进产学研及国内外联合培养研究生基地建设。设立民办高等教育发展促进项目，支持鼓励定位准确、办学规范、质量优良、特色鲜明的学校发展。

2. 提升高校科技创新水平和综合实力。统筹推进北京高校一流大学和一流学科建设，支持进入国家一流大学和一流学科建设行列的高校和学科。布局建设若干高精尖学科，重点支持建设一批优势、特色和新兴学科，加强人文社会科学学科建设，建设一批服务“四个中心”建设和京津冀协同发展的学科。支持建设若干所国内一流、国际上有影响力的地方高水平大学。持续实施北京高校创新能力提升计划，推进北京高校高精尖创新中心建设，建设一批北京实验室、高校科技成果转化中心、北京人文社会科学研究中心和北京市哲学社会科学研究基地。实施北京高校卓越青年科学家计划和北京高校科研计划重大项目。

3. 提升高校学生就业创业服务水平。加强市、校两级毕业生就业市场建设，鼓励毕业生到基层就业、参军入伍，开展就业大数据研究和运用，提升精准化就业服务水平。完善“一街三园多点”大学生创业园孵化体系，加强高校分园建设，继续实施优秀创业团队支持项目。加强学籍学历信息管理，规范数据共享和服务。

（五）服务市民终身学习需求

加快推进各区市民终身学习示范基地建设，评选认定20个市级市民终身学习示范基地、15个市级职工继续教育基地和20所新型职业农民培训基地，继续推进家庭教育和家风建设。发挥市级新型职业农民培训基地作用，大力培育新型职业农民。继续实施“引智帮扶工程”，精准帮扶本市部分低收入村增收致富。大力推动老年教育事业发展，开展老年教育和涉老养老服务业人才培训。积极推动北京老年大学和各区分校建设。支持开放教育和社区学院建设。

（六）加强教师队伍建设

1. 加强基础教育教师队伍建设。对中小学干部教师分阶段实施社会主义核心价值观与中华优秀传统文化全员培训。加强学前教育师资培养和培训，鼓励职业院校扩大学前教育专业教师培养规模。扩大市属高校师范生的培养规模。提升体育美育教师专业素养。继续实施北京市名师、名校长（园长）发展工程，遴选 70 名教师、60 名校长和 20 名园长重点培养，建设 10 个校长工作室、20 个中小学特级教师工作室和 8 个幼儿园特级教师工作室。实施中青年骨干校长能力提升、骨干队伍国内及国际高端研修、中小学教师开放型教学实践活动、中学教师开放型在线辅导和协同创新学校等项目计划。支持乡村教师队伍建设和乡村学校发展，实施乡村教师素质提升计划。设置中小学教师专项绩效奖励经费，重点向承担市级统筹任务、跨区办学任务学校校长、主要团队管理成员和一线教师倾斜。统筹解决高中选课带来的师资结构性短缺问题。完善绩效工资方案，提高教师待遇。

2. 加强职业院校教师队伍建设。做好特聘专家、非遗传承人、职教名师、专业创新团队、专业带头人、优秀青年骨干教师的资助培养工作，重点支持 15 名特聘专家，培养 25 名左右职教名师和 50 名左右专业带头人，重点支持 25 个左右专业创新团队和 200 名左右优秀骨干教师。实施职业院校教师素质提高工程，组织优秀教师赴境外开展培训。发挥教师培训基地和培训学校作用，进一步加强专业教师教学技能培训。

3. 加强市属高校教师队伍建设。做好高层次人才、特聘教授、长城学者、教学名师、卓越青年科学家、青年拔尖人才、高水平创新团队的选拔支持培养，推进教师职业发展等工作。继续开展多方位培训，支持参与国际交流。

（七）推进京津冀教育协同发展

1. 有序疏解部分教育功能。深入开展“疏解整治促提升”专项行动，推动部分教育资源疏解和培训机构整治。聚焦非首都功能疏解重点项目，加快推进北京信息科技大学昌平校区、北京工商大学良乡校区、北京电影学院怀柔校区和北京城市学院顺义校区建设，积极推进“区区有高校”。推进落实良乡、沙河两个高教园区规划建设，重点支持环境提升改善，积极支持中央高校疏解。积极推进大学区教师住房职住平衡保障工作，提前规划、提早准备，建立健全房屋分配使用管理制度。

2. 提升北京新的“两翼”教育品质。加快推进城市副中心重点教育项目建设。落实城市副中心教育设施专项规划、通州区教师素质提升与基础教育质量提升支持计划，提升区域教育品质，做好行政办公区周边中小学幼儿园入学保障工作。全力支持雄安新区教育规划、建设和发展，支持优质教育资源与雄安新区合作，推动符合雄安新区定位的部分教育功能向新区疏解。

3. 深化京津冀教育合作。深化落实中小学教师校长培训、数字学校资源共享、职业教育协同合作、大学生思想政治教育合作、教育督导协作等相关京津冀教育合作协议。支持高校、职业院校在京津冀区域内合作办学、学科共建，成立学校联盟。推动优质中小学、幼儿园发挥资源优势，辐射带动周边地区基础教育发展。加强教育精准扶贫，开展教育区域合作。

（八）深化教育对外交流合作

1. 优化首都教育对外交往格局。建设北京市“一带一路”国际化人才培养基地，推动北京高校与沿线国家高校开展校际交流与合作。实施北京市中小学友好校交流项目，支持建设国际化特色学校。加强港澳台教育交流力度，实施京港大学校长峰会、京港澳姊妹校、京港澳学生交流夏令营项目，举办京澳学生科技交流夏令营、台湾阿里山夏令营等活动。

2. 提升国际化人才培养能力。继续推进高水平中外合作办学项目，支持职业院校开展国际化办学能力建设，加强对高中中外合作办学和外籍人员子女学校的评估。支持教师尤其是基础教育阶段骨干教师出国（境）研修。加强与足球强国的交流与合作，引进国外优质足球教练资源。

3. 提升首都教育国际影响力。继续实施北京市外国留学生奖学金项目和外国留学生“一带一路”奖学金项目。支持职业院校与“一带一路”沿线国家有关院校联合举办国际技能大赛。实施国际学生北京夏令营、北京—首尔青少年体育交流大会、北京—世宗青少年艺术交流活动等品牌项目。积极开展汉语国际推广，推进英文授课精品课程建设，组织北京外国留学生汉语之星大赛等活动。

（九）加快现代教育督导体系建设

1. 科学开展评估监测。组织开展学前教育、中小学生综合素质、中小学生学业质量、义务教育优质均衡发展、国家义务教育质量、高中教育发展水平、职业院校、区域高等教育质量、研究生培养、民办高等学校等领域的评估监测。探索开展对市属高等学校学科建设状况和质量的评估监测。加强普通高校本科专业评估和市属高校本科教学工作审核评估，发布本科教学质量年报。开展北京市区域教育工作满意度调查。

2. 强化督政督学。围绕区级政府履职、义务教育优质均衡发展、办学治理改革、学前教育发展、教师队伍建设等重点问题开展综合督政。组织实施区域教育现代化、中小学校实践育人、中高职衔接与贯通培养、高等教育等督导评估工作。对中小学德育、体育、美育以及学前教育、特殊教育、民族教育、语言文字等工作开展督导调研和标准研制。开展中小学校培育和践行社会主义核心价值观工作情况、中小学校实施素质教育情况综合督导。做好争创国家级责任督学挂牌督导创新区工作。

3. 健全支持保障体系。开展教育督导立法调研，加强教育督导与评价理论研究，推动落实各项教育督导改革任务。筹备第十次全国教育督导与评价研讨会，筹建北京教育督导评估监测与督学研修中心。开展跨区域教育督导合作交流。加强督学队伍专业化建设，加大培训力度，开发督学培训教材和网络课程资源，建设督学培训现场教学基地。深入推进教育督导信息系统建设、管理和使用，研发教育督导大数据及信息呈现项目。

（十）提升教育信息化综合管理和服务水平

依托北京教育信息网，构建教育云基础环境体系，提升北京教育云环境支撑能力。构建教育大数据平台，汇聚各级各类教育数据资源，建立常态化数据更新机制，逐步提升大数据辅助决策能力。建立健全涵盖义务教育入学管理、学生实践活动、学生综合素质评价、在线学习等内容的统一教育公共服务平台，构建数字教育资源公共服务体系。深化网络学习空间人人通应用，推进信息化与教育教学业务融合，开展教育信息化融合应用示范基地和示范项目建设。整合行政管理与服务业务事项，实现各类政务事项的网上办理、移动办理。开展在线督政、督学、评估监测等业务，实现教育督导管理业务全程贯通和融合。用好新型安全防护技术和设备，提升网络与信息安全保障能力。

（十一）强化教育发展保障措施

1. 推进教育法治建设。实施北京教育法治研究基地项目，建立若干教育政策法治研究培训基地，推进教育政策法治研究与培训。建设青少年法治教育实践基地和学生法治教育平台。评选出一批有成效、有特色、有代表性的市级示范校。继续开展全市中小学教师法治教育基本能力展示和培训。继续做好“一刊一网一支队伍”建设工作，努力提升“国家宪法日”等主题教育活动质量。加强法律顾问制度建设，开展行政执法培训，推动专业执法机构与队伍建设。依法规范民办高校办学行为，促进健康发展。

2. 加强学生资助和后勤安全建设。完善“奖、助、贷、勤、补、免”六位一体资助体系，覆盖从学前教育到研究生教育完整学段。加强大中小学后勤标准化建设，支持有条件的中小学自办食堂或购买社会服务。开展中小学校服研发推广。开展节能减排和节约型绿色生态校园建设，实施学校节水、节电、节气、节能设备改造，改善学校教学科研、学生居住条件，推动实施架空线入地、校园智能化工程，建设高校节能减排智能管理信息化项目。推动校园垃圾分类管理，制定校园分类管理标准，采用多种方式处理生活性垃圾、生产性垃圾、厨余垃圾等，试点垃圾分类与学生评价相挂钩的机制。推进大中小学“平安校园”建设，全面加强校园安全人防、物防、技防建设。

3. 加强教育新闻宣传。拓展与新闻媒体的合作，强化宣传优秀典型与改革成果的舆论阵地。健全教育舆情监测体系，建立更加完善的舆情预警机制。加强网络评论员队伍建设，强化首都教育正面声音。加强首都教育新媒体服务型传播平台建设，不断提升服务与引导能力。

北 京 市 教 育 委 员 会
北京市人力资源和社会保障局
北 京 市 财 政 局

关于印发我市义务教育阶段中小学教师提供课后服务激励工作方案的通知

京教基一〔2018〕10 号

各区教委、人力社保局、财政局：

为做好中小学生课后服务工作，充分调动广大教师参与课后服务的积极性，进一步增强教育服务能力，特制定《北京市义务教育阶段中小学教师提供课后服务激励工作方案》。

现印发给你们，请遵照执行。

2018 年 8 月 15 日

北京市义务教育阶段中小学教师提供课后服务激励工作方案

为帮助家长解决放学后接管学生的困难，进一步增强教育服务能力，鼓励中小学校开展课后服务，调动广大教师提供课后服务的积极性，特制定我市义务教育阶段中小学教师课后服务激励工作方案。

一、指导思想

全面贯彻落实国务院办公厅、教育部关于做好中小学生课后服务的工作要求，充分发挥中小学课后服务主渠道作用，积极开展中小学生课后服务，促进学生健康成长，帮助家长解决按时接送学生的困难，进一步增强教育服务能力，使人民群众具有更多的获得感和幸福感。通过完善激励机制，充分调动广大教师参与课后服务的积极性，不断提高教育公共服务水平。

二、实施范围

市、区教育系统所属义务教育阶段中小学提供课后服务的正式在编教职工。

三、实施时间

从 2018 年 9 月 1 日起开始实施。先行进行课后服务试点的实验区可以从 2018 年春季学期开始实施。

四、经费来源

在现有中小学教师奖励激励机制实施基础上，根据各区义务教育学生数量（不含央属附中附小和民办学校）、校内老师提供课后服务时间、课后服务小时工资等因素综合考虑，按照生均 380 元 / 年的补助标准确定课后服务激励资金总量，以后年度根据实际情况适时调整补助标准。所需经费由市级财政予以支持。央属附中附小和民办学校的课后服务激励参照本方案执行，所需经费按现有资金渠道解决。

2018 年，课后服务激励所需经费纳入《北京市财政局关于提前下达 2018 年市对区教育专项转移支付预算的通知》（京财教育指〔2017〕1200 号）中的“中小学生课后及实践活动经费”调剂解决。

五、实施内容

义务教育阶段中小学教师提供课后服务的资金专项用于教师为义务教育阶段学生提供课后服务的激励。

各区教委会同相关部门根据义务教育学校提供课后服务的实际情况、学生规模等，制定分配方案，按照相关政策及时将经费拨付相关学校。各学校要根据资金使用方向和本区下达的经费额度，按照本校教师承担课后服务的情况，坚持公平、公正、公开的原则制定具体分配方案，通过学校办公会、教代会审议通过后，报各区教委同意后实施。

六、工作要求

（一）建立中小学教师提供课后服务激励，是为了调动广大教师提供课后服务的积极性，进一步增强教育服务能力。各区、学校要结合本区、学校实际情况认真贯彻落实，可根据自身实际情况制定相应办法，切实发挥激励作用。区内校际间实施标准要平衡，不宜差距过大。

（二）此次激励资金不得平均发放。要建立和健全记录教师提供课后服务情况的明细档案，并实施动态管理。要按照“多劳多得，优绩优酬”的原则，按照学校制定的分配方案和标准，根据教师提供课后服务实际发生的工作量予以发放，鼓励和引导教师积极提供课后服务。

（三）各区要指导学校依据国家和北京市有关工资管理的政策和制度，制定合理的分配方案和考核办法，并检查落实情况；及时了解情况，对出现的问题及时上报，切实加强对教师工资的管理。市教委、市财政局将对使用情况进行监督。

（四）各学校要增强责任意识，结合实际，积极作为，充分发挥课后服务的主渠道作用，切实承担起学生课后服务责任，同时制定符合本校实际的分配方案和考核办法，精心组织，确保工作平稳顺利进行。

七、本文件由市教委负责解释。

北京市教育委员会
北京市财政局
北京市统计局
北京市发展和改革委员会
北京市科学技术委员会

关于本市2017年教育经费执行情况的公告

京教财〔2018〕11号

《中华人民共和国教育法》第五十五条规定："全国各级财政支出总额中教育经费所占比例应当随着国民经济的发展逐步提高"，第五十六条规定："各级人民政府教育财政拨款的增长应当高于财政经常性收入的增长，并使按在校学生人数平均的教育费用逐步增长，保证教师工资和学生人均公用经费逐步增长"。现将2017年北京市教育经费执行情况公告如下：

一、教育经费执行总体情况

本市地方各级政府一般公共预算教育经费（包括教育事业费、基建经费、教育费附加）955.70亿元，比上年增长8.32%。财政部于2004年1月印发了《关于统一界定地方经常性收入口径的意见》（财预〔2004〕20号），对财政经常性收入口径做出了界定，按此口径调整2017年财政经常性收入4717.77亿元，比上年增长9.16%，一般公共预算教育经费增长比例低于财政经常性收入增长比例0.84个百分点。

2017 年本市一般公共预算支出 6824.53 亿元，一般公共预算教育经费占一般公共预算支出的比例为 14%，比上年增长了 0.23 个百分点。

二、各级教育生均一般公共预算教育事业费支出增长情况

2017 年全市普通小学、普通初中、普通高中、普通高等学校、中等职业学校生均一般公共预算教育事业费支出情况是：

（一）全市普通小学为 30016.78 元，比上年的 25793.55 元增长 16.37%。

（二）全市普通初中为 57636.12 元，比上年的 45516.37 元增长 26.63%。

（三）全市普通高中为 61409.06 元，比上年的 50802.57 元增长 20.88%。

（四）全市中等职业学校为 53256.01 元，比上年的 38661.50 元增长 37.75%。

（五）全市普通高等学校为 63805.40 元，比上年的 55687.68 元增长 14.58%。

三、各级教育生均一般公共预算公用经费支出增长情况

2017 年全市普通小学、普通初中、普通高中、普通高等学校、中等职业学校生均一般公共预算公用经费支出情况是：

（一）全市普通小学为 10855.08 元，比上年的 10308.69 元增长 5.30%。

（二）全市普通初中为 21282.49 元，比上年的 16707.86 元增长 27.38%。

（三）全市普通高中为 21677.24 元，比上年的 18425.09 元增长 17.65%。

（四）全市中等职业学校为 25370.60 元，比上年的 15587.33 元增长 62.76%。

（五）全市普通高等学校为 32126.86 元，比上年的 29346.33 元增长 9.47%。

特此公告。

附件：2017年北京市教育经费执行情况统计表

2018年11月13日

注：1. 根据《2017年全国教育经费执行情况统计公告》，从2017年起，将“公共财政预算安排的教育经费”修改为“一般公共预算安排的教育经费”；将“公共财政教育经费”修改为“一般公共预算教育经费”；将“生均公共财政预算教育事业费”修改为“生均一般公共预算教育事业费”；将“生均公共财政预算公用经费”修改为“生均一般公共预算公用经费”。
2. 公告中的2017年本市一般公共预算支出6824.53亿元来源于《北京市2017年决算报告》。

附件

2017年北京市教育经费执行情况统计表

表一 一般公共预算教育经费增长情况

地区	一般公共预算教育经费（亿元）	一般公共预算教育经费占一般公共预算支出的比例（%）	一般公共预算教育经费本年比上年增长（%）	财政经常性收入本年比上年增长（%）	一般公共预算教育经费增长与财政经常性收入增长幅度比较（百分点）
东城区	63.58	26.07	27.73	20.50	7.23
西城区	58.54	13.59	6.53	27.44	–20.91
朝阳区	96.22	18.74	8.63	5.00	3.63
丰台区	36.75	16.16	18.53	8.39	10.14
石景山区	16.09	16.31	–3.77	9.13	–12.90
海淀区	104.91	16.95	4.14	4.00	0.14

续表

地区	一般公共预算教育经费（亿元）	一般公共预算教育经费占一般公共预算支出的比例（%）	一般公共预算教育经费本年比上年增长（%）	财政经常性收入本年比上年增长（%）	一般公共预算教育经费增长与财政经常性收入增长幅度比较（百分点）
门头沟区	16.47	17.30	13.76	4.00	9.76
房山区	38.34	17.61	11.91	7.61	4.30
通州区	35.29	11.00	18.92	9.40	9.52
顺义区	39.57	16.28	24.05	18.68	5.37
昌平区	34.85	18.87	10.35	13.15	–2.80
大兴区	36.51	15.94	11.56	4.85	6.71
怀柔区	18.60	13.77	11.08	2.74	8.34
平谷区	20.50	15.63	4.07	0.53	3.54
密云区	20.56	13.62	9.64	5.80	3.84
延庆区	23.81	19.59	52.13	7.74	44.39

表二（1）各级教育生均一般公共预算教育事业费增长情况

单位：元

地区	普通小学			普通初中		
	上年	本年	增减（%）	2016 年	2017 年	增减（%）
东城区	30564.25	35563.86	16.36	47001.45	61001.30	29.79
西城区	19386.09	21615.61	11.50	33972.45	43913.54	29.26
朝阳区	28799.46	31065.67	7.87	44960.24	59690.04	32.76
丰台区	19139.59	22890.62	19.60	35448.44	46916.88	32.35

续表

地区	普通小学			普通初中		
	上年	本年	增减（%）	2016年	2017年	增减（%）
石景山区	26140.89	28931.69	10.68	51175.58	55433.19	8.32
海淀区	26277.36	29766.82	13.28	42293.97	49787.97	17.72
门头沟区	42242.87	48633.54	15.13	73602.51	90151.68	22.48
房山区	22256.62	27019.39	21.40	43947.32	63452.15	44.38
通州区	17591.20	22507.34	27.95	33166.70	53427.06	61.09
顺义区	33179.37	28014.63	–15.57	72092.56	61537.34	–14.64
昌平区	25975.64	30697.43	18.18	47813.04	56932.15	19.07
大兴区	21202.03	26362.80	24.34	40328.76	54108.75	34.17
怀柔区	28056.88	41638.95	48.41	51126.75	81959.66	60.31
平谷区	42181.54	46422.13	10.05	86503.31	95216.59	10.07
密云区	20830.51	31268.39	50.11	41950.96	59077.21	40.82
延庆区	30946.24	50920.48	64.54	48209.85	80396.88	66.76

表二（1）各级教育生均一般公共预算教育事业费增长情况（续）

单位：元

地区	普通高中			普通高等学校		
	2016年	2017年	增减（%）	2016年	2017年	增减（%）
东城区	56133.96	78721.43	40.24			
西城区	45681.37	58132.20	27.26			
朝阳区	55663.22	69549.46	24.95			

续表

地区	普通高中			普通高等学校		
	2016 年	2017 年	增减（%）	2016 年	2017 年	增减（%）
丰台区	48168.08	60682.71	25.98			
石景山区	43136.03	50641.06	17.40			
海淀区	47390.57	54357.97	14.70			
门头沟区	62279.79	75952.26	21.95			
房山区	38523.04	41239.82	7.05	25535.05	71409.72	179.65
通州区	54127.90	68651.74	26.83	24581.88	47364.61	92.68
顺义区	69704.34	69404.97	–0.43			
昌平区	53402.65	58158.15	8.90	19502.54	26262.40	34.66
大兴区	42423.68	51233.98	20.77			
怀柔区	44236.44	60353.03	36.43	19596.72	27076.82	38.17
平谷区	48999.30	56197.54	14.69			
密云区	33716.07	51445.36	52.58	17233.83	21534.74	24.96
延庆区	42523.75	55644.72	30.86			

表二（2）各级教育生均一般公共预算公用经费增长情况

单位：元

地区	普通小学			普通初中		
	上年	本年	增减（%）	上年	本年	增减（%）
东城区	11638.60	12593.41	8.20	16373.88	22605.17	38.06
西城区	5730.16	7476.37	30.47	8898.87	16534.66	85.81
朝阳区	14760.15	11069.46	–25.00	19912.70	24853.39	24.81

续表

地区	普通小学			普通初中		
	上年	本年	增减（%）	上年	本年	增减（%）
丰台区	6694.88	6703.48	0.13	11761.90	13750.82	16.91
石景山区	8771.45	6754.78	–22.99	20429.44	15792.13	–22.70
海淀区	12485.93	13310.06	6.60	17832.55	20149.36	12.99
门头沟区	22648.04	22725.34	0.34	41416.29	43611.14	5.30
房山区	6358.13	7837.09	23.26	13195.62	27223.31	106.31
通州区	6792.23	8378.04	23.35	12702.48	25278.45	99.00
顺义区	8124.83	6278.71	–22.72	17551.22	16230.33	–7.53
昌平区	8269.54	10128.23	22.48	16396.81	18746.94	14.33
大兴区	7476.24	8279.80	10.75	12765.77	16226.25	27.11
怀柔区	8293.80	10686.96	28.85	13523.45	19500.08	44.19
平谷区	16486.31	10030.03	–39.16	33847.73	21212.43	–37.33
密云区	6834.17	13250.61	93.89	14636.00	21596.78	47.56
延庆区	7965.93	17249.29	116.54	12721.78	27074.34	112.82

表二（2）各级教育生均一般公共预算公用经费增长情况（续）

单位：元

地区	普通高中			普通高等学校		
	上年	本年	增减（%）	上年	本年	增减（%）
东城区	16119.65	25685.57	59.34			
西城区	13528.73	20850.76	54.12			
朝阳区	27287.22	30621.88	12.22			

续表

地区	普通高中			普通高等学校		
	上年	本年	增减（%）	上年	本年	增减（%）
丰台区	20571.36	23972.06	16.53			
石景山区	10847.06	13173.93	21.45			
海淀区	18841.02	20826.41	10.54			
门头沟区	35033.23	41321.55	17.95			
房山区	8322.45	8951.20	7.55	4576.03	9233.55	101.78
通州区	27648.19	35740.59	29.27	5269.72	6126.69	16.26
顺义区	18303.83	12184.16	–33.43			
昌平区	21746.55	22955.74	5.56	11599.77	15550.87	34.06
大兴区	11923.81	14584.33	22.31			
怀柔区	11241.13	14630.68	30.15	3573.85	3588.58	0.41
平谷区	14355.91	14062.27	–2.05			
密云区	9040.71	20639.54	128.30	400.54	520.28	29.89
延庆区	12131.06	15503.57	27.80			

学校后勤

北京市教育委员会文件选编

（2018）

北京市教育委员会

关于做好全市教育系统 2018 年烟花爆竹安全管理工作的通知

京教勤〔2018〕2 号

各区教委，各高等学校、中等职业学校，各直属单位：

根据北京市烟花爆竹安全管理工作领导小组的工作部署，2018 年烟花爆竹安全管理工作，按照“各级政府组织实施、职能部门安全监管、行业系统监督指导、责任单位自行看护、广大市民积极参与”的原则，为实现本市教育系统不发生因燃放烟花爆竹引发的重大事故，全力保障校园和广大师生员工安全的目标，现将 2018 年全市教育系统烟花爆竹安全管理工作有关要求通知如下：

一、高度重视，加强组织领导

各单位要充分认识烟花爆竹安全管理工作的重要性，强化单位内部烟花爆竹安全管理的组织领导、统筹部署、协调推进，以高度的政治责任感和工作使命感认真开展各项工作，细化工作措施，认真推进落实，确保取得实效。

二、落实管理责任，强化禁放看护

各单位要严格落实安全管理主体责任，严格“明确禁放部位、明确责任领导、明确落实部门、明确看护力量、明确看护措施”的“五个明确”要求，抓好“责任单位、责任领导、责任部门、责任力量、责任时间、责任岗位、责任措施、责任效果”的“八个责任”落实；要配合属地公安、安监、工商、城管等部门及街乡镇基层组织和各类社会力量，切实做好禁放看护，确保校园安全。

三、开展宣传教育，提升环保、安全意识

各单位要坚持“严守禁放新规，维护城市环境，为了美好生活”的宣传主题。按照《北京市2018年烟花爆竹安全管理宣传工作方案》，将宣传工作贯穿2018年烟花爆竹安全管理工作始终，保持严管、严治、严控、严查烟花爆竹的舆论导向，要围绕实际，开展内部宣传；要充分运用校园广播、电视、报纸等传统媒体和微博、微信等新媒体，以及户外广告屏、短信提示等多种方式，营造良好氛围，引导广大师生严格遵守禁放规定，并广泛争取师生员工理解、参与和支持。

四、强化隐患整改，严防发生火灾

各单位要重点对禁放区、限放区、十六类禁放点及“楼宇平台、地面建筑、地下空间”等重点部位，研究制定分层次、划阶段的隐患排查工作方案，组织“地毯式、无死角”滚动排查，坚持社会专业力量排查、单位内部自查排查、系统复查和滚动清查相结合，做到安全隐患发现即整改、整改即落实、落实有复查，及时消除各类安全风险。

五、完善应急预案，提高应急能力

各单位要结合自身特点，围绕可能出现的人流聚集、火情灾害、极端天气和社会舆情等突发情况，制定和完善燃放烟花爆竹安全管理应急工作预案，加强重点时段秩序的维护。要组织单位内部安全保卫力量和居（家）委会等社会组织，配备灭火器、扫帚、沙袋、铁锹等器具，遇有火情，第一时间进行扑救。

六、加强值班和信息报送

各单位要严格值班制度，坚持应急值班和领导24小时带班制度，做到全天候值守，加强巡逻检查，做好应急准备。突发事件要按照“先口头，后书面”的原则立即报告属地政府和上级教育主管部门，严禁漏报、瞒报事件发生。

附件：北京市2018年烟花爆竹安全管理宣传工作方案

2018年1月4日

附件

北京市2018年烟花爆竹安全管理宣传工作方案

为深入贯彻执行新修订的《北京市烟花爆竹安全管理规定》(以下简称“新规定”)，做好全市2018年烟花爆竹安全管理工作，特制定宣传工作方案如下：

一、指导思想及工作目标

在新规定公布实施第一年，要将烟花爆竹宣传工作融入到学习贯彻落实十九大精神的始终，在市委市政府统一领导下，坚持“严守禁放新规，维护城市环境，为了美好生活”的宣传主题，树立“全民共治、治安共享”的工作理念，充分利用各种宣传资源，广泛动员各方社会力量，开展全方位、立体化和针对性的社会宣传引导工作，有力推动落实五环内禁放等工作措施，努力促进实现“禁放区禁住，限放区安全，社会面平稳”的工作目标。

二、组织领导及工作原则

2018年烟花爆竹安全管理宣传工作，要在市政府烟花爆竹安全管理工作领导小组的组织领导下，始终坚持“条块结合、专群结合”的工作原则，健全完善“市委宣传部统筹指导、市政府烟花办统一组织、职能部门系统牵动、属地政府组织实施、广大市民积极参与”的宣传工作格局；按照市政府烟花办（以下简称“市烟花办”）总体部署，各职能部门要制定宣传工作分方案，并组织开展本部门、本系统内部人员、列管从业人员的宣传引导工作；各区政府烟花办（以下简称“各区烟花办”）要结合各区实际，制定宣传工作落实方案，并组织有关部门、街乡镇、居（家）委会和其他基层组织开展宣传引导工作。

三、阶段划分及阶段目标

工作共划分三个阶段：

（一）普法宣传阶段（2017年12月至2018年1月上旬）。围绕五环内禁放及重污染期间禁放等重点内容，通过媒体网络、楼宇电视、标语横幅等宣传方式，全面开展普法宣传，确保广大群众知禁放新规、知禁放区、知限放时间，实现家喻户晓、社会周知。元旦前，要围绕“元旦期间五环内禁放”、“杜绝非法烟花爆竹”等内容开展重点宣传发动。

（二）集中宣传阶段（2018 年 1 月中旬至 3 月上旬）。围绕“严守禁放新规，维护城市环境，为了美好生活”的主题，通过入户宣传、发放一封信、签订承诺书和环保部门等行业宣传，确保广大市民严守新规定；要突出“腊月二十三（2 月 8 日）、除夕（2 月 15 日）、初五（2 月 20 日）、正月十五（3 月 2 日）”等重要时间节点，广泛宣传“五环内禁放”以及五环外各禁放区、限放区，正面报道市民自觉遵守法规的情况并及时曝光违法处罚典型案例；春节期间，注重宣传积极向上的年俗文化，引导全社会移风易俗、文明祥和过春节。

（三）固化宣传阶段（2018 年 3 月中旬至年底）。2018 年春节过后，要重点围绕禁放区和限放区，针对有燃放烟花爆竹习俗的开工、开业、乔迁、奠基、汽车销售、婚丧嫁娶、宴席服务等，开展针对性的禁放宣传和日常重点宣传，巩固前期宣传效果。

四、工作措施及任务分工

各单位要按照“十进”“十有”的工作要求，将宣传发动贯穿烟花爆竹安全管理工作始终，切实形成严管、严治、严控、严查的舆论导向。“十进”即“进机关大院、进涉外机构、进影剧院站、进公交地铁、进宾馆酒店、进工地、进部队、进学校、进社区、进农村”；“十有”即“电视有影、广播有声、报纸有字、网上有点击、道路有横幅、小区有展板、手机有提示、单位有活动、面上有标识、群众有共识”。

（一）认真组织开展内部宣传

市、区两级烟花办和各职能部门，以及十六类禁放点的主管部门，要结合各自职能开展好内部宣传。

市、区两级烟花办要协调党政机关、企事业单位，倡导广大党员干部带头遵守新规定；协调各单位、各部门深入教育动员本单位、本部门人员自觉遵守烟花爆竹禁放限放措施，从自身做起，从身边亲属做起，少放或不放烟花爆竹；协调外事部门，加强对驻京使领馆和外事机构及其人员的宣传引导，推动严格遵守烟花爆竹禁放规定；要指导医院、金融机构、水、电、油、气等企事业单位开展集中宣传，教育引导企业员工自觉遵守新规定。

各职能部门要开展对特定人群的宣传教育。其中，中直机关事务管理局指导中直在京单位开展宣传引导工作；国家机关事务管理局指导中央国家机关在京机构及下属的机关、团体、企事业单位，协调全国人大、外省市驻京办（副省级以上）等单位开展宣传引导工作；全国政协办公厅机关事务管理局指导全国政协在京单位及其下属局开展宣传引导工作；中央军委政法委综合局组织重要军事设施单位、驻京部队及官兵、家属和职工等开展宣传引导工作；市环保局围绕燃放烟花爆竹对大气污染的影响，配合市委宣传部在法规公布实施、临近春节和春节期间等时间节点，开展宣传引导工作；市教委对全市教育系统开展宣传引导工作；市住建委对物业公司和建筑工地等单位的法规宣传落实工作进行督促、指导和检查；市商务委、市工商局对商业零售、餐饮经营单位及各工商户开展宣传引导工作；市旅游委对列管的旅游景点、宾馆、酒店等行业单位开展宣传教育，督促做好安全防范并落实管理责任；市民政局督促列管单位在开展婚姻登记、殡葬服务时，宣传告知法规要求。市民政局、市工商局、市住建委、市商务委针对有燃放烟花爆竹习俗的开工、开业、乔迁、奠基、汽车销售、婚丧嫁娶、宴席服务等活动，研究、落实针对性的宣传引导工作，督促列管行业遵守禁放和限放规定。

十六类禁放点主管部门要对单位、场所、区域内所有人员逐一开展宣传教育，明确告知上述部位禁止存放、燃放烟花爆竹，要对禁放点负责人、从业人员集中开展宣传教育；元旦、春节前，要完成禁放点周边禁放标识设置工作，并深入周边居民家中走访并发放宣传材料，最大限度赢得周边群众理解支持。

（二）深入组织开展媒体宣传

各单位要立足“网上网下”两大宣传阵地，充分利用媒体、网络、广告等传统媒体和手机微信等自媒体的宣传平台，按照通俗化、平民化和人性化的宣传方式和全覆盖、立体化和高频次的宣传标准，深入开展媒体宣传，向广大市民宣传烟花爆竹安全管理相关内容。

市、区两级烟花办，一是要通过新闻媒体，对市民关注的热点问题进行集中宣传报道，阶段性掀起媒体宣传高潮，形成新闻舆论导向；对燃放烟花爆竹引发的火灾事故和人员伤亡等典型案例，以及查缴非法燃放、储存、销售烟花爆竹的案例等，进行专题曝光宣传报道，并配合媒体评论记者展开评论，引导舆论、震慑违法、教育群众；二是要在元旦和春节前，通过电视、广播、网络上滚动播出提示语，并通过报纸刊发致全市人民一封信，引导广大市民自觉遵守五环内禁放等法规内容；三是要加大在车站、道路、影剧院、商市场等人流量大地区的宣传力度，利用这些地区的展台、路边围挡等设施，投放、张贴烟花爆竹安全管理宣传材料；四是要加强对宾馆、酒店、危险物品从业单位等行业单位的禁放政策宣传，形成共同抵制违法燃放烟花爆竹的良好氛围，特别是要与五环内宾馆、酒店等行业场所签订禁放告知书及承诺书，督促其在开展业务时主动向客户告知禁放规定；五是要通过表彰总结大会、评选烟花爆竹禁放示范社区等形式，开展总结性宣传，以奖优警劣。

市商务委要组织有条件的商业企业在促销宣传大屏幕上播放宣传提示。

元旦、春节前，市公安局交管局要在道路电子提示牌上滚动播出提示语；市城市管理委员会同市公安局交管局研究在进入禁放区的重要道路设置禁放标牌的工作；市安监局要组织各零售网点对购买烟花爆竹的市民进行宣传提示。

（三）全面组织开展基层宣传

各区烟花办要积极组织街乡镇及居（家）委会、业主委员会及其他基层社区自治组织，制作宣传品，深入辖区的机关、团体、企事业单位、其他组织以及居民、村民家中，开展分波次、有重点的入户宣传。

一是各区烟花办要印制一封信、禁放承诺书等宣传材料，深入五环内和五环外禁放区的居民社区、写字楼、企事业单位等，逐一上门走访、发放宣传材料；要向社区发放、张贴禁放标识和宣传海报等宣传品，营造良好社会氛围，争取广大市民对禁放工作的理解支持。

二是在辖区全覆盖上门宣传的基础上，远郊区烟花办要开展针对性的入户宣传，向居民、村民重点告知本辖区禁放区和限放区范围，深入宣传非法存放、运输烟花爆竹的危害性，引导并鼓励广大市民举报非法、伪劣、超标烟花爆竹流散进京的违法行为，全面提高市民自觉遵规守法、抵制非法经营和主动参与管理的共治意识。

三是各区烟花办要积极公布非法储存、运输、销售烟花爆竹的举报电话；远郊区烟花办要组织开展烟花爆竹安全管理和消防、应急相结合的宣传活动，通过讲解燃放非法、伪劣、超标烟花爆竹和不理性燃放烟花爆竹的社会危害，引导市民群众自觉不燃放烟花爆竹，并强化广大市民防火、灭火及自救的安全意识。

五、工作要求

（一）加强组织领导，提高思想认识。各单位要充分认识烟花爆竹安全管理宣传工作的重要性和紧迫性，积极协调各方力量，确保宣传工作落到实处;要加强监督检查,对宣传工作开展不力、组织不落实、工作不到位的，要追究有关领导责任。

（二）加大宣传力度，丰富宣传形式。各单位要把深入、扎实的宣传工作作为禁放、限放工作重要组成部分,围绕重点人群、重点地区，分阶段、分步骤地组织开展宣传引导，进一步激发社会活力，吸引广大市民群众积极参与宣传工作，努力实现共治共享的宣传效果。

（三）加大曝光力度，震慑违法犯罪。各单位在正面引导的同时，要加大对违法行为和典型案例的曝光力度，切实维护法规的严肃性，进一步震慑不法分子、教育广大市民，推动全社会自觉遵守烟花爆竹安全管理法规。

（四）统一宣传口径，遵守宣传纪律。有关全市烟花爆竹安全管理工作的新闻报道，要通过市烟花办统一发布，各单位严禁擅自向新闻媒体发布相关信息。对未经市政府烟花办同意，擅自发布信息并影响工作进度或造成严重后果的，将追究相关部门人员责任。

北京市教育委员会

关于切实做好 2018 年学校食品安全管理工作的通知

京教勤〔2018〕6 号

各区教委，各高等学校、中等职业学校：

学校食品安全直接关系广大师生的身体健康和生命安全，关系首都教育的健康发展和稳定大局。为扎实做好 2018 年学校（幼儿园）食品安全管理工作，切实保障广大师生用餐安全，严防食品安全事故，现就有关工作提出以下要求。

一、指导思想

深入学习贯彻党的十九大会议精神，以习近平新时代中国特色社会主义思想为指导，坚持把广大师生的健康安全放在第一位，牢牢把握食品安全是重大政治任务的基本要求，贯彻落实党中央、国务院和市委、市政府有关食品安全的部署安排，严格按照党政同责和“四个最严”要求，认真履行属地管理责任和学校主体责任，加快建立科学完善的食品安全治理体系，扎实推进学校食品安全各方面工作，进一步提升学校食品安全管理工作水平，为广大师生的学习生活提供坚强有力保障。

二、工作目标

坚持首善标准和“四个中心”建设要求，切实提高政治站位，通过扎实有效的工作，进一步强化红线意识和底线思维，提高广大师生的食品安全意识，完善学校食品安全管理制度，健全学校食品安全责任体系，提升学校食品安全风险防范能力，保证广大师生吃的放心安心，坚决防止重大学校食品安全责任事故的发生。

三、重点工作

（一）积极开展学校食品安全宣传教育

各区教委要督促学校广泛开展食品安全教育。学校要将食品安全、健康饮食纳入教育教学内容。每学期组织开展食品安全专题教育，并将食品安全与主题班会、课外实践等活动紧密结合，开展经常性教育。通过宣传栏、宣传册等途径和形式开展经常性的宣传教育活动，定期向师生发布食品安全信息，推动学生形成健康的饮食习惯；采取举办“学校食堂开放日”“食品安全宣传周”和“食品安全知识进校园”等活动，普及相关科学常识，有效提升师生食品安全意识和防范能力。

（二）严格落实《食品安全法》等法律法规

要对标新要求和师生的新需求，切实履行学校食品安全管理职责，深入学习和贯彻落实《食品安全法》《学校集中用餐食品安全管理规定》《北京市中小学食堂管理办法（试行）》《北京市中小学校外供餐管理办法》等法律法规，坚持预防为主的工作方针，建立健全食品卫生安全管理制度，着力推进各项管理措施落到实处，有效维护广大师生身体健康和生命安全。

（三）扎实建立学校食品安全责任体系

要按照党政同责、标本兼治、严控风险的原则要求，健全学校食品安全责任体系。

1. 各区教委要严格督促学校落实食品安全校长（园长）负责制，督促学校配备专（兼）职食品安全管理人员，与行政区域内中小学校（幼儿园）、供餐企业签订食品安全责任书，明确食品安全主体责任，建立实施学校食堂、供餐企业食品安全监管信用档案，记录食品安全监管信用信息，将食品安全列为学校年度考核的关键指标。

2. 学校要严格履行食品安全管理的主体责任，认真落实食品安全校长（园长）负责制，建立以学校校长（园长）为第一责任人、分管领导为直接责任人的学校食品安全责任制，明确食品安全管理人员和每个环节、每个岗位从业人员的安全职责，层层签订食品安全责任书；健全工作机制，将食品安全作为学校安全工作的重要内容，列入学校重要议事日程，每学期进行专题研究部署，组织开展安全隐患排查，落实有关管理制度和工作要求。

（四）全面加强学校食品安全管理

要严格落实“四个最严”要求，强化属地管理责任，加强供餐企业和自建食堂管理。

1. 严格加强供餐企业准入管理。采用外送餐供餐的学校，要严格供餐企业准入管理。供餐企业必须通过区教委统一组织招标，要把食品安全作为遴选供餐企业的重要标准，签订食品安全责任书。学校签订供餐合同后，应当向区教委和区食品药品监督管理局报告或者备案合同副本。供餐企业必须取得餐饮服务许可，必须具备相应的供餐条件和能力，必须落实食品安全主体责任，健全食品安全管理制度和机构，配备专职食品安全管理人员，强化从业人员培训，严格落实原料采购、加工制作、清洗消毒、成品分装和配送运输等关键环节的控制要求，确保供餐食品安全。提供清真食品的，应当在指定的清真食品销售点采购食品原材料。

学校外购集中用餐应当为当餐加工，不得采购冷食类、生食类、裱花糕点以及四季豆等高风险食品。

2. 严格加强学校自建食堂日常管理。学校要加强对自建食堂的日常管理，建立健全食堂食品安全管理制度，按规定制定场所及设施设备清洗消毒和维修保养、食品经营全过程控制管理、餐饮具清洗消毒保洁、食品安全自检自查与报告、餐厨废弃物处置、食品添加剂使用管理、食品留样以及饮用水安全管理等与食品安全相关的管理制度，建立并执行食堂从业人员健康管理制度和培训制度，食堂从业人员培训合格后方能上岗。要建立食堂食品安全追溯体系，保证食品可追溯。要在食堂操作间等重要区域建立严格的安全保卫措施，严格禁止非食堂从业人员未经允许进入食品处理区。严禁采购、宰杀活禽，确保食品原材料安全。

中小学、幼儿园的食堂原则上不得制售冷食类、生食类、裱花糕点以及四季豆等高风险食品。

3. 全面强化食品安全检查。各区教委要进一步完善学校食品安全管理工作机制，明确管理职责，落实管理责任。建立健全食品安全管理制度，全面加强对学校食品安全的日常管理。加大学校食品安全检查力度，每年重要时间节点和春、秋季开学后对学生食堂和供餐企业开展专项检查，严防食品安全事故的发生。

（五）深入开展学校食品安全隐患整治

学校要建立食品安全状况自查自评制度，全面梳理学校食品安全管理薄弱环节，切实加强对学校食堂的管理和食堂设施设备的检查，将学校食品安全各项工作落细、落小、落实。每学期要组织开展学校食品安全自查，彻底排查食品安全隐患，全力防控食品安全风险。重点在春秋季开学和中高考前、夏季以及重大节假日、重大活动、重要时期、季节交替期对学校食堂、供餐企业进行全面排查，狠抓重点领域和薄弱环节治理整顿，确保师生用餐安全。

（六）务实推进“阳光餐饮”工程建设

要认真贯彻落实市政府《关于在全市餐饮服务业推进“阳光餐饮”工程的工作方案》，实施市教委关于《北京市教育系统推进“阳光餐饮”工程实施方案》，把“阳光餐饮”工程纳入“平安校园”建设内容，将进展情况列入 2018 年度各区教委食品安全工作考核评价指标。2018 年 12 月底前，实现全市中小学、幼儿园食堂参与率达到 80% 以上的目标。在全市高校全面实施“阳光餐饮”工程。

（七）持续加强学校食堂从业人员队伍建设

要结合贯彻落实《食品安全法》及相关法律法规，加强对管理人员、学校食堂负责人、学校食堂食品安全管理员和从业人员的培训，逐步提高管理人员的责任意识、管理能力和技术水平，全面提升从业人员的职业技能和职业素养。

（八）健全完善学校食品安全突发事件应急预案

各区各校要密切结合学校食品安全工作实际，不断完善学校食品安全突发事件应急预案，增强预案的针对性和可操作性，组织开展应急演练。要加强应急值守和信息报送工作，遇有学校食品安全紧急突发事件发生，立即启动应急预案进行处置，并及时按要求报送相关信息。

四、工作要求

（一）要切实加强组织领导

各区、各校要高度重视学校食品安全工作，进一步完善统筹协调工作机制，严格按照本通知要求，研究制定本地、本校、本年度推进学校食品安全的工作措施。细化工作任务，落实责任分工，健全管理制度，明确工作要求，凝聚工作合力。形成各负其责、密切协作、齐抓共管的工作格局，切实做好各项工作，确保学校食品安全。

（二）要切实加强责任落实

要认真贯彻落实习近平总书记关于食品安全要坚持党政同责、标本兼治的重要指示精神，严格按照《食品安全法》等有关法规制度要求，切实强化学校食品安全责任落实，加强学校食品安全工作目标考核。利用“平安校园”创建契机，将食品安全相关内容纳入其中，建立健全食品安全责任追究机制。对有关责任人因不履行管理责任或履行不到位导致学校发生重大食物中毒事故、造成恶劣社会影响的，依法依纪追究相关人员的责任。

（三）要切实加强督查检查

要将学校食品安全工作纳入食品安全年度考核指标和校园及周边治安综合治理工作的重要考核内容，完善党政同责督查工作机制，建立学校食品安全督查整改验收销号制度。按照食品安全工作标准化、规范化、精细化要求，加强督查检查，落实整治措施，防控安全风险，确保各项工作不留盲点、不留死角。

（四）要切实加强宣传引导

要加大学校食品安全工作的宣传力度，及时公开食品安全相关信息，充分发挥媒体、群众的监督作用。组织学生代表或者家长代表参与食品安全监督，在食品采购、食堂管理、供餐企业选择等方面听取家长委员会或者学生代表大会、教职工代表大会意见。及时核查处置媒体和师生反映的学校食品安全问题，最大限度凝聚共识，营造共同推进学校食品安全管理工作的良好氛围。

2018 年 2 月 26 日

北京市教育委员会

关于印发《北京高校推进“阳光餐饮”工程实施方案》的通知

京教勤〔2018〕9 号

各高等学校：

为深入贯彻落实党中央、国务院和市委、市政府工作部署，扎实推进创建国家食品安全城市工作，全面提升高校食品安全管理工作水平。北京市政府办公厅制定下发了《北京市推进“阳光餐饮”工程工作方案》，全面实施“阳光餐饮”工程。结合北京高校工作实际，市教委制定了《北京高校推进“阳光餐饮”工程实施方案》，现印发给你们，请认真贯彻落实。

2018 年 3 月 9 日

北京高校推进“阳光餐饮”工程实施方案

为深入贯彻落实党中央、国务院和市委、市政府工作部署，扎实推进创建国家食品安全城市工作，全面提升高校食品安全管理工作水平，推动北京高校食品安全信息公开和食品加工操作过程可视化，结合北京高校工作实际，制定本方案。

一、工作目标

以习近平总书记关于食品安全的重要指示精神为指导，认真贯彻落实党中央、国务院和市委、市政府关于加强食品安全工作和创建国家食品安全城市的总体部署。

利用1年时间，在全市高校食堂基本完成“阳光餐饮”工程建设任务，夯实高校食品安全管理工作基础，提升高校后勤标准化、规范化、精细化水平，进一步提高广大师生对高校食堂食品安全的满意度。

二、重点任务

（一）推进高校食堂食品安全信息公开

各高校食堂要严格落实食品安全信息公开要求，主动在学生就餐场所公示食品经营许可资质、餐饮服务食品安全量化分级等级、食品从业人员健康证明以及主要食品原料采购来源、食品添加剂使用等信息。

（二）实现食品加工操作过程可视化

各高校食堂要全面推行“明厨亮灶”，通过改造透明玻璃隔断墙、隔断窗或者安装图像采集和视频传输设备等形式，使食堂食品粗加工、切配、烹饪、糕点制作和餐饮具清洗消毒、餐厨废弃物管理等关键环节以及备餐、分餐等重点区域场所直观、公开、可视，供广大师生监督查看。

（三）依托互联网实现信息实时查询

针对高校食堂特点，运用移动互联网等现代信息技术，依托北京市餐饮业公众评价系统，实现师生实时查看高校食堂食品安全基本信息和加工操作过程，参与高校食品安全监督和信用评价，形成高校食堂社会评价信息。

（四）强化高校食品安全责任落实

各高校要建立完善食品安全管理制度，严格执行各项规范要求，切实履行校园食品安全管理的主体责任。坚持党政同责，认真落实食品安全校长负责制，明确食品安全管理人员和每个环节、每个岗位从业人员的安全职责，层层签订食品安全责任书。充分发挥健康教育阵地作用，将食品安全纳入健康教育的重要内容。建立完善高校食品安全突发事件应急预案，定期开展应急演练，及时应对处置食品安全突发事件，加强舆情监测，按要求上报有关信息，杜绝缓报、漏报、瞒报行为。

三、组织实施

2018 年 4 月中旬前，各高校根据《北京高校推进“阳光餐饮”工程实施方案》要求，紧密结合工作实际，制定高校食堂“阳光餐饮”工程建设方案,全面启动“阳光餐饮”工程建设工作。2018 年 12 月底前，全市高校食堂“阳光餐饮”工程建设任务基本完成。

2018 年 4 月 30 日前，请各高校将负责“阳光餐饮”工程建设的负责人（主管领导、负责部门、部门负责人及联系方式）、食堂实施“阳光餐饮”的现状（已完成情况、待完成情况）、具体实施方案，报送市教委学校后勤处。12 月 30 日前，将工作完成情况报市教委备案。

四、工作要求

（一）加强组织领导

各高校要高度重视“阳光餐饮”工程建设工作，将各项任务纳入高校年度重要工作。要制定实施方案，明确责任人、责任部门、工作措施和时间节点，加大在人、财、物等方面的投入力度，形成工作合力，确保取得实效。

（二）有效宣传引导

要加强对食品安全管理工作的宣传引导，充分利用校园网、校园广播、微信、微博、宣传橱窗、信息公开栏等校园信息平台，广泛宣传实施“阳光餐饮”工程的重要意义，动员广大师生全面积极参与，指导食堂依法经营、规范经营、诚信经营，促进高校食堂“阳光餐饮”工程建设活动深入开展。

（三）确保工作实效

推进高校“阳光餐饮”工程建设是创建国家食品安全城市、实施食品安全监管工作的一项创新内容，也是强化高校食品安全管理工作的重要举措。市教委将对高校食堂“阳光餐饮”建设情况开展专项督查，及时掌握工作进展情况，督促推动各项任务落实。

北京市教育委员会

关于开展学校食品安全专项检查的通知

京教勤〔2018〕13号

各区教委，各高等学校、中等职业学校：

为认真贯彻落实《中华人民共和国食品安全法》和市委、市政府关于加强食品安全工作的决策部署，切实做好学校食品安全管理工作，有效防范校园食品安全事故发生，根据《北京市教育委员会关于切实做好2018年学校食品安全管理工作的通知》要求，决定自2018年5月14日至6月3日组织开展学校食品安全专项检查，现将有关事项通知如下。

一、指导思想

深入学习贯彻党的十九大会议精神，以习近平总书记关于食品安全工作重要指示精神为根本遵循，按照市委、市政府决策部署，坚持“四个最严”要求，始终把广大师生的健康安全放在第一位，牢牢把握食品安全是重大政治任务的基本要求，科学认识食品安全工作的基本规律，掌握学校食品安全的形势和底数，切实增强做好学校食品安全工作的责任感、使命感、紧迫感，确保广大师生的身体健康和生命安全。

二、工作目标

通过开展专项检查，切实提高政治站位，牢固树立首善标准，全面梳理排查治理安全隐患和薄弱环节，夯实校园食品安全工作基础，进一步完善食品安全管理制度，强化学校安全责任落实，严防食品安全事故发生。

三、检查范围

全市各级各类学校（含幼儿园）。

四、检查内容

着重检查贯彻落实《北京市教育委员会关于切实做好2018年学校食品安全管理工作的通知》《北京市中小学校食堂管理办法》《北京市中小学校外供餐管理办法》要求是否扎实有效；对学校食品安全工作是否进行了专题部署；对发现的各类安全隐患和突出问题是否进行了全面整治，以及当前学校食品安全各项措施落实情况。

（一）学校食品安全宣传教育落实情况

学校是否将食品安全、健康饮食纳入教育教学内容；每学期是否组织开展食品安全专题教育；是否采取不同途径和形式开展经常性的宣传教育活动，普及相关科学常识，有效提升师生食品安全意识和防范能力。

（二）学校食品安全主体责任落实情况

学校是否落实食品安全校长（园长）负责制；是否认真履行校园食品安全管理主体责任，并将责任分解落实到具体责任人；是否将食品安全作为学校安全工作的重要内容，列入学校重要议事日程；是否按规定配备专（兼）职食品安全管理人员；是否明确餐饮操作环节每一个岗位的食品安全责任。

（三）学校食品安全管理制度建立与落实情况

学校食品安全管理制度、食品安全事故应急处置预案是否建立健全；食堂设施设备维修保养、清洗消毒；从业人员健康体检、培训；食品安全事故应急处置和食堂进货渠道是否正规；原料采购是否索证索票并有查验台帐；食品仓储是否符合要求，食品原料仓库是否定期清查等内容。

（四）学校食堂餐饮服务许可证持有情况

学校食堂餐饮服务许可证是否超过有效期限；是否规范悬挂或摆放；是否存在转让、涂改、出借、出租等行为；是否存在超范围经营或违规经营行为。

（五）学校食堂从业人员管理情况

学校食堂是否建立从业人员健康管理制度和健康档案；是否具有健康合格证明；是否建立从业人员培训制度；在岗从业人员的个人卫生是否符合要求等。

（六）学校食堂加工场所环境卫生情况

学校食堂食品加工场所内外环境是否保持整洁；是否采取消除老鼠、蟑螂、苍蝇和其他有害昆虫及孳生条件的防护措施；是否配备足够的通风和排烟装置；是否按规定合理设置各功能间；是否配备与就餐人数相匹配的设备设施。

（七）学校食堂食品加工操作情况

学校食堂各岗位从业人员是否规范操作；是否违规制售冷食类、生食类、裱花糕点以及四季豆等高风险食品；是否按规定留样并规范记录；是否按规定处置餐厨废弃物等。

（八）学校食堂食品添加剂使用情况

学校食堂食品添加剂采购和使用管理制度的落实情况；使用品种和用量是否符合 GB2760《食品安全国家标准食品添加剂使用标准》。

（九）学校食堂清洗消毒情况

学校食堂是否配备足够数量的清洗消毒设施；餐饮具洗消操作是否符合规范。

（十）“阳光餐饮”工程建设推进落实情况

学校是否认真贯彻落实市政府、市教委要求，把“阳光餐饮”工程纳入“平安校园”建设内容；是否将进展情况列入2018年度各区教委食品安全工作考核评价指标；是否按照通知要求的时间节点推进实施“阳光餐饮”工程。

五、检查方法

本次专项检查以学校全面自查、区教委重点检查为主。由各区教委和高校深入学校（院系）通过听取工作汇报、召开教师和学生代表座谈会、查阅食品安全管理档案资料、实地查看从业人员作业程序等方式，全程指导、协调并组织开展专项检查工作。

市教委将会同市食品药品监督管理局、卫生计生委等部门组成联合检查组适时对各区和学校进行抽查。抽查结果作为各区学校食品安全管理工作年度考核的重要依据。

六、时间安排

本次专项检查从2018年5月14日起至6月3日结束，共分三个阶段进行。

（一）全面自查阶段（5月14日—20日）

学校制定实施方案，进行组织动员，按照“横向到边、纵向到底、全覆盖、不留死角”的要求，对本单位食品安全管理情况开展全面彻底、深入细致地自查排查，切实掌握学校食品安全管理工作底数，严防各类食品安全事故的发生。

（二）整改落实阶段（5月21日—27日）

学校根据自查情况，对排查出的隐患和问题逐项建立台账，逐一制定整治措施，明确解决时限；对于一时无法整治或需要多部门联合整治的问题及时报告区教委或上级主管单位，积极协调相关部门合力整治，坚决消除各类食品安全隐患。

（三）专项检查阶段（5月28日—6月3日）

各区教委协调属地食品药品监督管理和卫生计生等部门组成联合检查组，深入辖区学校开展专项检查，确保取得实效。

七、工作要求

（一）要加强组织领导，强化责任落实

要以高度的政治责任感重视专项检查工作，要将检查与学习贯彻习近平总书记关于食品安全重要指示批示结合起来，切实加强组织领导，认真开展自查自纠，全面强化责任落实，彻底消除安全隐患，做到领导到位、组织到位、协调到位、检查到位、监管到位。

（二）要紧密结合实际，狠抓工作落实

要结合本区本校实际，在认真分析食品安全形势和突出问题的基础上，进一步细化分解主要检查内容，研究制定具体工作方案，逐条逐项抓落实，确保动员部署到位、工作措施到位、整改落实到位。

（三）要加强沟通协调，凝聚工作合力

要积极发挥校园及周边治安综合治理专项组的协调职能作用，主动邀请属地食品药品监督管理和卫计、疾控等有关部门开展联合检查，提高检查的科学性和专业性。

（四）要认真总结经验，及时反馈信息

要认真总结经验，加强信息反馈，及时收集汇总上报检查情况，专项检查工作总结电子版于 2018 年 6 月 15 日前报送市教委学校后勤处，重要情况和突出问题随时上报。

附件：1. 食品安全专项检查学校自查表（略）

2. 区教委对学校食品安全专项检查表（略）

2018 年 4 月 19 日

北 京 市 教 育 委 员 会
北京市食品药品监督管理局
北京市卫生与计划生育委员会

关于开展2018年秋季开学校园及周边食品安全专项检查的通知

京教勤〔2018〕25号

各区教委、食品药品监管局、卫生计生委，各普通高等学校，各学生餐配送企业：

秋季正值全市各级各类学校开学之际，为进一步落实学校食品安全主体责任，加强我市范围内学校（含托幼机构）食堂及校园周边食品安全监管工作，及时消除食品安全隐患，预防食品安全事故发生，切实保障学校师生用餐安全。市教委、市食品药品监管局、市卫生计生委将组织开展对学校食堂及校园周边相关单位的食品安全专项检查。现将有关事宜通知如下：

一、检查对象

我市辖区内各级各类学校（含托幼机构）食堂和为中小学供餐的集体用餐配送企业。校园周边200米范围内的食品销售和餐饮服务单位。

二、检查时间

本次专项检查主要安排在我市学校秋季开学之际，时间从2018年9月3日至9月28日。

三、检查重点内容

根据年度工作部署，结合食品安全工作实际，重点检查七项内容：

（一）查宣传教育开展情况

重点检查各区教委督促学校开展食品安全教育落实情况；各级各类学校是否将食品安全、健康饮食纳入教育教学内容，每学期是否组织开展食品安全专题教育；是否开展经常性的宣传教育活动，食品安全科普宣传、主题活动开展情况。

（二）查制度责任落实情况

重点检查各区教委督促学校落实食品安全校长（园长）负责制、配备专（兼）职食品安全管理人员、与辖区内中小学校（幼儿园）、供餐企业签订食品安全责任书等要求贯彻落实情况；辖区内学校食堂、供餐企业食品安全监管信用档案建立管理情况；是否将食品安全列为学校年度考核的关键指标；区级食品安全突发事件应急预案建立情况。

重点检查各级各类学校食品安全管理主体责任的履行情况；是否落实食品安全校长（园长）负责制，是否建立科学完备、层级落实的学校食品安全责任体系；学校食品安全工作机制运行情况，是否将食品安全作为学校安全工作的重要内容，列入重要议事日程，每学期进行专题研究部署；学校食品安全状况自查自评与隐患排查整治情况；学校食品安全突发事件应急预案建立情况。

（三）查炊管队伍建设情况

重点检查各级各类学校炊管人员贯彻落实《食品安全法》及相关法律法规情况；学校配备专（兼）职食品安全管理人员制度落实情况；各区教委与学校对管理人员、学校食堂负责人、食堂食品安全管理员和从业人员的培训开展情况。

（四）查自建食堂和外供餐管理情况

1. 自建食堂

重点检查各级各类学校对自建食堂的日常管理情况；食堂食品安全管理制度建设及落实情况；学校食堂食品经营许可证持有情况；食堂从业人员健康管理制度建立执行情况；食堂食品安全追溯体系运转

情况；食堂操作间等重要区域的安全保卫措施落实情况。

2. 外供餐

重点检查供餐企业准入管理情况；食品安全责任书签订情况；学校签订供餐合同报告或者备案情况；供餐企业取得食品经营和餐饮服务许可情况；落实食品安全主体责任情况；专职食品安全管理人员配备情况；原料采购、加工制作、清洗消毒、成品分装和配送运输等关键环节的控制要求落实情况。

（五）查校园周边食品经营单位情况

1. 校园周边餐饮单位

重点检查校园周边餐饮单位的食品经营和餐饮服务许可资质情况、从业人员健康状况、原材料进货查验情况、食品加工制作过程、冷食类和生食类食品制作条件以及食品库房使用情况等。

2. 校园周边食品销售单位

重点检查校园周边食品销售单位经营的调味面制品、熟肉制品、烘焙食品、糕点、饮料类等儿童、青少年经常购买的重点品种，查看食品标签等外观质量状况，进货渠道和储存条件等落实情况；食品经营企业建立和完善食品进货查验记录制度等要求落实情况。

（六）查校内传染病控制和饮用水水质检测情况

重点检查各级各类学校是否建立健全了传染病登记和报告制度；是否对在校师生进行了食源性传染病和经水传播疾病的预防和相关知识培训；校内生活饮用水是否经过检测，是否建立保障饮用水健康安全的各项规章制度。

（七）查食堂“阳光餐饮”工程进展情况

重点检查各区教委是否认真组织实施市教委关于《北京市教育系统推进“阳光餐饮”工程实施方案》；指导辖区所属中小学、幼儿园把“阳光餐饮”工程纳入“平安校园”建设内容，将进展情况列入年度食品安全工作考核评价指标；是否在2018年底前实现辖区所属中小学、幼儿园食堂参与完成率达到80%以上的目标；申请参加食品安全示范区创建的区“阳光餐饮”工程参与完成率达到100%的目标。

重点检查高校是否认真组织实施市教委关于《北京高校推进“阳光餐饮”工程实施方案》；是否在2018年底前实现本校所属食堂参与完成率达到100%的目标。

四、组织实施

（一）各区教委、食品药品监管局、卫生计生委应按照各自职责，在秋季开学阶段对各级各类学校（含托幼机构）食堂和校园周边食品经营单位开展监督检查。

（二）市级层面的联合检查和分组督查工作将结合2018年全市教育系统校园安全和秋季开学工作大检查一并组织进行。

（三）各区教委、食品药品监管局、卫生计生委应于9月30日之前将本辖区秋季开学校园及周边食品安全专项检查工作总结（电子版）报送各机构联系人。

2018年8月22日

北京市教育委员会

关于做好2018—2019学年度校方责任保险及附加无过失责任保险工作的通知

京教函〔2018〕492号

各区教委，各中等专业学校：

为贯彻落实《国务院办公厅关于加强中小学幼儿园安全风险防控体系建设的意见》（国办发〔2017〕35号）、《北京市中小学生人身伤害事故预防与处理条例》和教育部等三部委《关于推行校方责任保险完善校园伤害事故风险管理机制的通知》（教体艺〔2008〕2号）要求，进一步加强学校风险管理，现将2018—2019学年度校方责任保险及附加无过失责任保险工作有关事项通知如下：

经公开招标，2018—2021学年度校方责任保险及附加无过失责任保险由中国人民财产保险股份有限公司（以下简称“人保财险”）和中国太平洋财产保险股份有限公司（以下简称“太平洋财险”）承保。其中东城区、朝阳区、丰台区、石景山区、门头沟区、房山区、顺义区、延庆区及中等专业学校由人保财险承保；西城区、海淀区、通州区、昌平区、大兴区、平谷区、怀柔区、密云区、燕山地区由太平洋财险承保。

一、投保程序

（一）各区教委投保校方责任保险程序

9月25日至27日，向确定的承保机构提交如下材料并缴纳保费：

1. 加盖区教委公章的北京市中小学、幼儿园校方责任保险名册（在册学生人数截止到9月17日）；

2. 投保单（加盖区教委公章）；

3. 区教委与确定的承保机构签订的协议书（一式4份）；

4. 保费（5元/生）。

（二）各区教委投保附加无过失责任保险程序

9月25日至27日，向确定的承保机构提交如下材料并缴纳保费：

1. 加盖区教委公章的北京市中小学附加无过失责任保险名册（在册学生人数截止到9月17日）；

2. 投保单（加盖区教委公章）；

3. 区教委与确定的承保机构签订的协议书（一式4份）；

4. 保费（5元/生）。

（三）中等专业学校投保程序

9月28日至30日，向确定的承保机构提交如下材料并缴纳保费：

1. 加盖学校公章的北京市中等专业学校责任保险名册（在册学生人数截止到9月17日）；

2. 投保单（加盖学校公章）；

3. 学校与确定的承保机构签订的协议书（一式 4 份）；

4. 保费（校方责任保险 5 元 / 生,附加无过失责任保险 5 元 / 生）。

二、有关事项

（一）按照市教委、市财政局《关于调整北京市基础教育公用经费定额标准的通知》（京教财〔2010〕50 号）规定，公办中小学校、幼儿园校方责任保险保费在公用经费中列支，从 2019 年秋季学期开始各区教委负责统一支付。中等专业学校保费由中等专业学校承担。经批准的社会力量举办的中小学校、幼儿园，保费由举办者承担。

（二）公办中小学校附加无过失责任保险保费在公用经费中列支，从 2019 年秋季学期开始各区教委负责统一支付。中等专业学校保费由中等专业学校承担。经批准的社会力量举办的中小学校，保费由举办者承担。

（三）按照《政府采购法》等有关法律规定，各区教委和各中等专业学校在协议期内只能与负责本区、本学校中标承保机构或授权的保险公司签订有关校方责任保险及附加无过失责任保险协议并投保。

三、工作要求

（一）投保校方责任保险及附加无过失责任保险是建立并不断完善学校风险防控体系、保障学校及学生合法权益的一项重要工作。各区教委、各中等专业学校、中小学校和幼儿园要进一步加强对此项工作的领导，明确各职能部门的具体职责，加强监督严肃纪律，认真组织好投保工作，及时总结工作经验和解决存在的问题，不断提高工作服务水平。

（二）各区教委、各中等专业学校要在本学期开展关于校方责任保险及附加无过失责任保险的宣传和培训活动，要让每一位校长、班主任、教师、学生知晓校方责任保险及附加无过失责任保险，会用校方责任保险及附加无过失责任保险。

（三）各区教委、各中等专业学校、中小学和幼儿园要坚持预防为主的原则，进一步落实安全工作责任，完善安全工作制度，消除各类安全隐患，有效预防学生人身伤害事故的发生；进一步加强对学生的安全教育，不断提升安全教育的针对性和有效性，切实提高学生的安全意识和防范能力。

（四）为及时有效发挥校方责任保险及附加无过失责任保险的作用，保障学校和学生合法权益，各区教委、各中等专业学校要确保按时足额缴纳保费。

2017 年 9 月 6 日

北京市教育委员会

关于印发教育系统安全隐患治理三年行动实施方案（2018 年—2020 年）的通知

京教勤〔2018〕30 号

各区教委：

根据市委、市政府总体部署和《北京城市安全隐患治理三年行动方案（2018 年 —2020 年）》要求，我委研究制定了《北京市教育系统安全隐患治理三年行动方案（2018 年 —2020 年）》，现印发给你们，请结合本区实际贯彻落实。

2018 年 9 月 19 日

北京市教育系统安全隐患治理三年行动实施方案（2018年—2020年）

根据《市政府办公厅关于印发〈北京城市安全隐患治理三年行动方案（2018年—2020年）〉的通知》（京政办发〔2018〕32号）要求，为巩固深化全市教育系统安全隐患大排查大清理大整治专项行动成果，全面排查治理消除全市教育系统各类安全隐患，预防安全事故，建设平安校园，制定本行动方案。

一、指导思想

牢固树立以生为本、生命至上、安全第一的理念，严格落实安全主体责任，坚持把隐患当事故处理，根据教育系统安全工作的特点和需求，结合平安校园建设，构建首都教育系统安全风险分级管控和隐患排查治理双重预防机制，全面排查治理消除教育系统各类安全隐患，筑牢安全基础，有效防范各类安全事故，提升首都校园安全管理整体水平。

二、工作目标

紧密结合平安校园建设组织开展安全隐患治理，用三年时间，依法集中整治一批安全隐患，拆除或改造一批不符合安全条件的校内场所，更新完善一批安全设施设备。到2020年，教育系统安全风险分级管控和隐患排查治理双重预防体系基本建立，学校主体责任、教育部门和属地政府监管责任有效落实，中小学幼儿园人员密集场所安全管理水平明显提升，能够有效防止教育系统发生较大和重特大安全事故，全面提升全市中小学幼儿园安全管理总体水平。

三、治理内容

各区教委要指导本区中小学幼儿园根据安全工作职责，结合平安校园建设工作要求，按照全覆盖、无死角的要求，在全面排查治理各类安全隐患的基础上，明确本单位隐患排查治理重点，突出重点隐患的排查治理。主要包括：

（一）消防安全

重点加强对教学楼、实验室、礼堂、风雨操场、学生宿舍、食堂和水电气热、地下空间、施工现场等重点场所部位的火灾隐患排查整治。消防中控室监控要覆盖到校内重点防火部位，确保防火制度落实到位和防火设施设备完好有效。加强用电管理，组织电气火灾综合治理专项工作，加强对配电设备设施和用电线路的安全检查，提高发现和消除火灾隐患的能力。

（二）交通安全

落实《北京市校车安全管理暂行规定》，完善与公安、交通运输、安全监管等有关部门的协同联动机制，强化校车准入管理和运营监管，加强校车风险管控，依法查处超速、超员、不按审核路线行驶等交通违法行为，加大对“黑校车”和幼儿接送车辆的整治力度。完善校车事故应急处置预案，开展交通事故逃生演练和应急处置演练。加强师生的交通安全教育，配合交通部门做好学生上下学交通安全管理和疏导，整治部分学校校园周边交通拥堵问题。

（三）施工场所安全

加强对校内施工和装修现场的安全检查，强化责任落实。凡建筑施工和装修改造均要与施工方签订安全协议，督促施工方落实安全管理责任，规范施工作业。设置安全警示标志，杜绝学生进入工地现场。建筑材料使用安全环保产品。拆除校内不能满足安全要求或改变使用性质的临建房屋。

（四）校园安全生产和特种设备

制定校园内水电气热的安全管理规定和标准，加强管理，落实责任，加大检查力度。在水电气热运行和检修过程中要杜绝中毒、触电等人身伤亡事故。加强对电梯、压力容器等特种设备的安全管理，按照有关规定和标准及时进行维护保养，及时排除安全隐患，严防特种设备带病运行。

（五）实验室危险化学品安全管理

全面落实北京市和市教委危险化学品安全综合治理三年行动计划（2017—2020年），持续开展实验室危险化学品安全专项整治，摸清危险化学品底数，辨识安全风险点，重点开展对剧毒、易制毒、易制爆试剂采购、运输、储存、使用、保管、废弃物处置等环节的专项整治。严格执行危险化学品保管、出入库、领取、清退和定期检查制度，完善危险化学品储存场所的通风、降温、防潮等措施，有效防范遏制各类危险化学品事故。

（六）食品安全

严格执行《食品安全法》《北京市中小学校食堂管理办法（试行）》《北京市中小学校外供餐管理办法（试行）》等法律法规和规范性文件，建立学校食品安全责任体系，强化学校食品安全管理，深入开展学校食品安全隐患整治，推进“阳光餐饮”工程建设，加强学校食堂从业人员队伍建设，完善学校食品安全突发事件应急预案，全面加强学生在校就餐和外供餐管理。

（七）大型活动安全和防拥挤踩踏

组织大型活动要按程序报批，制定严密预案。落实平安校园标准，中小学每月开展一次疏散演练，幼儿园每季度开展一次疏散演练，不断完善应急处置流程和规范。确保校内学生活动场所安全设施完好有效及通道畅通，出现紧急情况能够安全有序疏散，严防发生拥挤踩踏事故。

四、工作安排

全市教育系统安全隐患治理三年行动在市安委会统筹协调下，由属地政府全面负责，市和区教育行政部门监督检查，学校自查自改。各区各校要全面履行职责，持续深入推进校园各类安全隐患治理。

（一）前期准备。各区教委根据本方案提出的任务和目标，研究制定本区中小学幼儿园安全隐患治理三年行动实施方案和年度方案，以及年度监督检查计划。明确职责任务，量化指标任务，细化工作措施，密切协作配合，精心组织实施。请各区教委将上述提及的三种方案和区教委分管此项工作的主管领导和科室负责人于10月10日前报指定邮箱。

（二）排查建账。各区教委要督促中小学幼儿园开展安全隐患自查，并如实记录排查治理情况，建立台账管理制度，如实上报台账信息。按全市统一要求实时收集、动态更新安全隐患信息。各区教委要及时掌握隐患整改情况和进度，特别是本区教育系统市级挂账隐患，加强对安全隐患治理过程的督促检查。

（三）销账核查。隐患整改完成后接受区政府组织的复查，达到整改要求的挂账隐患进行销账。市教委每年组织全市大规模监督检查3 ~ 4 次。检查范围涵盖各区教委，部分中小学幼儿园，重点检查挂账隐患所在学校。2018 年将对全市教育系统监督检查达到 50 家次以上。挂账隐患核查比例不低于 30%。

（四）总结评估。每年 12 月份全市组织“回头看”检查，对安全隐患治理效果进行再核查。全面梳理总结安全隐患治理工作成效，典型经验和存在问题。各区教委要形成总结报告报送市教委。

五、保障措施

（一）高度重视，加强领导

要深刻认识教育系统安全隐患治理工作的重要性，将隐患排查整治工作与平安校园建设紧密结合，不断提升中小学幼儿园安全管理水平。市教委按职责分工做好教育系统安全隐患排查治理监督检查工作，各区教委要组织做好本区中小学幼儿园的安全隐患治理工作。各区教委、各中小学校幼儿园要严格落实《地方党政领导干部安全生产责任制规定》，压紧压实责任链条，强化责任担当，主要负责同志要亲自抓直接管，切实加强对隐患排查治理工作的组织领导。

（二）健全机制，督查考核

要定期进行统计分析，统筹隐患排查整改的进度。各区教委要不断完善监督检查机制，创新工作方法，结合实际积极探索有效手段，推动责任落实和任务完成。市教委将适时对各区教委安全隐患治理工作进行监督检查和通报，并将监督检查情况纳入对各区教委的考核。

（三）做好宣传，报送动态

要加强对安全隐患治理三年行动的宣传动员、情况通报，积极宣传治理成效、先进典型及经验，对问题较多、整改不力或出现反弹的单位进行通报批评。各区教委要严格按照规定的时间节点和内容要求，报送监督检查、隐患台账、典型案例、工作总结、方案简报等信息。要按全市统一要求，定期上报更新台账数据，以及整治动态信息，包括经验做法、解决的突出问题、先进做法等，以上信息同时报送市教委。

北 京 市 教 育 委 员 会
北京市食品药品监督管理局

关于进一步加强中小学校幼儿园食品安全工作的通知

京教勤〔2018〕31号

各区教委、食品药品监管局：

2018年秋季学期开学以来，安徽芜湖等地区连续发生多起学生食品安全事件，严重影响了学生身体健康和学校教育教学秩序，造成了不良社会影响，根据教育部、国家市场监督管理总局和市委、市政府要求，现就进一步加强学校食品安全管理工作通知如下：

一、强化落实学校食品安全主体责任

各区教委、食品药品监管局要按照“四个最严”要求，切实强化学校食品安全责任落实。各中小学校、幼儿园要严格履行校园食品安全管理的主体责任，认真落实食品安全校（园）长负责制，建立以学校校（园）长为第一责任人、分管领导为直接责任人的学校食品安全责任制，明确食品安全管理人员和每个环节、每个岗位从业人员的安全职责，层层签订食品安全责任书；将校园食品安全工作纳入“平安校园”建设重要内容，列入学校重要议事日程，每学期进行专题研究部署。

二、严格规范食堂食品原料采购管理

学校食堂必须采用新鲜安全的原料制作食品，不得采购无来源、超过保质期和有腐败变质或感官性状异常的食品，不得采购《食品安全法》禁止生产、经营的食品，不得加工或使用腐败变质、感官性状异常的食品原材料。学校要加强食品原料采购管理，严格落实食品采购索证索票、进货查验和采购记录制度，做到采购主副食品及相关产品 100% 索证索票、采购记录详细备查、原材料情况信息实时公示和供货商名单区教委备案，确保源头可控，有据可查，动态监督。

三、全面加强学校食品安全管理

各区教委、食品药品监管局要认真按照《食品安全法》《学校食堂与学生集体用餐卫生管理规定》等法律法规和《北京市中小学校食堂管理办法（试行）》《北京市中小学校外供餐管理办法（试行）》等有关规定要求，进一步完善校园食品安全管理工作机制，明确管理职责，落实管理责任，建立健全食品安全管理制度，全面加强学校食品安全管理和严格供餐企业准入管理，不断强化校园食品安全检查，严防食品安全事故的发生。

对于学校食堂，各学校要切实加强食品安全日常管理，建立从业人员健康管理档案，确保学校食堂从业人员 100% 持健康体检证明上岗；严格管控原料采购、加工制作、清洗消毒等关键环节，确保食品的采购、贮存、加工等环节安全可控；要在食堂等重要区域建立严格的安全保卫措施，扎实推进“阳光餐饮”工程建设，按要求公示主要原材料进货信息和后厨加工制作过程，实现学校食堂食品制作实时监控，确保校园食品安全。

对于学生餐配送企业，各区食品药品监管局要详细掌握了解供餐和配送情况，严格落实属地监管责任，全面加强日常监管，充分发挥近期我市开展的集体用餐配送企业专项监督检查的成效，切实加强学生餐配送企业的日常监管工作，除原材料进货、菜品制作和食品贮存等现场制作环节之外，要重点关注学生餐配送过程和配送车辆的监管，严格遵守运输路程和用餐时间限制，同时按要求做好校内分餐操作，确保学生外送餐食品安全。对跨区供餐的学生餐配送企业，可以通过联合检查，飞行检查，延伸检查等形式，实行跨区监管，确保安全。

各区各学校对近期全国各地发生的校园食品安全问题要高度重视，举一反三，及时开展内部自查。各区教委和各区食品药品监管局要全面加强对本区中小学校、幼儿园食品安全的监督检查，积极开展食品安全风险隐患排查工作，及时发现和消除问题隐患。各部门要加强应急值守，遇到疑似食品安全问题做到早发现、早报告、早处置，及时启动食品安全应急预案，按规定报送信息。

2018 年 9 月 29 日

北京市教育委员会

关于做好 2018 年秋冬季学校安全工作的通知

京教勤〔2018〕32 号

各区教委，各中等职业学校，各直属单位：

秋冬季是火灾、食品安全、交通安全、极端天气等安全事故的多发期。为全面做好秋冬季学校安全工作，确保广大师生和校园安全，根据国务院和市委、市政府统一部署，结合我市教育系统安全工作季节性规律特点，现将做好秋冬季学校安全工作的要求通知如下。

一、工作目标

深入推进中小学幼儿园“平安校园”建设，认真贯彻《地方党政领导干部安全生产责任制规定》有关精神，严格落实校园安全主体责任、属地责任和行业监管责任。树立“隐患就是事故”的意识，坚持预防为主，盯紧薄弱环节，全面排查治理消除校园各类安全隐患，解决安全方面存在的突出问题，有效防范秋冬季学校重特大安全责任事故发生，全面保障广大师生和校园安全。

二、重点工作

（一）加强秋冬季火灾防控

严格落实《北京市学校消防安全标准化管理规定》《博物馆、文物建筑、图书馆安全隐患集中治理专项行动实施方案》等文件要求，根据秋冬季节火灾易发多发特点，集中治理消防安全隐患，严管严控火灾风险。重点加大对教学楼、礼堂、博物馆、文物建筑、图书馆、实验室、食堂及烟道、学生公寓等重点部位和地下空间、高层建筑、施工现场、易燃易爆危险场所及校内居民区、校内临时宿舍等重点场所和人员密集场所的火灾隐患排查和整治。持续推进电气火灾及电动自行车消防安全综合治理。加强对变电场所、配电设备设施和用电线路的安全管理，开展消防设施维护保养、电气线路检测和消防日常巡查检查,结合“11.9”全国消防日开展好消防宣传培训和演练。及时清理疏散通道和消防通道，加强可燃物清理，室外区域以清理枯树叶和垃圾等为主；室内区域以清理走廊、楼道、电缆井、管道井等公共区域以及配电柜、电表箱等处可燃物为主；对于无法清理的可燃物，要采取遮盖、淋水浇湿等措施，严防外来火源引发可燃物起火。

（二）加强平安校园建设

大力推进中小学幼儿园“平安校园”建设工程和“护校安园”专项行动，以“平安校园”建设为总抓手，全面加强校园安全日常管理各项工作，进一步加强校园及周边治安综合治理工作，加强校门楼门管理，加大校园巡逻巡查密度。常抓不懈做好中小学生欺凌防治落实年各项工作，建立健全市、区、校三级防治欺凌工作责任体系和制度体系，形成责任明确、制度健全、措施有效、程序规范、齐抓共管的长效工作机制，有效防范遏制欺凌事件发生。深入开展扫黑除恶专项斗争专项工作，建立健全组织领导机构，做到工作有研究、有动员、有部署、有总结、有检查、有考核，对师生开展好专题教育，主动开展线索摸排，防范黑恶势力向校园渗透。积极开展扫黄打非工作，加强对师生的扫黄打非宣传教育，提高鉴别和防范能力。

（三）加强校园食品安全

贯彻落实《食品安全法》《学校集中用餐食品安全管理规定》《北京市中小学食堂管理办法（试行）》《北京市中小学校外供餐管理办法（试行）》等法律法规文件，完善学校食堂安全管理制度和责任体系，广泛深入开展全员食品安全教育，全面加强学校食品安全管理，深入开展学校食品安全隐患排查整治，大力推进“阳光餐饮”工程，持续加强学校食堂从业人员队伍建设，健全完善学校食品安全突发事件应急预案，提升学校食品安全风险防范能力。严格落实市教委、市食药监局《关于进一步加强中小学校幼儿园食品安全工作的通知》（京教勤〔2018〕31 号）要求，针对秋季开学以来全国多地发生的校园食品安全事件，举一反三，进一步强化落实学校食品安全主体责任，压实压紧食品安全责任链条，严格规范食堂食品原材料采购管理，定期开展食品安全隐患排查整改，及时发现和消除问题隐患。

（四）加强学校安全生产

11 月中旬我市将要进入冬季取暖期，要加强学校水、电、气、热等设备设施的安全检修，及时开展风险评估和隐患排查，保证水、电、气、热各类设备设施的运行安全，确保师生冬季的正常供水、供电、供气、供暖。要加强对校内建设施工工地的安全管理，督促施工单位按照安全生产的相关规定和施工程序进行施工，加强对校园内工地现场及周边的管理，让学生及其他非施工人员远离施工工地现场。在工地现场施工及水、电、气、热检修过程中要坚决杜绝火灾、中毒、触电等人身伤亡事故。

（五）加强大型活动管理

严格大型学生活动的审批和管理，严防拥挤踩踏、群死群伤事故发生。秋季旅游和节假出行安全事故易发，中小学组织校外活动要严格按程序进行报批，各区教委要严格审批程序和进行把关。活动过程中要严密防范措施、制定应急预案，对师生提前进行安全教育，如若发生问题，要做好应急处置，及时报送信息。对节假日期间返乡探亲、出外游玩的学生，要摸底登记，假期结束，要及时核对人员，对未按时返校的学生要抓紧查明原因。

（六）预防拥挤踩踏事故

制定防止拥挤踩踏的安全管理措施，防止因拥挤踩踏造成的群死群伤事故，经常性开展防止学生拥挤踩踏事故宣传教育。确保教学楼、实验室、图书馆、礼堂、食堂、学生公寓等学生密集场所通道、楼梯和出入口畅通，加强课间、上下学时段的人流秩序管理。组织疏散演练时，要周密安排，预留应急疏散通道，保证疏散演练过程中各位置、各环节有专人疏导，避免发生拥挤踩踏事故。

（七）加强交通安全

加强对师生的交通安全宣传教育，提高师生文明、绿色、安全、依法出行意识，要求学生自觉遵守交通安全法规，提醒家长在寒假期间切实负起孩子监护人的责任。会同属地相关部门深入开展校园及周边交通安全隐患排查整治，深入开展缓解校园及周边交通拥堵工作。要严格按照《北京市校车安全管理暂行规定》要求，加强校车安全管理，确保不发生校车安全责任事故。要落实学校“门前三包”责任，协助相关部门加强学校门前秩序的管理。

（八）及时应对冬季极端天气

根据天气形势变化情况，及时做好低温、极端冰雪天气应对工作，遇低温、极端天气出现时，根据市委教工委、市教委《重大雪天北京市中小学应急响应工作预案》要求，制定完善相关预案，按照全市统一部署，采取相应应对措施，确保学生上下学交通安全。使用平房校舍的学校，屋顶出现较厚积雪时，要对房屋进行安全评估，及时清理屋顶积雪。要按照“门前三包”要求，认真做好今冬扫雪铲冰准备工作，保证雪后责任区内路面、活动场所等部位没有积雪和结冰现象。

（九）预防煤气中毒

认真做好预防煤气中毒工作，对所属学校、单位内使用煤火取暖的情况进行摸底统计，详细掌握煤火取暖的数量、人数、重点部位等情况，重点关注平房院、传达室、学生宿舍、外来务工人员宿舍、出租房屋等采用煤火取暖的场所，逐人逐户宣传培训到位，做到正确使用风斗和一氧化碳报警器，加强对落实情况的督促检查。

（十）加强燃放烟花爆竹管理

在各区烟花管理部门的指导下，落实烟花爆竹禁燃禁放各项工作措施，做好禁放时段、禁放区域的校园安全管理工作。各禁放区域要做好禁放标识的张贴工作，开展可燃物清理和浇湿阻燃作业。加大节日期间值班巡逻密度，做到燃放点有人值守盯防。教育引导师生自觉遵守相关规定，依法、文明、安全燃放烟花爆竹。

（十一）加强危险化学品和易燃易爆品管理

开展对危险化学品和易燃易爆品使用安全管理情况进行全面彻底排查，做到不留死角、不留盲区。全面加强对采购、运输、使用、保管、废弃物处理各个环节的管理，严格执行危险化学品保管、出入库、领取、出入库制度和定期检查制度，完善危险化学品储存场所的通风、降湿、防潮等措施。要完善危险化学品使用安全管理制度，严格使用登记手续，开展危化品使用安全教育，要求师生严格按照操作规程进行实验，确保实验安全。

三、工作要求

（一）高度重视，加强领导

各区教委各学校要高度重视秋冬季学校安全工作，切实把校园安全工作放在学校工作的重要位置，严格落实“党政同责、一岗双责、齐抓共管、失职追责”要求，落实学校安全监管和主体责任，全面加强对学校安全工作的统一领导，结合中小学幼儿园“平安校园”建设和《北京市教育系统安全隐患治理三年行动实施方案（2018 年—2020 年）》要求，将校园安全管理责任细化分解，落实到每个领导、每个部门、每个岗位、每个人员，层层传导压力、层层压实任务、层层落实责任，形成全员、全程、全覆盖的安全责任体系，切实做到认识到位、部署到位、责任到位、措施到位、排查到位、整改到位、保障到位，确保师生和校园安全，为教育改革发展创造良好的安全环境。

（二）加强宣传教育，提高师生安全防范意识

安全教育是掌握安全知识、提高安全意识、养成安全习惯、防范安全风险的有效途径。区教委各学校要结合学生的年龄段、接受能力以及本区本校安全规律特点，有针对性地开展师生安全教育。提倡对学生开展安全体验式教育，注重安全知识教育和体验式教育的有机结合，进一步增强学生对安全的感性认识，提高安全教育效果。要突出国庆、元旦、春节、寒假等重要节点的安全教育，利用多种喜闻乐见的形式和多种有效渠道，并通过家长会、《致家长一封公开信》等加强对家长的安全提醒教育，督促提醒家长负起未成年人的安全监护责任，不断提高学生及家长的安全意识和安全素养。

（三）加强应急值守，妥善处置紧急突发校园安全事件

各区教委各学校要加强应急值班工作，特别是要加强重大会议活动、国庆元旦春节寒假等重要节点的应急值班工作，严格 24 小时值班带班制度，加强值班力量，确保联络畅通。要加强对校园重大安全风险的评估预警和防范工作，不断完善校园紧急突发安全事件应急预案，遇有紧急突发事件，立即启动应急预案，紧急赶赴突发事件现场妥善处置。强化信息报送，及时按要求上报紧急突发校园安全事件信息，密切监控社会舆情，避免网上过度炒作，维护首都教育的良好形象。

2018 年 9 月 30 日

北 京 市 教 育 委 员 会
北京市食品药品监督管理局
北京市卫生与计划生育委员会

关于抓好当前学校食品和饮用水安全管理工作的紧急通知

京教勤〔2018〕37号

各区教委、食品药品监管局、卫生计生委，各高等学校，中等职业学校：

近期以来，全国多地区连续发生多起学校食品安全事件，严重损害了学生身心健康，干扰了学校教育教学秩序，引起了社会高度关注，造成了不良社会影响。日前，北京市人民政府办公厅印发了《近期食品药品安全重点工作安排》。为深入贯彻落实相关精神，确保各项要求落到实处，紧密结合学校特点和教育系统实际，现将有关工作通知如下。

一、要切实加强各项责任落实

各区、各校要按照习总书记抓好食品安全“四个最严”指示要求，切实肩负起学校主体责任，认真履行校长（园长）负责制等学校食品安全管理职责，层层压紧压实责任链条，形成严密的食品安全责任体系，提高履职尽责能力。要强化学校食品安全的全过程监管，建立健全食品安全责任追究机制，加强对学校食品安全工作的目标考核，着力推进各项管理措施落到实处。

二、要加强对自建自管食堂的日常管理

各区、各校要切实加强对自建自管食堂食品安全的日常管理，以督查整改验收销号制度为牵引，加大对重点领域和薄弱环节的检查力度。要重点查看从业人员健康管理、食品采购加工全过程监管监控、场所安全保卫、相关信息公示等制度的落实情况，坚决做到食品安全“来源可查、去向可追、过程可控、责任可究”。要对照食品安全状况自查自评制度，全面梳理学校食品安全管理薄弱环节，扎实组织开展食堂隐患排查整治，全力防控食品安全风险。食堂从业人员及集体用餐分餐人员在出现腹泻、发热、呕吐等症状时，应立即脱离工作岗位，待查明病因、排除有碍食品卫生的病症或治愈后，方可重新上岗。

三、要加大对学生餐配送企业的检查力度

各区教委、食品药品监管局要督促学生餐配送企业严格落实食品安全主体责任。区教委要对学生餐配送企业准入和审查把关，严格落实属地管理责任，指导督促学校对学生餐配送企业的日常工作把关，关注配送车辆、配送路程、用餐时长等有可能引发食品安全风险的问题，规范校内分餐操作行为。区食品药品监管局要建立学生餐配送企业基本信息档案，对其原材料采购、食品加工制作过程等进行严格监管，对跨区供餐的学生餐配送企业，要通过联合检查，延伸检查等形式实施跨区监管，确保学生外送餐食品安全。

四、要加强学校生活饮用水的管理

各学校要依据《北京市生活饮用水卫生管理条例》，加强学校生活饮用水的自身管理，建立学校饮用水卫生管理制度，并制定饮用水污染事故和水源性传染病应急处理预案，供管水人员每年必须要进行健康体检。特别是远郊区实行自备井供水的学校须取得生活饮用水卫生许可证，并由专人负责管理。供学生使用的饮水机和净水器要有生活饮用水卫生许可批件，并按照说明书进行水质净化设备滤芯的更换与清洗消毒工作。有条件的学校可委托相关检测机构定期对饮用水水质进行检测。各区卫生计生监督所要对学校饮用水情况进行监督检查，督促指导学校将饮用水卫生安全的各项措施落实到位，确保学校不发生生活饮用水污染事故。

五、要注重加强家校信息沟通工作

各区、各校要高度重视家校信息沟通工作，畅通家长与学校的信息沟通渠道。要组织学生代表或者家长代表参与食品安全监督，注重听取家长委员会或者学生代表大会、教职工代表大会的意见建议。要及时核查处置媒体和师生反映的学校食品安全问题，避免食品和饮用水安全领域信息不实报道的传播，最大限度凝聚共识，营造共同推进学校食品安全管理工作共治共享的良好氛围。

六、要高标准完成“阳光餐饮”工程建设

各区、各校要高度重视“阳光餐饮”工程建设，协调人力财力物力进行重点倾斜保障，积极改善餐饮设施条件。要按照各级要求和部署，按照时间节点完成“阳光餐饮”工程建设，不断提高学校的餐饮设施保障水平。同时要加强对师生和食堂从业人员的宣传教育引导，充分发挥“阳光餐饮”工程的作用和功效。

七、要切实加强应急准备

各区、各校要密切关注教育领域食品安全事件，充分总结经验，汲取教训，结合学校食品安全工作实际，不断完善学校食品安全突发事件应急预案，增强预案的针对性和可操作性，组织开展应急演练，确保遇有紧急突发事件发生，立即启动应急预案，正确、果断进行处置。

2018 年 10 月 26 日

合作交流

北京市教育委员会文件选编
（2018）

北京市教育委员会

关于做好 2018 年国家留学基金资助出国留学人员选拔工作的通知

京教函〔2018〕4 号

各有关单位：

2018 年国家公派高级研究学者、访问学者、博士后项目和 2018 全国普通高校学生到国际组织实习项目受理工作即将开始，为保障选拔工作顺利进行，现将有关事宜通知如下：

一、2018 年国家公派高级研究学者、访问学者、博士后项目

1. 选派计划：国家公派高级研究学者项目、访问学者及博士后 3500 人。

2. 高级研究学者的留学期限为 3 ～ 6 个月，访问学者的留学期限为 3 ～ 12 个月，博士后的留学期限为 6 ～ 24 个月。

3. 选拔办法：遵循“公开、公平、公正”的原则，采取“个人申请，单位推荐，专家评审，择优录取”的方式。重点依托国家重大工程、重点学科和研究基地、重大科研项目以及国际学术交流合作进行选拔。

二、全国普通高校学生到国际组织实习项目

1. 资助对象为高校与有关国际组织开展合作进行选派的学生及自行联系获得实习岗位的学生。

2. 重点资助到主要国际组织实习。实习地点应为海外的国际组织总部、地区办事处等。

3. 国家留学基金资助一次往返国际旅费、资助期限内的奖学金和艰苦地区补贴，奖学金包括伙食费、住宿费、交通费、电话费、医疗保险费、交际费、一次性安置费、签证延长费、零用费等。具体资助方式、资助标准等以录取文件为准。资助期限为 3 ~ 12 个月。

4. 暂不受理以下人员的申请：

（1）已获得国际组织全额资助；

（2）已获得国家公派留学资格且在有效期内；

（3）已申报国家公派出国留学项目尚未公布录取结果；

（4）曾获得国家公派留学资格，未经国家留学基金委批准擅自放弃且时间在 5 年以内，或经国家留学基金委批准放弃且时间在 2 年以内。

三、网上报名及受理时间

1. 国家公派高级研究学者、访问学者、博士后项目的网上报名及申请受理时间为 1 月 5 日至 1 月 15 日。

2. 全国普通高校学生到国际组织实习项目网上报名及申请受理时间为：第一批 1 月 1 日— 30 日、第二批 4 月 1 日— 30 日、第三批 7 月 1 日— 30 日、第四批 10 月 1 日— 30 日。

请各单位提醒申请人须在此期间登录国家公派留学信息管理系统（http://apply.csc.edu.cn）进行网上报名。

四、工作要求

1. 请各推选单位负责对申请人进行政治把关，对其申请资格、综合素质、发展潜力、国际交流能力、品德修养、身心健康情况等方面进行严格审核并在《出国留学申请单位推荐意见表》中出具有针对性的推荐意见。

2. 请各单位做好宣传、指导、咨询工作，并根据项目受理时间做好网上报名及提交申请材料工作。

2018 年国家公派高级研究学者、访问学者、博士后项目请各单位在 2018 年 1 月 15 日前将申请人的书面材料按照《2018 年国家公派高级研究学者、访问学者、博士后项目申请材料及说明》要求整理好后统一交到北京市国际教育交流中心。

2018 年全国普通高校学生到国际组织实习项目请各单位在 2018

年 1 月 30 日前将申请人的书面材料按照《2018 年国家留学基金资助全国普通高校学生到国际组织实习应提交的申请材料及说明》要求整理好后统一交到北京市国际教育交流中心。

五、文件查阅

2018 年国家公派高级研究学者、访问学者、博士后项目和 2018 年国家留学基金资助全国普通高校学生到国际组织实习项目可登陆国家留学基金委网（http://www.csc.edu.cn）查阅。

附件：1. 2018 年国家公派高级研究学者、访问学者、博士后项目选派办法

2. 2018 年国家留学基金资助全国普通高校学生到国际组织实习选派管理办法

2018 年 1 月 3 日

附件 1

2018 年国家留学基金资助全国普通高校学生到国际组织实习选派管理办法

第一章　总则

第一条　为支持全国普通高校学生到国际组织实习，特制定本办法。

第二条　资助对象为高校与有关国际组织开展合作进行选派的学生及自行联系获得实习岗位的学生。

第三条　重点资助到主要国际组织实习。实习地点应为海外的国际组织总部、地区办事处等。

第四条　国家留学基金资助一次往返国际旅费、资助期限内的奖学金和艰苦地区补贴，奖学金包括伙食费、住宿费、交通费、电话费、

医疗保险费、交际费、一次性安置费、签证延长费、零用费等。具体资助方式、资助标准等以录取文件为准。资助期限为 3 ～ 12 个月。

第五条 国家留学基金管理委员会（简称国家留学基金委）负责组织实施工作。

第六条 国家留学基金委与相关国际组织签署合作协议的项目，按照已公布的选派办法和标准执行。

第二章 申请条件

第七条 热爱社会主义祖国，具有良好的思想品德和政治素质，无违法违纪记录。

第八条 具有坚定理想信念和为祖国服务的强烈事业心、责任感、献身精神。

第九条 具有中华人民共和国国籍，不具有国外永久居留权。

第十条 申请时为国内普通高校或科研机构的应届本科、硕士、博士毕业生（毕业年度内的）或全日制在读本科、硕士、博士学生。

第十一条 身体健康，心理健康，诚实守信，意志坚定。申请时，年龄满 18 周岁，不超过 32 周岁（申请时应为 1985 年 1 月 1 日至 2000 年 1 月 1 日出生人员）。

第十二条 具有较强的综合素质、国际视野和多元文化意识，熟悉国际合作规范。

第十三条 能够适应国际工作环境，以及具备良好的人际沟通能力。

第十四条 具备优秀的计算机及社交媒体方面的知识，以及熟练运用办公软件的能力。

第十五条 已获得国际组织正式实习录用函 / 通知，尚未开始实习。

第十六条 外语水平良好，精通英语或掌握国际组织使用的其他语言，达到相应国际组织的语言要求。

第十七条 暂不受理以下人员的申请：

1. 已获得国际组织全额资助。

2. 已获得国家公派留学资格且在有效期内。

3. 已申报国家公派出国留学项目尚未公布录取结果。

4. 曾获得国家公派留学资格，未经国家留学基金委批准擅自放弃且时间在5年以内，或经国家留学基金委批准放弃且时间在2年以内。

第三章　选拔办法

第十八条　遵循“公开、公平、公正”的原则，采取“个人申请，高校推荐，专家评审，择优资助”的方式确定资助人选。

第十九条　2018年网上报名及申请受理时间为：第一批1月1日至30日、第二批4月1日至30日、第三批7月1日至30日、第四批10月1日至30日。申请人须在此期间登录国家公派留学信息管理系统（http://apply.csc.edu.cn）进行网上报名，按照《2018年国家留学基金资助全国普通高校学生到国际组织实习应提交的申请材料及说明》在线提交申请材料，并同时向受理单位提交一套书面申请材料。所有材料应齐全、真实有效。

第二十条　各受理单位负责对申请人进行政治把关，对其申请资格、综合素质、发展潜力、国际交流能力、品德修养、身心健康情况等方面进行严格审核并出具有针对性的推荐意见。

第二十一条　各受理单位应分别于2018年2月6日（第一批）、5月7日（第二批）、8月6日（第三批）、11月6日（第四批）前将单位推荐公函、《初选名单一栏表》提交至国家留学基金委，并同时通过信息平台提交申请人的电子材料。申请人的书面材料由各受理单位留存，留存期限为2年。

国家留学基金委委托相关单位（详见受理单位通讯录）负责申请材料受理工作，不直接受理个人申请。

第二十二条　国家留学基金委对申请材料进行审核，组织专家评审后确定资助人员名单。录取结果将于2月（第一批）、5月（第二批）、8月（第三批）、11月（第四批）公布。申请人可登陆国家公派留学管理信息平台（http://apply.csc.edu.cn）查询录取结果。录取通知将发送至各受理单位。

第四章　派出与管理

第二十三条　实习人员应按有关国际组织的要求签署实习合同，按期派出。

第二十四条　实习人员按照国家公派出国留学人员进行管理。派出前须持《资助出国留学协议书》赴公证机构办理签约公证手续，办理护照、签证、《国际旅行健康证书》，通过教育部留学服务中心、教育部出国人员上海集训部、广州留学人员服务中心办理预订机票、预领奖学金等手续(具体请登录国家留学网,查阅《出国留学人员须知》)。

第二十五条　按照《资助出国留学协议书》规定，实习人员自抵达留学所在国后十日内凭《国家留学基金资助出国留学资格证书》《国家公派留学人员报到证明》向中国驻留学所在国使（领）馆办理报到手续后方可享受资助。

第二十六条　实习人员按实习所在国的国家公派留学人员相应类别标准提供资助，在读本科生按本科生类别资助，本科毕业生及硕士、博士研究生按研究生类别资助。

第二十七条　实习人员在国外实习期间，应遵守所在国法律法规、国际组织的相关规定、国家留学基金资助出国留学人员的有关规定及《资助出国留学协议书》的有关约定，自觉接受推选学校和驻外使（领）馆的管理；每3个月向国内推选高校和驻外使（领）馆提交实习报告。

实习人员不得擅自延长或缩短实习期限。因故需提前/延期回国者，应提前2个月向所属使（领）馆提出个人书面申请、所在国际组织意见函及国内推选学校意见函；如获批提前回国，应按财务规定退回多领取的奖学金。

第二十八条　实习结束后，实习人员应当按期回国并履行在国内工作、学习两年（以下简称服务期）的义务，及时向国家留学基金委办理报到等手续，向国家留学基金委和推选学校汇报实习情况，并提交国际组织的评价意见。如在服务期内出国留学，须向国家留学基金委报备，服务期顺延。本科在读期间赴国际组织实习并在实习结束后回国取得学士学位人员，无需履行回国服务义务。

第二十九条 实习人员如能继续留/赴国际组织工作，或在服务期内留/赴国际组织工作，视同履行服务期义务。实习人员按期回国后如再次申请国家公派出国留学，不受回国后满五年方可再次申请国家公派出国留学的限制，同等条件下优先选派。

第三十条 各校应加强管理，合理安排实习人员学业，保证按期派出；派出前开展行前教育，指导、协助其办理出国手续；保持定期联系，协助国家留学基金委和驻外使（领）馆做好在外管理和按期回国工作。

第三十一条 其他事宜按照有关规定执行。

第五章　其他

第三十二条 本办法由国家留学基金委负责解释。

附件 2

2018 年国家公派高级研究学者、访问学者、博士后项目选派办法

第一章　总则

第一条 为做好国家公派高级研究学者、访问学者、博士后项目选派工作，制定本办法。

第二条 国家留学基金管理委员会（以下简称国家留学基金委）负责本项目的组织实施工作。

第二章　选派计划

第三条　2018 年计划选派高级研究学者、访问学者及博士后 3500 人。

第四条　高级研究学者的留学期限为 3 ~ 6 个月，访问学者的留学期限为 3 ~ 12 个月，博士后的留学期限为 6 ~ 24 个月。

第五条　选派专业领域主要为《国家中长期人才发展规划纲要（2010 — 2020 年）》确定的经济和社会发展重点领域，《国家中长期科学和技术发展规划纲要（2006 — 2020 年）》确定的重点领域、重大专项、前沿技术、基础研究，人文与社会科学领域，以及其他国家战略和重要行业发展急需领域。

第六条　留学人员主要派往教育、科技发达国家的知名院校、科研院所、实验室等机构。

第七条　留学人员主要通过国内推选单位或个人渠道联系国外留学单位派出，也可利用国家留学基金委与国外教育、科研机构合作协议派出。

第八条　资助内容包括一次往返国际旅费和资助期限内的奖学金（包括伙食费、住宿费、注册费、交通费、电话费、书籍资料费、医疗保险费、交际费、一次性安置费、签证延长费、零用费和学术活动补助费等）。奖学金资助标准及方式按照国家现行有关规定执行。赴英国的访问学者可按规定申请报销不超过 1000 英镑的 BenchFee。

第三章　申请条件

第九条　符合《2018 年国家留学基金资助出国留学人员选派简章》规定的申请人基本条件。

第十条　须为国内高等学校、企业事业单位、行政机关、科研机构的正式工作人员。申请人原则上应主持或参与研究项目、课题，出国研修计划应紧密结合在研项目、课题、所在单位重点工作。

第十一条 高级研究学者申请人应符合以下条件：申请时年龄不超过55周岁（1962年1月5日以后出生）。教学科研人员应为教授或博士生导师。此外，还应至少具备以下条件之一：

（一）国家重点实验室、教育部重点实验室、国家工程（技术）研究中心骨干。

（二）两院院士、“国家高层次人才特殊支持计划”杰出人才或领军人才入选者、长江学者特聘教授、其他国家级人才计划入选者。

（三）中央国家机关、地方行政管理部门、国有大中型企业高级行政管理人员，须具有或相当于副司局级（含）以上行政职务。

第十二条 访问学者申请人应符合以下条件：年龄不超过50周岁（1967年1月5日以后出生），本科毕业后应有5年以上工作经历，硕士毕业后应有2年以上工作经历。对博士毕业的申请人无工作年限要求。

第十三条 博士后申请人应符合以下条件：年龄不超过40周岁（1977年1月5日以后出生），应为国内高等学校或科研单位具有博士学位、具体从事教学或科研工作的优秀在职青年教师或科研人员。申请时距其博士毕业时间应在3年以内。

第十四条 申请时须提交拟留学单位的正式邀请函。

第十五条 外语水平应符合国家留学基金资助出国留学外语条件及拟留学国家、留学单位的语言要求。

申请时外语水平未达到派出要求者，如所在单位重点推荐，亦可申请，但须提供可反映其外语水平的考试证明，如往年WSK/TOEFL/IELTS等考试成绩单。此类人员如通过评审被录取，须参加教育部指定出国留学人员培训部相关语种培训或自行报考WSK/TOEFL/IELTS等考试，达到外语条件后方可派出。

同等条件下，优先录取申请时外语水平合格者。

第四章 选拔办法

第十六条 遵循“公开、公平、公正”的原则，采取“个人申请，单位推荐，专家评审，择优录取”的方式。重点依托国家重大工程、重点学科和研究基地、重大科研项目以及国际学术交流合作进行选拔。

第十七条 2018 年的网上报名及申请受理时间为 1 月 5 日至 1 月 15 日。申请人应在此期限内登录国家公派留学管理信息平台（http://apply.csc.edu.cn）进行网上报名，按照《2018 年国家公派高级研究学者、访问学者、博士后项目申请材料及说明》准备申请材料并提交所在单位审核。如申请的国家留学基金委与国外高校 / 机构合作奖学金对申请材料有特殊要求，则根据具体合作渠道的相关规定执行。

第十八条 推选单位应重点对申请人的品德修养、身心健康情况、学术发展潜力、出国留学必要性、留学计划可行性等方面进行严格把关，出具有针对性的单位推荐意见，对其出国留学提出明确考核要求，并在对申请人材料进行认真审核后，将申请材料统一提交至相关受理单位，由其提交至国家留学基金委。

第十九条 国家留学基金委委托相关单位（详见受理单位一览表）负责申请材料受理工作，不直接受理个人申请。

第二十条 受理单位应在 1 月 20 日前将书面公函及推荐人选名单提交至国家留学基金委，并通过信息平台提交申请人的电子材料。申请人的书面材料由受理单位留存，留存期限为 2 年。

第二十一条 国家留学基金委对申请人材料进行审核，组织专家评审，确定录取结果。评审工作主要从以下几方面进行考察：

（一）申请人的综合素质及发展潜力；

（二）申请人的主要业绩及获奖情况；

（三）出国研修学科专业及方向的需要程度、国内和国际发展水平的差距；

（四）出国留学的必要性、研修计划的可行性及留学目标的应用前景；

（五）留学目的国、机构及合作学者在所选学科专业领域的发展水平、是否具备接待申请者所需科研条件；

（六）申请人所在单位在该学科专业领域的水平、为申请者留学回国后提供发展条件的可能性以及推荐态度等。

第二十二条 录取结果于2018年3月下旬公布。申请人可登录国家公派留学管理信息平台（http://apply.csc.edu.cn）查询录取结果。录取通知及录取材料将邮寄至申请人所在单位。

第五章 派出与管理

第二十三条 被录取人员的留学资格保留至2018年12月31日。凡未按期派出者，留学资格自动取消。

如无特殊情况，国家留学基金委原则上不受理变更留学国别、变更留学单位、变更留学期限及延期派出的申请。

第二十四条 留学人员在办理签证、预订机票等派出手续前，须登录国家公派留学管理信息平台（http://apply.csc.edu.cn）查阅是否需要提交补充材料。如遇问题，请按录取国别或地区咨询国家留学基金委欧洲事务部、亚非事务部、美大事务部。

第二十五条 对留学人员实行"签约派出,违约赔偿"的管理办法。派出前，留学人员须持《资助出国留学协议书》赴公证机构办理签约公证手续，并在派出前三周将公证后的协议书邮寄或面交至国家留学基金委法律与项目部，办理护照、签证、《国际旅行健康证书》，通过教育部留学服务中心、教育部出国人员上海集训部、广州留学人员服务中心办理预定机票、《报到证》、预领奖学金手续（具体请查阅《出国留学人员须知》)。

第二十六条 在为留学人员办理派出手续时，推选单位及留学服务机构应按要求认真审核其留学国别、留学单位、留学期限等信息。

第二十七条 留学人员自抵达留学所在国后10日内须凭《国家留学基金资助出国留学资格证书》《国家公派留学人员报到证明》原件向中国驻留学所在国使（领）馆办理报到手续。

第二十八条 留学人员在国外留学期间，应遵守所在国法律法规、国家留学基金资助出国留学人员的有关规定及《资助出国留学协议书》的有关约定，自觉接受国内推选单位和驻外使（领）馆的指导和管理，定期向国内推选单位和驻外使（领）馆提交研修报告及国外合作者鉴定。

第二十九条 留学人员应按协议约定完成所制定的研修计划及国内推选单位提出的任务和要求，按期回国履行回国服务义务，回国后向推选单位汇报留学成果，并须在回国之日起3个月内在国家公派留学管理信息平台登记回国信息。

第三十条 推选单位应制定本单位国家公派访问学者出国留学管理办法，统筹考虑“选拔、派出、管理、回国”各环节，对留学人员加强目标和过程管理，具体工作应有专门机构和人员负责。

（一）在留学人员录取后，应合理安排其工作，督促并保证其按期派出，并及时将未派出人员名单及原因函告国家留学基金委。

（二）在留学人员派出前，应进行行前教育，对其国外研修计划提出明确要求，并指导、协助其办理出国手续。

（三）在留学人员派出后，应加强对其指导和检查，保持定期联系，对留学人员所提交的研修报告进行认真审核，协助国家留学基金委和驻外使（领）馆做好在外管理和按期回国工作。

（四）在留学人员回国后，应进行考核，确保留学效益。

第三十一条 推选单位应定期对本单位派出在外管理和回国情况以及取得的公派留学效益等情况进行总结，于每年12月底前将总结报告连同典型事例等材料提交至国家留学基金委。国家留学基金委将对各单位研修报告提交和审核情况进行抽查。

第三十二条 留学人员与获得资助有关的论文、研究项目或科研成果在成文、发表、公开时，应注明“本研究/成果/论文得到中国国家留学基金资助”。

北京市教育委员会

关于公布第二批北京市“一带一路”国家人才培养基地项目入选学校名单的通知

京教函〔2018〕211 号

各高等院校、职业院校：

根据《北京市“一带一路”国家人才培养基地项目管理办法（试行）》（京教外〔2017〕4 号），我委组织开展了第二批北京市“一带一路”国家人才培养基地项目的申报评审工作。经学校申报、专家评审、我委审核等程序，最终认定 14 个学校（名单详见附件）为第二批北京市“一带一路”国家人才培养基地。现予以公布，并将有关事项通知如下：

一、各院校要贯彻国家和北京市关于做好教育对外开放的有关精神，以及推进“一带一路”教育合作的有关要求，以提升北京教育服务“一带一路”国家战略的贡献力为宗旨，逐步建立“一带一路”国家人才培养的新机制。通过开展“一带一路”国家高端人才培养和相关学科专业建设，积极发挥院校的学科专业优势，配合行业企业“走出去”；同时，不断推动本校人才培养、学科建设和科学研究水平的提升，推进“一流大学”和“一流学科”建设。

二、此次批准立项的国家人才培养基地建设时间为 3 年，市教委将给予建设经费支持并适时组织项目领导小组对学校验收的情况进行抽查评估。此次批准立项的国家人才培养基地建设项目的主持学校，要负责本校项目经费执行情况验收并列入学校的绩效管理范围，进一步建立健全管理制度，加强“一带一路”国家高端人才培养和相关学科专业建设的研究，为北京地区各类高等学校提供可推广、借鉴的示范性经验。

请各院校严格按照项目管理办法，做好项目实施工作。

附件：第二批北京市“一带一路”国家人才培养基地项目入选学校名单

2018 年 5 月 4 日

附件

第二批北京市“一带一路”国家人才培养基地项目入选学校名单

中国农业大学
北京林业大学
北京外国语大学
华北电力大学
北京理工大学
中央民族大学
北京服装学院
北京石油化工学院
首都体育学院
北京第二外国语学院
北京电影学院
北京信息科技大学
北京电子科技职业学院
北京市丰台区职业教育中心学校

北京市教育委员会

转发教育部等四部门关于做好普通高校联合招收华侨港澳台学生工作文件的通知

京教外〔2018〕4号

有关高校：

现将教育部等四部门《关于做好普通高校联合招收华侨港澳台学生工作的通知》（教学〔2018〕4号）转发给你校，请遵照执行。

2018年8月14日

教　育　部
外　交　部
公　安　部
国务院侨务办公室

关于做好普通高校联合招收华侨港澳台学生工作的通知

教学〔2018〕4号

各省、自治区、直辖市高校招生委员会、教育厅（教委），

公安厅（局）、侨办，有关部门（单位）教育司（局），中国驻外

国使（领）馆，部属高等学校：

普通高校联合招收华侨港澳台学生（以下简称全国联招）工作，是加强内地（祖国大陆）与港澳台地区教育交流与合作的重要途径，是加强海外华侨青年对祖国了解、增进感情的重要方式，充分体现了国家对港澳台地区和侨务工作的关心和重视。各有关单位要高度重视全国联招工作，严格执行有关政策，按照统一部署和要求，精心组织实施，切实做好各项工作。现就有关工作通知如下：

一、加强组织领导。教育部统一领导和管理全国联招工作，设立联合招收华侨港澳台学生办公室（以下简称联招办，挂靠在广东省教育考试院）负责全国联招考生报名、试卷印制、考试、评卷、录取的组织管理工作及相关信息管理系统的开发维护等日常工作；全国联招的考试大纲制定和试题命制工作由教育部考试中心负责。外交部负责协调我国驻外使（领）馆审核并开具华侨考生的居留权认证书、持外国学历考生的相关学历证明材料的认证书。公安部负责协调各考区所在省级公安机关移民和出入境管理部门核查考生出入境证件信息的真实性和有效性，并提供华侨考生在规定期限内的出入境记录信息。国务院侨办负责认定华侨考生身份、宣传解读华侨考生参加全国联招考试的相关政策、沟通联络有关华侨群体等工作；监督指导所属暨南大学、华侨大学的联招工作。

二、加强报名资格审核和公示。联招办负责协调各考区及有关部门对考生的报考资格进行审核和公示。各考区要按规定严格审查考生的身份和学历，防止以虚假身份和学历骗取报考资格，如遇特殊问题，应及时向联招办报告，切实维护全国联招工作的严肃性。考生的内地学历由联招办汇集后向颁发学历中学所在地省级教育行政部门核查。2018 年华侨港澳台学生报考资格不做调整。2019 年起，持台湾地区学历的台湾考生须提供有效学历证明材料参加报名；华侨考生本人及其父母一方均须具备华侨身份，身份界定和相关条件按国务院侨办有关规定及《普通高校联合招收华侨港澳台学生办法》（见附件）有关细则执行。联招办对考生报考资格进行审核后，在其官方网站对审核通过的考生名单进行公示，公示信息包括考生的姓名、性别、资格类别等。未经公示的考生一律不得参加全国联招考试和录取。

三、加强考试录取管理。教育部授权联招办根据《普通高校联合招收华侨港澳台学生办法》制定并发布全国联招的年度招生简章。如无重大政策调整，联招办可根据工作需要对个别规定进行修订并报教育部核准。联招年度招生计划不占各高校经国家核定的年度招生计划，由高校确定后于每年 5 月 31 日前报送联招办，并由联招办汇总后统一向社会公布。全国联招考试各考区要严格按照联招考务规定、考务要求组织考试，严防重大违纪舞弊问题发生，确保考试的公平公正。高校根据考生考试成绩、志愿及本校招生计划，在联招办划定的最低录取控制分数线以上择优录取考生，确保生源质量。

四、加强学籍和在校管理。全国联招录取工作结束后，由联招办统一将当年录取新生数据报教育部（高校学生司）进行学籍电子注册。各有关高校须于 10 月底前将报到注册的学生名单报教育部（高校学生司、港澳台事务办公室），并抄送联招办。各有关高校应按照《普通高等学校招收和培养香港特别行政区、澳门特别行政区及台湾地区学生的规定》（教港澳台〔2016〕96 号），加强对港澳台学生的管理，精心组织教学，保证培养质量。华侨学生的管理参照上述文件精神执行。

请各省级教育行政部门将本通知及附件转发至本行政区域内所有参与联合招收华侨港澳台学生的普通高校。

附件：普通高校联合招收华侨港澳台学生办法

2018 年 5 月 30 日

附件

普通高校联合招收华侨港澳台学生办法

根据教育部、外交部、公安部、国务院侨务办公室等四部门关于做好普通高校联合招收华侨港澳台学生（以下简称全国联招）工作的有关意见制定本办法。

一、报名条件

符合下列条件之一且具有高中毕业文化程度（须为学历教育）的人员，可以申请报名：

1. 港澳地区考生，具有香港或澳门居民身份证和《港澳居民来往内地通行证》。

2. 台湾地区考生，具有在台湾居住的有效身份证明和《台湾居民来往大陆通行证》。

3. 华侨考生，考生本人及其父母一方均须取得住在国长期或者永久居留权，并已在住在国连续居留 2 年（截至报名结束日），两年内累计居留不少于 18 个月，其中考生本人须在报名前 2 年内在住在国实际累计居留不少于 18 个月。

若考生本人或其父母一方未取得住在国长期或永久居留权，但已取得住在国连续 5 年以上（含 5 年）合法居留资格、5 年内在住在国累计居留不少于 30 个月，且考生本人在报名前 5 年内在住在国实际累计居留不少于 30 个月的，也可参加报名。

二、报名办法

1. 全国联招报名工作由普通高校联合招收华侨港澳台学生办公室（以下简称联招办）负责组织，采用网上预报名和现场正式确认相结合的方式。报名时间为每年 3 月 1 日至 31 日，其中 3 月 1 日至 15 日，考生在联招办网站进行网上预报名；3 月 16 日至 31 日考生到现场进行报名确认。考生在联招办公布的北京、上海、福建、广州、香港、澳门等 6 个地区指定报名点进行现场报名确认，其中华侨考生须在广东考区报名，持港澳地区学历的港澳台考生须在毕业中学所在地报名。

2. 考生在现场报名确认时须向报名点提交以下报名资料，所有提交的资料需为正本且所持证件须在有效期限内，其中应届生毕业证明、成绩单、华侨居留权认证书须留下备查。

（1）港澳台地区考生须出具报名条件中确定的相关证明材料。

（2）华侨考生须出具的材料：①与其具有华侨身份父母一方法律关系的证明文书（如考生父母均已离世，需出具考生父母华侨身份证明、死亡证明等相关法律材料）；②由我国驻外使（领）馆开具的本人及其父母一方获外国长期或永久居留权的认证书（中文版，须注明已在住在国连续居留时间及两年内实际累计居留时间），或已取得住在国合法居留资格认证书（中文版，须注明本人及其父母一方已取得住在国合法居留资格的连续时间及5年以内实际累计居留时间）；③中华人民共和国护照。若定居在尚未与我国建交国家，须出示同我国和其定居国均有外交关系的第三国驻该国使（领）馆办理的居留权认证，和我国驻第三国的使（领）馆开具的认证书（中文版，须注明取得居留权的时间）。

（3）所有考生应提供其高中毕业文化程度（须为学历教育）的证明材料。应届高中毕业生须提供毕业中学开具的毕业证明及高一到高三上学期的成绩单正本,在入学报到后向联招办补交高中毕业证书（证明）及高三下学期的成绩单。往届生须提供高中毕业证书（证明）及高中三年成绩单正本。持国外学历的考生须出具我国驻外使（领）馆对其学历证明材料所做的认证书（中文版，须注明是否学历教育）。

（4）考生因特殊情况不能到报名点现场确认的，须由本人提交书面申请，经报名点同意后方可委托亲属代理确认，确认时应出示考生身份证件、代理人身份证件、考生亲笔签署的委托书及考生电子相片、报名材料。每位代理人只能为一名考生办理确认手续。

三、报名资格审核

1. 报名结束后，联招办组织协调有关部门对考生报名资格进行审核，包括身份审核和学历审核。

2. 各考区所在地公安机关移民和出入境管理部门对考生出入境证件信息进行核查，并提供华侨考生的出入境记录。

3. 持内地（祖国大陆）学历的考生信息，由联招办汇集后送考生毕业中学所在地省级教育主管部门进行学历查验。

4. 联招办对考生报考资格审核后，在其官方网站公示审核通过的考生名单，公示信息包括考生的姓名、性别、资格类别等。通过报名资格审核并经公示的考生方可参加联招考试。公示后被举报查实资格造假的考生不得参加考试和录取。

四、考试

1. 考试科目。理工类考试科目为中文、数学、英语、物理、化学；文史类考试科目为中文、数学、英语、历史、地理。每科满分为150分。教育部考试中心按照有关考试大纲命制试题。

2. 考试时间。每年5月第三个周末举行考试，其中星期六9：00—11：30考试科目为中文，13：30—15：30考试科目为英语；星期日9：00—11：00考试科目为数学，13：00—15：00考试科目为物理、历史，16：00—18：00考试科目为化学、地理。

3. 考试地点。全国联招考试分为6个考区，分别是北京、上海、福州、广州、香港、澳门。考生报名资格通过后，可选择任一考区参加联招考试。

4. 其他事项。报考高校艺术、体育专业的考生，需参加术科考试，术科考试时间、地点及具体要求由有关高校确定，考生应尽早与拟报考的高校联系。

5. 全国联招考试实行计算机网上辅助阅卷。

五、志愿填报

1. 全国联招考试成绩公布后，考生填报志愿。填报志愿前，考生应认真阅读《中华人民共和国普通高等学校联合招收华侨港澳台学生专业目录》，了解高校基本情况、招生专业、收费标准、身体健康状况要求及其他注意事项。

2. 考生可填报10所高校本科志愿，每所高校可填报6个专业志愿。报考预科的考生还可填报5个高校预科志愿。

六、录取

1. 联招办于每年7月初组织录取工作。录取工作实施网上录取，分为本科和预科两个批次，按照“先本科、后预科”的顺序，实行平行志愿投档。

2. 高校根据考生考试成绩、志愿及本校招生计划、录取要求，在联招办划定的最低录取控制分数线以上择优录取新生。高校须将拟录取考生名单报联招办核准后办理录取手续，向考生寄送加盖本校公章的新生录取通知书。

七、新生报到

考生凭录取通知书按高校规定的时间及相关要求到校办理报到等手续。学生入学注册时，应缴纳学费及其他费用，收费标准与内地（祖国大陆）同校同专业学生相同。新生入学后，根据高校安排进行身体检查，不符合要求的，取消入学资格；仅专业受限者，可商转其他专业。录取就读预科的学生经过一年学习后须参加录取高校组织的考试，合格者方可进入本科阶段学习。

八、违规处理

在联招报名、考试等环节出现违规行为的，按照《国家教育考试违规处理办法》《普通高等学校招生违规行为处理暂行办法》确定的程序和规定处理。

九、其他

1. 考生可在联招办网站上查询当年的联考成绩和录取情况。在"内地（祖国大陆）高校面向港澳台地区招生信息网"上查询有关招生政策和招生办法及高校信息。上述网站同时向考生提供招生咨询及相关服务。

2. 学生在校期间，高校按教育部等六部门印发的《普通高等学校招收和培养香港特别行政区、澳门特别行政区及台湾地区学生的规定》进行管理。学生与内地（祖国大陆）学生享受同等医疗保障政策，按规定参加高校所在地城镇居民基本医疗保险并享受同等待遇。

3. 学生修业期满，考试成绩合格，由高校颁发毕业证书。符合《中华人民共和国学位条例》规定条件的，授予学士学位。

4. 联招办据此办法制定并发布年度全国联招招生简章。相关工作时间、地点如有变动，以联招办公布的日期为准。

北京市教育委员会

关于公布中小学友好校交流项目入选学校名单的通知

京教函〔2018〕500 号

各区教委：

根据《北京市中小学友好校交流活动管理办法（试行）》（京教外〔2017〕6 号），我委组织开展了北京市中小学友好校交流项目的申报评审工作。经学校申报、专家评审、我委审核等程序，2019 年度共有 40 个项目入选（名单详见附件）。现予以公布，并将有关事项通知如下：

一、各区要贯彻国家和北京市关于做好教育对外开放的有关精神，通过在基础教育领域开展友好城市中小学之间的合作与交流，培养学生的跨文化交流能力。辐射和带动本区域内中小学的国际合作与交流，提升学校现代化办学水平，助力首都国际交往中心建设。

二、此次审批通过的友好校交流项目为 2019 年度项目，市教委将会同市财政局对区级验收情况进行抽查。对项目的总体效益和有关项目的实施情况进行评估，特别对学生赴外交流形式、内容质量、交流效果等情况进行综合评估，并以评估结果作为今后交流活动评审的重要依据，以保证资金使用效益和设立目标的实现。

三、请指导各入选学校严格按照项目管理办法，做好项目实施工作。尤其要指导学校按照“谁派出、谁负责”的原则，严格执行因公出访的相关规定，设计好交流内容，突出教育主题。对参加项目学生要进行政策教育、安全教育、纪律教育和礼仪培训，确保出访安全。

附件：2019 年北京市中小学友好校交流项目入选学校名单

2018 年 9 月 14 日

附件

2019 年北京市中小学友好校交流项目入选学校名单

北京市第二十一中学与法国蒙彼利埃儒勒盖德国际高中友好校交流项目

北京市第五十中学与美国自由高中友好校交流项目

北京市第一七一中学与大利亚麦考瑞文法学校友好校交流项目

北京市广渠门中学与瑞典鲁得贝堪斯卡高中校友好校交流项目

北京市前门外国语学校与澳大利亚堪培拉阿波罗湾友好校交流项目

北京市东城区革新里小学与德国汉堡青少年话剧表演艺术学校友好校交流项目

北京市东城区黑芝麻胡同小学与德国艾乐夫灵内斯小学友好校交流项目

北京市东城区特殊教育学校与美国马里兰州聋哑学校友好校交流项目

北京市第四中学与新加坡国立大学附属数理中学友好校交流项目

北京市育才学校与美国华盛顿爱思德中学友好校交流项目

北京市育才学校与芬兰赫尔辛基美湾中学友好校交流项目

北京市西城区中古友谊小学与美国圣安东尼特中心友好校交流项目

北京市第八十中学与德国柏林奥希耶斯基中学友好校交流项目

中国人民大学附属中学朝阳学校小学部与英国友好校 Katherine Semar Schools 交流项目

北京市朝阳区实验小学与英国 Abbots Bromley School 友好校交流项目

北京中学与英国巴克仕伍德友好校交流项目

北京市第二十中学附属实验学校与新加坡伟林小学友好校交流项目

北京交通大学附属中学与德国索菲绍尔高级中学友好校交流项目

北京市育英中学与芬兰 Arkadia Upper Secondary School 友好校交流项目

石油学院附属中学与澳大利亚比兰努克学校友好校交流项目

北京市中关村中学与俄罗斯圣彼得堡 574 学校友好交流项目

北京市北外附属外国语学校维克多雨果六周浸泡式交流项目

北京市十一学校龙樾实验中学师生与澳大利亚堪培拉文法学校交流项目

中国人民大学附属中学实验小学与澳大利亚奥克里文法学校友好校交流项目

北京石油学院附属小学与新加坡培林小学友好校交流项目

北京市第五十七中学与 NOBLEAND GREENOUGH 学校友好交流项目（赴美校际交流项目团组）

北京丰台区东高地第四小学与新加坡南华小学友好校交流项目

北京大学附属中学石景山学校与马来西亚巴生兴华中学友好校交流项目

北京市古城中学与西班牙圣伊西德罗中学友好校交换生项目

北京市京源学校与澳大利亚中央海岸文法学校友好校交流项目

北京市大峪中学与瑞典舍夫德中学友好校交流项目

北京市房山区北京小学长阳分校与美国芝加哥惠蒂尔小学友好校交流项目

北京四中房山分校与马克吐温国际学校交流项目

北京市通州区永乐店中学与泰国曼谷新加坡国际学校友好校交流

项目

北京市顺义区杨镇第一中学与美国加州路德高中友好交流项目

2019 北京小学大兴分校与伯德迈德小学赴美交文化交流项目

北京市平谷区第三中学与美国 CARDON ARBOR VIEW SCHOOL 友好学校交流项目

北京市怀柔区第五中学与美国洛杉矶艾琳亚卓学校友好校交流项目

北京市密云区第一小学与德国柏林 Eichendorff 小学友好校交流项目

北京市延庆区第一小学与美国洛杉矶康门威尔士小学友好校交流项目

北京市教育委员会

关于公布京港澳姊妹校交流项目入选学校名单的通知

京教函〔2018〕501 号

各区教委：

根据《京港澳姊妹校交流活动管理办法（试行）》（京教外〔2017〕7 号），我委组织开展了京港澳姊妹校交流项目的申报评审工作。经学校申报、专家评审、我委审核等程序，2019 年度共有 50 个项目入选（名单详见附件）。现予以公布，并将有关事项通知如下：

一、各区要贯彻中央港澳工作会议精神和北京市“十三五”时期教育改革和发展规划要求，推动京港澳青少年和学校间的交流合作。

通过姊妹校交流活动，促进京港澳青少年开展交流，让港澳青少年更多地领略中华文明的博大精深，更多地感悟近代以来中华民族救亡图存、发奋图强的光荣历史，更多地认识新中国走过的不平凡道路和取得的巨大成就，亲身体验“一国两制”与中国特色社会主义伟大实践以及实现中华民族伟大复兴的内在联系，帮助港澳青少年成长为具有民族自豪感、国家归属感和社会责任感的新一代。

二、此次审批通过的姊妹校交流项目为2019年度项目，市教委将会同市财政局对区级验收情况进行抽查，对项目的总体效益和有关项目的实施情况进行评估，特别对学生赴外交流形式、内容质量、交流效果等情况进行综合评估，并以评估结果作为今后交流活动评审的重要依据，以保证资金使用效益和京港澳民心相通、人心回归目标的实现。

三、请指导各入选学校严格按照项目管理办法，做好项目实施工作。尤其要指导学校按照“谁派出、谁负责”的原则，严格执行因公出访的相关规定，设计好交流内容，突出教育主题。对参加项目学生要进行政策教育、安全教育、纪律教育和礼仪培训，确保出访和来访人员安全。

附件：1. 2019年京港澳姊妹校交流项目（北京师生赴港澳）入选学校名单

2. 2019年京港澳姊妹校交流项目（港澳师生来京）入选学校名单

2018年9月14日

附件1

2019年京港澳姊妹校交流项目（北京师生赴港澳）入选学校名单

北京市第一七一中学与香港东华三院邱金元中学姊妹校交流项目

北京市东城区史家胡同小学与香港澳洲国际学校姊妹校交流项目

北京市第三十五中学与香港培侨书院姊妹校交流项目

北京市樱花园实验学校与香港伯裘书院姊妹校交流项目

北京中国教育科学研究院朝阳实验学校与香港圣若瑟英文中学姊妹校交流项目

北京中学与港大同学会书院姊妹校交流项目

花园村二小与香港西贡崇真天主教学校（小学部）姊妹校交流项目

人大附西山学校赴香港真光中学交流项目

北京交通大学附属中学与港青基信书院姊妹校交流项目

北京市第五十七中学与香港九龙工业学校姊妹校交流项目

北京市丰台区芳古园小学与香港马鞍山循道卫理小学姊妹校交流项目

北京教育科学研究院丰台第二实验小学与香港荃湾公立何传耀纪念小学姊妹校交流项目

北京市丰台区芳城园小学与香港特别行政区道教青松小学（湖景邨）姊妹校交流项目

北京市门头沟区斋堂中学与香港圣士提反女子中学姊妹校交流项目

北京市房山区房山中学与香港东华三院李嘉诚中学姊妹校交流项目

理工附中通州校区与香港优才书院姊妹校交流项目

北京市通州区梨园学校与香港路德会西门英才中学校姊妹校交流项目

北京市顺义区第一中学附属小学与澳门中华总商会附设青洲小学姊妹校交流项目

北京市顺义区第三中学与香港筲箕湾官立中学姊妹校交流项目

北京市大兴区第五小学与香港东涌天主教学校姊妹校交流项目

北京大兴区榆垡中学与香港屯门官立中学姊妹校交流项目

北京市平谷中学与澳门培华学校姊妹校交流项目

北京市怀柔区第四中学与沙田崇真中学姊妹校交流项目

北京市延庆区第二小学与香港道教联合会圆玄学院陈吕重德纪念学校姊妹校交流项目

北京市盲人学校与香港心光恩望学校姊妹校交流项目

附件 2

2019 年京港澳姊妹校交流项目（港澳师生来京）入选学校名单

北京市东城区东四九条小学与香港学生辅助会小学姊妹校交流项目

北京市东城区新鲜胡同小学与香港启历学校互访交流项目

北京市东城区和平里第一小学与香港保良局锦泰小学姊妹校交流项目

北京市第十五中学与香港德望学校姊妹校交流项目

北京市第三十五中学与香港培侨书院姊妹校交流项目

北京市育才学校与香港优才书院姊妹校交流项目

北京市育才学校与香港浸会大学附属学校王锦辉中小学姊妹校交流项目

北京市樱花园实验学校与香港伯裘书院姊妹校交流项目

北京中国教育科学研究院朝阳实验学校与香港圣若瑟英文中学姊妹校交流项目

北京中学与港大同学会书院姊妹校交流项目

北京市海淀区翠微小学与香港曾梅千禧小学、香港李志达纪念学校姊妹校交流项目

北京市第五十七中学与香港九龙工业学校姊妹校交流项目

北京交通大学附属中学与港青基信书院姊妹校交流项目

北京大学附属中学与香港拔萃女书院姊妹校交流项目

北京市丰台区东铁匠营第二小学与香港秀明小学姊妹校交流项目

北京市丰台区芳古园小学与香港马鞍山循道卫理小学姊妹校交流项目

北京教育科学研究院丰台第二实验小学与香港荃湾公立何传耀纪念小学姊妹校交流项目

北京市丰台区芳城园小学与香港特别行政区道教青松小学（湖景邨）姊妹校交流项目

北京市房山区房山中学与香港东华三院李嘉诚中学姊妹校交流项目

北京市通州区潞河中学与香港景领书院姊妹校交流项目

北京市通州区梨园学校与香港路德会西门英才中学

北京市顺义区第一中学附属小学与澳门中华总商会附设青洲小学姊妹校交流项目

北京大兴区榆垡中学与香港屯门官立中学姊妹校交流项目

北京市平谷中学与澳门培华学校姊妹校交流项目

北京市怀柔区第一小学与天主教圣安德肋小学姊妹校交流项目

北京市教育委员会

转发教育部关于2018年度台湾、港澳及华侨学生奖学金评审工作文件的通知

京教函〔2018〕650号

各有关高校：

现将教育部《关于2018年度台湾、港澳及华侨学生奖学金评审

工作的通知》（教港澳台办〔2018〕466号）转发给你们，请遵照执行。

2018年11月20日

教育部港澳台事务办公室

关于2018年度台湾、港澳及华侨学生奖学金评审工作的通知

教港澳台办〔2018〕466号

有关省、自治区、直辖市教育厅（教委），国务院有关部委教育司（局），教育部有关直属高等学校：

为切实贯彻执行中央对台湾、对港澳工作方针，现将2018年度台湾、港澳及华侨学生奖学金学评审工作的有关事宜通知如下：

一、台湾、港澳及华侨学生奖学金面向在内地（祖国大陆）普通高等学校和科研院所全日制就读的港澳台本（专）科生、硕士和博士研究生及华侨本科生。

二、台湾学生奖学金和港澳及华侨学生奖学金类别、等级及奖励标准为：

本（专）科生奖学金：特等奖每生每学年8000元；一等奖每生每学年6000元；二等奖每生每学年5000元；三等奖每生每学年4000元。

硕士研究生奖学金：特等奖每生每学年20000元；一等奖每生每学年10000元；二等奖每生每学年7000元；三等奖每生每学年5000元。

博士研究生奖学金：特等奖每生每学年30000元；一等奖每生每学年15000元；二等奖每生每学年10000元；三等奖每生每学年7000元。

三、请国务院有关部委教育司（局）和各省教育行政部门尽快将本通知转发至下属高校。

请各校参照“2018年度港澳台侨学生奖学金名额分配表”（附件1）受理台湾、港澳及华侨学生的申请材料，依据财政部、教育部印发的《港澳及华侨学生奖学金管理办法》（财科教〔2017〕139号）、《台湾学生奖学金管理办法》（财科教〔2017〕140号）的申请条件组织等额评审，按照公开、公平、公正的原则，确定初审合格学生名单并公示。

四、奖学金名额及经费系根据各校在中国高等教育学生信息网的全日制港澳台侨学生学籍注册数进行分配，各单位可根据在校学生实际情况，对分配方案进行调整，但调整须遵循如下原则：

1. 台湾学生奖学金和港澳及华侨学生奖学金不能打通使用。

2. 台湾学生奖学金和港澳及华侨学生奖学金每个学习层次（本/专科、硕士、博士）获奖总人数不得超过本层次在读全日制学生人数的50%。

3. 名额调整须在现有经费额度内进行，并在上报建议获奖名单附文予以说明，未上报的调整方案将不予认可。经费超出部分，由招生单位自行负担。

4. 如确有超出上述原则的需要，须报我部审批。如发现违规使用奖学金经费的行为，将按有关规定严肃处理。

五、请国务院有关部委教育司（局）和省级教育行政部门汇总下属学校财务账号信息，于12月7日前将“学校财务信息表”（附件3）加盖公章后扫描发送电子版至邮箱：gatzs@moe.edu.cn。获奖学生名单公示结束后，请各校填写“建议获奖名单表”（附件2），于11月23日前将名单电子版以Excel发至gatzs@moe.edu.cn。

附件：1. 奖学金名额分配表（略）
2. 建议获奖名单表（略）
3. 学校财务信息表（略）
4. 奖学金申请表（略）
5.《港澳及华侨学生奖学金管理办法》《台湾学生奖学金管理办法》（略）

2018年11月9日

北京市教育委员会

转发教育部港澳台事务办公室关于做好2019年内地部分高校免试招收香港学生工作文件的通知

京教函〔2018〕665号

北京服装学院：

现将教育部港澳台事务办公室《关于做好2019年内地部分高校免试招收香港学生工作的通知》（教港澳台办〔2018〕397号）转发给你校，请根据通知要求认真组织落实。

2018年11月30日

教育部港澳台事务办公室

关于做好2019年内地部分高校免试招收香港学生工作的通知

教港澳台办〔2018〕397号

有关省、自治区、直辖市教育厅（教委），有关高等学校：

为做好2019年内地部分高校免试招收香港学生工作，经商有关部门，我部制定了《2019年内地部分高校免试招收香港学生办法》（以下简称《办法》)，确定了2019年内地对港免试招生高校名单，现就相关事宜通知如下：

一、各单位要高度重视，深刻领会此项工作的重要意义，明确目标及任务，认真执行《办法》，精心组织实施对港免试招生及录取工作。

二、各有关高校要积极做好招生宣传、报名、面试、录取等各项工作，结合学校实际及历年免试录取香港学生情况，制订2019年对港免试招生工作方案及招生计划。各校要指定专人负责，争取扩大招生规模，严格规范招生行为，科学安排录取工作流程，确保招生工作安全、平稳、顺利进行。

三、我部将于2018年11月29日至12月3日组织2019年对港免试招生高校赴港举办“2018年内地高等教育展”。请各校根据要求，做好筹备工作，为2019年对港免试招生工作奠定良好基础。

四、对于获得香港永久性居民身份并参加了香港中学文凭考试的外国籍学生（非中国籍），高校可参照免试招收香港学生的相关标准进行录取，但不计入对港免试招生录取人数，入学后按国际学生进行管理。

五、请各有关省、自治区、直辖市教育厅（教委）将本通知转发至下属各有关高校。

附件：1. 2019年内地部分高校免试招收香港学生办法

2. 2019年对港免试招生高校名单

2018年9月7日

附件1

2019年内地部分高校免试招收香港学生办法

一、报名

1. 组织机构

教育部委托中华人民共和国普通高等学校联合招收华侨、港澳地区及台湾省学生办公室（简称联招办）负责内地部分高校免试招收香港学生的计划编制及公布、组织网上报名及录取等工作，委托中国教育留学交流（香港）中心承办内地招生高校免试招收香港学生的现场报名确认、报名资格审核及招生宣传等工作。

2. 报名资格

持有香港永久性居民身份证或非永久性身份证、港澳居民来往内地通行证或港澳台居民居住证，并参加 2019 年香港中学文凭考试的考生均可报名。考生所持证件须在有效期之内。

考生须认真阅读所报内地招生高校的招生章程，了解所报高校专业对考生身体健康情况的要求。

3. 报名方式及时间

2019 年香港学生免试报读内地普通高等学校采取网上预报名及现场正式确认相结合的方式。

考生在 3 月 1 日至 20 日期间登录对港免试招生网上报名系统进行预报名。网上预报名后，考生须在 3 月 11 日至 29 日（星期日及香港公众假期除外）到中国教育留学交流（香港）中心进行现场确认。网上预报名时考生须按照要求输入报考基本信息（考生资料、监护人、就读学校、报考志愿等），填写获奖经历、个人经历等内容，并于 5 月 31 日前上传学习概览至预报名系统。考生须按要求提交打印好的报名表格、相关身份证件（香港永久性居民身份证或非永久性身份证、港澳居民来往内地通行证或港澳台居民居住证）及学习证明材料（获奖经历、个人经历等），并缴付报名费用。考生若因特殊情况不能亲自前往报名点进行确认，可委托他人凭考生身份证件影印本（香港永久性居民身份证或非永久性身份证、港澳居民来往内地通行证或港澳台居民居住证）、代报者本人身份证件、考生亲笔签署的委托书、考生电子照片（JPG 格式，像素 168×240，文件大小 35K 以内。如考生已将照片上传至预报名系统则无需提交）代为提交相关证明材料并进行确认，每位代报者只可代一名考生办理确认手续。校长推荐计划表格及相关文件，由考生所在中学在 5 月 31 日前上传，逾期不予受理。

4. 填报志愿

考生在网上预报名时须填报志愿。每位考生按自己的报读意愿顺序可填报4所学校，每所学校可填报4个专业志愿。

二、面试

招生高校可根据本校招生要求自行决定是否对考生进行面试，面试工作须在录取开始前完成，面试具体时间及地点由招生高校确定。

报考艺术、体育类专业的考生，请注意报考高校面试（专业考试）的时间、地点及相关要求。

三、录取

1. 录取原则

招生高校根据考生的香港中学文凭考试成绩、参考考生中学期间学习经历，按照向社会公布的招生章程进行录取。对成绩达到要求，身体条件能够完成所报专业学习，生活能够自理的残疾考生，招生高校不能因其残疾而不予录取。

（1）最低录取标准

除“校长推荐计划”以内的考生和报考艺术体育类专业的考生外，最低录取标准为“3、3、2、2”，即参加香港中学文凭考试的中国语文科、英国语文科达到第3级及以上，数学科、通识教育科达到第2级及以上。“校长推荐计划”以内的考生最低录取标准可为：四门核心课程的分数之和须为10分（含）以上，且每门课程的分数不得低于2分（含）。校长推荐计划名额每校8名。

报考艺术体育类专业的考生最低录取标准为“2、2、1、1”。

（2）招生高校可附加要求

除四门核心科目外，招生高校可根据不同专业要求指定不同选修科目或非指定选修科目，明确考生需达到的水平（如指定一至两门选修科目成绩需达到哪个级别以上）。

（3）学习经历参考

除核心科目、选修科目的要求外，招生高校可参考考生其他学习经历，即香港教育局和学校认可、考生本人提供的“学生学习概览”。

招生高校可在本原则指导下，结合本校实际情况制订具体录取规则。

（4）专业录取

招生高校应按照择优录取的原则在考生填报的志愿中进行录取。未经考生书面同意，不能把考生录取在其没有填报的专业。

2. 招生计划

内地高校招收香港学生不占学校当年普通高考录取招生计划。招生高校须结合实际编制招生计划及说明，于 2019 年 1 月前报联招办统一汇总后向香港社会公布。

3. 招生章程

招生高校需依据《中华人民共和国教育法》《中华人民共和国高等教育法》和教育部有关规定制订本校招生章程，并报教育部备案。

内容包括：学校全称、校址（分校、校区等须注明）、在港分专业招生计划及说明、考生身体健康状况要求、录取规则、学费标准、颁发学历证书的学校名称及证书种类、联系电话、网址及其他须知。

4. 投档与录取

7 月中旬香港考试评核局向联招办提供考生成绩，7 月下旬由联招办将达到最低录取标准的考生档案按照考生志愿顺序投至考生所报读的学校，招生高校通过网上录取系统确定拟录取名单并提交至联招办，由联招办核准备案。生源情况较好，招生高校可适当增加招生计划，多录考生。7 月底，如生源不足、未完成招生计划的招生高校，可通过征集志愿进行补录。补录的考生其成绩不得低于教育部确定的最低录取标准。

在录取结束后，如有考生成功复核成绩需要重新投档，须由考生向相关高校提出书面申请并附上更正后的成绩证明，相关高校如同意则在考生申请上签署意见并加盖公章，再提交至联招办进行投档操作。如该考生已被其他高校录取，还须考生向录取高校提交退档书面申请，经录取高校同意并签署意见加盖公章后，提交至联招办先办理录后退手续再投档。

四、入学与体检

新生持加盖学校公章的《新生入学通知书》报到，入学报到时间及相关要求以《新生入学通知书》上的规定为准。

新生入学后，由学校进行身体检查，身体条件不符合要求的，取消其入学资格；仅专业受限者，可以商转其他专业。

新生入学报到时，所持有出入境证件的有效期应与学习期限相适应，至少有效期一年。

被内地招生高校录取的香港学生入学注册时，应按照学校规定缴纳学费和杂费，收费标准与内地学生相同。

五、其他

学生在校期间，学校按照《普通高等学校招收和培养香港特别行政区、澳门特别行政区及台湾地区学生的规定》（教港澳台〔2016〕96号）文件进行管理。

本办法适用于2019年内地部分招生高校免试招收香港学生工作，由教育部港澳台事务办公室负责解释。

附件2

2018年对港免试招生高校名单（北京市）

北京市：北京大学、清华大学、中国人民大学、北京师范大学、北京外国语大学、北京语言大学、北京邮电大学、中国传媒大学、中央财经大学、中国政法大学、北京中医药大学、对外经济贸易大学、北京理工大学、中央音乐学院、中央戏剧学院、中央美术学院、北京服装学院

北京市教育委员会

关于做好 2019 年国家公派高级研究学者、访问学者、博士后项目选拔工作的通知

京教函〔2018〕715 号

各有关单位：

2019 年国家公派高级研究学者、访问学者、博士后项目受理工作即将开始，为保障选拔工作顺利进行，现将有关事宜通知如下：

一、选派计划

1. 2019 年计划选派高级研究学者、访问学者及博士后 3500 人。

2. 高级研究学者的留学期限为 3 ~ 6 个月，访问学者的留学期限为 3 ~ 12 个月，博士后的留学期限为 6 ~ 24 个月。

3. 支持各学科领域围绕国家战略选派，重点资助应用基础研究、国家重大科技项目、关键共性技术、前沿引领技术、现代工程技术、颠覆性技术创新等领域。

4. 留学人员主要通过国内推选单位或个人渠道联系国外留学单位派出，也可利用国家留学基金委与国外教育、科研机构合作协议派出。

二、申请条件

1. 须为国内高等学校、企业事业单位、行政机关、科研机构的正式工作人员。申请人原则上应主持或参与研究项目、课题，出国研修计划应紧密结合在研项目、课题、所在单位重点工作。

2. 高级研究学者申请人应符合以下条件：申请时年龄不超过 55 周岁（1963 年 1 月 1 日以后出生）。教学科研人员应为教授或博士生

导师。此外，还应至少具备以下条件之一：

（1）国家重点实验室、教育部重点实验室、国家工程（技术）研究中心骨干。

（2）两院院士、“国家高层次人才特殊支持计划”杰出人才或领军人才入选者、长江学者特聘教授、其他国家级人才计划入选者。

（3）中央国家机关、地方行政管理部门、国有大中型企业高级行政管理人员，须具有或相当于副司局级（含）以上行政职务。

3. 访问学者申请人应符合以下条件：年龄不超过 50 周岁（1968 年 1 月 1 日以后出生），本科毕业后应有 5 年以上工作经历，硕士毕业后应有 2 年以上工作经历。对博士毕业的申请人无工作年限要求。

4. 博士后申请人应符合以下条件：年龄不超过 40 周岁（1978 年 1 月 1 日以后出生），应为国内高等学校或科研单位具有博士学位、具体从事教学或科研工作的优秀在职青年教师或科研人员。申请时距其博士毕业时间应在 3 年以内。

5. 申请时须提交拟留学单位的正式邀请函。

6. 外语水平应符合国家留学基金资助出国留学外语条件及拟留学国家、留学单位的语言要求。

申请时外语水平未达到派出要求者，如所在单位重点推荐，亦可申请，但须提供可反映其外语水平的考试证明，如往年 WSK/TOEFL/IELTS 等考试成绩单。此类人员如通过评审被录取，须参加教育部指定出国留学人员培训部相关语种培训或自行报考 WSK/TOEFL/IELTS 等考试，达到外语条件后方可派出。

同等条件下，优先录取申请时外语水平合格者。

三、网上报名及受理时间

国家公派高级研究学者、访问学者、博士后项目的网上报名及申请受理时间为 2019 年 1 月 5 日至 1 月 15 日。

请各单位提醒申请人须在此期间登录国家公派留学信息管理系统（http://apply.csc.edu.cn）进行网上报名并提交纸质材料。

四、工作要求

1. 请各推选单位负责对申请人进行政治把关，对其申请资格、综合素质、发展潜力、国际交流能力、品德修养、身心健康情况、并结合国家重点资助及各单位实际情况等方面进行严格审核、选派，并在《出国留学申请单位推荐意见表》中出具有针对性的推荐意见。

2. 请各单位做好宣传、指导、咨询工作，并根据项目受理时间做好网上报名及提交申请材料工作。

2019 年国家公派高级研究学者、访问学者、博士后项目请各单位在 2019 年 1 月 15 日前将申请人的书面材料按照《2019 年国家公派高级研究学者、访问学者、博士后项目申请材料及说明》要求整理好后统一交到北京市国际教育交流中心。

五、文件查阅

此通知中的选派计划和申请条件摘自《2019 年国家公派高级研究学者、访问学者、博士后项目选派办法》，详细内容可登陆国家留学基金委（http://www.csc.edu.cn）查阅。

附件：2019 年国家公派高级研究学者、访问学者、博士后项目选派办法

2018 年 12 月 20 日

附件

2019 年国家公派高级研究学者、访问学者、博士后项目选派办法

第一章　总则

第一条　为做好国家公派高级研究学者、访问学者、博士后项目选派工作，制定本办法。

第二条　国家留学基金管理委员会（以下简称国家留学基金委）负责本项目的组织实施工作。

第二章　选派计划

第三条　2019年计划选派高级研究学者、访问学者及博士后3500人。

第四条　高级研究学者的留学期限为3 ~ 6个月，访问学者的留学期限为3 ~ 12个月，博士后的留学期限为6 ~ 24个月。

第五条　支持各学科领域围绕国家战略选派，重点资助应用基础研究、国家重大科技项目、关键共性技术、前沿引领技术、现代工程技术、颠覆性技术创新等领域。

第六条　留学人员主要派往教育、科技发达国家的知名院校、科研院所、实验室等机构。

第七条　留学人员主要通过国内推选单位或个人渠道联系国外留学单位派出，也可利用国家留学基金委与国外教育、科研机构合作协议派出。

第八条　资助内容包括一次往返国际旅费和资助期限内的奖学金（包括伙食费、住宿费、注册费、交通费、电话费、书籍资料费、医疗保险费、交际费、一次性安置费、签证延长费、零用费和学术活动补助费等）。具体资助方式、资助标准等以录取文件为准。

第三章　申请条件

第九条　拥护中国共产党的领导和中国特色社会主义道路，热爱祖国，具有良好的思想品德和政治素质，无违法违纪记录。德才兼备，业务精良，具有良好专业基础和发展潜力，具有服务国家服务人民的社会责任感和端正的世界观、人生观、价值观。

第十条　具有中华人民共和国国籍，不具有国外永久居留权。身体健康，心理健康。

第十一条　须为国内高等学校、企业事业单位、行政机关、科研机构的正式工作人员。申请人原则上应主持或参与研究项目、课题，出国研修计划应紧密结合在研项目、课题、所在单位重点工作。

第十二条 高级研究学者申请人应符合以下条件：申请时年龄不超过 55 周岁（1963 年 1 月 1 日以后出生）。教学科研人员应为教授或博士生导师。此外，还应至少具备以下条件之一：

（一）国家重点实验室、教育部重点实验室、国家工程（技术）研究中心骨干。

（二）两院院士、“国家高层次人才特殊支持计划”杰出人才或领军人才入选者、长江学者特聘教授、其他国家级人才计划入选者。

（三）中央国家机关、地方行政管理部门、国有大中型企业高级行政管理人员，须具有或相当于副司局级（含）以上行政职务。

第十三条 访问学者申请人应符合以下条件：年龄不超过 50 周岁（1968 年 1 月 1 日以后出生），本科毕业后应有 5 年以上工作经历，硕士毕业后应有 2 年以上工作经历。对博士毕业的申请人无工作年限要求。

第十四条 博士后申请人应符合以下条件：年龄不超过 40 周岁（1978 年 1 月 1 日以后出生），应为国内高等学校或科研单位具有博士学位、具体从事教学或科研工作的优秀在职青年教师或科研人员。申请时距其博士毕业时间应在 3 年以内。

第十五条 申请时须提交拟留学单位的正式邀请函。

第十六条 外语水平应符合国家留学基金资助出国留学外语条件及拟留学国家、留学单位的语言要求。

申请时外语水平未达到派出要求者，如所在单位重点推荐，亦可申请，但须提供可反映其外语水平的考试证明，如往年 WSK/TOEFL/IELTS 等考试成绩单。此类人员如通过评审被录取，须参加教育部指定出国留学人员培训部相关语种培训或自行报考 WSK/TOEFL/IELTS 等考试，达到外语条件后方可派出。

同等条件下，优先录取申请时外语水平合格者。

第十七条 暂不受理以下人员的申请

（一）已获得国外全额奖学金资助。

（二）已获得国家公派留学资格且在有效期内。

（三）已申报国家公派出国留学项目尚未公布录取结果。

（四）曾获得国家公派留学资格，未经国家留学基金委批准擅自放弃且时间在 5 年以内，或经国家留学基金委批准放弃且时间在 2 年以内。

（五）曾享受国家留学基金资助出国留学、回国后服务尚不满五年。项目有特殊规定的，按相关规定执行。

第四章　选拔办法

第十八条　遵循“公开、公平、公正”的原则，采取“个人申请，单位推荐，专家评审，择优录取”的方式。重点依托国家重大工程、重点学科和研究基地、重大科研项目以及国际学术交流合作进行选拔。

第十九条　2019 年的网上报名及申请受理时间为 1 月 5 日至 1 月 15 日。申请人应在此期限内登录国家公派留学管理信息平台（http://apply.csc.edu.cn）进行网上报名，按照《2019 年国家公派高级研究学者、访问学者、博士后项目申请材料及说明》准备申请材料并提交所在单位审核。如申请的国家留学基金委与国外高校 / 机构合作奖学金对申请材料有特殊要求，则根据具体合作渠道的相关规定执行。

第二十条　推选单位应对申请人的政治信念、道德品行、身心健康情况、学术发展潜力、出国留学必要性、留学计划可行性等进行严格把关，在单位推荐意见表中对上述内容逐项做出认定；对其出国留学提出明确考核要求；对申请材料进行认真审核后，将申请材料统一提交至相关受理单位，由其提交至国家留学基金委。

第二十一条　国家留学基金委委托相关单位（详见国家留学网受理单位通讯录）负责申请材料受理工作，不直接受理个人申请。

第二十二条　受理单位应在 1 月 20 日前将书面公函及推荐人选名单提交至国家留学基金委，并通过信息平台提交申请人的电子材料。申请人的书面材料由受理单位留存，留存期限为 2 年。

第二十三条　国家留学基金委对申请人材料进行审核，组织专家评审，确定录取结果。评审工作主要从以下几方面进行考察：

（一）申请人的道德品行、综合素质及发展潜力；

（二）申请人的主要业绩及获奖情况；

（三）出国研修学科专业及方向的需要程度、国内和国际发展水平的差距；

（四）出国留学的必要性、研修计划的可行性及留学目标的应用前景；

（五）留学目的国、机构及合作学者在所选学科专业领域的发展水平、是否具备接待申请者所需科研条件；

（六）申请人所在单位在该学科专业领域的水平、为申请者留学回国后提供发展条件的可能性以及推荐态度等。

第二十四条 录取结果于 2019 年 3 月下旬公布。申请人可登录国家公派留学管理信息平台（http://apply.csc.edu.cn）查询录取结果。录取通知及录取材料将邮寄至申请人所在单位。

第五章 派出与管理

第二十五条 被录取人员的留学资格保留至 2020 年 6 月 30 日。凡未按期派出者，留学资格自动取消。

如无特殊情况，国家留学基金委原则上不受理变更留学国别、变更留学单位、变更留学期限及延期派出的申请。

第二十六条 留学人员在办理签证、预订机票等派出手续前，须登录国家公派留学管理信息平台（http://apply.csc.edu.cn）查阅是否需要提交补充材料。

如遇问题，请按录取国别或地区咨询国家留学基金委、欧亚非事务部、美大事务部。

第二十七条 对留学人员实行“签约派出，违约赔偿”的管理办法。派出前，留学人员须持《资助出国留学协议书》赴公证机构办理签约公证手续，并在派出前三周将公证后的协议书邮寄或面交至国家留学基金委法律与综合事务部，办理护照、签证、《国际旅行健康证书》，通过教育部留学服务中心、教育部出国人员上海集训部、广州留学人员服务中心办理预定机票、《报到证》、预领奖学金手续（具体请查阅《出国留学人员须知》）。

第二十八条 在为留学人员办理派出手续时，推选单位及留学服务机构应按要求认真审核其留学国别、留学单位、留学期限等信息。

第二十九条 留学人员自抵达留学所在国后10日内须凭《国家留学基金资助出国留学资格证书》《国家公派留学人员报到证明》原件向中国驻留学所在国使（领）馆办理报到手续。

第三十条 留学人员在国外留学期间，应遵守所在国法律法规、国家留学基金资助出国留学人员的有关规定及《资助出国留学协议书》的有关约定，自觉接受国内推选单位和驻外使（领）馆的指导和管理，定期向国内推选单位和驻外使（领）馆提交研修报告及国外合作者鉴定。

第三十一条 留学人员应按协议约定完成所制定的研修计划及国内推选单位提出的任务和要求，按期回国履行回国服务义务，回国后向推选单位汇报留学成果，并须在回国之日起3个月内在国家公派留学管理信息平台登记回国信息。

第三十二条 推选单位应制定本单位国家公派访问学者出国留学管理办法，统筹考虑“选拔、派出、管理、回国”各环节，对留学人员加强目标和过程管理，具体工作应有专门机构和人员负责。

（一）在留学人员录取后，及时了解其思想政治动向，对存在问题的人员不予派出；合理安排其工作，督促并保证其按期派出；及时将未派出人员名单及原因函告国家留学基金委。

（二）在留学人员派出前，应开展行前教育，将思想政治教育和爱国主义教育纳入培训内容；对留学人员国外研修计划提出明确要求，确保留学效益；指导、协助其办理出国手续。

（三）在留学人员派出后，应加强对其指导和检查，保持定期联系，对留学人员所提交的研修报告进行认真审核，协助国家留学基金委和驻外使（领）馆做好在外管理和按期回国工作。

（四）在留学人员回国后，应进行考核，确保留学效益。

第三十三条 推选单位应定期对本单位派出在外管理和回国情况

以及取得的公派留学效益等情况进行总结，于每年12月底前将总结报告连同典型事例等材料提交至国家留学基金委。国家留学基金委将对各单位研修报告提交和审核情况进行抽查。

第三十四条 留学人员与获得资助有关的论文、研究项目或科研成果在成文、发表、公开时，应注明“本研究/成果/论文得到中国国家留学基金资助”。

语言文字

北京市教育委员会文件选编

（2018）

北京市语言文字工作委员会办公室

关于印发北京市语言文字工作委员会 2018 年工作要点的通知

京语办〔2018〕1 号

各区语委，市语委各成员部门，有关高等学校，市语言文字测试中心：

现将《北京市语言文字工作委员会 2018 年工作要点》印发给你们，请结合本地区、本部门、本单位实际情况认真贯彻，安排落实好年度工作。

2018 年 2 月 28 日

北京市语言文字工作委员会 2018 年工作要点

2018 年，北京语言文字工作以习近平新时代中国特色社会主义思想为指导，深入贯彻党的十九大报告精神，落实陈宝生部长在全国教育工作会上的指示“加强语言文字工作。要弘扬传承中华优秀语言文化，加强语言文字规范标准建设，实施好中华经典诵读、语言文字信息化关键技术研究应用、中国语言资源保护、甲骨文研究与应用等重大工程。大力推广和规范使用国家通用语言文字，深入实施普及攻坚工程，全面落实‘推普脱贫攻坚行动计划’，积极推进普通话基本普及县域验收。加强网络语言治理，引导学生和全社会文明用语。”

深入落实《国家通用语言文字法》《国家语言文字事业“十三五”发展规划》，服务于北京“四个中心”的城市战略定位，依法提高治理和服务语言文字社会应用的能力，为首都语言文化建设做出新的贡献。重点开展好以下几方面的工作：

一、宣传教育工作。精心组织第21届全国推广普通话宣传周活动,进一步创新宣传教育形式,丰富宣传教育手段,拓展宣传教育渠道。开展普通话普及情况县域调查工作。

二、制度建设。落实《关于实施中华优秀传统文化传承发展工程的意见》《北京市语言文字事业“十三五”发展规划》《关于进一步加强学校语言文字工作的意见》，推进《北京市语言文字工作专项督导办法》《北京市社区语言文化建设指导意见》。继续推进学校语言文字工作规范化达标建设。与市相关部门及张家口市联合开展冬奥会语言环境治理与服务工作。与市人事部门合作部署2016—2018年度北京市语言文字工作先进表彰。

三、推进中华经典诵读工程。依托中小学生语言能力提升专项开展经典诵读活动，以诵读为抓手，弘扬优秀传统文化、践行社会主义核心价值观,提升中小学生国家通用语言文字应用能力。继续推进“中小学语言能力提升”专项工作，扎实推进北京市中小学生辩论俱乐部工作，创新开展中小学生系列语言文化活动，通过课程、活动与评测，有效地训练和培养学生的诵读、演讲、辩论等口语交际表达能力。

四、北京市民语言文化大讲堂。继续推进“北京市民语言文化大讲堂”专项，完成《北京市民语言文化阅读书系》《北京市民语言文化大讲堂丛书》的研编与出版工作。通过培训活动，有效推动包括北京地方语言文化在内的中华优秀语言文化的市民普及。

五、开展同域外地区语言文化交流工作。进一步落实京津冀语言文字工作协同发展战略协议，开展丰富多彩的京津冀语言文化交流活动。贯彻落实《推普脱贫攻坚行动计划（2018—2020）》探索对口支援地区语言文化教育支援工作。

六、应用科研及语言文字干部队伍自身能力建设工作。持续推进普及型和研究型科研基地的建设。推进《北京语言生活状况报告2018》的研编与出版工作。支持办好《语言产业研究》学术年刊。加强语言文字工作人员继续教育，参加语言文字工作专项督导培训，不断提高专兼职工作人员的业务水平和依法行政能力，为本市开展语言文字工作专项督导奠定基础。积极选派人员参加教育部、国家语委举办的其他各项培训。

七、语言文字测试工作。完成普通话水平测试7万人次以上。选派骨干测试员、测试管理人员参加继续教育培训。继续选派国家级测试员参与香港普通话水平测试合作项目。

八、信息化建设。加强北京语言文字网的维护工作和市教委政务网的语言文字工作信息发布宣传工作。加强中国语言资源保护工程的“北京语言文化数字博物馆”上线试运行及持续充实完善工作。结合中小学中华传统文化和一体化德育体系资源建设开展线上国学诵读在中小学推广活动。

北 京 市 教 育 委 员 会
北京市语言文字工作委员会

关于转发《国家语言文字工作督导评估工作手册（试行）》的通知

京教语〔2018〕2号

各区教委、语委：

为深入实施《中华人民共和国国家通用语言文字法》，全面落实

《北京市语言文字事业“十三五”发展规划》，现将教育部语言文字应用司制定的《国家语言文字工作督导评估工作手册（试行）》转发给你们。请各区结合实际，对照《工作手册》各项要求，夯实工作基础，进一步加强语言文字工作，为本市全面开展语言文字工作督导评估扎实做好各方面的准备。

2018 年 5 月 4 日

教育部语用司

关于印发《国家语言文字工作督导评估工作手册（试行）》的通知

教语用司函〔2018〕8 号

各省、自治区、直辖市教育厅（教委）、语委、新疆生产建设兵团教育局、语委：

为深入实施《中华人民共和国国家通用语言文字法》，全面落实《国家语言文字事业“十三五”发展规划》，根据《语言文字工作督导评估暂行办法》相关精神，在教育部督导局的指导下，我们研究制定了《国家语言文字工作督导评估工作手册（试行）》，先印发给你们，请各地结合实际，根据《工作手册》要求，有计划、有步骤地开展语言文字工作督导评估。

2018 年 3 月 8 日

国家语言文字工作督导评估工作手册（试行）

（节选）

语言文字工作督导评估规程（试行）

为做好语言文字工作督导评估，根据《国家通用语言文字法》《教育督导条例》《语言文字工作督导评估暂行办法》及《语言文字工作督导评估指标体系框架》等有关规定，制定本规程。

一、适用范围

本规程适用于全国各地（州、市）和县（市、区）的国家级语言文字工作督导评估。

二、基本任务

（一）对申报地（州、市）的省级评估结果进行抽查。

（二）利用实地核查工作表，对申报地（州、市）的语言文字工作情况进行审核。

（三）对申报地（州、市）的语言文字发展水平进行评估。

三、核查重点

实地核查时，重点核查申报地（州、市）中被抽查县（市、区）的组织领导、规章制度，工作经费和机构保障，语言文字宣传普及、文化传承，国家通用语言文字在国家机关、学校、新闻媒体、公共服务行业、城市街区和乡镇农村的发展水平等四个方面情况。

四、工作程序

实地核查工作由国务院教育督导委员会办公室（教育部督导局）、国家语言文字工作委员会办公室（教育部语言文字应用管理司）联合组织安排，具体包括前期准备、实地核查、集中认定 3 个阶段。

（一）前期准备

1. 县级自查自评。县（市、区）教育督导部门、语言文字工作部门对本地语言文字工作进行自评，撰写自评报告，填写自评表、基本情况统计表（附表 1），上报地（州、市）教育督导部门和语言文字工作部门。

2. 地级复核。接到县（市、区）上报材料后，地（州、市）教育督导部门和语言文字工作部门进行复核，撰写复核情况和复核意见。制定接受省级督导评估安排，撰写申请报告，将地（州、市）复核情况和复核意见以及县（市、区）自评报告、自评表、基本情况统计表，及时上报省（区、市）教育督导部门和语言文字工作部门。

3. 省级自评。省（区、市）教育督导部门和语言文字工作部门审核地（州、市）上报材料，制定省级督导评估时间安排，成立督导评估工作组，开展省级评估，撰写申请报告，向国务院教育督导委员会办公室和国家语委办公室上报省（区、市）评估报告、地（州、市）复核报告、县（市、区）自评报告、自评表和基本情况统计表。

4. 实施审核。国务院教育督导委员会办公室和国家语委办公室审核相关省份上报的省级评估报告、地级复核报告和复核意见、县级自评报告和自评表。对于材料不齐全或不符合要求的，协调督促补齐或重新报送。

5. 组建实地核查工作组。实地核查工作组每省设 1 个大组，根据各省申报地（州、市）和被抽查县（市、区）数量，必要时可分设若干小组。大组设组长 1 名，副组长 1 名，组员 4 名，联络员 1 名。其中，至少要有 1 名国家督学。

（二）实地核查

实地核查工作一般按照“工作组直接抵达被抽查县（市、区）——召开汇报会——工作组实施实地核查——工作组集中在申报地（州、市）总结反馈”的方式进行。

1. 第一阶段：工作组直接抵达被抽查县（市、区）

（1）召开预备会。工作组应在全员抵达被抽查县（市、区）后召开工作预备会。由组长讲解工作任务、程序和工作要求，确认工作组人员分工，熟悉工作用表和有关政策、文件、办法和规定等。

（2）随机抽取核查单位。具体工作任务和要求见附件 1。

2. 第二阶段：召开汇报会

具体工作任务和要求见附件 2。

3. 第三阶段：工作组实施实地核查

（1）查阅材料。具体工作任务和要求见附件 3。

（2）查看国家机关、学校、新闻媒体、公共服务行业、城市街区、乡镇农村用语用字环境。具体工作任务和要求见附件 4。

（3）召开座谈会。具体工作任务和要求见附件 5。

（4）问卷调查。具体工作任务和要求见附件 6。

（5）随机访谈相关人员。包括实地核查单位负责人及一般工作人员、学校教师和学生、到实地核查单位办事的群众等。具体工作任务和要求见附件 7。

（6）随机听课。具体工作任务和要求见附件 8。

（7）有新闻单位的县（市、区），随机查看新闻单位自办节目、报纸。对没有新闻单位的县（市、区）可查看相关单位的内部资料性出版物。具体工作任务和要求见附件 9。

（8）随机查看政府及相关部门网站。具体工作任务和要求见附件 10。

（三）集中认定

每核查完一个县（市、区），召开小组会议，填写实地核查工作小结表（附表 3），对核查工作进行小结。实地核查工作全部结束后，工作组召开总结会，综合考虑申报地方自评报告、复核报告和实地核查情况，集中研究确定各地认定结果，同时进行汇总赋分、撰写实地核查报告，采取定量与定性相结合的方式，提出建议性意见。

（四）反馈督导评估结果

召开反馈会，向申报地（州、市）口头反馈核查结果，提出整改意见。具体工作任务和要求见附件 11。

五、后续工作

（一）反馈会结束后，工作组向国务院教育督导委员会办公室进行专题汇报，同时按规定上报如下材料：申报地（州、市）被抽查县（市、区）语言文字工作督导评估实地核查工作表（要有评估组组长和专家亲笔签字）、书面反馈意见。

（二）国务院教育督导委员会办公室、国家语委办公室进一步审核、修改书面反馈意见，国务院教育督导委员会办公室在1个月内向相关省份正式反馈，要求相关省份督促申报地（州、市）和被抽查县（市、区）3个月内进行整改落实，并提交整改报告（见附件13）。

（三）书面反馈意见向社会公布，接受公众监督。

语言文字工作督导评估实地核查工作表

<table>
<tr><th>一级指标</th><th>二级指标</th><th>三级指标</th><th>实施要求与评分标准</th><th>核查方式</th><th>计分</th></tr>
<tr><td rowspan="9">A.制度建设（20分）</td><td rowspan="6">A1.组织领导（7分）</td><td rowspan="2">A1.1领导机构（2分）</td><td>（1）成立了语言文字工作委员会，1分。</td><td rowspan="9">听取汇报
查阅资料
座谈访谈</td><td></td></tr>
<tr><td>（2）由分管副县（市、区）长兼任语委主任，1分。</td><td></td></tr>
<tr><td rowspan="2">A1.2列入政府议事日程（2分）</td><td>（1）县级政府分管领导定期召开会议研究语言文字工作，1分。</td><td></td></tr>
<tr><td>（2）县级政府分管领导每年听取语委工作机构及成员单位的语言文字工作汇报，1分。</td><td></td></tr>
<tr><td rowspan="2">A1.3工作机制（3分）</td><td>（1）语言文字工作委员会办公室日常协调、成员单位分工负责的工作机制健全，有语言文字工作制度及规范性文件，2分。</td><td></td></tr>
<tr><td>（2）各部门职责明确，工作落实到人，1分。</td><td></td></tr>
<tr><td rowspan="3">A2.政策规划（8分）</td><td rowspan="2">A2.1列入社会事业发展规划（2分）</td><td>（1）把语言文字事业纳入县级政府社会事业发展规划，1分。</td><td></td></tr>
<tr><td>（2）各乡（镇）政府和街道办事处有落实方案，可操作性强，1分。</td><td></td></tr>
</table>

续表 1

一级指标	二级指标	三级指标	实施要求与评分标准	核查方式	计分
A.制度建设（20分）	A2.政策规划（8分）	A2.2 列入教育事业发展规划（2分）	（1）把语言文字事业纳入县（市、区）教育事业发展规划，1分。	听取汇报查阅资料座谈访谈	
			（2）各乡（镇）政府和街道办事处有具体实施方案，1分。		
		A2.3 制定语言文字事业专项规划、工作计划（4分）	（1）县（市、区）语委制定了中长期语言文字事业发展规划，目标和主要任务明确，符合本地经济社会发展要求，1分。		
			（2）县（市、区）语委有以正式文件印发的年度语言文字工作计划，重点工作突出，任务明确，措施具体，针对性强，1分。		
			（3）有关政府职能部门（语委成员单位）按计划部署推进本系统、本领域、本单位语言文字规范化具体措施和办法，1分。		
			（4）有关政府职能部门（语委成员单位）每年进行工作总结，有书面总结材料，1分。		
	A3.督查机制（5分）	A3.1 纳入政府绩效管理（1分）	（1）将语言文字事业发展纳入政府绩效管理目标，有具体的考核项目和考核办法，1分。		
		A3.2 纳入文明乡镇、文明单位考评（1分）	（1）将语言文字规范化情况纳入文明乡镇、文明单位考评指标，并在考评中具体落实，1分。		

续表2

一级指标	二级指标	三级指标	实施要求与评分标准	核查方式	计分
A.制度建设（20分）	A3.督查机制（5分）	A3.3建立考核问责机制（3分）	（1）县级政府及有关部门建立督查考核和问责机制，1分。	听取汇报查阅资料座谈访谈	
			（2）县级政府及有关部门对县域内的语言文字社会应用督导检查经常化、常规化，督导检查标准明确，形成体系，有明确的执法主体，有明确的处理程序和问责办法，1分。		
			（3）对为语言文字事业做出突出贡献的组织和个人给予奖励，1分。		
B.条件保障（15分）	B1.工作机构（8分）	B1.1机构设置（3分）	（1）语言文字工作委员会在教育行政部门或相关部门设立办事机构，机构独立设置，2分；与其他机构合署办公，1分。	听取汇报查阅资料座谈访谈实地查看	
			（2）各乡（镇）政府和街道办事处有语言文字工作机构，1分。		
		B1.2人员配备（3分）	（1）工作机构有适应工作需要的行政编制并配备专（兼）职人员，2分；无编制只有专（兼）职人员，1分。		
			（2）语委成员单位的语言文字工作有分管领导、有责任部门和人员具体负责语言文字工作，1分。		
		B1.3办公场所、设备（2分）	（1）县语委办有办公室，挂牌办公，1分。		
			（2）有电脑、打印机、电话、传真等必备办公设备，1分。		
	B2.经费保障（7分）	B2.1保障机制（3分）	（1）语言文字工作经费纳入政府部门的年度预算并有效落实，2分。	听取汇报查阅资料座谈访谈	
			（2）语言文字事业发展的经费投入逐年提高，1分。		

续表 3

一级指标	二级指标	三级指标	实施要求与评分标准	核查方式	计分
B. 条件保障 （15分）	B2. 经费保障 （7分）	B2.2 拨付情况 （4分）	（1）语言文字工作经费按期足额拨付到位，2 分。	听取汇报 查阅资料 座谈访谈	
			（2）语言文字工作经费专款专用，2 分。		
C. 宣传教育 （30分）	C1. 法制宣传 （10分）	C1.1 普法宣传 （3分）	（1）县级政府司法等有关部门将语言文字法律法规宣传列入普法宣传教育规划，有目标、有措施、有验收，1 分。	听取汇报 查阅资料 座谈访谈 实地查看	
			（2）按规划开展语言文字法律法规宣传，1 分。		
			（3）县级政府语言文字、司法等有关部门每年的工作总结有语言文字法律法规宣传相关内容，1 分。		
		C1.2 推普周宣传 （4分）	（1）每年制定推普周具体实施方案，1 分。		
			（2）推普周宣传氛围浓厚，有反映活动主题的宣传标语、展板等多种形式，相关文件、照片、光盘、媒体报道等资料分门别类妥善保管，2 分。		
			（3）有推普周的工作总结，1 分。		
		C1.3 组织、领导、参与情况 （3分）	（1）县级政府组织相关部门开展推普周重点活动，1 分。		
			（2）县级政府主管领导带头参与推普周活动，1 分。		
			（3）语委成员单位参与推普周活动，社会动员充分，参与面广，1 分。		

续表 4

一级指标	二级指标	三级指标	实施要求与评分标准	核查方式	计分
C. 宣传 教育 （30 分）	C2. 推广 普及 （10分）	C2.1 融入行业 管理 （4 分）	（1）把语言文字规范化要求融入教育、文化、新闻出版、广电、旅游、服务等领域、行业管理，要求具体明确，针对性强，4 分。有 1 行业未提出相应要求，扣 1 分，扣完 4 分为止。	听取汇报 查阅资料 座谈访谈 实地查看	
		C2.2 融入城乡 管理 （4 分）	（1）把语言文字规范化要求纳入城乡管理，乡镇、街道办事处切实履行主体责任，推进辖区语言文字规范化，实际效果明显，1 分。		
			（2）县级政府城乡管理部门每年开展综合执法检查时，将语言文字规范化列为必查内容，1 分。		
			（3）对综合执法检查中发现的问题限期整改，跟踪复查，1 分。		
			（4）语言文字工作有特色，有亮点，有创新，1 分。		
		C2.3 融入精神 文明创建 （2 分）	（1）县级有关部门在精神文明创建活动中以竞赛、讲座等多种方式，通过广播电视和互联网等多渠道向社会宣传国家语言文字方针政策和规范标准，1 分。		
			（2）县级有关部门在精神文明创建活动中严格执行有关语言文字规范化的规定，对发现的问题限期整改，跟踪复查，创设良好语言文字规范化环境，1 分。		
	C3. 文化 传承 （10分）	C3.1 完善中华 优秀传统 文化教育 体系 （3 分）	（1）县级政府将传承中华优秀传统文化纳入终身教育之中，完善中华优秀传统文化教育体系，语委成员单位和乡（镇）人民政府、街道办事处具体组织落实，1 分。		

续表 5

一级指标	二级指标	三级指标	实施要求与评分标准	核查方式	计分
C. 宣传 教育 （30 分）	C3. 文化 传承 （10分）	C3.1 完善中华优秀传统文化教育体系 （3 分）	（2）县级教育行政部门将传承中华优秀传统文化纳入学校教育体系，发挥学校在传承中华经典文化中的示范作用，将其有机融入教育教学和校园文化，1 分。	听取汇报 查阅资料 座谈访谈 实地查看	
			（3）学校积极开设校本课程，选编校本教材，传承中华优秀传统文化，1 分。		
		C3.2 开展活动 （5 分）	（1）机关、行业、社区等不同领域大力开展中华经典诵读、书写、讲解等系列宣传活动，将其有机融入单位、社区文化建设和精神文明创建之中，3 分。		
			（2）注重传统经典文化诵写讲资源的挖掘，县（市、区）电台、电视台及相关网站有文本、音像读物用于记录、保存和展示、传播优秀传统文化，1 分。		
			（3）学校通过语文教育、德育教育、养成教育、人文情感培养等多种渠道，在校内外广泛开展中华经典诵读、书写和讲解活动，1 分。		
		C3.3 营造氛围 （2 分）	（1）县级政府及各部门通过网站、微博、微信进行宣传，提高社会知晓度，1 分。		
			（2）街道和大型公共服务场所设立长期性宣传标语牌，营造珍爱国家通用语言文字、弘扬中华优秀传统文化的浓厚氛围，1 分。		

续表 6

一级指标	二级指标	三级指标	实施要求与评分标准	核查方式	计分
D. 发展水平 （35 分）	D1. 国家机关 （6 分）	D1.1 国家机关用语用字 （4 分）	（1）县级政府及各部门以普通话为公务用语，1 分。发现 1 人不合格扣 0.2 分，扣完 1 分为止。	听取汇报 查阅资料 座谈访谈 实地查看	
			（2）公务员（50 周岁及以下）普通话达标率（三级甲等及以上）100%，1 分。		
			（3）县级政府及各部门以规范汉字为公务用字，单位名称牌、指示牌、电子屏幕、标语（牌）、公文、公章等用字规范，2 分。发现 1 处扣 0.2 分，扣完 2 分为止。		
		D1.2 网站用语用字 （2 分）	（1）县级政府及各部门的网站音频视频（方言栏目除外）使用普通话，1 分。		
			（2）县级政府及各部门网站用语用字规范，1 分。每出现 1 例不规范用语用字扣 0.2 分，扣完 1 分为止。		
	D2. 教育机构 （9 分）	D2.1 教育教学用语用字 （3 分）	（1）普通话成为学校教育教学用语，1 分。教学用语发现 1 人不按规定使用普通话，此项不得分；校园用语发现 1 人不按规定使用普通话扣 0.5 分，扣完 1 分为止。		
			（2）规范汉字成为学校教育教学用字，1 分。教师板书、自编读物、学校公文、各类公示出现 1 例不规范用字，扣 0.2 分，扣完 1 分为止。		
			（3）专任教师均参加普通话水平测试并达到规定等级，测试达标率达到 100%，1 分。每下降 1 个百分点扣 0.2 分，扣完 1 分为止。		

续表 7

一级指标	二级指标	三级指标	实施要求与评分标准	核查方式	计分
D.发展水平（35分）	D2.教育机构（9分）	D2.2 列入中小学素质教育督导评估（1分）	（1）语言文字规范化要求列入中小学素质教育督导评估，依法管理校园用语用字，有制度、措施，1分。	听取汇报查阅资料座谈访谈实地查看	
		D2.3 注重学科渗透，校内校外融合（2分）	（1）学校将语言文字规范化要求渗透到德育、智育、体育、美育等各学科教育教学活动中，对语言文字规范化工作有检查和改进措施，1分。		
			（2）学校将语言文字规范化要求融合到社会实践活动中，充分发挥学校教育辐射作用，1分。		
		D2.4 能力培养，素质提升（3分）	（1）学校加强听说读写等方面的教育教学，按规定开设写字（书法）和口语交际课程，注重学生语言文字综合运用能力培养，2分。		
			（2）学校每学期组织开展兴趣小组、竞赛等形式多样的课外活动，提升学生语言文化素质，1分。		
	D3.文化传媒（7分）	D3.1 行业管理（3分）	（1）民政、交通、文化、工商、新闻出版、广电、旅游等主管部门将语言文字规范化要求列入行业管理内容，要求明确，制度健全、管理到位，1分。		
			（2）工商、新闻出版、广电、城管等部门定期开展招牌、广告、出版物、广播电视等行业部门语言文字规范化检查，对发现的问题限期整改，跟踪复查，2分。		

续表 8

一级指标	二级指标	三级指标	实施要求与评分标准	核查方式	计分
D. 发展水平 （35 分）	D3. 文化传媒 （7 分）	D3.2 用语用字水平及社会宣传 （4 分）	（1）文化、新闻出版、广电机构用语规范化水平高，播音员、主持人普通话水平全部达到一级乙等以上，并实行持普通话水平测试等级证书上岗制度，2 分。	听取汇报 查阅资料 座谈访谈 实地查看	
			（2）文化、新闻出版、广电机构用字规范化水平高，平面、网络等媒体用字差错率符合行业要求，1 分。		
			（3）县（市、区）文化、新闻出版、广电机构积极组织开展活动，制作播出公益广告和专题节目，大力推广普通话、推行规范汉字，1 分。		
	D4. 城市街区 （9 分）	D4.1 服务用语 （3 分）	（1）公共服务行业各单位普通话普及程度高，普通话为首问语和应该使用普通话的场合的基本服务用语，3 分。发现 1 人不按规定使用普通话，扣 0.5 分，扣完 3 分为止。		
		D4.2 服务人员用语水平 （2 分）	（1）公共服务行业的广播员、解说员、话务员、导游员等特殊岗位人员普通话水平达到二级乙等以上，2 分。发现 1 人不符合要求扣 0.5 分，扣完 2 分为止。		
		D4.3 公共场所用字 （4 分）	（1）公共场所的名称牌、招牌、广告、交通指示牌、地名牌及公共设施等用字规范，符合有关标准，4 分。发现 1 处不符合要求的用字，扣 0.2 分，扣完 4 分为止。		

续表 9

一级指标	二级指标	三级指标	实施要求与评分标准	核查方式	计分
D.发展水平（35 分）	D5.乡镇农村（4 分）	D5.1 政府推广普及活动（1 分）	（1）乡镇政府通过多种形式积极推广普及国家通用语言文字，有计划、有措施并有具体体现，1 分。	听取汇报 查阅资料 座谈访谈 实地查看	
		D5.2 机关工作人员用语（1 分）	（1）乡级公务员（50 周岁及以下）普通话达标率（三级甲等及以上）100%，以普通话为基本公务用语，1 分。		
		D5.3 公共场所用字（1 分）	（1）公共场所的名称牌、招牌、地名牌、交通指示牌、广告、标语及公共设施用字基本规范，1 分。每出现 1 例扣 0.2 分，扣完 1 分为止。		
		D5.4 农村青壮年普通话学习（1 分）	（1）通过广播、发放宣传资料、举办培训班、组织自愿报名测试等形式，多渠道开展农村青壮年或农村进城务工人员普通话学习活动，1 分。		

北 京 市 教 育 委 员 会
北京市语言文字工作委员会

关于开展2018年学校语言文字工作规范化达标建设工作的通知

京教语〔2018〕3号

各区教委、语委，各市属高等学校：

根据教育部、国家语委《关于进一步加强学校语言文字工作的意见》（教语用〔2017〕1号）精神，为贯彻落实文件精神和工作要求，结合《北京市语言文字事业“十三五”发展规划》，在上年度语言文字工作规范化达标学校建设工作基础上进一步推进本市学校语言文字工作，市教委、市语委决定2018年继续开展此项工作。现将有关事宜通知如下，请认真贯彻执行。

一、提高认识

学校是语言文字工作的基础阵地，加强学校语言文字工作，开展学校语言文字工作规范化达标建设是贯彻落实《国家通用语言文字法》《国家中长期教育改革和发展规划纲要（2010—2020年）》《国家中长期语言文字事业改革和发展规划纲要（2012—2020年）》及《国家语言文字事业“十三五”发展规划》的重要举措，是切实发挥语言文字事业基础性、全局性作用的关键环节，是提升师生语言文字应用能力、增强自觉规范使用国家通用语言文字、自觉传承弘扬中华优秀文化的重要手段和全面建成小康社会的必然要求。各级教育行政部门、语言文字工作部门和各级各类学校要切实提高认识，认真开展语言文字工作规范化达标建设。

二、明确职责

各区教育行政部门、语言文字工作部门负责本辖区幼儿园、中小学（含中等职业学校）语言文字工作规范化达标建设的指导和验收工作。要结合本地实际制定达标学校建设实施方案，采取学校自查、区级验收，市教委、市语委、市政府教育督导室抽查的方式完成此项工作。

各高校要按照《北京市高等学校语言文字工作指导标准》（附件 3）及《北京市教育委员会北京市语言文字工作委员会关于加强高等学校语言文化建设的意见》（京教语〔2015〕1 号，此文件可在北京市语言文字网查询），结合本校实际制定达标建设实施方案。采取院、系自查，学校综合检查，市教委、市语委、市政府教育督导室抽查验收的方式完成此项工作。

三、工作目标

按照教育部、国家语委关于达标学校建设工作的进度安排及国务院教育督导委员会办公室《关于印发〈对省级人民政府履行教育职责的评价办法〉实施细则的通知》（国教督办〔2018〕2 号，此文件可在北京市语言文字网查询）文件精神，结合本市学校语言文字工作现状，提出如下工作目标：

截至 2018 年末，各区辖区内中小学、幼儿园（含中等职业学校）累计完成 80% 以上的语言文字工作规范化达标建设任务，至 2020 年辖区内学校全部完成达标建设工作。请各区按此时段要求调整规划，扎实推进语言文字工作规范化达标学校建设。

已取得国家级、市级语言文字规范化示范校称号的学校视为达标学校。这些学校要进一步巩固成果，总结经验，更好地发挥示范引领作用。

四、加强领导

各区教委、语委，各高校要高度重视，加强组织领导，明确工作职责，落实人员和经费保障，着力加以推进，切实增强做好学校语言文字工作的自觉性、责任感和紧迫感，不断提升学校的语言文字工作水平。

各区教委、语委、各市属高校认真研究，于6月1日（星期五）前将学校语言文字工作规范化达标建设工作开展方案报送市语委办公室。

附件：1. 北京市幼儿园语言文字工作指导标准

2. 北京市中小学语言文字工作指导标准

3. 北京市高校语言文字工作指导标准

2018年5月21日

附件1

北京市幼儿园语言文字工作指导标准

一级指标	二级指标	三级指标	自评得分	验收得分	备注
1 制度建设（30分）	1–1 工作机构（5分）	有专设办公机构和专职人员（3分。如为合署、兼职人员则1.5分）；有语言文字工作机制，有部门分工负责制度（2分）。			
	1–2 长效机制（15分）	园长熟悉语言文字法律法规、方针政策（3分）。将语言文字工作纳入日常管理，在学校发展规划和年度工作计划、总结中有语言文字内容（3分）；用语用字、幼儿培养、教育实践过程中有关于语言文字使用的规章制度，并有定期检查落实制度（3分）；纳入职务评聘、教育教学考核评价等制度（3分）。坚持幼儿园语言文字工作与教育教学相互促进。有具体奖惩机制（3分）。			

续表 1

一级指标	二级指标	三级指标	自评得分	验收得分	备注
1 制度建设（30 分）	1–3 校园环境（6 分）	普通话是幼儿园的工作语言和基本交际语言（2 分）。园内有永久性国家通用语言文字宣传标识或标语，幼儿园主页有语言文字工作宣传（1 分）。园内公文、网站、标语、建筑物等用语用字符合规范，汉语拼音使用规范，外文使用符合标准、规范（2 分）。校园文化建设健康、文明、积极向上，体现中国传统文化对幼儿语言文化素养的熏陶（1 分）。			
	1–4 经费保障（4 分）	有语言文字工作经费，管理严格、使用规范、效益显著（4 分）。			
2 能力建设（25 分）	2–1 规范意识（5 分）	教师熟悉国家语言文字方针和法律法规，自觉规范使用语言文字的意识强（2 分）。具有对中华优秀文化的认同感、自豪感和自信心（1.5 分）。幼儿初步具有规范使用普通话的意识（1.5 分）。			
	2–2 教师能力（12分）	将语言文字应用能力纳入教师培训方案，强调培训效果(4 分)。重视教师基本功训练，通过定期培训、综合培养等方式，提高教师语言文字应用能力和水平，并适应教育教学的新要求（4 分）。教师普通话水平达标（4 分）。			
	2–3 幼儿能力（8 分）	在幼儿培养目标中有语言规范意识和语言交际能力的要求（2 分）。逐步提高幼儿语言文字应用能力，并达到《幼儿园教育指导纲要》、《3–6 岁儿童学习发展指南》相应的要求（2 分）。幼儿能够听懂普通话、愿意讲普通话、并能用普通话表达，具有文明的语言习惯（4 分）。			

续表 2

一级指标	二级指标	三级指标	自评得分	验收得分	备注
3 教育实践（35分）	3–1 教育教学活动（20分）	教师在教育教学活动中均使用普通话，教案、课件等用字、书写规范（10分）。注重幼儿语言表达能力的培养和训练，注重语言素养在健康、语言、社会、科学、艺术五大领域教育教学活动中的融合(10分)。			
	3–2 文化传承（8分）	用适合幼儿的方式方法，组织开展中华经典诗词诵读等活动（3分）。注重中华民族优秀文化传统和革命传统教育，将爱父母、爱家乡、爱祖国的教育贯穿于各个教育环节（3分）。教师自觉成为传承和弘扬中华优秀传统文化的表率（2分）。			
	3–3 创新实践（7分）	积极探索幼儿园语言文字工作新途径、新方法(2分),重视幼儿语言学习方法研究(2分),结合本地和本园实际情况及办学特色,创造性地开展各种语言文化活动，形成品牌或传统（3分）。			
4 宣传普及（10分）	4–1 法制宣传（4分）	将语言文字方针政策、法律法规和规范标准列入幼儿园普法宣传教育，网站、信息屏或宣传栏中有相关内容并定期更新（2分）。教职工熟悉、掌握国家语言文字法律法规、方针政策和规范标准（2分）。			
	4–2 推广普及（6分）	每年推广普通话宣传周开展寓教于乐、形式多样的宣传活动（3分）。积极发挥幼儿园在家园互动中的重要作用和对社会的辐射带动作用，并通过“小手拉大手”等活动，为家长和社会提供有关语言文字规范化的咨询或培训服务工作（3分）。			

说明：1. 满分为 100 分，80 分及以上为合格，90 分及以上为良好，95 分及以上为优秀；2. 指标 1–3 中，如果幼儿园名牌、公章等有用字不规范的此项不得分；3. 指标 2–2，幼儿园教师普通话水平（二级乙等及以上）达标率低于98% 的此项不得分。4. 各区可自设定特色项目为加分项，总分不超过5分。

附件 2

北京市中小学语言文字工作指导标准

一级指标	二级指标	三级指标	自评得分	验收得分	备注
1 制度建设（25分）	1–1 工作机构（5分）	有专设办公机构和专职人员（3分。如为合署、兼职人员则1.5分）；有语言文字工作机制，有部门分工负责制度（2分）。			
	1–2 长效机制（10分）	语言文字工作纳入日常管理，体现在学校发展规划中（2分）；语言文字工作有计划、有过程、有总结（2分）；学校行政工作人员熟悉语言文字法律法规、方针政策（1分）；有规范使用制度（1分）；有定期检查落实制度（1分）；纳入职务评聘、教育教学考核评价（1分）；有奖惩机制（1分）；有专门课程（1分）。			
	1–3 校园环境（6分）	普通话是学校的工作语言和基本交际语言（1分）。校内有永久性国家通用语言文字宣传标识或标语，学校主页有语言文字工作宣传（1分）。重视环境对学生语言文化素养的熏陶作用（2分）。校内用语用字符合规范及相关要求，汉语拼音使用规范，外文使用符合标准、规范（2分）。			
	1–4 经费保障（4分）	语言文字工作经费管理严格、使用规范、效益显著（4分）。			
2 能力建设（30分）	2–1 规范意识（5分）	教师熟悉国家语言文字方针政策和法律法规，自觉规范使用语言文字的意识强，学生有自觉规范使用语言文字的意识（2分）；高年级学生有较强的中华文化和语言的自豪感（3分）。			

续表 1

一级指标	二级指标	三级指标	自评得分	验收得分	备注
2 能力建设（30分）	2–2 教师能力（10分）	将语言文字应用能力纳入教师培训方案，强调培训效果（2分）。重视教师语言文字基本功训练，通过定期培训、综合培养等方式，提高教师语言文字应用能力，并适应教育教学的新要求（3分）。任课教师普通话水平达标（2分）。职工普通话水平达到三级甲等（3分）。			
	2–3 学生能力（15分）	学生培养目标中有明确的语言文字规范意识和应用能力的要求，逐步提高学生语言文字应用能力，并达到课程标准的相应要求（8分）。学生能熟练规范地使用普通话（3分）；熟练掌握和使用应知应会的规范汉字和汉语拼音，书写规范（4分）。			
3 教育教学（25分）	3–1 教学活动（15分）	以国家通用语言文字为基本的教育教学用语用字（3分）。教师在授课、教案、讲义、板书、课件、试卷、作业批改等教育教学活动中的用语、用字和书写规范（3分）。语文教师熟悉、掌握相关语言文字规范标准（3分）。建立学生语言文字应用能力培养方案，各学科教学中都重视学生语言文字规范意识和应用能力的培养和训练（3分）。语文课重视学生口语交际能力的培养和训练，有日常和定期的口语考核（3分）。			
	3–2 文化传承（10分）	完善中华优秀传统文化教育体系，注重中华民族优秀文化传统和革命传统教育教学，将爱父母、爱家乡、爱祖国的教育贯穿于各个教育环节（3分）。学校广泛开展“中华经典诵写讲”等活动（2分）；教师自觉成为传承弘扬中华优秀文化的表率（2分）；学生有相关兴趣小组或社团，学生对中华优秀文化有认同感、自豪感和自信心（3分）。			

续表 2

一级指标	二级指标	三级指标	自评得分	验收得分	备注
4 宣传普及 (10分)	4–1 法制宣传 （4 分）	将语言文字方针政策、法律法规和规范标准列入学校普法宣传教育，网站、信息屏或宣传栏中有相关内容并定期更新（2 分）。教职工熟悉掌握、高年级学生基本了解国家语言文字方针政策、法律法规和规范标准（2 分）。			
	4–2 推广普及 （6 分）	每年推广普通话宣传周组织开展形式多样、寓教于乐的宣传活动（2 分）。积极发挥学校在家校互动中的重要作用和对社会的辐射带动作用，带动社会研究和实践，并通过“小手拉大手”等活动，为家长和社会提供有关语言文字规范化的咨询或培训服务（4 分）。			
5 科学发展 (10分)	5–1 科学研究 （5 分）	重视学生语言学习方法研究，有可以指导教育实践的研究成果（2 分）。研究建立学生语言文字应用能力评价体系，重视并开展学生口语测试评价（2 分）。积极开展中华优秀传统文化教育教学方法研究（1 分）。			
	5–2 创新实践 （5 分）	结合本地和本校实际情况及办学特色，积极探索学校语言文字工作新途径、新方法（2 分）。创造性地开展各种语言文化活动，形成品牌或传统（2 分）。自主研发语言文字校本课程、教材或教辅材料，取得良好的教育教学效果（1 分）。			

说明： 1. 满分为 100 分，80 分及以上为合格，90 分及以上为良好，95 分及以上为优秀。2. 指标 1–3 中，学校名牌、公章等用字有不规范的此项不得分；3. 指标 2–2 中，教师普通话达标率低于 98% 的此项不得分；4. 各区可自行设定加分项目，总分不超过 5 分。

附件 3

北京市高等学校语言文字工作指导标准

一级指标	二级指标	三级指标	自评得分	验收得分	备注
1 制度建设（20分）	1–1 工作机构（5分）	有专设语言文字工作机构和专职工作人员（5分）；合署办公，兼职人员（3分）。			
	1–2 长效机制（6分）	语言文字工作有专项计划、有过程、有总结（1分）。学校领导熟悉语言文字法律法规、方针政策（0.5分）。将语言文字工作纳入日常管理，在学校发展规划和年度工作计划、总结中有语言文字工作内容（0.5分）；在用语用字、学生培养、教育实践过程中有关于语言文字使用的规章制度，并有定期检查落实制度（1.5分）；在职务评聘、教育教学考核评价等制度中，有关于语言文字应用能力、应用情况的明确要求（1.5分）。建立奖惩机制，对学校语言文字工作做出突出贡献的组织和个人给予表彰奖励（1分）。			
	1–3 校园环境（5分）	把语言文字工作纳入学校精神文明建设和校园文化建设，重视环境对学生语言文化素养的熏陶作用（1分）。普通话是学校的工作语言和基本交际语言（1分）。校内公文、各式文件、网站、宣传信息平台以及名称牌、指示牌、校风校训、标语、建筑物等用语用字符合规范，汉语拼音使用规范，外文使用符合标准、规范（2分）。校内有永久性国家通用语言文字宣传标识或标语，有语言文字工作网站（1分）。			
	1–4 经费保障（4分）	将语言文字工作经费列入学校年度预算（3分）。语言文字工作经费管理严格、使用规范、效益显著（1分）。			

续表 1

一级指标	二级指标	三级指标	自评得分	验收得分	备注
2 能力建设 （30分）	2–1 规范意识 （5分）	教师自觉使用规范语言文字的意识强，具有高度的文化自觉和文化自信（2分）。学生有自觉使用规范语言文字的意识；有较强的中华文化和语言的自豪感（3分）。			
	2–2 教师能力 （7分）	将语言文字应用能力纳入教师培训方案，强调培训效果（2分）。重视教师语言文字基本功训练，提高教师语言文字应用能力和水平（2分）。教师自觉成为传承弘扬中华优秀传统文化的表率（1分）。教师普通话水平、汉字应用水平达标（2分）。			
	2–3 学生能力 （18分）	学生培养目标中有明确的语言文字规范意识和应用能力的要求，并有相应的落实措施（3分）。学生重视口语交际能力培养和训练，普通话水平达到相应要求（3分）。师范类或语言类相关专业毕业生，普通话水平达到从业要求的等级的比例为100%、90%、80%（分别得分为8、6、4分；达标率低于80%的，0分）。学校积极为学生提供普通话水平培训测试服务，参加普通话水平测试的学生达到80%以上（4分，未达到50%的，此项为0分）。			
3 教育教学 （20分）	3–1 教学活动 （10分）	教育教学活动中以国家通用语言文字为基本的用语用字（3分）。教师在授课、教案、讲义、板书、课件、试卷、作业批改、论文指导等教育教学活动中用语、用字规范（4分）。重视语言文字类课程建设，师范类专业应把教师语言类课程作为必修课设置，逐步提高学生语言文化素养（3分）。			
	3–2 文化传承 （10分）	完善中华优秀传统文化教育体系，有中华经典诵读、书写等学生社团，广泛开展中华经典诵读、书写、演讲等活动（6分）研究；学生对中华优秀文化有认同感、自豪感和自信心（4分）。			

续表 2

一级指标	二级指标	三级指标	自评得分	验收得分	备注
4 宣传普及（15分）	4–1 法制宣传（5分）	将语言文字法律法规、方针政策和规范标准列入学校普法宣传教育，网站、信息屏或宣传栏中有相关内容并定期更新(3分)。教职工熟悉掌握、学生了解国家语言文字法律法规、方针政策和规范标准（2分）。			
	4–2 推广普及（10分）	组织推广普通话宣传周系列活动（3分）。承担语言文字、中华经典诵读等培训任务，发挥高校辐射作用，引领区域社会发展和文化建设（3分）。师生参加社会活动自觉规范使用国家通用语言文字（2分）。为社会提供有关语言文字规范化的咨询服务（2分）。			
5 科学发展（15分）	5–1 科学研究（8分）	结合学科优势，开展语言文字本体、应用和信息化等方面研究，有科研成果(2分)。研究建立本校学生语言文字应用能力评价体系，研发中华经典诵、写、讲教材(2分)。承担语言文字类科研项目，取得相应成果（2分）。承担语言文字类培训项目，开展培训课程体系建设研究（2分）。			
	5–2 创新实践（7分）	结合本地实际情况及本校办学特色，积极探索学校语言文字工作新途径、新方法（2分）。创造性地开展各种语言文化活动，形成品牌或传统，取得良好的社会效益（2分）。以各种形式积极主动向社会传播中华优秀传统文化、革命文化和社会主义先进文化，尤其是中华优秀语言文化(3分)。			

说明： 1. 满分为 100 分，80 分及以上为合格，90 分及以上为良好，95 分及以上为优秀；2. 指标 1–3 中，如果学校名牌、公章等有用字不规范的此项不得分；3. 各学校可自行评定特色项目为加分项，总分不超过 5 分。

教育督导

北京市教育委员会文件选编

（2018）

北 京 市 教 育 委 员 会
北京市人民政府教育督导室

关于印发《北京市推进义务教育优质均衡发展督导评价实施方案（试行）》的通知

京教督〔2018〕7 号

各区人民政府：

为贯彻《国务院关于深入推进义务教育均衡发展的意见》和《北京市中长期教育改革和发展规划纲要（2010—2020 年）》精神，落实《中共北京市委、北京市人民政府关于推进义务教育优质均衡发展的意见》要求，促进全市义务教育优质均衡发展，依据《教育部关于印发〈县域义务教育优质均衡发展督导评估办法〉的通知》精神，我市将对各区推进义务教育优质均衡发展工作情况进行督导评价。

经市政府同意，现将《北京市推进义务教育优质均衡发展督导评价实施方案（试行）》印发给你们，请结合本地区实际贯彻落实。

附件：1. 北京市推进义务教育优质均衡发展督导评价实施方案（试行）

2. 教育部关于印发《县域义务教育优质均衡发展督导评估办法》的通知

2018 年 2 月 11 日

附件 1

北京市推进义务教育优质均衡发展督导评价实施方案（试行）

为推进义务教育优质均衡发展，全面提高义务教育办学水平和教育质量，根据《国务院关于深入推进义务教育均衡发展的意见》《教育部关于印发〈县域义务教育优质均衡发展督导评估办法〉的通知》《中共北京市委、北京市人民政府关于推进义务教育优质均衡发展的意见》精神，我市自 2018 年开始，将开展区级人民政府推进义务教育优质均衡发展督导评价工作。

一、指导思想

全面贯彻落实党的十九大精神，深入学习贯彻习近平总书记系列重要讲话和对北京工作的重要指示精神，在巩固义务教育基本均衡发展成果基础上，以国家和北京市义务教育优质均衡发展目标为引领，坚持依法依规促进教育公平，坚持以评促建推动教育发展，坚持内涵发展提高教育质量，通过开展区级义务教育优质均衡发展督导评价工作，促进各级政府切实履行教育职责，推进义务教育优质均衡发展，提高教育公共服务水平，办好人民满意的首都教育。

二、评价内容

在全面贯彻国家义务教育优质均衡发展督导评估要求基础上，结合我市发展实际和任务目标，确定督导评价内容包括组织领导、资源配置、队伍建设、教育治理、教育质量、创新发展六个方面（评价具体内容和标准见附件）。

三、组织实施

（一）加强对义务教育优质均衡发展督导评价工作的领导。由市政府办公厅统筹领导，市教委、市政府教育督导室负责组织实施。

（二）建立区级义务教育优质均衡发展状况督导评价制度。每年对各区义务教育实施情况进行监测和满意度调查，通过数据监测、委托第三方评估和实地督查等方式对各区进行督导评价。

（三）市级督导评价与申报国家级评估认定互融互通。2018 年启动市级督导评价，对达到市级评价标准且基本符合国家优质均衡评估条件的区，组织申报国家级评估认定。

四、工作程序

（一）区政府每年对本区义务教育优质均衡发展状况进行自查自评，并形成自查自评报告。

（二）市政府教育督导室根据各区自查自评情况、数据监测情况和第三方评估情况，每年抽取部分区进行实地督导检查，并形成督导评价报告。

（三）对符合国家评估标准的区，由市政府教育督导室组织申报国家级评估认定。

五、结果使用

（一）区域义务教育优质均衡发展督导评价结果将作为对区政府及主要负责人履行教育职责考核评价和区域教育发展水平督导评价的重要依据。

（二）对实现义务教育优质均衡发展区给予表彰奖励。

（三）督导评价结果报送市政府，并适时向社会公布。

六、工作要求

（一）各区政府要切实履行推动区域义务教育优质均衡发展的法定职责，加强组织领导，完善体制机制，推动质量提升，全面推进区域义务教育优质均衡发展。

（二）各区要将北京市推进义务教育优质均衡发展督导评价工作和争创“全国义务教育优质均衡发展区”评估认定，作为促进教育公平和全面提升教育质量、办人民满意教育的重要契机，加强顶层设计，制定实施方案，明确义务教育优质均衡发展区创建工作的时间表和路线图，建立相应的组织机构，做到目标明确、措施具体、责任明晰，确保各项工作落实到位。

（三）各区要依据督导评价实施方案要求，对标对表，每年按照要求完成推进义务教育优质均衡发展的自评工作。

附件：北京市推进义务教育优质均衡发展督导评价指标体系

附件

北京市推进义务教育优质均衡发展督导评价指标体系

一级指标	二级指标	三级指标	评价要点	分值
一、组织领导	（一）立德树人	1. 全面贯彻党的教育方针，发展素质教育，落实立德树人根本任务，培育和践行社会主义核心价值观，培养德智体美全面发展的社会主义建设者和接班人。	1. 坚持正确办学方向，将社会主义核心价值观融入教育管理、教育教学全过程；加强中华优秀传统文化教育，培养和弘扬爱国主义精神，培养学生社会责任感，提升学生综合素养。	4
		2. 加强和改善党对教育工作的领导，加强教育系统领导班子建设，加强和改进教育系统党的建设和学校思想政治工作。	2. 把握党对学校意识形态工作的领导权、主导权。加强党组织建设，发挥基层党组织的政治核心和战斗堡垒作用。建立党政齐抓共管、党政同责的考核和问责机制。	4
	（二）统筹规划	3. 加强义务教育优质均衡发展工作领导，建立义务教育优质均衡发展领导协调机构，工作机制健全，保障措施有力。	3. 将义务教育优质均衡发展列入政府重要议事日程；义务教育优质均衡发展领导协调机构定期召开会议，研究重点、难点问题，协调相关部门推动工作开展。	2
		4. 义务教育发展规划科学合理，目标任务明确，推进措施具体。	4. 制定本区域义务教育发展规划；区域内义务教育学校规划布局合理，满足就近入学需求。	2
			5. 推进义务教育优质均衡发展规划落实，强化顶层设计、系统规划、合力推进；制定推进义务教育优质均衡发展的时间表、路线图。	1

续表 1

一级指标	二级指标	三级指标	评价要点	分值
一、组织领导	（二）统筹规划	5. 义务教育优质均衡发展年度工作扎实推进，成效明显。	6. 年度计划目标明确、重点突出；工作推进强化内涵发展、质量提升，强化校际均衡和持续推进，实现阶段目标任务。	2
	（三）责任落实	6. 各相关部门任务明确，责任落实。	7. 制定区政府相关部门责任清单，任务分工明确，并建立问责机制。	2
		7. 部门协同推进工作机制完善，措施执行有力，政策落实到位。	8. 建立政府相关部门负责人参加的联席会议制度，形成相关部门各负其责、密切配合的工作机制；建立绩效考核评价机制和奖励激励机制。	2
	（四）校园安全	8. 人防、物防、技防相结合的综合防控机制健全，消除安全隐患。	9. 安全设施齐备，安全防护手段先进，安保人员配备符合要求。	2
		9. 加强安全管理，落实安全责任，健全工作机制，无重大安全责任事故。	10. 公安、综治、消防、安监等相关部门各负其责，共同做好校园安全防范工作；针对防溺水、交通安全等不同季节安全事故特点，建立早部署、早安排、早防范的预警机制；建立校园安全事故和督查结果通报机制；建立年初、开学、放假等关键时段安全督导检查机制；建立督导检查和明察暗访机制。无重大安全事故发生。	3

续表 2

一级指标	二级指标	三级指标	评价要点	分值
二、资源配置	（五）教育公平	10. 依法保障适龄儿童少年免试就近入学，完善各项招生入学政策，发挥招生入学制度改革的引导作用。	11. 坚持免试就近入学，完善对口直升、九年一贯等入学方式改革。公办中小学免试就近入学比例达到 100%。优质高中招生名额分配比例不低于 50%，并向办学相对困难学校倾斜。义务教育巩固率达到 99% 以上。	3
		11. 保障随迁子女、残疾儿童等特殊群体拥有平等的受教育权利。	12. 规范中小学校学生学籍管理；将常住人口全部纳入区域教育发展规划，将随迁子女全部纳入财政保障范围；随迁子女在公办学校和已批准民办学校就读的比例不低于 85%；健全留守儿童关爱体系；残疾儿童少年受教育率不低于 99%。	3
	（六）经费保障	12. 义务教育经费在财政预算中单列，实现“三个增长”。确保教师工资水平和绩效工资总量。	13. 义务教育经费实现“三个增长”，即义务教育财政拨款的增长比例高于财政经常性收入的增长比例、在校学生人均的教育费用逐步增长、教师工资和学生平均公用经费逐步增长。	2
			14. 全区义务教育学校教师平均工资收入水平高于当地公务员平均工资收入水平，按规定足额核定教师绩效工资总量。	1
		13. 生均公用经费基准定额不低于市级标准，区内标准统一。	15. 落实北京市相关工作要求，做到标准统一。其中，不足 400 名学生学校按 400 名学生核定公用经费；特殊教育学校生均公用经费不低于 12000 元；专门学校生均公用经费参照特殊教育学校标准。	2

续表 3

一级指标	二级指标	三级指标	评价要点	分值
二、资源配置	（七）条件装备	14. 根据区域功能定位，合理布局区域内义务教育学校，学校规模适宜，能够满足适龄人口入学需求。区域内城乡义务教育学校建设标准统一。	16. 落实区域学校布局调整专项规划和年度实施计划；新建学校和新建居住区配套学校符合市颁建设标准；学校规模符合本市办学条件标准的“适宜规模”；教学班学生数不超过 40 人。	2
		15. 义务教育学校教学设施完善，达到国家和北京市有关建设标准要求。	17. 小学生均教学及辅助用房面积不少于 4.5 平方米，初中生均教学及辅助用房面积不少于 5.8 平方米；小学生均体育运动场馆面积不少于 7.5 平方米，初中生均体育运动场馆面积不少于 10.2 平方米；音乐、美术专用教室满足教学需求，且教学空间生均面积不少于 2 平方米。	2
		16. 学校基本装备配置标准统一，教学设备配备齐全，符合国家和北京市有关配备标准；教学仪器和设备使用效益较高。	18. 小学生均教学仪器设备值达到 5000 元以上；初中生均教学仪器设备值达到 8000 元以上。	2
			19. 教学设备使用效率不断提高，教师、学生能熟练操作和使用相关设备和器材。	1
	（八）信息化水平	17. 学校信息化建设水平不断提高，将信息化技术手段有效应用于学校管理和教育教学实践，实现学校管理与教学信息化；师生个性化学习需求得到有效满足。	20. 结合本区实际，加强信息化的建设、管理和应用；每百名学生配备网络多媒体教室数不少于 2.5 间。教师能熟练运用信息化手段组织教学，满足师生个性化工作学习需求。	2

续表 4

一级指标	二级指标	三级指标	评价要点	分值
二、资源配置	（八）信息化水平	18. 依托信息技术手段，扩大区域优质教育资源覆盖面。	21. 加强教育信息资源建设，整合各类教育信息平台；通过网络和信息化手段推动优质教育资源在更大范围内实现共用、共享。	2
三、队伍建设	（九）干部队伍	19. 学校干部选拔任用制度健全，干部队伍配备合理；重视干部队伍梯队建设，加强后备干部队伍培养；积极推进中小学领导干部校际交流轮岗。	22. 落实中组部、教育部《中小学校领导人员管理暂行办法》《义务教育学校校长专业标准》，校级干部配备齐全，结构优化、梯次合理；后备干部的储备和培养有计划、有效果。	3
			23. 落实北京市义务教育学校校级干部交流轮岗的相关规定；加强对办学相对困难学校干部的配备和优化。	2
		20. 学校干部管理考核机制完善；干部培养培训力度不断加大，形成有效的干部队伍培养机制，办学水平不断提高。	24. 完善干部管理考核工作机制，实施任期目标责任制，建立考核评价制度和激励保障制度。	2
			25. 加强干部队伍培养培训的整体规划、分层实施；结合教育改革发展需要，加强干部政治素质、业务能力、管理水平的提升。	2
	（十）教师队伍	21. 健全完善师德师风建设长效机制。	26. 加强师德建设，规范教师的教育教学行为；教师热爱学生，尊重学生人格，无体罚和变相体罚学生现象；建立完善的教师奖励激励机制。	2

续表 5

一级指标	二级指标	三级指标	评价要点	分值
三、队伍建设	（十）教师队伍	22. 区域内城乡义务教育学校教师编制标准统一；各学科教师配备齐全、结构合理；骨干教师配置均衡，实现城乡和校际间教师流动制度化、常态化。	27. 加强编制的统筹管理，在核定的教职工编制总额和岗位总量内，统筹分配各校教职工编制，优化岗位设置，配齐配足学科教师；按要求配齐中小学音乐、体育、美术等学科教师，保障教师专业化水平符合要求。	3
			28. 均衡配置骨干教师，每百名学生拥有区级以上骨干教师数不少于 1 人；建立教师在城乡间和校际间的合理流动机制；岗位设定、职称评定、评优评先等政策向办学相对困难学校倾斜，建立扶持工作机制。全区每年交流轮岗教师的比例不低于符合交流条件教师总数的 10%；其中，骨干教师不低于交流轮岗教师总数的 20%。	3
		23. 完善区级教师培训培养工作机制，保障经费投入，多举措实施全员培训，促进教师专业化发展。	29. 建立和完善岗前培训、职后培养、骨干带动的教师培训培养工作机制；注重教师的培训培养工作的区级统筹、区校结合；制定工作规划、年度计划，分层分类开展教师培养培训，教师专业化水平得到进一步提升；教师 5 年 360 学时培训完成率达到 100%；学校按照不低于学校年度公用经费预算总额的 5% 安排教师培训经费。	3

续表 6

一级指标	二级指标	三级指标	评价要点	分值
三、队伍建设	（十）教师队伍	24. 深化人事制度改革，完善教师队伍建设的体制机制；提高教师队伍管理水平，提升管理效能。	30. 深化岗位编制管理、职称评聘管理和绩效工资制度改革，形成服务学校发展和教师专业提升的教师队伍配置使用、奖励激励工作机制。专任教师持有教师资格证上岗率达到 100%。	1
			31. 完善区级学科教学带头人、骨干教师评选和管理机制。	1
四、教育治理	（十一）依法治教	25. 坚持依法治教，建立和完善现代教育治理体系，提高教育治理能力和水平。	32. 落实教育部关于推进管办评分离，促进政府职能转变的工作要求，做到政事分开、权责明确。	1
			33. 健全完善学校内部治理体系，学校制定学校章程；逐步建立科学规范、成效显著的学校章程建设机制。	1
		26. 落实学校办学自主权，完善学校内部管理，建立健全学校管理相关工作机制。	34. 健全中小学校办学激励机制，依法依规保障学校在教育教学、选人用人、考核评价、职称评定、经费使用等方面的办学自主权。	1
			35. 创新学校管理模式，健全学校内部管理制度，形成决策、执行、监督、评价等多元自主管理的体制机制。	1

续表 7

一级指标	二级指标	三级指标	评价要点	分值
四、教育治理	（十一）依法治教	27. 建立完善目标责任制和问责制度。	36. 区政府相关部门建立健全相关规章制度，依法依规进行管理、指导与监督。各部门履行教育职责情况纳入单位绩效考核。	1
	（十二）监督管理	28. 建立教育改革发展和教育质量提升常态监督管理机制。	37. 健全完善对义务教育改革发展的常态管理监督制度，建立重大改革科学决策机制，建立教育质量监测评价机制。	1
		29. 强化教育督导，建立完善教育督导体制机制，有效保障教育法律法规和方针政策的贯彻执行。	38. 完善教育督导组织机构，构建督政、督学和评估监测“三位一体”督导职能体系，完善教育督导工作运行机制，加强教育督导队伍建设，配齐配足专职督导人员，规范、科学、有效开展教育督导工作。	1
		30. 增强监督监管力度，建立并落实监督监管结果使用机制。	39. 强化结果使用，建立结果公告、限期整改和考核问责制度。	1
五、教育质量	（十三）教学改革	31. 严格执行国家课程计划和标准，不断完善课程体系建设和课程管理体系建设。	40. 义务教育阶段学校三级课程体系健全，严格执行国家课程设置方案和市课程计划。围绕育人目标，完善本区三级课程整体建设一体化课程方案，开足开齐课程。	1
			41. 区级课程管理机制完善，加强学校课程设置、教材选用和课程实施的监管和指导。	1

续表 8

一级指标	二级指标	三级指标	评价要点	分值
五、教育质量	（十三）教学改革	32. 深化教育教学改革，创新教学模式，提高课堂效率和育人质量。	42. 深化教育教学改革，改进教学内容和方式，密切联系生产生活实际，注重学生创新实践能力和核心素养的培养。在国家义务教育质量监测中，相关科目学生学业水平达到Ⅲ级以上。	2
	（十四）办学水平	33. 学校办学水平整体提升。	43. 树立正确的教育观、人才观、质量观，学校管理理念和育人理念先进。加强学校管理和学校文化建设，干群关系、师生关系和谐向上。	2
		34. 义务教育阶段学校均衡发展。	44. 区域内普通小学综合差异系数低于 0.50；普通初中综合差异系数低于 0.45。	1
	（十五）学生发展	35. 全面实施素质教育，积极探索培养学生创新和实践能力的有效途径，促进学生全面发展和综合素质整体提升。	45. 培育和践行社会主义核心价值观，德育体系健全，目标明确，职责清晰。学生热爱学习，养成良好学习习惯，独立思考、创新能力和实践能力不断提高。	2
		36. 贯彻国家和市级有关体育工作要求，完善学校体育工作制度。高质量保障“两操一课”，积极开展课外体育活动；确保学生每天不少于 1 小时体育活动时间。	46.85% 以上学生的身高、体重、肺活量和身体运动能力等达到《国家学生体质健康标准》，每个学生基本掌握 2 项体育运动技能。	1
		37. 加强学校美育，提高学生审美情趣和艺术素养。搭建平台，拓宽学生科技视野。	47. 学生在艺术、科技等方面有自己的兴趣与爱好，每个学生至少有 1 项艺术特长。	1

续表 9

一级指标	二级指标	三级指标	评价要点	分值
六、创新发展	（十六）社会认可	38. 教育公平、资源共享、办学行为、素质教育、考试改革、教育质量等方面取得成效。	48. 得到学生、家长、教师、校长和人大代表、政协委员的普遍认可，社会满意度达到 85% 以上。	1
	（十七）办学模式	39. 深化教育改革，创新办学模式，优化教育资源共享机制；整合利用社会资源促进学校特色发展。	49. 创新办学模式，充分发挥优质教育资源的示范、辐射和带动作用，深化学区制管理、名校办分校、集团化办学、城乡一体化办学等改革探索，以多种形式扩大优质教育资源。完善办学体制机制，探索新的办学模式背景下经费管理、人事制度改革、考核评价等工作，服务学校发展。	3
			50. 积极探索、深入推进高等学校和教育科研部门、社会机构参与和支持中小学发展，促进学校特色发展，全面提升办学质量，努力办好群众身边的每一所学校。	2
	（十八）协同育人	40. 构建科学完善的育人体系，营造良好的教育氛围，推进协同育人。	51. 构建学校、家庭、社会“三位一体”的育人体系，建立领导协调机制和工作推进机制。建设家长学校，搭建家校沟通平台，引导家长树立正确的教育观念，促进合力育人。	2
		41. 完善社会资源支持服务教育的体制机制，充分发挥社会资源协同育人的功能。	52. 有效利用各类社会资源，完善中小学生综合实践活动组织、管理和评价，充分发挥其育人功能。	2
	（十九）区域特色	42. 推进区域义务教育优质均衡发展过程中，在加强领导、统筹协调、科学规划、健全制度、创新机制等方面形成特色工作和典型经验。	53. 形成在全市乃至全国产生较大影响的工作经验。	1
			54. 在深化基础教育综合改革过程中形成示范案例。	2

附件 2

教育部

关于印发《县域义务教育优质均衡发展督导评估办法》的通知

教督〔2017〕6 号

各省、自治区、直辖市教育厅（教委）、教育督导机构，新疆生产建设兵团教育局、教育督导机构：

为贯彻落实《中华人民共和国义务教育法》《国家中长期教育改革和发展规划纲要（2010—2020 年）》《国务院关于深入推进义务教育均衡发展的意见》（国发〔2012〕48 号）和《国务院关于统筹推进县域内城乡义务教育一体化改革发展的若干意见》（国发〔2016〕40 号），巩固义务教育基本均衡发展成果，引导各地将义务教育均衡发展向着更高水平推进，全面提高义务教育质量，经国务院教育督导委员会同意，决定建立县域义务教育优质均衡发展督导评估制度，开展义务教育优质均衡发展县（市、区）督导评估认定工作。为此，制定了《县域义务教育优质均衡发展督导评估办法》，现印发给你们，请按照本办法要求，积极开展对本行政区域内义务教育优质均衡发展县（市、区）的督导评估工作。

2017 年 4 月 19 日

县域义务教育优质均衡发展督导评估办法

第一章　总则

第一条　为巩固义务教育基本均衡发展成果，进一步缩小义务教育城乡、校际差距，整体提高义务教育标准化建设水平和教育质量，根据《中华人民共和国义务教育法》《国家中长期教育改革和发展规划纲要（2010—2020年）》《国务院关于深入推进义务教育均衡发展的意见》和《国务院关于统筹推进县域内城乡义务教育一体化改革发展的若干意见》，决定开展县域义务教育优质均衡发展督导评估认定工作。为此，制定本办法。

第二条　县域义务教育优质均衡发展督导评估认定的对象是县（含不设区的市、市辖区和国家划定的其他县级行政区划单位，以下统称县）。

第三条　对义务教育优质均衡发展县的督导评估认定，坚持“依法实施、保障公平、注重质量、社会认可”的原则。

第四条　义务教育优质均衡发展县应具备以下基本条件：通过国家义务教育基本均衡发展认定三年以上；基本均衡发展认定后年度监测持续保持较高水平。

第二章　评估内容与标准

第五条　县域义务教育优质均衡发展督导评估认定，包括资源配置、政府保障程度、教育质量、社会认可度四个方面内容。

第六条　资源配置评估通过以下7项指标，重点评估县域义务教育学校在教师、校舍、仪器设备等方面的配置水平，同时评估这些指标的校际均衡情况。具体包括：

（一）每百名学生拥有高于规定学历教师数：小学、初中分别达到 4.2 人以上、5.3 人以上；

（二）每百名学生拥有县级以上骨干教师数：小学、初中均达到 1 人以上；

（三）每百名学生拥有体育、艺术（美术、音乐）专任教师数：小学、初中均达到 0.9 人以上；

（四）生均教学及辅助用房面积：小学、初中分别达到 4.5 平方米以上、5.8 平方米以上；

（五）生均体育运动场馆面积：小学、初中分别达到 7.5 平方米以上、10.2 平方米以上；

（六）生均教学仪器设备值：小学、初中分别达到 2000 元以上、2500 元以上；

（七）每百名学生拥有网络多媒体教室数：小学、初中分别达到 2.3 间以上、2.4 间以上。

每所学校至少 6 项指标达到上述要求，余项不能低于要求的 85%；所有指标校际差异系数，小学均小于或等于 0.50，初中均小于或等于 0.45。

第七条 政府保障程度评估通过以下 15 项指标，重点评估县级人民政府依法履职，落实国家有关法律、法规、政策要求，推进义务教育均衡发展和城乡一体化的工作成效。具体包括：

（一）县域内义务教育学校规划布局合理，符合国家规定要求；

（二）县域内城乡义务教育学校建设标准统一、教师编制标准统一、生均公用经费基准定额统一、基本装备配置标准统一；

（三）所有小学、初中每 12 个班级配备音乐、美术专用教室 1 间以上；其中，每间音乐专用教室面积不小于 96 平方米，每间美术专用教室面积不小于 90 平方米；

（四）所有小学、初中规模不超过 2000 人，九年一贯制学校、十二年一贯制学校义务教育阶段规模不超过 2500 人；

（五）小学、初中所有班级学生数分别不超过 45 人、50 人；

（六）不足 100 名学生村小学和教学点按 100 名学生核定公用

经费；

（七）特殊教育学校生均公用经费不低于 6000 元；

（八）全县义务教育学校教师平均工资收入水平不低于当地公务员平均工资收入水平，按规定足额核定教师绩效工资总量；

（九）教师 5 年 360 学时培训完成率达到 100%；

（十）县级教育行政部门在核定的教职工编制总额和岗位总量内，统筹分配各校教职工编制和岗位数量；

（十一）全县每年交流轮岗教师的比例不低于符合交流条件教师总数的 10%；其中，骨干教师不低于交流轮岗教师总数的 20%；

（十二）专任教师持有教师资格证上岗率达到 100%；

（十三）城区和镇区公办小学、初中（均不含寄宿制学校）就近划片入学比例分别达到 100%、95% 以上；

（十四）全县优质高中招生名额分配比例不低于 50%，并向农村初中倾斜；

（十五）留守儿童关爱体系健全，全县符合条件的随迁子女在公办学校和政府购买服务的民办学校就读的比例不低于 85%。

以上 15 项指标均要达到要求。

第八条 教育质量评估通过以下 9 项指标，重点评估县域义务教育普及程度、学校管理水平、学生学业质量、综合素质发展水平。具体包括：

（一）全县初中三年巩固率达到 95% 以上；

（二）全县残疾儿童少年入学率达到 95% 以上；

（三）所有学校制定章程，实现学校管理与教学信息化；

（四）全县所有学校按照不低于学校年度公用经费预算总额的 5% 安排教师培训经费；

（五）教师能熟练运用信息化手段组织教学，设施设备利用率达到较高水平；

（六）所有学校德育工作、校园文化建设水平达到良好以上；

（七）课程开齐开足，教学秩序规范，综合实践活动有效开展；

（八）无过重课业负担；

（九）在国家义务教育质量监测中，相关科目学生学业水平达到Ⅲ级以上，且校际差异率低于 0.15。

以上 9 项指标均要达到要求。

第九条 社会认可度调查的内容包括：县级人民政府及有关职能部门落实教育公平政策、推动优质资源共享，以及义务教育学校规范办学行为、实施素质教育、考试评估制度改革、提高教育质量等方面取得的成效。社会认可度调查的对象包括：学生、家长、教师、校长、人大代表、政协委员及其他群众。

社会认可度达到 85% 以上。

第十条 有以下情况之一的县不予认定：存在以考试方式招生；存在违规择校行为；存在重点学校或重点班；存在“有编不补”或长期聘用编外教师的情况；教育系统存在重大安全责任事故和严重违纪违规事件；有弄虚作假行为。

第三章 评估程序

第十一条 县级人民政府对本县义务教育优质均衡发展状况进行自评。自评达到要求的，报地市级复核后，向省级提出评估申请。

第十二条 省级教育督导机构对申请评估认定的县进行督导评估。评估前向社会公告，评估结果向社会公布，接受社会监督。通过省级督导评估的县，由各省（区、市）报送教育部申请审核认定。

第十三条 教育部对各省（区、市）报送的申请及相关材料进行审核，并根据需要组织实地检查。

教育部将根据审核结果，提请国务院教育督导委员会对义务教育优质均衡发展县进行认定并予以公布。

第十四条 教育部建立义务教育优质均衡发展监测和复查制度，对全国县域义务教育优质均衡发展状况进行监测，对已通过认定的县进行复查。

各省（区、市）教育督导机构建立义务教育均衡发展监测和复查制度，对通过国家认定的义务教育优质均衡发展县进行监测和复查。

第四章　评估结果

第十五条　县域义务教育优质均衡发展评估结果，是上级人民政府对县级人民政府及其主要负责人履行教育职责评价和教育发展水平综合评估的重要依据。

第十六条　各省（区、市）人民政府对本区域内实现义务教育优质均衡发展的县给予表彰，并对其工作经验进行宣传推广。

第十七条　对义务教育优质均衡发展水平监测复查结果达不到规定要求的县，由教育部报国务院教育督导委员会，根据相关规定进行问责；对连续两年下滑的县，将撤消其“义务教育优质均衡发展县”称号。

第五章　附则

第十八条　本办法自公布之日起施行。

北 京 市 教 育 委 员 会
北京市人民政府教育督导室

落实国务院教育督导委员会办公室《关于补充全国中小学校责任督学挂牌督导创新县（市、区）评估认定内容的函》的通知

京教督〔2018〕15 号

各区教委、区政府教育督导室：

现将国务院教育督导委员会办公室《关于补充全国中小学校责任督学挂牌督导创新县（市、区）评估认定内容的函》（国教督办〔2018〕27 号）转发给你们，请各区认真学习领会，贯彻落实。并以此为契机，扎实推进全市中小学校责任督学挂牌督导工作。

为进一步贯彻文件精神，市教委、市政府教育督导室制定了《关于落实国务院教育督导委员会办公室〈关于补充全国中小学校责任督学挂牌督导创新县（市、区）评估认定内容的函〉的工作方案》，现一并印发，请各区根据方案要求，抓好工作落实，不断提升中小学校责任督学挂牌督导工作水平。

附件：1. 国务院教育督导委员会办公室《关于补充全国中小学校责任督学挂牌督导创新县（市、区）评估认定内容的函》
2. 关于落实国务院教育督导委员会办公室《关于补充全国

中小学校责任督学挂牌督导创新县（市、区）评估认定内容的函》的工作方案

2018年5月25日

附件1

国务院教育督导委员会办公室关于补充全国中小学校责任督学挂牌督导创新县（市、区）评估认定内容的函

各省、自治区、直辖市教育厅（教委）、人民政府教育督导部门，新疆生产建设兵团教育局、教育督导部门：

为进一步做好责任督学挂牌督导工作，结合近两年全国中小学校责任督学挂牌督导创新县（市、区）创建实际和教育事业发展形势，我们补充了全国中小学校责任督学挂牌督导创新县（市、区）评估认定内容。现将有关事项函告如下。

一、增设督导效果评估认定指标

在原有《全国中小学校责任督学挂牌督导创新县（市、区）评估认定标准》基础上，增加督导效果指标，重点对责任督学挂牌工作在规范学校管理、促进教育公平、提升教育质量方面取得的实际效果进行核查。具体考核的二级指标为：

1. 党的教育方针得到切实贯彻落实。学校办学方向正确，社会主义核心价值观教育深入开展，学生思想品德状况良好，校风、教风、学风和师德、师风良好。

2. 学校规章制度健全、管理规范。县域所有普通中小学校实现一校一章程并能够依法依规治校、校务公开、民主管理；教师、学生、人事、财务、资产、教学、安全等各项管理制度健全齐备。

3. 校园安全工作到位。校园内食堂管理规范；饮水安全可靠；卫生状况良好；校园消防安全设施完善，定期检查、维护、更新消防设备；

校园周边环境安全，学生交通安全有保障；每学期至少开展1次全校性的安全逃生演练。

4. 适龄儿童、少年享有公平的受教育机会。符合条件的随迁子女在公办学校和政府购买服务的民办学校就读的比例不低于85%。

5. 控辍保学效果明显。县域九年义务教育巩固率达到95%以上。

6. 招生行为规范。城区和镇区公办小学、初中（均不含寄宿制学校）就近划片入学比例分别达到100%、95%以上。

7. 课程开设严格执行国家课程方案和课程标准。县域所有普通中小学开齐开足国家规定课程（包括学校道德与法治、语言、历史、科学、体育、艺术和综合实践活动课程），按规定使用教材。

8. 学生心理健康、体魄强健。县域内所有普通中小学开展学生心理健康教育；学生体质健康达标率近三年呈上升趋势或均已超过90%。

9. 教育秩序良好。学生课业负担重、教师参与有偿补课、乱收费乱编班、教辅材料过多过滥等人民群众反映强烈的热点难点问题得到有效纠正或解决。

二、在原有评估指标中增加部分内容

1. 第22考核点增加责任督学“组织教育工作社会满意度调查每学年不少于1次”内容。

2. 增加“责任督学工作档案管理规范，督导方案、记录、报告等工作全过程材料齐全完备”作为第24考核点。

3. 第26考核点增加县级教育督导部门“每年编制1册督学工作案例”内容。

三、增设一票否决事项

1. 县域内近3年发生过重大校园安全责任事故。

2. 县域内当年发生过情节恶劣的学生欺凌事件。

3. 责任督学公示牌缺少责任督学姓名、照片、8项督导事项、联系电话四要素之一或没有悬挂在学校正门口显著位置。

四、工作安排

各省级教育行政部门可在每年的4至10月期间申报1次本年度

全国中小学校责任督学挂牌督导创新县（市、区）。国务院教育督导委员会办公室将每两个月组织1次实地核查工作。认定结果于年底统一公布。对已经国家评估认定的创新县（市、区）将建立复查制度。

各地要严格标准、严控质量，有计划有节奏地做好申报工作，要把创建全国中小学校责任督学挂牌督导创新县（市、区）作为推动当地教育工作的重要手段，加强组织领导，加大工作力度，切实推进中小学校挂牌督导工作取得扎实成效。

附件：全国中小学校责任督学挂牌督导创新县（市、区）评估认定内容一览表

2018年4月19日

附件

全国中小学校责任督学挂牌督导创新县（市、区）评估认定内容一览表

内容	考核点
一、领导重视	1. 县级人民政府印发落实中小学校责任督学挂牌督导工作的文件。
	2. 县级人民政府分管教育督导工作负责同志直接抓、负总责。
	3. 县级人民政府教育督导委员会每年召开1次以上会议，研究部署挂牌督导工作，解决工作中存在的主要问题。
	4. 教育督导机构有专人具体负责中小学校责任督学挂牌督导工作。
二、制度健全	5. 建立中小学校责任督学挂牌督导制度，县域内中小学校全部实现挂牌督导。
	6. 制定中小学校挂牌督导工作实施细则，明确规定责任督学的基本职责和督导内容等。
	7. 对责任督学实施经常性督导、专项督导、综合督导和责任督学协作督导作出明确规定。

续表1

内容	考核点
二、制度健全	8. 制定责任督学挂牌督导工作规程，对校园巡视、推门听课、查阅资料、问卷调查、座谈走访等工作方式和方法提出明确要求。
	9. 建立会议制度，定期召开会议部署工作、通报情况、交流总结等，不定期召开督学座谈会、咨询会、教育督导重大问题征求意见会等。
	10. 建立报告制度，对责任督学定期撰写并提交工作报告作出明确规定。
三、队伍精干	11. 建立责任督学管理制度，对责任督学的聘任、管理、培训、考核和定期交流等作出明确规定。
	12. 为每名责任督学配发督学证和《督导工作手册》。
	13. 责任督学队伍的专业、年龄、职称结构合理，基本覆盖中小学学科和教育管理领域。
	14. 责任督学数量充足，每名兼职督学负责学校数不超过 5 所。
	15. 制定责任督学全员培训规划和年度培训计划。
	16. 每年按计划开展培训，面授不少于 40 学时，培训模式灵活多样。
	17. 督导部门组织责任督学通过座谈、学习考察等方式，促进责任督学加强交流、不断学习。
四、工作规范	18. 责任督学进校督导时，主动出示督学证。
	19. 教育督导部门制定挂牌督导年度工作要点，并印发辖区内各责任区。
	20. 责任督学制定工作计划并报教育督导部门备案。
	21. 责任督学每次督导工作结束后，及时向学校反馈督导意见，督促整 改并撰写督导报告。
	22. 责任督学对负责的每所学校，实施经常性督导每月不少于 1 次，组 织教育工作社会满意度调查每学年不少于 1 次。
	23. 责任督学每年度督导工作涵盖所负责学校的八项主要事项。
	24. 责任督学工作档案管理规范，督导方案、记录、报告等工作全过程 材料齐全完备。

续表 2

内容	考核点
四、 工作规范	25. 督导情况、意见和结果及时上传下达，督导部门和各有关部门之间 沟通渠道畅通。
	26. 县级督导部门及时总结和推广责任督学挂牌督导经验，每年编制 1 册督学工作案例。
五、 保障有力	27. 教育督导经费列入财政预算。
	28. 有文件明确对责任督学开展督导工作提供经费保障。
	29. 对责任督学挂牌督导工作提供办公场所和设备。
六、 方式科学	30. 对责任督学挂牌督导工作实现信息化管理，建有责任督学挂牌督导 信息系统。
	31. 通过网络信息系统开展工作部署、信息报送、意见反馈、工作交流、考核评价及网络培训等工作。
	32. 责任督学挂牌督导信息系统覆盖县域内全部挂牌学校。
七、 结果有用	33. 建立完善的中小学校责任督学挂牌督导问责机制，对意见反馈、约 谈整改、公开公示等有明确规定。
	34. 学校形成了落实督导意见和整改要求的工作机制，且在规定时限内 完成整改。
	35. 县级人民政府或教育行政部门制定文件，明确教育督导部门或责任 督学对学校的问责处理、评优评先等具有监督权。
	36. 县级人民政府制定相关文件，明确把学校限期整改的进度和成效作 为学校及其主要负责人考核奖惩的重要依据。
	37. 县级人民政府和教育行政部门对责任督学提出的意见和建议及时进行研究和处理。
八、 效益明显	38. 党的教育方针得到切实贯彻落实。学校办学方向正确，社会主义核 心价值观教育深入开展，学生思想品德状况良好，校风、教风、学风和师德、师风良好。

续表 3

内容	考核点
八、效益明显	39. 学校规章制度健全、管理规范。县域所有普通中小学校实现一校一章程并能够依法依规治校、校务公开、民主管理；教师、学生、人事、财务、资产、教学、安全等各项管理制度健全齐备。
	40. 校园安全工作到位。校园内食堂管理规范；饮水安全可靠；卫生状况良好；校园消防安全设施完善，定期检查、维护、更新消防设备，校园周边环境安全，学生交通安全有保障；每学期至少开展 1 次全校性的安全逃生演练。
	41. 适龄儿童、少年享有公平的受教育机会。符合条件的随迁子女在公办学校和政府购买服务的民办学校就读的比例不低于 85%。
	42. 控辍保学效果明显。县域九年义务教育巩固率达到 95% 以上。
	43. 招生行为规范。城区和镇区公办小学、初中（均不含寄宿制学校）就近划片入学比例分别达到 100%、95% 以上。
	44. 课程开设严格执行国家课程方案和课程标准。县域所有普通中小学开齐开足国家规定课程（包括学校道德与法治、语言、历史、科学、体育、艺术和综合实践活动课程），按规定使用教材。
	45. 学生心理健康、体魄强健。县域内所有普通中小学开展学生心理健康教育；学生体质健康达标率近三年呈上升趋势或均已超过 90%。
	46. 教育秩序良好。学生课业负担重、教师参与有偿补课、乱收费乱编班、教辅材料过多过滥等人民群众反映强烈的热点难点问题得到有效纠正或解决。
九、一票否决事项	47. 县域内近 3 年发生过重大校园安全责任事故。
	48. 县域内当年发生过情节恶劣的学生欺凌事件。
	49. 责任督学公示牌缺少督学姓名、照片、8 项督导事项、联系电话四要素之一或没有悬挂在学校正门口显著位置。

附件 2

关于落实国务院教育督导委员会办公室《关于补充全国中小学校责任督学挂牌督导创新县（市、区）评估认定内容的函》的工作方案

为落实国务院教育督导委员会办公室《关于补充全国中小学校责任督学挂牌督导创新县（市、区）评估认定内容的函》（国教督办〔2018〕27 号）的文件精神，进一步做好中小学校责任督学挂牌督导创新区建设工作，根据领导指示精神，结合全市工作实际，制定工作方案。

一、指导思想

以国务院教育督导委员会办公室《关于补充全国中小学校责任督学挂牌督导创新县（市、区）评估认定内容的函》（国教督办〔2018〕27 号）的文件精神为指导，进一步加强各区中小学校责任督学挂牌督导工作，不断提升工作水平，努力实现全市十六个区全部达到国家级责任督学挂牌督导工作标准的目标。

二、工作安排

（一）明确工作目标要求。夯实责任督学挂牌督导创新区工作基础，认真组织各区学习贯彻国务院教育督导委员会办公室《关于补充全国中小学校责任督学挂牌督导创新县（市、区）评估认定内容的函》（国教督办〔2018〕27 号）中的调整内容，对创新区建设工作作出部署，提出工作要求，明确创建目标。（5 月初）

（二）强化工作动员部署。召开争创国家级创新区督导室主任专题动员培训会，详细解读国家级创新区评估评定标准，进一步明确创建工作努力方向和工作要求。（5 月下旬）

（三）深入开展实地检查。在对丰台等五个 2018 年申报国家级创

新区创建工作实地调研的基础上，有针对性的选择部分工作基础相对薄弱的区，再次进行实地检查指导，帮助各区发现问题，解决问题。（6月下旬）

（四）加强工作沟通协调。进一步加强与国家教育督导委员会办公室督学管理处的工作沟通，一方面及时了解上级主管部门对此项工作的最新工作精神，另一方面主动汇报北京市的工作进展情况，争取上级部门的支持与指导。

（五）统筹推进工作落实。根据各区工作推进情况，适时召开工作推进会，听取各区工作进展情况汇报，有针对性的提出工作要求，统筹推进全市创新区建设工作。（下半年）

三、工作要求

（一）2018年申报全国中小学校责任督学挂牌督导创新县（市、区）的五个区要按照文件要求，认真学习研究调整后的全国中小学校责任督学挂牌督导创新区标准，结合本区实际，制定创建工作方案和时间表、路线图，对标对表，找差距补短板，梳理总结创建工作特色亮点，力争高标准、高质量做好迎接国家级创新区评估认定各项准备工作。

（二）已获得全国中小学校责任督学挂牌督导创新县（市、区）称号的十一个区要高度重视责任督学挂牌督导工作，对照新的工作标准要求，结合本区实际，做好自评自查，要在原有工作水平不断提升的前提下，实现新增指标要求的全部达标，确保经得住国家级创新区建设工作复查的检验，进一步发挥中小学校责任督学挂牌督导工作示范引领作用。

（三）各区要继续发挥责任督学挂牌督导工作机制优势，坚持问题导向、任务驱动，积极推动各项重点工作任务落实，促进学校持续健康发展。要进一步固化责任督学挂牌督导已取得工作成果，结合本区实际，继续进行实践探索和改革创新，不断总结经验做法，形成有效工作机制，全面提升责任督学挂牌督导工作水平。

北京市教育委员会
北京市人民政府教育督导室

关于开展2018年普通中小学招生入学工作专项督查的通知

京教基二〔2018〕14号

各区教委、区政府教育督导室：

为进一步规范普通中小学招生入学工作秩序，促进教育公平，根据教育部有关文件精神，决定开展2018年普通中小学招生入学工作专项督查。现将有关事项通知如下：

一、督查目的

认真贯彻党的十九大和中央经济工作会议精神，严格落实《教育部办公厅关于做好2018年普通中小学招生入学工作的通知》（教基厅〔2018〕5号）、《北京市教育委员会关于2018年义务教育阶段入学工作的意见》（京教基二〔2018〕号）等文件要求，积极回应群众反映强烈的热点难点问题，全面强化监督问责机制，坚决治理违规行为，切实维护中小学招生入学秩序，努力让每个孩子都能享有公平而有质量的教育，促进学生全面发展健康成长。

二、督查内容

（一）普通中小学是否执行全市统一规定招生时间，是否存在提前组织招生情况。

（二）普通中小学是否实行招生计划管理，是否存在无计划、超计划招生，是否存在擅自调整招生计划情况。

（三）义务教育阶段学校是否自行组织或与社会培训机构联合组织以选拔生源为目的的各类考试，是否采用社会培训机构自行组织的各类考试结果，是否以各类竞赛证书、学科竞赛成绩或考级证明等作为招生依据。

（四）义务教育阶段公办学校寄宿招生是否公开公示招生范围、招生名额、招生方式、录取名单，是否存在以寄宿招生名义选拔学生情况。

（五）义务教育阶段高校附中附小招收高校子弟名单是否经过高校审核把关，是否存在以招收高校子弟名义选拔学生情况。

（六）义务教育阶段学校是否按照随机派位方式均衡编班，是否设立重点班、快慢班。

（七）公办学校与民办学校是否存在混合招生、混合编班情况。

（八）民办学校招生是否纳入属地区教委统一管理，其招生简章、广告是否报审批机关备案，实际发布的招生简章和广告是否与备案内容一致，是否公开公示招生计划、招生范围、招生方式、收费标准等，是否执行审批机关核定的招生范围，是否存在超范围招生现象。

（九）初高中学校是否对学生进行中高考成绩排名、宣传中高考状元和升学率，区教委是否对学校中高考情况进行排名，是否向学校提供非本校的中高考成绩数据。

（十）普通中小学是否以高额物质奖励、虚假宣传等不正当手段招揽生源，是否变相掐尖选生源。

（十一）普通中小学是否收取或变相收取与招生入学挂钩的捐资助学款。

（十二）普通中小学是否招收不符合入学资格条件学生，是否存在无学籍学生、学籍造假、人籍分离、空挂学籍等现象，是否为违规跨区域招收的学生和违规转学学生办理学籍转接。

三、问责措施

对于确实存在违规行为的学校，视情节轻重给予约谈、通报批评、追究相关人员责任等处罚。民办学校存在违规行为的，还可依照有关规定给予减少下一年度招生计划、停止当年招生直至吊销办学许可证的处罚。对监管不力、问题频发、社会反响强烈的学校和地区，追究区、校两级主要责任人责任。构成违纪的，根据有关规定，给予党政纪处分，同时追究相关部门的监管责任；涉嫌违法的，移送司法机关处理。

四、工作安排

采取统一部署、各区自查、市级抽查方式，切实加强对普通中小学招生入学工作的督导检查。

（一）加强组织领导。市教委、市政府教育督导室成立专项督查组，对各区工作开展情况进行抽查，重点检查群众反映集中问题。各区要结合实际制定督查实施方案，对照督查内容认真开展自查，及时发现并妥善处理苗头性、倾向性问题，确保入学工作平稳有序。

（二）落实工作责任。按照谁主管、谁负责原则，建立健全主要领导负总责、分管领导具体负责，一级抓一级，层层抓落实的入学工作责任体系。区教委主任是本区招生入学工作第一责任人，校长为本校招生入学工作第一责任人。

（三）强化监督问责。市区分别公布举报电话，畅通举报渠道，主动接受学生、家长和社会监督（市级举报电话：96391，请各区及时公布举报电话）。根据举报线索开展重点督查，对实名举报的，要逐一落实。对违规行为发现一起，查处一起，曝光一起，绝不姑息。

请各区 2018 年 9 月 10 日前将本区普通中小学招生入学工作自查情况报告（一式三份，加盖公章）报市教委基教二处。

2018 年 7 月 2 日

北 京 市 教 育 委 员 会
北京市人民政府教育督导室

关于做好 2018 年度幼儿园办园行为督导评估工作的通知

京教督〔2018〕17 号

各区教委、区人民政府教育督导室：

2017 年 4 月，教育部印发了《幼儿园办园行为督导评估办法》，按照国务院教育督导委员会办公室工作部署，去年我市重点对无级类公办幼儿园和经审批民办幼儿园规范办园情况进行了专项督导评估。各区认真指导幼儿园开展自评，并组织专门力量开展了督导检查，同时，将幼儿园规范办园行为情况作为幼儿园责任督学开展经常性督导的重要内容，取得了较好效果。

根据国务院教育督导委员会办公室通知精神，今年将继续开展幼儿园办园行为督导评估，为落实工作要求，现将有关事宜通知如下：

一、督导评估范围

区域内每一所幼儿园。各区重点关注经审批幼儿园的规范办园情况。

二、督导评估内容

以《幼儿园工作规程》为基本依据，按照教育部《幼儿园办园行为督导评估办法》确定的五大方面 32 个评估指标和要点进行督导评估，内容重点包括办园条件、安全卫生、保育教育、教职工队伍、内部管理等。

三、督导评估方式

各区指导幼儿园认真开展自评，在自评基础上结合区域实际情况，自行确定督导评估方式，可参照《北京市教育委员会北京市人民政府教育督导室关于做好幼儿园办园行为督导评估工作的通知》（京教督〔2017〕16号）开展相关工作。各区在10月26日（星期五）前完成本区2018年幼儿园办园行为督导评估工作。市级原则上不再单独组织重点抽检和抽查。

四、加强总结整改

针对今年幼儿园办园行为督导评估工作中发现的突出问题，各区教委、区政府教育督导室要指导幼儿园切实加强整改落实。特别是针对2017年幼儿园办园行为督导评估过程中发现的突出问题，要进行跟踪督导检查。各区要从强化教育督导职能的角度，进一步加强幼儿园监督监管，积极推动问题解决。

五、按时提交报告

各区于11月9日（星期五）前将督导评估报告以函件形式反馈市政府教育督导室，并发送电子版。同时，将评估报告报送区政府，为教育决策提供依据。

督导评估报告主要内容：包括本区各级各类幼儿园总体情况、2018年幼儿园办园行为督导评估工作开展情况、本区规范幼儿园办园行为采取的主要措施和取得的突出成效、存在问题以及工作建议。此外，对本区未经登记注册幼儿园的分类治理情况进行说明。要求数据准确、观点鲜明、结论客观。

附件：关于做好2018年度幼儿园办园行为督导评估工作的通知

2018年9月14日

附件

国务院教育督导委员会办公室

关于做好 2018 年度幼儿园办园行为督导评估工作的通知

国教督办函〔2018〕52 号

各省（自治区、直辖市）教育厅（教委）、教育督导部门，新疆生产建设兵团教育局、教育督导部门：

2017 年 4 月教育部印发《幼儿园办园行为督导评估办法》（以下简称《办法》）后，各省（区、市）积极贯彻落实，并按照《国务院教育督导委员会办公室关于幼儿园办园行为督导评估工作的通知》（国教督办函〔2017〕59 号）要求，制定了实施方案，明确了本地开展幼儿园办园行为督导评估的时间表和路线图。目前，大部分省份按要求开展了督导评估工作，但仍有少数省份至今未采取措施开展工作。为做好 2018 年度幼儿园办园行为督导评估工作，现将有关事宜通知如下：

一、按要求尽快推动实施

开展幼儿园办园行为督导评估是健全学前教育政策保障体系，推进学前教育普及普惠安全优质发展，满足人民群众对幼有所育期盼的重要举措。各省要高度重视，全面部署，扎实推进，注重实效。特别是尚未开展督导评估工作的省份，要严格按照《办法》和省实施方案要求，积极作为，加大工作力度，加快推动实施，确保本省年度工作任务按期完成。

二、建立健全督查机制

各地要建立督查机制，对县（市、区）开展幼儿园办园行为督导评估工作进行检盘，督促各县（市、区）教育督导部门按要求开展工作，指导幼儿园做好自评，保质保量完成工作任务。各地要建立起规范，高效的督查机制，及时了解工作进展和幼儿园办园情况，发现问题，及时解决，推动幼儿园规范办园行为，提高保教质量。

三、按期提交评估报告

各省应根据幼儿园办园行为督导评估工作情况和有关数据信息，组织专家进行研究分析，形成本省幼儿园办园行为督导评估报告。报告内容应包括幼儿园办园行为督导评估工作进展情况和已评估幼儿园办园行为情况，要求观点鲜明内容翔实、结论客观。请于 11 月 30 日前将省级评估报告以函件形式报送我办，并发送电于版。同时，要将评估报告报本省（区、市）人民政府，为教育决策提供依据，且向社会发布，接受社会监督。工作中加强与国务院教育督导委员会办公室的联系。

2018 年 7 月 11 日

北 京 市 教 育 委 员 会
北京市人民政府教育督导室

关于印发《北京市普通中小学校全面实施素质教育督导评价方案》的通知

京教督〔2018〕18 号

各区人民政府：

为深入贯彻习近平新时代中国特色社会主义思想和党的十九大精神，全面贯彻落实全国和全市教育大会精神，持续推进素质教育的实施与发展，市教委、市政府教育督导室制定了《北京市普通中小学校全面实施素质教育督导评价方案》，现印发给你们，请各区结合实际认真贯彻落实。

2018 年 11 月 16 日

北京市普通中小学校全面实施素质教育督导评价方案

为全面贯彻党的教育方针，落实立德树人根本任务，发展素质教育，加快推进首都教育现代化，努力办好人民满意的首都教育，充分发挥教育督导的保驾护航作用，特制定本方案。

一、指导思想

以习近平新时代中国特色社会主义思想为指导，深入贯彻党的十九大精神，全面贯彻落实全国和全市教育大会精神，深入落实中共中央办公厅、国务院办公厅《关于深化教育体制机制改革的意见》、国务院《教育督导条例》等文件精神和关于实施与发展素质教育系列政策要求，坚持以立德树人为根本任务，持续推进素质教育的实施与发展，通过实施对学校素质教育情况的督导评价，切实加强对素质教育工作的领导和指导，强化落实学校办学主体责任，引导学校树立正确的人才观、育人观和质量观，培养学生的核心素养和综合素质，促进学生健康成长发展，督促学校依法办学、规范管理、内涵发展，不断提高育人质量，着力培养德智体美劳全面发展的社会主义建设者和接班人。

二、基本原则

（一）坚持立德树人

学校的根本任务是立德树人，培养德智体美劳全面发展的社会主义建设者和接班人。通过教育督导，强化学校育人为本、德育为先的思想，始终坚持立德树人的根本要求，坚持正确的办学方向和育人理念，将社会主义核心价值观融入到学校育人全过程，形成价值引领、知识传授、能力培养、行为养成和身心健康有机结合的育人方式，促进全体学生全面和谐发展。

（二）发展素质教育

持续推进素质教育的实施和发展是落实立德树人的根本要求。通过教育督导引导学校从“培养什么人、怎样培养人、为谁培养人”的高度,从“未来社会需要什么样的人”的时代要求,强化学生核心素养、综合素质培养，推动学校不断优化人才培养模式，优化人才培养体系，优化学校治理，深化课程和课堂教学改革，破解育人工作的突出矛盾和问题，促进学生德智体美劳全面发展，助力学生形成支撑终身发展、适应时代要求的关键能力和必备品格。

（三）聚焦育人质量

质量是教育内涵发展的核心，满足人民群众对享有公平而有质量教育的基本需求，是教育改革发展的战略主题。通过教育督导促进学校遵循教育规律，坚持内涵发展，始终将学生放在正中央，聚焦学生获得，提高育人质量，将学校办学发展与育人质量相统一、综合改革与重点突破相结合,不断深化教育改革,优化育人方式,完善课程供给,深化实践育人，加强质量监控，提高教师发展水平，努力办好人民满意的教育，切实增强学生的实际获得感。

（四）依法依规实施

国家教育法律法规，不仅是学校办学的基本遵循，也是教育督导部门实施督导评价的重要依据。教育督导要坚持依法依规，科学组织实施。通过教育督导，督促学校始终坚持正确办学方向，全面贯彻党的教育方针，将立德树人根本任务和实施发展素质教育各项政策要求落到实处。建立完善的教育治理体系，提高教育治理能力和水平，不断推进依法行政、依法办学、依法治校取得实效。

（五）促进学生发展

面向全体学生，促进学生健康成长和全面发展，是全面实施素质教育的本质要求，是学校一切工作的出发点和落脚点。教育督导要坚持育人为本，体现学生获得，把教育教学工作是否符合学生成长发展需要作为衡量学校办学水平和教育教学质量的主要标准，重点考察学生思想道德素质、劳动习惯、科学文化素质养成和身心健康发展情况；学习兴趣、习惯和能力培养情况；审美情趣、人文素养形成和实践能力、创新精神培养情况；学校育人体系对学生核心素养和综合素质培养的支持保障情况等，使教育督导真正成为助力学生成长发展的重要保障。

三、督导内容

督导评价内容包括：组织领导、学校治理、教师队伍、教育教学、实践育人、办学成效和特色工作等七个方面，涉及22个二级指标和51个三级指标，涵盖全面实施素质教育各个方面。

（一）组织领导

学校坚持党的领导，全面贯彻党的教育方针，充分发挥党组织政治核心和战斗堡垒作用，加强和改进党建工作，加强教职工思想政治教育，建立党政领导参与决策和监督机制。坚持社会主义办学方向，注重弘扬社会主义核心价值观，制定和实施学校发展规划，推进教育现代化建设，遵循教育和学生发展规律，推进育人模式改革与创新。

（二）学校治理

学校要坚持依法办学，切实保障学生受教育权利，加强现代学校制度建设，落实《关于加强中小学校管理的若干意见（试行）》《中小学幼儿园安全管理办法》《中小学公共安全教育指导纲要》《北京市中小学校办学条件标准》等，定期开展安全隐患排查和整治工作。学校维护教师职业尊严和合法权益，落实校务信息公开、教育收费公示等制度。学校发挥家长和社会相关方面协同育人作用，加强校外安全管理，营造良好育人环境。

（三）教师队伍

学校加强师德师风建设，建立长效机制。教师遵守法律法规，严于律己，自觉规范教育教学行为。学校注重教师专业化发展，加强教师基本功训练和教师研修，注重教师发展保障，为教师发展搭建平台。

（四）教育教学

学校健全德育管理机制，加强德育队伍建设，充分发挥课堂教学育人主渠道作用，坚持文化育人、养成育人，形成全员全程全方位育人的德育工作格局。学校体卫、美育、劳动教育工作体现素质教育内容。学校严格执行国家课程方案，开齐开足各类课程，建立完善教学常规管理机制，提升课程建设能力，满足学生发展需求。学校注重推进教学改革，营造和谐课堂氛围，实施综合素质评价，发挥内部督导教学诊断作用。

（五）实践育人

学校制定并落实综合实践课程方案，开发探索符合综合实践活动课程性质的内容与方式，积极开展艺术、体育、劳动、科技和优秀传统文化等多种课内外教育活动，提升学生整体综合素养。

（六）办学成效

学生素质全面提升，学风良好，劳动意识与习惯建立，体育与艺术素养提升；教师能够自觉践行社会主义核心价值观，教育教学水平不断提升，“四有好教师”和“四个引路人”成为教师的共同追求；学校办学取得实效，学生学业成绩整体水平稳中有进，办学效果满意度测评达到良好以上。

（七）特色工作

学校改革创新成果符合学校办学方向和发展目标，办学特色鲜明，优势明显，效果显著。

四、督导实施

市政府教育督导室统筹组织实施全市普通中小学校全面实施素质教育综合督导评价工作，坚持市级统筹、区级主责、学校主体、综合评价，确保中小学校素质教育综合督导评价的质量和效果。

（一）督导对象

全市普通中小学校。

（二）督导周期

按照每 4 年一个周期，完成一轮对全市普通中小学校全面实施素质教育的综合督导评价。

（三）工作职责

1. 市级统筹

市政府教育督导室负责统筹组织实施全市普通中小学校综合督导工作，加强对各区全面实施素质教育督导工作的监督和指导，整体推进全市中小学校综合督导工作。每年市政府教育督导室对部分区进行素质教育综合督导，选取部分中小学校实地督导学校素质教育实施情况。

2. 区级主责

各区政府教育督导室主责实施和落实中小学校综合督导评价工作，推动辖区内中小学校素质教育的实施与发展，负责组织实施本区中小学校全面实施素质教育的综合督导。区政府教育督导室每年定期组织对区域内中小学校实施素质教育综合督导，并对各学校年度督导自评情况进行监督、指导。

3. 学校主体

各中小学校是实施与发展素质教育的主体，要按照实施与发展素质各项政策要求抓好落实。按照市教委、市政府教育督导室印发的《关于进一步加强学校内部督导工作的指导意见（试行）》要求，开展对学校素质教育实施情况的内部督导。根据市、区督导实施方案和要求，对照督导评价标准，进行自评自查自改，完成学校年度自评报告，报送区政府教育督导室。学校接受市、区级素质教育综合督导，运用督导结果进行整改提升。

4. 综合评价

实施素质教育综合督导是一项长周期工作，要妥善处理好素质教育综合督导与其它专项督导、经常性督导的关系，突出素质教育督导评价的基础性、综合性和规律性，综合运用学业质量和学生综合素质评价监测、培育和践行社会主义核心价值观督导评估等相关督导评估与质量监测结果，有效利用专项督导、经常性督导和学校内部督导的情况信息，对学校实施素质教育情况进行综合性评价，力求实现定量评价与定性评价相结合、自我评价与外部评价相结合，不断创新督导评价方式，提高督导评价水平，有效推进素质教育的实施与发展。

（四）工作流程

1. 市级督导评价

（1）制定督导评价实施计划和方案

市政府教育督导室制定年度督导评价工作方案，明确督导评价时间和督导方式、流程等。

（2）印发督导通知

市政府教育督导室提前90天向被督导区印发综合督导通知，确定实地督导中小学校名单。

（3）实施督导评价

被督导区根据市政府教育督导室工作通知要求，做好总结自评工作，并通知被督导学校做好自评工作，按要求报送相关材料。市政府教育督导室组织督导评价专家组在各区、学校自评的基础上，结合区级教育督导数据、信息系统采集数据，深入被督导区听取工作汇报、查阅相关档案材料等。选取部分学校，通过听取汇报、组织教师、家长和学生问卷调查、随堂听课、召开座谈会和查阅档案材料等方式，全面了解和评价学校素质教育实施情况。

（4）结果反馈与整改落实

督导评价结束后，形成市级督导评价报告，向被督导区政府进行正式反馈，并根据区、校整改情况进行跟踪核查，确保整改工作落实到位。

（5）强化结果使用

市政府教育督导室组织的中小学校全面实施素质教育督导评价结果，将作为市级有关部门对各区政府考核和市教委、市政府教育督导室对各区教委和政府教育督导室工作考核的重要内容依据。

（6）总结提升

及时做好工作总结，宣传推广中小学校实施素质教育成功经验，总结改进督导评价实施方式，不断提升素质教育督导评价工作水平，促进中小学校素质教育发展。

2. 区级督导评价

实施过程要尊重学校的主体地位，广泛吸纳学生、家长及社会各方共同参与，提高教育督导的社会参与度。

（1）制定实施工作方案

各区根据市级督导评价工作实施方案，制定各区具体实施方案和实施细则，有计划实施素质教育督导评价。明确督导评价标准，建立督导评价队伍，组织实施综合督导评价工作。

（2）开展区域督导评价

各区结合实际，在学校自查自评的基础上，组织开展素质教育综合督导评价。通过深入学校听取汇报、召开座谈会等多种方式，结合对学校素质教育实施情况的监测数据，开展综合督导评价。

（3）督促学校贯彻落实

各区要指导学校认真落实市、区素质教育督导评价工作要求，切实做好全面实施素质教育的各项工作，指导学校制定素质教育内部督导实施方案，建立内部督导工作制度，对学校素质教育实施情况进行内部督导评价。

（4）促进整改提升

区政府教育督导室在完成对学校督导评价后，形成督导评价报告，及时反馈被督导学校，并督促学校整改落实。市级督导评价结束后，根据市级督导评价整改建议，被督导区制定整改方案，并督促学校整改落实，将整改落实情况报送市政府教育督导室。

3. 学校内部督导

（1）全面实施素质教育

各学校要认真贯彻落实市、区素质教育督导评价工作要求，明确学校发展素质教育工作思路，通过教育督导促进和引导学校在优化学校治理、教育教学、教师队伍建设、实践育人等各方面持续发展，促进学校实施素质教育各项政策的落实。

（2）做好自我评价

各学校要定期开展素质教育内部督导，对照督导评价指标体系，进行自我诊断、自我评价，建立以学校为本的全过程、全方位人才培养质量监控与保障体系，明确内部督导工作目标、工作标准和督导方式等，依法依规、有序推进素质教育内部督导工作。

（3）加强整改落实

各学校针对督导评价中发现的问题与不足，深入分析原因，制定整改方案，及时进行整改。

（4）促进育人质量提升

学校内部督导工作以提高育人质量为出发点和落脚点，以教育教学质量和学生实际获得作为衡量学校素质教育实施情况的核心。通过开展学校内部督导，促进完善学校教学质量保障体系，提高学校治理能力和水平。

五、工作要求

（一）加强组织领导

各区政府要高度重视中小学校全面实施素质教育督导评价工作，将其作为深入贯彻党的十九大精神、贯彻落实全国和全市教育大会精神、全面深化教育改革的重要内容，切实加强领导，抓好组织落实。各区教委、区政府教育督导室要将素质教育综合督导评价作为落实立德树人根本任务的重要工作，通过实施对学校素质教育情况的督导评价，持续推进素质教育的实施与发展，切实加强对素质教育工作的指导，结合本区实际，加强工作谋划，明确职责任务，认真组织好区域内中小学校素质教育督导评价工作。

（二）强化基础建设

各区要加强素质教育督导评价工作的基础建设，建立健全相关督导评价制度，研制督导评价测量工具，构建理论水平高、专业能力强的督导评价专家队伍，加强督导评价专家队伍的培训，建立督导评价数据信息采集系统，充分利用监测数据，客观准确地评价学校素质教育实施情况。

（三）加强统筹协调

各区要注重加强素质教育督导评价工作的统筹协调，各区政府教育督导室要与相关部门协同配合，加强顶层设计与宏观指导，有效整合各方力量，共同做好全面实施素质教育督导评价工作。

（四）加强结果使用

各区要高度重视督导评价结果的使用，有效发挥督导评价的作用。

各区政府教育督导室向市政府教育督导室和区政府报告素质教育综合督导情况，并向区教委通报督导情况，按照有关规定和程序向社会公布督导结果，接受社会监督。各区教委、区政府教育督导室要将素质教育督导评价结果，作为对中小学校考核奖惩的重要依据。

（五）本方案自印发之日起施行，《关于印发北京市区县政府、教委、学校（教育机构）全面实施素质教育评价方案（修订）的通知》（京教督〔2014〕4号）同时废止。

附件：北京市普通中小学校全面实施素质教育督导评价指标体系

附件

北京市普通中小学校全面实施素质教育督导评价指标体系

一级指标	二级指标	三级指标	分值
一、组织领导（12）	（一）党的领导（4）	1. 以习近平新时代中国特色社会主义思想为指导，全面贯彻党的教育方针，落实《关于加强北京市中小学校党的建设工作的意见》，充分发挥党组织政治核心和战斗堡垒作用。加强和改进党建工作，落实常态政治理论学习制度；积极践行社会主义核心价值观，加强教职工思想政治教育；定期开展教职工思想状态调研，创新工作方法；党员发挥先锋模范作用。	2
		2. 建立党政领导参与决策和监督机制，落实“三重一大”制度；健全党政领导沟通协调机制；落实校长责任制，支持和保证校长依法依规履行职责；学校领导班子理想信念坚定、思想品德端正、教育观念先进、业务能力精良、工作作风扎实。	2

续表 1

一级指标	二级指标	三级指标	分值
一、组织领导（12）	（二）办学方向（6）	3. 坚持社会主义办学方向，落实立德树人根本任务，努力培养德智体美劳全面发展的社会主义建设者和接班人。注重弘扬社会主义核心价值观、优秀传统文化和先进时代精神等；注重办学思想与理念提炼，形成稳定的办学思想体系与实践运行机制。	4
		4. 推进教育现代化建设。树立正确的人才观、质量观，着力培育学生自主发展、社会责任、创新精神、实践能力等核心素养；遵循教育规律和学生身心发展规律，尊重学生选择，推进育人模式改革与创新，探索互联网 + 教育发展模式，促进全体学生全面而有个性的发展。	2
	（三）发展规划（2）	5. 制定和实施学校发展规划。办学目标立足学校实际，办学思路清晰，任务明确、措施具体；规划制定过程有多主体参与，经教代会审议通过，符合法定程序，得到教职工认可。	2
二、学校治理（12）	（四）依法办学（7）	6. 坚持依法办学，切实保障学生受教育权利。严格执行招生入学和学籍管理制度；义务教育阶段严格控制学生辍学；依据政策规定接收适龄残障儿童随班就读；不设重点班；严格禁止违规补课；有效防范和遏制校园欺凌现象。依法依规对学生实施奖惩，建立落实校内学生权利救济制度。	2
		7. 加强现代学校制度建设。明确学校办学宗旨，依法制定学校章程；完善学校章程执行机制，明确部门岗位职责，规范议（办）事的规则及程序；完善学校内部质量控制机制，加强内部督导制度建设，优化内部治理结构，落实北京市《关于进一步加强学校内部督导工作的指导意见（试行）》。	3

续表 2

一级指标	二级指标	三级指标	分值
二、学校治理（12）	（四）依法办学（7）	8. 认真落实《关于加强中小学校管理的若干意见（试行）》《中小学幼儿园安全管理办法》《中小学公共安全教育指导纲要》等文件。定期开展安全隐患排查和整治工作，人防、物防和技防等措施到位；定期开展安全隐患排查和整治工作；制定突发事件应急预案；适时组织应急演练，提高师生应对突发事件和自救自护能力；学校无安全隐患，无重大责任事故发生。	2
	（五）民主管理（3）	9. 维护教师合法权益。确保教师对学校重要工作和事项的知情权；保证教师参与学校发展的民主权利；认真落实教职工代表大会制度，参与重大问题审议，发挥教代会民主管理和民主监督的作用。	2
		10. 执行校务信息公开制度，落实教育收费公示制度；确保学校公众意见收集渠道畅通；落实教职工关于学校发展改进意见与建议。	1
	（六）社会参与（2）	11. 发挥家长和社会相关方面协同育人作用。完善教师家访制度，通过家长学校、家长教师协会、家长委员会、校园开放日、资源合作、议事咨询等方式，联合家长、社区代表及相关机构共同参与学校治理，形成家校社协同育人合力。	1
		12. 加强校外安全管理。主动与公安、交通等部门及社区建立社会治安综合治理工作机制，推进校园周边环境与秩序整治，营造良好育人环境。	1
三、教师队伍（16）	（七）师德师风建设（4）	13. 教师遵守国家法律法规，严格遵守《中小学教师职业道德规范》，自觉规范教育教学行为。语言规范健康，举止文明礼貌，衣着整洁得体；严于律己，廉洁从教；尊重学生人格，无体罚或变相体罚现象。	2

续表 3

一级指标	二级指标	三级指标	分值
三、教师队伍（16）	（七）师德师风建设（4）	14. 加强师德师风建设。建立师德师风建设长效机制；注重教师理想信念、职业道德教育，增强教师立德树人责任感；广泛宣传优秀教师典型事迹，引导教师以身示范、言传身教；完善师德考评与监督，实行违反师德“一票否决制”。	2
	（八）专业化发展（6）	15. 遵循教师发展规律，促进教师成长。加强团队建设，鼓励教师形成发展共同体；加强青年教师和后备骨干教师培养；逐步形成骨干教师梯队；发挥骨干教师示范引领作用。	3
	（八）专业化发展（6）	16. 加强教师基本功训练。开展课程标准学习与研究；确保教师熟练掌握学科教学基本技能；提高教师信息技术和现代教育装备应用能力；针对教学实际问题，开展校本教研；加强理论学习，引导教师开展课题研究；推动教师阅读，提升教师综合素养。	3
	（九）发展保障（6）	17. 为教师发展服务。完善教师岗位设置、岗位聘任、职称评聘、考核评价和待遇保障机制；关心教师生活和身心健康，丰富教师精神文化生活；创造条件为教师发展搭建平台，激发教师工作的积极性和创造性，提升教师职业幸福感。	3
		18. 完善教师全员培训制度和分类、分层、分岗培训体系，制定适合本校实际的教师发展规划和年度培训计划，优化教师培训课程，创新教师培训方式，促进教研、科研与培训有机结合；发挥校本研修基础作用，采用线上线下相结合、跨校跨区联合教研等方式，推动教师自主学习和研修方式变革；支持教师参加相应培训，落实教师五年内不少于 360 学时的培训要求。	3
四、教育教学（37）	（十）德育工作（9）	19. 健全德育管理机制，落实教育部《中小学德育工作指南》《青少年法治教育大纲》要求。建立党组织主导、校长负责、群团组织参与、家庭社会联动的德育工作机制；发挥共青团、少先队、学生会、学生社团的作用；形成全员育人，全程育人，全方位育人的德育工作格局。	2

续表 4

一级指标	二级指标	三级指标	分值
四、教育教学（37）	（十）德育工作（9）	20. 坚持立德树人，德育为先。加强爱党爱国爱人民教育；积极开展社会主义核心价值观教育、理想信念教育、中华优秀传统文化教育、民族精神教育、法治教育、民族团结教育、心理健康教育、生态文明教育、国防教育等；遵循学生成长规律，分学段确定德育目标和教育内容，统筹资源，制定德育计划，提高实效。	3
		21. 加强德育队伍建设。重视德育队伍人员培养选拔，优化队伍结构；制订班主任培训计划，定期组织培训交流；积极开展德育研究，探索新时期德育工作特点和规律，创新德育工作途径和方法；定期总结交流成果，借鉴先进经验，树立先进典型，不断提升德育队伍专业化水平。	1
		22. 充分发挥课堂教学育人主渠道作用。加强德育课程管理，落实好德育课程育人目标，提高德育课程质量；将中小学德育内容细化落实到各学科课程的教学目标之中，融入渗透到教育教学全过程；教学中注重培养学生正确的情感、态度、价值观，形成良好的意志品质和思想品德。	1
		23. 坚持文化育人。挖掘校训、校歌、校徽、校史育人价值，不断优化校园育人环境；充分发挥宣传橱窗、校园网、微博、微信等德育阵地作用，通过升旗、入团、入队等仪式活动，结合学生入学、毕业、成人等重要节点，加强价值引领与文化熏陶；加强年级和班级文化建设，丰富校园文化活动；建立良好师生与生生关系，营造和谐育人氛围。	1
		24. 注重养成教育。认真落实《中小学生守则》和《北京市中小学生日常行为规范》；通过多种实践途径、形式和细节要求，加强对学生生活技能、劳动习惯、待人接物、意志品质等培养，促进学生良好习惯养成，提高学生文明素养。	1

续表 5

一级指标	二级指标	三级指标	分值
四、教育教学（37）	（十一）体卫工作（6）	25. 加强体育工作。落实《国家学生体质健康标准》，定期开展体质健康监测；有效保障并利用体育场地和设施器材，确保学生每天锻炼时间不少于 1 小时；改进体育教学方式，上好体育课和课间操；建立常态化校园体育竞赛机制，每年举办全员参与的运动会；引导学生增强健康意识，养成良好体育锻炼习惯。	3
		26. 加强卫生工作。落实《中小学健康教育指导纲要》，按要求配备卫生技术人员；开展疾病预防、营养与食品安全及青春期保健等教育；做好眼保健操，开展学生视力不良等疾病的防治教育，有效控制学生近视新发率；定期组织学生体检；引导超重（肥胖）学生建立良好饮食和锻炼习惯，提高学生健康水平。	2
		27. 加强心理健康教育工作。落实《中小学心理健康教育指导纲要》，开设心理健康教育课程；将心理健康教育融入教育教学活动；设立心理咨询室；教师持证上岗，提升心理健康教育教师专业水平，科学开展心理辅导，促进学生形成积极健康的心理品质。	1
	（十二）美育工作（4）	28. 开好艺术课程。贯彻《关于全面加强和改进学校美育工作的意见》，按照国家课程标准开好艺术类课程，配齐教师，保障艺术教育器材、场地；积极开发具有民族、地域特色的艺术教育校本课程，培养学生艺术爱好和素养。	2
		29. 丰富艺术活动。充分利用社会艺术教育资源，面向全体学生开展艺术实践活动，促进民族艺术进校园活动普及开展；建立学生艺术社团或兴趣小组，发展学生艺术特长；每学年举办校园文化节，为学生艺术素养提升搭建平台。	2
	（十二）劳动教育（2）	30. 积极开展劳动教育。强化劳动观念，树立崇尚劳动的文化风尚；探索劳动教育在素质教育中作用，针对不同学段开展多种形式的校园劳动；重视劳技课程建设及与多学科教学活动整合；拓宽劳动教育途径，形成家校合力；保持劳动教育的持续性、多样性和实效性。	2

续表 6

一级指标	二级指标	三级指标	分值
四、教育教学（37）	（十四）课程建设（4）	31. 严格执行国家课程方案，依据课程标准和市颁课程计划，开齐开足课程；教学要求、教学进度符合课程标准；国家、地方、校本三级课程结构合理，满足学生发展需求。	2
		32. 提高课程建设能力。根据地方、社区、学校资源条件，开发和构建符合学生发展需要的特色校本课程。以国家课程校本化实施为重点，引导教师开展课程理论、课程标准、课程内容、课程实施、课程评价等内容的学习与研究，提升教师整体把握课程、统整课程、落实课程的能力；科学编制课程纲要，研制课程实施手册；规范开设校本课程，组织开展校本课程开设的审议与评价。	2
	（十五）教学实施（8）	33. 推进教与学方式变革。教师按照课程标准和学生实际制定教学目标，教学内容贴近学生生活，教学方法和策略符合学生认知规律；注重采取学生体验、合作、探究和信息技术的学习方式，提高学生参与课堂学习的主动性、积极性；创新作业方式，提升教学实效性。	4
		34. 营造和谐课堂氛围。注重建立良好师生关系；注重采用激励评价，培养学生学习兴趣和自信心；尊重学生差异，关注教学公平；注重课堂引导与问题设置，培养学生独立思考、合作探究的学习习惯和思维品质，帮助学生学会学习、自主发展，增强学生学习实际获得感。	2
		35. 积极推动教学改革。学校领导主动学习教育理论，了解改革前沿动态；积极深入课堂，带领教师开展学情分析、课程整合、学习评价等研究，破解教学难题；不断总结实践经验，培育教学改革典型，引领教学改革方向。	2

续表 7

一级指标	二级指标	三级指标	分值
四、教育教学（37）	（十六）质量监控（4）	36. 建立完善教学常规管理机制。建立常规教学检查和课堂教学评价等制度；规范课堂教学、考试和评价工作；严格控制作业量及考试次数，切实减轻学生过重课业负担；教学常规管理要求明确，职责清晰，教学秩序井然。	1
		37. 实施综合素质评价。注重过程性评价与终结性评价相结合，探索实施等级加评语的评价方式，全面考察学生思想品德、学业水平、身心健康、艺术素养、社会实践等方面发展情况；建立学生综合素质档案，记录学生成长过程，真实反映学生发展状况。	2
		38. 发挥内部督导教学诊断作用。针对学科学段特点，统筹课程、教学、考试等环节，定期开展教学质量分析；注重收集师生、家长反馈意见，综合运用各类质量监测信息、数据，及时调整和改进教学。	1
五、实践育人（8）	（十七）实践课程（4）	39. 落实《中小学综合实践课程发展纲要》，加强课程建设与管理。落实国家规定的综合实践课程计划与方案；研制学校课程方案，加强科学类课程实验教学和实践活动，落实中小学校各学科平均不低于 10% 的课时用于开展校内外综合实践活动课程的要求；加强过程管理，规范课程实施与学习环节；注重课程开发，逐步形成学科内综合及跨学科综合多主题、多层次系列课程。	2
		40. 注重开发探索符合综合实践活动课程性质的内容与方式。课程内容注重与学生现实生活相联系，注重学科内、学科间的有机整合；学科实践课程突出实践性、探究性，避免用学科内容简单替代；注重采取动手实践、探究合作等多种方式开展学习；课程实施过程注重动态生成、多元评价；组织教师开展课程研究，加强综合性实践科目校外课程的设计和应用。	2

续表 8

一级指标	二级指标	三级指标	分值
五、实践育人（8）	（十八）实践活动（4）	41. 有效落实活动育人。丰富学生实践活动资源，制订学生社会实践活动年度计划和活动方案；发挥社会大课堂等学生实践基地育人功能；落实“一十百千”工程、“四个一”等学生教育活动；因地、因时制宜，组织学生开展艺体、科技、优秀传统文化等多种课内外主题活动；注重引导学生自主参与活动设计与管理，提高运用知识，发现问题，解决问题的能力，提升学生整体综合素养。	2
		42. 积极开展科技教育。充分利用各类教育资源，开展校内外相结合的科技教育活动；落实开放性科学实践活动；注重基于问题的、实践的、开放的、探究的学习活动设计与开发；在活动过程中，注重学生实践体验，激发学生探究兴趣，培养创新意识，训练动手能力，提高学生科学素养。	2
六、办学成效（15）	（十九）学生发展（7）	43. 学生素质全面提升。热爱中国共产党、热爱祖国、热爱人民；熟记并践行社会主义核心价值观相关内容，形成正确的人生观、世界观和价值观取向；民主法治观念、规则意识、社会责任意识和生态保护意识等普遍增强；形成劳动创造幸福和尊重劳动者的意识，养成劳动习惯，掌握基本生活技能；创新思维和动手操作能力逐步增强；涌现出多种类型的优秀学生典型；学生获得不同级别的表彰、奖励和荣誉的人数逐步增多。	2

续表 9

一级指标	二级指标	三级指标	分值
六、办学成效（15）	（十九）学生发展（7）	44. 形成良好学风。学生自觉遵守《中小学生守则》和《北京市中小学生日常行为规范》，养成良好文明行为习惯和健康生活方式；形成专心听讲、积极发言、认真完成作业等良好日常学习习惯；乐于独立思考、勇于质疑、主动探究、善于合作；能自主学习、自主规划，具有良好阅读习惯；能互帮互学，诚实守信，不作弊；善于倾听别人意见、肯于接受帮助；能克服困难、勇于承担责任；学校育人理念能够在学生身上有所体现。	2
		45. 体育与艺术科技素养提升。学生积极参加体育活动，养成良好锻炼习惯，每个学生掌握至少两项体育运动技能；学生体质健康测试合格率达到 90% 以上；学生兴趣爱好广泛，审美情趣健康，每个学生至少掌握一项艺术爱好或特长；学生综合素质评价达到良好水平。	2
		46. 学生学业成绩整体水平稳中有进。在国家、市、区各类教育质量监测中，监测结果达到同类学校较好水平。	1
	（二十）教师发展（4）	47. 师德师风建设取得实效。教师自觉践行社会主义核心价值观，“四有好教师”和“四个引路人”成为教师的共同追求；培养树立优秀教师典型；师德师风得到学生与家长的认可，满意度高。	1
		48. 教师教育教学水平不断提升。青年教师成长迅速，教师不断更新观念，掌握新的技术与方法；骨干教师队伍梯队基本形成，在市、区、校发挥引领示范作用；教师获得荣誉称号和不同级别教学、科研奖励的数量有所增加；家长、学生对于教师教育教学水平满意度高；教师职业状态和幸福感不断提升。	3

续表 10

一级指标	二级指标	三级指标	分值
六、办学成效（15）	（二十一）学校发展（4）	49. 学校办学取得实效。学校发展规划各项措施得到落实，规划目标得到实现；学校发展建设中的重点、难点问题有突破；与社区、家长建立起良好互动关系；积极引进和利用外界资源为学校服务，取得良好效果。	2
		50. 学校办学质量不断提高，得到教育行政部门和社会认可，获得不同级别的表彰、奖励和荣誉数量增多；办学效果满意度测评达到良好以上。	2
七、特色工作（附加分 10 分）	（二十二）创新发展（10）	51. 学校教育教学创新成果显著，符合学校办学方向和发展目标，素质教育实施与发展取得突破，具有引领示范作用；学校办学特色鲜明，优势明显，效果显著，得到师生、家长广泛认同和肯定，在区域乃至更大范围发挥了示范引领和辐射作用，社会认可度高。	10

说明：

综合督导采取定性评价与定量评价相结合。

定性评价分为 A、B、C、D 四个等级，其基本标准为：A. 指标要求全面落实，成效好，有特点；B. 指标要求基本落实，成效较好；C. 指标要求未全面落实，成效一般；D. 指标要求多数未落实，无明显成效，或出现重大问题。

定量评价要根据各指标的内容、权重分值和评分细则，确定指标的实际得分。在确定各项三级指标实际得分之后，计算基础总分。基础总分满分为 100 分。另附 10 分附加分，主要考察学校在特色发展、改革创新方面取得的成绩，酌情给予 1—10 的附加分。

以学校综合督导获得的基础总分评定等级：A 级：基础总分 ≥ 90 分，评为优；B 级：90 分 > 基础总分 ≥ 75 分，评为良；C 级：75 分 > 基础总分 ≥ 60 分，评为合格；D 级：基础总分 < 60 分，评为不合格。

文件字拼音索引

说明：本索引依据文件字第一个拼音字母，按汉语拼音字母顺序排列（相同文件字以编号为序）。文件字后用“/”隔开标明该文件所在的页码。

G

J

京教基二（JJJE）

京教基一（JJJY）

京教计（JJJ）

京教建（JJJ）

京教民（JJM）

京教勤（JJQ）

后　记

《北京市教育委员会文件选编》为各级各类教育机构从事教育教学活动及行政管理提供政策指导，也为北京教育系统史志部门存史修志工作提供重要资料信息。

该书出版工作由北京市教育委员会主持，市教委办公室负责文件的搜集、筛选和终审；北京教育志编纂委员会办公室负责编辑、出版和发行。参加2018卷文件选编组稿、编审、编校、索引等工作的有周彤、钱进军、许鸿弘、李兴萌、祁昕、张晓兰及北京教育志编纂委员会办公室的有关同志。

该书入选文件范围广、数量多，在文件核对过程中难免有疏漏和错误的地方，敬请使用单位和读者原谅，并提出宝贵意见。

《北京市教育委员会文件选编》编写组

2019年8月

声　明

本书如有印刷、装订等质量问题，请与《北京市教育委员会文件选编》编写组联系调换。

编写组地址：北京市东城区夕照寺街

东玖大厦 B 座 802 室

邮政编码：100061

电　　话：87194371

传　　真：87194370

图书在版编目 (CIP) 数据

北京市教育委员会文件选编. 2018 / 北京市教育委员会办公室编. —北京：方志出版社，2019.9
ISBN 978-7-5144-3842-0

Ⅰ. ①北… Ⅱ. ①北… Ⅲ. ①教育工作—文件—汇编—北京—2018 Ⅳ. ①G527.1

中国版本图书馆 CIP 数据核字 (2019) 第 198896 号

北京市教育委员会文件选编（2018）

编　　者：北京市教育委员会办公室
责任编辑：齐　笑
出 版 者：方志出版社
地址　北京市朝阳区潘家园东里 9 号（国家方志馆 4 层）
邮编　100021
网址　http://www.fzph.org
发　　行：方志出版社图书经销中心
电话（010）67110500
经　　销：各地新华书店
印　　刷：北京中科印刷有限公司

开　　本：850 × 1168　1/32
印　　张：38.75
字　　数：1169 千字
版　　次：2019 年 9 月第 1 版　2019 年 9 月第 1 次印刷
印　　数：0001 ~ 2500 册

ISBN 978-7-5144-3842-0　定价：150.00 元